우리 문화재 반출사

우리 문화재 반출사

2012년 10월 5일 초판 1쇄 인쇄
2012년 10월 10일 초판 1쇄 발행
2013년 7월 10일 초판 2쇄 발행

지은이 · 정규홍
펴낸이 · 권혁재

편집 · 박현주, 조혜진
출력 · CMYK
인쇄 · 한일프린테크

펴낸곳 · 학연문화사
등록 · 1988년 2월 26일 제2-501호
주소 · 서울시 금천구 가산동 371-28 우림라이온스밸리 B동 712호
전화 · 02-2026-0541~4
팩스 · 02-2026-0547
E-mail · hak7891@chol.net

ISBN 978-89-5508-286-9 93910
ⓒ 정규홍, 2012
협의에 따라 인지를 붙이지 않습니다.

책값은 뒷표지에 있습니다.
잘못된 책은 바꾸어 드립니다.

우리 문화재 반출사

정규홍 지음

학연문화사

책을 내면서

　문화재를 대하는 것은 선인들과의 가슴 벅찬 만남이다. 선인들이 전해주는 지혜와 정서는 현재를 풍요롭게 하고 미래에 대한 무한한 상상력과 희망을 가져다준다. 때문에 각 민족마다 그 민족의 문화재에 대한 자긍심과 애착심이 더한 것이다.
　외국 문화재가 국내에서 매년 여러 차례 전시가 되고 있다. 그들의 미술품을 보면서 '참 신기하다', '참 잘 만들었다' 하면서도 어딘지 모르게 마치 박자가 맞지 않은 것처럼 잘 연결이 되지 않는 것을 느낄 때가 있다. 그들의 역사를 끌어들이고, 시대적 환경을 상상한다. 그러나 그들의 정서에는 도달하지 못하고 결국 기교적인 측면에서만 감상하고 마는 것이다.
　반면에 우리나라 그림을 대하면, 소나무만 보아도 달이 있음을 느끼고, 대를 보면 소리를 느끼고, 난을 보면 빼어난 맵시와 진한 향을 상상하게 된다. 이는 바로 이 땅에 태어나 이 땅의 풍취와 習俗에 이미 잘 훈련된 탓이 아닐까? 과연 우리나라에 익숙하지 않은 외국인의 눈으로 보았을 때도 이러한 감정을 느낄 것인가.
　언젠가 부석사 무량수전 앞마당의 석등 옆에 서서, 안양루 뒤편으로 보이는 산능선을 본 적이 있다. 이때의 건물과 자연의 조화! 특히 기막힌 선의 조화는 비어 있는 공간이 오히려 생명감으로 꽉 차 있는 감동을 느끼게 한다. 이는 이 건물이 오직 그 공간 속에 있음으로써 가능한 것이라 생각한다. 만약에 이 건물을 미국의 어느 곳이나 프랑스의 어느 곳에 옮겨 놓았다고 가정해 보자. 얼마나 불균형하고 숨이 막히겠는가! 따라서 우리 문화재는 세계 어느 나라 문화재보다도 우리 풍토와 우리 호흡에 알맞게 창조된 것이기에 그 가치를 부여하는 것은 어차피 우리 몫일 것이다. 또한 조상들이 만든 우리 문화재는 제자리에서 우리와 함께 했을 때 가장 빛나는 모습으로 그 가치를 부여받을 수 있는 것이다.

우리 문화재는 한말 이후 외세의 침입과 함께 국외로 유출되어 각국의 공공기관이나 개인의 비장으로 된 것이 많다. 재작년 신문에 일본 야스쿠니신사에 소장되어 있는 우리나라 갑옷과 투구를 진열한 사진과 기사가 크게 보도된 적이 있다. 그 기사를 보면, "야스쿠니신사는 '1274년 원나라 군사와 고려군의 합동 공격을 막아낸 가미카제'라는 의미로 유물을 전시하면서 당시 일왕이 썼다는 '적국항복(敵國降伏)'이란 글씨 바로 옆에 조선시대 군복과 갑옷 등을 전시해 놨다"고 한다. 하필이면 '敵國降伏'이라 쓴 글 옆에 한국의 갑옷과 투구가 진열되어야 하는가. 남의 나라의 유물을 이같이 활용하는 데에는 단순한 진열이 아닌 다른 뜻이 있는 것으로 의심되었다. 우리의 존엄이 짓밟히는 느낌을 받아야만 했다. 그렇기 때문에 이를 한국에 돌려받고자 하는 마음은 더욱 간절하다. 그러나 반환 요구에 있어서는 그만한 이유와 정당성을 제시해야 한다. 그것은 바로 유출된 문화재가 유출 과정에서 불법성을 가졌을 때 반환 요구의 정당성을 가지게 되는 것이다.

　필자는 문화재 수난에 관심을 가지고 서투른 공부를 시작한 지도 벌써 30년 가까이 되었다. 그동안 몇 권의 책을 출간한 것도 모두가 문화재 수난에 관한 것이다. 이번의 책은 그 수난 중에서 일본으로 반출된 우리 문화재의 유출 경로를 파악하는 데 주력했다. 그간에 발표한 내용과 일부 중복되는 부분도 있으나, 작은 단서라도 보태 가는 마음으로 자료를 수집 정리하여 우리 문화재 반출의 부당함을 밝히고자 한 것이다. 가장 기초적인 조사이기 때문에 앞으로 많은 분들의 보탬이 필요하리라 생각한다.

　끝으로 원고 정리를 할 때 여러모로 도움을 준 오권현 형과 친구 박성환에게 감사한 마음을 전한다.

2012년 10월

정 규 홍

차례

책을 내면서 | 4

1장 들어가면서 | 15

2장 고적조사에 따른 문화재 반출 | 27
  1. 초기 정찰적 성격의 한국 조사와 이에 따른 유물 반출 | 29
    1) 1900년 야기 쇼자부로(八木奘三郞)의 조사 | 29
    2) 1902년 세키노 타다시(關野貞)의 조사 | 37
    3) 이마니시 류(今西龍)의 경주 일대 조사 | 41
    4) 1905년 도리이 류조(鳥居龍藏)의 만주 일대 조사 | 44
    5) 주요 조사표 1 | 47
    6) 일본으로 반출한 한국 유물 | 50
  2. 1909년부터 1915년까지의 고적조사와 이에 따른 유물 반출 | 56
    1) 조사 일정 | 58
      (1) 1909년의 조사 | 58
      (2) 1910년의 조사 | 63
      (3) 1911년의 조사 | 66
      (4) 1912년의 조사 | 67
      (5) 1913년의 조사 | 71
      (6) 1914년의 조사 | 76
      (7) 1915년의 조사 | 76
      (8) 도리이 류조의 유사이전 조사 | 77

2) 주요 조사표 2 ｜ 79
　　3) 고적조사라는 미명하에 각 대학 및 일본 학계에 반출한 유물 ｜ 96
　　　　(1) 1910년 2월《사학회례회》｜ 96
　　　　(2) 1911년 1월 사학회 본회례회 ｜ 98
　　　　(3) 1911년 7월 도쿄제국대학 진열품 ｜ 99
　　　　(4) 도쿄제국대학《건축학과 제4회전람회》｜ 99
　　　　(5) 고고학회본회 제18차총회 진열품 ｜ 114
　　　　(6) 1913년 4월 일본사학회《사료전람회》｜ 114
　　　　(7) 도쿄제국대학 공과대학《건축학과제5회전람회》｜ 119
　　　　(8) 일본 학회에 기증한 유물 ｜ 131
　　　　(9) 1914년《사료참고품 전람회》｜ 133
　　　　(10) 이마니시 류가 반출한 와전 ｜ 133
　　　　(11) 교토대학《천황대전봉축전람회》｜ 134
　　　　(12) 도쿄예술대학(동경미술학교) 예술자료관에 기증한 유물 ｜ 134
　　　　(13) 구로이타 가쓰미(黑板勝美)의 1915년의 행적과 반출한 유물 ｜ 140
　　　　(14) 유물 관리 ｜ 149
3. 1916년부터 1920년까지의 고적조사와 이에 따른 유물 반출 ｜ 151
　　1) 총독부박물관의 설립과 고적조사위원회 설립 ｜ 151
　　2) 고적조사 ｜ 152
　　　　(1) 1916년도의 조사 ｜ 152

(2) 1917년도의 조사 | 154

　　　(3) 1918, 1919년도의 조사 | 157

　　　(4) 1920년도의 조사 | 163

　3) 주요 조사표 3 | 164

　4) 반출한 유물 | 188

　　　(1) 양산부부총 출토 유물 | 188

　　　(2) 경남 창령군 교동31호분 출토 유물 | 190

　　　(3) 도쿄예술대학 예술자료관 소장 유물 | 191

　　　(4) 야쓰이 세이이치의 반출 유물 | 191

4. 1921년부터 1930년까지의 고적조사와 이에 따른 유물 반출 | 196

　1) 고적조사과 설치와 폐지 | 196

　2) 1921년부터 1930년까지의 고적조사 | 197

　3) 주요 조사표 4 | 204

　4) 반출한 유물 | 216

5. 1931년부터 해방 전까지의 고적조사와 이에 따른 유물 반출 | 230

　1) 조선고적연구회의 고적조사 사업 | 230

　2) 주요 조사표 5 | 236

　3) 반출 유물 | 263

　　　(1) 왕광묘(정백리 127호분) 출토 유물 | 263

　　　(2) 정백리 제227호분(도굴분) 출토 유물 | 267

  (3) 남정리 제119호분 출토 유물 | 269

  (4) 석암리 제201호분 출토 유물 | 270

  (5) 남정리 제116호분(채협총) 출토 유물 | 272

  (6) 남정리 제53호분 출토 유물 | 273

  (7) 평양 토성리 출토 유물 | 275

  (8) 1938년 조사 만주 집안 출토 유물 | 278

  (9) 정백리 제200호분 출토 유물 | 278

  (10) 평남 원오리 폐사지 출토 고구려불상 | 280

  (11) 교토대학 고고학교실 진열품 | 282

  (12) 도쿄대학『문학부고고학연구실 수집품 고고도편』에 나타난 한국 유물
    | 294

  (13) 오가와 게이키치(小川敬吉)의 반출품 | 298

  (14) 개인적 불법 조사에 의한 유물 반출 | 298

3장 관권 및 기증·헌납에 의한 반출 | 321

 1. 통감부, 조선총독부 등 국가행위에 의한 반출 | 323

  1) 통감부에서 일본으로 반출한 서적 | 323

  2) 조선왕조실록 반출 | 327

  3) 조선왕실의궤 및 기타 서적 | 332

  4) 조선총독부가 일본왕실 등에 헌상한 물품 | 336

5) 조선총독부가 반출한 이천(利川)의 5층석탑 | 337
2. 관료들에 의한 반출 | 339
　　1) 이토 히로부미가 반출한 문화재 | 339
　　　(1) 이토 히로부미가 반출한 고려자기 | 339
　　　(2) 이토 히로부미가 빌려간 서책 | 341
　　　(3) 이토 히로부미가 귀국 시에 가져간 것 | 346
　　2) 소네 아라스케(曾彌荒助)가 반출한 문화재 | 348
　　　(1) 소네 아라스케(曾彌荒助)가 반출한 서적 | 348
　　　(2) 소네의 석굴암5층탑 반출 의문 | 350
　　3) 데라우치(寺內正毅)의 미술품 수집과 반출 | 352
　　4) 가와이 히로타미(河合弘民)가 약탈해 간 서적 | 362
　　5) 시오가와 이치타로(鹽川一太郎)가 반출한 서적 | 365
　　6) 시라토리 구라키치(白鳥庫吉)가 반출한 백산흑수문고 조선본 | 369
3. 기증 및 헌납에 의한 반출 | 374
　　1) 한국왕실에서 기증·하사한 물품 | 374
　　2) 일진회 등이 일본 황태자에게 헌상한 한국 물품 | 375
　　3) 개인 기증 | 377
　　4) 기타 | 378

4장 상인 및 수집가들에 의한 반출 | 381

1. 국내 고미술품 시장 | 383

    1) 골동상의 등장 | 383

    2) 초기의 골동상 | 386

    3) 고물상조합 및 경성미술구락부 | 389

2. 문화재 국외 유출 | 407

    1) 유물반출 실태 | 407

    2) 1930년대 일본에서의 한국 고미술품 전람회 | 418

    3) 국외 반출의 대표적 골동상 | 422

        (1) 야마나카상회 | 423

        (2) 다케우치 야오타로(竹內八百太郞) | 427

        (3) 이케우치 도라키치(池內虎吉) | 429

        (4) 도미타상회 | 430

        (5) 문명상회 | 432

3. 해방 직후 혼란기의 문화재 반출 | 458

    1) 해방 직후 일본인 철수 상황과 문화재 반출 | 458

    2) 해방 후 문화재 접수 현황 | 466

5장 도쿄국립박물관에 반출된 한국 문화재 | 477

1. 박물관 연혁 | 479

2. 진열품 관리 | 481

3. 특별전람 및 신진열 | 485

4. 한국 유물 소장품 목록 | 490

5. 열품 수집 방법 | 538

   1) 채집 | 538

   2) 구입 | 542

   3) 기증 및 헌납 | 547

6. 도쿄국립박물관 열품에 나타난 반출 유물의 성격 | 575

6장 맺음말 | 579

참고문헌 | 589

찾아보기 | 615

부록 일제 강점기 일본 기관 및 일본인 소장 유물 | 619

1장
들어가면서

조사의 배경

우리 문화재는 수차의 전란과 격동기를 거치면서 파손당하거나 외국으로 많이 유출되었다.

그 첫 번째는 임진왜란 때로 전국이 초토화되고 지상에 남아있던 유구한 역사를 가진 문화재들이 전취물로 약탈당하였다. 일본의 조선 학문에 대한 동경은 곧바로 전적 유물에 눈독을 들이게 되었으며 이것은 임란을 일으키면서 곧바로 실행에 옮겨졌다. 그들은 종군문서참모부라는 서적약탈대를 조직하여 거침없는 약탈에 나섰다.[1] 조직적으

---

1) 李弘稙은 『韓國古文化論攷』(을유문화사, 1954)에서,
書籍掠奪部는 從軍文書參謀部라 했다. 그 조직위원으로는 상국사의 承兌, 남선사의 靈三, 동복사의 永哲, 文英, 淸韓, 안국사의 惠瓊 등이 있었는데 이들은 주로 조선서적을 약탈할 때 서적의 가치를 식별하는 역할을 맡았다고 한다.
선조40년 通信副使로서 일본에 갔다 온 慶暹의 기록 『海槎錄』에,
중 承兌는 본디 탐심이 있고 음흉한 자로 경인년(선조23, 1590)에 書契에 불손하게 한 것과 병신년(선조29, 1596)에 詔使를 협박한 것이 모두 이 중에서 나온 것이라고 했다.
辻善之助, 「安國寺惠瓊の書簡の一節(嚴島文書)」, 『弘安文祿)征戰偉績』, 史學會編纂, 1905.에 의하면, 현재 광도현 엄도신사에는 안국사 惠瓊가 임진년(1592) 6월 8일에 현지(現地: 釜山浦)에서 본국의 안국사 이하 자기 휘하 관계 사원에 보낸 서신이 보존되어 있는데, 이 서신의 末尾에, 조선과 명을 정복

로, 오늘날 그네들이 세계적으로 자랑하는 전적 유물이나 다완 같은 것은 보이는 대로 약탈하였다. 이로 인해 일본의 요업과 인쇄 기술에 많은 변화가 생겨났으며, 오늘날 한국에 없는 임란 이전의 귀중서가 일본에 많은 것은 이런 연유이다.

두 번째로 우리 문화재가 국외로 많이 유출된 시기는 한말부터 일제 강점기를 들 수 있다. 1866년의 병인양요 때 프랑스군에 의한 외규장각 도서의 약탈을 비롯하여, 대한제국기에 미국, 러시아, 프랑스, 독일, 네덜란드 등의 선교사, 외교 관계자, 상인들에 의한 문화재 유출도 상당하였다. 그러나 무엇보다도 일본인들이 한반도에 발을 들여놓은 이후의 문화재 유출은 너무나 파괴적이고 광범위하다고 할 수 있다. 1876년 개항 이후 일본은 한국에 대해 다양한 방면으로 침탈을 해 왔다. 특히 문화재에 대한 약탈과 반출은 여전히 크나큰 후유증을 남기고 있다.

일본은 정한론이 대두하면서 대륙침략을 목적으로 한 한국의 역사, 지리, 풍속

하고 內典, 外典의 書籍(原文에는 內傳, 外傳으로 되어 있으나 辻善之助는 內典, 外典으로 해석하고 있다. 小野則秋는 『日本文庫史』(1942년 敎育圖書株式會社) '上代의 寺院과 經藏'條에서, 일본 奈良時代에는 圖書에 대해 內典과 外典으로 區分하였는데 佛書를 內典이라 하고 儒敎 其他 圖書를 外典이라 불렀다고 한다.)과 기타 보물을 배에 滿載하여 送致하겠다는 기록이 있다고 한다. 이런 점으로 보아 출정에 앞서 서적 약탈에 대한 계획이 수립되어 있었음을 짐작케 하고 있다.
김문길, 『임진왜란은 문화전쟁이다』, 도서출판 혜안, 1995.에 의하면,
전쟁을 시작한 지 한 달쯤 지난 뒤 毛利輝元의 진군이 성주성에서 싸울 때 성이 4시간 만에 함락되고 성 안에 보관된 星州文庫 수만 권이 약탈된 것을 시작으로 각 성마다 보관된 서적을 약탈당하였던 것이다. 그 안에는 동양에서 최고가는 고서적인 『五禮儀』, 『群學釋菜儀目』, 李彦迪의 『中庸九經衍儀』, 李珥의 『擊蒙要訣』, 서경덕의 『花潭文集』, 김시습의 『金鰲神話』 등을 비롯한 수십만 권이 포함되어 있다고 한다.
李弘稙은 『韓國古文化論攷』에서,
壬亂時에 일본에 약탈된 우리 전적이 단순하게 군졸의 손으로 질서 없이 약탈된 것이 아님은 현재 일본 각종 중요 도서관 문고에 산재한 조선본의 藏書印을 보면 모두 당시 조선의 名家의 것이라는 점으로 짐작할 수 있으며 이들은 전란의 여가를 타서 계획적으로 관청, 구가의 장서를 샅샅이 탐색하여 약취하였음을 알 수 있다고 한다.

등에 대한 연구를 시작하였다.[2] 때마침 일본 육군참모본부 요원이 만주 집안현의 광개토대왕비의 탁본을 가져감으로써 대륙침략에 대한 야욕을 더욱 부채질했다. 청일전쟁 후에는 각 분야의 전문가들이 한국 강점을 구체화하기 위하여 한국에 관한 전문적인 연구를 시작하게 되었다. 1900년 야기 쇼자부로의 조사와 1902년의 세키노 타다시의 한국 조사는 이러한 일련의 과정으로 한국의 역사, 고적, 풍속 등을 보다 구체적으로 파악함으로서 지배체제를 구축하기 위한 것이었다. 러일전쟁에 의해서 한국에 대한 일본의 독점적 지배권이 확립되고, 이어서 한국병합이 행해지는 단계가 되자 한국을 확실하게 지배하기 위한 본격적인 연구가 시작된다.[3] 일제강점이 시작되자 일본의 한국 지배를

---

[2] 藤田亮策은 「朝鮮古文化財の保存」(『朝鮮學報』제1집, 朝鮮學會, 1951년 5월)에서,
한국의 역사와 문물은 일찍이 명치초년 정한론이 성할 무렵 반도 연구가 발흥하여 역사, 지리, 풍속 등의 다수의 저술이 출판되었으며, 명치 17년 酒匂 대위가 만주 통구의 고구려 호태왕비의 탁본을 장래함으로서 비의 내용으로부터 실증적으로 일본의 대륙관계를 검토하게 되었다고 한다.
旗田巍,(李基東 譯) 「日本에 있어서의 韓國史 硏究의 傳統」,『韓國史 市民講座』제1집, 一湖閣, 1987년 9월, p. 76.에 의하면,
1869년에 만들어진 國史校正局, 그것을 계승한 國史編輯局, 修史局, 修史館, 編年史編纂掛에서는 국사편수의 입장에서 일본사에 관계있는 한국 역사도 연구되었다. 거기서 만들어진 『日本史略』(1877년 초간), 그것을 개정한 『國史眼』(1888년 완성, 1890년 제국대학에서 출판, 1901년 사학회에서 출판)에는 신대의 옛적부터 근대에 이르기까지의 일본과 한국과의 관계가 상당히 자세하게 씌어져 있다. 이 국사 안은 重野安繹, 久米邦武, 星野恒 등 세 사람의 저술인데, 모두가 제국대학 교수였으며, 뒷날까지 일본 역사학계의 중진으로서 활약한 사람들이다.
櫻井義之 編,『(明治年間)朝鮮硏究文獻誌』(1941년 書物同好會)를 살펴보면,
朝鮮關係 論著를 1. 朝鮮事情 一般, 2. 歷史. 傳說, 3. 內政. 外交, 4. 經濟. 産業, 5. 地理. 紀行, 6. 政治. 文藝, 7. 宗敎. 衛生, 8. 朝鮮地圖 等 8항으로 분류하고 있으며, 明治8년부터 출간한 論著 총 579편을 收錄 解題하고 있다.

[3] 「東洋歷史地理硏究の勃興」,『歷史地理』제11권 제3호, p. 76.에 의하면,
明治 37, 8년 전역의 결과 한국은 우리의 보호 하에 있고, 청국의 일부는 우리의 세력 범위로서 우리나라는 동양의 覇者로서의 위치를 하게 되었다고 한다.
「時評」,『歷史地理』제15권 2호, 歷史地理學會, 1910년 2월, pp. 88~89.에 의하면,
1909년에는 대륙 진출의 야망으로 각 방면의 연구가 활발하던 시기로 언어학, 인류학, 고고학, 역사학, 지리학 방면에서 경쟁을 하듯 학술적 연구에 종사하여 만철회사의 조사부에서는 白鳥 박사를 총재로

합리화하기 위한 작업과[4] 아울러 각 분야를 보다 세밀히 파악하여 한국의 지배체제를 강화하기 위한 단계로 고적조사사업이 본격화되었다. 또한 당시 일본 학계에서 일본과 동아시아의 관계, 일본의 역사와 근원을 밝히기 위한 연구가 활발해지면서 한국에 대한 연구는 그들 학계의 의욕을 채우는 데 필수적인 것이 되었다.[5] 한국에 대한 지배 강화와 그들의 학문적 욕구 충족을 위한 고적조사는 이 땅을 그들의 실험무대로 만들었다. 뿐만 아니라 조사 과정에서 출현한 각종 자료와 유물을 그들의 연구 자료로 반출한 예가 상당하다는 것은 주지의 사실이다.

일제가 이 땅을 밟은 이후에 상인, 정치인, 여행객 등이 경쟁적으로 몰려와 문화재를 반출하였고, 청일전쟁을 계기로 한국에 진출한 상인 무뢰배들에 의한 문화재 도굴

만주의 역사 지리의 촉탁으로 연구에 종사하고 그 밑에 松井, 箭內 박사가 임하여 연구를 속행했다. 또 桑原, 守野 박사는 문부성 유학생으로 청국을 여행하고 지리, 인정을 시찰하는 연구 여행을 했다. 또 市村, 塚本, 關野는 각자 전문방면에서 滿淸지방의 유물조사를 했다. 白鳥 일행은 만주지방을 조사하고 한국에서 고문서를 수집하고 京都大學에서는 조선의 金石集帖 구입했다. 한국 방면에서는 關野 박사가 탁지부의 촉탁으로 건축, 유물 조사에 종사하고, 萩野 박사는 東京帝國大學의 명으로 한국사적조사에 종사, 그 풍속 등을 조사했다.

[4] 국권침탈이 이루어지자『歷史地理』의 臨時增刊號로 '朝鮮號'가 발행하고,「本誌記念號發刊」,(『歷史地理』제16권 제4호, 1910년 10월. p. 102)에서 "한국병합은 본방사상 특필한 것으로 이 천재일우의 사실에 대한 역사적 연구와 아울러 일한의 역사적 관계를 밝히는 것이 우리 역사지리학 연구에 종사하는 자의 임무다."라 하고,「韓國の倂合と本誌臨時號發刊の企圖」(『歷史地理』제16권 제4호, 1910년 10월, p. 95)에서는 "고래 수천년의 역사를 통해, 아국과 긴밀한 교섭을 가지고, 또 순치(脣齒)의 관계를 가지고 있는 한국은 神武紀元 2570년 8월 29일로 아국에 병합하게 되어, 조선의 명칭을 복원하고 영구히 아국의 일부분이 되었다. 이는 실로 역사상 顯著重要한 一事項으로 우리들이 영구히 기억할 사건이다."라고 하며 이를 기념하기 위하여 임시호를 발간한다고 한다. 또한 국권침탈을 "한동안 떨어졌던 친척이 다시 만난 것"과 비유하면서 일선동조론을 주장하면서 합리화 하고 있다. 역사지리학회에서는 하기강연회를 개최하여, 문학박사 喜田貞吉은「한국의 병합과 국사의 교육」의 제하의 강연에서, 한국병합은 국사상으로 보면 한국은 일본의 일부로서 동일인종으로 규정하고, 한일 간이 융화해야 한다는 것을 강조하고 있다.
[5] 白鳥庫吉은「韓國の日本に對する歷史的政策」,(『史學界』제7권 제7호, 명치38년 7월, p. 1)에서, "일본과 한국은 오래전부터 금일에 까지 밀접한 관계를 가지고 있는 고로 조선에 대한 연구는 일본인이 극히 필요하다고 생각한다"고 하고 있다.

행위는 지하의 영혼마저 거침없이 유린했다. 이런 도굴품들은 상인들과 수집가들에 의해 일본이나 구미 등지로 유출되었다. 각종 기증·헌납의 형식으로 건너간 것도 상당량에 이른다. 우호관계의 증진을 위해 기증한 유물도 있지만 총독부 등 관권에 의한 무단 반출도 상당하다 할 수 있다.

　　　패전국은 모든 재산을 피해자국에 두고 귀국해야 마땅한 일이나 해방 직후 혼란한 틈을 이용하여 모아둔 문화재의 상당수를 그대로 가지고 떠났다. 이런 반출에 의해 일본은 국외 유출 한국 문화재를 가장 많이 보유하고 있다.

　　　국립문화재연구소에서는 국외로 유출된 우리 문화재의 소재와 실태를 파악하기 위해 1984년부터 해외문화재조사사업을 진행했다. 그 결과 1986년『해외 소재 한국 문화재목록』을 시작으로 국외 소재 한국 문화재 파악에 노력하고 있다.[6] 국외 소재 문화재의 소재 파악과 더불어 1992년부터는 현지 확인 조사도 병행하여 추진하고 있다. 이 같은 조사가 계속되면서 국외 소재 한국 문화재의 소재 확인과 더불어 그 반출 경위도 상당수 밝혀졌다.[7]

　　　국립문화재연구소가 밝힌 자료에 의하면 2011년 2월 현재 국외 유출 한국 문화

---

[6] 『日本所在 韓國典籍 目錄』(1991), 『海外所在 韓國文化財 目錄』(1993), 『小川敬吉調査文化財資料』(1994), 『日本所在文化財圖錄』(1995), 『日本所在韓國佛畵圖錄(京都,奈良)』(1996), 『프랑스 국립 기메 동양박물관 소장 한국 문화재(목록)』(1999), 『모스크바 국립동양박물관 소장 한국문화재(목록)』(2002), 『러시아 표트르 대제 인류학민족학박물관 소장 한국 문화재』(2004), 『해외전적문화재조사목록-일본 천리대학 도서관 소장 한국본』(2005), 『해외전적문화재조사목록-일본 존경각문고 소장 한국본』(2006), 『해외전적문화재조사목록-카자흐스탄 국립도서관 소장 한국본』(2007), 『독일 쾰른 동아시아박물관 소장 한국문화재』(2007), 『일본 와세다 대학 쓰보우치 박사 기념 연극박물관 소장 한국 문화재』(2008).

[7] 동북아역사재단편, 『일본 소재 고구려 유물 I』동북아역사재단, 2008; 동북아역사재단편, 『일본 소재 고구려 유물 II』동북아역사재단, 2009; 동북아역사재단편, 『일본 소재 고구려 유물 III』동북아역사재단, 2010; 동북아역사재단편, 『일본 소재 고구려 유물 IV』동북아역사재단, 2011; 이현혜·정인성·오영찬·김병준·이명선, 『일본에 있는 낙랑 유물』, 학연문화사, 2008.

재는 14만 75점으로 확인되었다. 국가별로 본다면, 일본이 가장 많은 6만 5천 142점이고, 그 다음으로 미국이 3만 7천 972점, 독일이 1만 770점, 중국이 7,930점, 러시아가 4,008점, 영국이 3,628점, 프랑스가 1,797점, 덴마크가 1,278점 등의 순이며 그 외 여러 나라에서 소장하고 있는 것으로 파악되었다.

재일 한국 문화재는 현재 파악된 것이 국외유출 문화재의 절반을 차지하고 있다. 그런데 이것은 주로 박물관이나 공공기관, 대학 등에 소장되어 있어 공개가 가능한 대상으로 조사한 것이기에 현재 우리가 추정하고 있는 수와는 상당한 거리가 있다. 국·공립기관에 소장된 국외 유출 한국 문화재는 소재 파악이 어느 정도 용이하나 개인이 소장하고 있는 것은 사실상 소재 파악이 어려운 상태이다. 또한 소재 파악이 되었다 할지라도 그 유출 경로를 밝힐 수 있는 객관적 자료도 거의 없는 상태이다. 또 경로 파악이 되어도 소재 파악이 되지 않은 것이 많다. 이 속에는 물론 정상적인 거래에 의해 건너간 것도 있지만 무법적인 방법에 의해 반출된 것이 많다는 것이다.

1965년의 한·일간의 「문화재 및 문화협력에 관한 협정」제2조의 규정에 의하여 1966년 5월 28일 제1차로 반환 문화재 고고자료 339점, 도자기 및 석조미술품 100점, 체신자료 36점, 도서 852책, 마이크로필름 379롤(기증품)을 인수하였다. 1967년 6월 30일에는 제2차로 반환 문화재(경남 창령 교동고분군 출토물) 106점을 인수하였다. 이것은 1958년 4월에 1차로 일본정부로부터 반환되어 그동안 주일 한국대사관에 보관되었던 것이다.[8]

1966년 문화재반환협정에 따라 일부 반환을 받긴 했으나 우리 측 입장에서는 불만스러운 결과가 되었다. 2007년 '한일 불법 문화재 반환 촉진 정책포럼'에 참가한 하야시 교수는 한국과 일본 두 나라 사이 문화재 반환의 걸림돌을 지적했다. 즉 1965년 한

---

8) 「한·일회담 반환문화재 인수유물」, 『고고미술』165, 한국4미술사학회, 1985.

일협정을 통해 '청구권 포기 규정'을 둠으로서 한국정부가 정식으로 일본에 문화재 반환을 요청하는 것을 불가능하게 만들었다고 지적했다.9) 이러한 걸림돌로 인해 환수에 적극성을 띄지 못했다. 그러나 비정상적으로 반출된 문화재에 대해서는 이러한 규정으로만 묶을 수 없는 일이며, 문화재 반환 문제는 멈출 수 없는 일이다. 한국 문화재의 반환 문제는 늘 한일관계의 걸림돌로 작용하고 있으며, 양국 간의 정상적인 소통을 위해서도 꼭 해결해야 할 과제이다.

1966년 이후 환수한 대표적인 국외소재 한국 문화재는 1996년 1월 데라우치문고, 2005년 10월 북관대첩비, 2006년 조선왕조실록 오대산본 잔본, 2011년 프랑스 외교장각 의궤 297책, 2011년 12월 일본 궁내청 조선왕실도서 등이다. 이들은 모두 민간 차원의 노력에 의해 환수 작업이 시작되었거나 민간 차원에서 환수되었다.

국외 반출 문화재에 대한 관심과 환수 문제에 대한 관심이 확산되면서 문화재청에서는 2012년에 각국의 문화재 환수·활용을 체계적으로 추진하기 위해 민간 전담기구인 '국외소재문화재재단'을 설립하겠다고 한다. 민간 분야에서 활동을 지원함으로써 정부차원에서 수행하기 어려운 환수 활동을 극대화하겠다는 것이다. 이러한 관심에 비하여 명확한 유출 경로가 파악된 것이 그리 많지 않다. 이에 대한 것이 시급한 문제로 대두하고 있다.

---

9) 하야시 교수는 "일본과 한국의 문화재 반환을 포함한 전후처리 문제는 한일협정을 통해 외교상으로는 모두 해결된 것으로 되어 있다. 실제 한일협정에는 일본 측의 제시로 청구권 포기에 대한 조문이 포함되어 있다(청구권 해결로서 협정 성립시에 존재하는 한일양국 및 양 국민간의 청구권에 관한 문제는 샌프란시스코 평화조약 제4조에 규정된 것을 포함하여 완벽하고 최종적으로 해결된 것으로 한다는 문장이 들어간 것이다). 이로써 일본 측은 문화재 반환 문제는 해결된 것으로 보고, 한국 측은 사실상 정식 루트를 통한 반환요구가 곤란 또는 불가능해졌다."고 하면서 그동안의 일본 측의 입장을 들어 '문화재인도협정'의 문제점을 지적했다(하야시 요꼬, 「일본 내 한국문화재 반환상의 문제점 및 제도개선 방안」, 『한일 불법문화재 반환 촉진 정책 포럼』, 2007년 4월 27일, 유네스코한국위원회·문화재청).

조사의 목적과 내용 구성

반출 문화재를 일부 환수하기도 했지만 아주 미미한 상태이다. 그렇다면 왜 환수가 어려운가? 유출된 문화재의 소재를 확인했다 할지라도 막무가내로 돌려줄 것을 요구할 수는 없다. 무엇보다도 반출 문화재의 불법성을 밝히는 것이 우선이고 이러한 불법성을 밝히기 위해서는 그 반출 경로를 파악하는 일이 먼저 이루어져야 한다. 본서에서는 일본인들이 이 땅에서 행한 문화재 약탈과 반출한 유물의 경로를 종합적으로 살펴보고 그 불법성을 규명하는 데 목적을 둔다.

일본인들이 이 땅에서 고적조사의 첫 삽을 뜨면서 우리는 스스로의 역사 연구를 선점당했다. 고대 역사의 증빙자료를 그들의 편의에 따라 활용함으로서 상당한 후유증을 낳게 했다.[10] 그들이 이 땅에서 행했던 행위를 파악하기 위해서는 그들의 조사 과정과 내용을 조사하고, 이에 따라 출토된 유물을 어떻게 처리했는지를 살펴야 한다. 그러기 위해서는 문헌 조사가 앞서야 할 것이다. 문헌 조사라는 것은 가장 초보적이고 기초적이지만 근거 마련에 있어 가장 중요한 부분이라 할 수 있다.

시간적 범위는 한말부터 해방 직후까지로, 일본에 의한 반출을 중심으로 한다. 미국 등지로 흘러간 것도 상당수는 일본을 통하여 반출된 것이 많기 때문에 무엇보다도 일본으로 유출된 배경과 경로를 파악하는 것이 중요하다.

내용 구성은 크게 4장으로 나눈다. 첫째, 고적조사에 의한 반출로, 고적조사에

---

[10] 일본 학자 旗田巍조차도, "지난날 일본이 한국을 지배하고 있던 시대에는 극소수의 예외적인 사람을 제외하고는 한국인의 한국사 연구자는 없었다. 거기에는 일본의 식민지 정책이 한국인에 의한 한국 역사의 연구를 억압했던 점이 크게 작용하고 있으나, 그것만은 아니었다. 일본인에 의한 한국사 연구의 내용 그 자체 속에 한국인의 연구 의욕을 저해하는 것이 내포되어 있음을 잊어서는 안 된다. 이전의 연구에서는 연구하면 할수록 한국사는 보잘것없는 것이 된다는 경향이 있었다. 이것은 일본인의 동양사 연구 전체에 대해서도 말할 수 있는 것이었는데, 특히 한국사 연구에 있어서 현저하다"고 하고 있다(旗田巍(李基東 譯),「日本에 있어서의 韓國史 硏究의 傳統」,『韓國史 市民講座』제1집, 一潮閣, 1987년 9월, p. 71).

의한 발굴 유물과 반출한 내용의 조사는 시기적으로 1900년부터 1908년까지, 1909년부터 1915년까지, 1916년부터 1920년까지, 1921년부터 1930년까지, 1931년부터 해방 전까지 5기로 나누어[11] 고적조사 및 유물 반출의 실태를 살펴본다. 일본 학자들은 발굴 횟수에 비해 그 보고서 작성에는 소홀했다. 조사 후 보고서가 출간되지 않거나 보고서 자체가 작성되지 않은 것이 많아 그 전모를 파악하기란 사실 불가능한 일이다. 따라서 본서는 그들의 발굴 조사를 신문기사에 몇 줄 남긴 것이나, 그들의 논문상에 일부 참고하거나, 휘보란 등에 극히 간략하게 나타난 것들까지 포함하여 종합적으로 살펴 정리하고 이에 따른 반출경로를 파악하고자 한다.

　　일제기 전반에 걸쳐 발굴 조사한 내용을 주요 조사표로 만들어 그들이 발굴한 유물과 시기, 장소 등을 조사하고, 이에 따라 유물이 누구를 통하여 어디로 반출되었는지를 살펴본다. 또 개인적으로 불법 조사한 사례와 반출 유물을 조사한다.

　　둘째, 권력에 의한 관료들의 반출과 기관, 단체 등에서 기증·헌납에 의한 반출

---

11) 早乙女雅博은 「新羅の考古學調査 「100年」の硏究」(『朝鮮史硏究會論文集』39, 朝鮮史硏究會, 2001년 10월)에서, 해방 전의 조선고고학조사를, 동경제국대학 조사(1900~1909년), 총독부 제1차 고적조사(1910년~1915년), 총독부 신체제하의 제2차 고적조사(1916년~1920년), 총독부고적조사과의 제3차고적조사(1921년~1930년), 조선고적연구회의 제1차고적조사(1931년~1932년), 고적연구회의 제2차고적조사(1933년~1935년), 조선고적연구회의 제3차고적조사(1936년~1945년)로 7기로 나누고 있다. 高橋潔 등은 「關野貞の朝鮮古蹟調査」(『關野貞アジア踏査』, 東京大學總合硏究博物館, 2005)에서, 1기 1900~1909년, 2기 1910~1915년, 3기 1916년~1920, 4기 1921년~1924년, 5기 1925년~1930, 6기 1931~1945년 등 6기로 나누고 있다.
早乙女雅博과 高橋潔은 1기를 1900년부터 1909년까지로 잡고, 2기를 한국 강점을 기준으로 1910~1915년으로 잡고 있다. 그러나 본서에서는 1909년의 關野貞 일행의 조사는 형식적으로는 탁지부 요청에 의한 것이기 때문에 본서에서는 2기를 1909년부터 1915년으로 구분했다.
제3기는 「고적급유물보존규칙」와 고적조사위원회 설립을 기점으로 1916년부터로 잡았다.
제4기는 고적조사과의 설립을 기점으로 구분했으며, 早乙女雅博과 高橋潔은 1924년을 기점으로 고적조사과의 설치기와 폐지된 이후로 세분화하고 있지만, 본서에서는 고적조사과 설치기부터 조선고적연구회의 출현 전까지로 묶어서 살펴본다.
제5기는 조선고적연구회의 설립부터 해방 때까지로 구분했다.

로, 권력에 의한 관료들의 반출과 기관, 단체 등에서 일본의 기관이나 학계에 기증·헌납한 사례와 불법 반출한 것은 어떤 것이 있는지를 조사한다.

셋째, 수집가들이나 상인들에 의한 반출로, 골동상들과 매매, 국외 반출 현황, 국제골동상들의 활동 등을 살펴봄으로서 당시 얼마나 많은 문화재가 반출되었는가 하는 것을 살펴본다. 해방 직후 국내의 혼란한 틈을 이용하여 불법으로 반출된 상황 또한 살펴본다.

마지막으로 도쿄국립박물관 소장의 한국 문화재를 중심으로 권력기관이나 친일단체, 한국에 관계한 도쿄박물관원, 고적조사원 등에 의해 박물관에 소장된 유물과 그 경로를 조사한다. 그리고 반출 유물과 경로를 대조하여 불법적으로 소장하고 있는 유물은 어떤 것이 있는지를 조사한다.

본서에서 기술하는 내용은 물론 빙산의 일각이지만 당시 우리 문화재가 어떤 상황에서 어떤 경로를 통해 반출되었는지를 살펴봄에 그 주안점을 두었다.

2장
고적조사에 따른 문화재 반출

1. 초기 정찰적 성격의 한국 조사와 이에 따른 유물 반출

1) 1900년 야기 쇼자부로(八木奘三郎)의 조사

일본에서는 한국 침략의 야욕을 불태우는 동시에 한국에 대한 학문적 관심도 크게 확대되었다. 특히 청일전쟁 후에는 그 전과는 달리 일본의 대륙정책이 한국을 강점하는 방향으로 굳혀졌기 때문에, 각 분야의 전문가들이 한국 병탄을 구체화하기 위하여 혹은 한국을 방문하고 혹은 한국에 관한 전문적인 연구를 시작하게 되었다.[1] 일본과 한국은 오래 전부터 오늘날에 이르기까지 밀접한 관계를 가지고 있기 때문에 조선에 대한 연구에는 일본인이 반드시 필요하다고 생각한 것이다.[2] 그 중에서도 특히 고고미술 분야의 연구는 1900년에 도쿄제국대학 인류학교실 소속의 야기 쇼자부로(八木奘三郎)의 정찰적 성격의 조사로 시작되었다.[3]

---

1) 李萬烈, 「19세기말 일본의 한국사연구」, 『청일전쟁과 한일관계』, 一湖閣, 1985, p. 89.
2) 白鳥庫吉, 「韓國の日本に對する歷史的政策」, 『史學界』제7권 제7호, 1905년, 7월, p. 1.
3) 八木奘三郎의 한국여행은 1900년 이전에 1회 있었던 것으로 보인다. 西谷正은 "일본은 1890년대에 들

야기는 1902년 4월에 『사학계』에 발표한 「한국탐험일기」의 서언에서 여행 목적을 "다년(多年) 내지(內地)의 유물 유적을 탐토(探討)한 결과 한국 조사가 필요한 것을 깨닫고" 이를 실행에 옮겼으며, 또한 "여행 중에 보고 들은 것을 경과 순서로 기록하여 타일 도항자(渡航者)들에게 일조(一助)를 하고자 함"에 있음을 밝히고 있다. 도쿄제국대학 이과대학의 명에 의해[4] 1900년과 1901년 2회에 걸친 여행에서 그가 부산에 처음 도착한 것은 1900년 10월 27일이다.[5]

야기는 1900년 10월 27일 부산에 도착하여 인류학회 회원인 야하시 간이치로

어서면서 당시 동경제국대학에 재직하고 있던 역사학, 고고학, 건축사학 같은 학문을 전공하는 학자들이 잇따라 조선에 파견되었다"고 하면서, 八木奘三郎이 『東京人類學雜誌』(제16권 제176호, 177호, 1900)에 게재한 「韓國通信」을 근거로 하여, 八木奘三郎은 1893년과 1900년에 한국에 파견된 것으로 기술하고 있다(西谷正, 「1945년 以前의 高句麗 遺蹟 發掘과 遺物」, 『高句麗 遺蹟 發掘과 遺物』, 高句麗研究會編, 2001, p. 99). 申叔靜은 西川宏의 논문(「日本帝國主義下における朝鮮考古學の形成」, 『朝鮮史研究會論文集』7, 1970)을 인용하여, 八木奘三郎이 1893년에 조선에 파견되어 고인돌과 삼국시대 고분을 살폈다고 한다(申叔靜, 「우리나라 新石器文化 硏究傾向」, 『韓國上古史學報』제12호, 韓國上古史學會, 1933). 『考古界』제1편 제5호(1901년 10월)에 의하면, 八木의 조선여행에 관한 내용이 『東京人類學會雜誌』에 실려 있다고 하며, 차순철의 논문 「일제강점기 고적조사 연구의 성과와 한계」, 『新羅史學報』17, 2009)에 의하면, 『東京人類學會雜誌』제15卷 176號(東京人類學會, 1900)에 八木奘三郎의 '韓國通信'이 실려 있다고 한다. 필자로서는 아직 접하지 못해 아쉬울 뿐이다. 그럼에도 불구하고 八木奘三郎의 한국 고적조사를 1900년으로 기준한 것은 『東京人類學會雜誌』에 게재한 '韓國通信'을 인용한 내용에는 모두 구체적인 내용이나 목적 및 일정이 기술되어 있지 않다. 그리고 八木奘三郎은 1915년 12월 17일자 『每日申報』의 「조선의 先史民族」에서, "나는 1900년에 처음 한국을 조사하기 위하여 당지에 출장하여" 조사를 시작했다고 기술하고 있기 때문에 八木奘三郎의 1900년 이후의 활동을 기술한다. 加藤灌覺의 「朝鮮陶磁器槪要」『朝鮮史講座』, 朝鮮史學會同人, 1923년, p. 10)에 의하면, 明治 31. 2년(1898. 9년)경의 일로 생각한다고 하면서 동경제국대학 理科大學 人類學敎室의 八木奘三郎이 조선에 출장하여 각지를 여행하면서 여러가지 조사를 하였다는 기록이 있으나, 加藤灌覺의 기록 외에는 보이지 않아 1900년의 조사를 잘못 기억한 것이 아닌가 생각된다.

4) 『考古界』제1편 제5호(1901년 10월), '八木奘三郎氏의 韓國行'에서, "본회 평의원 八木奘三郎氏는 동경 이과대학으로부터 파견되어 작년 겨울부터 본년 여름까지, 수월 간 한반도에 인류학 연구 여행을 하고 〈중략〉同氏는 본년에 역시 동국 탐구의 명을 받아 본월 3일 당지로 출발"이라고 밝히고 있다.

5) 八木奘三郎, 「韓國探險日記」, 『史學界』第4卷 4號, 5號, 1902년 4월, 5월.

(矢橋寬一郞)를 만나 한국 발견품 곡옥, 경감(鏡鑑), 토기류를 열람하고, 모두 일본의 고분과 관계를 가진 것을 보고 기쁨을 감추지 못했다고 한다.

10월 28일에는 동행자 야마나카(山中)와 함께 여관 앞에 있는 용두산에 올라 소요하면서 산상의 사지를 둘러보았다. 그 후 11월 4일까지 일본인 거류지 내의 신사, 기념비, 가옥, 고성 등을 답사했다.6)

10월 30일에 부산영사관에 가 여행에 필요한 사전 준비를 하고 11월 4일에 출발하여, 야하시와 야마나카를 포함 일행 5명은 부산진을 경유하여 동래에서 온천을 구경했다. 11월 5일에는 범어사의 유물을 조사하고, 11월 6일에는 통도사 유물을 조사했다.7)

그 후 경상북도로 향하여 대구로, 대구에서 조령을 거쳐 문경으로 올라갔다. 문경에서 선사시대 것으로 추정되는 요석(凹石) 및 타제석부(打製石斧)와 같은 것을 채집하였다. 1915년 12월 『매일신보』에 「조선의 선사민족(先史民族)」란 제목으로 발표한 글에는 대략 다음과 같이 기술하고 있다.

> 명치19년(1886) 12월 당시 원로원의관(元老院議官)으로 인류학회 회장 간다 고우헤이(神田孝平)는 개성에서 발견하였다고 칭하는 마제석검을 세상에 소개하였는데, 후 8년이 지나 동회의 간사 와가바야시 가쓰쿠니(若林勝邦)가 조선 발견의 동석검으로 미국잡지상에 게재된 분(分)을 인용한 일이 있었고, 후에 또 4년 여를 지나 황해도 봉산군 고분으로부터 출하였다고 칭하는 마제석족을 세상에 발표한 일도 있으니 이러한 등은 조선 석기로 내지인 간에 지실(知悉)된 것이나 당시 일본인의 고분 중으로부터 석제품이 출한 일을 숙견(熟見)한 학자 간에 있어서는 모두 이를 모조품으로 인정하였으니 이는 일본의 고분 중 나의 제3기에 가하는 것 중에는 실물 대용품으로 당시의 소도(小刀), 모(鉾), 경(鏡), 기타의 류를 소형의 석제물로

---

6) 八木奘三郞, 「韓國探險日記」, 『史學界』第4券 4號, 1902년 4월.
7) 八木奘三郞, 「韓國探險日記」, 『史學界』第4券 5號, 1902년 5월.

조성 매장하는 풍습이 많았으므로 인함이라.

다음에 나는 1900년에 처음 한국을 조사하기 위하여 당지에 출장하여 부산 방면으로부터 경주지방을 순회하고 대구에 출하여 조령을 넘고자 하야 수일 후 문경에 달하였는데, 그 전방에서 일본의 석기시대에 본 것과 같은 요석(凹石) 및 타제석부(打製石斧)와 같은 것을 채집하였으니 이는 조선 내서 순연한 선사주민의 유물 획득의 시작이나 석부는 그 확부(確不)를 결정하기 어려우므로 도리어 이를 발표하기에 주저하였도. 당시 또 포천 지방에서 선사주민의 고분인 탱석(撐石: 지석묘)을 실견하고 또 촬영 귀래하여 탱석을 조선 최고의 고분으로 인식하였을 뿐이오. 그 진상을 알지 못하였으며, 이후 석기의 정품으로 학계에 보도함은 이마니시 류(今西龍)군인데 이로 유물이 차제로 세상에 출현하여 도리이(鳥居), 와다(和田) 박사 및 나 등이 모두 정확한 품종을 득하는 동시에 유적도 발견하고 또한 나는 하나의 의문이던 탱석은 실로 선사주민분묘로 전게 풍산군의 분도 역시 동일한 고분임을 추찰하였노라.

조선의 석기는 30년 전부터 일본인의 손에 들어왔으나 처음에는 모조품이라 인정되었더니 지금에는 선사민족의 유물임을 확인함에 이르렀는데. 금년 추에 공진회의 출품물을......[8]

왕년 조선 연구를 위하여 팔도를 순회할 때 누차 조선인의 소위 탱석을 실견하고 그 구조상 최고의 유적으로 인정하여 이후 그 민족 및 시대 등을 분명히 하고자 하나 다소 고심한 바 있으나 추히 소지를 달성하기 불능하여 당시 유감을 이길 수 없더니 선년 우연히 기회를 얻어 이 중에서 석기 인골 등은 발견하고 또 지인에게서 탱석 내의 석기를 얻어서 이에 비로써 선사민족의 유적됨을 확정하였노라.[9]

---

8) 八木奘三郎,「朝鮮의 先史民族」,『每日申報』1915년 12월 17일.
9) 八木奘三郎,「朝鮮의 先史民族」,『每日申報』1915년 12월 23일.

그의 탐사는 평소 관심사였던 선사 유물에 대한 조사를 겸하고 있음을 알 수 있다.

그 이후 부산영사관에서 범어사, 통도사 등지를 탐사한 기록까지는 있으나 『사학계』제4권 5호에 '미완(未完)'으로 표시하고 있으며 무슨 연유인지 그 다음 호 이후에는 그의 기록이 나타나 있지 않다. 이후의 일정에 대해서는 자세히 알 수가 없으며 그런데다가 그가 한국에 건너와 무엇을 어떻게 조사했는지 정식 보고서가 나오지 않아 알 수 없다. 단지 1900년 12월 1일자 훈령 제21호를 보면 개성, 평양 등지를 여행했다는 것을 짐작케 하고,[10] 1901년 1월 7일자 훈령 제1호에 의하면 경기, 강원, 충청, 전라, 경상도까지 그 범위를 넓혀 조사했다는 것을 알 수 있다.[11] 당시 한국 정부는 야기에게 온갖

---

10) 理科大學員의 연구를 위한 행도에 편의를 제공하도록 해당 각 군에 훈령
   문서번호 訓令 第二十一號 발송일 光武四年十二月一日(1900년 12월 01일)
   발송자 議政府贊政外部大臣 朴齊純
   수신자 沿途[自開城至平壤]各郡守 座下
   결재자 主任 交涉 局長 課長大臣 協辦
   駐京日本公使 照請 理科大學員 八木奘三郞 爲研究古物 擬於十二月三日 遊歷開城平壤 等地 等因이기로 此를 準호야 護照를 繕發호고 茲에 訓令호니 該員이 到境이어든 妥爲照料호야 免致阻滯가 爲可.
   議政府贊政外部大臣 朴齊純 沿途[自開城至平壤]各郡守 座下 主任 交涉 局長 課長大臣 協辦 光武四年十二月一日 光武四年十二月一日 起案
   [출처 : 국사편찬위원회 한국사데이터베이스 http://db.history.go.kr]

11) 일본인 대학교수의 여행길 편의를 제공할 것
   문서번호 訓令 第一號
   발송일 光武五年一月七日(1901년 01월 07일)
   발송자 議政府贊政外部大臣 朴齊純
   수신자 沿途[自京畿 江原 忠清 全羅 至慶尚道]各郡守 座下
   결재자 主任 交涉 局長 課長大臣 協辦
   駐京日本臨時代理公使照稱 大學在任 八木奘三郞 來九日 當地出發 遊歷 京畿 江原 忠清 全羅及慶尚等因이기로 准此訓令호니 該員이 到境호거든 妥爲照料가 爲可.
   議政府贊政外部大臣 朴齊純 沿途[自京畿 江原 忠清 全羅 至慶尚道]各郡守 座下 主任 交涉 局長 課長大臣 協辦 光武五年一月七日 光武五年一月七日 起案

혜택을 제공했기 때문에 그의 조사는 순조로웠을 것으로 보인다.

그 후 그는 도쿄제국대학의 명에 의해 2차로 1901년 10월초부터 11월까지 경상도, 전라도는 물론이고 평양, 의주, 원산 등지에 이르기까지 살핀 것으로 나타나 있다.[12]

그가 당시 조사한 것을 대략 살펴보면, 야기는 부산에 도착하여 범어사, 통도사 등을 조사하고 경성으로 올라와 궁궐, 성문, 산성 등에 대해 간략하게 조사한 다음 전국적으로 조사를 확대한 것으로 보인다.[13]

특히 한국의 불탑(佛塔)에 대해 상당한 조사를 한 것으로 보이는데,「한국불탑론」에서는 각 도의 중요한 탑의 소재지를 명기하고 있다. 경상도 양산군 범어사, 양산군 통도사, 경상도 경주, 경상도 문경, 경상도 인동군 왜관역 근방, 전라도 익산, 충청도 부여, 충청도 목산, 충청도 충주군 탑평, 경기도 이천, 경기도 경성, 경기도 여주, 경기도 송도, 강원도 금강산 신계사, 강원도 금강산 유점사, 강원도 탑동, 함경도 석왕사, 황해도, 평안도 평양, 평안도 성천 등이며, 이외에도 사원의 폐허 및 현존하는 대사찰에 많은 불탑이 있다고 기술하고 있다.[14] 이 중에서도 탑평리의 탑에 대해서는 지명의 유래와 탑의 구조 등을 구체적으로 기술하고 탑 사진을 게재하였다.[15]『고고계』제1편 제9호에 실린 여주 신륵사전탑과 충주 탑평리탑(중앙탑)사진은 현재까지 발견된 사진 중에서 가장 오래된 사진으로 추정된다.

『고고계』1902년 4월호에는 1902년 3월 30일자『시사신보』에 실린 야기의「조선고고담(朝鮮考古談)」을 옮겨 실었는데 그 내용은 조선의 고분과 부장품에 대한 일반적 설명이다. 야기는 고분을 탱석(撑石), 고려총, 후고려의 고분 등 시대 순으로 3종으로

[출처 : 국사편찬위원회 한국사데이터베이스 http://db.history.go.kr]
12)『考古界』第1篇 第6號, 1901년 11월.
13) 八木奘三郎,「韓國京城論」,『考古界』第1篇 第1號, 1901년 6월.
    八木奘三郎,「韓國考古資料通信」,『考古界』第1篇 第6號, 1901년 11월.
14) 八木奘三郎,「韓國佛塔論」,『考古界』第1篇 第8號, 1902년 1월.
15) 八木奘三郎,「韓國佛塔論」,『考古界』第1篇 第9號, 1902년 2월.

1900년~1901년에 촬영한
여주 신륵사전탑(좌)과
충주 중앙탑(우)
(『考古界』第1篇 第9號에 게재)

구분하고 있다. 고려총에는 토기, 동기, 철류 등이 부장되어 있음을 기술하고, 후고려 고분에서는 고경, 마구, 부(斧), 전도(剪刀), 시(匙), 고전(古錢), 고려자기 등이 부장되어 있음을 설명하고 있다. 또 고분의 분포를 설명하여 탱석은 평안도, 경기도에 있고, 두 번째의 고려총은 경상도 및 전라도가 본장(本場)이고 경기도 서북지역에는 극히 적다고 하고 있다. 셋째의 후고려의 고분은 경기도의 송도에 가장 많다고 기술하였다. 연와분(煉瓦墳)은 대동강 부근지역에 있다고 하며,[16] 이어 고려자기에 대한 설명까지 곁들이고 있다.[17] 이런 등으로 보아 그가 직접 고분을 발굴했는지는 알 수 없지만 최소한 전국

---

16) 「八木奘三郎君の朝鮮考古談」,『考古界』第1篇 第11號, 1902년 4월.
17) 八木奘三郎, 「韓國の美術」,『考古界』第4篇 第2號, 1904년 7월.
　　한국도자기 시대적 분류
　　제1기 新羅燒, 제2기 高麗燒, 제3기 朝鮮燒로 분류하고, 신라소는 素燒와 祝部燒로 분류하고, 高麗燒는 靑高麗와 白高麗, 조선소는 靑繪手와 素燒로 다시 분류하고 있다.
　　또 기술상의 분류로는 素燒와 釉燒로 분류하고 素燒는 赤燒와 靑鼠燒로 나누고 釉燒는 靑釉無地燒, 靑釉模樣手燒, 白釉燒, 象眼入燒, 靑繪手燒로 분류하고 있다.

을 답사하면서 도굴된 고분들에 대해 상당한 조사를 했을 것으로 추정된다.

이러한 야기의 조사는 세키노의 한국건축조사에도 일조를 했을 것으로 보인다. 1902년 세키노가 한국건축조사 후 1904년에 간행한 『한국건축조사보고서』의 '만월대' 조에서 고려왕궁지를 기술함에 있어서, "우인(友人) 야기 쇼자부로(八木奘三郎)씨가 일찍이 여기를 다녀가 그 조사한 도면을 기여함에 의하여 이를 게재하여 설명이 불충분한 곳을 돕고, 이울러 유지의 상황의 일반을 표시하려 한다"라고 하고 있어 야기는 고려왕궁지에 대한 도면까지 그렸음을 알 수 있다.

그가 한국 정부의 온갖 특혜를 받아가면서 조사한 기간은 다음과 같이 밝히고 있다.

> 여사한 신 사실을 하루라도 속히 소개함은 자기의 천직인 것 같이 믿고 부산에 도착 후 약 6개월간 삼남, 경기, 황해, 평안도를 답사하고 익년 3월에 1차 내지로 귀환하고 동년 10월에 재차 도래하여 서북동의 3도 즉 평안, 함경, 강원의 지방을 순람하여 그 12월에 귀경하였소. 대저 당시의 여행은 지금 생각하면 노력은 많고 공은 적어 타인의 기대는 이무가론(以無可論)이고, 자기의 희망과 포부와는 그 10분의 1도 달하지 못하였소.[18]

그가 1900년 10월부터 1901년 사이에 한국을 조사한 기간은 대략 8~9개월 정도로, 한국 전토에 대한 일반적인 조사를 하고 돌아갔지만 그가 어떤 유물을 가지고 갔는지 구체적으로 밝혀진 것이 없다. 기록으로 보면, 문경에서 선사시대 것으로 추정되는 요석(凹石) 및 타제석부(打製石斧)와 같은 것을 채집한 것이 있고, 평양의 고분에서 전(塼)을 발견하고[19] 개성 등지에서도 와(瓦)를 발견한 것으로 기술하고 있다. 도쿄국립

---

18) 『每日申報』, 1917년 12월 11일자.
19) 井內功의 『朝鮮古瓦塼圖譜』(井內古文化硏究室, 1981)의 '總說'편에 의하면, 八木이 평양에서 塼을

박물관에 한국 풍속과 관련한 유물을 기증한 것이 있다.

　　세키노의 한국 조사가 62일에 걸쳐 이루어진 것에 비해 야기의 조사는 8~9개월 간의 조사로서 그 기간도 4배 이상이나 된다. 뿐만 아니라 세키노의 조사는 경주, 개성, 경성을 중심으로 이루어진 데 비해 야기의 조사는 전국에 걸친 조사로서 그 범위가 방대하다. 그러나 야기의 조사 기록은 너무 소략하다. 야기의 조사는 한국의 고적, 풍습 등에 대한 광범위한 것으로 일본국의 입장에서 보면 그가 목적에서 기술한 바와 같이 후일 다른 연구자를 위한 전반적인 기초 조사에 임하고자 했던 것이다. 이는 건축 분야에서의 세키노의 깊이있는 조사를 가능케 했다.

2) 1902년 세키노 타다시(關野貞)의 조사

　　야기 다음으로 도쿄제국대학의 세키노 타다시가 정탐을 목적으로[20] 한 고적조

발견한 사실은 八木이 그의 은사 坪田 박사에게 보낸 1900년 12월 20일부로 보낸 通信文(八木獎三郞「韓國短信」,『東京人類學會雜誌』제16권 178호, 1901년. 에 게재)에서 밝히고 있다고 한다.

20) 關野는「한국건축조사보고서」'緒言'에서 밝히기를, "처음 나의 출발에 즈음하여 辰野 공과대학장은 특별히 명령하기를 한국건축의 史的 연구를 목적으로 하고, 또 말하기를 될 수 있는 대로 넓게 관찰하라, 깊지 않더라도 관계없다고 하였다." 라고 서술하고 있다. 여기에서 '공과대학장의 특별한 명령'이란 것은 일본정부의 지시를 전달한 것으로, "될 수 있는 대로 넓게, 깊지 않더라도 관계없다"라고 하는 것은 關野 자신의 의지와도 상반되는 것으로 개인적인 순수한 연구가 아니라 국가적인 의지임을 추정케 하는 대목이라 할 수 있다.
일본의 사학자 西山無彦는「한국건축조사보고서의 수수께끼」에서 당시 關野의 조사에 대해 다음과 같이 해석하고 있다.
일본정부가 단순히 학술조사의 목적으로 關野를 파견하지 않았으리라는 것은 앞에서도 말했다. 關野 스스로는 시종일관 "단지, 학술조사만 했다"고 말할 뿐, 그 밖의 목적이나 이유에 대해서는 그가 고인이 되기까지 끝내 밝히지 않았다. 그러나 이만큼 방대한 조사는 단독으로 가능한 일이 아니며, 아마도 무장한 호위를 거느리고 그의 지휘에 의한 집단 작업이었음이 틀림없다. 일본정부의 방침이 모두 '일본의 권리의 확보'에 있는 이상, 官命調査를 실시한 關野가 '國策'을 수행하기 위한 수단이었음은 분명하다고 하겠다(姜奉辰 譯,『韓國의 建築과 藝術』, 月刊建築文化, 1990).

사를 위해 1902년 7월에 한국에 건너왔다. 그의 조사는 일찍이 한국 관련 연구에 종사하던 야기 쇼자부로(八木奘三郎), 가네 쇼자부로(金澤庄三郎), 시데하라 가기(幣原坦)의 도움을 받은 것은 물론이거니와 당시 재한 일본인 관계자들이 대거 참여한 것으로 일제 정부 차원에서 광범위하게 이루어졌음을 알 수 있다.[21] 뿐만 아니라 당시 우리 정부에서는 세키에게 특권을 주었던 바, 외무대신이 내린 광무6년(1902) 7월 16일자 훈령 제15호에 이 사실이 잘 나타나 있다.[22] 이와 같이 한국 관리들까지 세키노 일행에게 온

21) 關野는 그의 보고서에서 다음과 같이 밝히고 있다.
또한 한국건축조사에 관하여는 林주한공사, 萩서기관, 鹽川 통역관, 大島 외교관보, 三增 경성공사, 加藤 인천공사, 幣原 부산영사 제씨는 公私간에 간절한 도움을 주었고, 문학박사 金澤庄三郎, 八木奘三郎, 小山光利, 長田信藏, 伊藤祐晃, 長山之介 제씨, 특히 문학사 幣原 씨는 가장 유익한 지도와 조력을 주었다. 따라서 여기에 명기하고 諸氏의 후의에 감사하는 바이다(關野貞,「韓國建築調査報告」,『東京帝國大學工科大學 學術報告』제6號, 東京帝國大學工科大學, 明治37年(1904) 7月).
22) 일본인 關野貞의 보호를 훈령
문서번호 訓令第十五號
발송일 光武六年七月十六日 (1902년 07월 16일)
발송자 議政府贊政外部大臣臨時署理宮內府特進官 俞箕煥
접수일
수신자 沿途各郡守 座下
결재자 主任 交涉 局長 課長大臣 協辦
駐京日本公使 照會를 接호즉 帝國工科大學助敎授兼造神宮技師古社寺保存會委員 關野貞 來十八日 由漢城發 將行遊歷于江華開城坡州扶餘恩津慶州陝川等地 所有護照并公文 按例繕發等因이기로 玆에 訓令호니 該員이 到境호거든 妥爲保護홈이 爲可 .
議政府贊政外部大臣臨時署理宮內府特進官 俞箕煥 沿途各郡守 座下 主任 交涉 局長 課長大臣 協辦 光武六年七月十六日 光武六年七月十六日 起案
[출처 : 국사편찬위원회 한국사데이터베이스 http://db.history.go.kr]
고종시대사 5집
년월일 1902년(壬寅, 1902, 淸 德宗 光緖 28年, 日本 明治 35年) 7月 17日(木)
기사제목 日本公使 林權助의 要請에 따라
본문
日本公使 林權助의 要請에 따라 日本帝國工科大學助敎授兼造神宮技師 古寺社保存會委員 關野貞과 中學校敎官 日本人 幣原但儀의 江華 坡州 夫餘 恩津 慶州 陝川 等地의 遊歷護照를 繕送하

갖 배려를 아끼지 말 것을 훈령하였으니 이러한 특혜는 일제 정부의 치밀한 계획이 아니고는 불가능한 것이다.[23]

이때부터 세키노는 7월 5일 인천에 도착하여 9월 5일 귀국하기까지 62일간에 걸쳐 목조건축 및 석조건축을 주로 조사했다.

신라시대의 경주를 중심으로 한 첨성대, 분황사, 불국사, 통도사, 범어사 등의 건축과 왕릉, 고분, 석탑, 석비 등과 해인사를 조사하고, 고려시대의 개성내외의 성지, 관전지, 사지, 석탑, 석비 등과 그 외 화장사, 관음사를 조사했다. 조선시대는 경성을 중심으로 경복궁, 창덕궁의 궁전과 경성성벽, 성문, 탑동10층탑, 원각사비를 시작으로 사찰, 구지 등을 조사하였다.[24]

세키노는 이 조사에서 처음 그가 기대했던 것과는 차이가 있었음인지 그의 강연을 기록함에 있어 1902년 당시 『고고계』의 서술에서 "지난 6월 말에 도쿄제국대학의 명으로 조선의 고건축조사를 위해 동국을 여행하다가 9월 중순에 무사히 귀조하였다. 씨의 담화로 동국(한국)에는 3백년 이외의 건축물이 매우 드문 데 대해 크게 실망을 했

여 주다.
[출전]
舊韓國外交文書 第5卷 日案 6900號 光武 6年 7月 15日
舊韓國外交文書 第5卷 日案 6901號 光武 6年 7月 15日
舊韓國外交文書 第5卷 日案 6905號 光武 6年 7月 17日
[출처 : 국사편찬위원회 한국사데이터베이스 http://db.history.go.kr]

23) 西山武彦은 「한국건축조사보고서의 수수께끼」에서 당시 일본 정부에 대해 다음과 같은 의문을 제기하고 있다.
이 조사는 학술조사라는 이름을 빌어 일본 정부가 한국 침략을 위한 예비행동이 아니었는지 하는 생각을 떨쳐버릴 수가 없다. 〈중략〉 일본인으로서는 침략 후의 한국 문화 말살에 대한 기초자료로 활용하고 아울러 방대한 문화재 수탈의 대장정 역할을 하지 않았는지?(西山武彦, 「한국건축조사보고서의 수수께끼」, 『韓國의 建築과 藝術』, 月刊建築文化, 1990).
24) 關野貞, 「韓國建築調査報告」, 『東京帝國大學工科大學 學術報告』第6號, 東京帝國大學工科大學, 明治37年(1904) 7月.
藤井惠介, 早乙女雅博 외 2명 편, 『關野貞アヅア踏査』, 東京大學總合研究博物館, 2005, p. 237.

다"²⁵⁾고 하고 있다.

그는 일본으로 돌아간 후 2년 간에 걸쳐 조사 내용을 정리·집대성하여 보고서 형식으로 1904년 7월에 도쿄제국대학 공과대학에서 비공개로 활판 인쇄하였는데, 이 보고서(「한국건축조사보고서」)는 본문 252쪽, 도판363도로 이루어진 방대한 자료이다. 세키노가 1904년에 제출한 『한국건축조사보고서』는 한국 건축 유물에 대한 최초의 학술보고라 할 수 있다. 하마다 고우사쿠(濱田耕作)는 이 같은 세키노의 실적에 대해 "세키노 박사의 한국에서의 조사는 실로 일본의 고고학 연구가 처음 국외로 진출하여 그 범위를 외국으로 확대한 최초의 사건으로 영구히 기억될 것이다"라고²⁶⁾ 기술하고 있다.

세키노는 1908년에 『한국건축조사보고서』를 포함한 논문 4편으로 박사학위를 요청했는데, 『한국건축조사보고서』에 대한 당시 평의 요지 서두에는 "본편 저서는 일찍이 친히 한국의 일부를 발섭(跋涉)하여 그 수집한 재료를 역사 순서로 분류 배열하여 상세하게 기술"한 것이라고 하고 있다.²⁷⁾ 이로 세키노는 1908년 4월에 문부대신 공학박사 학위를 수여받게 되었다.

『한국건축조사보고서』에는 많은 사진을 싣고 있으며, 그의 사진 자료는 오늘날 한국 고건축의 원상을 연구하는데 중요한 자료가 되고 있다. 그러나 그의 조사에서 어떤 유물을 얼마나 가져갔는지는 밝히지 않고 있다. 1904년 『역사지리』에 발표한 「고려의 구도(開城) 및 왕궁유지(滿月臺)」에서 "만월대에서 약간의 당초와(唐草瓦) 2종 및 파와(巴瓦) 2종 잔편을 채집했다."²⁸⁾하는 정도이다.

---

25) 「關野貞氏の歸朝」, 『考古界』第2篇 第5號, 1902년 10월.
26) 濱田耕作, 『考古學硏究』(座右寶刊行會, 1939, p. 290.
27) 「評論及彙報」, 『歷史地理』제12권 제1호, 1908년 1월, pp. 76~77.
28) 關野貞, 「高麗の舊都(開城)及王宮遺址(滿月臺)」, 『歷史地理』제6권 제7호, 日本歷史地理學會, 1904년 7월.

3) 이마니시 류(今西龍)의 경주 일대 조사

이마니시 류

세키노 다음으로 고적조사를 목적으로 한국에 건너온 자는 이마니시 류이다. 그는 당시 대학원생 신분으로 1906년 9월에 수학여행을 와 경주에 18일 정도 머물면서 경주 일대를 답사 및 고분을 발굴하였다. 그의 여행은 단순한 수학여행이 아니라 사전에 상당한 준비를 한 것으로 보인다. 여행에 앞서 그의 은사인 쓰보이 구메죠(坪井九馬三)로부터 여러 가지 지도를 받고, 세키노의 『한국건축조사보고』를 참고했다. 또한 경주에서는 계림학교 교사 이토 후지타로(伊藤藤太郎)의 도움을 받았으며, 경주경무부의 경부로부터 호위를 받으며 조사를 했던 것이다.[29]

당시 이마니시의 일정을 보면, 1906년 9월 8일 밤에 한국 부산에 상륙했다. 신라유적 조사를 하기 위해 부산에서 경주로 들어가는 도로는 3개인데, 그 중 울산 방면을 경유했다. 중도에 통도사에서 자고, 13일에 경주에 들어와 경주 부근 남산성, 월성, 명활성, 관문성, 사천왕사, 망덕사, 계림, 문무왕릉, 김유신묘, 안압지, 옥적, 폐사지의 석탑 등을 조사하고 10월 1일 경주를 출발하여 울산으로 향한 것으로 나타나 있다.[30]

그의 조사과정에서 남산성에서는 석벽 근처에서 고와 수점과 완전한 토기 수점, 가치가 있는 토기파편 일괄, 불상파편들을 채집했다. 사천왕사지와 망덕사지에서는 아름다운 보상화문 벽돌과 수십 개의 고와를 채집했다. 분황사, 월성 등지에서 평기와, 막새기와 귀면와, 문양이 있는 벽돌파편 등 100여 개를 채집했다. 남산, 북산, 소금강산, 낭

---
29) 今西龍,「新羅舊都慶州地勢及び其遺蹟遺物」,『東洋學報』第1卷 1號, 東洋協會 調査部, 1911.
30) 「本會26會例會記事」,『歷史地理』第9卷 1號, 歷史地理學會, 1907년 1월.

산의 산정에서 완전한 토기 20여 개와 파편을 발굴·채집했다.

그는 황남리의 고분군 중에서 2기를 발굴 시도했다. 한 기는 도굴분으로 목적을 달성하지 못하고, 다른 한 기는 비록 시굴에 그쳐 고분의 중심부에는 도달하지 못하고 적석목곽분(積石木槨墳)의 기초적 지식만 구하였다. 이 고분에서 토기 13점을 발굴하였으며, 출토된 유물과 경주 일대에서 수집한 고와들은 모두 도쿄대학 공과대학으로 반출해갔다.[31] 그동안에 경주 일대를 답사 및 발굴한 내용을 1910년 동양학회 강연회에서 발표하였다. 이때 발표한 원고를 약간 정정(訂正)하여 『동양학보(東洋學報)』에 발표하기도 했다.[32]

이마니시가 공과대학으로 반출해 간 유물들은 여러 번에 걸쳐 전시되었는데, 1차적으로 1906년 11월 24일 일본 고고학회례회에서 전파편(塼破片) 4개와 유개대부감(有蓋臺付坩) 1개를 출품하였다. 이미니시가 출품한 이 전은 연화문 또는 보상화문이 있는 전으로 경주 사천왕사에서 채집한 것이며, 유개대부감은 경주 북산에서 발굴한 것으로 고고학회의 주목을 받았다.[33]

---

31) 『朝鮮古蹟圖譜 第4卷』에는 1906년 가을에 今西가 發掘한 遺物(圖版番號1814~1822)이 東京工科大學藏으로 手錄되어 있다.
32) 그 내용의 일부는 다음과 같다.
小生의 여행 당시는 고분의 도굴이 성행하지 않았으나 그 후 개성 부근에서 고려시대 분묘 도굴이 대유행함에 따라 경주에서도 발굴이 성하여 小生이 작년 대구에서 이들 발굴품이 고물상의 손에 적취(積聚)되는 것을 보았는데 〈중략〉
소생(小生)은 대형의 것 1개와 중형의 것 수 개를 조사하였다. 그 한 개는 이미 발굴(發掘: 盜掘)되어 내부가 파괴되어 있어 연구의 목적을 달성할 수가 없었다. 다른 한 개에서는 13개의 토기를 발견하였다고는 하나 연구자로서는 매우 부끄럽게도 부주의로 그 배치와 인골(人骨)의 유무(有無)에 관해서는 알 수가 없었다.
고분은 근년에 한국정부의 정령문이(政令紊弛)의 결과로 나의 여행 당시는 도굴이 빈번히 행하여져 그 발굴품은 전부 일본 상인의 손에 들어가버려 고분 내 유품은 부산에서와 대구에서 비교적 자세히 알 수 있었지만 ······. (今西龍, 「新羅舊都慶州地勢及び其遺蹟遺物」, 『東洋學報』第1卷 1號, 東洋協會調査部, 1911, pp. 80~81).
33) 「考古學會記事」, 『考古界』第6篇 第3號, 1907년 1월.

이마니시가 반출한 고와를 원품으로 하여 다카하시 겐지(高橋健自)가 『한국경주고와보(韓國慶州古瓦譜)』 1책을 만들어 역사지리학회에 기증했는데,[34] 1907년 1월 26일 일본 고고학회례회에서 이마니시는 '경주 지방 답사담'을 발표하고 고와와 『한국경주고와보』를 출품했다.[35]

　　1907년 4월 5일부터 8일까지 도쿄대 공과대학에서 《동양예술전람회》를 가졌는데, 진열품은 대부분 이토(伊東), 세키노, 이마니시 등이 청국과 조선에서 가져간 유물들과 탁본 및 사진들이었다. 그 중에서 조선 및 만주실에는 조선의 토기, 고와 및 사진 등이 진열되었는데, 토기는 이마니시가 1906년 한국에서 가져간 것으로 신라 구도 경주에서 발견한 것으로 주목을 받았다. 한국의 유적 유물에 관한 사진들도 많이 진열되었는데 이것들은 세키노가 1902년에 한국에서 촬영한 것들이었다.[36] 2개월 후 이 유물들은 1907년 6월 5일부터 7일까지 도쿄대학 공과대학에서 개최한 《공과대학건축학과제2회전람회》에 전시되었다. 이 전시는 주로 동양예술에 관한 물품을 진열했는데, 이토(伊東), 쓰가모토(塚本), 세키노(關野), 이마니시(今西) 등이 중국과 한국에서 수집한 사진, 실물, 탁본 등으로 무려 수천 점에 달했다.[37] 한국 유물은 어떤 것인지 목록이 없어 알 수 없으나 세키노와 이마니시의 행적으로 볼 때 주로 신라시대, 고려시대 건축에 관한 사진과 유물들로 짐작된다.

　　1909년 고고학회 제14총집회에서는 일본에 현존하는 한국종의 탁본을 특별 전시했는데, 세키노는 한국에서 수집한 조선종 탁본 및 사진을 출품했다.[38]

---

34) 「本會26會例會記事」, 『歷史地理』 第9卷 1號, 歷史地理學會, 1907년 1월.
35) 「考古學會記事」, 『考古界』 第6篇 第6號, 1907년 3월.
36) 「工科大學東洋藝術展覽會」, 『歷史地理』 제9권 5호, 歷史地理學會, 1907년 5월.
37) 「工科大學建築學科展覽會」, 『史學雜誌』 제18편 第5號, 史學會, 1907년 6월.
38) 「考古學會記事」, 『考古界』 第8篇 第4號, 1909년 7월.

『사학잡지』제17권 제1호
(1906년 1월)에 실린
광개토대왕비 사진

4) 1905년 도리이 류조(鳥居龍藏)의 만주 일대 조사

　　만주 일대의 고구려 유적 조사는 1883년 광개토대왕비문의 연구에서부터 시작되었다. 대륙진출의 야욕을 불태우고 있던 일제의 육군참모본부요원 사코우 가게노부(酒匂景信)에 의해 반출된 광개토대왕비문을 대륙진출의 구실로 삼기 위해 비밀리에 연구가 진행되었다. 학자로서는 처음으로 1895년 도리이 류조에 의해 고구려 유적에 대한 조사가 있었다. 당시의 조사에서는 도쿄인류학회의 필요에 따라 1895년 8월에서 12월까지 5개월에 걸친 만주 일대의 조사에서 고구려 산성에 대한 일부의 조사가 있었고 고구려시대의 것으로 보이는 전(塼)을 채집하였다.[39] 그 후 1905년에는 도쿄제국대학의 파견으로 그해 가을부터 겨울까지 만주 일대를 조사했다. 조사 과정에서 수일 간의 고

---

39) 鳥居龍藏, 『滿蒙の探査』, 萬里閣書房, 1928, p. 13.
　　東湖, 『高句麗 考古學 硏究』, 平成 9年, p. 1.

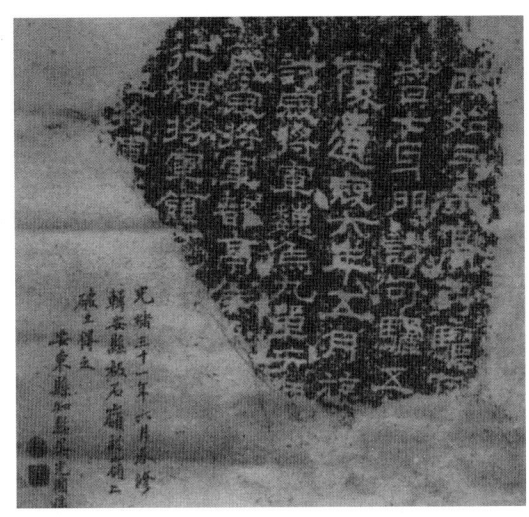

모구검기공잔편 탁본
(『조선고적도보』)

구려고분에 대한 조사와 광개토대왕릉비의 조사가 있었다.[40]

『사학잡지』제17권 제1호(1906년 1월)에 실린 광개토대왕비 사진은 1905년 도쿄제국대학의 명을 받아 만주지방을 출장한 문과대학교수 이치무라(市村瓚次郎)와 이과대학강사 도리이 류조가 가지고 돌아온 사진 중에서 선발한 것이다. "이 사진은 유명한 고구려 호태왕의 고비로 금회 도리이 씨가 친히 그 장소를 방문하여 촬영한 것이다"라 한다. 광개토대왕비의 사진으로는 최초의 것으로 보인다.

1906년에는 집안현의 서북 90리쯤 되는 판석령에서 모구검기공잔편(母丘檢紀功殘片)이 발견되면서[41] 이 일대의 고구려 환도성, 국내성에 대한 관심이 집중되었다.

---

40) 이에 대한 조사기록은 「鴨綠江上流に於ける高句麗の遺蹟」(南滿洲調査報告』明治43年)에 기술하고 있다.
41) 鳥居龍藏, 「丸都城及び國內城の位置に就いて」, 『史學雜誌』第25編 第7號, 1914년 11월에 의하면. 러일전쟁 때 도로 개수를 할 때 우연히 集安縣 知縣 吳光國이 집안현성의 서북 板石領에서 母丘檢의 古碑 斷片을 발견하였다고 하는데, 이를 처음 발견한 사람의 말에 의하면 30년 전부터 이 산록에 가옥이 들어서고 산이 조금씩 개간되면서 우연히 문자가 각해 있는 비가 나와 오광국이 근경에 이

이후 도리이 류조, 시라토리 구라키치(白鳥庫吉), 세키노 일행의 조사가 이어졌다.[42]

　　야기, 세키노, 이마니시, 도리이 등의 한국에 대한 조사는 일본의 한국침략계획이 한창 진행되고 있던 시기에 이루어졌다. 1895년 청일전쟁을 승리로 이끌고, 러시아를 상대로 한국에서의 이권 획득에 우위를 점하려고 러시아와 한창 각축전을 벌이고 있을 때이다. 이런 시기에 보다 많은 정보를 획득하기 위한 일환이었던 세키노 등의 조사는 절실하였을 것이다. 그간 한국의 지리, 역사 등에 관한 것은 일부 학자들에 의해 연구가 되었으나 유독 한국 문화재에 대한 연구는 거의 없었던 바, 명목은 건축 조사라 했으나 건축 뿐만 아니라 모든 문화재를 총망라한 것이었다. 니시야마(西山無彦)가 지적한 "국책을 수행하기 위한 수단", 즉 한국 문화재 전반을 파악하여 앞으로의 한국 침략 및 그 후일 한국을 지배하기 위한 기초 자료로 활용하기 위한 수단으로 조사가 이루어졌던 것이다.[43]

사실을 알고 조사를 하였다고 한다.
『集安縣鄕土誌』(1915), 集安縣外交公牘에 吳光國의 조사 기록이 보이며, 『集安縣志』(1931)에 의하면 오광국이 집안현 知縣으로 있은 것은 光緖31年(1904)~光緖33年(1906)으로 되어 있다.
鳥居龍藏은 朝鮮總督府에 보고한 『史料調査第2回報告』(1913年)에서, 朝鮮總督府의 命을 받아 제1회는 1911년에 함경북도 및 동간도의 일부분을 조사하였고, 제2회로 1912년 10월에서 1913년 3월까지 평안북도 및 만주일대의 조사를 하였는데 이때 吳光國이 발견한 모구검비를 확인하였다고 기술하고 있다. 당시 그의 조사보조원으로는 사생을 담당한 佐藤, 사진을 담당한 澤俊一, 통역을 담당한 藤井과 高成健이 있었다.
42) 丁奎洪, 『우리문화재 受難史』, 學硏文化社, 2005, pp. 279~280.
43) 丁奎洪, 『우리문화재 受難史』, 學硏文化社, 2005, p. 58.

5) 주요 조사표 1

시기	조사지역	조사자	조사유구	수집 및 출토유물	시대	비고
1874년부터	만주 일대	일본육군 참모본부 요원	지리측량 지도작성, 군사기밀			출처[44]
1880년경	집안	關月山	廣開土大王陵碑 발견			
1882년 8월		일본육군 참모본부 편찬과	『任那考』작성			출처[45]
1883년	집안	陸軍參謀本部의 密偵 酒匂景信 中尉	廣開土大王陵碑의 비문	碑文(雙鉤加墨本), 전	고구려	동경박물관 소장. 출처[46]
1895년 8월에서 12월	만주	鳥居龍藏	만주 일대의 조사에서 고구려 산성에 대한 일부의 조사	塼, 石器類, 土器		출처[47]
1900년 10월~1901년 3월	전국	八木奘三郎	풍속, 선사유적, 고탑, 고분	凹石 및 打製石斧, 유적 사진		출처[48]
1900년 10월~1901년 3월	전국	八木奘三郎	고성지 조사 (부산진 산상, 울산 서생포, 낙동강 구포, 마산 산방, 경남 서천, 경북 문경, 경기도 죽산, 경기도 송정)			출처[49]
1901년 10월~12월	전국	八木奘三郎	풍속, 고탑, 고분, 사찰			출처[50]
1902년		關野貞	경주, 대구, 개성, 경성 고건축 조사			출처[51]
1904년	김해	八木奘三郎, 施田常惠	패총 조사			출처[52]
1905년	평안남도 강서	岡村, 군수 이우영	삼묘(도굴)			출처[53]
1905년	집안	市村瓚次郎, 鳥居龍藏	만주 일대의 고구려 유적지 조사	광개토대왕비 사진[54], 塼 등		출처[55]
1905년	평안남도 강서	太田福藏	삼묘 조사	벽화 모사	고구려	출처[56]
1906년 9월	경주	今西龍	황남리 고분 2기	토기 13개 등 발굴	신라	출처[57]동경공과대학[58]

시기	조사지역	조사자	조사유구	수집 및 출토유물	시대	비고
1906년 9월	경주	今西龍	남산성 조사	고와 수개, 토기 수개, 불상파편	신라	동경공과대학 소장. 출처[59]
1906년 9월	경주	今西龍	사천왕사	문양 있는 塼, 고와 십 수개	신라	동경공과대학 소장. 출처[60]

44) 佐伯有淸, 『廣開土王碑と參謀本部』, 吉川弘文館, 1976.
　　村上勝彦, 「解說 隣邦軍事密偵と兵要地誌」, 『朝鮮地誌略』, 1981.
　　佐伯有淸, 『硏究史 廣開土王碑』, 吉川弘文館, 1974.
45) 佐伯有淸, 『廣開土王碑と參謀本部』, 吉川弘文館, 1976.
　　村上勝彦, 「解說 隣邦軍事密偵と兵要地誌」, 『朝鮮地誌略』, 1981.
　　佐伯有淸, 『硏究史 廣開土王碑』, 吉川弘文館, 1974.
46) 佐伯有淸, 『廣開土王碑と參謀本部』, 吉川弘文館, 1976.
　　村上勝彦, 「解說 隣邦軍事密偵と兵要地誌」, 『朝鮮地誌略』, 1981.
　　佐伯有淸, 『硏究史 廣開土王碑』, 吉川弘文館, 1974.
47) 鳥居龍藏, 『滿蒙の探査』, 萬里閣書房, 1928, p. 13.
　　鳥居龍藏, 「鴨綠江上流に於ける高句麗の遺蹟」, 『南滿洲調査報告』, 1910.
　　東湖, 『高句麗 考古學 硏究』, 平成9年, p. 1.
48) 八木奘三郞, 「韓國の美術」, 『考古界』 第4篇 第2號, 명치37년 7월.
　　八木奘三郞, 「韓國探險日記」, 『史學界』 第4卷 4,5號, 1902년 4월,5월.
　　八木奘三郞, 「韓國京城論」, 『考古界』 第1篇 第1號, 1901년 6월.
　　八木奘三郞, 「韓國考古資料通信」, 『考古界』 第1篇 第6號, 1901년 11월.
49) 八木奘三郞, 「韓國に現存する日本の古城蹟」, 『歷史地理』 제3권 제7호, 1901년 7월.
50) 八木奘三郞, 「韓國の美術」, 『考古界』 第4篇 第2號, 명치37년 7월.
　　八木奘三郞, 「韓國探險日記」, 『史學界』 第4卷 4,5號, 1902년 4월,5월.
　　八木奘三郞, 「韓國京城論」, 『考古界』 第1篇 第1號, 1901년 6월.
　　八木奘三郞, 「韓國考古資料通信」, 『考古界』 第1篇 第6號, 1901년 11월.
51) 關野貞, 「韓國建築調査報告」, 『東京帝國大學工科大學 學術報告』 第6號, 東京帝國大學工科大學, 1904년 7월.
52) 申叔靜, 「우리나라 新石器文化 硏究 傾向」, 『韓國上古史學報』 제12호, 韓國上古史學會, 1993, p. 152.
53) 伊藤利三郞, 「江西の高句麗古墳」, 『隨筆朝鮮』, 京城雜筆社, 1935.
　　明治39年에 岡村 모가 이 분묘를 발견했다고 한다.

關野貞, 「朝鮮江西に於ける高句麗時代の古墳」, 『考古學雜誌』제3卷 8號, 1913年 4月, pp. 1~2. 1905년에 군수 이우영이 고분을 발굴한 일이 있었는데 현실 벽에 벽화 그림이 있었으나 부장품은 남아 있지 않고 단지 제1묘에서 두골(頭骨)을 발견하여 군수가 이것을 가지고 갔다가 불미스러운 일을 당하여 땅속에 다시 묻었다고 한다.

54) 사진은 『史學雜誌』제17편제1호(史學會, 1906년 1월)에 실려 있다.
55) 「彙報」, 『史學雜誌』제17편제1호, 史學會, 1906년 1월.
   鳥居龍藏, 「鴨綠江上流に於ける高句麗の遺蹟」, 『南滿洲調査報告』, 1910.
56) 早乙女雅博, 「新羅の考古學調査 100年の硏究」, 『朝鮮史硏究會論文集』39, 朝鮮史硏究會, 2001년 10월, p. 56.
57) 今西龍, 「新羅舊都慶州地勢及び其遺蹟遺物」, 『東洋學報』제1卷 1號, 東洋協會 調査部, 1911년 1월.
58) 『朝鮮古蹟圖譜 第4卷』에는 1906년 가을에 今西가 發掘한 遺物(圖版番號1814~1822)이 東京工科大學藏으로 手錄되어 있다.
   그의 기록 중에는 사천왕사지에서 수집한 寶相華文塼과 수십 개의 古瓦는 동경 문과대학에 藏했다는 기록도 보이고 있다.(今西龍, 「新羅舊都慶州地勢及び其遺蹟遺物」, 『東洋學報』제1卷 1號, 東洋協會 調査部, 1911년 1월).
59) 今西龍, 「新羅舊都慶州地勢及び其遺蹟遺物」, 『東洋學報』제1卷 1號, 東洋協會 調査部, 1911년 1월.
60) 今西龍, 「新羅舊都慶州地勢及び其遺蹟遺物」, 『東洋學報』제1卷 1號, 東洋協會 調査部, 1911년 1월.

6) 일본으로 반출한 한국 유물

당시 일본으로 반출된 유물들은 구체적인 목록이 없어 알 수 없고 일부 일본학회 등에 발표한 기록에 의존할 수밖에 없다. 몇 가지 기록을 정리하면 다음과 같다.

품목	개수	출토지	반출 시기	반출자	비고
凹石 및 打製石斧		경북 문경	1900년	八木奘三郎	1915년 12월 『매일신보』
고려왕궁지 圖面		개성		八木奘三郎	『韓國建築調査報告書』(1904)
冠紐	1		1901년	八木奘三郎	동경국립박물관 소장. 『收藏品目錄』, 1956.
煙管	1		1901년	八木奘三郎	동경국립박물관 소장. 『收藏品目錄』, 1956.
塼		평양의 고분	1900년	八木奘三郎	井內功, 『朝鮮古瓦塼圖譜』, 井內古文化硏究室(1981)
瓦		개성 등지	1900년	八木奘三郎	井內功, 『朝鮮古瓦塼圖譜』, 井內古文化硏究室(1981)
圖版363圖			1902년	關野貞	『韓國建築調査報告書』(1904)
화장사종 사진			1902년	關野貞	1909년 일본 고고학회 제14층집회에서 특별전시
흥천사종 사진			1902년	關野貞	1909년 일본 고고학회 제14층집회에서 특별전시
원각사종 사진			1902년	關野貞	1909년 일본 고고학회 제14층집회에서 특별전시
해죽사종 사진 및 탁본			1902년	關野貞	1909년 일본 고고학회 제14층집회에서 특별전시
대흥사종 사진 및 탁본			1902년	關野貞	1909년 일본 고고학회 제14층집회에서 특별전시
봉덕사종 사진 및 탁본			1902년	關野貞	1909년 일본 고고학회 제14층집회에서 특별전시
연복사종 사진 및 탁본			1902년	關野貞	1909년 일본 고고학회 제14층집회에서 특별전시
기타 사진, 唐草瓦 2종 및 巴瓦 2종			1902년	關野貞	『歷史地理』제6권 제7호, 日本歷史地理學會, 1904년 7월.
광개토대왕비 사진	수점	만주 집안	1905년	市村瓚次郞, 鳥居龍藏	『史學雜誌』제17편 제1호 (1906년1월)에 게재

품목	개수	출토지	반출 시기	반출자	비고
塼		만주 일대 고구려 산성	1905년	鳥居龍藏	출처[61]
황남리 고분 출토 土器	13개	경주	1906년	今西龍	출처[62]『朝鮮古蹟圖譜 第4卷』에는 1906년 가을에 今西가 發掘한 遺物 (圖版番號1814~1822)이 東京工科大學藏으로 기록
고우미한 寶相華의 모양이 있는 磚과 십수개의 古瓦		사천왕사지 망덕사지	1906년	今西龍	출처[63] 塼破片(연화문, 보상화문) 4개, 1906년 11월 24일 일본 고고학회례회에 출품
석벽 근처에서 고와 수점과 완전한 토기 수점, 가치 있는 토기파편 일괄, 불상파편		남산성	1906년	今西龍	동경대 소장. 출처[64]
평기와, 막새기와 귀면와, 문양이 있는 벽돌파편 등	100여개	분황사, 월성 등지	1906년	今西龍	동경대 소장. 출처[65]
완전한 土器 20여 개와 파편		남산, 북산, 소금강산, 낭산의 산정	1906년	今西龍	출처[66]
有蓋臺付坩	1개	경주 북산	1906년	今西龍	1906년 11월 24일 일본 고고학회례회에 출품
『韓國慶州古瓦譜』 1책		경주	1906년	今西龍	1907년 1월 26일 일본 고고학회례회에 진열
신라시대, 고려시대 건축에 관한 사진과 유물			1902년, 1906년	關野貞, 今西龍	1907년 6월《공과대학건축학과 제2회전람회》에 전시(『史學雜誌』제18편 제5호)
朝鮮版童蒙先習諺解 1책, 肅宗3年刊			1907년	古谷淸 소장	考古學會常集會[67]-5월 25일
土器		대구		坪井	「早稻田大學圖書館展覽會」[68] (1907년 10월)전시
『金石譜錄』, 『金氏族譜』					「早稻田大學圖書館展覽會」 (1907년 10월)전시
백두산 浮岩, 백두산 熔岩, 撫順發掘物			1909년	小川琢次	「史學硏究會例會」 1909년 2월 21일[69]

61) 鳥居龍藏,『滿蒙の探査』, 萬里閣書房, 1928, p. 13.
    東湖,『高句麗 考古學 硏究』, 平成9年, p. 1.
62) 今西龍,「新羅舊都慶州地勢及び其遺蹟遺物」,『東洋學報』第1卷 1號, 東洋協會 調査部, 1911, pp. 80~81.
63) 今西龍,「新羅舊都 慶州의 地勢 及 遺蹟 遺物」,『東洋學報』第1卷 第1號, 東洋調査部, 1911.
64) 今西龍,「新羅舊都 慶州의 地勢 及 遺蹟 遺物」,『東洋學報』第1卷 第1號, 東洋調査部, 1911.
65) 今西龍,「新羅舊都 慶州의 地勢 及 遺蹟 遺物」,『東洋學報』第1卷 第1號, 東洋調査部, 1911.
66) 今西龍,「新羅舊都 慶州의 地勢 及 遺蹟 遺物」,『東洋學報』第1卷 第1號, 東洋調査部, 1911.
67) 『考古界』第6篇 第9號, 명치40년 12월.
    考古學會常集會-5월 25일 개최-고고학관계서류 진열.
68) 古谷淸,「早稻田大學圖書館展覽會に就いて」,『考古界』第6篇 第10號, 1908년 1월.
    1907년 10월 21일에서 23일까지 동대학도서관에서 도서진열전람회를 개최했다. 동시에 회화진열실, 역사지리참고품진열실을 개방했다. 당시 도서전람에는『金石譜錄』,『金氏族譜』등 상당수의 조선서가 진열되었다. 목록이 게재되지 않아 구체적인 서목은 알 수 없다. 또 역사지리참고실에는 坪井 박사 출품의 한국 대구발견의 토기 등이 진열되었다고 한다.
    이런 점으로 보아 일부 학자들의 개인적인 한국여행 때 일부의 유물들을 반출한 것으로 보인다.
69) 『史學雜誌』第20編第5號, 史學會, 1909년 5월.
    사학연구회례회가 1909년 2월 21일 京都帝國大學에서 법문과대학 제8번교실에서 개최되었는데, 이 때 小川塚次가 가져온 백두산浮岩, 백두산熔岩, 撫順發掘物이 전시되었다하고 이외의 것은 목록이 없어 알 수 없다.
    무순 발굴물에 대해서는「鳥居龍藏氏の滿洲調査復命書(三)」,『史學雜誌』제17편 제4호, 1906년 4월)에도 나타나 있는데 무순의 탄광에서 석탄을 채취하다가 발견한 것으로 이곳에서 고려소 요지가 발견되어 출토된 많은 고려소 파편과 완전한 것이 일본으로 건너갔다고 한다.
    『황성신문』에도 무순 지방에서 고려자기가 발굴되었다는 다음과 같은 기사가 있어 주목된다.
    淸國滿洲의 撫順 等地에셔 高麗古器가 發見혼 事實은 本報에 已載혼 바이니와 今又日本人某報를 據혼 즉 官立工業傳習所技師日人 森某氏가 該地에 前往ᄒ야 實地調査혼 談話가 如左홈
    남만주철도회사의 무순광소에서 其附近地에 고려자기 및 자기조(磁器竈) 등을 발견홈으로부터 매일 수명인부를 사용ᄒ야 一邊으로는 채굴에 종사ᄒ며 一邊으로는 일본에 수송ᄒ야 연구의 자료와 학술의 참고를 供ᄒ는디 其 조의 구조는 大히 진보홈이 有ᄒ도다 목하 로량진 등지에 在혼 竈는 烟突을 후방좌우에 설치ᄒ야 화력은 全히 후방에서 吸收홈으로 중앙의 화력은 往往 不及ᄒ야 불완전혼 점이 多ᄒ거늘 右撫順에셔 발견혼 者는 좌우와 중앙삼처에 적당혼 연돌을 설치ᄒ야 화력이 평균히 분포케 구조ᄒ얏스며 연료는 석탄을 用혼 형적이 有ᄒ니 現에 석탄채용으로 言ᄒ면 불과 이삼십년 전부터 시작혼지라 此와 비교ᄒ면 其進步의 早速이 霄壤과 如ᄒ며 又其築竈혼 時期를 證據ᄒ건디 其附近에서 發見혼 즉 壺中에 在혼 古錢을 檢査홈이 漢武帝時에 使用ᄒ든 五錢貨와 (二千七百餘年前) 七百五十餘年前에 用ᄒ든 高麗錢이 有혼 즉 此竈는 칠백여년전에 축조됨이 명백ᄒ며 又陶器를 熱케 홈에 火力을 平均케 ᄒ기 爲ᄒ야 耐火貨를 用ᄒ든 碎片의 殘餘도 有ᄒ고 竈內에는 陶器를 配置ᄒ

일본문고협회 주최로 〈제2회도서전람회〉가 1905년 4월 1일 제국도서관 내에서 개최되었다. 여기에는 1902년에 제국도서관에서 한국공사관 번역관 시오카와 이치타로(鹽川一太郞)에게 수집을 의촉하여 반출해 간 것도 포함되어 있다.[70] 이때 진열한 조선본은 다음과 같다.

※ 일본문고협회 주최 도서전람회 조선본 목록[71]

도서명	편찬자	수량	간년	소장처(자)
阿毗達磨大毗婆沙論		1卷	元至止年中刊	제국도서관
天運紹統		2冊	明永樂4年刊	木村正辭
大學衍義	宋 眞德秀 撰	15책	明宣德9年活版	동경제대부속도서관
三綱行實忠臣圖		1책	明宣德9年刊	林泰輔
小學集成		6책	明正統年刊	제국도서관
樊川外集來註		1책	明正統5年刊	大橋도서관
龍飛御天歌	鄭麟趾 等 撰	2책	正統10年刊	金澤庄三郞
高麗史	鄭麟趾 等 奉敎撰	73책	明景泰元年刊	三兼浦助
重修政和經史證類備用本草		2책	明成化4年重刊	木村正辭
佛祖通載	宋釋念常撰	10책	明成化8年刊	今泉雄作
陶淵明集		1책	明成化19年刊	大槻文彥
黃檗山斷際禪師傳心法要		1책	明成化19年刊	早稻田大學圖書館
妙法蓮華經		1책	明成化年中刊	제국도서관
李太白詩文集		10책	明正德元年刊	제국도서관
藝文類聚			明正德10年活版	木村正辭

는 土棚과 又는 此를 支撐홈에 用ᄒᆞ는 木棒 等의 設備와 材料가 現今 日本에셔 用ᄒᆞ는 者에 比ᄒᆞ야도 少無遜色ᄒᆞ니 當時 文運의 發達程度는 可驚홀 바오 此製造에 從事혼 者는 淸人이라 云ᄒᆞ는 者도 或 有ᄒᆞ며 韓人이라 云ᄒᆞ는 者도 有ᄒᆞ며 該地方이 高麗領地라 云ᄒᆞ는 者도 有ᄒᆞ며 或者傳說은 其時 高麗人이 多數 來住ᄒᆞ얏다 云ᄒᆞ니 於此於彼에 한인의 所有됨이 확실ᄒᆞ고 又此로 由ᄒᆞ야 觀ᄒᆞ건딕 만주지방의 制度업은 한인으로부터 전수됨이 명료ᄒᆞ며 又發掘혼 자기는 壺와 馬形 等이오 現今은 本溪湖及奉天 等地에셔 製出ᄒᆞ는딕 其種類는 洗面器 等이러라(『皇城新聞』1909년 09월 18일자).

70) 「朝鮮의 歷史書籍」, 『史學界』제5권 제4호, 1903년 4월.
71) 「日本文庫協會主催圖書展覽會」, 『考古界』제4篇 제11號, 1905년 5월.

도서명	편찬자	수량	간년	소장처(자)
二倫行實圖	金安國 撰	1책	明 正德13年刊	林泰輔
近世錄		4책	明 正德14年刊	제국도서관
異端辯正		3책	嘉靖自5年至30年刊	菊池三九郎
儷語類編	明 趙仁奎 撰	20책	嘉靖12年刊	제국도서관
佛頂心多羅尼經		1책	嘉靖20年刊	제국도서관
求仁錄	李彦迪 撰	4책	嘉靖29年刊	狩野亨吉
禮記集說	元 陳澔 撰	8책	嘉靖39年刊	제국도서관
家禮大全		1책	嘉靖42年刊	제국도서관
程氏分類		16책	嘉靖43年刊	狩野亨吉
延平問答	宋 朱熹 編	2책	嘉靖45年刊	제국도서관
資治通鑑綱目		81책	嘉靖年中刊	島田鈞一
文章軌範		2책	嘉靖年中刊	제국도서관
醫家必用	孫應奎 撰	1책	嘉靖年中刊	大野豊太
新增類合		1책	明 萬曆4年刊	木村正辭
新增類合		3책	明 萬曆4年刊	黑川眞道
新增類合		2책	明 萬曆4年刊	白鳥庫吉
松齋詩集		1책	萬曆11年刊	龜谷行
五音集韻	韓道昭 撰	10책	萬曆17年刊	제국도서관
己卯錄	申翌敬 撰	1책	萬曆11年刊	林泰輔
御製禮疑類輯	朴聖源 編	15책	明 崇禎3年刊	제국도서관
同春堂先生集	宋浚吉 撰	18책	崇禎3年刊	제국도서관
玉溪集		6책	崇禎6年刊	학습원도서관
東州先生集	李敏求 撰	13책	崇禎12年刊	동경제국대학부속도서관
坡谷遺稿	忠簡公 撰	1책	崇禎12年刊	大野豊太
麗史提綱			崇禎年刊	동경제국대학부속도서관
一松先生文集	沈喜壽 撰	4책	明永3年刊	동경제국대학부속도서관
妙法蓮華經 卷第1		1책	淸 康熙7年刊	山中笑
柏潭先生文集	具鳳齡 撰	6책	淸 康熙9年刊	동경제국대학부속도서관
東國文獻備考	洪鳳漢 等 奉敎 編	40책	淸 乾隆35年刊	동경제국대학부속도서관
八歲兒		1책	淸 乾隆42年刊	金澤庄三郎
一峯集	趙顯期 撰	7책	淸 乾隆48年刊	동경제국대학부속도서관
弘文館志	李魯春 等 奉敎編	1책	淸 乾隆49年活版	동경제국대학부속도서관
大典會通	金致仁 等 奉敎 撰	1책	淸 乾隆51年刊	林泰輔
林忠愍公實記		2책	淸 乾隆56年刊	林泰輔

도서명	편찬자	수량	간년	소장처(자)
李忠武公全書	李舜臣 撰	8책	乾隆60年活版	市村瓚次郎
李忠武公全書	李舜臣 撰	8책	乾隆60年活版	동경제국대학부속도서관
東醫寶鑑	許浚 奉敎 撰	25책	淸 嘉靖19年重刊	동경제국대학부속도서관
國朝寶鑑	金尙喆 等 撰	26책	淸 道光28年刊	白鳥庫吉
圭齋遺稿	南秉哲 撰	3책	淸 同治3年刊	동경제국대학부속도서관
六典條例	洪鐘序 等 撰	8책	同治5年刊	岡田正之
雲石遺稿	趙雲石 撰	10책	同治7年刊	三浦兼助
兩銓便攷		2책	同治9年刊	동경제국대학부속도서관
雲石遺稿	趙雲石 撰	10책	同治7年刊	동경제국대학부속도서관
古歡堂收草	姜瑋 撰	3책	청 光緖元年刊	龜谷行
二十一都懷古詩		1책	光緖3年補刻	조도전대학도서관
關聖帝君明聖經		1책	光緖12年刊	谷森善臣
世界年契	學部編輯局 撰	1책	光緖19年刊	山中笑
朝鮮歷代史略	學部編輯局 撰	3책	光緖21年刊	제국도서관
冬郞集	韓致元 撰		韓 光武3年刊	荒浪市平
(이하 간년불명)				
彙纂麗史	洪如河 撰	22책		제국도서관
伊洛淵源錄新增		4책		제국도서관
이재집				학습원도서관
茵陳丸方				富士川游
雲石遺稿	趙寅永 撰	10책		제국도서관
宛丘遺集		2책		根本通明
歐蘇手簡		1책		제국도서관
誠初心學人文	元曉 撰	1책		제국도서관
海東辭賦	李奎報 等 撰	2책		제국도서관
海東名將傳	洪良浩 撰	3책		제국도서관
海東名臣錄		9책		杉山令吉
江漢集	黃景源 撰	15책		동경제국대학부속도서관
江華府志	金魯鎭 撰	1책		제국도서관
泉齋集		4책		三浦兼助
攷事撮要	魚叔權 撰	3책		제국도서관
御定羹墻錄	李福原	4책		제국도서관
高峰和尙禪要		1책		제국도서관
高麗古都徵		3책		關野貞

2. 1909년부터 1915년까지의 고적조사와 이에 따른 유물 반출

1908년 탁지부차관이 된 고다 겐다로(荒田賢太郎)는 이토(伊藤) 통감의 후원 아래 1908년 6월 궁내부 소속의 모든 재원을 국고에 이관시킴으로써 한국 황제의 독자적 재정기반을 해체했다.[72] 사실상 국정을 완전히 장악함으로써[73] 통감부 정치가 확립되어 지방제도의 완성에 따라 고건축물을 개조하여 사용할 필요가 생기자[74] 통감부는 이에 대한 조사를 위해 전문가의 추천을 일본 대장성에 요청하였다. 일본 대장성에서는 도쿄제국대학교수 쓰마기(妻木)에게 조회를 요청하였다. 이에 쓰마기는 일찍이 동양건축사를 연구하고 내무성의 고사사보존회(古社寺保存會: 국보보존회)위원으로 특별보호 건물의 조사 및 보존의 주임기사로 근무하면서[75] 1902년에 한국 고건축조사를 한 세키노 타다시(關野貞)를 적임자로 추천하였다. 이어 통감부의 승인을 얻어 1909년 8월에 세키노에게 탁지부건축소 고건축물 조사 촉탁으로 임명하여 고건축조사를 위탁하였다.[76] 세키노는 고건축을 포함하여 타 고분까지 조사할 필요가 있음을 요청하여, 건축에 대하여 조수 공학사 구리야마 순이치(栗山俊一), 고분 분야에는 야쓰이 세이이치(谷井濟一)를 조수로 대동하여 본격적인 조사를 시작하였다.[77] 이는 일제의 강권을 못이긴

---

72) 柳在坤, 「伊藤博文의 對韓侵略政策」, 『日帝에 對한 侵略政策史 硏究』, 玄音社, 1996, p. 339.
73) 또한 탁지부에는 재정고문으로 하여 다수의 일본인을 고문 본부와 고문 지방부에 분속시켜 정부 전반의 재정, 징세 및 금융에 관한 사무를 감독케 하였다(姜昌錫, 「朝鮮統監府硏究」, 國學資料院, 1995, pp. 86~88).
74) 京城府, 『京城府史 第3卷』, 1934, p. 346.
　藤田亮策, 「朝鮮に於ける古蹟の調査及び保存の沿革」, 『朝鮮』, 1931년 12월.
75) 關野貞은 1892년 7월에 제국대학 공과대학에 입학하여 造家學을 전공했다. 1895년 7월에 공과대학을 졸업하고 동년 12월에 고사사수리공사 감독과 고사사보존위원을 겸임했다. 1897년에 나라현 기사로 임명되었다(藤井惠介, 早乙女雅博 외 2명 편, 『關野貞アジア踏査』, 東京大學總合硏究博物館, 2005).
76) 藤田亮策, 「朝鮮に於ける古蹟の調査及び保存の沿革」, 『朝鮮』, 1931년 12월.
77) 『朝鮮藝術之硏究』 '荒田賢太郎의 緖言', 朝鮮總督府.

대한제국의 초청 형식으로 이루어졌으며 세키노 일행은 재정과 행동에 아무런 지장을 받지 않고 한국의 국토를 마음대로 조사 내지는 발굴을 하여 그간의 여러 보고서[78]를 간행하였다. 1909년의 고건축조사가 한국정부의 위촉을 받아 행했다고 하나 실제 그 입안은 일본인들에 의해 이루어졌으며, 일본정부의 필요를 충족하기 위한 갖가지 조사가 겸해졌던 것이다. 그래서 형식상 한국 탁지부의 고건축 조사이나 그들의 필요에 의한 일반 유물 조사와 함께 고분 발굴이 함께 이루어졌다.

한국정부 탁지부 건축소에서 하던 고건축 및 고적조사사업은 1910년에 내무부 지방국 사사과에서 관장하였다.[79] 합방이 되자 해당 조사의 범위는 저명한 유물유적에까지 확장되면서 이 사업은 내무부 지방국으로 이관되어 조선총독부 내무부 지방국 제1과에서 관장(管掌)하였다.[80] 1911년부터는 유사이전(有史以前)의 유물유적의 조사를 개시하고, 또한 비문(碑文), 종명(鐘銘) 등 금석문의 조사도 행해져 1914년도에 조선 전도에 걸쳐 일반적 조사를 마치고 문화재의 가치를 갑(甲) 을(乙) 병(丙) 정(丁)으로 차등을 두어 조사하였다.

이 1914년도 고적조사보고는 고적조사 촉탁 공학박사 세키노, 문학사 야쓰이, 공학사 구리야마가 제출한『조선고적조사 약보고』로서 간행하였다. 이러한 고적조사를 1915년에 일단락짓고 그 결과를 집록(輯錄)하였지만 그 범위는 일부에 지나지 않았으므로 그 이듬해인 1916년부터 5개년 계획 아래 계속적으로 조사를 했다.

小川敬吉,「古蹟に就ての回顧」,『朝鮮の建築』제16輯 제11號, 1937年 11月, p. 83.
藤田亮策,「朝鮮に於ける古蹟の調査及び保存の沿革」,『朝鮮』, 1931년 12월.
78) 關野는 다음과 같은 報告書를 刊行했다.
『韓國建築調査報告』(東京帝國大學 工科大學 學術報告集 第6號), 1904年 刊.
『韓紅葉』(1909年 調査概要 講演集), 1909年 刊.
『朝鮮藝術之研究』(1909年 調査報告), 1911年 刊.
『朝鮮藝術研究 續篇』(1910年 調査報告), 1911年 刊.
79) 藤田亮策,「朝鮮の古蹟調査と保存の沿革」,『朝鮮總覽』, 朝鮮總督府, 1933, p. 1030.
80) 京城府,「古蹟及遺物保存規則」,『京城府史 第3卷』, 1934, p. 346.

1) 조사 일정

(1) 1909년의 조사

　　　　세키노 일행은 1909년 8월 23일 고건축조사에 관한 사무의 촉탁을 받고, 건축소 촉탁 야쓰이, 구리야마와 함께 9월 19일 경성에 도착했다. 주로 한국 고건축물의 조사이고, 동시에 다른 유물 유적의 조사도 병행하기로 했다. 경기도, 충청도, 경상도, 황해도, 평안도에 걸쳐 하게 되며, 시일은 80일을 예정했다.

　　　　9월 21일부터 남대문루를 비롯한 서울 일대의 건축물을 조사하고 고미술 수집가들을 만나기도 했는데, "당지 재류일본인 중 수는 적으나 유물을 분업적으로 수집하고 있는데, 예를 들어 고미야(小宮) 궁내차관은 불상에, 미야케(三宅) 법무원평정관은 감경(鑑鏡)에, 아사미(淺見) 법무원평정관은 도서에, 아유카이(鮎貝) 씨는 고려소에 열심히 수집 연구하고 있다"라고 기술하고 있다.[81]

　　　　10월 1일에는 개성에 도착하고 2일에는 만월대를 답사했다.

　　　　일행은 세키노를 시작으로 야쓰이 세이이치, 구리야마 순이치 그 외 탁지부 건축소 기사 및 아리카와(有村)가 수행했다.

　　　　10월 3일부터 4일까지 고려 왕릉을 답사했는데 공민왕릉 현릉, 동 왕비 노국대장공주 정릉, 가릉에서 다소의 고려자기파편을 채집하고, 10월 6일에는 관제묘, 성균관, 귀법사지를 보고 돌아오면서 선죽교 등을 답사했다.

　　　　10월 7일 오전에 개성을 출발하여 오후에 황주에 도착했다.

　　　　10월 8일에는 황주 남방 정방산성내에 있는 성불사를 조사했다.

　　　　10월 9일부터는 평양 부벽루, 대동강안의 고분을 답사하고 연와를 채집했다.

　　　　10월 14일에는 신의주로 향했다.[82]

---

81) 谷井濟一,「韓國葉書だより」第1信」『歷史地理』제14권 5호, 歷史地理學會, 1909년 11월.
82) 谷井濟一,「韓國葉書だより(第2信~第4信)」『歷史地理』제14권 5호, 歷史地理學會, 1909년 11월.

10월 15일부터 평양 일대를 조사하고, 18일 대동강 방면의 고분을 조사하고 1기는 통감부 철도청 평양출장소에 의뢰하여 발굴을 계속하게 하였다.

10월 21일에 신의주 출발하여 안주 일대를 조사하고, 10월 27일에는 안주 보현사를 조사했다.

10월 말에는 통감부 철도청 평양출장소에 의뢰하였던 고분 조사가 계속되어 좋은 결과가 있다는 소식을 받고 대동강면으로 향했다. 대동강면 상오리 능동의 고분에서 나온 한경(漢鏡), 직도, 식목령, 고전 등을 조사하고, 같은 날 오전에 통감부 기사의 안내를 받아 고분 내부 조사에 참여했다.

11월 초에는 강화도 고분 및 강화도 전등사 등을 조사했다. 강화도 일대를 조사하고 경기도 광주로 향했다.[83]

1909년 11월 11일에는 광주에서 서울로 돌아와 창경궁 등 궁궐을 조사하고, 11월 17일부터 홍릉 등 왕릉을 조사했다.

11월 20일에는 남대문에서 수원으로 가서 수원성 등을 조사하고, 21일에는 서울로 돌아왔다.

11월 23일에는 탁지부 주최로 종로 광통관에서 세키노가 강연을 했다.[84] 당시 황성신문에는 세키노의 강연회 소식을 전하면서 다음과 같은 개탄의 기사를 싣고 있다.

> 일본 모모학사 3씨는 아국의 각종 고적을 조사하여 荒井氏의 소개로 광통관에서 강화회를 개최한다니 자국의 고적을 자국인은 알지 못하고 外人의 강화를 시청하니 청강 제씨의 감상이 어찌 할른지.[85]

---

83) 谷井濟一, 「韓國はがきだより(第5信~第8信)」, 『歷史地理』제14권 5호, 歷史地理學會, 1909년 12월.
84) 谷井濟一, 「韓國葉書だより(第9信~第10信)」, 『歷史地理』제15권 2호, 歷史地理學會, 1910년 2월.
85) 『皇城新聞』1909년 11월 23일자.

금척리 고분군과
발견 토기편
(『조선고적도보』)

　　세키노는 1909년 11월 23일 광통관의 강연에서, 국내 고대건축조사를 하면서 고구려묘를 파굴한 즉 화분 1개와 석경 1개 연와 1편을 발견하였는데 이 세 가지 물건의 제작기교를 찬양하면서 지금의 퇴보됨을 애석히 여겼다고 한다.[86] 당시 세키노의 강연에 대해 『대한매일신보』는 다음과 같이 평했다.

　　시사평론
　　여보게 일인 공학자의 강론하였다는 말을 들은 즉 참 기가 막히데, 왜 한국이 옛적에는 공장의 미술이 극히 정교하더니 점점 퇴보가 되어 지금은 아무것도 볼 것이 없다하니 그게 웬 일이며 그런 중에 옛적 미술품이 요행 흙 속에서 묻힌 것을 한인은 차져내지 못하고 일이들이 찾아내어 보고 연구하나니 강론하느니 한즉 그게 다 웬일인고 그러한지 기막혀 못살겠네.[87]

　　1909년 11월 24일에 세키노 일행은 처음으로 남산 왜성대의 소네 통감을 방문하고, 소네 통감이 고서에 취미를 가지고 근래까지도 한국의 서적을 수집하고 있는 것

---

86) 『皇城新聞』1909년 11월 25일자.
87) 『大韓每日申報』1909년 11월 26일자.

을 보았다.

　11월 26일에는 조치원으로 출발하여 조치원 일대를 조사했다.

　11월 29일에는 신원사, 연산을 경유하여 은진으로, 30일에는 은진미륵상을 조사했다. 은진미륵을 조사한 후 부여에 도착하여 부여에서 2일간 머물면서 부소산복을 조사하고, 고란사 근처에서 우수한 석불 2체를 발견했다.

　12월 4일에는 공주를 출발하여 대구로 향했으며, 5일에는 대구의 건축물을 조사하고 6일에는 경상북도 고분에서 발견한 부장품 조사했다.

　12월 7일에는 대구를 출발하여 영천으로 향했으며, 8일에는 영천의 건축물을 조사 후 경주로 출발했다. 경주로 가는 도중에 금척동에서 수십의 고분을 목격하고 파괴된 6기의 고분에 대해 조사를 했다.[88] 조사한 고분에서 다수의 토기를 수집했다[89]

　경주에서 황남리의 한 적석총을 발굴했는데 진행 중 상부가 붕괴되어 충분한 조사를 하지 못하고 중지했다. 서악동에서 다시 한 고분에 대한 발굴 조사를 진행했다.

　세키노와 구리야마는 12월 15일에 경주 불국사, 통도사, 범어사를 경유하여 부산으로 향했다.

　아쓰이는 계속 경주에서 이미 발굴에 착수한 서악동 및 황남리 고분을 조사하고, 12월 20일에 경주를 출발하여 대구로 향했다. 대구에서 일부 조사를 하고, 21일에는 대구를 출발하여 구포로 향했다. 24일부터는 구포 일대와 김해 수로왕릉 등을 조사했다. 김해 출발 전에 인부를 고용하여 약간의 발굴(시험적 발굴)을 시도하여 토기파편을 채집했다.

　12월 27일에는 사진을 정리하고, 12월 28일에 일본에 상륙했다.[90] 당시 세키노

---

88) 谷井濟一,「韓國はがきだより(第11信~第14信)」,『歷史地理』제15권 4호, 歷史地理學會, 1910년 4월.
89) 關野貞,『朝鮮藝術之硏究』,『朝鮮文化の遺蹟』, 1910.
90) 谷井濟一,「韓國はがきだより(第15信~第16信)」,『歷史地理』제15권 4호, 歷史地理學會, 1910년 4월.

일행은 사진 419매를 남겼다.[91]

　　　일본으로 돌아간 세키노는 그간 조선에서 조사한 내용을 가지고 1910년 1월 22일에 일본 사학회례회에서 「한국에서의 신라 이전의 유적」이라는 제목으로 첫 강연을 하였는데, 이때까지만 하여도 대동강면의 낙랑고분을 고구려고분으로 오인하기도 했다.[92]

　　　세키노 일행과 별도로 도쿄제국대학의 명을 받은 하기노 요시유키(秋野由之)와

---

91) 關野貞, 「朝鮮遺蹟調査略報告」, 『考古學雜誌』 1권 5호, 1911년 1월.
92) 그 강연의 요지는 『신한민보』 1910년 2월 23일자 실려 있는데 그 내용은 다음과 같다.
　　高句麗의 遺蹟
　　일본 공학박사 關野貞이 1월 22일 동경제국대학에서 강연한 중에 고구려의 유적을 말함이 아래와 같더라.
　　내가 작년 9월에 한국 탁지부의 위탁을 받아 한성으로부터 송도, 황주, 평양 의주, 안동현까지 고적조사를 마치고 남으로 여주, 공주, 부여와, 경주에 이르기까지 백여 일 동안에 이왕도읍처에서 옛적 보배와 괴한 자취를 많이 보았으나 그 중에 고구려 시대의 물건을 하나도 발견치 못함이 사학가의 큰 유감이 되는 바이더니 이번에 평양에서 멀지 아니한 대동강 남안에 있는 고총을 발굴하여 화로 한 개, 가락지 다섯 개, 거울 두 개와 기타 창검 등을 찾아내었는데 그 고총들은 봉분을 높이 쌓았으며, 헤치고 본즉 그 안은 방8척과 방 7척의 두 합실이 있고 그 중간에 좌우실을 통하는 문이 있으니 모두 벽돌로 건축하였고 사면 벽은 견고하기를 위주하여 곡선형으로 쌓은 후에 모두 석회로 댐을 하였으며 몇 천 년을 지났으나 조금도 파괴한 것이 없는지라 그곳에서 찾은 거울을 증거하건데 1천 5, 6백년전 시대의 일이라.
　　鳥居龍藏은 1911년 2월 同 史學會例會에서 「洞溝に於ける高句麗の遺蹟と遼東に於ける漢族の遺蹟」, (『史學雜誌』 第21編第3號, 史學會, 1910년 3월, p. 104)이란 제목의 강연에서 關野貞이 발굴한 대동강면의 유물에 대해 낙랑군의 유물 유적이라는 견해를 발표하였다.
　　이에 대해 今西龍는 「洌水考」 (今西龍 遺著, 『朝鮮古史の研究』, 國書刊行會, 1970, p. 216.)에서, 다음과 같이 기술하고 있다.
　　평양지방에서 甄廣古墳이 樂浪漢人의 고분이라고 斷案을 가장 먼저 내린 것은 鳥居博士였다. 關野先生과 小生은 이를 반대하여 고구려의 고분이라고 주장했다. 明治42년(1909) 소생은 萩野先生을 隨行하여 강북 강남의 고분을 조사하고 양자간에 相異한 것을 알면서 스스로 동요를 가져오게 되었다. 그리고 기억하건데 明治43년 11월 3일 전년 평양 강남의 甄廣墳을 발굴하여 채집한 유물을 精査하면서 鍍金金具 하나에 王通의 刻字가 있는 것을 발견함으로서 高句麗說이 틀린다는 것을 알게 되어 樂浪漢人說을 따르게 되었다.

이마니시는 1909년 11월 24일에 평양에 도착했다. 낙랑고분 1기를 발굴하고 유물을 획득하였으며, 고구려 도성지를 답사하고 강동 한왕묘의 소재를 보고함으로써 최초로 조선에서의 고구려 유적을 학계에 소개했다.93)

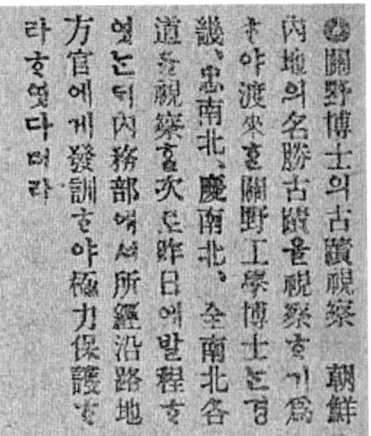

『매일신보』
1910년 10월 13일자 기사

(2) 1910년의 조사

1010년 9월 22일에 경성에 도착한 세키노 일행은 전년도와 같이 내무부의 철저한 보호 아래94) 조사를 진행했다.

* 조사 일정

조사일	내용
9월 27일~29일	경성 일대 승가사, 동대문, 경희궁, 태고사, 등을 조사했다.
9월 30일	경성을 출발하여 개성도착. 개성일대의 개국사지 석탑, 흥국사지석탑 등을 조사
10월 1일	개성을 출발하여 평양에 도착
10월 2일~7일	평양 일대 인학궁지, 대성산성, 대성산성서록 고분 조사
10월 8일	평양을 출발하여 경성에 도착

---

93) 藤田亮策,「高句麗の思出」,『朝鮮學論考』, 藤田先生記念事業會, 1963, p. 613.
『考古學雜誌』8-9, 1909년 12월.
94) 『每日申報』1910년 10월 13일자 기사. 關野 박사의 고적 시찰. 조선 내지의 명소 고적을 시찰하기 위하여 건너온 관야 박사는 경기 충청북도, 경상북도, 전라남북 각 도를 시찰할 차로 작일 출발하였는데, 내무부에서 지방관에게 발훈하여 극력 보호하라 하였더라.

조사일	내용
10월 9일~11일	경성에 체류
10월 12일	경성을 출발하여 옥천에 도착, 옥천 일대의 건축 조사
10월 13일	옥천을 출발하여 보은에 도착, 보은향교, 문묘 등을 조사
10월 14일	보은을 출발하여 속리산에 도착. 법주사 유물을 조사
10월 15일	속리산을 출발하여 보은에 도착
10월 16일	보은을 출발하여 옥천에 도착
10월 17일	옥천을 출발하여 왜관에 도착, 왜관을 출발하여 성주에 도착
10월 18일~19일	성주 일대의 석탑, 문묘, 향교 등을 조사
10월 19일	성주를 출발하여 가야산 해인사에 도착 95)
10월 20일	해인사 유물을 조사
10월 21일	해인사를 출발하여 고령에 도착
10월 22일~23일	고령 가야시대 고분, 가야왕궁지, 주산가야산성지, 객사, 문묘, 향교 등을 조사
10월 24일	고령을 출발하여 창령에 도착
10월 25일	창령 일대의 석탑, 수마산성, 가야시대 고분, 문묘, 향교 등을 조사
10월 25일	창령을 출발하여 영산에 도착하여 영산 문묘, 향교 등을 조사
10월 26일	영산을 출발하여 함안에 도착
10월 27일	함안 일대의 성산산성, 가야시대 고분, 대사동석불 등을 조사
10월 28일	함안을 출발하여 진주에 도착
10월 29일~11월 2일	진주 옥봉 및 수정봉 가야시대 고분, 촉석루, 객사, 문묘, 향교 등 조사하고 진주 청곡사 유물을 조사 96)
11월 3일	진주를 출발하여 하동에 도착
11월 4일	하동을 출발하여 지리산 쌍계사에 도착
11월 5일	쌍계사 유물을 조사
11월 6일	지리산 출발 구례 도착
11월 7일	쌍계사 유물 조사 및 구례객사, 화엄사 화엄경석각단편, 화엄사 묘법연화경권4 1첩 등을 조사
11월 8일	구례를 출발하여 남원에 도착
11월 9일	남원 만복사지, 광한루, 문묘 등을 조사
11월 10일	남원을 출발하여 곡성에 도착하여 곡성향교, 문묘 등을 조사
11월 11일	곡성을 출발하여 옥과 도착하고, 옥과객사, 향교 등을 조사
11월 12일	옥과를 출발하여 광주에 도착했다. 창평 개선사지, 객사 등을 조사
11월 13일	광주 성동5층탑, 성서5층탑, 문묘, 향교, 증심사 등을 조사
11월 14일	광주를 출발하여 능주에 도착
11월 15일	능주 다탑봉을 조사

조사일	내용
11월 16일	남평을 출발하여 나주 도착
11월 17일	나주동문, 서문, 서부면3층석탑, 나주읍내석등, 문묘, 심향사 등을 조사
11월 17일	나주를 출발하여 목포에 도착
11월 18일	목포 이순신유허비 조사
11월 19일	목포를 출발하여 영암 도갑사 도착하고, 영암 도갑사를 조사
11월 20일	도갑사에서 묘법연화경 7첩 등을 조사하고, 목포에 도착
11월 21일	목포를 출발하여 해남에 도착
11월 22일~23일	해남 대흥사, 객사 등을 조사
11월 23일	해남을 출발하여 목포에 도착
11월 25일	목포를 출발
11월 26일	군산에 도착, 군산 선종암, 은적사를 조사
11월 27일	군산 출발 전주 도착
11월 28일~30일	전주 조선시대 건축물, 귀신사를 조사
11월 30일	전주를 출발하여 금구 금산사 도착
11월 30일~12월 1일	금구 금산사 유물을 조사
12월 2일	금산사를 출발하여 익산에 도착
12월 3일~4일	익산 마한궁지, 미륵사지, 사자암, 쌍릉 등을 조사
12월 5일	익산을 출발하여 강계를 경유 군산에 도착
12월 6일	군산을 출발
12월 7일	인천을 경유하여 경성에 도착
12월 8일~14일	경성에 체류

95) 『每日申報』1910년 10월 21일자에는 다음과 같은 기사가 있다.
　　大藏經譯刊計劃. 중부 전동에 있는 각황사 주무 이해광 씨는 합천 해인사에 있는 대장경을 다시 번역 발행하기 위하여 고적을 시찰차로 渡來한 關野 박사를 동반하여 재작일 오전에 남대문 발 경부열차로 同寺에 向往하여다더라.

96) 『每日申報』1910년 11월 8일자에는 다음과 같은 기사가 있다.
　　고기 발굴. 진주군 옥봉(일명 수정봉)상에 수3의 고총이 있는데 어느 시대 어떤 사람의 所葬인지 알지 못하더니 금년 여름에 어떤 자가 발굴하여 그 중에서 기괴한 고기물 등을 다수 발굴하였는지라 일전 해당도청에서 나머지 양 곳을 파굴하여 역시 기괴한 고기물을 다수 발견한 고로 장차 이군의 유식자와 함께 관야 박사의 鑑辨品評에 붙였다더라.

이번의 조사는 고대문화의 상태 및 변천을 조사, 건축물은 물론 능묘, 궁지, 성적(城跡), 석등, 찰간, 비갈, 불상, 종고, 묘탑, 서화 등을 조사하고 유물 중 특히 산일의 우려가 있어 감독 보호를 요하는 것을 분류했다.[97]

(3) 1911년의 조사

1911년도의 조사는 9월 13일부터 11월 5일까지로, 세키노, 야쓰이, 구리야마 외 총독부 영선과 사코(木子) 기수가 수행하여 조사를 보조했다.

1911년 9월 13일에 경성에 도착하여 부근을 조사하고, 9월 22일에 개성을 경유하여 24일에 평양에 도착했다. 9월 24일부터 용강, 강서, 강동, 성청, 봉산 등의 유적을 조사했다.

10월 20일에 다시 경성에 도착했다. 10월 25일에는 경성을 출발하여 대구를 지나 10월 26일부터 경주 신라 사적을 조사했다.

11월 2일에 대구에 도착하여 팔공산 동화사 등을 조사했다.

11월 5일에는 대구를 출발하여 부산을 경유 7일에 일본으로 돌아갔다.

이번 고적조사를 통해 작성한 〈조선유적일람〉에서 중요한 것을 열거하면 다음과 같다.[98]

조사일	내용
1911년 9월 18일	광주 석촌고분
9월 19일	고양 碧蹄館
9월 23일	개성 폐영통사대각국사비, 찰간지주, 5층석탑, 3층석탑, 폐현화사7층석탑, 현화사비, 찰간지주

---

97) 關野. 谷井, 栗山, 「朝鮮遺蹟調査略報告 上」, 『考古學雜誌』제1권 제5호, 제6호, 1911년 1월, 2월.
「關野博士一行の朝鮮遺蹟調査概況」, 『歷史地理』제17권 2호, 歷史地理學會, 日本歷史地理學會, 1911년 2월.
98) 關野貞 等, 『朝鮮古蹟調査略報告』, 1914.

조사일	내용
9월 30~10월 1일	용강 용강읍 북고분, 황룡성, 황룡성 남문불위루, 어을동고성, 황산록 고분, 객사
10월 3일	강서 우현리삼묘
10월 6, 10, 17, 18일	강동 한평동 황제묘, 한평동 고분, 지례동고분, 객사추흥관 및 문, 군청중청관, 문묘대성전, 명륜당, 동서무
10월 7일~8일	성천 객사 동명관, 융선루, 정문, 중문, 동서무, 폐자복사5층석탑, 읍동북 3층석탑, 방선문, 군청래선각, 선화문, 문묘 대성전, 東西廡, 명륜당, 동서재, 3층석탑, 정진사보광전, 향풍루, 승당, 축성전, 만수문, 동종
10월 14일~15일	봉산 미산면 도강동 도총, 당토성, 와현면 고분, 문묘 대성전, 동서무, 내3문, 외3문, 향교 명륜당, 객사 정청, 문정면 상탑동 3층석탑
10월 14일~15일	안주 서면 내동리 안성지, 대대면 봉명리 광명산 고분, 서면 내동리 고분
10월 27일~11월 1일	경주 남산성지, 명활산성지, 흥덕왕릉, 헌덕왕릉, 금오산 서면 약사석상, 석가석상, 첨성대 서북 석가석상, 신문왕릉, 경애왕릉, 선덕왕릉, 아달라왕릉, 경명왕릉, 진평왕릉, 망덕사폐지, 찰간지주, 구황리폐사지, 분황사찰간지주, 구황리탑폐지 및 인왕석상, 일정교지, 월정교지, 분황사화쟁국사비부석
10월 30일	옥산 폐정혜사13층탑, 옥산정사독락당 및 양진암, 옥산서원적락문, 무변루, 매구재, 비각, 어서각, 이해재신도비, 구인당
11월 3일~4일	동화사 찰간지주, 대웅전, 각전, 루, 그 외 유물 조사

세키노 등은 전 2회와 이번 조사를 종합하여 중요한 유물을 분류하여 지방별, 시대별로 분류하여 표를 만들고, 그 가치를 판별하여 그 보존의 필요에 따라 갑, 을, 병, 정 등 4단계로 분류하였다.

(4) 1912년의 조사

조사는 9월 18일부터 12월 12일까지 3개월간 수행했다. 전년과 같이 세키노, 야쓰이, 구리야마 외 총독부 영선과 기노코(木子) 기수가 수행했다.

1912년의 조사에서 세키노 일행이 가장 관심을 가졌던 것은 고구려 벽화고분이었다. 세키노는 1909년 평양에 도착했을 때 시라카와 마사하루(白川正治)로부터 강서에 3개의 대고분이 있다는 사실을 전해들었다. 그리고 1911년에 평양에 갔을 때는 군수가 이 고분을 발굴할 때 참가했던 동네 사람들로부터 내부에 벽화가 있다는 이야기를 들었으나 일정상 발굴은 후일로 미루었다. 그 해(1911) 12월에 도쿄에 돌아갔을 때 강서 수비대로 있었던 미술학교의 생도 오타 후쿠조(太田福藏)로부터 그가 모사한 벽화의 일부를 보고 그 벽화의 화풍이 남북조시대의 양식을 가진 희대의 벽화임을 알게 되었다. 도쿄미술학교 생도 오타는 그가 7년 전에(1911년을 기준으로 하면 1904년) 강서에 있을 때 군수의 발굴 후 재차 발굴을 시도하여 벽화의 사실을 확인하고 이를 약사했다고 한다.[99] 이것이 고구려 벽화의 최초 발견이라 할 수 있다.[100]

오타의 고구려 벽화 모사도를 확인한 세키노 일행은 1912년 9월 하순에 강서고

---

99) 關野貞, 「朝鮮江西に於ける高句麗時代の古墳」, 『考古學雜誌』제3권 제8호, 1913년 4월, p. 2.
100) 關野 일행의 조사에 앞서 최초로 강서고분을 파헤친 자를 군수라고 발설한 자는 강서에 주둔하던 太田福藏이다. 군수가 고분을 파헤친 해는 關野가 1911년에 太田으로부터 전해들을 때를 기준으로 "7년 전"이라고 했기 때문에 1904년으로 보인다. 그 후 2차로 太田이 고분에 들어가 벽화를 확인하고 일부 약사 했다고 한다. 太田이 벽화를 모사한 시기에 대해서는, 太田이 1905년부터 일본군 제15사단 제58연대 제3대대에 배속되어 위생병으로 평양에 머물렀으며, 강서에도 8개월간 파견되었던 경력으로 보아(정인성, 「일제강점기 고구려 유적 조사·연구 재검토2」, 『일본 소재 고구려 유물』, 동북아역사재단, 2008), 1905년이라 할 수 있다.
早乙女雅博은 「新羅の考古學調査 100年の研究」, 『朝鮮史研究會論文集』39, 朝鮮史研究會, 2001년 10월, p. 56)에서, "평안남도 강서에서 동경미술학교 학생 太田福藏이 1905년 11월 26일에 강서 삼묘고분을 발굴"했다고 한다. 고구려벽화를 발견한 太田은 벽화를 모사하여 가지고 돌아갔는데, 6년 후(1911년) 세키노가 벽화모사도를 확인한 것이라고 한다.
太田은 강서고분 최초로 파헤친 자를 강서 군수로 지목하고 있지만, 伊藤利三郎은 「江西の高句麗古墳」(『隨筆朝鮮』, 京城雜筆社, 1935, p. 49)에서 "1906년경에 岡村 모씨가 이 분묘를 발견"했다고 하는데, 시기는 앞에서 기술한 것과는 차이가 있으나 군수가 아닌 "岡村 某氏"라고 하고 있다.
石野瑛은 1928년에 『考古學雜誌』에 게재한 「北支滿鮮の旅から」(『考古學雜誌』제18권 제12호, 1928년 2월, p. 61)에서 그가 여행 중에 강서우편소장으로 있던 岡村幸一을 만나서 보고 들은 이야기를 기술하고 있다. 岡村幸一을 방문하여 그가 수집한 유물을 보았는데 낙랑군지방에서 출토한 石斧, 石庖丁, 土器, 塼, 瓦, 玉類, 銅鏃, 武具, 農具 등 많은 유물을 소장하고 있었다고 한다. 또 岡村의 안내로 강서대묘를 관람했는데 당시 들은 이야기로 "岡村 씨는 일찍이 고고에 흥미를 가지고 강서고분 때의 군수 李宇榮과 자비로 발굴하였다"고 한다.
이상으로 보면 강서고분을 최초로 파헤친 것은 군수 李宇榮이 단독으로 한 것이 아니라 한국 유물 수집에 혈안이었던 岡村幸一의 부추김에 따라 두 사람이 함께 파헤친 것이라 할 수 있다.

분 3기를 조사하여 벽화를 발견하고 오바 쓰네키치(小場恒吉)와 오타 후쿠조(太田福藏)에게 벽화를 모사하게 했다. 대묘벽화는 약 70일에 걸쳐 상세하게 모사하여 도쿄박물관과 도쿄대학로 가져갔다. 이는 일본 학자들에 의한 최초의 고구려 벽화고분의 발굴이며 이를 계기로 고구려 고분벽화를 찾기에 혈안이 되었다.

1912년의 조사는 강서고분의 조사 이외는 대부분 사찰 문화재를 중심으로 조사를 했으며 폐사지 등에서 많은 와편을 수집하여 도쿄대학으로 가져갔다.

1912년도의 일정표를 보면 다음과 같다.[101]

조사일	내용
1912년 9월 24일	평안남도 강서, 간성리 고분 조사[102]
10월 8일, 9일	춘천 우두산남성지, 문묘 등
10월 10일	청평사 조사
10월 12일	양구 일대 조사
10월 14일, 15일	금강산 장안사 유물 조사
10월 16일	금강산 표훈사, 정양사 조사
10월 17일	금강산 유점사 조사
10월 20일	금강산 신계사 보사
10월 23일	고성 일대 조사

---

101) 參考: 藤井惠介, 早乙女雅博 외 2명 편, 『關野貞アヅア踏査』, 東京大學總合硏究博物館, 2005.
102) 강서 간성리고분(연화총)은 關野가 답사하고, 용강의 매산리수총(사신총)은 太田과 총독부 토목국 영선과 岩井長三郎에게 조사를 맡겼다.
『每日申報』1912년 10월 13일자에는 다음과 같은 기사가 있다.
천오백년의 고분
평안남도 진남포부 대상면 매산리에서 수원지의 통로의 서쪽의 畑중에 고 8, 9척 5, 6평의 고분 3개 및 고 5척 넓이 3평의 고분 7개를 발견하였는데 3개 중의 1개는 4년 전 조선인이 발굴코저하여 하여 남서에 약 1평 깊이 3척 가량이 기울어지고 또 2개는 2,3년 전에 폭발약을 사용하여 발굴한 형적이 있는데 그 내부는 깊이 6척으로 주위는 돌로 쌓고 회색 칠식을 施하고 중앙에 갈색의 雲形을 그리고 상부는 각석으로써 쌓았다며 경찰서에서는 부청과 협의한 후 주위에 柵을 설치하여 람굴을 방지하였는데 고분의 유래는 천오백년 전의 것인 듯 하다더라.

조사일	내용
10월 25일	건봉사 조사
10월 27일	낙산사 조사
10월 28일	양양 일대 조사
10월 30일~11월 2일	강릉 신복사지, 하시동 고분 발굴, 한송사지, 보현사 등 조사
11월 4일	오대산 월정사 조사
11월 5일	오대산 상원사, 오대산사고 조사
11월 7일	평창 일대 조사
11월 10일, 12일	원주 흥법사지, 법천사지, 거돈사지 등 조사
11월 15일	여주 신륵사 조사
11월 16일~18일	여주 고달사지 및 기타 건축물 조사
11월 20일~24일	충주 탑정리석탑, 개천사지 및 기타 건축물 조사
11월 26일, 27일	풍기 비로사, 순흥 초함사, 영주 부석사 등 조사
11월 30일	봉화군 일대 조사
12월 2일	예안 도산서원 조사
12월 3일~5일	안동 일대의 건축물 조사
12월 6일	예천 개심사지 조사
12월 7일	용문사 조사
12월 8일	문경 화장리석탑 조사
12월 9일	함창 일대 건축물 조사
12월 10일, 12일	상주 달천리석탑, 상병리석탑 및 기타 건축물 조사
12월 6일~9일	의성 고운사 등 의성 일대 건축물 조사
12월 10일	의흥 일대 조사
12월 11일	은혜사 조사

(5) 1913년의 조사

1913년도의 조사는 9월 중순부터 12월 중순까지로 세키노, 야쓰이, 구리야마, 이마니시 등 4명과 총독부 아이사와(相澤) 기수가 조사 보조로 동행했다. 조사는 9월 중순에 먼저 평양에 이르러 대동강면 토성이라 부르는 곳에서 다량의 고와당을 채집하였으며,[103] 동산리에서도 많은 와당을 발견하였는데 순전히 한식(漢式)임에 놀라 평양 토성이 필시 낙랑군치지의 유지(遺址)일 것이라고 단정했다. 당시 조사에서 세키노 일행이 아동들을 동원하여 수집한 수 백점의 고와는 그 해 바로 일본으로 반출하여 도쿄제국대학 문과대학 표본실과 도쿄제실박물관 역사부에 기증하였으며,[104] 그 이후에도 이 일대에서 많은 와당을 발굴하여 상당수 일본으로 반출하였다.[105]

세키노는 9월 20일에 해주군 광동면 소재 신광사를 조사한 후 동일 오후 8시에 해주공립보통학교에서 군내 유지들을 모아놓고 지리 역사상 공업기술에 관한 연혁을 강연하였다.[106] 조사는 다음날 계속하여 진남포부 대상면 매산리 고분에서 벽화를 발견

---

103) 『每日申報』1913년 10월 3일자에는 다음과 같은 기사가 있다.
　　稀有珍品의 古瓦. 평양 대동강면 토성은 그 土築한 古城址 의연하고 또 그 부근에 있는 고분은 일견 가히 참고의 가치가 있다함으로 금회 조사한 차로 관야 박사 일행 중 곡정, 금서 양문학사는 지난일 이곳에 이르러 시찰하는 중 稀有珍品의 고와를 발굴하여 감정한 결과 이 고와는 고려시대 이전의 물인고로 목하 체재중인 관야 박사는 지난월 30일 본도 山崎학무주임과 함께 동소에 닿아 상세한 증거를 조사하였더라.
104) 谷井濟一, 「朝鮮平壤附近に於ける新たに發見せられたる樂浪郡の遺蹟」, 『考古學雜誌』 제4권 8호 1914年 4月.
105) 「樂浪時代 遺蹟」, 『古蹟調査 特別報告 第4冊』.
　　『朝鮮古蹟圖譜』제2책, 도판. 349~383.
　　關野 등은 1913년에 土城에서 樂浪時代 古瓦를 發見한 以來 幾十回 土城을 往來하면서 낙랑시대 고와를 獲得했는데 그 수가 수백 점에 달했다. 1916년에 總督府博物館, 東京, 京都帝國大學, 平壤陳列所에 寄贈했다. 또 1921년에는 토성을 조사할 때 주위의 아이들에게 塼 2개를 주워오면 1전을 주어 수집하였는데 7, 8명이 약 2시간 만에 200여 개를 주워와 그 중 151종을 『樂浪郡時代의 遺蹟』 圖版에 採錄하기도 했다.
106) 『每日申報』1913년 9월 26일자.

점제비탁본
(『조선고적도보』)

하고, 진남포부 신북면 화상리 고분(대연화총, 성총)에서도 벽화를 발견했다. 용강군 안성동에서 2개의 고분을 발굴하여 벽화를 발견했다.[107] 그 중 갑은 형태가 크기 때문에 대총이라 하고, 을은 내부에 아름다운 쌍주(雙柱)가 있어 쌍영총(雙楹塚)이라 가칭했다. 다시 안주, 희천, 강계를 경유하여 강계군 문옥면 문악리 화동의 문구리 고분을 조사했다.

한편 이마니시는 단독으로 용강 어을동고성 일대를 조사하면서 고비를 조사하고 점제비탁본을 가지고 왔다. 이 비가 낙랑군 점제현과 관계가 있음을 처음으로 알게 되었다.[108] 이 탁본을 조선총독부는 1915년 3월에 발간한 조선고적도보 제 1책에 점제

---

[107] 『每日申報』1913년 9월 30일자에는 다음과 같은 기사가 있다.
진남포에 체재하는 관야 박사 일행은 수행하는 기수의 안내로 진남포 진지동 부근에 있는 고분을 시찰하고 익일 그 발굴에 착수하였는데 당 지방 고노의 전설을 據한 즉 지금으로부터 약 200년 전에 모 군수가 일찍이 이를 발굴을 試하였던 일이 있다하는데 이번 발굴에 의하여 혹 역사상의 유효한 考古의 자료를 얻을 줄로 예측한다더라.

[108] 「樂浪時代의 遺蹟(其二)」, 『古蹟調査特別調査報告 第四冊』, 朝鮮總督府, 1927, pp. 234~235.
이에 대하여 今西龍은 『朝鮮古史의 硏究』洌水考 條에서,
"이 碑 발견의 顚末에 대해서 谷井 學士 등이 총독부에 제출하여 인쇄 공표한 특별보고서의 기사는 학사의 記憶은 誤謬" 한 것이라고 하면서 "大正二年 九月 下旬에 小生은 關野 博士의 지휘 아래 谷井 學士 등과 함께 고적조사에 종사, 박사의 명을 받들어 용강군 西의 於乙洞古城의 漢瓦를 채집하기 위해 一行과는 별도로 單身으로 어을동에 도착했다. 이때 우연히 점제장관이 평산군에 祠를 세운 비를 발견했다"라고 하고 있다.
이 비가 처음 발견된 것은 小田省吾의 「古代朝鮮の民族と其の遺蹟」(『朝鮮と建築』第2輯2卷 1922

비를 3장의 사진으로 게재해 도시(圖示)해 놓았다.[109]

　　10월에 압록강을 건너 만주 집안현 치지에서 11일간 머물면서 고구려시대의 유적을 조사했다.

　　세키노는 1902년 이후 7년의 공백기를 가지고 1909년부터 매년 한반도에 대한 고적조사를 실시하였다. 그러나 이전에도 그의 첫 한반도 조사에서 빠졌던 부분을 조사하고자 했으나 뜻을 이루지 못했다.[110] 1907년에 세키노는 도쿄제국대학의 명에 의해 북청지방, 특히 봉천, 철령, 장춘, 길림 방면을 조사하고 다시 압록강 상류를 거쳐 통구 지역의 유명한 고구려 광개토대왕비를 조사하고 다음으로 한국에 들어와 전에 실지 답사

年)에 의하면, 今西龍이 이곳에 도착하기 전인 같은 해 가을에 白鳥庫吉이 탁본을 하였으나 문자를 판별할 수 없었다고 한다.

109) 文定昌은 이에 대해 다음과 같이 반박하고 있다.
　　그 중 정면이라 칭하는 사진의 제1행의 文이 전재된 비문과 같으니 이는 今西龍이 탁본해 온 이른바 점제비문 제1행의 原型인 것이다. 그런데 조선총독부는 東京工科大學長의 촬영이라 칭하고 그 제3면에 "年四月戊"의 4자를 만들어 넣어 놓았다. 그 후 조선총독부가 1919년 2월 朝鮮金石總覽을 발간하였으며, 금석총람은 그 맨 첫머리에『점제현 神祠碑』라는 題下에서, 다음 3단계의 정체 불명의 一石碑를 한대 낙랑군의 점제비인 양 꾸며 내놓았다는 것이다.
　　첫째, 비문의 탁본에는「縣」자가 없다. 그런데 조선총독부는「縣」자를 첨가하였다.
　　둘째, 朝鮮總督府囑託 關野貞은 동경공과대학장이라는 탈을 쓰고 촬영이라는 명목 하에 원본에 없는「年四月戊」의 4자를 결여된 부분에 끼워넣었다.
　　셋째, 이 비문에는 그 건립 연대를 추정할 만한 하등의 단서가 없다. 그런데 朝鮮總督府는 關野貞이 만들어 넣어 놓은 그 4자를 발판으로 그 위에「漢長帝元和乙」의 6자를 첨가하여 그것이 한 낙랑군 점제현비라고 주장하기 시작하였다는 것이다(『龍岡郡誌』, 平安南道 龍岡郡民會, 1988).
　　建碑의 연호에 대하여 발견 당시부터 이론이 많았다. 小田幹治郎의「龍岡古碑の年號考證」(『朝鮮彙報』, 朝鮮總督府, 1920)에 의하면,
　　初行年號는 이미 마멸되어 알아볼 수 없었으나 朝鮮古蹟圖譜 解說에는 '漢靈帝光和二年'으로 기록하고 있고, 今西龍은 光和元年, 鳥居龍藏은 漢安帝永初二年, 淺見倫太郞은 魏明帝景初元年, 1914년 參事官室에서는 총독이 참사관실에 금석문 수집을 돌아볼 때 漢章帝元和二年으로 설명하기도 했다.
110) 關野貞은『韓國建築調査報告書』의 緖言에서 "近代에 있어서 약간 세밀함은 多寡 때문에 부득이한 일이 있었던 바 평양, 부여 기타 지방의 중요한 자료를 빠트린 것은 조사에 미치지 못한 바로써 다시 후일에 재조사할 기회를 기다려 이를 補正하려고 할 뿐이다"라고 기술하고 있다.

삼실총 전경
(『조선고적도보』)

한 지역을 돌고 귀조할 예정이었다. 그러나 예산 등 여러 가지 사정으로 광개토대왕릉비 등에 대한 조사계획은 이루어지지 못했다.[111] 그것이 세키노의 한국 조사에서 중요한 부분이었지만 뜻을 이루지 못하다가 1913년에 와서야 드디어 현장을 조사할 수 있었다.

　　　　이곳에서는 광개토대왕비를 조사하면서 일대에서 초석, 와편 등을 발견하고, 장군총, 태왕릉, 천추총, 등을 조사하여 다수의 와편과 전을 수집했다. 구갑총, 삼실총 등에서 벽화를 발견하고 다시 강계로 돌아와 황초령을 넘어 함흥으로 나왔다.[112] 집안현 일대의 고구려 유적 조사를 하고 돌아오던 중 함경남도 안변 근처의 숙소에서 화재를 만나 집안현의 조사 자료를 잃었다. 다행히 사진과 동행한 구리야마, 야쓰이, 이마니시의 자료는 무사하여 이후 세키노는 집안의 조사를 언급할 때 도면은 구리야마와 야쓰이의 것을 사용했다.[113]

---

111) 「彙報」, 『歷史地理』제10권 2호, 歷史地理學會, 日本歷史地理學會, 1907년 8월.
112) 關野貞, 「滿洲輯安縣及び平壤附近に於ける高句麗時代の遺蹟」, 『考古學雜誌』제5권 제3호,4호, 1914년 11월,12월.
113) 藤井惠介, 早乙女雅博 외 2명 편, 『關野貞アヅア踏査』, 東京大學總合研究博物館, 2005, p. 241.

세키노 일행은 1913년 11월경에 함흥에 도착하며 도청의 의뢰로 이 군 심상고등소학교에서 「함경도의 고적조사」란 제목으로 강연을 하였다. 그 내용인즉 대략 다음과 같다.

본인이 조선에 순역함은 6회로, 함경도는 처음이다.(「'함경도의 고적조사 2' 관야 박사의 강연」『매일신보』1914년 1월 9일)
관야 박사의 강연
금회 조사한 결과 제일 고물로는 옥저시대의 물(物)을 발견하고, 〈중략〉 금회 2개소에서 최고한 성지를 보았는데 하나는 상파천면 오노리 후산에 있는 성지로 속칭 백두산성이라 하고, 하나는 함흥에서 동북 4리 반 떨어진 덕천면의 고성이라 하는 것인데 이 성지가 옥저시대의 물로 생각하는 바이다.
오노리산성에 3,4개소의 고분이 있으나 선년 조거용장씨가 래하였을 시에 발굴하였다고 하는 바, 이 산성과 고분은 밀접한 관계가 있을 듯한 고로 금회 발굴한즉 한 개소에는 하등의 물도 무하고, 한 개소에는 원형대로 그 석곽이 尙存한데 이 일명은 현실이라고도 하고 입구는 연도라고도 한다.
방형벽은 불규칙의 자연석으로 쌓고 기반은 2매의 석을 사용하였는데 조거씨 발굴 후가 됨으로 何物의 존재는 무하였으나 다행히 발굴할 때 토기파편의 2, 3개를 발견하였습니다. 이 파편은 신라 임나시대 즉 거금 4, 5백 년 전의 물과 같고, 또 석곽의 구조도 동년대의 물로 생각하는데 이를 고성 기타의 고적재료와 대조하여 보면 옥저시대의 물인듯 하나 가정에 불과한지라...(「'함경도의 고적조사 3' 관야 박사의 강연」『매일신보』1914년 1월 10일).
금번 덕천면의 산성을 연구하기 위해 행할 때 북문과 남문변에서 와의 파편을 습득하여 본 바 이를 고려시대 물로 생각하는 바이라(「'함경도의 고적조사 2' 관야 박사의 강연」『매일신보』1914년 1월 11일).

이 해의 조사결과를 세키노는 1914년 11월, 12월에 『만주 집안현 급 평양부근에 있어서의 고구려시대의 유적』이란 제하의 글을 『고고학잡지』(제5권 9호)에 발표했다.

(6) 1914년의 조사

세키노, 구리야마, 야쓰이, 이마니시는 9월 상순부터 평안남도 용강군 성채동 고분, 황해도 은률 운화동 지석묘를 조사 후 함경북도 경흥, 경원, 은성, 간도, 회령, 부령을 조사하고 12월 중순에 경성으로 돌아왔다.

한편 오바 쓰네키치(小場恒吉)는 세키노 등이 전년도에 조사한 평남 용강의 안성동 쌍영총, 대총, 화상리 연화총, 성총의 벽화를 모사했다.

도리이 류조(鳥居龍藏)는 경상남북도 진주, 진해, 김해, 함안, 통영, 거제도, 고성, 남해도, 하동, 부산, 동래, 밀양, 대구, 경주, 영일만, 청송, 안동, 죽령, 상주, 김천, 왜관 등을 3개월에 걸쳐 조사했다.[114]

(7) 1915년의 조사

1915년의 조사에는 세키노, 야쓰이 외에 새로 도쿄대학 건축과를 졸업한 고토 게이지(後藤慶二)가 참가했다. 고토는 구리야마를 대신하여 참가했다. 이번 조사는 주로 개성, 경주, 부여 고분을 발굴 조사했다.

6월에 야쓰이와 고토는 개성으로 들어가 고려시대 고분을 조사하고 하순에 경주로 향했다.

세키노는 별도로 6월 말에 경주로 먼저 들어가 황남리 검총 발굴을 시작하였고 야쓰이와 고토 등과 합류한 후 보문리 완총, 금환총, 부부총, 와총을 발굴 조사했다. 당시 발굴과정은 부산일보에 게재했다. 발굴 기간에 분황사, 황룡사지, 사천왕사지, 불국

---

114) 鳥居龍藏, 「新羅伽倻以前の南韓族」, 『朝鮮及滿洲』제82호, 朝鮮及滿洲社, 1914년 5월.

황남리 검총
(『조선고적도보』)

사, 석굴암, 헌덕왕릉, 성덕왕릉을 비롯한 남산 불적을 답사했다.

7월에 대구, 대전을 경유하여 연산의 개태사지를 조사했다.

7월 15일에 부여로 들어왔다. 부여에서는 도쿄제국대학 문과대학 조교수 구로이타 가쓰미(黑板勝美)가 대학의 명에 따른 조사의 일환으로 릉산리왕릉 중하총, 서하총의 발굴 조사를 하고 있었다. 세키노는 릉산리 횡혈총(橫穴塚), 전석총(塼石塚), 할석총(割石塚)을 구로이타와 함께 발굴하고, 릉산리의 왕릉 중상총을 발굴했다.115)

7월 21일부터 임천 성흥산성, 대조사를 조사하고 세키노는 단독으로 공주로 들어가 공주산성을 조사하고 23일에 경성으로 돌아갔다.116)

이상으로 거의 조선 전토 및 남만주의 일부의 일반적 조사를 마친 모양이다.

(8) 도리이 류조(鳥居龍藏)의 유사이전 조사

조선총독부는 세키노 일행의 고적조사와는 별도로 한국인의 생활습관과 사상 탐색에 주력하여 민속학자들에게 현지 조사를 실시하게 하고, 인류학자들에게 압록강

---

115) 藤井惠介, 早乙女雅博 외 2명 편, 『關野貞アヅア踏査』,東京大學總合硏究博物館, 2005. p. 243.
116) 藤井惠介, 早乙女雅博 외 2명 편, 『關野貞アヅア踏査』,東京大學總合硏究博物館, 2005.

유역의 인종 조사를 담당하게 하여 조선사 편찬을 위한 자료 수집을 추진하였다. 이것은 조선총독부 내무부 학무국 편집과장 오다 세이고(小田省吾)가 중심이 되어 1911년 도쿄제국대학 도리이 류조를 촉탁으로 하여 조선의 유사이전의 인종문화의 조사를 개시하였다.[117] 이 사업은 실제 세키노의 조사에서 빠진 조선의 인종적, 민족적 조사와 병행하여 석기시대의 조사를 보완하는 것이었다. 1911년에서 1915년경까지 연속적으로 매년 3개월 내지 6개월의 장기조사를 실시하여 수집한 조선인의 인종적 측정과 풍속에 관한 사진은 막대한 양이다.[118] 그러나 조사의 결과인 1911년에서 1912년간의 약보고[119]는 학무국 편집과에 제출하였으나 미간(未刊)에 그쳤다.[120]

도리이는 그 이후에도 1916년부터 매년 3월에서 6월간에 총독부촉탁의 신분으로 인류학, 민족학, 고고학에 대한 조사를 전국에 걸쳐하였는데 당시 천추전에 수장해 두었던 선사유물의 대부분은 도리이의 수집품이었다.[121]

사료조사 보고서
(鳥居龍藏
1913년 3월 4일)

---

117) 有光敎一, 『有光敎一 著作集 第一卷』, 東京同朋舍, 1990, p. 4.
118) 사진원판 목록에 나타난 鳥居龍藏의 유적과 유물, 인물, 풍속에 대한 조사 1911년 - 함경남북도, 간도 지방 조사, 1912년 - 만주 및 평안북도 지방 조사, 1913년- 경상남북도 지방 조사, 1914년 - 전남 지방 조사,1915년 - 전북, 충청남북도, 강원, 경기 지방 조사.
119) 『第1回史料調査報告』라 題한 이 보고서는 1911년 7월부터 1912년 3월까지 함경남북도 東間島를 조사한 후 116쪽에 달하는 復命書로 1912년 10월 19日 復命한 것으로 되어 있다.
120) 藤田亮策,「朝鮮 古文化財의 保存」,『朝鮮學報 第1輯』, 1950년 5월.
121) 有光敎一「朝鮮의 櫛目文土器. 磨製石劍」序文(『有光敎一著作集』第1卷, 1990년)에서, "鳥居는 나중에 총독부 조사방침에 불만을 가져 疎遠했다."고 하며, 梅原末治는『朝鮮古代의 文化』에서, "鳥居 博士 담당의 史前遺蹟의 조사는 극히 일부분을 제하고는 모두 보고를 缺하였다"고 한다.

2) 주요 조사표 2

시기	조사지역	조사자	조사유구	출토 및 수집유물	시대	비고
1909년 10월	대동군 대동강면	關野貞, 谷井濟一, 栗山俊一, 今泉茂松 (통감부 기사)	석암리 전실분 1기(甲墳)[122]	刀 2구, 花紋鏡 1면, 盤龍鏡 1면, 指輪 6개, 五銖錢, 陶甑, 陶甕, 陶壺, 鐵鏡, 漆盤, 기타 등	낙랑	동경대 소장 (고적도보1, 24~47). 출처[123]
1909년 10월	대동강면	今泉茂松 (철도관리국 기사)	석암리 고분 1기	陶器破片, 鐵鏡 1面, 漆盤, 金銅釦	낙랑	출처[124]
1909년 11월	대동강면	동경대 萩野由之, 今西龍	고분 발굴[125]	塼築墳(乙墳)-花紋鏡, 金銅器, 銅耳杯, 銀製指輪, 琉璃耳飾, 陶甕, 陶壺 등	낙랑	출처[126] 이들 출토품은 동경대 문학부 소장으로 돌아갔는데 애석하게도 1923년 관동대지진 때 소실되었다.[127]
1909년 12월	경주	關野貞, 谷井濟一, 栗山俊一	금척리 고분군 (파괴분)	토기편		동경대 공과대학 소장. 출처[128]
1909년 12월	경주	關野貞, 谷井濟一, 栗山俊一	황남리 남총, 서악리 고분(가칭 석침총)을 발굴[129]	서악리 고분에서 石枕, 高杯의 蓋와 土器 破片을 발굴[130]	신라	동경대 공과대학 소장.[131] 1912년 건축학과 제4회전람회에 전시[132]
1909년 12월	김해	谷井濟一	패총(시험적 발굴)	토기파편		출처[133]
1910년 10월	대동강면	關野貞, 谷井濟一, 栗山俊一, 今泉茂松	東墳	瓦甕 1, 瓦杯 2, 陶製 圓案, 銅盤 4, 陶壺, 陶甑, 陶杯 2, 鐵刀殘片, 陶甕 등을 발견	낙랑	이왕가박물관.[134] 출처[135] (고적도보 1권, 제57도~62도)
1910년 10월	대동강면	關野貞, 谷井濟一, 栗山俊一, 今泉茂松	西墳	陶器破片, 銅器殘缺	낙랑	출처[136] (고적도보 1권, 54도~56도)
1910년 10월	평남 대동군 임원면	關野貞, 谷井濟一, 栗山俊一	대성산록의 1고분 (사동) 발굴	석곽 내에서 목관에 소용한 釘을 발견	고구려	동경대 소장. 출처[137]

시기	조사지역	조사자	조사유구	출토 및 수집유물	시대	비고
1910년 10월	함안	關野貞, 谷井濟一, 栗山俊一	성산서북고분			출처[138]
1910년 10월	고령	關野貞, 谷井濟一, 栗山俊一	고령군의 주산 동남산복고분 3기 발굴[139]	석곽에서 鐵釘, 곽중에서 다수의 토기를 발견, 蓋杯 등을 발굴[140]	가야	동경대 공과대학 및 이왕가박물관 소장.[141] 1912년 건축학과 제4회 전람회에 전시[142]
1910년 10월	고령	關野貞, 谷井濟一, 栗山俊一	傳 가야왕궁지	古瓦		동경대 공과대학 소장. 출처[143]
1910년 10월 29일~11월 1일	진주	關野貞, 谷井濟一, 栗山俊一	수정봉 제3호분	陶器, 鐵器[144]	가야	(고적도보 도판 835~837) 이왕가박물관 소장
1910년 10월 29일~11월 1일	진주	關野貞, 谷井濟一, 栗山俊一	수정봉 제2호분	鐶, 釘 및 大刀, 鐵器, 鐙, 小玉, 銅鋺, 도기[145]	가야	동경대 공과대학 소장[146]
1910년 10월 29일~11월 1일	진주	關野貞, 谷井濟一, 栗山俊一	옥봉 제7호분	土器, 鐵器[147]	가야	동경대 공과대학 소장[148]
1911년 7월	함북 회령	鳥居龍藏, 小杉彦治 (조선총독부 학무국 사무관)	팔을면, 벽성면, 인계면의 석기시대 유적지 조사	다수의 磨製石斧, 打製石器, 石棒, 石鏃, 土器破片		출처[149]
1911년 9월~10월	함경도	鳥居龍藏	함흥 고분 1기	남여두개골, 金製指環		출처[150]
1911년 10월	평안남도 용강군 해운면 갈성리	關野貞, 谷井濟一, 栗山俊一	토성지 답사	성내에서 平瓦 등 수집		고적도보 도판 120, 동경대 소장. 출처[151]
1911년 9월 24일~10월 20일	평남	關野貞, 谷井濟一, 栗山俊一	대성산에 석축한 산성과 그 아래 安鶴宮址 등을 조사	다수의 古瓦片		출처[152] 안학궁지 발견 와 15개는 1914년 4월 동경대 건축학과 제5회전람회에 진열
1911년 10월	강동군 마산군 馬山面 漢坪洞	關野貞, 谷井濟一, 栗山俊一	俗稱 漢王墓	小壺, 古瓦 수점		출처[153] 1912년에는 이 유물 중 일부를 동경대학 공과대학에서 개최한 전람회에 전시되기도 했다.[154]

시기	조사지역	조사자	조사유구	출토 및 수집유물	시대	비고
1911년 10월	황해도 봉산군	谷井濟一	大方太守張撫夷墓	「使君帶方太守張撫夷塼」文字銘의 전을 비롯한 무수한 塼과 古瓦片	대방	출처155) 1912년 4월에 동경대학 제4회 전람회에 전시
1911년 9월		關野貞, 谷井濟一, 栗山俊一	광주 석촌고분, 개성 폐영통사 유구, 폐현화사 유구, 용강 용강읍고분, 어을동고성, 황산록 고분, 고양 벽제관 a			출처156)
1911년 10월		關野貞, 谷井濟一, 栗山俊一	우현리3묘, 지례동 고분(낙랑), 성천 객사 동명관, 폐자북사지 유구, 정진사, 와현면 고분, 문정면 석탑, 안주 서면 내동리 고분, 대대면 봉명리 관명산 고분, 경주 남산성지, 명활산성지, 왕릉 10여기, 망덕사 폐지, 구황리폐지, 분황사 유구, 경주 강서면 옥산리 폐정혜사석탑, 옥산서원			출처157)
1911년 10월	황해도 사리원	谷井濟一	당토성	瓦塼, 陶器破片		출처158)
1912년 9월	황해도 봉산군	關野貞, 谷井濟一, 栗山俊一	大方太守張撫夷墓 2차발굴	「使君帶方太守張撫夷塼」文字銘의 전 등	대방	일부 동경대 공과대학과 동경국립박물관.159)출처160)
1912년 9월 하순	강서군	關野貞, 谷井濟一, 小場恒吉, 太田福藏	강서 3기의 대묘	벽화	고구려	벽화는 小場, 太田 등이 약 70일에 걸쳐 상세하게 모사하여 동경박물관에 納하였다.161)모사도-동경대. 출처162)
1912년	진남포부 신북면	末松熊彦	화상리고분(大蓮花塚, 星塚)	벽화 발견	고구려	출처163)모사도는 1914년 4월 동경대 건축학과 제5회전람회에 진열
1912년 10월	강릉	關野貞, 谷井濟一	하시동 고분	有蓋高杯 3개, 長頸壺 2개, 脚付長頸壺 3개		동경대 소장. 출처164)
1912년 10월		關野貞, 谷井濟一, 栗山俊一	춘천 우두산성지, 7층석탑 및 당간지주, 춘천 청평사, 금강산 장안사, 표훈사, 정양사, 유점사, 신계사, 고성 건봉사, 낙산사			출처165)

시기	조사지역	조사자	조사유구	출토 및 수집유물	시대	비고
1912년 11월		關野貞, 谷井濟一, 栗山俊一	강릉 폐신복사3층석탑, 폐한송사지보살석상, 보현사, 오대산 월정사 상원사, 오대산사고, 평창 류동리5층석탑, 읍내 중리5층석탑, 원주 객사, 폐흥법사지 유구, 폐거돈사지 유구, 폐법천사지 유구, 여주 신륵사, 폐고달사지 유구, 충주 문묘, 탑정리7층석탑, 개천사지 유구, 월악산 원명선사비, 폐사자빈신사사자탑, 풍기 비로사, 초암사, 소수서원, 폐숙수사, 부석사, 봉화 태백산사고			신복사지 발견 瓦 (동경대, 고보 1520-1523) 거돈사지 발견 와 (동경대, 고보 1460-1466) 탑정리7층석탑 부근 발견 瓦(동경대, 도보1427-1434) 출처166)
1912년 12월	경상도	關野貞, 谷井濟一, 栗山俊一	예안 도산서원, 안동읍 동7층전탑, 안동읍 남5층전탑, 조탑동5층탑, 예천읍 동3층석탑, 폐개심사 유구, 용문사, 문경 화양면 3층석탑, 함창 탑동석탑, 상주 달천리3층석탑, 상병리다층석탑, 의성 고운사, 산운면 5층석탑, 빙산사5층석탑 영천 폐사지3층석탑, 의흥 중리면5층석탑, 화산 인각사, 은혜사			안동읍동7층전탑 下 발견와(고적도보1548, 1549)-동경대 소장 예천읍 동3층석탑(동경대, 도보1509, 1510) 영천 폐사지3층석탑 부근 발견 瓦(동경대, 도보1473-1479) 출처167)
1912년 12월	경기도	栗山俊一	석촌동고분			출처168)
1912년 10월에서 1913년 3월	평안북도 및 만주 일대	鳥居龍藏	태왕릉, 장군총 등 고구려고분 분포 조사, 광개토대왕릉비, 산성자산성, 휘발성산성, 환도산성, 관석령 모구검기공비			출처169)
1913년	경주	谷井濟一	명활산 일대의 조사	통일신라시대의 陶器 등을 수습	신라	출처170)
1913년 8월, 9월	진주	八木奘三郎	진주 舊城의 東方 玉山上에 있는 표형고분 발굴	陶器類, 純金耳飾, 銀製腕環, 銅鏡, 鐵劍, 馬具 등의 금속품, 曲玉, 管玉, 琉璃珠		출처171)
1913년 9월	진주	關野貞	진주 고분	특징이 있는 진품(珍品) 5,6점		이왕직사무관 八木의 『진주고분조사(晉州古墳調査)』172)
1913년 6월	평남 진남포, 순안	末松雄彦	대연화총, 성총	벽화 발견		출처173)

시기	조사지역	조사자	조사유구	출토 및 수집유물	시대	비고
1913년 10월	집안	關野貞, 谷井濟一, 栗山俊一, 今西龍	장군총	古瓦	고구려	동경예술대학, 동경국립박물관 소장. 출처[174]
1913년 10월	집안	關野貞, 谷井濟一, 栗山俊一, 今西龍	천추총	고와, 문자전(석퇴사이에서 [千秋萬歲永固], [保固乾坤畢]이라 銘한 塼이 발견)	고구려	일부 동경대[175] 동경예술대학, 동경 국립박물관. 출처[176]
1913년 10월	집안	關野貞, 谷井濟一, 栗山俊一, 今西龍	태왕릉	고와, 문자전(石堆사이에서 [願太王陵安如固如岳]이라 銘한 塼을 발견	고구려	일부 동경대 동경예술대학 소장. 출처[177]
1913년 10월	집안	關野貞, 谷井濟一, 栗山俊一, 今西龍	광개토대왕비	瓦片	고구려	일부 동경국립박물관 소장. 출처[178]
1913년 10월	집안	關野貞, 谷井濟一, 栗山俊一, 今西龍	삼실총	벽화 발견	고구려	출처[179]
1913년 10월	집안	關野貞, 谷井濟一, 栗山俊一, 今西龍	산성자 귀갑총, 미인총	벽화	고구려	출처[180]
1913년 10월	집안	關野貞, 谷井濟一, 栗山俊一, 今西龍	대석총, 임강총	와편	고구려	동경대 소장. 출처[181]
1913년 10월	평남 진남포	關野貞, 谷井濟一, 栗山俊一, 今西龍	대상면 매산리 고분(狩獵塚)	벽화 발견	고구려	출처[182]
1913년 10월	진남포	關野貞, 谷井濟一, 栗山俊一, 今西龍	신북면 화상리 고분(大蓮花塚, 星塚)	벽화 발견	고구려	출처[183]
1913년 10월	용강군	關野貞, 谷井濟一, 栗山俊一, 今西龍	일연지면 안성동 大塚, 雙楹塚	벽화 발견	고구려	출처[184]

시기	조사지역	조사자	조사유구	출토 및 수집유물	시대	비고
1913년 10월~11월	강계군	關野貞, 谷井濟一, 栗山俊一, 今西龍	문옥면 문악리 화동의 문구리고분		고구려	출처[185]
1913년 9월	평양 용강군	關野貞, 谷井濟一, 栗山俊一, 今西龍	해운면 성현리 어을동고성	다수의 古瓦	낙랑	일부 동경대와 동경국립박물관[186]. 출처[187]
1913년 9월	평안남도 대동군	關野貞, 谷井濟一, 栗山俊一, 今西龍	대동강면 토성리 토성	「大晋元康」, 「樂浪禮官」, 「樂浪富貴」, 「千秋萬歲」의 와당, 銅鏃, 銅印, 五銖錢, 靑銅製 및 玻璃製裝飾品 등 다수	낙랑	동경대 문과대학 표본실과 동경제실박물관 역사부[188]. 출처[189]
1913년 10월	평남 대동군 대동강면	深田九馬三 (평남 技手)	오야리 목곽분	鐵製直刀, 鐵製斧, 銅鋺, 坩	낙랑	당시 평양교육회 도서관에 보관했다가 서울로 옮김. 출처[190](고적도보 1권 11도~18도)
1913년 9월~10월	충청, 경상도	八木奘三郎	석봉리 제1窯址, 제2窯址, 석봉리 沙器所窯址, 영동근방 요지, 추풍령 고요지, 고령 고요지, 김해 고요지, 동래 고요지, 경주 외동면 제내리 요지, 영일만 고요지, 부산 용두산록 고요지	각종 陶器片		출처[191]
1914년 3월	전남 강진군 대구면	末松雄彦, 八木奘三郎	청자도요지 발굴	청자파편		출처[192]
1914년 봄	황해도	河合弘民	황해도 옹진군 일대 요지, 신천군 용문면 추산동 야왕산 사기곡 요지 발굴	상당량의 고려자기편, 분청사기편 수집		출처[193]
1914년 가을[194]	평안남도 용강군	谷井濟一	해운면 성채동 방형대분 발굴	陶器片		출처[195]
1914년 가을	은율군	谷井濟一	화북면 운화동 撑石式古墳을 조사			출처[196]
1914년	김해	鳥居龍藏	김해패총 발굴			출처[197]

시기	조사지역	조사자	조사유구	출토 및 수집유물	시대	비고
1914년	경상 남북도	鳥居龍藏	진주, 진해, 김해, 함안, 통영, 거제도, 고성, 남해도, 하동, 부산, 동래, 밀양, 대구, 경주, 영일만, 청송, 안동, 죽령, 상주, 김천, 왜관	신라시대의 高杯, 土器, 가야시대 鐵器, 그외 石器 鹿角器, 石斧, 石槍, 石庖丁		출처[198]
1915년	부여	鳥居龍藏	부여부근 유적 조사	石器, 土器, 石劍, 石鏃		출처[199]
1915년	경주	鳥居龍藏	半月城台下 발굴조사			출처[200]
1915년 6월	개성	谷井濟一, 後藤慶二	고려시대 고분 조사			출처[201]
1915년 6월	선산군 일대	黑板勝美	해평면 낙산동 고분 발굴 조사	勾玉및 小玉, 短刀, 釘, 金指環 2개, 琉璃玉 20개[202]		일부의 유물을 일본 고고학회에 학술자료로 제공. 출처[203]
1915년 5월	경주	黑板勝美	명활산록 고분 발굴			출처[204]
1915년 6월~7월	김해	黑板勝美	패총 발굴	토기편		출처[205]
1915년 6월	황해도	八木奘三郎	해주군 신촌면 사기동, 옹진군 마산면 도요지 발굴	'禮品'재명의 분청사기, 백자편, 청자편		이왕가박물관. 출처[206]
1915년 5월	서울 경기	八木奘三郎	옹성산하 사기동 요지, 남한산 도마동 백자요지, 분원 청화백자요지, 금사동 백자요지, 광주군초월면 궁평리 청화백자요지, 우이동, 남한산 도요지 발굴	청자편, 분청사기편, 다완류, 청자편, 백자편, '祭', '福', '壽'銘의 陶磁片		이왕가박물관. 출처[207]
1915년 6월	강화도	八木奘三郎	동막 청자요지	청자편		이왕가박물관. 출처[208]
1915년 5월 이전	경기도 광주	關野貞 等	석촌 고분 100여 기 분포 및 지표 조사	백제시대의 토기 파편 다수 발견	백제	출처[209]
1915년 5월 이전	부여	關野貞 等	부소산성벽 남쪽 발굴	백제시대의 土器破片, 炭米豆(창고지) 발견, 古瓦破片	백제	출처[210]

시기	조사지역	조사자	조사유구	출토 및 수집유물	시대	비고
1915년 5월	부산	黑板勝美	부산성지 조사			출처[211]
1915년 6월	고령	黑板勝美	주산 동방의 갑분(횡혈식석곽), 을분, 병분 3기를 발굴	金環2개, 直刀 1본, 齒 6,7개, 수십개의 토기, 鐙 1개, 槍 1개, 銀刀 1개		일본 모처[212] 소장. 출처[213] 고적도보3에 일부 게재
1915년	함안	黑板勝美	말이산 석곽분 발굴			출처[214]
1915년 6월	김해	黑板勝美	김수로왕릉비 근처 직경9間의 大圓墳 발굴			출처[215]
1915년 6월 21일 ~7월 1일	경주 황남리	關野貞, 谷井濟一, 後藤慶二	皇南里 고분 (劍塚)	다수의 토기, 蓋付鉢形土器 1개와 土鈴, 槍身), 劍, 太刀, 土器 등		총독부박물관.[216] 출처[217]
1915년 7월	경주 보문리	關野貞, 谷井濟一, 後藤慶二	金環塚	토기, 木片, 小刀로 인식되는 鐵片, 金環, 耳飾		출처[218]
1915년 7월	경주	關野貞, 谷井濟一, 後藤慶二	夫婦塚	純金製耳飾, (銀 銅製腕輪, 水晶, 琉璃製切子玉, 環頭式柄頭를 가진 太刀, 銅製鈴, 鐵釜, 銅製腕輪, 土器坩, 小刀, 木片, 鐵製環, 純金製耳飾, 曲玉, 銀製指輪 10개, 琉璃玉 10여 개, 그 외 토기 다수		출처[219]
1915년 7월	경주	關野貞, 谷井濟一, 後藤慶二	塊塚	塊坩類 6개, 鐵製金輪, 木片, 鐵釘		출처[220]
1915년 7월	경주	關野貞, 谷井濟一, 後藤慶二	瓦塚	토기파편 수 개와 棺을 代用한 骨瓦片		출처[221]
1915년 7월	경기도 광주	栗山俊一	석촌동 고분 1,2기	토기편		출처[222]
1915년 여름	부여 능산리	黑坂勝美	傳왕릉 2기 발굴조사(中下塚, 西下塚)	純金釘, 鍍金金具, 金箔, '義'字銘土器破片, 木棺破片, 「辛二」, 「巳三」墨書 발견[223]		출처[224]

시기	조사지역	조사자	조사유구	출토 및 수집유물	시대	비고
1915년 7월	부여 능산리	關野貞, 谷井濟一, 後藤慶二	전왕릉 1기 발굴조사(中上塚)	金銅八花形金具 大小 십수 개		출처225)
1915	부여	關野貞 等	부소산 남방 발굴	백제시대 土器破片, 米豆炭		출처226)
1915년 7월	부여 (릉산리 왕릉에서 동남방 논산 가도 북방의 산록)	關野貞, 谷井濟一, 後藤慶二	고분 3기 발굴 (가칭 塼牀塚, 割石塚, 橫穴塚)			출처227)
1915년 7월	부여, 공주	關野貞, 谷井濟一, 後藤慶二	공주산성, 반월성, 임천성흥 산성 조사	陶器破片, 古瓦片 수집		출처228)

122) 谷井濟一은「韓國はがきだより」(『歷史地理』제14권 5호, 歷史地理學會, 1909년 12월)에서, 대동강면 상오리 능동의 고분으로 기록하고 있다.
123) 「平壤附近に於ける樂浪時代の墳墓 一」,『古蹟調査特別報告 1册』, 朝鮮總督府, 1919.
梅原末治,「北朝鮮發見の古鏡」,『東洋學報』14-3, 1924년 11월.
關野貞 外 5名,『樂浪時代の遺蹟』, 朝鮮總督府, 1927, pp. 51~52.
124) 關野貞 外 5名,『樂浪時代の遺蹟』, 朝鮮總督府, 1927, p. 52.
125) 2기 중 1기는 시도만 한 것으로 보이는데, 藤井惠介, 早乙女雅博 외 2명 편,『關野貞アヅア踏査』(東京大學總合硏究博物館, 2005)에서는 실패한 고분은 한왕묘로 보고 있다.
126) 「平壤附近に於ける樂浪時代の墳墓 一」,『古蹟調査特別報告 1册』, 朝鮮總督府, 1919.
『考古界』第8編 第9號, '彙報', 1910년 1월.
『考古界』第8編 第9號에서는 "풍부한 자료를 가지고 귀경하기를 학수고대한다"는 것으로 보아 처음부터 유물 수집에 목적이 있었던 것으로 보인다.
『朝鮮古蹟圖報 第 1册』大洞江 古墳(乙) 圖版 63~80 東京 帝國大 文科大學 藏으로 게재되어 있다.
127) 『樂浪』'序說', 주석4.
128) 谷井濟一,「韓國慶州西岳の一古墳に就いて」,『考古界』제8권 제12호, 考古學會, 1910.
국립중앙박물관,『유리원판목록집Ⅰ』, 1997. 번호873-13.
129) 梅原末治,『朝鮮古代の墓制』, 國書刊行會, 1972, p. 80.
關野貞,「新羅及百濟の古墳」,『朝鮮之硏究』, 朝鮮及滿洲社, 1930, p. 289.
谷井濟一,「慶州の陵墓」,『朝鮮藝術之硏究』, 1910.

谷井濟一,「新羅の墳墓」『考古學雜』, 1915. 12, pp. 64~65.
谷井濟一,「韓國はがきだより」,『歷史地理』제15권 4호, 歷史地理學會, 1910년 4월.
130) 谷井濟一,「韓國慶州西岳の一古墳に就いて」,『考古界』第8編 第12號, 1910년 3월.
『朝鮮古蹟圖譜』해설편.
131)『朝鮮古蹟圖譜 第4卷』에 西岳里石枕塚玄室內發見石枕(도판1204)과 그 외 부장품이 동경 공과대학장으로 게재되어 있다.
132)「東京大學 工科大學 建築學科 第4回展覽會 陳列品槪要目錄」,『考古學雜誌』第2卷 9號, 1912년 5월.
133) 谷井濟一,「韓國はがきだより」,『歷史地理』제15권 4호, 歷史地理學會, 1910년 4월.
134) 2기(동분, 서분)는 고적도보1의 석암동고분으로 추정되는 바 그 유물이 공과대학장으로 되어 있음은 반출한 것으로 보아야 할 것이다(黃壽永 編,「日帝期 文化財 被害資料」,『考古美術資料 第22輯』, 韓國美術史學會, 1973).
135)「平壤附近に於ける樂浪時代の墳墓 一」,『古蹟調査特別報告 1冊』, 朝鮮總督府, 1919. 序言.
關野貞 外 5名,『樂浪時代の遺蹟』, 朝鮮總督府, 1927, pp. 52~53.
東西의 2기의 고분은 10월 4일부터 발굴을 시작, 7일에 이르러 今泉 기사에게 계속 발굴을 하라고 하고 關野 일행은 8일에 경성으로 돌아와 남선지방 조사에 종사했다. 12월 7일, 關野 일행이 경성으로 돌아와 보니 今泉 기사는 이미 2기의 고분을 모두 발굴 완료하고 그 출토품은 총독부로 보내왔다고 한다.
136)「平壤附近に於ける樂浪時代の墳墓 一」,『古蹟調査特別報告 1冊』朝鮮總督府, 1919. 序言.
關野貞 外 5名,『樂浪時代の遺蹟』朝鮮總督府, 1927, pp. 52~53.
137) 關野貞,「伽倻時代の遺蹟」,『考古學雜誌』第1卷 7號, 1911년 3월, pp. 9~11.
138) 關野.谷井, 栗山,「朝鮮遺蹟調査略報告 上」,『考古學雜誌』제1권 제5호, 1911년 1월.
139) 고령 主山의 南方 錦林王陵이라 부르는 능묘 아래 무수한 소분묘가 있어 이중에서 2, 3개를 발굴했다(關野貞「伽倻時代の遺蹟」,「考古學雜誌」제1권 제7호, 1911년 3월).
140) 關野貞,「伽倻時代の遺蹟」,『考古學雜誌』第1卷 7號, 1911년 3월, pp. 9~11.
141)『朝鮮古蹟圖譜 第 3冊』에는 主山東南山腹古墳 출토품으로 게재한 것 중에 도판780~783은 '이왕가박물관장'으로 표기하고 있다.
또「조선고적도보」제3권에 수록되어, 高靈蒐集 主山附近 고분 발견 도기(陶器: 도판 788~790)와 주산 東南山復 고분 부장품(도판784-787)이 모두 동경공과대학 藏으로 수록되어 있는 것으로 보아 대부분 일본으로 가져간 것 같다.
일부는 일본『考古學雜誌』(1911년 3월)에 유물 사진이 게재되었다.
靑柳南冥 編,『朝鮮國寶的遺物及古蹟大全』, 京城新聞社, 1927년의 16쪽과 22쪽에도 東京文科大學藏으로 기록된 수 점의 고령출토 유물이 수록되어 있다.
142) 關野貞,「伽倻時代 遺蹟」,『考古學雜誌』第1卷 7號, 1911.
143) 今西龍,「慶尙北道 善山郡-昌寧郡調査報告」,『大正6年度古蹟調査報告』, 朝鮮總督府, 1919, p. 446.
144) 關野貞,「伽倻時代の遺蹟」,『考古學雜誌』第1卷 7號, 1911년 3월, pp. 9~11.

145) 關野貞, 「伽倻時代の遺蹟」, 『考古學雜誌』第1卷 7號, 1911年 3月, pp. 9~11.
146) 진주 수정봉 제2호 고분의 현실내 발견 環, 釘, 大刀, 鐵器 및 그 외 부장품은 『조선고적도보 제3책』 도판819~820, 823~829로 동경공과대학 藏으로 되어 있다.
147) 關野貞, 「伽倻時代の遺蹟」, 『考古學雜誌』第1卷 7號, 1911年 3月, pp. 9~11.
148) 진주군 도동면 옥봉 제7호고분의 부장품은 『조선고적도보 제3책』 도판839~846로 게재되어 있는 바 모두 동경공과대학 장(藏)으로 수록되어 있다.
149) 大坂金太郎, 「在鮮回顧十題」, 『朝鮮學報』제45輯, 朝鮮學會, 1967년 10월.
150) 『每日申報』1911년 10월 13일자.
  鳥居龍藏, 「史料調査第2回報告」, 朝鮮總督府, 1913.
151) 「平壤附近に於ける樂浪時代の墳墓 一」, 『古蹟調査特別報告 1책』, 朝鮮總督府, 1919. 序言.
152) 朝鮮總督府, 『大正元年 朝鮮古蹟調査 略報告』, 1914,
  安鶴宮址 발견 瓦는 『조선고적도보 제2권』圖板 387~401이 동경공과대학장으로 수록되어 있다.
153) 關野貞, 「平壤附近に於ける燕窩榔古墳と石榔古墳」, 『考古學雜誌』第2卷 5號, 1912年 1月, pp. 69~70.
  朝鮮總督府, 『大正元年 朝鮮古蹟調査 略報告』, 1914.
154) 「東京大學 工科大學 建築學科 第4回展覽會」, 『考古學雜誌』第2卷 9號, 考古學會, 1912年 5月.
  關野貞 外 5名, 『樂浪時代の遺蹟』, 朝鮮總督府, 1927.
  『조선고적도보』에 漢王墓 發見瓦 5점이 동경 문과대학장(도판번호 439~441), 동경 공과대학장(도 판번호 442)으로 수록되어 있다.
155) 關野貞 外 5名, 『樂浪時代の遺蹟』, 朝鮮總督府, 1927.
156) 關野貞, 谷井濟一, 栗山俊一, 『朝鮮古蹟調査略報告』, 朝鮮總督府, 1914.
157) 關野貞, 谷井濟一, 栗山俊一, 『朝鮮古蹟調査略報告』, 朝鮮總督府, 1914.
158) 關野貞 外 5名, 『樂浪時代の遺蹟』, 朝鮮總督府, 1927.
159) 이곳 출토의 전을 谷井 外 2명의 이름으로 동경국립박물관에 기록이 보인다. 유물번호 27394, 27395.
  『朝鮮古蹟圖譜 제1권』圖版 131~133, 147~155가 東京帝國大 工科大學 藏으로 게재되어 있다.
160) 關野貞 外 5名, 『樂浪時代の遺蹟』, 朝鮮總督府, 1927.
161) 關野貞, 「朝鮮江西に於ける 高句麗時代の古墳」, 『考古學雜誌』第3卷 8號, 1913年 4月.
  이후 우현리묘는 羨道의 입구에 鐵製門을 설치하고, 현실 가까이에는 木製門을 설치하고 그 외부에는 철조망을 둘렀다.
  이것이 일제의 조선에서의 최초 벽화고분 발굴이며 이를 계기로 고구려 고분벽화를 찾기에 혈안이 되었다.
162) 關野貞, 「朝鮮江西に於ける高句麗時代の古墳」, 『考古學雜誌』第3卷 8號, 1913年 4月.
  북한에서 발행한 『考古學術叢書』(1990. 한국인문과학원 영인)에는, "대묘의 무덤 안길은 길이 3미터 가량 되는데 그 너비와 높이는 안으로 들어가면서 차츰 좁고 낮아졌다. 안칸으로 들어가는 곳에는 긴 돌로 문칸을 만들고 거기에 쌍닫이 돌문을 달았다. 그러나 이 문은 일제 침략자들에 의하여 파괴되어 없어졌다"고 한다.

163) 이 2고분은 작년 이왕직사무관 末松雄彦이 처음 조사 발표했다고 한다(關野貞, 「滿洲輯安縣及び平壤附近に於ける高句麗時代の遺蹟」, 『考古學雜誌』제5권 제3호, 1914년 12월. p. 12).
164) 谷井濟一, 「慶州通信」, 『考古學雜誌』제3권 제5호. 1913년 1월.
    早乙女雅博, 「三國時代江原道の古墳と土器 -關野貞資料土器とその歷史的意義-」, 『朝鮮文化硏究』第4號, 東京大學文學部朝鮮文化硏究室, 1997.
    『조선고적도보』 도판947~954가 동경대 소장.
165) 關野貞, 谷井濟一, 栗山俊一, 『大正元年朝鮮古蹟調査略報告』, 朝鮮總督府, 1914.
    谷井濟一, 「慶州通信」, 『考古學雜誌』제3권, 1913.
166) 關野貞, 谷井濟一, 栗山俊一, 『大正元年朝鮮古蹟調査略報告』, 朝鮮總督府, 1914.
    谷井濟一, 「慶州通信」, 『考古學雜誌』제3권, 1913.
167) 關野貞, 谷井濟一, 栗山俊一, 『大正元年朝鮮古蹟調査略報告』, 朝鮮總督府, 1914.
    谷井濟一, 「慶州通信」, 『考古學雜誌』제3권, 1913.
168) 藤井惠介, 早乙女雅博 외 2명 편, 『關野貞アヅア踏査』, 東京大學總合硏究博物館, 2005.
169) 田村晃一, 『樂浪と高句麗の考古學』, 同成社, 2001, p. 301.
    鳥居龍藏, 朝鮮總督府에 보고한 「史料調査第2回報告」, 1913.
    당시 그의 조사보조원으로는 사생을 담당한 佐藤, 사진을 담당한 澤俊一, 통역을 담당한 藤井과 高成健이 있었다.
170) 谷井濟一, 「慶州通信(1913년 5월 22일 기록)」, 『考古學雜誌』제3권 제11호.
    '本會 제18차 총회 陳列品目錄'에는 경주 반월성에서 발굴한 土器가 보이고 있다.
171) 八木奘三郎, 「晋州古墳調査」, 『每日申報』1913년 9월 3일, 9월 4일자.
172) 『每日申報』1913年 9月 3日자.
    『每日申報』1913년 9월 12일자.
173) 『每日申報』1913년 6월 10일자.
    關野貞, 「滿洲輯安縣及び平壤附近に於ける高句麗時代の遺蹟」, 『考古學雜誌』제5권 제4호, 1914년 12월, p. 12.
174) 關野貞, 「滿洲輯安縣及び平壤附近に於ける高句麗時代の遺蹟」, 『考古學雜誌』제4권 제6호, 1914년 2월.
    關野貞, 「滿洲輯安縣及び平壤附近に於ける高句麗時代の遺蹟」, 『考古學雜誌』제5권 제3~4호, 1914년 11월~12월.
175) 동경대학종합연구자료관에는 장군총, 천추총, 태왕릉에서 출토된 와전이 상당수 소장되어 있으며(田村晃一, 『樂浪と高句麗の考古學』, 同成社, 2001, pp. 311~317, p. 325),
    그 외에도 일부는 현재 동경예술대학 자료관에 소장되어 있는데, 『東京藝術大學 藝術資料館藏品目錄』(東京藝術大學 藝術資料館, 1992)에 게재(揭載)되어 있다.

이러한 등은 "다이쇼(大正)3년 10월 22일 세키노 타다시(關野貞) 씨 기증(大正三年 10月 22日 關野貞氏 寄贈)"으로 기록되어 있음을 보아 세키노(關野)는 이곳에서 채굴한 와전들의 상당수를 곧바로 반출하여 갔음을 알 수 있다.

176) 關野貞, 『朝鮮の建築と藝術』, 岩波書店, 1941, PP. 263~264.
177) 關野貞, 「滿洲輯安縣及び平壤附近に於ける高句麗時代の遺蹟」, 『考古學雜誌』제4권 제6호, 1914년 2월.
　　關野貞, 「滿洲輯安縣及び平壤附近に於ける高句麗時代の遺蹟」, 『考古學雜誌』제5권 제3호~4호, 1914년 11월~12월.
　　關野貞, 『朝鮮の建築と藝術』, 岩波書店, 1941, PP. 263~264.
178) 關野貞, 「滿洲輯安縣及び平壤附近に於ける高句麗時代の遺蹟」, 『考古學雜誌』제4권 제6호, 1914년 2월.
　　關野貞, 「滿洲輯安縣及び平壤附近に於ける高句麗時代の遺蹟」, 『考古學雜誌』제5권 제3호~4호, 1914년 11월~12월.
179) 關野貞, 「滿洲輯安縣及び平壤附近に於ける高句麗時代の遺蹟」, 『考古學雜誌』제4권 제6호, 1914년 2월.
　　關野貞, 「滿洲輯安縣及び平壤附近に於ける高句麗時代の遺蹟」, 『考古學雜誌』제5권 제3호~4호, 1914년 11월~12월.
180) 關野貞, 「滿洲輯安縣及び平壤附近に於ける高句麗時代の遺蹟」, 『考古學雜誌』제4권 제6호, 1914년 2월.
　　關野貞, 「滿洲輯安縣及び平壤附近に於ける高句麗時代の遺蹟」, 『考古學雜誌』제5권 제3호~4호, 1914년 11월~12월.
181) 谷豊信, 「五世紀の高句麗の瓦に關する若干の考察」, 『東洋文化硏究所紀要』제108册, 1989년 2월.
182) 關野貞, 「滿洲輯安縣及び平壤附近に於ける高句麗時代の遺蹟」, 『考古學雜誌』제4권 제6호, 1914년 2월.
　　關野貞, 「滿洲輯安縣及び平壤附近に於ける高句麗時代の遺蹟」, 『考古學雜誌』제5권 제3호~4호, 1914년 11월~12월.
183) 關野貞, 「滿洲輯安縣及び平壤附近に於ける高句麗時代の遺蹟」, 『考古學雜誌』제4권 제6호, 1914년 2월.
　　關野貞, 「滿洲輯安縣及び平壤附近に於ける高句麗時代の遺蹟」, 『考古學雜誌』제5권 제3호~4호, 1914년 11월~12월.
184) 關野貞, 「滿洲輯安縣及び平壤附近に於ける高句麗時代の遺蹟」, 『考古學雜誌』제5권 제3호~4호, 1914년 11월~12월.
185) 關野貞, 「滿洲輯安縣及び平壤附近に於ける高句麗時代の遺蹟」, 『考古學雜誌』제4권 제6호, 1914년 2월.
　　關野貞, 「滿洲輯安縣及び平壤附近に於ける高句麗時代の遺蹟」, 『考古學雜誌』제5권 제3호~4호,

1914년 11월~12월.
186) 關野貞 외 3명은 於乙洞에서 발견한 古瓦를 동경국립박물관에 기증했다.(유물번호 27418)(『동경국립박물관 收藏品目錄』, 1956)
187) 關野貞, 「滿洲輯安縣及び平壤附近に於ける高句麗時代の遺蹟」, 『考古學雜誌』제4권 제6호, 1914년 2월.
    關野貞, 「滿洲輯安縣及び平壤附近に於ける高句麗時代の遺蹟」, 『考古學雜誌』제5권 제3호~4호, 1914년 11월~12월.
    小田省吾, 「古代朝鮮の民族と其の遺蹟」, 『朝鮮と建築』2집2권, 1923.
188) 谷井濟一, 「朝鮮平壤附近た於ける新たに發見せられたる樂浪郡の遺蹟」, 『考古學雜誌』제4권8호, 1914年 4月, p. 43.
189) 關野貞, 「滿洲輯安縣及び平壤附近に於ける高句麗時代の遺蹟」, 『考古學雜誌』제5권 제3호~4호, 1914년 11월~12월.
    谷井濟一, 「朝鮮平壤附近た於ける新たに發見せられたる樂浪郡の遺蹟」, 『考古學雜誌』제4권8호, 1914年 4月.
    「平壤附近に於ける樂浪時代の墳墓 一」, 『古蹟調査特別報告 1册』, 朝鮮總督府, 1919. 序言.
    선동들에게 상을 걸고 와당 등을 수집해 오라고 했다.
190) 谷井濟一, 「朝鮮平壤附近た於ける新たに發見せられたる樂浪郡の遺蹟」, 『考古學雜誌』제4권8호, 1914年 4月.
    關野貞 外 5名, 『樂浪時代の遺蹟』, 朝鮮總督府, 1927, pp. 54~55.
191) 八木奘三郎, 「朝鮮古窯調査報告」, 『陶磁』제10권 제2호, 東洋陶磁研究所, 1938년 6월.
    한국 도요지를 가장 먼저 조사를 한 사람은 八木奘三郎으로 보인다. 八木은 1913년에 이왕가박물관의 촉탁으로 부임하여 요지 발굴에 임하였다. 먼저 계룡산, 영동, 추충령, 고령, 김해, 동래, 경주, 부산, 영일만의 도요지를 발굴 조사하였다. 1917년에는 유명한 전라남도 강진군 대구면의 고려청자 요지를 발견하고 이를 발굴하였다. 小山富士夫의 「八木奘三郎先生の功績」(『陶磁』10-2, 1938년 9월, p. 27)에 의하면, 세상에는 당시 이왕가박물관의 末松熊彦의 공적으로 전하고 있지만 실제적 조사는 八木이 담당하였다고 한다.
    八木의 조사보고서는 「南朝鮮古窯調査報告」라 하여 1938년 9월에 간행한 『陶磁』에 싣고 있다. 八木은 "지난 大正2年 이왕가박물관의 명을 받아 남조선 일대의 고도요 조사에 따라 9월 13일 경성을 출발"하여 수원 등지를 조사하고, 9월 후반에 계룡산 아래 석봉리 부근의 古窯址를 조사하였는데 古窯址는 계곡 좌우의 산록 1리에 펼쳐져 있었으며, 10여 개 처를 조사 하였는데, 주로 지표조사에 그쳤지만 일부 분청사기편을 수집하였다.
192) 「歷史地理地雜조」, 『歷史地理』제24권 1호, 歷史地理學會, 1914년 7월.
    『每日申報』1914년 6월 12일자, 1914년 6월 3일자.
    野守健, 「扶安郡に於ける高麗陶窯址」, 『陶磁』제6권 제6호, 1934.
    小山富士夫, 「高麗の古陶磁」, 『陶器講座 7』, 雄山閣, 1938.

193) 河合弘民,「黃海道に於ける新發見の高麗窯」,『朝鮮及滿洲』제88호, 朝鮮及滿洲社, 1914년 11월.
194) 1914년 9월 초순부터 12월 중순까지 조선총독부의 명으로 栗山 등은 북선 및 간도지방의 고적을 조사했다.
195) 「考古學會記事」,『考古學雜誌』제5권 제6호, 1915년 5월.
196) 「考古學會記事」,『考古學雜誌』제5권 제6호, 1915년 5월.
197) 濱田耕作,『考古學硏究』, 座右寶刊行會, 1939, p. 297.
趙由典,「日帝 마구잡이 發掘로 '任那日本府說' 造作」,『慶南鄕土史論叢Ⅵ』, 1997, p. 215.
198) 鳥居龍藏,「新羅伽倻以前の南韓族」,『朝鮮及滿洲』제82호, 朝鮮及滿洲社, 1914년 5월.
199) 稻田春水,「石器時代に於ける石器及土器の發見」,『考古學雜誌』5-2, 1915년 5월.
200) 早乙女雅博,「新羅の考古學調査「100年」の硏究」,『朝鮮史硏究會論文集』39, 朝鮮史硏究會, 2001년 10월.
201) 藤井惠介, 早乙女雅博 외 2명 편,『關野貞アヅア踏査』, 東京大學總合硏究博物館, 2005, p. 242.
202) 조선고적도보에는 고분에서 발견된 구옥 및 소옥(도판 805~809)은 본부장으로 게재하고, 당시 선산에서 수집한 金環(도판810)은 동경 공과대학 소장으로 게재하고 있다.
203) 『考古學雜誌』제6卷 3號, 考古學會, 1915年 11月.
『每日申報』1915년 6월 20일자.
204) 『釜山日報』1915년 5월 24일자, 5월 27일자.
『每日申報』1915년 5월 30일자.
205) 『釜山日報』1915년 6월 15일자, 7월 24일자.
朝鮮總督府,『大正9年度古蹟調査報告』, 1923.
206) 『每日申報』1915년 6월 29일자.
八木奘三郎,「朝鮮古窯調査報告 續」,『陶磁』제11권 3호, 1939년 8월.
207) 『每日申報』1915년 6월 30일자.
八木奘三郎,「朝鮮古窯調査報告 續」,『陶磁』제11권 3호, 1939년 8월..
208) 八木奘三郎,「朝鮮古窯調査報告 續」,『陶磁』제11권 3호, 1939년 8월.
209) 關野貞,「百濟の遺蹟」,『考古學雜誌』5권 2호, 1915년 5월.
210) 關野貞,「百濟の遺蹟」,『考古學雜誌』5권 2호, 1915년 5월.
211) 『釜山日報』1915년 6월 1일자.
212) 1915년 10월 19일에 동경제국대학에서 일본 고고학회의 10월례회(十月例會)에서 강연한 내용을 보면 "수집(收集)한 사진과 발굴품은 아직 도착하지 않았으므로 운운(云云)"하는 것으로 보아 모두 일본으로 반출한 것으로 보인다(考古學會記事,『考古學雜誌』제6卷 3號 , 考古學會, 1915年 11月).
213) 「考古學會記事」,『考古學雜誌』제6卷 3號 , 考古學會, 1915年 11月, pp. 70~71.
今西龍,「慶尙北道 善山郡·昌寧郡調査報告」,『大正6年度古蹟調査報告』, 朝鮮總督府, 1919, p. 440.
早乙女雅博,「新羅の考古學調査 100年の硏究」,『朝鮮史硏究會論文集』39, 朝鮮史硏究會, 2001년 10월.

『每日申報』1915년 6월 20일자.
214) 早乙女雅博,「新羅の考古學調査 100年の硏究」,『朝鮮史硏究會論文集』39, 朝鮮史硏究會, 2001년 10월, p. 67.
215) 『每日申報』1915년 7월 22일자, 7월 24일자.
216) 『朝鮮古蹟圖譜』第3冊, 圖版 1100~1118, 同解說, PP. 41~42.
關野貞,「朝鮮美術史」,『朝鮮史講座』, 朝鮮史學會同人, 1923, p. 92.
217) 『釜山日報』1915년 7월 8일, 9일자.
關野貞,「新羅及百濟の古墳」,『朝鮮及滿洲』97호, 1915년 8월.
218) 『釜山日報』1915년 7월 24일자, 7월 25일자, 7월 27일자, 7월 28일자.
谷井濟一,「新羅の墳墓」,『考古學雜誌』, 1915. 12, pp. 64~65.
奧田慶雲,『新羅舊都 慶州誌』, 1919. pp. 128~136.
關野貞,「新羅及百濟の古墳」,『朝鮮及滿洲』97호, 1915년 8월.
자세한 보고서는 남기지 않았으며,『朝鮮古蹟圖譜』제3책에는 출토유물도판과 그 해설편에 출토유물에 대한 약간의 해설을 남기고 있다.
219) 『釜山日報』1915년 7월 24일자, 7월 25일자, 7월 27일자, 7월 28일자.
谷井濟一,「新羅の墳墓」,『考古學雜誌』, 1915. 12, pp. 64~65.
關野貞,「新羅及百濟の古墳」,『朝鮮及滿洲』97호, 1915년 8월.
奧田慶雲,『新羅舊都 慶州誌』, 1919. pp. 128~136.
『朝鮮古蹟圖譜』第3卷.
220) 『釜山日報』1915년 7월 24일자, 7월 25일자, 7월 27일자, 7월 28일자.
谷井濟一,「新羅の墳墓」,『考古學雜誌』, 1915. 12, pp. 64~65.
關野貞,「新羅及百濟の古墳」,『朝鮮及滿洲』97호, 1915년 8월.
奧田慶雲,『新羅舊都 慶州誌』, 1919. pp. 128~136.
『朝鮮古蹟圖譜』第3卷.
221) 『釜山日報』1915년 7월 24일자, 7월 25일자, 7월 27일자, 7월 28일자.
谷井濟一,「新羅の墳墓」,『考古學雜誌』, 1915. 12, pp. 64~65.
奧田慶雲,『新羅舊都 慶州誌』, 1919. pp. 128~136.
『朝鮮古蹟圖譜』第3卷.
222) 關野貞,「百濟の遺蹟」,『考古學雜誌』第6卷 3號, 1915年 12月.
「考古學會記事」,『考古學雜誌』5권 2호, 1915년 10월, p. 52.
223) 『朝鮮古蹟圖譜』에는 중하총(도판 717~721), 중상총(도판729~732) 출토 유물이 '본부장'으로 게재
224) 「考古學會記事」,『考古學雜誌』第5卷 2號, 1915年 10月, pp. 51~54.
關野貞,「新羅及百濟にの古墳」(1915년 8월),『朝鮮之硏究』, 朝鮮及滿洲社, 1930.
關野貞,「百濟の遺蹟」,『考古學雜誌』第6卷 3號, 1915年 12月.
關野貞,「新羅及百濟の古墳」,『朝鮮及滿洲』97호, 1915년 8월.

黑板勝美, 「朝鮮史蹟의 踏査 14」, 『每日申報』1915년 8월 15일자.

당시 黑板勝美는 忠州에서 佛像光背를 발견하였는데 後背에는 銘文이 있는 중요한 유물로 이에 대한 기록은,

稻田春水, 「朝鮮에 於ける 佛敎的 藝術의 硏究」, 『佛敎振興會 月報』(1915年 9月)에 다음과 같은 기록이 있다.

最近 帝國大學의 黑板博士가 南鮮 視察 中에 忠淸北道 忠州地方에서 買求한 高七尺餘의 佛像光背가 有한데 其表面에는 細小한 三體의 菩薩像과 下部에는 守護神像이 陽刻되었고 그 裏面에는 左의 銘文이 有하다더라.

建興五年歲在丙辰佛弟子請信女上部光庵釋迦文像願生生世世?佛聞法一切衆生同斯願

銘文 中에 建興五年은 그 當時의 三國 及 支那에도 該當한 年號가 無하다. 그러나 大華 法隆寺에 同形의 佛像이 있다더라. 上部라 함은 百濟의 地名에 不外하다하며 佛像의 樣式과 銘文의 書體 等이 완전히 六朝의 隨時代의 品과 髣髴함으로 黑板博士는 百濟의 威德王朝頃이라 推定하였으나 姑히 硏究의 餘地는 有하리라.

225) 「考古學會記事」, 『考古學雜誌』第5卷 2號, 1915年 10月, pp. 51~54.
關野貞, 「新羅及百濟にの古墳」(1915年 8月), 『朝鮮之硏究』, 朝鮮及滿洲社, 1930.
關野貞, 「新羅及百濟の古墳」, 『朝鮮及滿洲』97호, 1915년 8월.
關野貞, 「百濟の遺蹟」, 『考古學雜誌』第6卷 3號, 1915年 12月.
226) 「考古學會記事」, 『考古學雜誌』5권 2호, 1915년 10월, p. 53.
227) 關野貞, 「百濟の遺蹟」, 『考古學雜誌』第6卷 3號, 1915年 12月.
228) 關野貞, 「百濟の遺蹟」, 『考古學雜誌』第6卷 3號, 1915年 12月.

3) 고적조사라는 미명 하에 각 대학 및 일본 학계에 반출한 유물

1909년에는 한국 탁지부에서 세키노 일행에게 고건축물 조사 촉탁을 의뢰하여 이때부터 세키노, 야쓰이 세이이치(谷井濟一), 구리야마 순이치(栗山俊一) 일행은 한국 유적 유물에 대한 본격적인 조사에 들어갔다. 조사 과정에서 일본의 대학이나 박물관 등으로 수를 헤아릴 수 없는 엄청난 유물이 반출되었다. 그것도 거의 대부분이 우리나라 역사에서 빠질 수 없는 중요한 사료들이었다.

세키노 일행이 한국에서 반출해 간 유물에 대해 총체적으로 그 목록이 나타난 것은 없지만 그들은 가져간 유물을 전리품처럼 진열하고 학술회를 수차 가졌다. 이들 기사에는 구체적인 목록은 결여되었으나, 대표적인 품목이 일부 나타난 것이 있어 당시 반출 유물을 극히 일부나마 가늠해 볼 수 있다.

(1) 1910년 2월《사학회례회》

사학회본회례회가 1910년 2월 26일 개최되었는데, 이때 도리이 류조(鳥居龍藏)가 1905년 만주 집안현 고구려 유적 조사에서 수집한 자료와 하기노 요시유키(萩野由之)가 1909년에 한국에서 가져간 자료들을 진열하였다. 하기노가 대동강 면의 고분에서 발굴한 것과 도리이가 만주 일대에서 가져간 자료로 고와, 고전, 고경 및 사진, 지도, 견취도 등을 진열하였다.[229]

하기노 요시유키
(萩野由之)사진
(『역사지리』 5권 2호)

1909년 11월에 도쿄제국대학

---

229) 「彙報」, 『史學雜誌』第21編第3號, 史學會, 1910년 3월.

교수 하기노 요시유키와 이마니시 류(今西龍)가 대동강면에서 1기의 전곽고분을 발굴했다.[230] 현실 내에서 거울(鏡), 금동구(金銅器: 食器), 동이배(銅耳杯), 은팔지, 귀걸이, 도호(陶壺) 등을 획득하여 일본으로 가져갔다.[231] 그 중 일부가 진열된 것이다. 이 유물들은 『조선고적도보』 1권에 도판 67~79, 82로 '도쿄 문과대학장'으로 게재되어 있다.

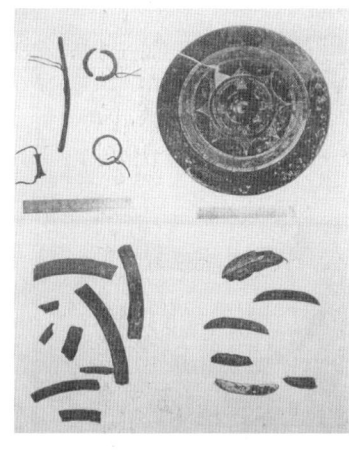

대동강면 전곽고분 출토 유물
(『조선고적도보』 제1권,
도판 67~73 도쿄대 문과대학 소장)

대동강면 전곽고분 출토 유물
(『조선고적도보』 제1권,
도판 74~79 도쿄대 문과대학 소장)

---

230) 『考古界』第8編 第9號, '彙報', 1910년 1월.
231) 이들 出土品은 東京帝國大學 文學部 所藏으로 돌아갔는데 애석하게도 1923년 關東大地震때 소실되었다.

※ 진열품 목록

품목	출토지	반출일	반출자	소장처	비고
鳥居龍藏수집 자료	만주 일대	1905년	鳥居龍藏		1905년 만주 집안현 고구려 유적 조사에 수집한 것으로 추정
古瓦	대동강면의 고분	1909년	萩野由之, 今西龍	동경대 문학부	1909년 11월 발굴
古錢	대동강면의 고분	1909년	萩野由之, 今西龍	동경대 문학부	1909년 11월 발굴
古鏡	대동강면의 고분	1909년	萩野由之, 今西龍	동경대 문학부	1909년 11월 발굴
사진, 지도, 견취도	대동강면의 고분	1909년	萩野由之, 今西龍	동경대 문학부	1909년 11월 발굴
기타					

(2) 1911년 1월 사학회 본회례회

　　1911년 1월 도쿄제국대학 법과대학에서 개최한 《사학회 본회례회》에서 세키노는 「남선여행담」이라는 제목으로 강연을 하였다. 그 내용은 1910년 9월 22일부터 조사한 경상도, 전라도 일대의 조사 내용을 중심으로 하고, 조사 과정에서 획득한 유물도 제시하였는데 그 수량이 얼마나 되는지는 알 수 없다. 단지 평양 남부의 한 고분에서 '대강원년(大康元年)'명의 와를 얻었다는 것과 고령 대가야 왕궁지와 문묘 근처에서 채집한 와를 언급하고 있다. 또 고령 주산성, 함안의 성산성, 창령의 수미산성 부근에서 무수한 고분이 산재하고 그 곳에서 2, 3기의 고분을 발굴했다는 내용과 마지막으로 진주에서 발굴한 대고분의 석곽의 양식 및 그 발굴물을 소개했다는 것으로 보아 상당수의 반출 유물을 진열·소개한 것으로 보인다.[232]

---

[232] 「彙報」, 『史學雜誌』제22편 제2호, 1911년 2월.

(3) 1911년 7월 도쿄제국대학 진열품

일본왕은 1911년 7월 11일 도쿄제국대학 졸업식에 참가했다가 대학총장과 세키노의 안내로 고문서 표본 등을 열람했는데, "고문서 표본 등을 관람하다가 궁금한 것은 안내자에게 일일이 하문하심에 공학박사 세키노는 고대 조선의 유물에 대하여 설명한 바 있다더라"하고 있다. 세키노 등이 한국에서 도쿄대로 반출한 유물들은 일정한 장소에 진열해 둔 것으로 짐작되는데 구체적으로 어떤 유물이 진열되었는지 그 품목은 나타나 있지 않다.[233]

(4) 도쿄제국대학《건축학과 제4회전람회》

《건축학과 제4회전람회》가 1912년 4월 10일부터 3일간 도쿄대학 공과대학에서 대대적인 규모로 개최되었다.

이 전람회는 도쿄대학 교수들이 해외에서 가지고 온 유물들로 진열했다. 공과대학 본관의 제1실에는 이토(伊東) 교수가 당시 남청 지방에서 가져온 금석문, 건축사진, 기타 유물을 진열하였다. 제2실에는 이토(伊東) 교수가 인도, 중국에서 가져 온 사진, 탁본, 고와, 불상, 고지도 등을 진열하였다. 제4실에는 쓰카모토(塚本) 교수가 서구에서 가져온 유물을 진열했다.

조선관계 유물들은 제3실에 진열하였다. 조선관계 유물은 세키노 조교수, 야쓰이 문학사, 구리야마 공학사가 1909년부터 1911년까지 3회에 걸쳐 조선에서 가져간 것으로 낙랑부터 조선시대에 이르는 유물과 사진을 각 시대별로 구분하여 진열하였는데 그전에 비해 가장 수량이 많고 체계적으로 진열하였다. 그 목록은 다음과 같다.

---

233) 「考古學會記事」, 『考古學雜誌』제5권 제6호, 1915년 2월.
　　『每日申報』1911년 7월 16일자 기사.

※《건축학과 제4회전람회》 목록[234]

품목	출토지	반출일	반출자	소장처
공주망일사은비탁본, 이순신명량대첩비탁본 외 기타	공주	1909년~11년	關野 一行	동경대 공과대학
역사지도 7엽		1909년~11년	關野 一行	동경대 공과대학
울산성도		1909년~11년	關野 一行	동경대 공과대학
대청황제공덕비탁본		1909년~11년	關野 一行	동경대 공과대학
대청황제공덕비각벽와		1909년~11년	關野 一行	동경대 공과대학
조선조무구(冑) 및 무기(창, 활)		1909년~11년	關野 一行	동경대 공과대학
마한왕궁지 및 산성지(사진)	익산	1909년	關野 一行	동경대 공과대학
고분지도 및 사진	평양 대동강면	1909년	關野 一行	동경대 공과대학
漢鏡, 高麗劍, 五銖錢, 竈, 甑 墓塼 등	평양 대동강면 석암동고분	1909년	關野 一行	동경대 공과대학
「使帶方太守張撫夷塼」銘 墓塼	봉산군 사리원고분	1911년	關野 一行	동경대 공과대학
塼	봉산군 唐土城址 發見	1911년	關野 一行	동경대 공과대학
대성산하 안학동왕궁지 사진	평양	1911년	關野 一行	동경대 공과대학
古瓦	안학동왕궁지 발견	1911년	關野 一行	동경대 공과대학
대성산하 고분 사진	평양	1911년	關野 一行	동경대 공과대학
강동 한왕묘 사진 및 도면		1911년	關野 一行	동경대 공과대학
한왕묘 발견 유물		1911년	關野 一行	동경대 공과대학
부여부근지도		1909년~11년	關野 一行	동경대 공과대학
평백제탑 탁본 및 사진	부여	1909년~11년	關野 一行	동경대 공과대학
유인원기공비 탁본 및 사진	부여	1909년~11년	關野 一行	동경대 공과대학
백마강 사진		1909년~11년	關野 一行	동경대 공과대학
창령부근 유적도	창령	1909년~11년	關野 一行	동경대 공과대학
함안 가야유적도 및 사진	함안	1909년~11년	關野 一行	동경대 공과대학
김해 가라국왕릉 부장도기	김해	1909년~11년	關野 一行	동경대 공과대학
고령 대가야 유적도	고령	1909년~11년	關野 一行	동경대 공과대학

234) 「東京工科大學建築學科第4回展覽會」, 『考古學雜誌』第2卷9號~10號, 1912년 5월~6월. 목록은 10월호에 실려 있는데 품명은 나타나 있으나 수량은 생략하고 있다. 수량은 9월호에 실린 관람기 부분에 나타난 것을 첨가한 것이다.

품목	출토지	반출일	반출자	소장처
고령 대가야 유적 사진(왕궁성 및 고분)	고령	1909년~11년	關野 一行	동경대 공과대학
고와	고령 대가야 왕궁지 발견	1910년	關野 一行	동경대 공과대학
도기	고령 대가야 고분 발견	1910년	關野 一行	동경대 공과대학
진주 가야고분(분포도, 석곽실측도, 사진)	진주	1910년	關野 一行	동경대 공과대학
가야고분 부장품	진주	1910년	關野 一行	동경대 공과대학
봉덕사종 사진 및 탁본	경주	1909년~11년	關野 一行	동경대 공과대학
서악동 발견 석침	경주	1909년	關野 一行	동경대 공과대학
도기 다수	경주	1909년	關野 一行	동경대 공과대학
흥덕왕릉지형도, 掛陵지형도	경주	1909년~11년	關野 一行	동경대 공과대학
릉묘 사진	경주	1909년~11년	關野 一行	동경대 공과대학
김유신묘오석탁본	경주	1909년~11년	關野 一行	동경대 공과대학
석곽비조각탁본	경주	1909년~11년	關野 一行	동경대 공과대학
첨성대 사진, 포석고지 사진	경주	1909년~11년	關野 一行	동경대 공과대학
석탑사진(익산, 경주, 원주, 전주, 대구 등지의 석탑)		1909년~11년	關野 一行	동경대 공과대학
화엄사 사진	구례	1909년~11년	關野 一行	동경대 공과대학
금산사 석조물 사진	금구	1909년~11년	關野 一行	동경대 공과대학
석등 사진(폐개선사, 불국사, 법주사 및 동화사)		1909년~11년	關野 一行	동경대 공과대학
쌍계사진감선사비탁본 및 사진		1909년~11년	關野 一行	동경대 공과대학
석불 사진(석굴암, 폐굴불사, 동화사)		1909년~11년	關野 一行	동경대 공과대학
동불 사진(불국사 및 폐율사)	경주	1909년~11년	關野 一行	동경대 공과대학
소불(銅鑄) 6체		1909년~11년	關野 一行	동경대 공과대학
월성 사진, 분황사9층탑 사진, 불국사 사진	경주	1909년~11년	關野 一行	동경대 공과대학
古瓦(월성분황사, 폐망덕사, 불국사, 영천폐사, 구황폐사, 견곡면폐사) 500매		1911년	關野 一行	동경대 공과대학
개성 만월대왕궁지 도면 및 사진		1909년~11년	關野 一行	동경대 공과대학
만월대왕궁지 古瓦	개성	1909년~11년	關野 一行	동경대 공과대학
태조현릉 지형도 및 사진		1909년~11년	關野 一行	동경대 공과대학
熙宗陵 古瓦		1909년~11년	關野 一行	동경대 공과대학
銅佛 5점		1909년~11년	關野 一行	동경대 공과대학
공민왕릉 사진		1909년~11년	關野 一行	동경대 공과대학
석탑 사진		1909년~11년	關野 一行	동경대 공과대학

품목	출토지	반출일	반출자	소장처
은진미륵대석상 사진		1909년~11년	關野 一行	동경대 공과대학
해인사대장경판(사진)		1909년~11년	關野 一行	동경대 공과대학
순청자, 상감청자(己巳, 庚午, 壬申등 文字銘)		1909년~11년	關野 一行	동경대 공과대학
黑釉, 백자		1909년~11년	關野 一行	동경대 공과대학
石硯		1909년~11년	關野 一行	동경대 공과대학
大覺國師文集		1909년~11년	關野 一行	동경대 공과대학
왕릉 발견 도기파편		1909년~11년	關野 一行	동경대 공과대학
공예품(簪, 碧色小子玉, 食匙, 食箸, 錠, 弩 등)		1909년~11년	關野 一行	동경대 공과대학
수공품(나전칠기 등)		1909년~11년	關野 一行	동경대 공과대학
대각국사비 사진 및 탁본		1909년~11년	關野 一行	동경대 공과대학
대각국사묘지탁본		1909년~11년	關野 一行	동경대 공과대학
李公壽石棺 및 墓誌		1909년~11년	關野 一行	동경대 공과대학
銅鏡 100면		1909년~11년	關野 一行	동경대 공과대학
묘향산보현사비탁본		1909년~11년	關野 一行	동경대 공과대학
경성궁전(사진), 경성종묘(사진), 성문(사진)		1909년~11년	關野 一行	동경대 공과대학
조선 건축용기구		1909년~11년	關野 一行	동경대 공과대학
조선시대 객사루정(사진)		1909년~11년	關野 一行	동경대 공과대학
경성대리석탑 사진 및 탁본		1909년~11년	關野 一行	동경대 공과대학
사원(해인사, 법주사, 보현사 사진)		1909년~11년	關野 一行	동경대 공과대학
왕릉 사진		1909년~11년	關野 一行	동경대 공과대학
碧瓦 및 鬼童子		1909년~11년	關野 一行	동경대 공과대학
도기		1909년~11년	關野 一行	동경대 공과대학
수공품		1909년~11년	關野 一行	동경대 공과대학
경성궁궐배치도		1909년~11년	關野 一行	동경대 공과대학
판본		1909년~11년	關野 一行	동경대 공과대학
麗史提綱(寫本), 東史綱目(寫本), 燃藜室記述(寫本), 燃藜記述(寫本), 朝野記聞 (寫本), 昭代年攷(寫本), 增補文獻備考(寫本), 新增東國輿地勝覽(刊本), 嶺南誌(寫本), 宮闕志(謄寫版本), 各地邑誌類(寫本 및 刊本), 大東輿地圖(刊本), 輿地總攬(寫本), 國朝典故(寫本), 五禮儀(刊本), 大典通編(刊本), 華城城役儀軌(刊本), 기타 儀軌類(刊本), 壬辰倭亂 關係의 宣祖記事(寫本), 書, 寺院에 관한 事蹟類			關野 一行	

※ 석암리고분 출토품

1909년 10월에 세키노, 야쓰이, 구리야마 등은 구한국 정부 촉탁으로 고건축 조사를 위해 평양에 도착하여 평양일보 사장 시라카와 마사하루(白川正治)로부터 대동강안 대동강면에 무수한 고분이 산재해 있다는 이야기를 듣고 그 중 1기를 시굴(試掘)하였다. 이 전실분(塼室墳)속에서는 도(刀) 2구, 동경(銅鏡) 2면, 가락지 6개, 동전 약간, 도증(陶甑), 도옹(陶甕), 도호(陶壺), 철경(鐵鏡), 칠반(漆盤), 기타 등을 발굴하였다. 모두 일본으로 가져간 후 1913년 4월 일본 사학회《사료전람회》에 진열하고,《건축학과 제4회전람회》에 출품·진열한 것이다.

도쿄제국대학으로 가져간
석암동고분 출토품
(『조선고적도보』)

※ 경주 서악리 고분 출토품(가칭 석침총)

　　　　1909년 세키노와 야쓰이가 경주에서 왕릉이라 전하는 분구(墳丘)의 외면적 조사와 더불어 황남리의 한 고분과 서악리의 한 고분을 발굴하였으나 황남리의 고분은 세키노가 일주일에 걸쳐 발굴하였으나 중심에는 도달하지 못하고[235] 외형적 실측기록[236]만 남기고 구체적인 조사기록은 남기지 않았다. 야쓰이가 발굴한 고분은 서악리의 서악서원의 남동남방(南東南方)의 구릉의 끝자락에 해당하는 곳으로 4기의 분이 남북으로 열지어 있었는데 이들 중 외형상 가장 완전한 것을 선택하여 발굴하였다. 부장품으로는 곽실 내 측벽 가까이의 단상에서 고배(高杯)의 개(蓋), 석침, 토기파편을 발굴하였다.[237] 황남리와 서악리의 발굴유물은 도쿄제국대학 공과대학으로 모두 가져가 1912년 4월에 건축학과 제4회전람회에 일부 전시하였다.[238]

서악리석침총 출토물
『조선고적도보』, 1204~1208
도쿄 공과대학 소장

---

235) 梅原末治, 『朝鮮古代の墓制』, 國書刊行會, 1972, p. 80.
　　關野貞, 「新羅及百濟の古墳」, 『朝鮮之研究』, 朝鮮及滿洲社, 1930, p. 289.
236) 谷井濟一, 「慶州の陵墓」, 『朝鮮藝術之研究』, 朝鮮總督府, 1910, pp. 78~79.
237) 谷井濟一, 「韓國慶州西岳の一古墳に就いて」, 『考古界』第8編 第12號, 1910. 1월.
238) 서악리고분의 출토품은 『朝鮮古蹟圖譜』第3冊 도판1204~1206으로 게재되어 있는데 모두 '東京工科大學藏'으로 기록하고 있다.

※ 가야 유적지 출토 유물

세키노 일행의 1010년의 발굴 조사는 특히 가야유적의 조사에 중점을 두었다. 고령의 대가야왕궁지에서 왕궁지 소용의 와를 발굴하고, 왕궁지의 서쪽 주산이라 부르는 산상에서 와편을 수집했다. 고령의 주산동 남산복고분, 진주의 수정봉 제2호분, 제3호분, 옥봉 제7호분을 발굴했다.[239]

당시 신문에는 다음과 같은 기사가 있다.

고기 발굴. 진주군 옥봉(일명 수정봉)상에 수 3의 고총이 있는데 어느 시대 어느 사람의 무덤인지 알 수 없더니 금년 하기에 어떤 자가 발굴하였는지라 일전 해 도청에서 나머지 총 양처를 파굴하여 역시 기괴한 고기물을 다수 발견한 고로 장차 해군인(該郡人)의 유식자와 함께 관야 박사의 감변품평(鑑辨品評)에 부(附)하리라더라.

『每日申報』 1910년 11월 8일자

고령 주산의 남방 금림왕릉이라 부르는 능묘 아래 무수한 소분묘가 있어 이중에서 2, 3개를 발굴했다. 석곽에서 철정, 곽 중에서 다수의 토기, 개배(蓋杯) 등을 발굴하여 일부는 이왕가박물관에 넘기고 일부는 도쿄대 공과대학으로 반출했다.[240]

---

239) 關野貞, 「伽倻時代の遺蹟」, 『考古學雜誌』제1권 제7호, 1911년 3월.
240) 『朝鮮古蹟圖譜』에 主山東南山腹古墳으로 게재한 것으로, 도판780~783으로 게재, '이왕가박물관

가야 고분은 일인들의 억지 학설에 대한 욕심으로 파괴되었다. 그들은 처음부터 부장품을 반출할 목적으로 진주 수정봉 고분, 옥봉 고분 등을 1910년에 발굴하여 그 부장품을 몽땅 반출해갔는데, 세키노는 이에 대한 조사기록을 1911년 3월에 일본의 『고고학잡지』에 보고했다.

그의 기록에,

최후에 진주에서 큰 고분 2, 3개를 발굴했었다. 이것들은 가장 흥미로운 유적들이다. 지금 그 중 한 개에 대해서 대표적으로 말하면, 진주성 동북쪽에 있는 옥봉(玉峯), 수정봉(水精峯)의 2개의 봉이 서로 연결되어 있다. 언덕 위에 약 7, 8개의 큰 고분이 있는데 지금 말하는 것은 수정봉 위의 것으로, 산 정상에 둥근 고분이 만들어져 있어 지금도 그 석곽(石槨)이 남아 있고 연도가 있다. 이 고분에서 여러 가지 것이 발견되었다. 석곽 안쪽에 좌우 두 개의 목관을 두고 최소한 관대(棺臺)로서 각각 두 개의 돌을 두었다. 목관에 사용되었다고 생각되는 철정이 나왔다. 부장품에는 토기, 신기한 철기, 그 외에 갑옷, 교구(鉸具), 도끼, 직도(直刀), 도자(刀子), 청동그릇, 작은 옥, 및 투구라고 여겨지는 것도 있었다. 또 토기 중에는 어떤 것은 물고기모양이 선명히 남아 있었다. 사람 뼈로 보이는 것은 하나도 없었다.

이들 부장품은 가까운 시일 내에 대학에 보존되어야만 한다. 지금 이 석곽의 설계와 유물이 발견된 위치를 나타내면 왼쪽과 같다. 석곽은 남동 10도 방향에 면(面)해 있다. 또, 그 외에 1기의 무덤을 조사하였는데 석곽의 구조와 부장품에는 많은 토기와 3개의 방패 및 두 자루의 직도(直刀)를 꺼낼 수 있었다. 이 무덤의 부장품은 경성의 박물관에 보관되어 있다.

장'으로 표기하고 있다. 그 일부의 부장품(도판784~787)은 동경 공과대학장으로 되어 있다.

지금 또 하나의 옥봉(玉峰) 위에 이미 발굴된 무덤이 있다. 이것도 석곽의 구조는 같지만 연도(羨道)는 한 방향에 편중되어 있다. 이 무덤으로부터 많은 도자기와 철기가 나왔는데, 진주의 경찰서에서 보관되어 있다. 이것들은 공과대학에 기증되어 근일 중 도착한다.[241]

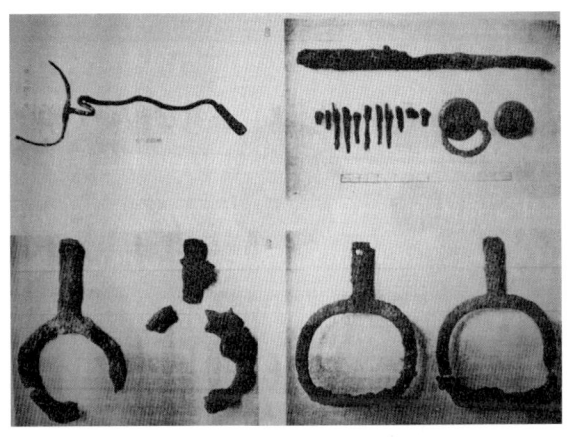

수정봉 제2호분(진주군 도동면) 부장품
(『조선고적도보』, 도쿄 공과대학장)

241) 關野貞,「伽倻時代の遺蹟」,『考古學雜誌』第1卷 7號, 1911年 3月, pp. 9~11.

주산부근 고분 발견 도기
(『조선고적도보』도판 789, 790,
도쿄 공과대학장)

세키노는 「가야시대의 유적」에서, "진주 옥봉 및 수정봉 철정, 토기, 철기, 교구(鉸具), 부(斧), 직도(直刀), 도자(刀子), 청동원(靑銅鋺), 소옥 및 두(兜) 등 발굴, 이러한 등은 근일 내 대학에 도착할 것이다"하고, "옥봉상의 고분에서 도기, 철기 등이 나왔는데 진주경찰서에 보관하고 있다. 이런 등은 공과대학에 기증하여 근일 중 도착한다"하는 것으로 보아 진주의 수정봉 제3호분[242]을 제외한 제2호분 출토 유물[243]과 옥봉 제7호분 출토 유물[244]은 모두 반출한 것이다.

반출한 대가야왕궁지 발견 고와 및 부장품 도기, 진주에서 발굴한 부장품, 김해 가락국왕릉 부장품 도기 등을 제4회 전람회에 진열해놓고 "임나(任那)는 상대(上代)에 아(我)의 영토 가야연방(伽倻聯邦)의 유적 일부가 처음으로 조금 상세하게 학계에 소개되었다"[245]라고 하면서 임나일본부설이 마치 증명이라도 된 듯이 잔치를 벌였다.

---

242) 수정봉 제3호분에서 출토한 유물은 이왕가박물관에 수장되었다가 국립중앙박물관을 거쳐, 현재 국립진주박물관에 보관되어 있다.
243) 수정봉 제2호분 발견 環, 釘 및 大刀, 鐵器, 鐙, 小玉, 銅鋺, 陶器(고적도보, 도판819~829)東京工科大學藏.
244) 옥봉 제7호분 발견품 土器, 鐵器(고적도보, 도판839~846) 東京工科大學藏
245) 「東京帝國大學工科大學建築學科 第4回 展覽會」, 『考古學雜誌』第2卷 9號, 1912年 5月.
「東京帝國大學工科大學建築學科 第4回 展覽會 陳列品 槪要目錄」, 『考古學雜誌』第2卷 10號, 1912年 6月.

옥봉 제7호분 출토유물 (도쿄대 소장, 『조선고적도보』)

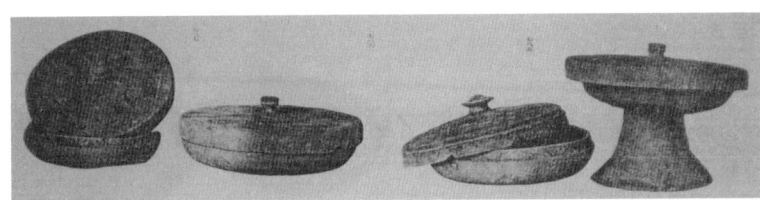

주산 동남산복 고분 부장품 (『조선고적도보』, 784~787 도쿄 공과대학장)

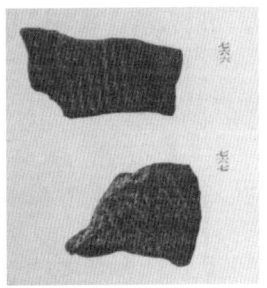 

전 대가야왕궁지(고령) 발견 와 (『조선고적도보』도판464, 766, 767 도쿄 공과대학 소장)

※ 전 대가야왕궁지(고령) 발견 와

세키노는 「가야시대의 유적」[246]에서와 1911년 1월 29일에 발표한 「남선여행담」[247]에서 고령가야왕궁지에서 와를 발굴하고 문묘 후방에서 1개의 기와를 습득했다고 밝히고 있다.

---

246) 關野貞, 「伽倻時代の遺蹟」, 『考古學雜誌』제1권 제7호, 1911년 3월, pp. 448~449.
247) 關野貞, 「南鮮旅行談」, 『史學雜誌』제22편 제2호, 1911년 2월.

영천 폐사지 발견 와
(『조선고적도보』
도판1474~1479)

평남 안학궁지
출토 와
(『조선고적도보』)

* 1911년 10월에 세키노 일행은 경주 일대의 분황사, 망덕사지, 불국사, 견곡면폐사지, 영천 폐사지 등을 조사하고 상당수의 고와를 채집해 갔는데, 그 중 500여 개를 제4회전람회에 진열했다.

    세키노는 1911년 1월 29일에 일본 사학회례회에서 「남선여행담」이란 제목으로 강연을 했는데, 안학궁지 유적을 설명하면서 그 부근 촌읍을 안학동이라 부르고 이곳에서 획득한 1편의 고와는 통구에서 발견한 것과 동일한 것이라고 설명하고 있다.[248]

---

248) 『史學雜誌』제22편 제2호, 1911년 2월, p. 97.

청자상감문자명盌
(세키노 소장,
『조선고적도보』)

세키노 일행은 1909년 9월에 개성 고려왕릉을 답사하여 청자파편을 채집했으며, 12월에는 강화도의 고분을 조사하고 12월 하순에 귀경한 것으로 나타나 있다.[249] 당시에 고려시대의 유물을 많이 수집했다. 수집된 유물 중에서 제4회전람회에 개성 만월대 왕궁지 발견 瓦, 고려 희종릉 발견 古瓦를 비롯한 왕릉 발견 도기파편, 동경 5점, 순청자, 상감청자(己巳, 庚午, 壬申등 文字銘) 수점, 흑유, 백자 등이 진열되었다.

※ 『대각국사문집(大覺國師文集)』

이 전람회 목록에서 주목되는 것이 있다. 대각국사문집, 대각국사비 사진 및 탁본이다. 아사미 린타로(淺見倫太郎)는 "근년에 이르러 발견한 대각국사문집 등이 잔존한 것은 실로 희귀한 일이라"[250]고 하고 있다. 쓰마키 나오요시(妻木直良)는 1911년에 발표한 「동대사(東大寺)에 있어서 고려고판경(高麗古版經)에 대해서」라는 논문에서, "세키노(關野) 박사와 야쓰이(谷井)가 조선에서 빌려 온 『대각국사문집(大覺國師文

---

249) 『考古學雜誌』제8권 제8호, 1909년 11월.
250) 淺見倫太郎, 「朝鮮文獻의 特色」, 『매일신보』1915년 6월 24일자.

集)』에 의해 주소간행(註疏刊行)의 전말(顚末)을 알 수 있었다"고 한다. 이 문집은 내집(內集), 외집(外集)으로 나누어졌는데 내집에는 의천의 시문을 수록하고 있으며 외집에는 도우사(道友師)들의 서한시문(書翰詩文) 및 비명(碑銘) 2종이 실려 있다고 한다.[251]
또 쓰마키는 「고려의 대각선사」란 글에서 "근시(近時)에 세키노 박사가 조선건축조사차 가야산 해인사에서 빌려온 『대각국사문집』21권과 『대각국사외집』13권"은 각처에 결자가 있다고 하나, "국사의 사적 및 고려 당시의 불교 상태를 연구하는 데 유일무이의 진서(珍書)"[252]라고 하여 그가 참고한 『대각국사문집』21권과 『대각국사외집』13권은 세키노 일행이 해인사에서 빌려온 것임을 밝히고 있다.

세키노 일행이 합천 해인사 유물을 조사한 것은 1910년 10월 19일부터 10월 21일까지 3일간으로 건축물, 경판, 잡판, 문집 등을 조사하고 돌아갔다.

《건축학과 제4회전람회》 목록

---

251) 妻木直良, 「東大寺に於ける高麗古版經に就いて」, 『考古學雜誌』第1卷8號, 1911. 4.
252) 妻木直良, 「高麗の大覺禪師」, 『佛敎史學』제1권 2호, 1911년 5월, p. 147.

『고고학잡지』제1권 5호(1911년 1월)를 보면, "세키노, 야쓰이, 구리야마가 작년 9월 이래 도선(渡鮮) 귀경하여 표본의 정리로 망살(忙殺)"하다는 기사가 보인다.[253] 따라서 이는 당시 한국에서 막중한 유물을 일본으로 반출하였음을 알 수 있는데, 이때 고고 유물 뿐 아니라 그 외에도 그들 연구에 필요한 서적까지도 상당수 일본으로 반출하여 갔음을 짐작케 하는 대목이라 할 수 있다. 또『고고학잡지』제2권 4호에서는 "작추(昨秋) 세키노 박사 및 야쓰이, 구리야마 양학사 일행이 발견한 가야산 해인사에 전존(傳存)한 대각국사 외집....운운"[254]하는 것으로 보면 고적조사를 하던 중에 이를 발견하고 곧바로 일본으로 빌려(?)간 것으로 보인다. 하지만 이것은 돌려주지 않았으니, 잠시 빌려간 형식을 취하면서 약탈한 행위이다.

* 판본과 서적도 상당수 진열된 것으로 나타나 있는데, 판본과 서적에 대해서는 언제 어디서 가져갔는지 원소장처가 나타나 있지 않다. 야쓰이의 1909년 11월 20, 21일의 수원성 조사에서 화성성역의궤(華城城役儀軌, 刊本)는 도쿄대에도 소장되있다고 하는데[255] 반출 경로를 알 수 없다. 세키노 일행이 대각국사문집 등을 가져간 것을 고려하면 고적조사를 하면서, 요긴한 자료는 그의 판단에 의해 얼마든지 여러 방법을 빌어 일본으로 반출할 수 있었다고 볼 수 있다. 진열한 서적 중에는 이같이 반출한 것이 상당수 포함되었을 것으로 추정된다. 진열된 이것 외에 어떤 것이 얼마나 외부로 알려지지 않고 연구의 명목으로 반출되었는지는 알 수 없다.

* 목록 중에는 김해 가락왕릉 출토 부장도기가 나타나 있는데 어느 것을 지칭하는지 알 수 없다.

---

253) 「最近 1年間에 於ける 考古學界 近況」,『考古學雜誌』第1卷 5號, 1911, p. 80.
254) 『考古學雜誌』第2卷 4號, '新刊紹介'조, p. 56.
255) 谷井濟一, 「韓國葉書だより」,『歷史地理』제15권 2호, 歷史地理學會, 1910년 2월, p. 100.

임원면 대성산록
사동고분 출토 철정
(『조선고적도보』)

* 평남 대동군 임원면 대성산록 사동고분 사진을 진열된 것으로 나타나 있는데 1910년 10월 세키노 일행이 발굴 조사한 것으로, 당시 석곽에서 목관에 사용한 철정을 발견했다고 하며, 『조선고적도보』에는 '도쿄대학 공과대학 소장'으로 나타나 있다. 그런데 이번 전람회 목록에는 그 철정이 나타나 있지 않다. 정인성은 이를 확인하기 위해 "도쿄대학에서 다방면으로 조사를 했으나 유물의 소재는 확인되지 않았다"고 한다.[256]

(5) 고고학회본회 제18차총회 진열품

고고학회본회 제18차총회는 1913년에 개최되었는데, 당시 진열품 속에는 경주 반월성에서 발굴한 감(坩)도 들어 있다.[257] 자세한 목록은 나타나 있지 않다.

(6) 1913년 4월 일본사학회《사료전람회》

일본 사학회의《사료전람회》는 1913년 4월 3일에 도쿄제국대학 연구실에서 개최되었는데, 3개실로 나누어 진열했다. 제1실에는 일본 기록 고문서를 진열하고 제2실은 일본 고대관계품을 진열했다. 제3실에 진열된 '조선사관계품' 진열품목록은 다음과 같다.

---

256) 정인성,「일제강점기 고구려 유적 조사 · 연구 재검토」,『일본 소재 고구려 유물』, 동북아역사재단, 2008, p. 22.
257)「本會第18次總會陳列品目錄」,『考古學雜誌』3-11, 1913년, p. 67.

《史料展覽會目錄》[258]

품목	출토지	반출일	반출자	비고
평양지방 遺蹟圖				
평양부 대동강면 고분(圖面, 寫眞, 塼, 副葬品, 瓦片)	평양		關野貞 一行	
봉산군 대방유적도	평양		關野貞 一行	
당토성 (圖面, 塼)		1911년	關野貞 一行	1911년 10월 발굴
대방태수장씨분묘(圖面, 寫眞 및 발견 塼, 漆喰, 瓦片)		1911년	關野貞 一行	1911년 10월 발굴
강서 용강 지방 유적도	강서용강		關野貞 一行	
능묘 (圖面, 寫眞, 木棺破片, 花瓦)	강서용강	1911년	關野貞 一行	1911년 10월 발굴
왕궁지 (花瓦, 唐草瓦)	강서용강	1911년	關野貞 一行	1911년 10월 발굴
부여지방 유적도			關野貞 一行	
정림사지탑비 사진	부여		關野貞 一行	
유인원기공비 사진	부여		關野貞 一行	
가야유적도			關野貞 一行	
산성 사진			關野貞 一行	
가야왕궁지(寫眞, 花瓦)			關野貞 一行	
가야분묘(圖面, 寫眞, 副葬品)			關野貞 一行	
경주부근 유적도			關野貞 一行	
경주 능묘(도면, 사진, 부장품)			關野貞 一行	
석비, 석탑, 석등, 묘지, 불상			關野貞 一行	
華嚴寺華嚴經刻石	구례 화엄사		關野貞 一行	1910년 조사
고려왕궁지(도면, 사진, 鴟尾瓦)			關野貞 一行	
고려능묘(도면, 사진)			關野貞 一行	
고려시대 건축, 조각, 회화(사진)			關野貞 一行	
은진미륵대석상(사진)			關野貞 一行	
고려시대 석탑, 석비 및 묘탑(사진)			關野貞 一行	
고려시대 석관 및 부장품			關野貞 一行	
조선왕궁(도면, 사진)			關野貞 一行	
종묘, 문묘, 능묘, 객사, 성곽(사진)			關野貞 一行	
대장경판본			關野貞 一行	
대리석탑, 백제관 부근(사진)			關野貞 一行	

258) 「時評及彙報」, 『歷史地理』 제21권 5호, 歷史地理學會, 日本歷史地理學會, 1913년 5월.

舊官衙所用 黃銅印			關野貞 一行
도기			關野貞 一行
조선사대계에 속한 서적 및 필적			關野貞 一行
조선사연구참고서에 속한 서적 및 필적			關野貞 一行
서적 견본			
일본인 편저 조선관계서적			
구미인 편저 조선관계서적			

※ 황해도 봉산군 대방태수 장무이묘 출토 전, 와

　　1911년 10월에 세키노는 평안남도의 한 사무관이 안주에서 채집한 전편(塼片)을 보고 즉시 대동강면의 것[259]과 같은 양식임을 보고 안주 부근을 조사하려고 사리역으로 향하던 중 하나의 큰 무덤을 발견하고 조사하게 되었다. 이곳에서 「어양장(漁陽張)」의 명자전편(銘字塼片) 수 개를 발견하고 이어 경주에 있던 야쓰이(谷井)를 불러 이 대총을 발굴하였다. 그 결과 「사군대방태수장무이전(使君帶方太守張撫夷塼)」 문자명의 전을 비롯한 무수한 전을 채집했으며 근처의 당토성에서 도기 파편 등을 채집했다.

　　세키노 일행은 1911년 9월에 평양을 방문하여 용강군수 인덕룡(因德龍) 씨로부터 전해 받은 용강군지(龍岡郡誌)를 살펴보았다. 용강군지에서 어을동토성(於乙洞土城)의 명(名)을 발견하고 군수에게 물으니 군의 서쪽 2리에 성지(城址)가 유존한다는 이야기를 듣게 되었다. 그래서 세키노 일행은 용강군에 있는 어을동 고성을 답사하여 고와잔편을 채집하고 역시 낙랑시대의 유적지임을 확인했다. 또 대방군치지로 생각되는 토성을 발견하였다. 이곳에서 무수한 와전편을 채집하여 모두 도쿄제국대학 공과대학으로 가져가 버렸다.[260] 일본으로 반출된 수량은 알 수 없으나 도쿄대학 공과대학 건

---

259) 『朝鮮古蹟圖譜』제1책(사진 82-93)과 그 解說編을 보면, 당시 대동강면에서 주민들의 담장, 기타의 목적으로 고분에서 가져온 塼과 瓦을 關野 一行이 수집하여 東京工科大學 및 文科大學으로 搬出 했다.
260) 1912년 4월에 동경대학 제4회 전람회에 전시되었으며, 『朝鮮古蹟圖譜 第1冊』圖版 131~133, 147~155가 東京帝國大 工科大學 藏으로 揭載되어 있다.

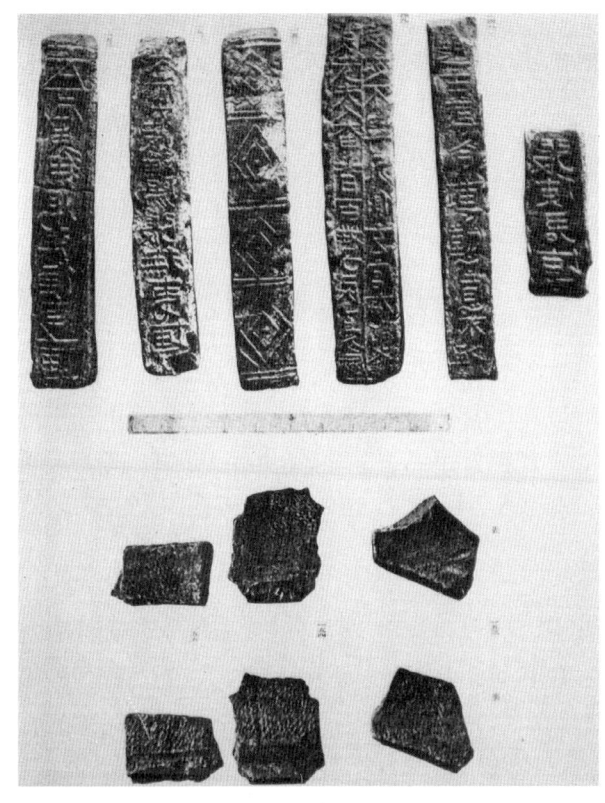

帶方太守張撫夷墓塼槨所用 瓦塼
(東京,工科大學藏)
(『조선고적도보』도판 147~155)

축학과 제4회전람회에 일부 전시되고, 이 사료전람회에 또 다시 전시되었다.

『조선고적도보』에는 장무이묘의 출토 와전이 각각 6점씩 게재되어 '동경대 공과대학장'으로 나타나 있다. 현재 도쿄대학 공학부 건축학연구실에 소장되어 있는 와전은 와 4점과 전 17점이 확인되었다.[261]

---

261) 이현혜·정인성·오영찬·김병준·이명선, 『일본에 있는 낙랑 유물』, 학연문화사, 2008.

도쿄제국대학으로 반출된
화엄사 석경편
(『조선고적도보』)

✽ 화엄사 석경

1910년에 화엄사 석경을 조사한 세키노는 『조선예술지연구 속편』에서,

> 화엄사 불전의 벽을 돌로 만들고 이에 화엄경을 각한 것으로 임진병화로 인하여 파괴되었다고 하는데, 현재는 수천의 단편이 각황전 아래에 퇴적(堆積)하여, 보호의 정도가 완전치 못하니 산일의 염려가 있다.

라고 기록하고 있다. 이 당시 이미 상당수가 도난당한 것으로 보인다. 그래서 세키노 등은 1910년 보고에, "유물 중 특히 산일의 우려가 있고 상당 감독보호를 요하는 것"으로 분류하고 있다.[262] 가츠라기 스에지(葛城末治)의 기록에도 "호사가(好事家)들이 지니고 간 것이 많아 지금은 많이 산일되었다"고 하며, 자신이 소장하고 있는 석편(石片) 한 점을 『조선금석고(朝鮮金石攷)』에 소개하고 있다. 또 『조선고적도보 제4책』에 구례 화엄사 화엄경 각석편 2점이 도쿄제국대학 문과대학 소장으로 게재되어 있다. 도쿄대학에 소장되어 있는 화엄사 석경 2점에 대해 이마니시 류(今西龍)는 "세키노 박사의 권유로 사(寺)로부터 기증 받은 것"[263]이라고 하고 있으나 이는 강탈이라 할 수 있

---

262) 關野貞, 谷井濟一, 「朝鮮遺蹟調査 略報告」, 『考古學雜誌』1-5, 1910, p. 70.
263) 今西龍, 「新羅 僧 道詵에 대하여」, 『東洋學報』第2卷 2號, 1912年 5月.

다. 『도쿄국립박물관 소장목록』에 '오카노(岡野) 기증(寄贈)'으로 된 '화엄사 화엄석경 편' 1점이 게재되어 있는 사실을 보아도 알 수 있다. 당시 힘없는 사찰로서는 일인들의 석경 반출을 막을 수가 없었던 것이다.

(7) 도쿄제국대학 공과대학 《건축학과 제5회전람회》

1914년에는 4월 8일부터 10일까지 3일간 공과대학 건축과에서 《건축학과 제5회전람회》를 가졌다. 조선예술에 관한 것은 세키노, 야쓰이 등이 조선사적 답사의 결과로 가지고 온 것이라고 한다. 낙랑 대방 및 고구려(제1실), 삼국시대(제2실), 신라통일시대(제3실), 고려 및 조선시대(제4실) 등으로 나누어 진열하였다.

제1실은 낙랑 대방 고구려 부로, 평양 대동강면 조사 유물, 용강군 일대의 조사 유물, 만주 일대의 조사 유물이 진열되었다. 그 중 특히 주목되는 것은 고구려시대의 진남포 매산리수총, 화상리고분, 용강 안성동대총, 강서 우현리고분 벽화모사도, 광개토대왕비탁본 기타가 진열되었다. 광개토대왕비탁본에 대해서는 "광개토왕비탁본 비문은 신공황후 정벌에 관한 기사로 아국의 사료로 진품이다."하고 있다.[264]

제2실은 삼국시대의 부로, 오바 쓰네키치(小場恒吉)와 오오타 후쿠죠(太田福藏)가 모사한 고구려시대 고분벽화 모사도와 가야시대 고령, 함안, 진주 등지에서 발굴한 유물 및 사진들을 진열하였는데 "야마토(大和)민족의 해외 발전의 사적을 추회(追懷)"한다고 소감을 적고 있다.

제3실은 통일신라시대 부로 부여, 경주, 강원도 오대산 일대에서 수집한 유물과 사진들을 진열하였다.

제4실은 고려 및 조선시대 부로 개성 만월대 수집 유물, 각종 석탑비, 조선시대 복장류, 도기, 서적류 등이 진열되었는데, 서적류는 주로 지지 및 지도류와 기타 임진왜

---

264) 「東京工科大學建築科 第5回展覽會」, 『歷史地理』 제23권 5호, 歷史地理學會, 日本歷史地理學會, 1914년 5월.

란 관계류라고 하는데 그 서목은 알 수 없다. "이상 진열품의 대부분은 세키노가 최근 조선에서 가지고 온 것"이라고 하고 있다.

상당수는 이미 제4회전람회에 선보인 것이고 새로 반출해간 것을 추가한 것이다. 그 목록은 다음과 같다.

《건축학과 제5회전람회》목록[265]

품목	개수	출토지	반출일	반출자	비고
조선역대연표, 고적조사여행경로				關野 一行	
平壤地方有城圖, 江西龍岡地方遺蹟圖, 鳳山郡帶方遺蹟圖				關野 一行	
대방태수묘 실측도	1매			關野 一行	
대방태수묘 有銘塼	6매	봉산군 미산면	1913년	關野 一行	
봉산군 고분 사진	1매			關野 一行	
점선비 탁본	1매	용강	1913년	關野 一行	
토성(낙랑군치지)塼 및 瓦	5종	평양	1913년	關野 一行	
대동강면 낙랑고분 사진 및 실측도	7매			關野 一行	
陶器	5종	평양 대동강면 낙랑고분	1913년	關野 一行	
鏡, 刀, 劍, 戟, 指輪, 腕輪 등	9函	평양 대동강면 낙랑고분	1913년	關野 一行	
塼	5종	평양 대동강면 낙랑고분 사용	1913년	關野 一行	
낙랑고분 부장품 사진	2매			關野 一行	
塼	3종	강동 지례동 고분 사용	1913년	關野 一行	
집안현 고구려 유적도	1매			關野 一行	
모구검기공비 출토처 사진	1매			關野 一行	
瓦	6종	집안현 산성자 발견	1913년	關野 一行	

---

265) 「朝鮮藝術展覽會」, 『史學雜誌』第25編第5號, 史學會, 1914년 5월.
『考古學雜誌』第4卷 第9號, 1914년 5월.

품목	개수	출토지	반출일	반출자	비고
瓦	6종	집안현 통구 동대자 발견	1913년	關野 一行	
광개토왕비 사진	7매			關野 一行	
광개토왕비 탁본	4매	집안현	1913년	關野 一行	
장군총 실측도	1매			關野 一行	
태왕릉 사진	1매			關野 一行	
천추총 사진	1매			關野 一行	
瓦	2종	집안현 장군총 및 후방 소석총 발견	1913년	關野 一行	
瓦 및 塼	5종	집안현 태왕릉 발견	1913년	關野 一行	
瓦 및 塼	7종	집안현 천추총 발견	1913년	關野 一行	
삼실총 사진 및 견취도	7매			關野 一行	
평양 고구려 유적도	1매			關野 一行	
용강군 진남포 부근 고구려 유적도	1매			關野 一行	
평양 사진	3매			關野 一行	
매산리 수총 실측도 및 사진	8매			關野 一行	
매산리 狩塚고분벽화모사도	5매	진남포	1913년	關野 一行	小場恒吉과 太田福藏이 모사
瓦	6종	강동 한평동 한왕묘 출토	1913년	關野 一行	
한평동 한왕묘 실측도	1매			關野 一行	
한평동 한왕묘 사진	3매			關野 一行	
강서 간성리 고분 실측도 및 사진	3매			關野 一行	
진남포 화상리 고분 실측도 및 사진	4매			關野 一行	
진남포 성총 실측도 및 사진	4매			關野 一行	
진남포 대연화총 실측도 및 사진	4매			關野 一行	
대연화총벽화 模寫圖	13매	진남포		關野 一行	小場恒吉과 太田福藏이 모사
용강궁 안성동 대총 사진	2매			關野 一行	
쌍영총 실측도 및 사진	11매			關野 一行	
쌍영총벽화 모사도	6매			關野 一行	小場恒吉과 太田福藏이 모사

품목	개수	출토지	반출일	반출자	비고
강서 우현리3묘 실측도 및 사진	4매			關野 一行	
강서 우현리3묘벽화 모사도	18매	강서	1912년	關野 一行	小場恒吉과 太田福藏이 모사
평양외성 내 발견 瓦 1종		평양		關野 一行	
대동강면 토성 발견 와	9종	평양		關野 一行	
안학궁지 발견 와	15종	평양		關野 一行	
고령 가야 유적도 및 사진	4매			關野 一行	
대가야왕궁지 발견 瓦	1종	고령		關野 一行	
고령고분 발견 陶器	4종	고령		關野 一行	
함안 가야 유적도	1매			關野 一行	
함안 가야 고분 사진	1매			關野 一行	
진주 가야 고분 실측도	1매			關野 一行	
가야고분 발견 陶器	8종	진주		關野 一行	
가야고분 발견 武器馬具	1箱	진주		關野 一行	
함안 및 안변산성 사진	2매			關野 一行	
함안 고분 사진	4매			關野 一行	
하시동 고분 사진	2매			關野 一行	
하시동 고분 발굴 도기 사진	1매	강릉	1912년	關野 一行	
대구 부근 발굴 도기	23종	대구부근		關野 一行	
경주 부근 신라 유적도	1매			關野 一行	
부여 부근 백제 유적도	1매			關野 一行	
유인원기공비 탁본 및 사진	3매			關野 一行	
진감선사비 기타 사진	6매			關野 一行	
하동 쌍계사 진감선사비 탁본	1폭			關野 一行	
함흥 황초령 진흥왕순수비 탁본	1매			關野 一行	
괘릉 기타 사진	13매			關野 一行	
괘릉, 흥덕왕릉 지형도	2매			關野 一行	
부여정림사지탑 탁본 및 사진	5매			關野 一行	
여주 신륵사전탑 기타 사진	9매			關野 一行	
불국사 다보탑 기타 사진	15매			關野 一行	
염거화상탑 및 금산사사리탑 사진	2매			關野 一行	
법주사쌍사자석등 기타 사진	8매			關野 一行	
석굴암 사진	20매			關野 一行	

품목	개수	출토지	반출일	반출자	비고
상원사종 사진	5매			關野 一行	
상원사종 탁본	1폭			關野 一行	
봉덕사종 탁본	3매			關野 一行	
삼국시대 소동불	8구			關野 一行	
삼국시대 도기	6개			關野 一行	
花瓦	28개			關野 一行	
平瓦	5개			關野 一行	
鴟尾瓦	1개			關野 一行	
有文塼	6개			關野 一行	
施釉塼	2개	경주 사천왕사지		關野 一行	
개성 만월대 고려왕궁지도 및 사진	3매			關野 一行	
원주 흥법사 진공대사비 기타 고려비 탁본	16매			關野 一行	
원주 흥법사 진공대사비 기타 고려비 사진	23매			關野 一行	
부석사 무량수전 및 조사전 사진	8매			關野 一行	
월정사팔각구층탑 기타 고려탑 사진	4매			關野 一行	
부석사 본존상 및 기타불상 사진	4매			關野 一行	
원주 법천사지 지광국사탑 기타 고려부도 사진	8매			關野 一行	
태조현릉 견취도	1매			關野 一行	
공민왕릉 등 사진	6매			關野 一行	
천흥사동종 및 대흥사동종 사진	2매			關野 一行	
李公壽石棺	1개			關野 一行	
소불상	1구			關野 一行	
복식품 등	5函			關野 一行	
硯	3면			關野 一行	
錠	1개			關野 一行	
銅匙	6개			關野 一行	
개성 고려왕궁지 발견 瓦	13종			關野 一行	
원주 흥법사지 발견 와	4종			關野 一行	
청평사 극락전 기타 사진	14매			關野 一行	
오대산사고 기타 사진	14매			關野 一行	
경복궁 배치도	1매			關野 一行	
근정전 기타 사진	7매			關野 一行	
원각사탑 기타 사진	3매			關野 一行	

품목	개수	출토지	반출일	반출자	비고
螺鈿飾箱	1개			關野 一行	
조선시대 도기	18종			關野 一行	
燭臺	1개			關野 一行	
창덕궁옥상 소용 瓦	1개			關野 一行	
조선시대 碧瓦 및 기타 瓦	7종			關野 一行	
刀子	3본			關野 一行	
工匠用具	9종			關野 一行	
因果應報圖	1매			關野 一行	
士人一生繪圖屛風	1폭			關野 一行	
서적	30부			關野 一行	
문무관 및 부인복식품	약간			關野 一行	
공주망일사은비 탁본	1매			關野 一行	
해인사 사명대사석장비 탁본	1매			關野 一行	
건봉사 사명대사기적비 탁본	2매			關野 一行	
恭愍王所願法華經跋文				關野 一行	개성 모 일본인 소유
金剛山楡岾寺藏 懶翁和尙戒牒				關野 一行	개성 모 일본인 소유
五臺山上院寺重創勸善帖				關野 一行	
世祖 및 世子 以下 當代 知名 諸臣의 自署, 印章				關野 一行	

＊ 강동군 한평동 전 한왕묘 출토 유물

1913년에 도쿄대학 공과대학에서 개최한 제4회전람회에 한왕묘 출토 와를 전시했다. 이를 다시 제5회전람회에 진열했다.

1911년 10월 5일 세키노 등은 강동군 마산군 한평동에서 속칭 한왕묘(漢王墓) 또는 황제묘(皇帝墓)라는 고구려시대 고분을 발굴하였다. 그 변의 길이는 170척 높이 40척 규모의 웅장한 고분이다. 그 석곽 및 연도의 구조가 대성산 아래의 것과 동일한 것으로 석재로 건축하고 석회를 두텁게 발라 그 위에 사신도 같은 것을 그린 흔적이 있었으나 그것이 심하게 떨어져 거의 분별하기 곤란할 정도였다. 분의 외피는 전부 와편으로 쌓았는데 와편 중에는 안학궁지에서 출토된 것과 거의 동일한 형식이 있었음이 조사되었다.[266] 그런데 10월 10일에 이르러 봉토의 모퉁이가 일부 붕괴되어 인부 중 1인이 매몰되었다. 다행히 구하기는 했으나, 종래 이 고분을 발굴하면 흉사(凶事)가 있다는 미신이 있어 동네 사람들이 두려워했기 때문에 발굴을 일시 중지하였다가 수일이 지난 후 다시 발굴을 할 수밖에 없었다.[267] 이곳에서 어떤 유물이 얼마나 출토되었는지 정확히 밝혀지지는 않았지만 유물은 일본으로 가져갔다.[268]

『조선고적도보2』에는 도쿄제국대학 문과대학 소장 헌환와(軒丸瓦) 3점과 공과대학 소장의 평와, 환와 각 1점이 수록되어 있고 조선총독부박물관 소장의 호 1점의 사진이 수록되어 있다. 그런데 다니 도요노부(谷豊信)에 의하면 현재 도쿄대학 문학부열품실에는 『조선고적도보2』에 게재한 헌환와 1점이, 도쿄대학종합연구자료관에는 『조선

한왕묘
(『조선고적도보』)

---

266) 『大正元年 朝鮮古蹟調査 略報告』, 朝鮮總督府, 1814, P. 36.
267) 「樂浪郡 時代」, 『古蹟調査 特別報告 第 4冊』, 朝鮮總督府, 1927.
268) 『朝鮮古蹟圖報 第 2冊』에 漢王墓 發見瓦 5점이 동경 문과대학장(도판번호 439~441), 동경 공과대학장(도판번호 442)으로 수록되어 있다.

고적도보2』에 게재한 것을 포함하여 헌환와편 1점, 환와편 2점, 평와 13점을 보관하고 있다고 한다.[269]

도쿄대학 공학부 건축학 연구실을 조사한 정인성은 당시 한왕묘에서 출토된 기와 중 도쿄대학으로 반출된 기와가 보고에서 알려진 것보다 많다는 것을 확인했다. 정인성은 "우선 암키와는 1점이 아니라 12점이었으며, 수키와는 2점이었다. 다만 막새는 원래 건축학 연구실에 보관되어 있던 것 중 1점이 문학부 고고학실로 옮겨졌고 나머지 2점은 행방을 확인할 수 없었다"고 한다.[270]

한왕묘(평남 강동군 마산면) 발견와 및 감
(『조선고적도보』도쿄대학 소장)

269) 谷豊信, 「五世紀の高句麗の瓦に關する若干の考察」, 『東洋文化研究所紀要』제108冊, 1989년 2월, p. 277.
270) 정인성, 「일제강점기 고구려 유적 조사·연구 재검토」, 『일본 소재 고구려 유물』, 동북아역사재단, 2008, p. 31.

※ 강릉 풍호동고분 출토품

　　풍호동 북고분군(하시동) 출토 유물은 1912년 세키노 일행이 명주군 고분을 조사할 때 발굴한 것으로, 『조선고적도보3』에는 강원도 강릉군 자가곡면 하시동리에서 나온 토기로 기록하고 있다.

　　1912년의 세키노 일행의 행적을 보면 10월 30일부터 11월 2일까지 강릉 신복사지, 하시동 고분 발굴, 한송사지, 보현사 등을 조사한 것으로 나타나 있다.[271] 따라서 풍호동 고분을 발굴한 기간은 일정상 길어야 이틀 정도 소비하여 급하게 발굴한 것이다.[272] 현재 도쿄대학대학원에 소장되어 있다.

풍호동 북고분 출토 유물
(『조선고적도보』)

풍호동 북고분
(『조선고적도보』)

---

271) 藤井惠介, 早乙女雅博 외 2명 편, 『關野貞アヅア踏査』, 東京大學總合硏究博物館, 2005.
272) 早乙女雅博, 「三國時代 江原道の古墳と土器-關野貞資料土器とその歷史的意義-」, 『朝鮮文化硏究』제4호, 東京大學文學部朝鮮文化硏究室, 1997.

세키노 일행은 1912년 10월에 강원도 일대의 폐사지를 조사하고 그곳에서 발견한 많은 와편을 수집하여 도쿄대로 가져갔다.

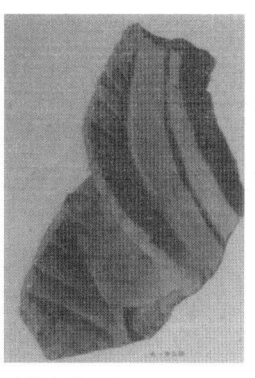
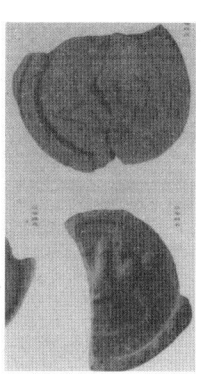

만월대 발견와
(도쿄대 소장 『조선고적도보』)

탑정리 7층석탑 부근 발견 와
(『조선고적도보』 도쿄대 공과대학 소장)

대동군 임원면
(『조선고적도보』 도쿄대 공과대학 소장)

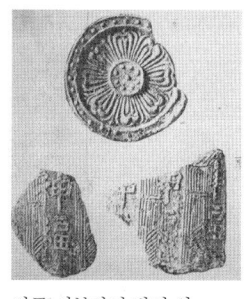

강릉 신복사지 발견 와
(『조선고적도보』 도판1520~1522 공과대학 소장)

거돈사지 발견 와
(『조선고적도보』 도쿄대 공과대학 소장)

세키노 일행은 1913년에 광개토왕비에서 서남 토구자산록(土口子山麓)의 태왕릉(太王陵)과 마선구의 평야 계류의 동방에 있는 천추총(千秋塚)을 조사했다. 모두 각 층의 단석을 잃어버리고 하나의 큰 돌무더기로 되어 있어 어느 왕의 능이라는 것을 밝히기 어렵다고 했다. 이곳에서 석퇴(石堆)속에 섞인 와전을 발견했다.273) 태왕릉은 석퇴 사이에서 [원태왕릉안여고여악(願太王陵安如固如岳)]이라 명(銘)한 전(塼)을 발견했다고 해서 명명(命名)했으며, 마선구의 천추총은 석퇴사이에서 [천추만세영고(千秋萬歲永固)], [보고건곤필(保固乾坤畢)]이라 명한 전이 발견되어 명명했다.274)

세키노는 이곳에서 발견 채집한 상당수의 중요한 와전을 바로 일본으로 반출해 갔다. 도쿄대학종합연구자료관에는 장군총, 천추총, 태왕릉에서 출토된 와전이 상당수 소장되어 있는데, 다무라 고이지(田村晃一)는 이에 대해, "도쿄대학종합연구자료관에 소장하고 있는 집안의 적석총 출토의 와당류는 다이쇼(大正)2년(1913) 세키노씨 일행이 수집한 유물로 생각된다. 또 도쿄국립박물관에 소장된 와당류는 대장(臺帳)에 야쓰이(谷井) 씨가 다이쇼(大正)3년(1914)에 기증한 것"이라고 한다.275)

다니 도요노부(谷豊信)의 논문276)을 보면 '집안 적석총

태왕릉 출토 전
(『조선고적도보』)

---

273) 關野貞, 『朝鮮美術史』, 朝鮮史學會, 1932, pp. 29~30 參照.
274) 梅原末治, 『朝鮮古代の墓制』, 國書刊行會, 1972, p. 37.
275) 田村晃一, 『樂浪と高句麗の考古學』, 同成社, 2001, pp. 311~317, p. 325.
276) 谷豊信, 「五世紀の高句麗の瓦に關する若干の考察」, 『東洋文化研究所紀要』제108册, 1989년 2월.

출토와의 수장 현황'을 나타내고 있는데, 일본 소재 고구려분묘 발견 와를 중심으로 5기의 석총에서 수집한 80점의 와를 소장처별로 헌환와, 환와, 평와 등 세 종류로 분류하여 구체적으로 밝히고 있다. 이를 간략하게 표시하면 다음과 같다.

소장처	將軍塚	千秋塚	太王陵	大石塚	臨江塚	계
도쿄대학 종합연구자료관	11	6	22	4	3	46
도쿄대학 문학부 열품실			2			2
도쿄국립박물관	2	2	11			15
교토대학 문학부박물관	1	3	9	3	1	17
계	14	11	44	7	4	80

위 4개소에서 소장한 집안지역 분묘 발견의 와의 대부분은 1913년 세키노 일행이 수집한 것이고, 도쿄대학 종합연구자료관, 도쿄국립박물관, 교토대학 문학부박물관 소장의 세키노 일행 수집품에는 공통으로 동일인으로 생각되는 필체로 발견지가 명기되어 있다고 한다. 그리고 이 3개소에는 1935년, 1936년에 하마다, 이케우치, 우메하라 등이 수집한 것도 포함되어 있다고 한다.[277]

1913년 당시 평양 일대의 조사에서 세키노 일행은 아동들을 동원하여 수집한 수 백점의 고와는 그 해 바로 일본으로 반출하여 도쿄제국대학 문과대학 표본실과 도쿄제실박물관 역사부에 기증하였으며,[278] 그 이후에도 이 일대에서 많은 와당을 발굴하여 상당수는 일본으로 반출했다.[279]

---

277) 谷豊信, 「五世紀の高句麗の瓦に關する若干の考察」, 『東洋文化硏究所紀要』제108册, 1989년 2월, pp. 231~233.
278) 谷井濟一, 「朝鮮平壤附近た於ける新たに發見せられたる樂浪郡の遺蹟」, 『考古學雜誌』제4권8호, 1914年 4月.
279) 「樂浪時代 遺蹟」, 『古蹟調査 特別報告 第4册』.
 『朝鮮古蹟圖譜』제2책, 도판. 349~383.
 關野 등은 大正2年에 土城에서 樂浪時代 古瓦를 發見한 以來 幾十回 土城을 往來하면서 낙랑시

1913년 9월에 세키노는 낙랑, 고구려 유적 조사를 떠나기 전에 진주에 들러 가야고분을 발굴했는데, 이왕직사무관 야기(八木)가 『진주고분조사』[280]에서 "특징이 있는 진품(珍品) 5, 6점을 출토"했다고 한다. 제5회전람회에서 나타난 진주 가야 유물 속에는 바로 이 유물도 포함되었을 것으로 추정된다. 『권업신문』1913년 9월 28일자에는 다음과 같은 기사가 있다.

> 보물을 또 가져간다
> 일인 공학박사 관야라는 자는 지난 九일 경상남도 진주군에서 옥으로 만든 보물 아홉 개를 땅 속에서 파내어가지고 일본으로 갔는데 몇천 년 전 고적을 생기는 족족 일인이 가져간다고 일반 통석히 여긴다더라.

(8) 일본 학회에 기증한 유물

1914년 '고고학회1월례회'가 1914년 1월 20일에 개최되었다. 당시 세키노는 1913년에 조사한 평양 부근 및 만주 집안현 고구려 유적에 대한 조사를 보고했다. 세키노는 만주 집안현의 고구려 유적에 대한 설명부터 산성자 부근의 국내성 유적, 광개토대왕비, 장군총 등에 대해 일일이 실측도, 사진 등을 제시하면서 설명을 했다.[281] 그리고 1913년 만주 집안 일대의 조사 과정에서 세키노 일행이 채집한 유명전파편(有銘塼破片) 및 화와파편(花瓦破片) 100여 점을 일본 고고학회에 기증했다. 세키노, 야쓰이 일행

대 고와를 獲得했는데 그 수가 수백 점에 달했다. 1916년에 總督府博物館, 東京, 京都帝國大學, 平壤陳列所에 寄贈했다. 또 1921년에는 토성을 조사할 때 주위의 아이들에게 塼 2개를 주워오면 1전을 주어 수집하였는데 7~8명이 약 2시간 만에 200여 개를 주워와 그 중 151종을 『樂浪郡時代의 遺蹟』圖版에 採錄하기도 했다.
280) 『每日申報』, 1913년 9월 3일자.
『每日申報』, 1913년 9월 12일자.
281) 「彙報」, 『歷史地理』第23卷 第2號, 1914년 2월.

이 일본고고학회에 기증한 태왕릉 발견 전을 비롯한 와편은 1914년 1월례회에서 일부 배부하고, 일부는 회원 또는 소개를 받은 자에 한해 판매했다.[282]

만주 집안 일대에서 수집한 와전 총계 100여 개를 1914년에 일본 고고학회에 기증한 「고고학회 기사」에는 다음과 같은 기록이 있다.

> 고구려의 전와파편의 기증
>
> 공학박사 세키노 타다시(關野貞), 야쓰이 세이이치(谷井濟一) 양씨는 본회에 만주 집안현 태왕릉(이 릉에서 발견한 전에는 어떤 것은 원태왕릉안여산고여악願太王陵安如山固如岳의 명이 있다)에서 발견한 유명전파편급화와파편(有銘塼破片 及 花瓦破片) 총계 백여 개를 기증받아 구랍(舊臘)에 현품을 틀림없이 수령함, 깊이 그 호의에 감사함[283]

반출된 와전은 마치 전리품처럼 일본 고고학회에서 그들 회원들을 중심으로 일부는 나누어 가지고 그 일부는 경매에 부쳤는데(회원 또는 소개를 받은 자에 한해) 그 경매가는 다음과 같다.

一. 有銘塼破片	第一種	一個	金壹圓 以上
一. 同	第二種	同	金五拾錢 以上
一. 花瓦破片	第一種	同	金五拾錢 以上
一. 同	第二種	同	金參拾錢 以上[284]

---

282) 「高句麗瓦片の寄贈」, 『考古學雜誌』제4권 6호, 1914년 2월.
283) 「考古學會記事」, 『考古學雜誌』第4卷 6號, 1914년 2월, p. 66.
284) 「考古學會記事」, 『考古學雜誌』第4卷 6號, 1914년 2월, p. 67.

(9) 1914년《사료참고품 전람회》

일본 사학회 제16회대회가 1914년 4월 1일부터 3일까지 도쿄제국대학교에서 개최되었다. 이때 문과대학교실 및 표본실에서《사료참고품전람회》를 개최하였다. 이 전람회는 '국사의 부', '동양사의 부', '서양사의 부'로 나누어 진열하였다. 그 중 '동양사의 부'에는 조선왕조실록, 왜구관계 자료 및 문집류 90부와 고경(古鏡) 등을 진열하였다. 왜구관계 자료는 만철철도회사, 내각문고, 대학도서관, 제국도서관, 학습원도서관, 기타 개인 소장을 한자리에 진열한 것이다.『조선왕조실록』을 제외한 다른 사료는 목록이 없어 알 수가 없으나, 특히 "왜구사료는 조선, 지나, 일본에 걸쳐 망라하고 있다"고 하는 것으로 보아 한국에서 가져간 사료가 많이 진열되었을 것으로 보인다. 또 조선, 중국, 일본의 고경 약 140점을 연대순으로 진열했다고 하는데 구체적인 품목은 알 수 없다. 당시 강연회에서는 야쓰이 세이이치의 「조선의 문고」라는 강연이 있었는데 그 내용은 알 수 없다.[285]

(10) 이마니시 류가 반출한 와전

이마니시 류는 1913년 9월부터 12월까지 세키노, 야쓰이, 구리야마 등과 함께 평안도, 함경남도 각지의 유적을 조사하면서 11일 동안 집안의 유적을 조사했다. 이 때 태왕릉, 장군총, 천추총을 비롯한 그 주변 지역에서 많은 와전류를 수집했는데 그 일부가 도쿄제국대학, 도쿄제실박물관, 교토제국대학에 들어갔다. 교토제국대학으로 들어간 것은 1914년에 이마니시 류를 통해 들어간 것으로, 이 와전류는 요시다 히데오(吉井秀夫)가 「일본 서일본지역 박물관에 소장된 고구려 유물」에서 소개한 바, 총 62점으로 '교토대학 종합박물관 소장 고구려 유물(집안 출토품)'이라 하여 표로 소개하고 있다.[286]

---

285) 「史學會の展覽會」,『考古學雜誌』제4권 제8호, 1914년 5월; 「史學會の展覽會」,『考古學雜誌』제4권 제9호, 1914년 6월,「史學會第16回大會」,『歷史地理』제23권 제5호, 1914년 5월, pp. 108~109.
286) 吉井秀夫, 「日本 西日本地域 博物館에 所藏된 高句麗 遺物」,『高句麗 遺蹟 發掘과 遺物』, 高句麗

(11) 교토대학《천황대전봉축전람회》

　　　　1916년 11월 12일부터 13일까지 교토제국대학 문과대학에서 대정천황 즉위의 대전을 봉축하기 위하여 천황대전봉축전람회를 개최했다. 각 실에는 역사, 지리, 고고, 토속, 언어에 관한 전적, 유물 등을 진열하여 일반에게 공개했다. 이때 제4실에는 인도, 서역, 중국, 조선의 금석, 조상, 조선사경(朝鮮寫經)이 진열되었다. 제5실에는 조선 만주 등지에서 가져온 각종 표본, 사진 등이 진열되었다. 제6실에는 조선경(朝鮮鏡) 10면 등이 진열되었다. 한국에서 가져간 유물이 많이 진열되었을 것으로 짐작되나 그 목록은 알 수 없다.[287]

(12) 도쿄예술대학(도쿄미술학교) 예술자료관에 기증한 유물[288]

기증 시기	품목(유물번호)	기증자	시대	비고
1913년 1월 11일	忍冬蓮花文軒丸瓦 (考古-36, 37)	小場恒吉	신라	朱筆「慶州雁鴨池付近ヨリ拾得 大正元十二月四日 小場」
1913년 1월 11일	忍冬蓮花文軒丸瓦 (考古-33, 34)	小場恒吉	신라	朱筆「慶州半月城上ヨリ得タリ 大正元十二月四日 小場」
1913년 1월 11일	忍冬蓮花文軒丸瓦 (考古-14)	小場恒吉	신라	朱筆「慶州芬皇寺辺ニテ拾得 大正元十月四日 小場」
1913년 1월 11일	花文軒丸瓦 (考古-38)	小場恒吉	신라	朱筆「慶州雁鴨池付近ヨリ拾得 大正元十二月四日 小場」
1913년 1월 11일	軒丸瓦破片 (考古-23)	小場恒吉	신라	朱筆「慶州芬皇寺辺ニテ拾得 大正元十二月四日 小場」
1913년 1월 11일	瓦破片(考古-39)	小場恒吉	신라	朱筆「大正元十二月四日 小場」
1913년 1월 11일	瓦破片(考古-13)	小場恒吉	신라	

　　研究會, 2001.
[287] 「評論」, 『歷史地理』제27권 1호, 歷史地理學會, 日本歷史地理學會, 1916년 1월, pp. 117~118. 京都帝國大學 文學部, 『京都帝國大學 文學部30周年史』, 1935.
[288] 『東京藝術大學 藝術資料館藏品 目錄』, 東京藝術大學 藝術資料館, 1992. 동경미술학교가 1966년 동경예술대학으로 통합된 후 예술자료관을 설립하여 이곳에 미술품 등을 수장하고 있다.

기증 시기	품목(유물번호)	기증자	시대	비고
1913년 1월 11일	単弁蓮花文軒丸瓦 (考古-31)	小場恒吉	신라	朱筆「慶州半月城上ヨリ 大正元十二月四日 小場」
1913년 1월 11일	単弁蓮花文軒丸瓦 (考古-7, 8, 5, 11, 17, 22)	小場恒吉	신라	朱筆「慶州芬皇寺辺ニテ拾得 大正元十二月四日 小場」
1913년 1월 11일	単弁蓮花文軒丸瓦 (考古-35)	小場恒吉	신라	朱筆「慶州雁鴨池付近ヨリ拾得 大正元十二月四日 小場」
1913년 1월 11일	複弁蓮花文軒丸瓦 (考古-9, 10, 12, 15, 18)	小場恒吉	신라	朱筆「慶州芬皇寺辺ニテ拾得 大正元十二月四日 小場」
1913년 1월 11일	複弁蓮花文軒丸瓦 (考古-43)	小場恒吉	신라	
1913년 1월 11일	重弁蓮花文軒丸瓦 (考古-?, 6, 20)	小場恒吉	신라	朱筆「慶州芬皇寺辺ニテ拾得 大正元十二月四日 小場」
1913년 1월 11일	蓮花文軒丸瓦 (考古-32)	小場恒吉	신라	朱筆「慶州半月城上ヨリ 大正元十二月四日 小場」
1913년 1월 11일	蓮花文軒丸瓦 (考古-16)	小場恒吉	신라	朱筆「慶州芬皇寺辺ニテ拾得 大正元十二月四日 小場」
1913년 1월 11일	忍冬蓮花文軒丸瓦 (考古-21)	小場恒吉	신라	朱筆「慶州芬皇寺辺ニテ拾得 大正元十二月四日 小場」
1913년 1월 11일	唐草文軒平瓦 (考古-28)	小場恒吉	신라	
1913년 1월 11일	唐草文軒平瓦 (考古-27, 30, 40)	小場恒吉	신라	朱筆「慶州芬皇寺辺ニテ拾得 大正元十二月四日 小場」
1913년 1월 11일	唐草文軒平瓦 (考古-41)	小場恒吉	신라	朱筆「慶州佛國寺ヨリ拾フ 大正元十二月四日 小場」
1913년 1월 11일	均正唐草文軒平瓦 (考古-29)	小場恒吉	신라	朱筆「慶州芬皇寺辺ニテ拾得 大正元十二月四日 小場」
1913년 1월 11일	忍冬唐草文軒平瓦 (考古-42)	小場恒吉	신라	朱筆「慶州四天王寺址ヨリ拾フ 大正元十二月四日 小場」
1913년 1월 11일	鬼瓦 (考古-24)	小場恒吉	신라	朱筆「慶州芬皇寺辺ニテ拾得 大正元十二月四日 小場」
1913년 1월 11일	鬼瓦 (考古-44)	小場恒吉	신라	
1913년 1월 11일	寶相華方文塼 (考古-25, 26)	小場恒吉	신라	朱筆「慶州芬皇寺辺ニテ拾得 大正元十二月四日 小場」
1914년 10월 22일	輻線蓮花文軒丸瓦 (考古-53)	關野貞	고구려	墨書「麻線溝千秋塚」

기증 시기	품목(유물번호)	기증자	시대	비고
1914년 10월 22일	輻線蓮花文軒丸瓦 (考古-54, 59, 65)	關野貞	고구려	墨書「太王陵」
1914년 10월 22일	輻線蓮花文軒丸瓦 (考古-67, 68, 69)	關野貞	고구려	墨書「平壤土城」
1914년 10월 22일	輻線蓮花文軒丸瓦 (考古-64, 66)	關野貞	고구려	
1914년 10월 22일	蓮花文軒丸瓦 (考古-70, 74, 91)	關野貞	고구려	
1914년 10월 22일	蓮花文軒丸瓦 (考古-88, 89, 90)	關野貞	고구려	墨書「通溝附近」
1914년 10월 22일	蓮花文軒丸瓦 (考古-85)	關野貞	고구려	墨書「平壤」
1914년 10월 22일	蓮花文軒丸瓦 (考古-87)	關野貞	고구려	墨書「東拾子」
1914년 10월 22일	唐草文軒丸瓦 (考古-88)	關野貞	고구려	
1914년 10월 22일	瓦破片 (考古-76)	關野貞	고구려	
1914년 10월 22일	軒丸瓦中房部分 (考古-63)	關野貞	고구려	
1914년 10월 22일	鬼面文軒丸瓦 (考古-73)	關野貞	고구려	墨書「山城子」
1914년 10월 22일	鬼面文軒丸瓦 (考古-71)	關野貞	고구려	墨書「東拾子」
1914년 10월 22일	鬼面文軒丸瓦 (考古-77, 78)	關野貞	고구려	墨書「山城子」
1914년 10월 22일	布目瓦 (考古-52)	關野貞	고구려	墨書「麻線溝千秋塚」
1914년 10월 22일	布目瓦 (考古-83)	關野貞	고구려	墨書「龍岡乙洞」
1914년 10월 22일	布目瓦 (考古-81)	關野貞	고구려	墨書「龍岡於乙洞」
1914년 10월 22일	布目瓦 (考古-86)	關野貞	고구려	墨書「臨江石塚」
1914년 10월 22일	布目瓦 (考古-79)	關野貞	고구려	墨書「將軍塚」
1914년 10월 22일	布目瓦 (考古-89)	關野貞	고구려	墨書「龍岡於」

기증 시기	품목(유물번호)	기증자	시대	비고
1914년 10월 22일	布目瓦 (考古-80, 82)	關野貞	고구려	
1914년 10월 22일	文字塼 (考古-93)	關野貞	西晋	황해도 신천 발굴
1914년 10월 22일	條塼 (考古-62)	關野貞	고구려	陽刻銘「安如山固如岳一」 墨書「太王陵」
1914년 10월 22일	條塼 (考古-84)	關野貞	고구려	陽刻銘「願太王陵」 墨書「太王陵」
1914년 10월 22일	條塼 (考古-58)	關野貞	고구려	陽刻銘「千秋萬歲永固」 墨書「麻千溝千秋塚」
1914년 10월 22일	條塼 (考古-55)	關野貞	고구려	陽刻銘「保固乾川相畢」 墨書「麻線溝」
1914년 10월 22일	條塼 (考古-50)	關野貞	고구려	陽刻銘「萬歲永固」 墨書「麻線溝」
1914년 10월 22일	條塼 (考古-57)	關野貞	고구려	陽刻銘「千」
1914년 10월 22일	條塼 (考古-56)	關野貞	고구려	陽刻銘「永」
1914년 10월 22일	條塼 (考古-51)	關野貞	고구려	陽刻銘「千萬歲」
1914년 10월 22일	條塼 (考古-61)	關野貞	고구려	
1915년 2월 12일	輻線蓮花文軒丸瓦 (考古-53)	關野貞	고구려	朱筆「將軍塚出土」
1915년 2월 12일	寶相華文軒丸瓦 (考古-132)	小場恒吉	신라	朱筆「四天王寺址」
1915년 2월 12일	寶相華文軒丸瓦 (考古-96)	小場恒吉	신라	朱筆「慶州芬皇寺辺ニテ拾得 大正三年十一月二十七日 小場」
1915년 2월 12일	花文軒丸瓦 (考古-123)	小場恒吉	신라	朱筆「慶州芬皇寺辺ニテ拾得 大正三年十一月二十七日 小場」
1915년 2월 12일	蓮花文「在城」銘軒丸瓦(考古-150)	小場恒吉	신라	朱筆「慶州半月城上ヨリ拾得 大正三年十一月二十七日 小場」
1915년 2월 12일	単弁蓮花文軒丸瓦 (考古-104)	小場恒吉	신라	朱筆「慶州雁鴨池付近ヨリ拾得 大正三年十一月二十七日 小場」
1915년 2월 12일	単弁蓮花文軒丸瓦 (考古-105, 106, 107, 113, 145, 151)	小場恒吉	신라	朱筆「慶州芬皇寺辺ヨリ拾得 大正三年十一月二十七日 小場」

기증 시기	품목(유물번호)	기증자	시대	비고
1915년 2월 12일	複弁蓮花文軒丸瓦 (考古-109)	小場恒吉	신라	朱筆「慶州芬皇寺辺ヨリ拾得　大正三年十一月二十七日 小場」
1915년 2월 12일	複弁蓮花文軒丸瓦 (考古-129)	小場恒吉	신라	朱筆「雁鴨池付近」
1915년 2월 12일	細弁蓮花文軒丸瓦 (考古-108, 112, 115)	小場恒吉	신라	朱筆「慶州芬皇寺辺ヨリ拾得　大正三年十一月二十七日 小場」
1915년 2월 12일	蓮花文軒丸瓦 (考古-153)	小場恒吉	신라	
1915년 2월 12일	蓮花文軒丸瓦 (考古-122, 131)	小場恒吉	신라	朱筆「慶州芬皇寺辺ヨリ拾得　大正三年十一月二十七日 小場」
1915년 2월 12일	忍冬蓮花文軒丸瓦 (考古-95, 111, 114)	小場恒吉	신라	朱筆「慶州芬皇寺辺ヨリ拾得　大正三年十一月二十七日 小場」
1915년 2월 12일	忍冬蓮花文軒丸瓦 (考古-148, 152)	小場恒吉	신라	
1915년 2월 12일	忍冬蓮花文軒丸瓦 (考古-130)	小場恒吉	신라	朱筆「雁鴨池辺」
1915년 2월 12일	忍冬蓮花文軒丸瓦 (考古-127)	小場恒吉	신라	朱筆「雁鴨池辺ヨリ拾得　大正三年十一月二十七日 小場」
1915년 2월 12일	忍冬蓮花文軒丸瓦 (考古-110)	小場恒吉	신라	朱筆「慶州芬皇寺辺ヨリ拾得　大正三年十一月二十七日 小場」
1915년 2월 12일	忍冬蓮花文軒丸瓦 (考古-142)	小場恒吉	신라	朱筆「慶州芬皇寺辺ヨリ 小場」
1915년 2월 12일	均正唐草文軒平瓦 (考古-149)	小場恒吉	신라	朱筆「慶州芬皇寺辺ヨリ拾得　大正三年十一月二十七日 小場」
1915년 2월 12일	唐草文軒平瓦 (考古-143)	小場恒吉	신라	朱筆「慶州半月城下ヨリ拾得　大正三年十一月二十七日 小場」
1915년 2월 12일	唐草文軒平瓦 (考古-118)	小場恒吉	신라	朱筆「慶州芬皇寺辺ヨリ拾得　大正三年十一月二十七日 小場」
1915년 2월 12일	唐草文軒平瓦 (考古-144)	小場恒吉	신라	朱筆「慶州四天王寺址ヨリ拾得　大正三年十一月二十七日 小場」
1915년 2월 12일	均正唐草文軒平瓦 (考古-97)	小場恒吉	신라	朱筆「慶州半月城下ヨリ拾得　大正三年十一月二十七日 小場」
1915년 2월 12일	均正唐草文軒平瓦 (考古-138)	小場恒吉	신라	朱筆「芬皇寺」
1915년 2월 12일	均正唐草文軒平瓦 (考古-119)	小場恒吉	신라	朱筆「慶州芬皇寺辺ヨリ拾得　大正三年十一月二十七日 小場」
1915년 2월 12일	唐草文軒平瓦 (考古-135)	小場恒吉	신라	朱筆「四天王寺址」

기증 시기	품목(유물번호)	기증자	시대	비고
1915년 2월 12일	唐草文軒平瓦 (考古-121)	小場恒吉	신라	朱筆「慶州芬皇寺辺ヨリ拾得 大正三年十一月二十七日 小場」
1915년 2월 12일	唐草文軒平瓦 (考古-134)	小場恒吉	신라	朱筆「半月城下」
1915년 2월 12일	唐草文軒平瓦 (考古-133)	小場恒吉	신라	
1915년 2월 12일	忍冬唐草文軒平瓦 (考古-146)	小場恒吉	신라	朱筆「慶州四天王寺址 大正三年十一月二十七日 小場」
1915년 2월 12일	葡萄唐草文軒平瓦 (考古-100)	小場恒吉	신라	朱筆「慶州芬皇寺辺ヨリ拾得 大正三年十一月二十七日 小場」
1915년 2월 12일	葡萄唐草文軒平瓦 (考古-139)	小場恒吉	신라	朱筆「芬皇寺」
1915년 2월 12일	菊唐草文軒平瓦 (考古-140)	小場恒吉	신라	朱筆「四天王寺」
1915년 2월 12일	四弁花文軒平瓦 (考古-137)	小場恒吉	신라	朱筆「芬皇寺」
1915년 2월 12일	蓮花文軒平瓦 (考古-125)	小場恒吉	신라	朱筆「慶州四天王寺址ヨリ拾得 大正三年十一月二十七日 小場」
1915년 2월 12일	飛天文軒平瓦 (考古-98)	小場恒吉	신라	朱筆「慶州芬皇寺辺ヨリ拾得 大正三年十一月二十七日 小場」
1915년 2월 12일	軒平瓦 (考古-128)	小場恒吉	신라	朱筆「慶州四天王寺址」
1915년 2월 12일	鬼瓦(考古-116, 120, 147)	小場恒吉	신라	朱筆「慶州芬皇寺辺ヨリ拾得 大正三年十一月二十七日 小場」
1915년 2월 12일	蓮花文軒平瓦 (考古-126)	小場恒吉	고려	朱筆「朝鮮開城滿月臺ヨリ拾得 大正三年十一月十九日 小場」
1915년 2월 12일	唐草文方塼 (考古-94)	小場恒吉	신라	朱筆「慶州芬皇寺辺ヨリ拾得 大正三年十一月二十七日 小場」
1915년 2월 12일	寶相華文塼 (考古-141)	小場恒吉	신라	朱筆「慶州芬皇寺辺ヨリ拾得 大正三年十一月二十七日 小場」
1915년 2월 12일	寶相華方文塼 (考古-99, 101, 102, 103, 124)	小場恒吉	신라	朱筆「慶州芬皇寺辺ヨリ拾得 大正三年十一月二十七日 小場」
1915년 2월 12일	花文方塼 (考古-136)	小場恒吉	통일신라	朱筆「四天王寺址」
1915년 2월 12일	綠釉方塼 (考古-117)	小場恒吉	통일신라	朱筆「慶州四天王寺址ヨリ拾得 大正三年十一月十九日 小場」

자료관에 기증한 유물들을 보면 세키노 일행이 만주 일대에서 수집한 고구려 고와와 고구려벽화 모사에 참여했던 오바 쓰네키치(小場恒吉)가 경주 일대에서 수집한 고와가 대부분이다.

세키노의 기증품에 대해 "다이쇼(大正)3년 10월 22일 세키노 타다시(關野貞)씨 기증(大正三年 10月 22日 關野貞氏 寄贈)"으로 기록되어 있음을 보아 세키노는 1913년 만주 집안에서 채굴한 와전들을 1년 간의 연구를 거친 다음 그 일부를 도쿄미술학교에 기증한 것이다.

(13) 구로이타 가쓰미(黑板勝美)의 1915년의 행적과 반출한 유물

구로이타 가쓰미는 조선총독부와는 별개로 도쿄제국대학의 명령으로 출장하여 백여 일간 상대사 연구의 자료를 수집하기 위해 한반도 남부를 조사했다.[289]

1915년 4월 21일 부산에 도착한 구로이타는 히로타(廣田) 부산중학교장과 경성으로 향했다.

그는 기자들에게 말하길, "그동안 대학에서 강의를 하면서 조선고대사 연구를 위해 조선답사 연구를 희망해 왔는데 이번에 대학에서 이를 받아들여 조선에 건너오게 되었다. 답사기간은 약 3개월을 잡고 경성에서 14일간 머물면서 제반적인 것을 챙기고, 경주, 부산을 돌아서 마산, 목포를 경유하여 경성으로 돌아왔다가 평양으로 향할 예정이다"라고 했다. 그는 "임나라는 국가는 역사상 실로 흥미 있는 호과제로 그 옛날에 일본과의 관계가 깊다. 임나와 신라, 백제의 국경의 연구에 이르기까지 대사업으로 생각한다"라고 하며 낙동강 연안의 역사상을 탐구하여 임나, 신라, 백제의 국경을 연구하겠다는 포부를 밝히기도 했다.[290]

---

289) 早乙女雅博,「新羅の考古學調査 100年の硏究」,『朝鮮史硏究會論文集』39, 朝鮮史硏究會, 2001년 10월, p. 63.
290) 『釜山日報』1915년 4월 24일자.

경성에 머무는 동안 4월 29일에는 총독부독서회에서 초빙한 강연회에 참석하여 제2회의실에서 「근대사학의 연구」라는 제목의 강연을 하였다.[291]

5월 중순경에 경주로 내려간 구로이타는 경주 내동면 보문리 명활산록의 한 고분을 발굴하기 위해 총독부에 허가신청을 냈다. 5월 24일에 발굴허가의 수락이 총독부로부터 전보로 전해오자 24일 바로 발굴에 착수했다.[292] 이 고분의 외형적 규모는 높이 4칸 3분, 원 직경 15칸으로, 구로이타는 우선 남면으로부터 폭6척, 장 6칸에 이르는 통로를 파내었다. 내부는 직반상(直盤上)에 납관(納棺)하였는데 이는 "신라 이전의 것이 판명하였고 신라 성기(盛期) 조사로는 극히 실망하였으나 상고 연구상에는 적지 않은 이익을 얻었다"다고 하는데,[293] 내부의 다른 유물에 대해서는 밝히지 않고 있다. 이 발굴조사는 하루만에 중도에 그만두고,[294] 5월 25일 경남으로 향했다.[295] 당시 그의 조사에는 통역과 학무국편집과 촉탁 가토 간가쿠(加藤權覺)와 사진기사를 대동했다.

5월 30일 오후에 부산에 도착하여 오후 3시에 부산민단역소에서 부산교육회를 위하여 「문화사상(文化史上)으로 관(觀)한 일선(日鮮)의 관계」라는 제목으로 강연을 하였다. 그 대요는 다음과 같다.

백제문명 유입 일본. 전술한 바와 같이 일선 교통은 신공황후 정벌의 때로부터 〈중략〉 임나에 대한 일본의 세력이 비상히 증가함을 따라 백제와 일본 간이 비상히 친밀하게 되고 백제의 문명은 비상한 세로써 일본에 유입하였으며, 백제는 또 일본의 세

---

291) 黑坂勝美,「近代史學의 硏究」,『每日申報』1915년 4월 29일자.
292)『釜山日報』1915년 5월 27일자.
293)『每日申報』1915년 5월 30일자.
294)「考古學會記事」,『考古學雜誌』第6卷 3號, 考古學會, 1915年 11月, p. 70.
　　早乙女雅博,「新羅の考古學調査「100年」の硏究」,『朝鮮史硏究會論文集』39, 朝鮮史硏究會, 2001년 10월, p. 63에 의하면 4일간 발굴을 하다가 중지했다고 하는데, 어느 것이 맞는지는 확실치 않다.
295)『釜山日報』1915년 5월 27일자.

력에 의하여 신라에 저항하고 아울러 일본에 호의를 표하였는데 백제는 지금의 충청도 부근이라 그 전성기에 세력이 전라도까지 미치었으니, 후에 백제가 신라에게 망할 때에 백제의 왕자는 그 일족과 함께 백제의 문명을 가지고 일본에 망명하니 〈중략〉 백제의 사실은 조선에서는 단절되고 일본의 『서기(書紀)』중에 잔존하였다.[296)]

5월 31일에는 부산중학교 교장 히로타 나오사후로(廣田直三郎)와 함께 부산진 성지를 조사하고 오후 3시에 부산교육회 주최로 구로이타를 초청하여 강화를 개최하였다. 구로이타는 밤11시에 열차편으로 평양으로 향했다.[297)]

6월 초에는 평야 일대의 고분 성지 등을 조사하고 평양토성 방면에서는 오수전(五銖錢) 및 와전(瓦塼) 등을 채집했다.[298)]

6월 7일부터 기무라(木村) 경상북도 서기와 함께 선산군 해평면 낙산동(구명 일선)에 있는 고분을 발굴했다. 이 고분은 장 7칸, 폭 3척, 고 약 5척되는 1석곽이 있는데 이를 전후 2부로 나누어 전후 양부에서 사체 각 1개를 목관에 매장한 흔적이 있었다. 앞 사체 측에는 1척 2촌 되는 단도(短刀)와 관정(棺釘)이 있고 후부에는 곡옥(曲玉) 1개, 유리옥 20개, 금제지륜 2개 등이 출토되었다.[299)]

선산 일대의 발굴을 끝내고 고령군 고령면 보통학교 소재 뒷산에 있는 고분을 발굴했다. 사체골반 외에는 다른 유물이 없으나 그 고분 부근을 본즉 굴칙(掘則)에 역시 길이 5척이 되는 석관이 있었다. 그 석관 외부에는 수십 개의 토기, 정(錠) 1개, 등(鐙) 1

---

296) 黑坂勝美, 「文化史上으로 觀한 日鮮의 關係」, 『每日申報』1915년 6월 7일자.
297) 『釜山日報』1915년 6월 1일자.
298) 「考古學會記事」, 『考古學雜誌』제6권 제6호, 1916년 2월.
299) 『每日申報』1915년 6월 20일자.
  출토 유물에 대해 早乙女雅博는 「新羅の考古學調査 100年の硏究」(『朝鮮史硏究會論文集』39, 朝鮮史硏究會, 2001년 10월, p. 63)에서 선산군 낙산동 竪穴式石槨 발굴하고 冠의 일부로 여겨지는 金具, 帶金具, 銀指輪, 木棺의 金具를 발견했다고 하는데, 동일고분인지 별개의 고분을 발굴한 것인지 알 수 없다.

개, 창 1개가 있었다. 내부에는 치(齒) 수개, 그 부근에 소형의 금환 2개, 은도(銀刀) 1개를 발견하였는데 이러한 등의 사적을 살펴본즉 삼국시대로부터 신라 초기 유물이라고 구로이타는 말하고 있다.[300]

6월 11일에는 합천 해인사에 도착하여 이 절의 역사를 조사한 후 6월 12일부터 창령, 마산 지방을 경유하여 진주군 일대를 조사했다.[301]

6월 21일에는 부산 일대의 사료조사를 하고 자동차로 함안으로 향했다.[302] 함안에서는 함안군 말이산 석곽을 발굴했다.[303]

6월 23일부터 김해 수로왕릉비 근처의 횡혈식석실분을 발굴했는데, 부산중학교장 히로타 나오사후로(廣田直三郞) 등과 함께 했다.[304] 김해 고분 발굴에 대한 기록은 『매일신보』에 나오시(名越)란 자가 작성한 「임나고지기행(任那故地紀行)」제하의 기사에서 일부 살펴볼 수 있다.

구로이타가 발굴한 김해의 고분은 수로왕비릉에서 동으로 1정(町) 내외에 반붕괴 된 고분이 있고 또 동으로 약 반정에 이미 도굴되어 현실이 노출된 원총(圓塚)과 그 남쪽에 있는 직경 9칸의 대원총을 발굴하게 된다. 구로이타는 헌병과 군청 직원에게 수속을 마치고 발굴 전의 전경을 촬영하고, 그 고분 주위를 실측케 한 후 이미 발굴된 고분과 왕비릉의 방각 등을 참고하여 남방 측면으로부터 발굴하기로 했다.

도굴된 고분의 현실 내의 쌓인 흙을 끌어내었는데 현실은 직경 9척 가량이 남았고 천정에는 칠(漆)이 칠해져 있고 그 칠(漆)에는 미세한 패편(貝片)이 남아 있었다.

---

300) 『每日申報』1915년 6월 20일자.
301) 『每日申報』1915년 6월 15일자.
302) 『每日申報』1915년 6월 25일자.
303) 早乙女雅博, 「新羅の考古學調査 100年の研究」, 『朝鮮史研究會論文集』39, 朝鮮史研究會, 2001년 10월, p. 63.
304) 『釜山日報』1915년 6월 15일자.

대원총은 15인의 인부가 동원되었으며 첫날은 오후 7시까지 계속되었다.[305] 대원총을 발굴하는 동안 봉황대라 부르는 악릉(岳陵) 근처에 있는 패총을 발굴하였다. 이 패총에서 토기의 파편을 채집하였다.

그 다음날 대원총 발굴은 이미 대부분 진척하여 현실의 일부가 열리고 다수한 구경꾼이 있었으나 근접한 자를 금하였으며, 밤에는 수비군을 두고 돌아왔다. 그날 밤에 보통학교에서 구로이타의 강연이 있었는데, 그 요점은 "남조선은 내궁가(內宮家)를 설치한 곳이오. 조정의 직할지가 되어 일본의 영토 된 사(事)가 있으니 일본부의 재(宰)는 대재부(大宰府)의 재니 우리 세력의 발전한 시는 임나일본부가 되고 퇴수(退守)한 때는 규슈(九州)의 일본부, 일본부는 조선의 대재부더라. 〈중략〉 한국병합은 임나일본부의 복활(復活)이니 우리도 상고에 재(在)함과 같이 동국동문화(同國同文化)라는 사상이 유하면 진정한 병합이 될지로다." 라고 했다.[306]

6월 26일 오전에는 패총 발굴을 계속했다. 패총을 발굴하던 중에 사람이 와서 대원총 발굴을 마쳤다. 구로이타를 불러 패총을 떠나 고분으로 가면서 송림에서 식사를 간단히 하고 구로이타는 고분 내의 조사에 착수하였다고 하는데, 나오시(名越)의 글은 "그 후의 일은 잠시 강화를 듣지 못했다."고[307] 하면서 끝을 맺고 있어 어떤 유물이 있었는지 알 수 없다.[308]

구로이타가 1915년 10월 19일 일본 고고학회의 10월례회에서 강연한 내용을 보면, 안동, 풍기, 순흥의 고분 분포를 조사하고 낙동강 유역을 중심으로 성산, 화왕산하, 고령, 대구의 성산동의 고분 분포를 살핀 후 모두 연주식(聯珠式)고분으로 확인했다고 한

---

305) 名越,「任那故地紀行(上)」,『每日申報』1915년 7월 22일자.
306) 名越,「任那故地紀行(下)」,『每日申報』1915년 7월 24일자.
307) 名越,「任那故地紀行(下)」,『每日申報』1915년 7월 24일자.
308) 早乙女雅博의「新羅の考古學調査「100年」の研究」,『朝鮮史研究會論文集』39, 朝鮮史研究會, 2001년 10월)에서도, 김해 수로왕릉비 근처에서 벽면에 漆喰을 칠한 片袖式橫穴式石室을 발굴했다고만 하고 출토 유물에 대한 언급이 보이지 않고 있다.

다. 또 고령, 진주, 고성, 창령, 함안 지방의 산성의 고분 형식을 살피고 "나의 조사 결과 함안, 김해가 모두 일본부 소재지로 추정"하고 있으며, 총독부 허가를 얻어 7, 8개소의 고분을 발굴했다고 한다.[309] 그러나 김해의 대원총 발굴에 대한 기술이 보이지 않는다.

고령과 선산에서의 고분 발굴에 대해서 구로이타는 『매일신보』에 게재한 「남선사적의 답사」에 다음과 같이 기술하고 있다.

> 경상남도 고령에 발굴한 동일 장소의 고분과 비교 연구한 즉 우선 석곽의 위치 방식상에 다름이 있을 뿐만 아니라 금회 남조선에서 처음 내 눈에 접한 상대의 석곽이 발견한 바, 석곽을 안치함이 매우 진귀한 것이며 또 석관과 함께 금제이환(金製耳環)의 은병(銀柄)의 직도(直刀)도 발견하였고, 그 외에 또 선산의 고분에서도 중앙부에서 좀 좁고 길이가 7칸의 석곽을 발굴하여 그 내부에서 2인의 유해를 두부를 합하여 좌우에 눕게 한 형적이 있음을 발견하였는데 이로 인하여 보면 조선에 있는 고분의 종류는 다종의 〈중략〉 조선의 고분이 어떠한 것이라 하는 것을 속단하기에는 시기상조하다고 생각한다. 또 금일 남조선에서 일본인의 고분이 남아있는가 하는 문제도 이를 조사함에 비상한 곤란을 느끼는 바인데 현재 다수한 고분에서 발견된 부장품과 같음도 대저 모두 조선식인 것인 즉 모두 조선인의 고분이라고 이름을 불가 한 것이니 어떤 것은 과히 극단되는 예이지만 조선 문화의 정도가 높았던 고로 현금 서구에 거주하는 일본인이 구주의 풍속에 습(慴)하여 구주의 기구를 사용함과 같이 당시 조선에 재한 일본에 있는 그 부장품과 분묘와 같음도 모두 조선식을 모방하였는지도 알 수 없겠음이 이 연구도 비상히 어렵도다. 그러나 점차로 이런 등의 조사가 진행됨에 따라 옛날 일본인의 고분이란 것도 판명함을 얻을 시기가 있을 것을 나는 기대하고 있으니 예컨대 고분 등에서 발견된 토기와 여(如)함도 확실히 일본식이라

---

309) 「考古學會記事」, 『考古學雜誌』第6卷 3號, 考古學會, 1915年 11月, p. 70.

고 말할 것을 발견치 못하였으나, 일본인이 사용하던 것이 아니라고도 단정함을 부득한 것이 있으니 저 김해 일본부의 유적인 주정촌(酒井村)의 고분과 같음도 현재는 발굴되어 착란(錯亂)하여 일본인의 고분인지 조선인의 고분인지 하는 조사와 같음은 금후에 있는 연구일 줄 믿는 바이다. 내 생각으론 주정촌의 고분이 금일에 있어 모두 일본인의 고분이라고 단정함도 얻을 수 없겠고 그 속에서 발견된 토기가 단순히 조선식이라고 하는 것일 뿐으로써 일본인의 고분임을 부정할 수도 없도다.[310]

그는 임나일본부의 물증을 찾고자 노력했으나 그 목적을 달성하지 못했음을 토로하고 있다.

1915년 7월 초에는 전라북도 남원에서 백제고분이라고 생각하는 것을 조사했는데 이미 도굴된 것이 많았고, 충주에 도착한 저녁에 한 사람이 불상광배 하나를 가지고 와서 감정을 해 주고, 부여에 도착하여 부소산성을 조사하고 우수한 고와편을 수집했다.[311]

능산리에서는 왕릉이라고 전하는 6기의 고분 중에서 두 고분을 8일간 발굴 조사하였다. 7월 15일 발굴 마지막 날에는 세키노 일행이 도착하여 함께 조사하였는데[312] 두 고분에도 이미 1차 도굴된 흔적이 있고 부장품 등도 모두 가져갔으나 다소간 성토 중과 고분 중에 남아 있는 것도 있어 순금의 정(釘), 도금된 금구를 위시하여 금박(金箔), 칠(漆) 등이 발견되었다. 제1의 고분을 발굴할 때 성토(盛土) 중에서 찾은 토기파편 중에 '義'라는 자가 새긴 것도 출토되었다.[313]

1915년에 구로이타에 의해 수 기의 고분이 발굴되어 그 유물과 다른 지방의 수집품 일부가 역시 「조선고적도보」제3권(도판 791~794)에 도쿄대학 문과대학 장(藏)으

---

310) 黑板勝美, 「南鮮史蹟의 踏査」, 『每日申報』1915년 8월 10일자.
311) 黑板勝美, 「南鮮史蹟의 踏査 13」, 『每日申報』1915년 8월 14일자.
312) 早乙女雅博 藤井惠介, 외 2명 편, 『關野貞アゾア踏査』, 東京大學總合研究博物館, 2005. p. 243.
313) 黑坂勝美, 「南鮮史蹟의 踏査 14」, 『每日申報』1915년 8월 15일자.

로 실려 있다. 구로이타가 1915년에 발굴한 것은 몇 기인지는 정확히 밝혀지지 않았으나 1915년 10월 19일에 도쿄제국대학에서 일본 고고학회의 10월례회에서 강연한 내용을 보면 그의 목적은 일본부설의 물증 자료를 얻기 위한 것이었다.314) 선산, 고령 등지에서 7, 8개소를 발굴했다고315) 하며, 고령에서는 금환(金環) 2개, 직도(直刀) 1본, 치(齒) 6, 7개를 발굴했다고 한다. "수집한 사진과 발굴품은 아직 도착하지 않았으므로 운운(云云)"316) 하는 것을 보면 모두 반출한 것으로 추정된다.

1916년 1월 25일에는 고고학회 〈본회1월례회〉가 도쿄제국대학에서 개최되었다. 이때 구로이타는 「백제시대불상」이란 제목으로 강연을 하였다. 구로이타는 1915년 남선 연구 여행 중 채집한 고기물에 대하여 설명을 했다. 그 중에 불상광배에 대한 '건흥오년세재병진재명(建興五年歲在丙辰在銘)'의 탁본을 제시하였다. 이 광배는 충주의 어떤 사람의 소유로 당시 총독부에서 양수했다고 했다. 또 그가 채집한 관계의 매장물에 대해 설명했다. "지참한 많은 마구의 잔결류는 선산의 고분에서 나온 것으로 그 고분은 장방형으로 장 7칸여, 중에는 2개의 사해(死骸)가 있다"고 설명하고, 평양토성 방면에서 채집한 오수전 및 와전 등에 대해 설명하였으며 기타 금환, 토기 등을 보여주었다.317)

이상의 그의 행적을 살펴볼 때 그가 1915년에 한국에서 일본으로 가져간 유물은 다음과 같다.

---

314) 黑板勝美는 일본서기의 허구에 따라 任那日本府가 김해 함안 등지에 있었던 것으로 보고 이곳에서 그 단서를 찾으려고 노력하였으나 허사였음인지, 『(更訂)국사の硏究』(1932년 岩波書店) 各設 上卷 '韓土服屬時代'條에서, "임나일본부가 처음 대가야 즉 지금의 경상남도 김해지방에 있었다는 것만은 분명하지만 그 자취는 이미 사라져서 다시 이것을 찾을 방법도 없는 것은 유감이다"라고 토로하고 있다.
315) 早乙女雅博은 「新羅の考古學調査 100年の硏究」(『朝鮮史硏究會論文集』39, 朝鮮史硏究會, 2001년 10월, p. 67)에서, 고령의 주산의 동방의 갑분(횡혈식석곽), 을분, 병분 3기를 발굴했다고 한다.
316) 「考古學會記事」, 『考古學雜誌』第6卷 3號 , 考古學會, 1915년 11월, pp. 70~71.
317) 「考古學會記事」, 『考古學雜誌』제6권 제6호, 1916년 2월, pp. 55~56.

※ 구로이타 가쓰미(黑板勝美)가 반출한 유물

일정	조사지역	조사 유구	출토 유물	비고
1915년 5월 24일	경주 내동면 보문리	명활산록 고분 발굴		"연구상에는 적지 않은 이익을 얻었다"고 하나 출토 유물에 대한 품목이 나타나 있지 않다.
5월 31일	부산	부산진 성지를 실사		부산중학교 교장 廣田直三郎과 함께 발굴
5월	평양	평양토성	五銖錢 및 瓦塼 등 채집	반출
6월 7일	선산군 해평면	낙산동(구명 일선)에 있는 고분을 발굴	曲玉 1개, 勾玉 및 小玉, 短刀, 釘, 金指環 2개, 琉璃玉 20개[318] 마구의 잔결	木村 경상북도 서기와 함께 발굴, 일본으로 반출
6월	고령군	고령면 보통학교 소재 뒷산에 있는 고분을 발굴	수십 개의 토기, 鋌 1개, 齒 수개, 金環 2개, 直刀 1본, 齒 6, 7개, 수십 개의 토기, 鐙 1개, 槍 1개, 銀刀 1개	모두 일본으로 반출
6월 23일경	김해	현실이 노출한 圓塚 (도굴분)	천정에는 漆이 塗하였고 그 漆의 중에는 미세한 貝片이 있었다.	
6월 23일 ~6월 26일	김해	수로왕비 동쪽에 있는 직경 9칸의 대원총 발굴	출토 유물에 대한 구체적 언급이 없다.	15인의 인부가 아침부터 저녁 7시까지 휴식도 없이 발굴했으나, 유물에 대한 명확한 것이 보이지 않는다.
6월 23일 ~6월 26일	김해	패총	토기의 파편	반출
7월		부여산상	고와의 연편	반출
	남원	백제고분(도굴분)		
7월	부여	능산리 고분 2개 고분	純金釘, 鍍金金具, 金箔, '義'字銘土器破片, 木棺破片, 「辛二」, 「巳三」墨書 발견[319]	8일간 발굴

318) 고적도보에는 고분에서 발견된 구옥 및 소옥(도판 805~809)를 본부장으로 게재하고, 당시 선산에서 수집한 金環(도판810)은 동경 공과대학장으로 게재하고 있다.

319) 고적도보에는 중하총(도판 717~721), 중상총(도판729~732) 출토 유물이 '본부장'으로 게재하고 있다.

우메하라는 당시 구로이타의 조사에 대해 남선지방에 있어서의 구로이타 박사의 발굴조사는 상당수에 이르지만, 이와 같은 형식의 보고서 간행은 완고했다. 총독부 박물관에조차 기록이 결하고 있어 거의 밝혀지지 않고 있다고 한다.[320]

(14) 유물 관리

1916년 이전에는 고적조사 및 발굴에서 출토한 유물들을 총독부에서 특별한 장소를 마련하여 보관해 두지 못했다. 1913년의 신문에는 다음과 같은 기사가 있다.

천년고분의 발견. 경남 진주 중안1동 원동사에 새로 저택을 매입하여 본사경남지국 기자가 7월 3일 우물을 파다가 석곽고분을 발견하여 경남도청에 신고하여 경찰의 입회하에 고분 발굴에 착수한즉 보검, 보도, 순금제이식, 토기 등 수십 점이 출토되어 발굴을 중지하고, 발견자, 입회자로 협의하여 관야 박사와 같은 저명한 고고학자의 출장을 요청한 후 발굴하기로 결정, 해 유물은 도청에 보관했다.(『매일신보』 1913년 8월 9일자)

고고자료의 수집. 총독부 내무부에서는 고적을 조사한 결과 조선 고대의 유물 및 1912년 6월 중에 실시한 유실물법 제13조에 의하여 학술 기예 고고의 참고 자료가 되고 그 소유자가 불명한 물에 대하여 그 발견할 때마다 각 지에서 이를 수집하여 도지방국에 관리 중인데 근일에 그 수가 많이 증대하여 각종 고고의 자료가 될 물건을 득하였음으로 일간 일정한 장소에 진열하고 이런 등의 연구에 종사하는 자 기타 특종의 사람에게 대하여 종람을 허락한다더라.(『매일신보』 1913년 11월 6일자)

---

320) 梅原末治, 『朝鮮古代の墓制』 國書刊行會, 1972, p. 155(주석4).

당시의 발견 유물은 중앙에서 특별히 보관할 장소가 없어 도청 등에 보관하는 정도였다.

　　1911년부터 조선총독부 내무부 학무국에서 실시한 조선사 편찬을 위한 자료 수집을 도리이에게 맡겼는데, 이때 도리이 촉탁이 수집한 한반도의 전 지역과 간도, 집안, 통화, 환인 등의 수집품은 최초로 데라우치 총독의 집무실 가까이 한 실에 보관해 두었다.[321] 후에 1915년 물산공진회 때 미술관을 설립, 세키노 등이 수집한 일부와 도리이 류조의 사료조사사업의 자료는 1916년 4월 이래 총무국내로 이관하고 총독부박물관에서 통합하여 관장하였다.[322]

　　이런 등으로 보면 1916년 이전에는 특별히 보관할 곳이 없어 도청, 군청 등에 보관했으며, 한국에서의 고고유물 수집은 총독부박물관이 설립된 1916년에 와서야 본격화되기 때문에, 이전에 행해졌던 고적조사에 수반한 출토 유물의 대부분은 일본으로 반출되었다고 볼 수 있다.

---

321) 藤田亮策, 「朝鮮古蹟調査」, 『考古學論考』, 藤田先生記念事業會刊, 1963, p. 72.
　　『每日申報』1912년 6월 8일자. 지난번 조거촉탁이 북선 방면에서 채취한 조선의 고대석기류는 금회 총독실에 진열하기로 하였는데 각 사진 및 조선인 고대의 체격표통계 등도 완성하여 차제로 진열한다더라.
322) 藤田亮策, 「朝鮮古蹟調査」, 『考古學論考』, 藤田先生記念事業會刊, 1963. p. 73.

3. 1916년부터 1920년까지의 고적조사와 이에 따른 유물 반출

1) 총독부박물관의 설립과 고적조사위원회 설립

조선총독부에 의한 고적조사사업이 진행되고 있는 동안인 1915년 9월에 경복궁내에서 시정5주년기념 물산공진회가 개최되자 이를 계기로 1915년 11월에 조선총독부박물관을 설립하게 되었다.323) 공진회의 미술관을 중심으로 경복궁의 근정전 이하의 건물을 진열실로 하여 1915년 12월 1일 박물관을 개관했다. 이어 내무부 제1과의 고적조사 및 편집과의 사료조사 사업을 통일하고 박물관의 유물 진열에 집중하여 수집에 박차를 가했다.324)

1916년에는 고적조사 사업을 뒷받침할 법제도의 필요성을 느껴325) 1916년 4월 26일에 고적조사위원을 임명326)하고, 1916년 7월 4일에는 조선총독부 훈령 제29호로 「고적조사위원회규정」을 정하였다. 1916년 7월 4일에는 조선총독부령 제 52호로 이른바 [고적급유물보존규칙(古蹟及遺物保存規則)]을 제정하였다.

고적급유물보존규칙의 발표와 함께 고적조사위원회를 설치하여 위원장은 정무총감이 맡고 위원은 총독부관계부국의 고등관으로 이를 명했다.327) 고적조사위원회는

---

323) 「朝鮮總督府博物館 設置의 件」, 總督府 告示 第296號(1915年 11月).
324) 藤田亮策, 「朝鮮의 古蹟調査와 保存의 沿革」, 『朝鮮總攬』, 朝鮮總督府, 1933.
325) 京城府, 『京城府史』第3卷, 1934, p. 347.
326) 1916년 4월 26일에 임명된 위원 15명 중에는 실제 고적조사에 참여한 자는 5, 6명에 불과하였으며 1917년 8월 25일까지 인원을 더 충원하여 총 27명이었으나 실제 고적조사에 참여한 자는 불과 3분의 1에 불과하여 일제가 고적조사의 방향을 행정 중심으로 설정하고 있음을 알 수 있다.
327) 또 학식 경험이 있는 자를 촉탁하고, 간사를 두어 서무를 맡게 했다. 박물관 및 고적조사의 사무는 처음 총독부 서무국 총무과에, 후에 총독부 서무부 문서과에 속하게 하였으며, 중추원 서기관으로 겸임의 박물관 주임을 주반으로 통일하고, 박물관촉탁 이하 박물관원이 일체의 사무를 집행했다.

조선총독의 고적보존과 조사에 관한 자문기관으로 위원회는 고적 유물의 조사, 보존, 공사, 등록에 관한 건을 협의·의결하게 했다. 박물관 주임은 고적조사위원회간사로 위원회의 결의를 바탕으로 고적조사, 보존 및 등록의 사무를 관장했다.[328]

1916년부터의 고적조사는 5개년 계획 하에 조직적으로 진행되었으며, 조사 범위를 정하고 유물의 유형을 광범위하게 제시하고 있으며 특히 수집을 강조하고 있다.[329]

2) 고적조사

(1) 1916년도의 조사

1916년도의 조사는 주로 고적조사위원 세키노, 구로이타, 이마니시, 도리이 류조, 촉탁의 야쓰이와 구리야마 그리고 총독부에서 파견한 오바 쓰네키치(小場恒吉), 노모리 겐(野守健), 사와 슌이치(澤俊一)가 보좌했다. 조사 대상은 한대, 고구려시대, 고려시대, 조선시대, 유사이전 등 광범위하게 이루어졌다. 조사 지역은 황해도, 평안남북도, 경기도 충청북도를 주로 했다.

새로운 규칙 하에서 고적조사의 제 1차년도인 1916년도의 조사를 보면 주로 한치군(漢治郡)을 중심으로 조사가 이루어졌다. 《1916년도 고적조사 개요》에, "다이쇼(大正)5년도에는 한치군과 고구려 때의 유적과 유물조사를 주로 한다"하고 있다. '대정5년도 고적조사 시행안'을 보면, 황해도 고분 64기, 평안남도 고분 186기, 평안북도 고분 50기의 한치군 및 고구려시대의 고분을 조사하고 조사 진행에서 새로이 조사가 필요한 것이 생기면 추가하여 조사하는 것으로 되어 있어, 집중적으로 이 지역의 조사에 역점을 두고 있음을 알 수 있다. 우리나라 미술의 발생을 낙랑에서 구함으로써 중국 문화의 영향을 강조하고 이후 점차 쇠퇴해가는 부정적인 측면을 의도적으로 부각시켜 그들의 식민지

---

328) 藤田亮策,「朝鮮に於ける古蹟の調査及び保存の沿革」,『朝鮮』, 1931년 12월. p. 91.
329) 그 조사의 범위를 보면 아래와 같다.『大正5年度 古蹟調査報告』, 朝鮮總督府, 1917, pp. 3~5.

정책상 한국문화의 타율성을 강조하기 위한 자료수집이 시급했던 것으로 생각된다.

세키노, 야쓰이, 구리야마, 오바, 노모리, 고이즈미(小泉)는 평양 부근의 한대, 고구려시대 유적을 조사하기 위해 1916년 9월 21일 평양에 들어갔다. 9월 24일에 대동강면 낙랑시대 고분 10기의 발굴 조사330)를 시작하여 10월 23일 발굴을 종료했다.

1916년 11월부터 대동군 시족면과 노산리 개마총(鎧馬塚), 고구려시대 고분 7기, 용강군 황산남록의 고구려시대 고분 4기, 해운면 한 대 고분 3기, 순천군 고구려시대의 선소면 검산고분, 북창면 송계동 고분(天王地神塚)을 발굴하고 내부를 조사했다. 대동군 부산면의 대화궁지, 보산진산성을 조사하고, 다음해 1917년 「평안남도 대동군, 순천군 및 용강군고적조사보고」를 제출했다.331)

조사의 범위
(1) 선사유적의 조사
패총, 유물 포함층, 유물 산포지, 수혈, 기하의 선사시대.
유적조사와 함께 유물 수집
(2) 고분의 조사
고려 시대 이전에 속하는 분묘는 조사와 함께 유물 수집
(3) 사적의 조사
도성, 궁전, 성책(城柵), 궐문(關門)교통로, 역참(驛站), 봉수(封守), 관부(官府), 사우(祠宇), 단묘(壇墓), 사찰(寺刹), 도요(陶窯)의 유지, 전적 기타의 주요사실과 관계 있는 유적조사와 더불어 유물의 수집
(4) 고 건축의 조사
역사 또는 공예발달에 참고가 되는 궁전, 성문, 누대, 사우, 단묘, 개관, 교사, 사찰, 교량 등의 조사
(5) 금석 기타의 고고물 조사
불상, 탑, 등, 비, 석각, 당간 석주, 석인, 석조, 종, 향로, 거울, 재기, 악기, 회화, 책판, 현액, 도자기, 칠기, 기타의 역사상, 공예상 참고가 되는 금석 제작물, 목제품 등 조사와 함께 수집
(6) 고문서의 조사 역사와 여타 고증자료가 될 고문서를 조사하고 수집하라.

330) 제1~3호분(정백리 제1-3호분)은 小場이, 제4, 5호분(정백리 제151호, 153호)는 野守가, 제6호(석암리 제6호분)은 栗山, 野守가, 제7~10호(석암리 제99호, 120호, 9호, 253호분) 은 小泉이 분담했다.
331) 藤井惠介, 早乙女雅博 외 2명 편, 『關野貞アゾア踏査』, 東京大學總合研究博物館, 2005. p. 243.

1916년 세키노를 주반으로 조사대를 만들어 낙랑고분의 대발굴을 행하고, 세키노, 도리이, 이마니시, 구로이타, 야쓰이 위원의 일반적 조사 연구가 대규모로 행해졌다. 다음으로 이마니시의 고려릉묘 조사, 야쓰이의 반남면 옹관묘 조사, 하마다 고우사쿠(濱田耕作)와 우메하라 스에지(梅原末治)의 가야고분과 김해패총 발굴, 구로이타, 하라다 요시토(原田淑人)의 경주 보문리 고분 발굴 등 고고학적 발굴조사가 대대적으로 개시되었다. 이 같은 대규모의 학술적 조사는 일본에서는 유례를 볼 수 없는 것이었다.[332]

(2) 1917년도의 조사

1917년 5월 7일에 개시하여 1918년 1월 14일까지 끝을 맺는 것으로 하고 있는 제2차년도 고적조사사무개요를 보면 조사위원은 구로이타 가쓰미, 세키노 타다시, 이마니시 류, 도리이 류조, 야쓰이 세이이치의 다섯 명이고 측량, 제도, 촬영 등을 위하여 박물관 직원 4명, 토목국 직원 1명이 동행하였으며 통역을 위하여 중추원 직원 2명이 동행했다. 그리고 각 위원에게 일정과 장소를 정해주고 그 임무를 부여했다.

1917년도의 조사는 한대, 고구려시대와 경기도 충청남도, 전라북도의 삼한, 가야, 백제 유적과 경상남북도를 대상으로 한 유사이전의 유적을 대상으로 하였다.

야쓰이는 1917년 5월 7일 경성을 출발하여 측량원 2명과 함께 먼저 황해도 봉산군에 이르러 문정면 석성리의 당토성, 송산리 및 태봉리의 고분, 초와면 유정리, 양동리 및 입봉리의 고분, 대청리 장동 고분군, 동선리 고선사를 조사했다. 계속해서 순천군으로 들어가 선소면 검산동 고분, 사천동 묘전출토지, 석촌동 고분, 북창면 송계리 고분 등을 조사하고, 평북 운산군을 나와 6월 12일에 세키노와 합류했다. 야쓰이는「황해도 봉산군, 평안남도 순천군 및 평안북도 운산군 고적조사약보고」를 제출했다.

세키노는 5월 7일부터 황해도 봉산, 평남 순천을 조사하고, 6월 12일에 야쓰이,

---

332) 藤田亮策,「朝鮮古蹟調査」,『考古學論考』, 藤田先生記念事業會刊, 1963. p. 78.

오바, 노모리, 고이즈미 등과 운산에서 합류했다. 6월 13일부터 1주일간 용호동 고분 3기를 발굴 조사하고, 극성동 만리성을 답사하고, 북상하여 위원 덕암동, 만호동의 고분을 조사 후 서쪽으로 진출하여 밀산면 사장리, 신천의 고분, 서의 금산의 운해천동의 고분을 조사했다. 그 후 압록강을 건너 집안의 유수림자 지역에서 대고려묘자, 고려묘자 고분군, 외분구문자 고분군을 조사하고 평안북도 도금산을 조사, 의주를 경유하여 7월 15일 경성으로 돌아왔다.[333] 보고서는 세키노의 이름으로 「평안북도 및 만주 고구려고적 조사 약보고」가 1918년 7월에 제출되었다. 이것은 1920년 3월에 『대정6년도 고적조사보고』로 간행되었다.

이마니시의 조사는 1917년 9월 23일 경성을 출발하여 경상북도 선산군 경상남도 함안군을 조사하고 창령군 경상북도 달성군 일부, 고령군, 성주군, 김천군을 조사한 다음 11월 25일에 돌아와 조사보고서 4책, 사진 162매를 1919년 12월에 제출한 것으로 『대정6년도 고적조사보고』에 나타나 있다.

1917년도 특별조사는 나주 반남리 고분, 경주 사천왕사터, 회령 오국성, 개성 부근 고분, 강화도 고분으로 "이상은 금년도 일반조사 계획에 포함된 것이 아니나 급속을 요하는 사정이 있는 까닭으로 특별히 금년도에 실시한다"라고 되어 있다. 특히 나주 반남면 고분군의 조사는, "박물관 진열품 수집의 필요에 의하여 전라남도 나주군 반남면과 기타 몇 곳을 예정하고 있다. 이들 지역 말고도 추가 조사할 곳이 더 있으리라 생각된다"라고 기록하고 있음을 보아 그 발굴품 수집을 목적으로 하고 있다.

「대정6년도 고적조사개요」[334]에서 특히 강조하는 야쓰이의 조사는 다음과 같다.

*특별조사(야쓰이위원)

〈전략〉 이번 조사에는 옹관이 묻혀 있는 고분의 발굴을 위주로 한다. 시일관계

---

333) 「古蹟調査の狀況」, 『朝鮮彙報』, 朝鮮總督府, 1918년 11월.
334) 「大正6年度古蹟調査槪要」, 『大正6年度古蹟調査報告』, 朝鮮總督府, 1919年, pp. 11~15.

상 비교적 큰 것만 둘을 골라서 발굴한다. 옹관에 있을 금동보관(金銅寶冠), 대도(大刀), 칼날, 창, 도끼, 톱, 화살, 귀걸이, 귀옥, 관옥, 작은 구슬, 도제감, 배(杯) 등이 나오면 가져올 것, 아울러 이 부근에는 산성터가 있고 같은 고분 수십 기도 있으므로 상세히 조사할 것을 예정하고 있음에 유의할 것.

이에는 단순한 조사가 아니라 규명을 위한 노력과 함께 수습할 수 있는 유물들을 거두어 들이라는 노골적인 지시가 명문화되어 있다.[335] 그렇기 때문에 저들은 지표상의 유물이라 하더라도 특별한 절차를 거치지 않고도 자유스럽게 수집하여 이동하는 일을 자행할 수 있었고 이 지침에 의하여 정당화되었으며,[336] 결과적으로는 수탈임에도 이에 자극되는 경향 하에 각지에서의 도굴과 약탈과 착취가 거의 공공연히 자행되는 풍조를 조장하였다.

1917년도 특별조사계획에서 나타난 것처럼 1917년에서 이듬해 1918년까지 야쓰이 외 3명의 조사원은 나주 반남면의 가장 완전하고 큰 고분 2기를 발굴했다. 이곳에서 옹관과 화려한 장신구를 포함한 각종 유물이 출토되어 학계를 놀라게 했다. 그러나 야쓰이는 『대정6년도 고적조사보고』에 간단하게 그 개보(槪報)만 게재하고 또 하나의 고분에 관해서는 정식 보고서를 미간(未刊)했다.[337]

---

335) 「大正6年度 古蹟調査計劃說明」, 『大正6年度 古蹟調査報告』, 朝鮮總督府, 1919년, p. 11.
"특별조사는 급속함을 요망하거나 또는 박물관 진열품 수집의 필요에 의하여 전라남도 나주군 반남면과 기타 몇 곳은 예정하고 있다."
336) 韓國文化財保護技術振興協會, 『韓國文化財保護攷』, 1992.
337) 그 미간(未刊)된 고분에 관해서는 이 고분(신촌리 제9호분)의 발굴을 담당했던 小川敬吉이 1943년에 정년으로 총독부를 퇴관하여 개인적으로 자필 기록한 내용을 가지고 일본으로 돌아가 1950년에 사망했다. 수년 후 동경대학 문학부 梅原末治의 주선으로 小川이 지니고 간 조선고적관계의 자료를 도쿄대학 공학부 건축학교실에 이양하면서 그 일부가 밝혀지게 되었다(有光敎一, 「羅州潘南面新村里 第九號墳 發掘調査記錄」, 『朝鮮學報 第九十四輯』, 1980년 1월).
이곳에서 발굴된 금동관은 삼국시대의 것으로는 최초의 것으로 한반도 남부지역의 고대사를 연구

1917년의 조사에서는 임나일본부설의 물적 자료를 찾기에 주력함을 볼 수 있는데, 이마니시의 경상남북도 조사, 구로이타의 섬진강 유역 조사, 야쓰이의 나주 반남면 조사는 이런 의도에서 조사가 행해진 것이다.

(3) 1918, 1919년도의 조사

1918년 조사는 구로이타, 하마다, 하라다, 야쓰이 위원이 분담하고 측량, 제도, 촬영 등을 위해 박물관 직원 5명이 나누어 동행했다.

1918년 특별조사를 맡은 구로이타는 사진사 1명을 동반하여 1918년 6월 12일에 경성을 출발하여 만주 집안현에서 6월 13일부터 광개토대왕비를 조사하였다. 그는 비면에 칠해진 석회를 제거하고 문자를 조사하면서 그 기부(基部)를 발굴하여 좌석을 발견했다. 또한 부근의 장군총을 비롯한 고분, 궁전지 및 산성자산성 등을 조사하여 고구려시대에 속하는 고와를 습득하고 6월 28일 통구를 출발했다. 도중에 마선구의 고분군을 조사하고 7월 1일 연담 및 신도장의 고분군을 조사했다. 7월 2일에는 유수림자에 닿아 고분군을 조사하고, 7월 3일 유수림자를 출발하여 고력묘자의 고분군 및 위원군 신천리의 고분을 조사했다. 위원 강계를 경유하여 함남에 들어가 진흥왕순수비를 조사했으며 7월 12일에는 북천동면 정화릉 귀주사 등을 조사하고, 13일 경성으로 돌아왔다.

구로이타는 계속하여 일반 조사로 7월 20일에 측량원 1명, 사진사 1명과 함께 경성을 출발하여 경상남도를 향했다. 7월 22일에는 부산진성지를 조사하고, 23일에는 양산성지, 구룡포성지를 조사했다.

7월 24일에는 부산항구 조도의 봉수지, 기장면 기장성지 및 임량성지를 조사했다. 계속해서 울산군 생포성지, 울산성지를 조사했다.

7월 27일에는 경상북도로 들어와 하라다와 함께 경주 내동면 보문리 고분 발굴하는 데 귀중한 자료로 오랫동안 국립박물관에 수장되어 있다가 1997년에 국보 제295호로 지정되었다.

에 착수했다. 계속해서 인접해 있는 사천왕사지, 임해전지, 안압지 등을 조사했다. 7월 29일에는 경주를 출발하여 도쿄로 돌아갔다.

구로이타의 이번 조사는 임진왜란 때 일본 측 축성을 조사하는 데 주안점을 두고 각 성지를 정밀하게 조사하여 실측도를 작성함과 동시에 종래 불명이던 성지를 명확하게 하고자 했다.[338]

하라다 요시토(原田淑人)는 7월 24일에 경성을 출발하여 7월 26일 경주에서 구로이타 일행과 합친 다음 7월 27일에 보문리의 고분 발굴에 착수하고 8월 17일까지 그 조사를 완료했다. 이 고분에서 비취, 금은제지환, 금제이식, 은천, 도금동천, 은제대금구, 초자옥, 석제관옥, 철창, 도자, 철솥, 토기 등을 발굴했다. 계속하여 사천왕사지, 불국사, 석굴암, 괘릉, 성덕왕릉, 백률사, 분황사, 황룡사지, 반월성지, 임해전지, 안압지, 포석정, 계림, 무열왕릉, 첨성대 등을 조사하였고, 8월 18일 대구로 출발하여 달성지를 조사하고 경상남도에 들어가 8월 19일부터 23일까지 범어사와 통도사 유물을 조사했다.

8월 24일에는 청도군 운문면 운문사의 유물·유적을 조사하고, 25일에서 26일까지 금천면의 석조물 조사, 매원면 장연사지를 조사했다.

8월 27일에는 경산군 압량면 고분군을 조사하고 다시 28일에는 상주군 사벌면 화달리의 사벌왕릉 및 부근 석탑을 조사했다. 8월 29일에는 김천 개령면 서부동 장릉을 조사하고 동일 경성으로 돌아왔다.

하마다 고우사쿠(濱田耕作)는 9월 25일에 우메하라 촉탁 및 측량원 1명과 함께 경성을 출발하여 경북 성주군 성주면에 들어가 16일간 성주동에서 고분을 조사하고 대소 3기의 고분을 발굴했다. 그간 성주군 성산동 석탑, 빙고, 석탑 등을 조사하고 청파면 법수사지, 해인사 석조물을 조사했다. 다시 고령군으로 들어와 고령군 주산성지를 조사하였으며, 지산동 고분군을 조사하고 그 중 3기를 발굴했다. 그 후 성산면 고려요지를

---

338) 「大正7年度古蹟調査成績」, 『朝鮮彙報』, 朝鮮總督府, 1919년 8월.

조사하고, 경남 창령군에 들어가 수일 동안 창령면 수마산성지, 석조물 등을 조사하고 교동 및 송현동의 고분을 발굴하고 경북으로 들어가 경주 유적을 조사한 후 충남 부여 유적을 조사하고 10월 27일 경성으로 돌아왔다.[339]

야쓰이 세이이치(谷井濟一)는 임시조사를 위해 측량원 2명과 함께 1918년 7월 3일 경성을 출발하여 황해도 봉산군 산수면에 이르러 성수리의 고분군을 조사하고, 문정면 초와면 토성 및 2기의 고분을 발굴하고, 토성면 토성리의 산성지, 나산리 석애동의 고분군을 조사했다. 경기도 개성, 장단 등을 경유하여 7월 16일 경성에 돌아왔다.

9월 18일에는 2차로 측량원 1명과 황해도 황주군 송림면 겸이포에 이르러 월봉산 남록의 고분을 조사하고, 20일에는 이곳에 있는 고분을 발굴 조사했다.

야쓰이는 측량원 2명과 함께 1918년 9월 28일부터 10월 4일까지 경기도 고양군 독도면에 있는 고분군을 조사하고, 아차산성지를 조사하였으며 고양군 독도면에서 양주군 구리면에 이르는 토성 및 석축 등을 조사했다. 독도면 중곡리에는 200여 기의 고분이 산재하는데 그 중 완전한 2기를 발굴하여 인골, 각부감(脚附坩), 각부완(脚附埦), 배(杯), 병(瓶) 등을 발굴했다.

10월 14일에는 측량원 3명과 함께 경성을 출발하여 전라남도 나주군으로 들어가 심향사 및 일대의 석조물을 조사하고, 반남면에 들어가 10월 16일에서 11월 5일까지 체재하면서 대안리 제6호분 및 제7호분을 발굴하고 제6호분에서 병렬한 도관(陶棺) 9개, 구옥, 금환, 소옥, 감, 철족 등을 발굴하고, 제7호분에서 도관(陶棺) 4개, 배, 소옥, 등을 발굴했다. 계속해서 덕산리 제1호분을 발굴하고 제3호분 및 신촌리 제6호분의 외형 조사를 했다.

11월 9일부터 10일까지 순천군 송광면 송광사를 조사하고, 11일에는 선암사를 조사했다. 11월 14일에는 여수군 여수면 좌수영의 황산대첩비 및 타루비를 조사하고,

---

339) 「大正7年度古蹟調査成績」, 『朝鮮彙報』, 朝鮮總督府, 1919년 8월.

17일에는 경남으로 들어가 사천군 읍남면의 유적을 조사했다. 11월 19일에는 진주군 집현면 봉항리의 고분 4기를 조사하고, 21일에는 진주면 옥봉리의 고분 및 평거면 신안리의 고분을 조사했다.

11월 23일에는 고성군에 들어가 고성면 기월리의 고분군 및 삼산면 산성을 조사하고, 24일에는 통영군으로 들어가 충렬사를 조사했다. 11월 25일에는 한산면의 이충무공비를 조사하고, 27일에는 거제면 동상리의 산성 및 일연면의 읍성을 조사했다.

11월 28일에는 사등면의 왜성을 조사하고 30일에는 창원군으로 들어가 상남면 봉림사지를 조사했다.

12월 3일에는 함안군으로 나아가 10일간 머물면서 가야면 가야성지 및 고분군을 조사하고 도정리의 고분을 발굴했다. 12월 6일에 경성으로 돌아왔다.

12월 14일부터 24일까지는 창령군에 머물면서 일대의 창령면 교동의 제5호분, 제6호분, 제7호분, 제8호분을 조사하여 상당한 유물을 발굴했다.

야쓰이의 조사는 이듬해도 계속되었다. 1919년 1월13일에는 다시 창령으로 내려가 창령 제89호분의 발굴을 계속하여 고배, 감, 창, 도검, 토기, 마구, 구옥, 은제장신구, 소옥, 철족, 철부, 등(鐙), 금환 등을 발굴했다.

또 12호분에서 감, 행엽(杏葉), 비(轡), 철부, 금은제장신구, 금천(金釧), 은제지륜, 소옥 등을 발굴했다. 계속하여 제91호분에서 금환, 감 등을 발굴하고, 제10호분에서 철도, 철족, 금환, 토기 수백 개를 발굴하고, 제11호분에서 옥류, 대금구, 철창, 이환, 도검, 장신구, 마구, 철부, 동령, 토기 100여 개를 발굴했다.[340]

1919년도의 조사는 1919년에 발발한 3.1 독립운동의 영향으로 대일 반감이 충천하여 발굴조사가 다소 주춤하였다.

야쓰이 일행은 나주 반남면에서 도관을 가진 고분을 발굴하고 각종 부장품을 수

---

340) 「大正7年度古蹟調査成績」, 『朝鮮彙報』, 朝鮮總督府, 1919년 8월.

집했으며, 함안에서 가야에 속하는 성지, 고분 등을 조사하고 창령에서 가야의 고분을 조사하여 무수한 부장품을 발굴했다. 그러나 야쓰이의 창령 고분군 발굴은 보고서가 남기지 않았다. 현재 동양문고의 우메하라 고고자료 중에 야쓰이의 발굴 출토품에 관한 일부의 기록이 남아 있을 뿐이다.

창령 고분에 대해서는 1917년 이마니시에 의해 창령 부근 고분 분포 조사에 이어 1918년 10월 하마다, 우메하라에 의해 교동 제21호분, 제31호분이 발굴 조사되었는데, 창령 교동고분에 관한 현존 유일의 완전한 보고서라 할 수 있다.[341]

야쓰이 세이이치의 창령 교동고분의 대발굴은 1918년부터 1919년까지 행한 것으로 이에 대한 현존 유일의 기사로 생각하는 것으로, 조선총독부 발행의 『조선휘보』(1919년 8월호)에 게재한 필자불명의 「대정7년도 고적조사성적」이 있다. 여기에는 야쓰이가 1918년 10월 14일에 측량원 오바 쓰네키치(小場恒吉), 노모리 겐(野守健), 오가와 게이키치(小川敬吉)와 함께 경성을 출발하여 전라남도의 나주, 경상남도 함안을 시작으로 각지의 고분을 포함한 유적을 발굴 조사하고, 12월에 창령군에 들어가 14일부터 24일까지 일대의 고분을 조사한 기록이 일부 남아 있을 뿐이다.

발굴조사의 사후처리는 발굴 담당 책임자인 야쓰이가 1921년 부친의 병세로 인해 박물관위원직을 사퇴하고 귀국하면서 이후 창령고분에 대한 어떤 발표도 하지 않았다. 1950년 세상을 뜨기까지 조선휘보의 기사를 제하면 창령 발굴에 대한 것은 정식보고서는 물론이고 간단한 개요마저도 발표되지 않았다.[342] 당시 야쓰이와 함께 참여하였던 오바 쓰네키치, 노모리 겐, 오가와 게이키치들 마저도 그 내용을 발표하지 않아 그 당시의 상세한 사정을 알 도리가 없다.

---

341) 穴澤和光, 馬目順一, 「昌寧校洞古墳群-「梅原考古資料」を中心とした谷井濟一氏發掘資料の研究-」, 『考古學雜誌』제61권 제4호, 日本考古學會, 1975년 3월.

342) 穴澤和光, 馬目順一, 「昌寧校洞古墳群 -「梅原考古資料」を中心とした谷井濟一氏發掘資料の研究-」, 『考古學雜誌』제61권 제4호, 日本考古學會, 1975년 3월, p. 25.

『매일신보』
1919년 2월 19일자

　　야쓰이 일행이 1918년부터 1919년에 창령 일대에서 발굴한 각종 토기, 각종 무기류, 각종 장신구 등은 가장 중요한 유물로[343] 그 수는 엄청난 것이다. 당시 발굴품은 우메하라에 의하면 "마차 20대, 화차 2냥"을 채울 만한 양이라고 하고 있다.

　　야쓰이 일행의 대발굴 이후 창령의 미발굴 고분은 도굴로 인하여 급속히 황폐해졌다. 1930년에 창령 일대의 고분이 도굴되었다는 현지의 통보를 받고 그 이듬해 2월에 총독부박물관 기수 다나카 쥬조우(田中十藏)가 창령 일대의 고분을 조사한 결과 1917, 8년에 총독부에서 조사한 것을 제하면 거의 전부 도굴되어 내부의 유물을 훔쳐갔다고 한다.[344]

　　1919년 2월 19일자 매일신보에는 언제 누가 발굴한 것인지 밝히지 않고 '발굴된 고대의 유물'이라 하여 사진이 한 장 실려 있다.

　　사진 설명에는 "전남 나주군 제남면의 고분에서 출토된 금관과 신발(위), 경주

---

343) 藤田亮策,「朝鮮に於ける古蹟の調査及び保存の沿革」,『朝鮮』, 1931년 12월.
344) 穴澤和光, 馬目順一,「昌寧校洞古墳群 -「梅原考古資料」を中心とした谷井濟一氏發掘資料の硏究 -」,『考古學雜誌』제61권 제4호, 日本考古學會, 1975년 3월, p. 26.

보문리에서 출토된 금제이식과 구옥"이라고만 설명하고 있는데, 경주 보문리의 것은 1918년에 하라다와 구로이타가 발굴한 것으로 추정되며, 전남 나주에서 발굴한 것은 야쓰이 일행에 의해 발굴된 것으로 추정되나 다른 보고서 등에는 나타나 있지 않다.

(4) 1920년도의 조사

세키노는 1920년 10월 13일에 경성으로 들어와, 10월 22일 야쓰이, 하마다, 우메하라 등과 함께 경북 김해로 내려갔다. 하마다는 김해패총을 조사하고 세키노는 야쓰이, 하마다와 동숙을 하며 수로왕릉, 동왕비릉, 은하사, 죽도성, 분산성과 그 주변을 조사하고, 왕비릉 부근의 고분을 발굴 조사한 후 10월 말에 도쿄로 돌아갔다. 세키노는 11월에 도쿄제국대학 교수로 승진하여 건축학 제5강좌를 담당하게 되었다.

그 해의 가장 주목되는 발굴 조사는 1920년 11월 세키노의 부재 중에 행해진 양산부부총을 들 수 있다. 이 고분은 풍부한 유물을 출토할 것으로 예상하고 발굴한 것으로 도굴당하지 않은 완전한 상태로 막대한 유물을 발굴하였으며, 후일 도쿄박물관으로 반출했다.

1916년부터 1920년까지의 고적조사사업에 대해 후지타 료사쿠는, "1915년말 조선총독부박물관 개설과 동시에 고적도보 및 고적조사보고의 간행으로 인하여 넓이 내외에 조선의 고미술과 고문화를 소개하게 되고 또 특별히 동양에서 최고의 시험이라 할 만한 고적의 과학적 발굴의 결과가 발표되자 동양 연구열이 왕성한 구미의 학자를 경탄케 하고 조선 고미술에 대한 흥미를 돋은 것은 실로 경하할 만한 사실이다"[345] 라고 평하고 있다.

1916년에서 1921년에 이르기까지 5개년 간 박물관의 창설에 따른 진열품을 채우기 위해 발굴 조사한 낙랑, 신라, 백제, 고구려, 가야 고분은 백 수십 기에 이른다.[346]

---
345) 藤田亮策, 「歐米博物館과 朝鮮(上)」, 『朝鮮』164호, 朝鮮總督府, 1929년 1월, p. 8.
346) 藤田亮策, 「朝鮮に於ける古蹟の調査及び保存の沿革」, 『朝鮮』, 1931년 12월, p. 99.

그러나 실제 보고서로 발간한 것은 소수에 불과하다.

　　1918년에 이르러 발굴 유적이 증가함에 따라 많은 부장품이 나타나 자연히 눈에 띄는 종류에 흥미가 집중되고 또 조사자로 하여금 보다 중요한 종류를 요구하는 경향을 불러오게 되어 드디어 출토품의 정리와 보고서의 기초를 지연시키는 결과를 가져왔다. 후지타 료사쿠는 "도리이가 담당한 사전유적의 조사에 있어서도 극히 일부분을 제하고는 전혀 보고를 결한다는 사정에 있는 것은 반도의 고적조사사업을 회고함에 있어 한사라 할 수 있다"[347]라고 하고 있다.

3) 주요 조사표 3

시기	조사지역	조사자	조사유구	출토 및 수집유물	시대	비고
1916년 3월 17일 ~3월 19일	평안남도 강동군 만달면	谷井濟一	만달산 제1호, 제2호, 제3호분	鐵釘 약간		출처[348]
1916년 6월	개성	谷井濟一	교남리 고분 3기 (도굴분)			출처[349]
1916년 6월	경기도	谷井濟一, 馬場是一郎	개풍군 영북면 궁녀동고분	青磁盞, 冠布破片, 鐵片, 古錢, 釘, 承安三年銘宋子淸墓誌 및 石棺, 白磁水甁, 靑銅製匙		출처[350]
1916년 6월	개성군 청교면	谷井濟一	수락동 안릉리의 도굴고분 조사	벽화 발견, 자기파편, 匙, 木棺金具, 開元通寶		출처[351]
1916년 8월 23일 ~9월11일	평안남도	黑坂勝美	용강군 지운면 양원리의 고분군, 용강군 의산리 석탑, 용강군 용정리의 고분군, 용강군 해운면 석현리토성, 용정리토성, 용강군 신령면 유교리 및 대대면 매산리의 고분군, 안주군 대니면 봉면리 고분, 대동군 대동강면 정백리 고분			출처[352]
1916년 8월 23일 ~9월11일	평안북도	黑坂勝美	용천군 양광면 망양동 고분, 정주군 곽산면 남단동 고분군, 정주군 관단면 고분군			출처[353]
1916년 8월 23일 ~9월11일	황해도	黑坂勝美	봉산군 문정면 구황리 고분, 봉산군 문정면 석성리 토성, 은율군 서부면 곡리 고분군, 은율군 북부면 운산리 지석			출처[354]

---

347) 藤田亮策,「朝鮮に於ける古蹟の調査及び保存の沿革」,『朝鮮』, 1931년 12월, p. 142.

시기	조사지역	조사자	조사유구	출토 및 수집유물	시대	비고
1916년 8월	경기도 양주군	今西龍, 葛城末治	불암산나성지, 불암사 소장 책판 조사			출처355)
1916년 8월~9월	경기도	今西龍, 渡邊業志	북한산성 현황조사, 莊義寺址, 三川寺址, 북한산의 사원, 사지, 태고사의 석탑, 普愚塔碑, 승가사 석불, 마애불상, 그 외 유물, 문수사, 진관사, 부왕사, 원효암, 봉성암, 상운사, 중흥사지, 신혈사지 그 외 다수의 사지, 구행궁, 진흥왕순수비			출처356)
1916년 9월	경기도	今西龍, 渡邊業志	이성산성, 춘궁리석탑 조사, 풍납리토성, 석촌마분, 청태종공덕비, 남한산성내 사찰, 덕풍리고총묘, 무학산성, 영월암 유물, 안흥사지 유물, 이천읍 부근의 석탑, 여주군 상리 고분, 북한성, 고달사지 석물, 신륵사, 여주읍부근 석탑 및 석불, 광진고산성, 가평군 석장우고분, 초연대성지, 석사촌산성, 양주군 고분, 사라사 유물, 보리사지, 용문사, 죽장암	이성산성-성내에서 古瓦, 古土器 다수, 남한산성-瓦片		출처357)
1916년 10월	경기도	今西龍, 關谷長之助	장단군 화장사, 장단군 내 고려릉묘, 개성군 오룡사법경국사비, 강감찬조탑, 귀법사지, 강화군 지석묘, 삼랑성, 강화사고, 전등사			출처358)
1916년 10월	경기도	今西龍, 關谷長之助	高麗諸陵墓	사진160매, 실측도 44매, 고려릉묘를 53기로 밝히고 있다. 그 중 소재가 명백한 것이 30기이고 왕실 관계 능으로 전하나 陵名을 失한 것이 23기, 릉명을 失한 것 중에는 所在不明陵이 15기로 조사	고려	출처359)
1916년 9월~10월	대동군 대동강면	關野貞, 谷井濟一, 小場恒吉,	정백리 제1호분	五銖錢, 貨泉, 도기, 漆器, 鐵鏃 등 17種 167點	낙랑	출처360)

시기	조사지역	조사자	조사유구	출토 및 수집유물	시대	비고
1916년 9월~10월	대동군 대동강면	關野貞, 谷井濟一, 小場恒吉,	정백리 제2호분	칠기 수점, 靑銅製提瓶, 도기파편 등 19종 42점	낙랑	출처361)
1916년 9월~10월	대동군 대동강면	關野貞, 谷井濟一, 小場恒吉,	정백리 제3호분	철검, 동경 2면, 도기 수점, 칠기, 銀釧 등 20종 85점	낙랑	출처362)
1916년 9월~10월	대동군 대동강면	關野貞, 谷井濟一, 野守健	제4호분(정백리 제151호분)	도제 및 칠기파편, 陶製坩, 등 10종 53점	낙랑	출처363)
1916년 9월~10월	대동군 대동강면	關野貞, 谷井濟一, 野守健	제5분(정백리 제153호분)	2종 14점	낙랑	출처364)
1916년 9월~10월	대동군 대동강면	關野貞, 谷井濟一, 野守健, 栗山俊一	석암리 제6호분	琉璃小玉, 指輪 3개, 白銅鏡 2면, 漆器, 도기파편 등 26종 37점	낙랑	출처365)
1916년 9월~10월	대동군 대동강면	關野貞, 谷井濟一, 小川敬吉	제7분(석암리 제99호분)	甕, 坩, 甑 등 22종 45점	낙랑	출처366)
1916년 9월~10월	대동군 대동강면	關野貞, 谷井濟一, 小川敬吉	제8분(석암리 제120호분)	五銖錢, 水晶玉, 琥珀玉, 도기파편 등 12종 49점	낙랑	출처367)
1916년 9월~10월	대동강면	關野貞, 谷井濟一, 小川敬吉	제9분(석암리 제9호분)	指輪, 刀子, 玉印(永壽康寧陰刻), 純金製鉸具, 陶製坩, 陶製甕, 靑銅製博山香爐, 居攝三年銘漆盤)368) 등 86종 205점	낙랑	출처369)
1916년 9월~10월	대동강면	關野貞, 谷井濟一, 小川敬吉	제10분(석암리 제253호분)	銀釧, 지륜, 琥珀製飾玉, 五銖錢 등 9종 58점	낙랑	출처370)
1916년 9월~10월	평남 대동군 시족면	關野貞, 谷井濟一, 栗山俊一	노산리 鎧馬塚	벽화 발견	고구려	출처371)
1916년 9월~10월	평남 대동군 시족면	關野貞, 谷井濟一, 栗山俊一	내리 西北塚	鐵釘	고구려	출처372)
1916년 9월~10월	평남 대동군 시족면	關野貞, 谷井濟一, 栗山俊一	토포리 大塚,	大塚-석침, 金銅鏃, 鐵刀子, 陶瓶, 黃褐釉陶瓶, 三脚陶盤, 彩文陶製蓋, 鐵釘, 陶器殘缺	고구려	출처373)

시기	조사지역	조사자	조사유구	출토 및 수집유물	시대	비고
1916년 9월~10월	평남 대동군 시족면	關野貞, 谷井濟一, 栗山俊一	토포리 南塚		고구려	출처374)
1916년 9월~10월	평남 대동군 시족면	關野貞, 谷井濟一, 栗山俊一	호남리 四神塚	벽화, 透彫銙帶片	고구려	출처375)
1916년 9월~10월	평남 대동군 시족면	關野貞, 谷井濟一, 栗山俊一	호남리 金線塚	金絲, 瓦片, 金銅飾金具, 鐵釘	고구려	출처376)
1916년 9월~10월	평남 대동군 시족면	關野貞, 谷井濟一, 栗山俊一	礫裾塚		고구려	출처377)
1916년 9월~10월	평남 용강군 해운면	關野貞, 谷井濟一, 栗山俊一	용암리 황산 남록 三室塚	骨片,	고구려	출처378)
1916년 9월~10월	평남 용강군 해운면	關野貞, 谷井濟一, 栗山俊一	용암리 황산 남록 二室塚	鐵釘 약간	고구려	출처379)
1916년 9월~10월	평남 용강군 해운면	關野貞, 谷井濟一, 栗山俊一	용암리 七室塚, 撑石塚	七室塚-철정, 陶製坩, 靑銅製小金具, 陶壺, 鐵釘	고구려	출처380)
1916년 9월~10월	순천군	關野貞, 谷井濟一, 栗山俊一	선소면 검산고분		고구려	출처381)
1916년 9월~10월	순천군	關野貞, 谷井濟一, 栗山俊一	북창면 송계동 고분 (天王地神塚)	벽화	고구려	출처382)
1916년 9월~12월	평남 용강군	鳥居龍藏	평남 용강군 해운면 패총			출처383)
1916년 9월~12월	평남	鳥居龍藏	평양 사동	石斧, 石庖丁, 石鎚, 石鏃, 石劍, 土器片		출처384)
1916년 9월~12월	평남	鳥居龍藏	고방산 부근	石斧, 石庖丁, 土器片		출처385)
1916년 10월	경기도	今西龍, 關谷長之助	明宗 智陵	수 점의 靑瓷器, 銅錢, 冠飾破片 등을 수습386)	고려	『조선고적도보』제7책 (도판3342~3351)에 게재
1916년 10월	개성군 중서면	今西龍, 關谷長之助	여릉리 두문동 고분	青瓷皿, 青瓷皿 破片, 匙, 青瓷盌, 青瓷臺, 錢 등	고려	출처387)

시기	조사지역	조사자	조사유구	출토 및 수집유물	시대	비고
1916년 10월 10일	중서면 칠릉동 七陵群	關谷長之助와 일본인 인부 3인	제3,4,7호분388)	黃金製冠飾 1對, 黃金佛像 1軀, 銅錢 등을 발견389)	고려	유물은 『조선고적도보』제7책(도판 3336~3341)에 게재되어 있다.
1916년 10월 11일	광덕면 두문동	關谷長之助와 일본인 인부 3인	小墳墓제1, 2, 3호분390) (도굴분)	靑瓷壺, 靑瓷鉢 2점, 銅匙, 鐵釘, 靑瓷壺, 靑瓷皿(대,중,소), 銅錢 등이 발견	고려	
1916년 11월 15일 ~23일	평안남도 용강군 해운면 갈성리	關野貞, 谷井濟一, 栗山俊一	토성지 근처의 고분 1기(甲墳)	素燒陶製坩 6개, 斧劍矛刀子, 轡 및 鐵製金具, 銅環 2개	낙랑	출처391)
1916년 11월 23일	용강군	關野貞, 谷井濟一, 栗山俊一	용월면 갈현리 전축분	다수의 塼	낙랑	출처392)
1916년	김해	鳥居龍藏	패총			출처393)
1916년	함북 경흥군 신안면	八木奬三郞	나진리 패총	土器片		출처394)
1916년 12월	경기도		부천시 학익리 3기의 지석묘	토기편, 磨石鏃, 砥石		출처395)
1916년	용강군 해운면	鳥居龍藏	龍蟠里 패총 발굴	약간의 토기, 石鏃, 砥石		출처396)
1917년 5월	평안남도 순천군 북창면	谷井濟一	송산리 제1분, 용암리 제1분, 제2분	봉산 송산리 제1호분-釘, 鏃		출처397)
1917년 5월	봉산군 초와면	谷井濟一	류정리 제2호분	斧, 鐵鏃, 鐵製大刀, 管玉, 다갈색소옥, 기타 수점		출처398)
1917년 5월	봉산군 초와면	谷井濟一	류정리 제3호분	鐵製環頭大刀, 管玉, 漆器片, 鐵斧, 心葉形垂飾, 小玉		출처399)
1917년 5월	봉산군 초와면	谷井濟一	양동리 제2호분	청동금구, 토제품, 청동소완, 기타 수점		출처400)
1917년 5월	봉산군 초와면	谷井濟一	양동리 제3호분	철제도, 철정, 청동금구, 철환, 소옥, 토기, 기타 수점		출처401)
1917년 5월	봉산군 초와면	谷井濟一	입봉리 9호분	壺, 土器片, 瓮片		출처402)

시기	조사지역	조사자	조사유구	출토 및 수집유물	시대	비고
1917년 5월	황해도 봉산군 문정면	谷井濟一	당토성 발굴	鐵片, 鐵釘, 靑銅製棒, 塼		출처[403]
1917년 5월	황해도 봉산군	谷井濟一	대방태수장씨분 (태봉리 제1분)	경, 관옥, 전 18매		출처[404]
1917년 6월~7월	평안북도 운산군 운산면 용호동	關野貞, 谷井濟一, 栗山俊一	1호총(宮女塚), 2호총(皇帝塚), 3호총(馬塚) 등 3기의 고분 발굴	궁녀총에서 철제화로, 金銅透彫金具片 鳳凰形裝身具 4문, 鐵釘, 鐵鏃 등	고구려	출처[405]
1917년 6월~7월	만주	關野貞, 谷井濟一, 栗山俊一	大高力墓子, 2실총, 無蓋塚, 高塚, 石槨露出塚, 大塚, 3室塚		고구려	출처[406]
1917년 6월~7월	평북 위원군	關野貞, 谷井濟一, 栗山俊一	덕암동 고분, 만호동 고분, 사장리 제1, 2, 3호분, 신천동 제3, 6호분		고구려	출처[407]
1917년 3월	평남 강동군 만달면 승호리	谷井濟一 일행	만달산 고구려 고분 제1, 2호분	2호분- 철정		출처[408]
1917년 9월~10월	경북 선산군의 고분	今西龍	고분의 전반적 상태 조사 및 성지, 사찰 등, 낙산동 105호분 발굴 조사	각종 土器 등		출처[409]
1917년 9월~10월	선산군 해평면	今西龍	월곡동 제27호분, 제24호분	각종 토기		출처[410]
1917년 9월~10월	선산군 해평면	今西龍	낙산동 제28호분, 제31호분 수습 발굴	각종 토기		출처[411]
1917년 10월	창령	今西龍	계성면 고분 발굴			출처[412]
1917년 10월~11월	경남 함안군	今西龍	고분의 전반적 상태 조사 및 말산리 말이산 제5호, 제34호분 발굴	수레바퀴 장식의 토기, 마구, 갑옷, 칠기, 角製柄頭, 고배, 오리형토기 등 엄청난 유물이 출토	가야	출처[413]
1917년 11월	경남 함안군	今西龍	가야면 도정리 고분	小刀, 토기 등 각종기물		출처[414]
1917년 가을	전남 나주군 반남면	谷井濟一, 小川敬吉, 小場恒吉, 野守健	덕산리 제8호분	甕棺, 坩, 鐵鏃, 金環, 勾玉, 管玉, 耳環, 斧, 靑銅双利具, 小玉 그 외 다수		출처[415]

시기	조사지역	조사자	조사유구	출토 및 수집유물	시대	비고
1917년 가을	전남 나주군 반남면	谷井濟一, 小川敬吉, 小場恒吉, 野守健	덕산리 제5호분	大刀, 勾玉, 小玉, 甕棺破片, 刀子, 鐵鏃, 鐵斧, 土器, 曲玉 등		출처416)
1917년 11월	경주	鳥居龍藏, 澤俊一	남산, 반월성지 등 유물포함층 발굴조사	石斧, 石鏃, 土器 등		출처417)
1917년 11월	울릉도	鳥居龍藏	사적 조사	석기, 토기 등		출처418)
1917년 12월, 1918년 10월	전남 나주군 반남면	谷井濟一, 小川敬吉, 小場恒吉, 野守健	신촌리 제9호분419) 외 1기(덕산리 제4호분)	甕棺 8기, 金銅冠, 坩, 鏃, 刀子, 小玉, 金環, 環頭太刀 기타.(박물관 유물 수장번호5828~7592)		有光敎一은 1917,8년 2회에 걸쳐 谷井濟一 일행이 6기를 발굴했다고 한다.420)
1917년	평남 율리군	黑坂勝美	서부면 곡리 제1호분	土器破片 17점, 塼 8점		출처421)
1917년 8월 29일 ~9월 1일	고령군 고령면	黑坂勝美	지산동 주산제12호분	蓋杯蓋 10, 蓋杯, 蓋杯破片, 銀製馬具附屬品 2, 鐵製馬具附屬品 4, 鐵槍, 蓋付坩, 鐵環 기타 수점		출처422)
1917년 8월 29일 ~9월 6일	고령군 고령면	黑坂勝美	지산동 주산제18호분	蓋付坩, 蓋杯, 馬具附屬品, 小刀子, 金銅耳環 기타 20여 점		출처423)
1917년 8월 29일	고령군 고령면	黑坂勝美	지산동 주산제22호분	高杯坩, 蓋付坩,		출처424)
1917년 8월	고령군 고령면	黑坂勝美	지산동 제25호분	金銅耳環, 蓋付坩, 蓋杯, 鐵片, 刀, 鐵鏃 土器破片		출처425)
1917년	부여 능산리	谷井濟一	제1(東上塚), 2(東下塚), 5호분(西上塚)	2호분-사신도와 연화문 벽화, 제5호분-木棺破片, 純金裝身具, 鐵釘, 鍍金金具	백제	출처426)
1917년	부여 능산리	谷井濟一	능산리 제8호분	벽화 발견	백제	출처427)
1917년	부여 능산리	谷井濟一	능산리 제9호분	鐵釘	백제	출처428)
1917년	부여 능산리	谷井濟一	능산리 제10호분	철정, 목관파편	백제	출처429)
1917년	익산 팔봉면 석왕리	谷井濟一	소위 大王陵과 小王陵	소묘-陶器破片, 鍍金透彫金具, 대묘-小玉破片, 陶製盌, 木棺430)		출처431)

시기	조사지역	조사자	조사유구	출토 및 수집유물	시대	비고
1917년	경기도	谷井濟一	광주 풍납리토성, 몽촌토성, 산성리산성		백제	출처⁴³²⁾
1917년	고령	黑坂勝美	지산동 고분	다수의 유물		출처⁴³³⁾
1917년	경북 선산군 해평면	黑坂勝美	낙산동 고분	水晶曲玉, 硝子玉, 小型赤玉, 鐵槍, 銅製指環, 鐵製金具, 陶器破片, 銀製指環		출처⁴³⁴⁾
1917년	경북 고령군	黑坂勝美	首山고분	直刀, 金環, 각종토기 약간		출처⁴³⁵⁾
1917년	충남 부여군	黑坂勝美	룽산리(一名 山直里)고분	鐵釘, 鍍金釘, 土器破片		출처⁴³⁶⁾
1917년	김해	黑坂勝美	김해패총	토기류, 골편, 석관		출처⁴³⁷⁾
1917년 12월	대구	鳥居龍藏	달성산 유적 발굴	일부의 석기시대 유물		출처⁴³⁸⁾
1917년 9월 8일 ~9월 9일	김해	鳥居龍藏	김해패총	金銅製耳環, 石棺, 각종 석기, 토기 등		출처⁴³⁹⁾
1917년	충남 청양군	谷井濟一, 野守健	벽천리 고분	百濟三足土器, 臺付碗, 鐵製槍身, 土器 약간		출처⁴⁴⁰⁾
1917년	충남 청양군	谷井濟一, 野守健	청양읍 동남토성	백제토기편		출처⁴⁴¹⁾
1917년	경기도 고양군 중곡리	谷井濟一	중곡리 갑분 발굴	일부 유물 출토		출처⁴⁴²⁾
1917년	경기도 광주	谷井濟一	가락리 제2호분			출처⁴⁴³⁾
1917년	경기도 광주	谷井濟一	석촌리 제6호분, 제7호분			출처⁴⁴⁴⁾
1918년 9월 27일 ~29일	경북 성주군	梅原, 濱田耕作	성산동 제1호고분	토기 15개, 銅環 10개, 銀製冠飾 1개, 刀劍 3구, 槍身 4개, 不明金具 3개, 金環 2개, 金製耳飾 1개 銀製帶金具 1조(34개), 刀子 3구, 斧頭 3개, 鐵器殘缺 3개	가야	출처⁴⁴⁵⁾
1918년 9월27일 ~10월 7일	경북 성주군	梅原, 濱田耕作	성산동 제2호분	土器 15개, 刀身 1개, 環頭 1개, 槍身 7개분, 斧頭 1개, 인골편	가야	출처⁴⁴⁶⁾

시기	조사지역	조사자	조사유구	출토 및 수집유물	시대	비고
1918년 10월 3일 ~10월 7일	경북 성주군	梅原末治, 濱田耕作	성산동 제6호분	土器 6점, 刀子 6구, 鐵釘 19개, 木片 수개, 인골편	가야	출처447)
1918년 10월 14일	경상북도 고령군	梅原末治, 濱田耕作	지산동 제1호분	철정 1개, 토기파편	가야	출처448)
1918년 10월 14일 ~15일	경상북도 고령군	梅原末治, 濱田耕作	지산동 제2호분	長頸壺 1개, 臺 1개, 蓋付 壺 5개, 蓋付高杯 8개, 合 子形土器 2개, 槍身 1개, 刀子 2개, 鐵器 2개, 環形 金具 3개, 斧形金具 9개, 鎌形鐵器 수개	가야	출처449)
1918년 10월 14일	경상북도 고령군	梅原末治, 濱田耕作	지산동 제3호분	장경호 5개, 호 1개, 개부 호 1개, 대 1개, 고배 2개, 개 1개, 호 2개, 철기 1개,	가야	출처450)
1918년 10월	경상남도 창령군	梅原末治, 濱田耕作	교동 제21호분	토기편		출처451)
1918년 10월 19일 ~10월 22일	경상남도 창령군	梅原末治, 濱田耕作	교동 제31호분	토기 66개, 금제이식 1 대, 環狀金具 4개, 관옥 1 개, 소옥 7개, 철기 2개, 도자 7구, 철제금구 7개, 철정 1개	가야	출처452) 교동 제31호 분에서 출토 된 일괄유물 97점은 1938 년에 일본으 로 반출되었 다가 1958년 제4차 한일 회담 때 반환453)
1918년 10월	창령군	濱田耕作	송현동의 고분을 발굴			출처454)
1918년 10월	경기도 고양군	谷井濟一	중곡리 고분 2기(완 전한 횡혈식석실고 분)를 발굴	인골, 脚附壺, 杯, 甁 출토		출처455)
1918년 7월	황해도 봉산군	谷井濟一	산수면 성수리의 고 분 1기, 황주군 송림 면 월봉산 남록 고구 려고분 발굴			출처456)
1918년 7월		黑板勝美	부산부 부산진성지, 양 산성지, 구룡포성지, 부산항구 조도의 봉수 지, 기장면 기장성지 및 임랑성지, 울산군 생포성지, 울산성지			출처457)

시기	조사지역	조사자	조사유구	출토 및 수집유물	시대	비고
1918년 7월 28일 ~8월 15일	경주	黑板勝美, 原田淑人	明活山麓: 內東面 普門里의 한 積石塚458)	銅鋺, 長頸壺 3개, 短頸壺 6개, 埦 1개, 蓋 1개, 鐵製鉸具 1개, 金銅製鉸具 2개, 鐵地銀裝鉸具 2개, 純金製耳飾 1대, 銀製金張銅釧 1쌍, 金製指輪 2대, 銀製指輪 2대, 각종 옥류 다수, 帶金具, 槍身, 金絲 등	신라	출처459)
1918년 8월	경주	原田淑人	사천왕사지 일부 발굴	鐵器 1개, 四天王像甎, 唐草紋甎, 平瓦 등	신라	출처460)
1918년 7월~8월	경주	原田淑人	불국사, 석굴암, 괘릉, 성덕왕릉, 백률사, 분황사, 황룡사지, 반월성지, 임해전지, 안압지, 포석정, 계림, 무열왕릉, 첨성대			출처461)
1918년 8월	경북 청도군, 김천군	原田淑人	운문면 신원동 운문사, 금천면 백곡동 석불 및 석탑, 금천면 장연동 석탑(1918년 2월 도굴), 매전면 용산동 불영사전탑, 김천군 개령면 서부동 장릉 등의 지표조사	장연동 석탑-幢竿支柱殘缺, 古瓦 수편 채집, 불영사전탑-塼塔殘片, 장릉-陶器片		출처462)
1918년 6월	집안	黑板勝美	광개토대왕비 基脚 발굴	광개토대왕비 사진, 광개토대왕비초석 사진		출처463)
1918년 6월		黑板勝美	장군총, 궁전지 및 산성자산성, 마선구 고분군, 함남 진흥왕순수비	고구려시대 고와		출처464)
1918년 7월		谷井濟一	황해도 봉산군 산수면 성수리의 고분군, 문정면 초면 토성토성면 토성리의 산성지, 나산리 석애동의 고분군 조사, 문정면 초와면 고분 2기 발굴			출처465)
1918년 9월 20일	황해도 황주군	谷井濟一	송림면 겸이포 월봉산남록의 고분 발굴			출처466)
1918년 9월	경기도 고양군	谷井濟一	독도면 중곡리 고분 2기	人骨, 脚附坩, 脚附埦, 杯, 瓶		출처467)

시기	조사지역	조사자	조사유구	출토 및 수집유물	시대	비고
1918년 12월	경남 함안군	谷井濟一, 野守健, 小場恒吉, 小川敬吉	도차리 제2호분			출처468)
1918년 10월	전남 나주군 반남면	谷井濟一, 野守健, 小場恒吉, 小川敬吉	대안리 제6호분	병렬한 陶棺 9개, 勾玉, 金環, 小玉, 坩, 鐵鏃 등		출처469)
1918년 10월	전남 나주군 반남면	谷井濟一, 野守健, 小場恒吉, 小川敬吉	대안리 제7호분	陶棺 4개, 杯, 소옥		출처470)
1918년 10월	전남 나주군 반남면	谷井濟一, 野守健, 小場恒吉, 小川敬吉	대안리 제8호분	옹관 수개, 耳飾, 기타 다수		출처471)
1918년 10월	나주군 반남면	谷井濟一, 野守健, 小場恒吉, 小川敬吉	대안리 제9호분	옹관, 금환, 관옥, 은제장식, 철부, 고배, 대도, 백자호 그 외 다수		출처472)
1918년 10월	나주군 반남면	谷井濟一, 野守健, 小場恒吉, 小川敬吉	덕산리 제1호분, 덕산리 제3호분			출처473)
1918년 10월	나주군 반남면	谷井濟一, 野守健, 小場恒吉, 小川敬吉	덕산리 제4호분	小玉, 金環, 刀子, 鐵釘, 曲玉		출처474)
1918년 10월	나주군 반남면	谷井濟一, 野守健, 小場恒吉, 小川敬吉	신촌리 제6호분	옹관편, 토기편		출처475)
1918년 10월	나주군 반남면	谷井濟一, 野守健, 小場恒吉, 小川敬吉	신촌리 제9호분	호, 도자, 철족, 금환, 유리구슬, 옹관		출처476)
1918년 10월	진주군	谷井濟一, 野守健, 小場恒吉, 小川敬吉	봉육면의 고분 4기, 진주면 옥봉리의 고분 및 평거면 신안리의 고분, 고성면 기월리 고분군 및 삼산면의 산성 조사			출처477)

시기	조사지역	조사자	조사유구	출토 및 수집유물	시대	비고
1918년	경남 창령	濱田耕作	읍내면 송현동 제10호분			출처478)
1918년	경남 창령	谷井濟一, 野守健, 小場恒吉, 小川敬吉	읍내면 수마산성북방 제23호분	다수의 유물을 발굴		출처479)
1918년 11월		谷井濟一, 野守健, 小場恒吉, 小川敬吉	순천군 송광면 송광사, 선암사, 여수군 여수면 좌수영의 황산대첩비 및 타루비, 진주군 집현면 봉항리의 고분, 진주면 옥봉리의 고분 및 평거면 신안리의 고분, 거제면 동상리의 산성 및 일연면의 읍성			출처480)
1918년 12월	대구	鳥居龍藏	달성상 유적 발굴	선사시대 유물 발견		출처481)
1918년 12월	함안군	谷井濟一, 野守健, 小場恒吉, 小川敬吉	도정리 고분 발굴	坩, 刀		출처482)
1918년 12월 14일~24일	경남 창령	谷井濟一, 野守健, 小場恒吉, 小川敬吉	교동 제5호분	토기파편, 귀걸이, 刀子		출처483)
1918년 12월 14일~24일	경남 창령	谷井濟一, 野守健, 小場恒吉	교동 제6호분	말재갈, 발걸이, 활촉, 금제이식, 토기, 刀子, 斧, 마구		출처484)
1918년 12월 14일~24일	경남 창령	谷井濟一, 野守健, 小場恒吉	교동 제7호분	은제허리띠, 창, 금은동 각종 釧(가락지), 금제이환, 金製瓔珞, 勾玉, 관옥, 은옥, 切子玉, 소옥, 족등, 기타 마구, 銅製盆, 釧, 斧, 鉾, 金銅冠, 토기 각종		출처485)
1918년	경남 창령군	谷井濟一, 野守健, 小場恒吉	교동 제89호분	은제조익형관식편, 금제이식, 유리구슬, 곡옥, 은제과대장식, 황두대도, 철족, 마탁, 처제교구, 고배, 기타		출처486)

시기	조사지역	조사자	조사유구	출토 및 수집유물	시대	비고
1918년	경남 창녕군	谷井濟一, 野守健, 小場恒吉	교동 제87호분	금제이식, 기타		출처[487]
1919년 1월	경남 창령	谷井濟一, 野守健, 小場恒吉	교동 제8호분, 제9호분	창, 마구, 곡옥, 은제장신구, 철촉, 쇠도끼, 갑옷투구, 금환, 토기, 기타		출처[488]
1919년 1월	경남 창령	谷井濟一, 野守健, 小場恒吉	교동 제12호분	鐵斧, 금은제장신구, 금팔찌, 坩, 杏葉, 비(轡), 철부, 金釧, 은제지륜, 소옥		출처[489]
1919년 1월	경남 창령	谷井濟一, 野守健, 小場恒吉	교동 제10호분	鐵刀, 철족, 금환, 토기 수 백개		출처[490]
1919년 1월	경남 창령	谷井濟一, 野守健, 小場恒吉	교동 제11호분	옥류, 釧, 대금구, 철창, 이환, 도검, 장신구, 鐙, 마구, 철부, 銅鈴, 토기 100여 개		출처[491]
1919년 1월	경남 창령	谷井濟一, 野守健, 小場恒吉	교동 제91호분	금환, 토기		출처[492]
1919년 9월 22일 ~11월 6일	함경남도 함흥군	池内宏, 田中十藏, 澤俊一	고성지 측량 및 현황 조사(백운산산성, 동흥리산성, 탑동리산성, 성동리산성, 상대리산성, 대덕리산성, 운성리산성, 오노리산성, 상운흥리중봉산성, 고양리산성)	각종 瓦片 수집		출처[493]
1919년	강릉군 安仁里	原田淑人	安仁里 고분	金張銅耳環, 硝子玉, 丸玉, 鐵刀, 鐵器, 壺破片, 赤葛色土器把手片		출처[494]
1919년	경남 창령군	谷井濟一	화왕산 고분	각종 토기, 각종 장신구 등		출처[495]
1919년		池内宏	고려시대 고성지 조사			출처[496]
1919년	경북 고령군	濱田	사조동 요지	도기파편		출처[497]
1920년	경주 외동면		구정리의 方形墳	金銅棺飾金具 2점, 銀製鉸具 2점, 銀製杏葉破片, 靑銅小板 2점, 骨片 2점[498]		출처[499] 구체적인 보고서를 남기지 않았다.[500]

시기	조사지역	조사자	조사유구	출토 및 수집유물	시대	비고
1920년 10월	김해	關野貞	김수로왕비 근처 고분 발굴			출처[501]
1920년 11월 13일 ~11월 25일	양산읍의 동북 北山城의 서쪽 기슭의 북정동	馬場是一郞, 小川敬吉	양산부부총	金銅寶冠, 귀걸이, 목걸이, 環頭太刀 등 340여 점[502]		동경박물관 소장. 출처[503]
1920년 10월	경남 김해군	梅原末治, 濱田耕作	김해패총	骨角器, 貨泉 1개, 土器, 石器, 鐵斧, 玉類		출처[504]
1920년 12월	고령 지산동	谷井濟一	折上天井塚	감, 감파편, 도기파편		출처[505]
1920년 10월	성주군 성산동	谷井濟一	성산동 大墳	蓋付坩, 刀子, 坩, 高杯 등 상당수 (유물번호8243~8264)		출처[506]
1920년 10월	성주군 성산동	谷井濟一	성산동 제8호분	脚付蓋付坩, 脚付坩, 高杯, 등 상당수 (번호8265~8278)		출처[507]
1920년 10월	성주군 성산동	谷井濟一	성산동 고분	도기파편, 철정, 도금금구		출처[508]

348) 谷井濟一,「平安南道 江東郡 晚達面 古墳調査報告書」,『大正5年度 古蹟調査報告書』, 朝鮮總督府, 1917.
349)『每日申報』1916년 6월 20일자.
350) 野守健,『高麗靑磁の硏究』, 淸閑舍, 1944, p. 6.
   國立中央博物館,『유리원판목록집 Ⅲ』, 1999. 원판번호 175-4.
351)『釜山日報』1916년 6월 18일자.
  『每日申報』1916년 6월 16일자, 6월 20일자.
  「考古學會記事」,『考古學雜誌』6권 11호, 1916년 7월,
352) 黑板勝美,「黃海道, 平安南道 平安北道 史蹟調査報告書」,『大正5年度 古蹟調査報告書』, 朝鮮總督府, 1917.
  『每日申報』1916년 8월 31일자.
353) 黑板勝美,「黃海道, 平安南道 平安北道 史蹟調査報告書」,『大正5年度 古蹟調査報告書』, 朝鮮總督府, 1917.
  『每日申報』1916년 8월 31일자.
354) 黑板勝美,「黃海道, 平安南道 平安北道 史蹟調査報告書」,『大正5年度 古蹟調査報告書』, 朝鮮總督府, 1917.

『每日申報』1916년 8월 31일자.

355) 今西龍,「京畿道楊州郡佛巖山山城址及佛巖寺調査報告書」,『大正5年度 古蹟調査報告書』, 朝鮮總督府, 1917.

356) 今西龍,「京畿道高陽郡北漢山遺蹟調査報告書」,『大正5年度 古蹟調査報告書』, 1917.

357) 今西龍,「京畿道廣州郡, 利川郡, 楊州郡, 驪州郡, 高陽郡, 加平郡, 楊平郡, 長湍郡, 江華郡, 黃海道, 平山郡 遺蹟調査報告書」,『大正5年度 古蹟調査報告書』, 朝鮮總督府, 1917.

358) 今西龍,「京畿道廣州郡, 利川郡, 楊州郡, 驪州郡, 高陽郡, 加平郡, 楊平郡, 長湍郡, 江華郡, 黃海道, 平山郡 遺蹟調査報告書」,『大正5年度 古蹟調査報告書』, 朝鮮總督府, 1917.

359) 今西龍,「高麗諸陵墓調査報告書」,『大正5年度 古蹟調査報告書』, 朝鮮總督府, 1917.

360) 關野貞,「平安南道 大同郡 順川郡 龍岡郡 古蹟調査報告書」,『大正5年度 古蹟調査報告書』, 朝鮮總督府, 1917.
「平壤附近に於ける樂浪時代の墳墓 一」,『古蹟調査特別報告 1冊』, 朝鮮總督府, 1919.
關野貞,「樂浪時代の遺蹟」,『古蹟調査 特別報告 第 4冊』, 朝鮮總督府, 1927.

361) 關野貞,「平安南道 大同郡 順川郡 龍岡郡 古蹟調査報告書」,『大正5年度 古蹟調査報告書』, 朝鮮總督府, 1917.
「平壤附近に於ける樂浪時代の墳墓 一」,『古蹟調査特別報告 1冊』, 朝鮮總督府, 1919.
關野貞,「樂浪時代の遺蹟」,『古蹟調査 特別報告 第 4冊』, 朝鮮總督府, 1927.

362) 關野貞,「平安南道 大同郡 順川郡 龍岡郡 古蹟調査報告書」,『大正5年度 古蹟調査報告書』, 朝鮮總督府, 1917.
「平壤附近に於ける樂浪時代の墳墓 一」,『古蹟調査特別報告 1冊』, 朝鮮總督府, 1919.
關野貞,「樂浪時代の遺蹟」,『古蹟調査 特別報告 第 4冊』, 朝鮮總督府, 1927.

363) 關野貞,「平安南道 大同郡 順川郡 龍岡郡 古蹟調査報告書」,『大正5年度 古蹟調査報告書』, 朝鮮總督府, 1917.
「平壤附近に於ける樂浪時代の墳墓 一」,『古蹟調査特別報告 1冊』, 朝鮮總督府, 1919.
關野貞,「樂浪時代の遺蹟」,『古蹟調査 特別報告 第 4冊』, 朝鮮總督府, 1927.
平安南道,『樂浪及高句麗』, 1929.

364) 關野貞,「平安南道 大同郡 順川郡 龍岡郡 古蹟調査報告書」,『大正5年度 古蹟調査報告書』, 朝鮮總督府, 1917.
「平壤附近に於ける樂浪時代の墳墓 一」,『古蹟調査特別報告 1冊』, 朝鮮總督府, 1919.
關野貞,「樂浪時代の遺蹟」,『古蹟調査 特別報告 第 4冊』, 朝鮮總督府, 1927.
平安南道,『樂浪及高句麗』, 1929.

365) 關野貞,「平安南道 大同郡 順川郡 龍岡郡 古蹟調査報告書」,『大正5年度 古蹟調査報告書』, 朝鮮總督府, 1917.
「平壤附近に於ける樂浪時代の墳墓 一」,『古蹟調査特別報告 1冊』, 朝鮮總督府, 1919.
關野貞,「樂浪時代の遺蹟」,『古蹟調査 特別報告 第 4冊』, 朝鮮總督府, 1927.

平安南道, 『樂浪及高句麗』, 1929.
366) 關野貞, 「平安南道 大同郡 順川郡 龍岡郡 古蹟調査報告書」, 『大正5年度 古蹟調査報告書』, 朝鮮總督府, 1917.
「平壤附近に於ける樂浪時代の墳墓 一」, 『古蹟調査特別報告 1冊』, 朝鮮總督府, 1919.
關野貞, 「樂浪時代の遺蹟」, 『古蹟調査 特別報告 第 4冊』, 朝鮮總督府, 1927.
平安南道, 『樂浪及高句麗』, 1929.
367) 關野貞, 「平安南道 大同郡 順川郡 龍岡郡 古蹟調査報告書」, 『大正5年度 古蹟調査報告書』, 朝鮮總督府, 1917.
「平壤附近に於ける樂浪時代の墳墓 一」, 『古蹟調査特別報告 1冊』, 朝鮮總督府, 1919.
關野貞, 「樂浪時代の遺蹟」, 『古蹟調査 特別報告 第 4冊』, 朝鮮總督府, 1927.
平安南道, 『樂浪及高句麗』, 1929.
368) 이는 紀年이 있는 漆器의 발견으로는 최초이며, 이후 계속된 평양 일대의 발굴과 도굴에 의해 나타난 기년 명문의 칠기의 수는 梅原末治, 「漢代 漆器 紀年銘文集錄」, (『東方學報』1934年)에 수록된 것만도 40여 점이나 된다.
369) 關野貞, 「平安南道 大同郡 順川郡 龍岡郡 古蹟調査報告書」, 『大正5年度 古蹟調査報告書』, 朝鮮總督府, 1917.
「平壤附近に於ける樂浪時代の墳墓 一」, 『古蹟調査特別報告 1冊』, 朝鮮總督府, 1919.
關野貞, 「樂浪時代の遺蹟」, 『古蹟調査 特別報告 第 4冊』, 朝鮮總督府, 1927.
平安南道, 『樂浪及高句麗』, 1929.
370) 關野貞, 「平安南道 大同郡 順川郡 龍岡郡 古蹟調査報告書」, 『大正5年度 古蹟調査報告書』, 朝鮮總督府, 1917.
「平壤附近に於ける樂浪時代の墳墓 一」, 『古蹟調査特別報告 1冊』, 朝鮮總督府, 1919.
關野貞, 「樂浪時代の遺蹟」, 『古蹟調査 特別報告 第 4冊』, 朝鮮總督府, 1927.
平安南道, 『樂浪及高句麗』, 1929.
371) 關野貞, 「平安南道 大同郡 順川郡 龍岡郡 古蹟調査報告書」, 『大正5年度 古蹟調査報告書』, 朝鮮總督府, 1917.
梅原末治, 藤田亮策, 『朝鮮古文化綜鑑』제4권, 養德社, 1966.
朝鮮總督府, 『高句麗時代之遺蹟』下冊, 1930.
372) 關野貞, 「平安南道 大同郡 順川郡 龍岡郡 古蹟調査報告書」, 『大正5年度 古蹟調査報告書』, 朝鮮總督府, 1917.
梅原末治, 藤田亮策, 『朝鮮古文化綜鑑』제4권, 養德社, 1966.
朝鮮總督府, 『高句麗時代之遺蹟』下冊, 1930.
373) 關野貞, 「平安南道 大同郡 順川郡 龍岡郡 古蹟調査報告書」, 『大正5年度 古蹟調査報告書』, 朝鮮總督府, 1917.
梅原末治, 藤田亮策, 『朝鮮古文化綜鑑』제4권, 養德社, 1966.

朝鮮總督府, 『高句麗時代之遺蹟』下冊, 1930.

374) 關野貞, 「平安南道 大同郡 順川郡 龍岡郡 古蹟調査報告書」, 『大正5年度 古蹟調査報告書』, 朝鮮總督府, 1917.
梅原末治, 藤田亮策, 『朝鮮古文化綜鑑』제4권, 養德社, 1966.
朝鮮總督府, 『高句麗時代之遺蹟』下冊, 1930.

375) 關野貞, 「平安南道 大同郡 順川郡 龍岡郡 古蹟調査報告書」, 『大正5年度 古蹟調査報告書』, 朝鮮總督府, 1917.
梅原末治, 藤田亮策, 『朝鮮古文化綜鑑』제4권, 養德社, 1966.
朝鮮總督府, 『高句麗時代之遺蹟』下冊, 1930.
國立中央博物館, 『유리원판목록집 Ⅳ』, 2000. 원판번호 751-6.

376) 關野貞, 「平安南道 大同郡 順川郡 龍岡郡 古蹟調査報告書」, 『大正5年度 古蹟調査報告書』, 朝鮮總督府, 1917.
梅原末治, 藤田亮策, 『朝鮮古文化綜鑑』제4권, 養德社, 1966.
朝鮮總督府, 『高句麗時代之遺蹟』下冊, 1930.

377) 關野貞, 「平安南道 大同郡 順川郡 龍岡郡 古蹟調査報告書」, 『大正5年度 古蹟調査報告書』, 朝鮮總督府, 1917.
梅原末治, 藤田亮策, 『朝鮮古文化綜鑑』제4권, 養德社, 1966.
朝鮮總督府, 『高句麗時代之遺蹟』下冊, 1930.

378) 關野貞, 「平安南道 大同郡 順川郡 龍岡郡 古蹟調査報告書」, 『大正5年度 古蹟調査報告書』, 朝鮮總督府, 1917.
梅原末治, 藤田亮策, 『朝鮮古文化綜鑑』제4권, 養德社, 1966.
朝鮮總督府, 『高句麗時代之遺蹟』下冊, 1930.

379) 關野貞, 「平安南道 大同郡 順川郡 龍岡郡 古蹟調査報告書」, 『大正5年度 古蹟調査報告書』, 朝鮮總督府, 1917.
梅原末治, 藤田亮策, 『朝鮮古文化綜鑑』제4권, 養德社, 1966.
朝鮮總督府, 『高句麗時代之遺蹟』下冊, 1930.

380) 關野貞, 「平安南道 大同郡 順川郡 龍岡郡 古蹟調査報告書」, 『大正5年度 古蹟調査報告書』, 朝鮮總督府, 1917.
梅原末治, 藤田亮策, 『朝鮮古文化綜鑑』제4권, 養德社, 1966.
朝鮮總督府, 『高句麗時代之遺蹟』下冊, 1930.

381) 關野貞, 「平安南道 大同郡 順川郡 龍岡郡 古蹟調査報告書」, 『大正5年度 古蹟調査報告書』, 朝鮮總督府, 1917.
朝鮮總督府, 『高句麗時代之遺蹟』下冊, 1930.

382) 關野貞, 「平安南道 大同郡 順川郡 龍岡郡 古蹟調査報告書」, 『大正5年度 古蹟調査報告書』, 朝鮮總督府, 1917.

梅原末治, 藤田亮策, 『朝鮮古文化綜鑑』제4권, 養德社, 1966.
383) 鳥居龍藏, 「平安南道黃海道古蹟調査報告書」, 『大正5年度 古蹟調査報告書』, 朝鮮總督府, 1917.
384) 鳥居龍藏, 「平安南道黃海道古蹟調査報告書」, 『大正5年度 古蹟調査報告書』, 朝鮮總督府, 1917.
385) 鳥居龍藏, 「平安南道黃海道古蹟調査報告書」, 『大正5年度 古蹟調査報告書』, 朝鮮總督府, 1917.
386) 今西龍, 「高麗陵墓調査報告書」, 『大正5年度 古蹟調査報告』圖版 134-147, 朝鮮總督府, 1917, pp. 501~515.
387) 今西龍, 「高麗陵墓調査報告書」, 『大正5年度 古蹟調査報告』, 朝鮮總督府, 1917.
388) 今西龍, 「高麗陵墓調査報告書」, 『大正5年度 古蹟調査報告』, 朝鮮總督府, 1917, p. 448.
    四陵: pp. 449~450. "陵發掘痕 丁字閣址 瓦片散 素燒土器片 封土上遺存"
    七陵: p. 523. "大正5年 盜掘"
389) 今西龍, 「高麗陵墓調査報告書」, 『大正5年度 古蹟調査報告』, 朝鮮總督府, 1917, p. 523.
390) 今西龍, 「高麗陵墓調査報告書」, 『大正5年度 古蹟調査報告』, 朝鮮總督府, 1917, pp. 537~539. "大正五年盜掘"
391) 「平壤附近に於ける樂浪時代の墳墓 一」, 『古蹟調査特別報告 1冊』, 朝鮮總督府, 1919.
    關野貞 外 5名, 『樂浪時代の遺蹟』, 朝鮮總督府, 1927, pp. 245~248.
392) 關野貞 外 5名, 『樂浪時代の遺蹟』, 朝鮮總督府, 1927, pp. 252~255.
393) 『大正9年度 古蹟調査報告』, 朝鮮總督府, 1923.
394) 國立中央博物館, 『유리원판목록집 Ⅲ』, 1999. 원판번호 322-7.
395) 梅原末治, 『朝鮮古代の墓制』, 國書刊行會, 1972.
396) 小野忠明, 「朝鮮大同江岸節目紋土器に隨伴する石器」, 『考古學』제8권 제4호, 東京考古學會, 1937년 4월.
397) 谷井濟一, 「黃海道鳳山郡-古蹟調査略報告」, 『大正6年度古蹟調査報告』, 朝鮮總督府, 1918.
398) 谷井濟一, 「黃海道鳳山郡-古蹟調査略報告」, 『大正6年度古蹟調査報告』, 朝鮮總督府, 1918.
399) 國立中央博物館, 『유리원판목록집 Ⅰ』, 1997, 원판번호 230582~230601.
    國立中央博物館, 『유리원판목록집 Ⅳ』, 2000, 원판번호 861-9.
400) 谷井濟一, 「黃海道鳳山郡-古蹟調査略報告」, 『大正6年度古蹟調査報告』, 朝鮮總督府, 1918.
401) 谷井濟一, 「黃海道鳳山郡-古蹟調査略報告」, 『大正6年度古蹟調査報告』, 朝鮮總督府, 1918.
    國立中央博物館, 『유리원판목록집 Ⅰ』, 1997, 원판번호 230523~230573.
402) 谷井濟一, 「黃海道鳳山郡-古蹟調査略報告」, 『大正6年度古蹟調査報告』, 朝鮮總督府, 1918.
    國立中央博物館, 『유리원판목록집 Ⅰ』, 1997, 원판번호 230574~230581.
403) 谷井濟一, 「黃海道鳳山郡-古蹟調査略報告」, 『大正6年度古蹟調査報告』, 朝鮮總督府, 1918.
    國立中央博物館, 『유리원판목록집 Ⅰ』, 1997, 원판번호 230602~230616.
404) 谷井濟一, 「黃海道鳳山郡-古蹟調査略報告」, 『大正6年度古蹟調査報告』, 朝鮮總督府, 1918
405) 關野貞, 「平安北道及滿洲高句麗古蹟調査略報告」, 『大正6年度 古蹟調査報告』, 朝鮮總督府, 1918, pp. 523~525.

關野貞, 『朝鮮の建築と藝術』, 岩波書店, 1941, pp. 325~327.
황제총은 봉토의 크기가 동서 30m 서북 28m라는 거대한 토총으로 현실의 넓이는 4면 모두 12m나 되는 엄청난 고분이나 부장품은 하나도 알려지지 않고 있다.

406) 關野貞, 「平安北道及滿洲高句麗古蹟調査略報告」, 『大正6年度古蹟調査報告』, 朝鮮總督府, 1918.
407) 關野貞, 「平安北道及滿洲高句麗古蹟調査略報告」, 『大正6年度古蹟調査報告』, 朝鮮總督府, 1918.
408) 野守健, 榧本龜次郎, 「晚達山麓高句麗古墳の調査」, 『昭和12年度 古蹟調査報告』, 朝鮮古蹟研究會, 1938.
409) 今西龍, 「慶尙北道 善山郡 古蹟調査報告」, 『大正6年度 古蹟調査報告』, 朝鮮總督府, 1919.
410) 今西龍, 「慶尙北道 善山郡 古蹟調査報告」, 『大正6年度 古蹟調査報告』, 朝鮮總督府, 1919.
411) 今西龍, 「慶尙北道 善山郡 古蹟調査報告」, 『大正6年度 古蹟調査報告』, 朝鮮總督府, 1919.
412) 今西龍, 「慶尙北道 善山郡 古蹟調査報告」, 『大正6年度 古蹟調査報告』, 朝鮮總督府, 1919.
413) 今西龍, 「咸安郡 上. 舊咸安郡 古蹟調査報告」, 『大正6年度 古蹟調査報告』, 朝鮮總督府, 1919, pp. 179~184.
『釜山日報』 1917년 10월 23일자, 11월 11일자.
「任那古地遺蹟」, 『考古學雜誌』 제8권 제5호, 1918년 1월.
414) 『釜山日報』 1917년 10월 23일자.
415) 國立中央博物館, 『유리원판목록집 Ⅰ』, 1997, 원판번호 230432~230474.
416) 國立中央博物館, 『유리원판목록집 Ⅰ』, 1997, 원판번호 230305~230317.
417) 『釜山日報』, 1917년 11월 3일자.
「彙報」, 『歷史地理』 제30권 제6호, 1917년 12월.
418) 『釜山日報』 1917년 11월 17일자.
「彙報」, 『歷史地理』 제30권 제6호, 1917년 12월.
419) 정식 발굴조사보고서는 미간으로 그쳤지만 그 중 1기는 9호분으로 발굴 작업에 참가하였던 小川敬吉이 발굴 경과를 노트형식으로 기록한 것을 해방 후 일본 동경대학에서 입수하여 그 일부가 밝혀졌다(有光敎一, 「羅州潘南面 新村里 第九號墳 發掘調査記錄」, 『朝鮮學報 第九十四輯』, 1980).
420) 有光敎一, 「羅州潘南面古墳の發掘調査」, 『昭和13年度古蹟調査報告書』, 朝鮮古蹟研究會, 1940. 이 지역은 大正 6, 7년 2회에 걸쳐 谷井濟一 일행이 6기를 발굴, 大正6년도 고적조사보고에 수록, 발굴품은 총독부에 수장했다(대안리 제9호분-1918년).
有光敎一, 「羅州潘南面新村里第9號墳發掘調査記錄」, 『有光敎一著作集 第3卷』, 1999.
421) 〈大正6年度古蹟調査蒐集品 目錄(黑坂勝美)〉, 『1918年度 유물수입명령서』, 국립박물관.
422) 〈大正6年度古蹟調査蒐集品 目錄(黑坂勝美)〉, 『1918年度 유물수입명령서』, 국립박물관.
423) 〈大正6年度 古蹟調査 蒐集品 引繼目錄(黑坂勝美, 1918年 4月 20日)〉, 『1918年度 유물수입명령서』, 국립박물관.
424) 〈大正6年度古蹟調査蒐集品 目錄(黑坂勝美)〉, 『1918年度 유물수입명령서』, 국립박물관.
425) 梅原末治, 「百濟遺蹟調査の回顧と今春の發掘に就いて」, 『忠南教育』, 忠淸南道教育會, 1938.

426) 「扶餘 陵山里 東古墳群の調査」, 『昭和12年度古蹟調査報告』, 朝鮮古蹟硏究會, 1938.
　　有光敎一, 「扶余陵山里傳百濟王陵と益山双陵」, 『有光敎一著作集 第3卷』, 1999.
427) 「彙報」, 『歷史地理』제30권 제6호, 1917년 12월.
428) 「彙報」, 『歷史地理』제30권 제6호, 1917년 12월.
429) 「彙報」, 『歷史地理』제30권 제6호, 1917년 12월.
430) 梅原末治, 『朝鮮古代の墓制』 國書刊行會, 1972, p. 77.
431) 谷井濟一, 「益山郡 古蹟調査報告」, 『大正6年度古蹟調査報告』, 朝鮮總督府, 1919, p. 652.
　　有光敎一, 「扶余陵山里傳百濟王陵と益山双陵」, 『有光敎一著作集 第3卷』, 1999.
　　梅原末治, 「百濟遺蹟調査の回顧と今春の發掘に就いて」, 『忠南敎育』, 忠淸南道敎育會, 1938.
432) 谷井濟一, 「京畿道廣州-古蹟調査略報告」, 『大正6年度古蹟調査報告』, 朝鮮總督府, 1919.
433) 今西龍, 「慶尙北道 善山郡-昌寧郡調査報告」, 『大正6年度古蹟調査報告』, 朝鮮總督府, 1919, p. 440.
434) 今西龍, 「慶尙北道 善山郡-昌寧郡調査報告」, 『大正6年度古蹟調査報告』, 朝鮮總督府, 1919, p. 440.
435) 國立中央博物館, 『유리원판목록집 v』, 2002, 원판번호 170221~22.
436) 今西龍, 「慶尙北道 善山郡-昌寧郡調査報告」, 『大正6年度古蹟調査報告』, 朝鮮總督府, 1919, p. 440.
437) 濱田耕作, 『考古學硏究』, 座右寶刊行會, 1939.
　　국립박물관. 國立中央博物館, 『유리원판목록집 Ⅰ』, 1997, 원판번호 170178~178191.
438) 「彙報」, 『歷史地理』31권 1호, 1918년 1월, p. 102.
439) 『大正9年度 古蹟調査報告』, 朝鮮總督府, 1923.
　　榧本龜次郞, 「金海會峴里貝塚發見の甕棺に就て」, 『考古學』제9권 제1호, 1938년 1월.
440) 국립중앙박물관, 『유리원판목록집 Ⅲ』, 1999, 원판번호 326-1,3,6,14.
441) 國立中央博物館, 『유리원판목록집 Ⅲ』, 1999, 원판번호 329-2.
442) 「고적조사 수집품 인계목록」, 『광복이전 박물관자료 목록집』, 국립중앙박물관, 1997.
443) 「고적조사 수집품 인계목록」, 『광복이전 박물관자료 목록집』, 국립중앙박물관, 1997.
444) 「고적조사 수집품 인계목록」, 『광복이전 박물관자료 목록집』, 국립중앙박물관, 1997.
445) 梅原末治, 濱田耕作, 「慶尙北道慶尙南道古蹟調査報告」, 『大正7年度蹟調査報告書』, 朝鮮總督府, 1921.
　　「大正7年度古蹟調査成績」, 『朝鮮彙報』, 朝鮮總督府, 1919년 8월.
446) 梅原末治, 濱田耕作, 「慶尙北道慶尙南道古蹟調査報告」, 『大正7年度蹟調査報告書』, 朝鮮總督府, 1921.
　　濱田靑陵, 「朝鮮の考古學調査に關する私の最初の思出」, 『考古學』제7권 제6호, 東京考古學會, 1936년 6월.
　　「大正7年度古蹟調査成績」, 『朝鮮彙報』, 朝鮮總督府, 1919년 8월.
447) 梅原末治, 濱田耕作, 「慶尙北道慶尙南道古蹟調査報告」, 『大正7年度蹟調査報告書』, 朝鮮總督府, 1921.
　　「大正7年度古蹟調査成績」, 『朝鮮彙報』, 朝鮮總督府, 1919년 8월.
　　濱田靑陵, 「朝鮮の考古學調査に關する私の最初の思出」, 『考古學』제7권 제6호, 東京考古學會, 1936년 6월.
448) 梅原末治, 濱田耕作, 「慶尙北道慶尙南道古蹟調査報告」, 『大正7年度蹟調査報告書』, 朝鮮總督府, 1921.

「大正7年度古蹟調查成績」,『朝鮮彙報』, 朝鮮總督府, 1919년 8월.
濱田靑陵,「朝鮮の考古學調査に關する私の最初の思出」,『考古學』제7권 제6호, 東京考古學會, 1936년 6월.

449) 梅原末治, 濱田耕作,「慶向北道慶尙南道古蹟調査報告」,『大正7年度蹟調査報告書』, 朝鮮總督府, 1921.
梅原末治,『朝鮮古代の墓制』, 國書刊行會, 1972.

450) 梅原末治, 濱田耕作,「慶向北道慶尙南道古蹟調査報告」,『大正7年度蹟調査報告書』, 朝鮮總督府, 1921.

451) 濱田, 梅原,「慶尙北道 慶尙南道 古墳調査報告」,『大正7年度 古蹟調査報告』, 朝鮮總督府, 1921, p. 482. 圖版151, 152.

452) 濱田耕作, 梅原末治,「慶尙北道 慶尙南道 古墳調査報告書」,『大正7年度 古蹟調査報告 第1冊』, 朝鮮總督府, 1921

453) 『동경국립박물관 수장품 목록』에는 '조선총독부 기증'으로 게재, 유물번호 34162~34239.
제4차회담 진행 중에 일본 측은 어부 송환을 촉진하기 위해 창령고분 출토 106점을 반환했었다.

454) 「大正7年度古蹟調查成績」,『朝鮮彙報』, 朝鮮總督府, 1919년 8월.

455) 早乙女雅博,「新羅の考古學調査 100年の硏究」,『朝鮮史硏究會論文集』39, 朝鮮史硏究會, 2001년 10월, p. 68.

456) 早乙女雅博,「新羅の考古學調査 100年の硏究」,『朝鮮史硏究會論文集』39, 朝鮮史硏究會, 2001년 10월, p. 68.

457) 「大正7年度古蹟調查成績」,『朝鮮彙報』, 朝鮮總督府, 1919년 8월.

458) 1916년 6월에 黑板이 발굴을 하다가 중지한 것을 原田淑人이 재조사(부산일보, 1918년 9월 4일자).
有光敎一,「新羅金製耳飾最近の出土例に就いて」,『考古學』제7권 제7호, 1936년 6월.

459) 原田淑人,「慶尙北道 慶州郡 遺蹟調査報告書」 '內東面 普門里古墳發掘調査' 條,『大正7年度 古蹟調査報告』, 朝鮮總督府. 1921.
關野貞,『朝鮮の建築と藝術』, 岩波書店, 1941, p. 58.
『釜山日報』1918년 9월 4일자.
日本歷史地理會,「彙報」,『歷史地理』제32권 6호(통권 제229호), 1918년 10월, p. 69.
『歷史地理』제32권 6호에서는 목록에 '純金の冠'이 나타나 있다.
「大正7年度古蹟調查成績」,『朝鮮彙報』, 朝鮮總督府, 1919년 8월.
穴澤和光, 馬目順一,「昌寧校洞古墳群 -「梅原考古資料」를 中心とした谷井濟一氏發掘資料の硏究-」,『考古學雜誌』제61권 제4호, 日本考古學會, 1975년 3월.

460) 原田淑人,「慶尙北道 慶州郡 遺蹟調査報告書」 '內東面 普門里古墳發掘調査' 條,『大正7年度 古蹟調査報告』, 朝鮮總督府. 1921.
關野貞,『朝鮮の建築と藝術』, 岩波書店, 1941, p. 58.

461) 「大正7年度古蹟調查成績」,『朝鮮彙報』, 朝鮮總督府, 1919년 8월.

穴澤和光, 馬目順一,「昌寧校洞古墳群 -「梅原考古資料」を中心とした谷井濟一氏發掘資料の研究-」,
　　『考古學雜誌』제61권 제4호, 日本考古學會, 1975년 3월.
462) 原田淑人,「慶尙北道 慶州郡 遺蹟調査報告書」'內東面 普門里古墳發掘調査' 條,『大正7年度 古
　　蹟調査報告』, 朝鮮總督府, 1921.
　　關野貞,『朝鮮の建築と藝術』, 岩波書店, 1941, p. 58.
　　「大正7年度古蹟調査成績」,『朝鮮彙報』, 朝鮮總督府, 1919년 8월.
463) 藤田先生記念事業會,『朝鮮考古學』, 1963, p. 614.
　　「大正7年度古蹟調査成績」,『朝鮮彙報』, 朝鮮總督府, 1919년 8월.
464)「大正7年度古蹟調査成績」,『朝鮮彙報』, 朝鮮總督府, 1919년 8월.
465)「大正7年度古蹟調査成績」,『朝鮮彙報』, 朝鮮總督府, 1919년 8월.
466)「大正7年度古蹟調査成績」,『朝鮮彙報』, 朝鮮總督府, 1919년 8월.
467)「大正7年度古蹟調査成績」,『朝鮮彙報』, 朝鮮總督府, 1919년 8월.
468) 梅原末治,『朝鮮古代の墓制』, 國書刊行會, 1972, pp. 112~113.
469)「大正7年度古蹟調査成績」,『朝鮮彙報』, 朝鮮總督府, 1919년 8월.
470)「大正7年度古蹟調査成績」,『朝鮮彙報』, 朝鮮總督府, 1919년 8월.
471) 梅原末治,『朝鮮古代の墓制』, 國書刊行會, 1972, pp. 119~120.
　　國立中央博物館,『유리원판목록집』1, 1997, 원판번호 230398~230421.
472) 梅原末治,『朝鮮古代の墓制』, 國書刊行會, 1972, pp. 119~120.
　　國立中央博物館,『유리원판목록집Ⅰ』, 1997, 원판번호 230329~230397.
473) 早乙女雅博,「新羅の考古學調査 100年の研究」,『朝鮮史研究會論文集』39, 朝鮮史研究會, 2001년
　　10월, p. 67.
　　「大正7年度古蹟調査成績」,『朝鮮彙報』, 朝鮮總督府, 1919년 8월.
474) 國立中央博物館,『유리원판목록집 Ⅰ』, 1997, 원판번호 230318~230327.
475) 早乙女雅博,「新羅の考古學調査 100年の研究」,『朝鮮史研究會論文集』39, 朝鮮史研究會, 2001년
　　10월, p. 67.
　　「大正7年度古蹟調査成績」,『朝鮮彙報』, 朝鮮總督府, 1919년 8월.
　　國立中央博物館,『유리원판목록집Ⅰ』, 1997, 원판번호 230421~230423.
476) 國立中央博物館,『유리원판목록집Ⅰ』, 1997, 원판번호 230425~230431, 230476~230521.
477) 早乙女雅博,「新羅の考古學調査 100年の研究」,『朝鮮史研究會論文集』39, 朝鮮史研究會, 2001년
　　10월, p. 67.
478)『大正6年度古蹟調査報告』, 朝鮮總督府, p. 362.
479)『大正6年度古蹟調査報告』, 朝鮮總督府, p. 370.
480)「大正7年度古蹟調査成績」,『朝鮮彙報』, 朝鮮總督府, 1919년 8월.
481)「彙報」,『歷史地理』제31권 제1호, 1918년 1월.
482) 早乙女雅博,「新羅の考古學調査 100年の研究」,『朝鮮史研究會論文集』39, 朝鮮史研究會, 2001년

10월, p. 68.
穴澤和光, 馬目順一, 「昌寧校洞古墳群 -「梅原考古資料」を中心とした谷井濟一氏發掘資料の研究-」, 『考古學雜誌』제61권 제4호, 日本考古學會, 1975년 3월.
「大正7年度古蹟調査成績」, 『朝鮮彙報』, 朝鮮總督府, 1919년 8월.

483) 金洗㞢, 「昌寧校洞 古墳群 및 桂城 古墳群 出土遺物과 其他」, 『慶南鄕土史論叢Ⅵ』, 慶南鄕土史硏究協議會, 1997.
「大正7年度古蹟調査成績」, 『朝鮮彙報』, 朝鮮總督府, 1919년 8월.
穴澤和光, 馬目順一, 「昌寧校洞古墳群 -「梅原考古資料」を中心とした谷井濟一氏發掘資料の研究-」, 『考古學雜誌』제61권 제4호, 日本考古學會, 1975년 3월.

484) 金洗㞢, 「昌寧校洞 古墳群 및 桂城 古墳群 出土遺物과 其他」, 『慶南鄕土史論叢Ⅵ』, 慶南鄕土史硏究協議會, 1997.
「大正7年度古蹟調査成績」, 『朝鮮彙報』, 朝鮮總督府, 1919년 8월.
穴澤和光, 馬目順一, 「昌寧校洞古墳群 -「梅原考古資料」を中心とした谷井濟一氏發掘資料の研究-」, 『考古學雜誌』제61권 제4호, 日本考古學會, 1975년 3월.

485) 金洗㞢, 「昌寧校洞 古墳群 및 桂城 古墳群 出土遺物과 其他」, 『慶南鄕土史論叢Ⅵ』, 慶南鄕土史硏究協議會, 1997.
「大正7年度古蹟調査成績」, 『朝鮮彙報』, 朝鮮總督府, 1919년 8월.
穴澤和光, 馬目順一, 「昌寧校洞古墳群 -「梅原考古資料」を中心とした谷井濟一氏發掘資料の研究-」, 『考古學雜誌』제61권 제4호, 日本考古學會, 1975년 3월.

486) 國立中央博物館, 『유리원판목록집Ⅰ』, 1997, 원판번호 180227~180295.

487) 國立中央博物館, 『유리원판목록집Ⅰ』, 1997, 원판번호 180297.

488) 金洗㞢, 「昌寧校洞 古墳群 및 桂城 古墳群 出土遺物과 其他」, 『慶南鄕土史論叢Ⅵ』, 慶南鄕土史硏究協議會, 1997.
「大正7年度古蹟調査成績」, 『朝鮮彙報』, 朝鮮總督府, 1919년 8월.
穴澤和光, 馬目順一, 「昌寧校洞古墳群 -「梅原考古資料」を中心とした谷井濟一氏發掘資料の研究-」, 『考古學雜誌』제61권 제4호, 日本考古學會, 1975년 3월.

489) 金洗㞢, 「昌寧校洞 古墳群 및 桂城 古墳群 出土遺物과 其他」, 『慶南鄕土史論叢Ⅵ』, 慶南鄕土史硏究協議會, 1997.
「大正7年度古蹟調査成績」, 『朝鮮彙報』, 朝鮮總督府, 1919년 8월.
穴澤和光, 馬目順一, 「昌寧校洞古墳群 -「梅原考古資料」を中心とした谷井濟一氏發掘資料の研究-」, 『考古學雜誌』제61권 제4호, 日本考古學會, 1975년 3월.

490) 金洗㞢, 「昌寧校洞 古墳群 및 桂城 古墳群 出土遺物과 其他」, 『慶南鄕土史論叢Ⅵ』, 慶南鄕土史硏究協議會, 1997.
「大正7年度古蹟調査成績」, 『朝鮮彙報』, 朝鮮總督府, 1919년 8월.
穴澤和光, 馬目順一, 「昌寧校洞古墳群 -「梅原考古資料」を中心とした谷井濟一氏發掘資料の研究

-」, 『考古學雜誌』제61권 제4호, 日本考古學會, 1975년 3월.
491) 金洗屋, 「昌寧校洞 古墳群 및 桂城 古墳群 出土遺物과 其他」, 『慶南鄕土史論叢Ⅵ』, 慶南鄕土史硏究協議會, 1997.
「大正7年度古蹟調査成績」, 『朝鮮彙報』, 朝鮮總督府, 1919년 8월.
穴澤和光, 馬目順一, 「昌寧校洞古墳群 -「梅原考古資料」를 中心と した谷井濟一氏發掘資料の研究-」, 『考古學雜誌』제61권 제4호, 日本考古學會, 1975년 3월.
492) 金洗屋, 「昌寧校洞 古墳群 및 桂城 古墳群 出土遺物과 其他」, 『慶南鄕土史論叢Ⅵ』, 慶南鄕土史硏究協議會, 1997.
「大正7年度古蹟調査成績」, 『朝鮮彙報』, 朝鮮總督府, 1919년 8월.
穴澤和光, 馬目順一, 「昌寧校洞古墳群 -「梅原考古資料」를 中心と した谷井濟一氏發掘資料の研究-」, 『考古學雜誌』제61권 제4호, 日本考古學會, 1975년 3월.
493) 池內宏, 「咸鏡南道咸興郡に於ける高麗時代の古城址」, 『大正8年度蹟調査報告書』, 朝鮮總督府, 1921.
494) 早乙女雅博, 「三國時代江原道の古墳と土器 -關野貞資料土器とその歷史的意義-」, 『朝鮮文化硏究』제4號, 東京大學文學部朝鮮文化硏究室, 1997.
495) 國立中央博物館, 『유리원판목록집1』, 1997, 원판번호 180304~180306.
496) 齋藤忠, 『朝鮮佛敎美術考』, 寶雲舍刊, 1947.
池內宏, 『高麗時代の古城址』, 東京帝國大學, 1919.
497) 「近江國蒲生郡に於ける窯址特に釉藥陶器に就て」, 『考古學雜誌』제10권 제3호, 1919년 11월, p. 48.
498) 〈大正9年度 10월 古蹟調査 蒐集品 引繼目錄(谷井濟一)〉(『1921년도 유물수입명령서』, 국립박물관.)에는 유물번호 8279~8285로 기록하고 있다.
499) 有光敎一, 「十二支生肖の石彫を繞らした新羅の墳墓」, 『靑丘學叢』제25號, 1936, pp. 81~82.
500) 해방 이후 1964년, 1965년에 걸쳐 鄭明鎬, 孫龍文의 監督下에 복원공사가 이루어졌는데 일제 때 발굴 조사 후 아무렇게나 방치하여 四方石柱(甲石, 面石, 護石, 地臺石)가 도괴 방치되었던 탓으로 봉토층이 낙토가 되어 정상 중심부의 천정석이 대부분 노출되었으며, 남쪽의 지대석은 전부 실하였다(孫龍文, 「九政里方形墳 復元工事 經緯」, 『考古美術』통권65號, 1965년 12월 참조).
501) 藤井惠介, 早乙女雅博 외 2명 편, 『關野貞アジア踏査』, 東京大學總合硏究博物館, 2005, p. 245.
502) 「東京 國立博物館 所藏目錄」에는 遺物番號 33987- 34021로 '朝鮮總督府 寄贈'으로 되어 있다.
503) 馬場是一郎, 小川敬吉, 「梁山夫婦塚と其遺物」, 『古蹟調査特別報告』第五冊, 朝鮮總督府, 1927.
504) 濱田耕作, 『考古學硏究』, 座右寶刊行會, 1939, p. 297.
濱田耕作, 梅原末治, 『大正9年度古蹟調査報告(金海貝塚發掘調査報告)』, 朝鮮總督府, 1923.
505) 梅原末治, 『朝鮮古代の墓制』, 國書刊行會, 1972, p. 116.
梅原末治, 「漢代朝鮮の文物に就いての一考察」, 『考古學』제7권 제6호, 1936년 6월.
506) 「고적조사 수집품 인계목록」, 『광복이전 박물관자료 목록집』, 국립중앙박물관, 1997.
507) 「고적조사 수집품 인계목록」, 『광복이전 박물관자료 목록집』, 국립중앙박물관, 1997.
508) 「고적조사 수집품 인계목록」, 『광복이전 박물관자료 목록집』, 국립중앙박물관, 1997.

4) 반출한 유물

(1) 양산부부총 출토 유물

1920년에는 양산부부총을 발굴하였다. 이는 처음부터 유물 수집을 목적으로 유물이 풍부할 것으로 추정되는 고분을 선정하여 발굴한 것이다. 양산읍의 동북 북산성(北山城)의 서쪽 기슭에 북정동이라 부르는 소부락이 있는데 이 부락의 남측 구릉상에 큰 고분이 일렬로 조성되어 있었다. 이 고분군 중 동쪽 끝을 북정동 제1호분으로 정하고 서쪽 방향으로 번호를 부여하여 마지막을 제18호분으로 부여했다. 제18호분은 이미 도굴되어 있었으며 이외에도 주변의 산 중복(中腹) 이하에 크고 적은 고분이 산재되어 있었는데 분형은 보통 원분(圓墳)으로 과반수는 자연적으로 붕괴되었거나 도굴로 인한 파괴로 석곽이 노출되었다.

우마주카 제이치로(馬場是一郎)와 오가와 케이기치(小川敬吉)는 발굴에 앞서 '유물이 풍부한 고분(완전한 분)', '10일 내외에 마칠 것'을 기준으로 하여 이 고분군 중 중간에 위치한 북정동 제10호분을 발굴고분으로 선정하였다.

발굴 전의
양산부부총 모습

이 고분은 완전한 분으로 1920년 11월 13일부터 군서기 경관의 입회 하에 당시 조선총독부 고적조사의원 우마주카와 오가와에 의해 발굴되었다. 11월 13일에 사진을 촬영하고, 11월 14일에 봉분을 파헤치기 시작하는데, 이때 이 무덤의 주인이라 주장하는 자가 나타나기도 했다.[509]

양산부부총도록

북정동 제10호분은 조사 후 현실의 석상상(石床上)에 부부로 여겨지는 유골(遺骨)이 안장되어 있어 부부총(夫婦塚)이라 이름을 붙였다. 1920년 11월 13일에 발굴을 시작하여 11월 25일에 작업을 종료하였는데 고분 발굴 착수 이래 사용된 발굴인부는 야경을 합해 72명, 소요된 시일은 악천후로 중지한 것을 제외하면 13일이 소요되었다. 출토된 유물은 금동보관(金銅寶冠), 귀걸이, 목걸이, 환두태도 등 340여 점이나 되는 유물이 출토되었는데 유물 일체를 모두 일본으로 가져가 버렸다.[510] 우메하라는 "양산부부총은 연구상 귀중한 것으로

---

509) 馬場是一郎, 小川敬吉, 「梁山夫婦塚と其遺物」, 『古蹟調査特別報告』第五冊, 朝鮮總督府, 1927. 이 고분의 주변에 있는 작은 고분들이 자신의 先代墓이기 때문에 이 고분 역시 자신의 先代墓라고 주장하면서 발굴 중지를 요구하였다. 그런데 알고 보니 소유자라 칭하는 이 자는 수년 전에 일본인 모에게 고분을 이장하고 매장된 유물을 賣渡하려 했다는 것이다. 이러한 것을 보면 당시 악질적인 일본인 장물아비나 수집가들의 조종에 의해 공공연히 도굴이 자행되었음을 알 수 있다. 총독부의 「고적조사보고」를 보면 小倉武之助 소장으로 되어 있는 '金製透彫金具', '鳥形土器', '馬形土器', '雙盃輪土器' 등과 市田次郎의 소장으로 되어있는 '鳥形前立金具', '雙形七乳鏡' 등이 실려 있는데 바로 이런 식으로 도굴된 유물로 짐작된다.
510) 「東京 國立博物館 所藏目錄」에는 遺物番號 33987~34021로 '朝鮮總督府 寄贈'으로 되어 있다.

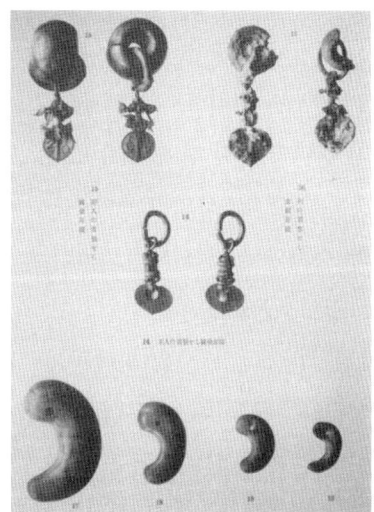

양산부부총
출토 유물

일괄유물은 총독부에서 도쿄제실박물관에 기증"⁵¹¹⁾했다고 한다. 양산부부총은 가야고분 중에서 가장 보존이 잘 된 고분으로 풍부한 유물이 출토되어 가야고분 연구에 가장 중요한 위치를 점하고 있다. 이같이 가장 중요한 유물을 선별하여 조선총독부에서 도쿄박물관으로 반출한 것이다.

이 유물은 한일 국교회복시 한국 측에서 강력하게 반환을 요구했으나 실패했다.

(2) 경남 창령군 교동31호분 출토 유물
이 고분은 1918년 경상남북도 고분 조사의 일환으로 우메하라와 하마다 고우사쿠에 의해 발굴 조사되었다.
1918년 10월 19일에 인부 20명을 동원하여 발굴에 착수하여 10월 20일 오후에

---

511) 梅原末治,『朝鮮古代の墓制』, 國書刊行會, 1972.

석실 일부에 도달했으며 다행히 도굴한 흔적이 없었다. 조사는 22일에 종료했다. 출토 유물은 금제이식 1대, 환상금구(環狀金具) 4개, 관옥 1개, 소옥 7개, 철기 2개, 도자(刀子) 7구, 철제금구 7개, 철정 1개 및 파편, 토기 66개(長頸壺 2개, 蓋附高杯 50개, 蓋 1개, 脚附椀形 2개 蓋附高椀形 11개)가 출토되었다.[512]

이 출토 유물들은 1938년 양산부부총과 함께 도쿄제실박물관으로 반출했다.

『도쿄국립박물관 수장품 목록』에는 '조선총독부 기증'으로 유물번호 34162~34239로 게재되어 있다가, 1958년 제4차 한일회담 때 반환받았다.

(3) 도쿄예술대학 예술자료관 소장 유물

도쿄예술대학 예술자료관 소장 한국유물 기증품 목록[513]

기증 시기	품목(유물번호)	기증자	시대	비고
1917년 5월 11일	幾何學文條塼(考古-154~191)	小場恒吉	낙랑	
1924년 12월 11일	輻線蓮花文軒丸瓦(考古-245)	香取秀眞	고구려	太王陵 出土
1924년 12월 11일	條塼(考古-246)	香取秀眞	고구려	太王陵 出土, 「願太王」陽刻
1924년 12월 11일	條塼(考古-248)	香取秀眞	고구려	太王陵 出土, 「山固如」陽刻

(4) 야쓰이 세이이치의 반출 유물

야쓰이는 1907년 도쿄제국대학 문과대학 사학과를 졸업하고 도쿄대학 대학원에 입학하지만 1908년 도쿄제실박물관의 수장자료를 정리하는 일을 맡았다.[514] 1909년부터 세키노, 구리야마 등과 함께 한국 고적조사에 함께하였다. 특히 1917년부터 행한

---

512) 濱田耕作, 梅原末治, 「慶尙北道 慶尙南道 古蹟調査報告書」, 『大正7年度 古蹟調査報告 第1冊』, 朝鮮總督府, 1921.
513) 東京藝術大學藝術資料館, 『東京藝術大學藝術資料館 藏品目錄』, 1992.
514) 동북아역사재단, 『일본 소재 고구려 유물 Ⅱ』, 2008.

가야유적 조사는 그의 주된 조사라 할 수 있다. 그러나 그가 발굴한 가야 유적의 막대한 출토품은 그대로 박물관에 수장되어 대부분은 지금까지 보고서가 공간되지 못하고 사장되어 있는 상태이다.

야쓰이는 1921년 부친의 병환으로 사직하고 고향으로 돌아갔다. 그가 발굴한 귀중한 유물 중에서 상당수는 몰래 일본으로 빼돌려서 덴리대학도서관과 궁내청, 도쿄대학 사학실 등에 비장하고 있으면서 일반에게는 공개하지 않고 있다.[515]

야쓰이가 반출한 유물의 일부는 1986년에 문화재관리국 문화재연구소에서 발간한 『해외소재 한국 문화재 목록』(pp. 189~174)에 일부 수록되어 있다.

또한 그가 한국을 떠난 후 1928년 도쿄제실박물관 역사부에 출품한 막대한 한국유물 중에는 창령 일대에서 발굴한 유물들이 상당수 포함되어 있을 것으로 추정된다.

야쓰이 세이이치가 1921년까지 한국에서 고적조사를 하면서 채집하여 개인적으로 소장하고 있던 유물들을 1928년에 도쿄박물관에서 진열하였는데 그 품명은 다음과 같다.

* 신진열품

품명	유물번호	출처	비고
蓬萊鏡 3面	歷史部第7區 129~131	『年譜(1928년)』	新出品. 谷井濟一
菊花散雙雀鏡	歷史部第7區 132	『年譜(1928년)』	新出品. 谷井濟一
花菱文長方形鏡	歷史部第7區 133	『年譜(1928년)』	新出品. 谷井濟一
秋草長方形鏡	歷史部第7區 134	『年譜(1928년)』	新出品. 谷井濟一
秋花散柄鏡	歷史部第7區 135	『年譜(1928년)』	新出品. 谷井濟一
桐紋鳳凰瓶鏡	歷史部第7區 136	『年譜(1928년)』	新出品. 谷井濟一
菊花雙鶴鏡 2面	歷史部第7區 137, 138	『年譜(1928년)』	新出品. 谷井濟一
籬菊花柄鏡	歷史部第7區 139	『年譜(1928년)』	新出品. 谷井濟一
古錢 1,500개	歷史部第9區 51	『年譜(1928년)』	新出品. 谷井濟一

---

515) 金洸屋, 「昌寧 校洞 古墳群 및 桂城 고분군 출토유물과 기타」, 『경남향토사논총』, 경상남도향토사연구협의회, 1997, p. 158.

품명	유물번호	출처	비고
常平通寶 49개	歷史部第9區 52	『年譜(1928년)』	新出品. 谷井濟一
匙 41本	歷史部第11區 45	『年譜(1928년)』	新出品. 谷井濟一
鏡 169面	歷史部第11區 46	『年譜(1928년)』	新出品. 谷井濟一
甄	歷史部第11區 47	『年譜(1928년)』	新出品. 谷井濟一
骨壺	歷史部第11區 48	『年譜(1928년)』	新出品. 谷井濟一
壺	歷史部第11區 49	『年譜(1928년)』	新出品. 谷井濟一
蓋付高杯	歷史部第11區 50	『年譜(1928년)』	新出品. 谷井濟一
臺	歷史部第11區 51	『年譜(1928년)』	新出品. 谷井濟一
蓋	歷史部第11區 52	『年譜(1928년)』	新出品. 谷井濟一
瓶	歷史部第11區 53	『年譜(1928년)』	新出品. 谷井濟一
紡錘車	歷史部第11區 54	『年譜(1928년)』	新出品. 谷井濟一
瓦殘缺	歷史部第11區 55	『年譜(1928년)』	新出品. 谷井濟一
壺	歷史部第11區 56	『年譜(1928년)』	新出品. 谷井濟一
石棺	歷史部第11區 57	『年譜(1928년)』	新出品. 谷井濟一
片耳付盌	歷史部第11區 58	『年譜(1928년)』	新出品. 谷井濟一
蓋	歷史部第11區 59	『年譜(1928년)』	新出品. 谷井濟一
脚付長頸坩	歷史部第11區 60	『年譜(1928년)』	新出品. 谷井濟一
脚付坩 3개	歷史部第11區 61~63	『年譜(1928년)』	新出品. 谷井濟一
高杯	歷史部第11區 64	『年譜(1928년)』	新出品. 谷井濟一
坩	歷史部第11區 65	『年譜(1928년)』	新出品. 谷井濟一
臺	歷史部第11區 66	『年譜(1928년)』	新出品. 谷井濟一
甕 2개	歷史部第11區 67, 68	『年譜(1928년)』	新出品. 谷井濟一
脚付坩 3개	歷史部第11區 69~71	『年譜(1928년)』	新出品. 谷井濟一
脚付埦	歷史部第11區 72	『年譜(1928년)』	新出品. 谷井濟一
甕	歷史部第11區 73	『年譜(1928년)』	新出品. 谷井濟一
高杯	歷史部第11區 74	『年譜(1928년)』	新出品. 谷井濟一
坩 4개	歷史部第11區 75~78	『年譜(1928년)』	新出品. 谷井濟一
脚付坩	歷史部第11區 79	『年譜(1928년)』	新出品. 谷井濟一
脚付長頸坩	歷史部第11區 80	『年譜(1928년)』	新出品. 谷井濟一
坩殘缺	歷史部第11區 81	『年譜(1928년)』	新出品. 谷井濟一
高杯 3개	歷史部第11區 82~84	『年譜(1928년)』	新出品. 谷井濟一
脚付埦	歷史部第11區 85	『年譜(1928년)』	新出品. 谷井濟一

품명	유물번호	출처	비고
蓋	歷史部第11區 86	『年譜(1928년)』	新出品. 谷井濟一
坩 4개	歷史部第11區 87, 91	『年譜(1928년)』	新出品. 谷井濟一
長頸坩	歷史部第11區 92	『年譜(1928년)』	新出品. 谷井濟一
坩	歷史部第11區 93	『年譜(1928년)』	新出品. 谷井濟一
高杯 6개	歷史部第11區 94~99	『年譜(1928년)』	新出品. 谷井濟一
瓶 3개	歷史部第11區 100~102	『年譜(1928년)』	新出品. 谷井濟一
坩 2개	歷史部第11區 103, 104	『年譜(1928년)』	新出品. 谷井濟一
高杯	歷史部第11區 105	『年譜(1928년)』	新出品. 谷井濟一
瓶	歷史部第11區 106	『年譜(1928년)』	新出品. 谷井濟一
坩	歷史部第11區 107	『年譜(1928년)』	新出品. 谷井濟一
坩形土器 2개	歷史部第11區 108, 109	『年譜(1928년)』	新出品. 谷井濟一
坩	歷史部第11區 110	『年譜(1928년)』	新出品. 谷井濟一
長頸坩	歷史部第11區 111	『年譜(1928년)』	新出品. 谷井濟一
脚付長頸坩 2개	歷史部第11區 112, 113	『年譜(1928년)』	新出品. 谷井濟一
蓋付高杯 2개	歷史部第11區 114, 115	『年譜(1928년)』	新出品. 谷井濟一
高杯 2개	歷史部第11區 116, 117	『年譜(1928년)』	新出品. 谷井濟一
瓶	歷史部第11區 118	『年譜(1928년)』	新出品. 谷井濟一
耳付坩	歷史部第11區 119	『年譜(1928년)』	新出品. 谷井濟一
脚付垸殘缺	歷史部第11區 120	『年譜(1928년)』	新出品. 谷井濟一
脚付坩	歷史部第11區 121	『年譜(1928년)』	新出品. 谷井濟一
坩	歷史部第11區 122	『年譜(1928년)』	新出品. 谷井濟一
蓋付高杯	歷史部第11區 123	『年譜(1928년)』	新出品. 谷井濟一
高麗時代古墳副葬品	歷史部第11區 124	『年譜(1928년)』	新出品. 谷井濟一
坩 5개	歷史部第11區 125~129	『年譜(1928년)』	新出品. 谷井濟一
脚付坩	歷史部第11區 130	『年譜(1928년)』	新出品. 谷井濟一
坩	歷史部第11區 131	『年譜(1928년)』	新出品. 谷井濟一
瓶	歷史部第11區 132	『年譜(1928년)』	新出品. 谷井濟一
高坩	歷史部第11區 133	『年譜(1928년)』	新出品. 谷井濟一
蓋付高坩	歷史部第11區 134	『年譜(1928년)』	新出品. 谷井濟一

1929년에는 도쿄박물관에서 《경검새특별전람회(鏡劍璽特別展覽會)》를 개최하였는데 다음과 같은 야쓰이 세이이치 소장 유물이 진열되었다.[516]

품명	출토지	유물번호	출처	비고
四神鏡	고려시대	第2函34	「鏡劍璽特別展覽會」1929[517]	谷井濟一 所藏
瑞花雙鸞八稜鏡	고려시대	第2函35	「鏡劍璽特別展覽會」1929	谷井濟一 所藏
四神福壽鏡	고려시대	第2函36	「鏡劍璽特別展覽會」1929	谷井濟一 所藏
鳳瑞雲鏡	고려시대	第2函37	「鏡劍璽特別展覽會」1929	谷井濟一 所藏

※ 조선고적도보에 나타난 야쓰이 소장의 유물

품목	출토지	소장자	출처	비고
高杯	경북 경주	谷井濟一	古蹟圖譜3권, 1250, 1251, 1253	고신라
脚附 蓋盌	경북 경주	谷井濟一	古蹟圖譜3권, 1272, 1273	고신라
飾附 坩	경북 경주	谷井濟一	古蹟圖譜3권, 1301	고신라
脚附 坩	경북 경주	谷井濟一	古蹟圖譜3권, 1323	고신라
瓶	경북 경주	谷井濟一	古蹟圖譜3권, 1334, 1335	고신라
甕	경북 경주	谷井濟一	古蹟圖譜3권, 1341, 1342	고신라
坩 및 埦	경북 경주	谷井濟一	古蹟圖譜5권, 1738	통일신라
銅造釋迦如來立像	경북 경주	谷井濟一	古蹟圖譜5권, 2045	통일신라
懸鏡	경북 경주	谷井濟一	古蹟圖譜9권, 3998, 4000	고려
雲板形懸鏡	경북 경주	谷井濟一	古蹟圖譜9권, 4003, 4004	고려
長柄懸鏡	경북 경주	谷井濟一	古蹟圖譜9권, 4006	고려
瓶		谷井濟一	유리원판Ⅲ, 349-5	

그의 소장품들은 모두 고분 출토품으로 그가 고적조사를 하면서 개인적으로 소장한 것으로 보인다.

---

516) 帝室博物館,「鏡劍璽特別展覽會案內」,『考古學雜誌』제27권 2호, 1929.
517) 帝室博物館,「鏡劍璽特別展覽會案內」, 1929.

4. 1921년부터 1930년까지의 고적조사와 이에 따른 유물 반출

1) 고적조사과 설치와 폐지

1919년 이후 고적조사사업은 해가 갈수록 더 발전하지는 못하고 소극적으로 유지·수습하여 가다가 독립운동의 영향으로 통치행정상 문화적인 면을 표방하게 된다. 1921년 10월에는 총독부의 사무분장규정을 개정하여 학무국에 고적조사과를 설치해 서무부 문서과에 속하게 했다. 박물관 및 고적조사사업은 종래 학무국 종교과 소관의 고사사 및 고건축 보존에 관한 사무를 고적조사과와 함께 관장했다.[518] 조사과 직원으로는 의장 1명(小田省吾), 감사관 1명, 속 2명, 기수 2명, 촉탁 10명, 고문 2명을 두고, 별도로 경주분관 설치준비를 위해 경주에 촉탁 1명, 고원 1명을 두었다.[519] 그러나 설립 2년이 지난 1923년의 대지진으로 인해 일본은 물론이고 조선총독부에서 재정을 긴축하면서, 다음해인 1924년 말 고적조사과는 폐지되고 고적조사사업의 본체(本體)는 근본적인 괴멸에 이르게 되었다.[520]

---

518) 小泉顯夫는 『朝鮮古代 遺跡の遍歴』(1986 六興出版)에서,
1921년 10월 在鮮중인 濱田耕作이 小泉에게 두툼한 서류를 보내 왔는데, 놀랍게도 개봉을 하여 보니, 금회 경주 금관총의 발견을 기회로 조선고적승천연기념물 보존조사위원회에서 대혁신을 행하기로 했다고 한다. 총독부학무국내에 새로이 古蹟調査課를 설치하고 총독부박물관과 고적조사위원회 등을 통합하기로 결정하여 이로 인해 고고학 전공의 약간의 직원 4명을 채용할 예정으로, 黑板勝美의 추천으로 궁내성 서릉부의 藤田亮策이 박물관 주임으로 내정되고, 京都大學 측에서는 梅原末治를 추천하였으며, 小泉 자신은 藤田亮策을 도와 박물관 경영과 고적조사를 하도록 하라는 내용이었다고 한다.
519) 藤田亮策, 「朝鮮 古文化の保存」, 『朝鮮學報 第1輯』, 1951, p. 256.
520) 藤田亮策, 「朝鮮に於ける古蹟の調査及び保存の沿革」, 『朝鮮』, 1931년 12월.
1923년에는 전임속(前任屬) 1명, 촉탁 2명을 줄이고 다음해 1924년 말에는 과장, 감사관, 촉탁 4명을 감하여 겨우 수인으로 박물관을 유지하는 데 그쳤다.

1924년 고적조사과가 폐지되자 고적, 고건물, 명승천연기념물 조사 보존의 사업은 박물관과 함께 학무국 종교과로 옮겨져 종교과장의 관리 하에 수 명의 촉탁과 2명의 기수로 사업을 계속하여 1930년까지 지속했다.521) 그러나 박물관 및 고적조사사업은 종교 행정과 근본적인 성질이 달라 학술적 연구를 기초로 행할 수가 없었으며, 이 시기에 출현한 유적에 대하여는 임시 조사 외에 계획적인 조사를 수행하는 것이 불가능하였다.

다른 한편으로는 지방경제의 타개를 위한 식림(植林), 개간, 경지정리 등으로 인해 급속히 고적이 파괴되고 석탑, 석등의 도략이 현저히 증가하였으며 이미 번져나간 도굴의 바람도 더욱 기승을 부렸다.522)

2) 1921년부터 1930년까지의 고적조사

1921년에는 실로 우연한 금관총의 출현이 세상을 놀라게 하였다. 1921년 9월 하순에 경주 노서리의 박문환 씨의 집(상점, 여인숙, 음식점을 겸함)을 증축하기 위하여 작업을 하던 중 9월 23일경에 관곽유물(棺槨遺物)이 있는 곳에 도달하여 그 일부분이 노출되었다. 당시 경찰서장의 입회 하에 모로가 히사오(諸鹿央雄), 경주보통학교 교장 오사카 긴타로(大坂金太郎), 그리고 경주 고적보존회의 와타리 후미야(渡理文哉) 등이 1921년 9월 27일부터 30일까지 3일만에 걸쳐 발굴을 마쳤다. 이와 같이 당시의 발굴은 전문가가 아닌 민간인에 의해 행해진 최대의 발굴로서 긴급히 유물을 들어내는 우를 범하여 상당한 유물을 출토 과정에서 사멸시켰다.

금관총의 발굴은 막대한 유물을 출현시킴으로 해서 조선과 일본 신문에 크게 보

---

521) 藤田亮策, 「朝鮮の古蹟調査と保存の沿革」, 『朝鮮總攬』, 朝鮮總督府, 1933, pp. 1031~1032.
522) 1923,24년에 걸쳐 행해진 낙랑유적지대의 도굴은 쏟아지는 출토품에 의하여 세상의 주의를 높이는 기연으로 되고 그 전후에 있어서 경주에서의 풍부한 황금제 유품의 출토와 함께 반도 유물에서 관심을 높임에 이르렀다. 그리하여 전자의 도굴에 관한 선후책으로서 동유적의 발굴이 계획되었다(藤田亮策, 梅原末治 共著, 『朝鮮古文化綜鑑』第1卷, 1947, '綜說').

도되었다. 세키노는 1921년 11월 7일 총독부에서, 11월 8일에는 중추원에서 「경주 발견의 유물에 대하여」란 제하의 강연을 하고, 하마다 고우사쿠(濱田耕作)는 '오사카아사히신문(大坂朝日新聞)'에 「경주의 신발견품」제하의 약술(略述)을 하였다.[523] 금관총의 발굴 보고서는 하마다의 책임 아래 우메하라 스에지(梅原末治)와 고이즈미 아키오(小泉顯夫)에 의해 1924년에 종결되었다.

1922년에는 김해패총, 양산패총 등을 발굴하여 많은 유물을 출토시켰다.

1923년도에는 대구의 신시가지 개설을 계기로 대구 달성공원 일대의 고분군을 조사하였다. 이를 기회로 이미 도굴된 고분과 상당수의 성한 고분을 발굴하여 엄청난 유물을 출토하게 되었다.

총독부에서는 1924년 4월 21일 제1회의실에서 하마다, 하라다 등과 함께 고적조사위원회를 개최하고 1923년도 중의 조사 성적 보고 및 결의안에 대하여 심사했다. 이때 고적조사과장 오다 세이고(小田省吾)는 "조선의 문화를 유지하고 그 세계에 흥미 있는 보고를 위하여 고적조사위원회가 설치된 이래 모두 전문가의 손에 신중한 조사를 추진하여 학계에 공헌한 바 적지 않음은 사도식자(斯道識者)가 함께 인식하는 바인데 1923년도에 있은 조사는 경비절감에 의하여 예상과 같이 진행치 못하였음"을 회고하고, 그 주요한 조사는 "본부위원에 의한 대구 부근에 있는 신라시대의 고분 발굴"을 들고 있다.[524]

고적조사과장 오다는 1924년도 고적조사계획에 대해『매일신보』1924년 4월 22일자에 다음과 같이 설명하고 있다.

> 병합 이래 조사위원회를 설치하고 매년 약 2만원의 경비를 사용하여 조선 문화의 연구를 계속하였는데 〈중략〉 또 작년 중에 발간할 예정이었던 고려시대의 유물,

---

523)『慶州 金冠塚の其遺寶』古蹟調査 特別報告 第三冊, 朝鮮總督府, 1924, p. 7.
524)『每日申報』1924년 4월 22일자.

특히 고려기의 도판 있는 도보 제8권은 불행히 震災를 맞아 원판까지도 조유에 귀하였으므로 본년에 재판하기로 되었으며 또 대정10년 경주 노서면의 고분으로부터 발견한 신라시대의 금관 기타 중요한 유물은 당시로부터 학자의 주의를 끌었던 바 목하 입성 중의 빈전 박사에 의하여 연구되어 대정12년 중 보고서 제1책의 탈고를 보았으므로 대정13년도에 발행될 터이며 기타 경상남도 고분에 관한 본부 등전 감사관의 조사보고도 대정12년도에 출판될 터인데 대정13년도 중에 있을 고적조사계획으로는 대체로,

　-. 종래 계속하여 낙랑군의 고적조사
　-. 종래 학계의 의문이던 지석총에 관한 조사
　-. 경주 부근의 고적조사

　이상의 내용을 오다 고적조사과장은 1924년 4월 21일 총독부 제1회의실에서 하마다, 하라다 등과 의결했다.

　1921년의 경주 금관총 발굴로 화려한 금관을 비롯한 엄청난 부장품이 발견되어 세인의 이목을 집중시키자, 이후에는 중요한 유물을 발굴하려는 풍토가 강하게 작용하여 풍부한 유물이 있을 것으로 예상되는 고분을 집중적으로 발굴하였음을 볼 수 있다. 1924년의 금령총, 식리총 등이 이에 속한다.

　1924년 4월에 사이토 미루노(齋藤實) 총독이 경주를 순시할 때 경주고적보존회의 촉탁으로 있던 모로가 히사오(諸鹿央雄)가 발굴조사를 건의하여 금령총(金鈴塚)과 식리총(飾履塚)을 발굴하게 되었다. 발굴은 박물관의 사와 슌이치(澤俊一), 고이즈미 아키오(小泉顯夫)가 담당하였으며 별도로 발굴을 건의한 모로가와 군청직원 2명의 원조를 받아 조사를 하였다. 당시 출토유물로는 금령총에서 황금제관, 금구슬, 유리구슬 달린 목걸이, 금제팔찌, 금동제관식, 다량의 토기, 마구류, 기마인물형토기 등 750여 점이 출토되었으며 식리총에서는 금동으로 장식된 신발 등을 비롯한 500여 점이 출토되

었다.525) 이는 완전한 신라고분의 대발굴이라 할 수 있다. 그러나 발굴 횟수가 다소 줄어들었음에도 유물의 발굴에 집중한 나머지 보고서에 관해서는 대단히 소홀하였다.

　　1924년 이후 재정긴축으로 인해 고적조사과가 폐지되고 고적조사사업은 학무국 종교과에서 관리하게 됨으로서 사실상의 고적조사 발굴사업이 대폭 위축되었다. 약소한 박물관의 경비로 보고서는 물론이거니와 계획적인 고적조사가 이루어질 수 없는 국내 사정을 파악한 도쿄제국대학의 구로이타 가쓰미와 무라가와 겐고(村川堅固)가 호소가와 모리타츠(細川護立) 후작의 기부금을 받아 1925년에 낙랑고분의 발굴을 요청해왔다. 조선총독부 고적조사위원회에서는 자금 부족으로 허덕이던 차라 6가지 조건을 붙여 도쿄제국대학에 이를 수락하게 된다.

　　선정된 고분은 2기로 1925년 10월 1일에 발굴을 시작하여 12월 초순에 끝을 맺는다는 계획 하에 다사와 긴고(田澤金吾)와 고이즈미 아키오(小泉顯夫)가 담당하였다. 발굴 중 한 기는 완료하였으나 다른 한 기는 결빙기로 인하여 중지하게 된다. 완료한 고분은 나중에 '왕우묘(王旴墓)'라는526) 이름이 붙게 된 평양 석암리 제205호분으로 발굴유물은 건무21년명칠배(建武二十一年銘漆杯), 한대와용(漢代瓦俑), 영평십이년재명신선용호화상칠반(永平十二年在銘神仙龍虎畵像漆盤), 동경(銅鏡) 등 200여 점이나 되는 엄청난 양이 출토되어 세상을 놀라게 했다.

　　발굴된 이 유물은 모두 도쿄대학으로 보내졌으며, 동아일보 등에서는 사설 등을 통하여 한국인의 인심을 대변하는 논설을 싣기도 했다.

---

525) 梅原末治, 「慶州 金鈴塚 飾履塚 發掘調査報告」, 『大正13年度 古蹟調査報告』 第1冊, 朝鮮總督府, 1932.
　　梅原末治, 「朝鮮に於ける最近の考古學上の發見」, 『朝鮮』, 朝鮮總督府, 1924년 9월.
526) 石巖里 第205號墳을 王旴墓라 부르는 것은 中棺에서 木印이 1개가 발견되었는데 한 면에는 「五官掾王旴印」이라 刻해있고, 다른 면에는 「王旴印信」의 印文이 나타나 있어 붙여진 이름이다. 이는 被葬者 五官掾王旴의 것으로 五官掾은 郡의 太守의 屬吏에 속하는 官位로 推定되고 있다(原田淑人, 『樂浪』, 東京大學文學部, 1930).

도쿄대학의 발굴 이후 이에 영향을 받아 대학이나 연구단체에서 발굴 요청이 잇따르자 총독부에서도 상당히 고민거리였던 것으로 보인다. 당시 사정을 짐작할 수 있는 다음과 같은 기사가 있다.

-대학의 연구 자료라도 낙랑고분 발굴은 불허-

낙랑고적이 한번 천하에 소개가 되자 고대 예술의 진품이라 하여 이것을 발굴하기를 희망하는 사람이 각 방면에서 나타나서 현재 총독부에 공식적으로 1건 비공식적으로 3건의 발굴 신청이 들어와 있다. 그런데 이에 고적조사위원회에서는 이에 대한 위원회를 열고 만약 이것을 허가한다하면 이후에 내지 각 대학에서 고적연구의 참고로 발굴을 희망할 터이므로 결국 조선의 사적을 없앨 모양이라 일절 발굴신청을 수리하지 않기로 결정하였다. 그러나 대지문화협회와 같이 자기네가 경비를 지출하고 발굴한 고적은 그대로 조선에 두어 조선 문화의 연구 자료로 하는 것 같은 위원회의 결의를 받아 발굴을 허가하기로 되었는데 이 결의에 의하여 총독부에서도 현재 1376기 중에 아직 발굴되지 않은 53기는 그대로 보존하기로 했다.(『매일신보』1926년 8월 4일자)

평양 낭랑고분 발굴 희망자가 각 방면에 많은 모양이나 종래 고분의 조사는 본부 자신이 행하였던 역사도 있고 현재 완전히 잔존한 것은 40기 내외에 불과하나 그 중 20기는 후세에 전하기로 했다. 또 대지문화사업의 평양연구소 설치도 마침내 실현의 기회가 무르익었으므로 이때 발굴을 허가하는 것은 불가라 하여 근경 고분 조사위원회에서 결정하였다.(『매일신보』1926년 9월 6일자)

1926년에는 서봉총(瑞鳳塚)을 발굴하였다. 이 당시는 이미 금관총, 금령총, 식리총 등의 발굴로 희대의 우수한 유물들이 발굴되어 세인들의 관심이 고조되어 있었으며, 때마침 고고학에 관심이 많은 스웨덴의 황태자 구스타프6세의 내한이 예정되어 있었다. 총독 사이토는 당시 예산의 어려움에도 불구하고 특별 경비를 지출하여 스웨덴의

황태자에게 친히 유물 채굴의 기회를 주고자 했던 것이다.[527]

1923년 이후의 발굴조사는 긴축재정으로 인해 임시적인 조사에 그치거나 유물이 대량으로 출토될 것으로 예상되는 고분을 선정해 우선적으로 이루어졌다. 금령총과 식리총의 경우에도 총독 사이토의 특별지시로 발굴이 이루어졌으며, 근소한 경비 관계로 보고서조차 제때 나오지 못했다. 그런 차에 발굴소요 총 일수 54일, 사역 인부 1천 6백여 명이 필요한 서봉총의 발굴은 엄청난 유물이 출토될 것으로 예상하지 않고서는 실행하기 힘들었을 것이다. 이러한 정황을 볼 때 이 고분의 발굴은 조선인의 의사와는 관계없이 위정자들이 조선 합병과 더불어 시정(施政)의 선전과 학구적인 면을 외국에 선전하는 데 악용되었다고 볼 수 있다.

1927년에는 공주 계룡산 일대에서 요지 도굴이 빈번하자 총독부에서 노모리 겐(野守健)을 파견하여 수습 발굴하였다. 이를 계기로 1927년부터 1929년 사이에는 야수건 등에 의한 도요지의 발굴이 계속되었다. 1927년에는 노모리에 의해 공주 반포면의 도요지와 대전 진봉면의 청자요지, 1928년의 전남 강진의 청자요지와 진봉면의 청자요지, 1929년의 황해도 송화군 운유면의 청자요지와 전북 부안 우동리의 고려시대 및 조선 초의 요지 등이 발굴되었다.

1927년 4월 공주군 보승회장 다가야마(高山)가 백제 유적의 소개와 아울러 지방 발전책으로 공주 송산리 고분군의 성질을 밝히기 위해 총독부에 조사를 의뢰했다. 이에 따라 노모리 등이 학봉리 도요지를 조사하던 중 이곳에 출장하여 송산리 제1, 2, 5호분을 조사하게 되었는데, 고분들이 파괴되어 빗물에 봉토가 유실되었고 고도편(古陶片)이 곳곳에 산란해 있었다.[528]

---

527) 藤田亮策,「朝鮮古文化の保存」,『朝鮮學報 第一輯』, 1950, p. 256에 의하면,
　　당시 경비의 축소에 따라, "이 시기에 출현한 유적에 대하여 임시적 조사 외에는 계획적인 수행이 不可能하게 되었다"고 한다.
528) 野守健,「公州 松山里 古墳 調査報告」,『昭和2年度 古蹟調査報告 第2冊』, pp. 2~3.

후지타 료사쿠는 1920년대의 고적조사에 대해 "1922년 고적조사과 창설에서 폐지 이후 오늘에 이르기까지 고적조사사업은 일종의 정리시대라 할 수 있다. 한편 1916년 이래 발굴 수집한 막대한 유물을 정리하고 완전하게 조사보고를 간행, 한편으로 세계 학계를 향해 조선의 고고학사업의 효과를 선전하는 데 주안점을 두었다"[529]고 평하고 있다.

후지타의 1920년대 고적조사사업의 평은 그의 편견일 뿐이다. 일종의 정리시대라고 하면서 마구잡이식으로 발굴한 가야고분의 출토유물에 대한 정리는 전혀 이루어지지 않았다. 뿐만 아니라 1924년에 발굴한 금령총과 식리총의 엄청난 유물은 총독부박물관으로 옮겨져 1925년에 우메하라, 고이즈미, 사와 등의 일부 정리를 거쳐 박물관에 진열되었다. 그런데 이에 따른 보고서는 바로 나오지 않았다. 우메하라는 1925년에 구미에 유학을 떠나면서 고이즈미에게 일을 맡기고, 고이즈미는 보고서 작성은 뒤로 미룬채 타지방 조사에 착수하여 이 조사보고서는 1932년에 와서야 겨우 나오게 된다.[530] 이런 엄청난 발굴유물을 발굴 이래 8년 가까이 그대로 방치해 두었던 것이다. 서봉총의 경우에도 직접 발굴을 담당한 고이즈미는 자세한 보고서를 발표하지 않았다.[531] 우메하라는, "남선(南鮮) 각지의 고분군은 가히 광범위하게 발굴 조사되었으나, 금일 일반적으로 기술된 것은 극히 일부분에 지나지 않는다. 최초의 조사를 실은 『조선고적도보 제3권』

---

529) 藤田亮策, 「朝鮮に於ける古蹟の調査及び保存の沿革」, 『朝鮮』, 1931년 12월.
530) 梅原末治, 「慶州 金鈴塚 飾履塚 發掘調査報告(序說)」, 『大正13年度 古蹟調査報告 第 1冊』, 朝鮮總督府, 1932.
531) 해방이 되자 小泉顯夫는 바로 떠나지 못하고 1년간 박물관에 남아 신 박물관장 황오(黃澳)의 박물관 운영을 도우다가 1946년 8월 13일 미발표 조사 자료를 몽땅 들고 평양을 탈출하여 38선을 넘어 의정부-서울-부산을 거쳐 일본으로 떠났다.
최남주에 의하면, "고이즈미는 평양박물관장으로 발령이 나자 이에 불만을 품고 보고서(서봉총 발굴보고서)도 작성하지 않았다"고 한다. 그래서 서봉총에 대한 구체적인 발굴보고서는 끝내 발표되지 않았다. 고이즈미가 차릉파의 사진과(서봉총 유물로 기생을 치장한 사건) 관련하여 '책자 운운'하는 것은 서봉총 발굴 직후 작성하지 못한 보고서를 만들려고 했는지는 의문이다. 해방 후 고이즈미는 서봉총 관계 자료를 비롯한 미발표 자료를 몽땅 싸가지고 일본으로 돌아간 후 하나도 내놓지 않았으니 아직도 서봉총은 많은 것이 미상이다.

외에 이마니시(今西), 하마다(濱田)의 조사보고, 고이즈미(小泉)의 '양산부부총', 대정 12년의 대구 달서면의 고분 등이 보고되었고 전반적으로 제대로 조사를 거친 것은 근소하다."532)라고 하고 있다. 또한 출토 양에 비하여 근소한 보고서도, 1918년에서 고적조사 사업에 관여한 하마다가 조사와 정리 및 보고서의 간행이 불가분하다는 것을 강조하고 우메하라로 하여금 그것을 독촉하는 임무를 맡게 함으로써 일부 보고서류가 만들어졌다고 한다.533) 나머지 보고서가 발간되지 않은 막대한 출토 유물은 완전히 사장(死藏)되어 자연적인 손상이 진행되었다.

3) 주요 조사표 4

시기	조사지역	조사자	조사유구	출토 및 수집유물	시대	비고
1921년 9월 27일~30일	경주 노서리	諸鹿央雄, 大坂金太郞, 渡理文哉	金冠塚	黃金寶冠, 帶金具, 腰佩 등 많은 유물534)		일부 동경박물관535)
1921년	평양	關野貞	평양토성	銅鏃, 銅環, 瓦片, 塼片 등 다수		출처536)
1922년 5월 19일~6월 2일	경남 김해군 김해면 회현리	藤田亮策, 梅原末治, 小泉顯夫	김해패총	土器片, 獸骨片, 小魚骨片, 鹿角製柄頭, 骨鏃, 骨針, 鐵製刀子		출처537)
1922년 5월 19일~6월 2일	양산군 양산읍 남동방	藤田亮策, 梅原末治, 小泉顯夫	양산패총	토기, 골각기, 鹿角器刀子柄 2, 骨鏃 5개, 골침 2개, 토기 3종		출처538)
1922년 5월 19일~6월 2일	경주	藤田亮策, 梅原末治, 小泉顯夫	사천왕사지	龜趺, 古瓦類, 四天王寺址碑片, 增長天, 持國天 浮彫甓		출처539)
1922년 5월 19일~6월 2일	경주	藤田亮策, 梅原末治, 小泉顯夫	망덕사지, 황룡사지, 창림사지 지표조사	古瓦片		출처540)

---

532) 梅原末治, 『朝鮮古代の墓制』, 國書刊行會, 1972, p. 86.
533) 梅原末治, 『朝鮮古代の文化』, 國書刊行會, 1972, pp. 11~12.

시기	조사지역	조사자	조사유구	출토 및 수집유물	시대	비고
1922년 5월 19일~6월 2일	대구 칠곡군	藤田亮策, 梅原末治, 小泉顯夫	약목면 복성동 고분군 도굴분 조사	土器, 瓦片		출처541)
1923년 7월 21~7월 31	대구 달성 고분군 (비산동)	小泉顯夫	제34호분	銀製帶飾 및 垂下腰佩飾, 環頭太刀 鐵槍身 등 무기류, 馬具類, 土器 다수		출처542)
1923년 10월 23일~12월 1일	대구 달성 고분군 (비산동)	野守健	제37호분	金銅冠 2개, 金製耳飾 1대, 金銅環, 銙帶金具殘缺, 琉璃小玉 2連, 環頭太刀 등 武器類, 馬具類, 土器類 다수		출처543)
1923년 10월 28일~11월 30일	대구 달성 고분군 (내당동)	野守健	제50호분	耳飾, 鉸具, 斧頭 등 무기류 약간, 토기 300여점		출처544)
1923년 10월 25일~12월 11일	대구 달성 고분군 (내당동)	小泉顯夫	제51호분	銀製冠飾 2개, 金製耳飾, 銀製銙帶金具, 銀製腰佩, 環頭太刀 등 武器類 약간, 馬具類, 鐵製雜品, 土器 100여점		출처545)
1923년 10월 28일~11월 23일	대구 달성 고분군 (내당동)	野守健	제55호분	金銅冠殘缺, 冠帽 1개, 金銅鐶殘缺, 金製耳飾 2대, 勾玉 2개, 銀製銙帶金具 1구, 銀製腰佩 1개 그 외 服飾類 약간, 金銅環頭太刀 등 무기류, 마구류 상당수, 금동제 잡품, 토기 80여 점		출처546)
1923년 10월 28일~12월 4일	대구 달성 고분군 (내당동)	野守健	제59호	銀製耳飾, 金銅鐶, 冠帽前立金具殘缺, 銀製銙帶金具殘缺 10개, 銀製透彫佩飾金具殘缺, 그 외 무기류, 마구류, 토기		출처547)
1923년 12월 10일~12월 13일	대구 달성 고분군 (내당동)	野守健	제62호분	銀製雜品, 土器 40여 점		출처548)
1923년 11월	강화도 송운면	藤田亮策, 小川敬吉	하도리 제1호분	青瓷壺, 青瓷牧丹文盌, 青瓷皿, 銅匙, 鐵釘	고려	출처549)
1923년 11월	강화도 송운면	藤田亮策, 小川敬吉	하도리 제2호분	青瓷盌, 青瓷壺, 銅匙, 鐵釘	고려	출처550)
1923년 11월	강화도 송운면	藤田亮策, 小川敬吉	하도리 제3호분	青瓷盌, 青瓷壺	고려	출처551)

시기	조사지역	조사자	조사유구	출토 및 수집유물	시대	비고
1923년 11월	강화도 송운면	藤田亮策, 小川敬吉	하도리 제4호분	靑瓷皿, 銅匙, 靑瓷壺	고려	출처552)
1923년 11월	강화도 송운면	藤田亮策, 小川敬吉	하도리 제6호분	靑瓷文盌, 靑瓷皿, 八稜形靑瓷皿, 靑瓷壺	고려	출처553)
1923년 11월	강화도 송운면	藤田亮策, 小川敬吉	하도리 제7호분	靑瓷文盌, 銀匙, 靑瓷破片	고려	출처554)
1924년 4월	경주 노동리	澤俊一, 小泉顯夫, 諸鹿央雄	金鈴塚	黃金製冠 금제팔지, 金銅製冠飾, 토기, 마구류, 騎馬人物型土器 등 750여 점이 출토	신라	출처555)
1924년 4월	경주 노동리	澤俊一, 小泉顯夫, 諸鹿央雄	飾履塚	'金銅으로 裝飾된 신발' 등을 비롯한 500여 점이 출토	신라	출처556)
1924년 10월	대동강면	小場恒吉, 藤田亮策, 小泉顯夫, 藤田整助	조왕리 제1호분(甲墳) 석암리 제200호분(乙墳)	乙墳-銀指環, 陶壺, 銀製金具, 銅鐎斗, 銅鏃, 銀飾金具, 永始元年銘漆盤, 漆合子, 玉類, 陶器 그 외 다수	낙랑	출처557)
1924년 10월	대동강면	小場恒吉, 藤田亮策, 小泉顯夫, 藤田整助	석암리 제194호분(丙墳)	永始元年銘漆槃, 始元二年銘漆耳杯, 陽朔二年銘金銅釦漆扁壺를 비롯한 다수의 漆器, 土器 10여개, 花紋鏡, 銅鏃, 鐎斗, 銅壺, 銀製指輪 10개, 琉璃小玉飾	낙랑	출처558)
1924년 10월	대동강면	小場恒吉, 藤田亮策, 小泉顯夫, 藤田整助	석암리 제20호분(丁墳)	석암리20호분(丁墳)-銀製指輪 8개, 土器, 銅鋺, 漆杯, 漆盤, 四神鏡, 環頭太刀	낙랑	출처559)
1924년 10월	대동강면	小場恒吉, 藤田亮策, 小泉顯夫, 藤田整助	석암리 제52호분(戊墳)	鐵劍, 銅鏡, 指環, 帶具, 漆器, 陶器 등	낙랑	출처560)
1924년 12월	전남	中尾萬三, 淺川伯敎, 淺川巧, 小森忍	강진군 대구면 요지			출처561)
1924년 8월	경주	小泉顯夫, 藤田亮策	玉圍塚(노동동 4호분)	銀製銙帶, 腰佩, 頸飾, 耳飾, 冠帽, 馬鐸, 指輪, 大刀		출처562)

시기	조사지역	조사자	조사유구	출토 및 수집유물	시대	비고
1925년	경주	小場恒吉	견곡면 내대리 및 남사리 요지 조사	靑磁片, 慶州長興庫銘 三島		출처563)
1925년 10월 2일에서 12월 4일	대동강면 석암리	原田淑人, 田澤金吾, 小泉顯夫, 宮阪完次	王旰塚(석암리 205호분)	建武二十一年銘漆杯, 漢代瓦俑, 永平十二年在銘神仙龍虎畫像漆盤, 永平十二年銘漆盤, 銅鏡, 木印, 유골치아 등 200여 점	낙랑	동경대 소장. 建武二十一年銘漆杯, 永平十二年在銘神仙龍虎畫像漆盤 등을 비롯한 일부는 평양박물관 소장. 출처564)
1926년 가을	부여		군수리사지			
1926년부터 1939년까지	경주 남산불적	齊藤忠, 藤田亮策, 小川敬吉, 崔南柱 등 경주고적 보존회원	남산의 사지, 불탑, 석불			『경주남산의 불적』
1926년 5월	경주	小泉顯夫, 藤田亮策	황남리 미추왕릉 부근의 고분 4기 발굴			출처565)
1926년 9월, 10월	경주	小泉顯夫, 澤俊一, 崔南柱	瑞鳳冢	黃金王冠, 黃金腰佩, 각종 裝身具, 琉璃用器 등 많은 유물		출처566)
1926년 12월 중순	경기도 부천군	小泉顯夫, 澤俊一	학익리 3개의 지석묘	그 중 1기에서 土器片, 磨石鏃, 砥石		출처567)
1926년	평안북도	小泉顯夫	위원군 용연동 유적 조사			출처568)
1927년 3월	평남 강동군 만달면 승호리	野守健	만달산 고구려 고분 제3호분		고구려	출처569)
1927년 11월	평북 위원군	小泉顯夫	숭정면 용연동 고분	明刀錢, 銅製帶鉤, 銅製鉾, 銅鏃, 鐵斧, 그 외 다수		출처570)
1927년 4월	공주 송산리	野守健, 神田惣藏	송산리 제1호분	銀製透彫帶鉤, 2개, 金銅製帶端金具, 純金製金具, 2개, 金銅製飾金具 11개 외 약간의 유물을 발견	백제	출처571)
1927년 4월	공주	野守健, 神田惣藏	송산리 제2호분	金銅垂佩金具殘缺, 鐵地金銅張杏葉殘缺, 鐵鏃 그 외 약간		출처572)

시기	조사지역	조사자	조사유구	출토 및 수집유물	시대	비고
1927년 10월	공주	野守健, 神田惣藏	송산리 제5호분	純金製繪馬形裝身具 1개, 純金製葉形裝身具 8개, 그 외 裝身具15개, 金銅釘陶, 壺 2개, 琉璃小玉 27개, 練玉 269개, 기타		출처573)
1927년 10월	공주	野守健, 神田惣藏	금정 제1호분	陶器破片		출처574)
1927년 9월29일-10월 11일	충남 공주군 반포면	野守建, 神田忽藏	학봉리 도요지 조사, 도요지 6개 처	磁器 완전한 것 100여점, 「長興庫」, 「內資寺」, 「禮賓」등 문자명이 있는 磁器片 등 殘缺 130여 점 출토	조선	출처575)
1927년	대구	小泉顯夫, 澤俊一	대봉동 지석묘	石鏃		출처576)
1927년 3월	충청남도 대전	野守健, 小川敬吉	진봉면 청자요지	청자파편		출처577)
1927년	경주 동방동	小泉顯夫	지석묘			출처578)
1928년 5월	평양	橫山將三郞, 森爲三	미림리 석기시대유적	骨片 등		출처579)
1928년 6월	전남 강진군	野守健, 小川敬吉	대구면 도요지	다수의 청자파편을 수집		출처580)
1928년 8월~12월	충남 공주	輕部慈恩	西穴寺址, 南穴寺址	頭部를 잃은 石像, 文字瓦, 唐草瓦, 蓮花紋破瓦 등 발견		출처581)
1928년 7월 중순	황해도 신천군	今西龍	북부면 서호리 전축분 고분	建元元年銘塼, 大康四年銘塼		출처582)
1928년 12월	황해도	大原利武	신천군, 은율군, 용강군 고분 조사			출처583)
1928년 10월	평북 태천군	今西龍, 藤田亮策	서읍내면 산성동 산성 조사			출처584)
1928년 6월	충남 대전군	小川敬吉, 野守健	진봉면 고려청자요지 발굴	청자파편 수집		출처585)
1928년 4월, 10월	익산	小川敬吉	미륵사지 탑지, 금당, 강당지 조사			출처586)
1929년 3월 18일~29일	원주	小川敬吉	흥법사지 조사			출처587)
1929년 2월	개성	藤田亮策, 渡邊彰, 小川敬吉	공민왕릉 조사 수리			출처588)

시기	조사지역	조사자	조사유구	출토 및 수집유물	시대	비고
1929년 3월	전북 부안군	野守健, 神田惣藏	보안면 우동리 조선초 요지, 고려시대 요지	도자기 파편		출처589)
1929년 8월	황해도 송화군	野守健	운유면 주촌 청자요지	청자파편		출처590)
1929년 가을	경주	小泉顯夫, 梅原末治	노서리 석실분(노서리 제131호분)			출처591)
1929년 9월	경주		'데이빗드총'	팔찌 4개, 귀걸이 2개, 가락지 5개 유리구슬, 그 외 토기류 등이 발견되었다.592)		
1929년	동래	藤田亮策 小泉顯夫	동래부근의 패총	骨鏃, 토기		출처593)
1929년	경기도 광주	野守健	남종면, 퇴촌면 도요지 조사	도자편		출처594)
1929년	평남 용강군	大原利武	용월면 계명리 5기의 고구려고분 조사	벽화		출처595)
1929년	평남 용강군	大原利武	갈현리 전곽고분 조사			출처596)
1929년	황해도 은율군	大原利武	서부면 고분군 전곽, 목곽분 17기 조사			출처597)
1929년	충북 단양군	田中十藏	도락산성, 고모성	토기편, 와편		출처598)
1929년	여주	野守健	매용리 백제석실고분 매용리 제2호분, 제8호분	금동제이식, 도자		출처599)
1929년~1931년	함경북도 웅기패총	藤田亮策	雄基貝塚	鐵器, 磨製石器, 彩文土器		출처600)
1930년 9월	동래읍외	藤田亮策, 小泉顯夫	옹관유적조사	석기시대 토기, 옹관, 鐵製小環		출처601)
1930년 12월	평남 대동군	野守健	정백리 제19호분	金銅四葉座棺飾金具		출처602)
1930년 12월 13일~26일	평남 대동군 대동강면	野守健, 榧本龜次郎, 神田忽藏	오야리 제18호분	漆盤殘缺, 漆杯殘缺 외 漆器類 다수, 銅製容器, 青銅製飾鋲, 陶甕殘缺, 木器 기타 수점		출처603)

시기	조사지역	조사자	조사유구	출토 및 수집유물	시대	비고
1930년 12월 13일~26일	평남 대동군 대동강면	野守健, 榧本龜次郞, 神田忽藏	오야리 제19호분	漆盤 2개, 漆繪盤殘缺 그 외 漆器類 20여개분, 鏡, 목기 수점, 木馬殘缺, 陶甕		출처(604)
1930년 12월 13일~26일	평남 대동군 대동강면	野守健, 榧本龜次郞, 神田忽藏	오야리 제20호분	漆匣殘缺, 漆繪案殘缺 그 외 칠기3점, 유리소옥 2종, 佩玉 1聯, 陶壺 1개, 기타2점		출처(605)
1930년	부산 절영도	橫山將三郞	東三洞貝塚(개인적으로 발굴조사)	石槍, 骨製品, 土器		수집품은 해방이 되면서 모두 중앙박물관에 기증. 출처(606)
1930년	함경남도	橫山將三郞	유판패총	節目紋土器, 石器, 骨角器		출처(607)
1930년	경남 동래군	大谷美太郞	낙동강안 大浦패총			출처(608)
1930년 7월~8월	함경북도	藤田亮策, 榧本龜次郞	웅기 석기시대 유적	土器片, 磨石斧, 石鏃		출처(609)
1930년 7월~8월	함북 회령	藤田亮策, 榧本龜次郞, 澤俊一	煙台峰 유적	제1호분-人骨, 管玉 1개, 磨石鏃 2개, 打製石鏃 3개, 碧玉 제2호분-人骨, 磨製石鏃 6개 제3호분-人骨, 紡錘車 1개 제4호분-人骨, 管玉 6개, 玉環 1개, 石鏃 1개, 石刀 1개, 石斧, 土器		출처(610)
1930년 3월 15일~30일	전남	小川敬吉, 洪錫模	광양군, 구례군, 순천군 사찰 및 사지 유물 조사			출처(611)
1930년 9월 20일~10월 21일	황해도	小田省吾, 野守健	봉산군 고구려산성, 정방산성, 토성리산성, 평산 태백산성, 연백 석기시대 유적	고구려와 다수 수집		출처(612)
1930년	황해도	大原利武, 神田忽藏	신천군, 금천군 유적 일반조사	금천군 외산성지에서 고구려, 신라, 고려와편 다수 수집		출처(613)

시기	조사지역	조사자	조사유구	출토 및 수집유물	시대	비고
1930년 10월 ~11월	경기도	大原利武, 田中十藏	연천군, 양주군 고분 및 육계산성, 칠중산성, 보계산성, 대모산성 조사			출처[614]

534) 『慶州 金冠塚の其遺寶』古蹟調査 特別報告 第三冊, 朝鮮總督府, 1924, p. 7.
535) 동경박물관의 小倉컬렉션의 所藏品目錄을 보면, 금관총에서 출토된 유물 金製垂飾, 金製垂飾片, 金製方柱形金具, 金製刀裝飾具, 曲玉, 蜻蛉玉, 玉虫翅片 등이 수록되어 있다. 「동경국립박물관 소장컬렉션 소장품 목록」(『일본 소장 한국 문화재』)에는 "傳 慶州 金冠塚 出土"라고 기록되어 있다.
536) 〈古蹟調査委員 蒐集品 引繼目錄(大正10年 關野委員 蒐集品)〉, 『1921년도 유물수입명령서』, 국립박물관.
537) 藤田亮策, 梅原末治, 小泉顯夫, 「慶尙南北道忠淸南道古蹟調査報告」, 『大正11年度古蹟調査報告 1冊』, 朝鮮總督府, 1924.
538) 藤田亮策, 梅原末治, 小泉顯夫, 「慶尙南北道忠淸南道古蹟調査報告」, 『大正11年度古蹟調査報告 1冊』, 朝鮮總督府, 1924.
539) 藤田亮策, 梅原末治, 小泉顯夫, 「慶尙南北道忠淸南道古蹟調査報告」, 『大正11年度古蹟調査報告 1冊』, 朝鮮總督府, 1924.
540) 藤田亮策, 梅原末治, 小泉顯夫, 「慶尙南北道忠淸南道古蹟調査報告」, 『大正11年度古蹟調査報告 1冊』, 朝鮮總督府, 1924.
541) 藤田亮策, 梅原末治, 小泉顯夫, 「慶尙南北道忠淸南道古蹟調査報告」, 『大正11年度古蹟調査報告 1冊』, 朝鮮總督府, 1924.
542) 小泉顯夫, 野守健, 「慶尙北道達城郡達西面古墳調査報告」, 『大正12年度古蹟調査報告書 1冊』, 朝鮮總督府, 1931.
543) 小泉顯夫, 野守健, 「慶尙北道達城郡達西面古墳調査報告」, 『大正12年度古蹟調査報告書 1冊』, 朝鮮總督府, 1931.
544) 小泉顯夫, 野守健, 「慶尙北道達城郡達西面古墳調査報告」, 『大正12年度古蹟調査報告書 1冊』, 朝鮮總督府, 1931.
545) 小泉顯夫, 野守健, 「慶尙北道達城郡達西面古墳調査報告」, 『大正12年度古蹟調査報告書 1冊』, 朝鮮總督府, 1931.
546) 小泉顯夫, 野守健, 「慶尙北道達城郡達西面古墳調査報告」, 『大正12年度古蹟調査報告書 1冊』, 朝鮮總督府, 1931.

547) 小泉顯夫, 野守健, 「慶尙北道達城郡達西面古墳調査報告」, 『大正12年度古蹟調査報告書 1冊』, 朝鮮總督府, 1931.
548) 小泉顯夫, 野守健, 「慶尙北道達城郡達西面古墳調査報告」, 『大正12年度古蹟調査報告書 1冊』, 朝鮮總督府, 1931.
549) 梅原末治, 「漢代漆器紀年銘文集錄」, 『東方學報』京都第5冊, 東方文化院京都硏究所, 1934.
   國立中央博物館, 『유리원판목록집 Ⅰ』, 1997, 원판번호 230248~230250, 130271, 230272.
550) 國立中央博物館, 『유리원판목록집 Ⅰ』, 1997, 원판번호 2303273.
551) 國立中央博物館, 『유리원판목록집 Ⅰ』, 1997, 원판번호 230274.
552) 國立中央博物館, 『유리원판목록집 Ⅰ』, 1997, 원판번호 230275.
553) 國立中央博物館, 『유리원판목록집 Ⅰ』, 1997, 원판번호 230276~230277.
554) 國立中央博物館, 『유리원판목록집 Ⅰ』, 1997, 원판번호 230278~230279.
555) 梅原末治, 「慶州 金鈴塚 飾履塚 發掘調査報告」, 『大正13年度 古蹟調査報告』第1冊, 朝鮮總督府, 1932.
   梅原末治, 「朝鮮に於ける最近の考古學上の發見」, 『朝鮮』, 朝鮮總督府, 1924년 9월.
556) 梅原末治, 「慶州 金鈴塚 飾履塚 發掘調査報告」, 『大正13年度 古蹟調査報告』第1冊, 朝鮮總督府, 1932.
   梅原末治, 「朝鮮に於ける最近の考古學上の發見」, 『朝鮮』, 朝鮮總督府, 1924년 9월.
557) 濱田耕作, 『考古學硏究』, 座右寶刊行會, 1939, p. 306.
   梅原末治, 『東亞考古學槪觀』, 星野書店, 1947, p. 41.
   小泉顯夫, 『朝鮮古代遺跡の遍歷』, 六興出版, 1986.
   樂浪漢墓刊行會, 『樂浪漢墓』, 1974.
558) 濱田耕作, 『考古學硏究』, 座右寶刊行會, 1939, p. 306.
   梅原末治, 『東亞考古學槪觀』, 星野書店, 1947, p. 41.
   小泉顯夫, 『朝鮮古代遺跡の遍歷』, 六興出版, 1986.
   樂浪漢墓刊行會, 『樂浪漢墓』, 1974.
559) 濱田耕作, 『考古學硏究』, 座右寶刊行會, 1939, p. 306.
   梅原末治, 『東亞考古學槪觀』, 星野書店, 1947, p. 41.
   小泉顯夫, 『朝鮮古代遺跡の遍歷』, 六興出版, 1986.
   樂浪漢墓刊行會, 『樂浪漢墓』, 1974.
560) 濱田耕作, 『考古學硏究』, 座右寶刊行會, 1939, p. 306.
   梅原末治, 『東亞考古學槪觀』, 星野書店, 1947, p. 41.
   小泉顯夫, 『朝鮮古代遺跡の遍歷』, 六興出版, 1986.
   樂浪漢墓刊行會, 『樂浪漢墓』, 1974.
561) 小山富士夫, 「高麗の古陶磁」, 『陶磁講座』第7卷, 雄山閣, 1938.
562) 有光敎一, 「慶州邑南古墳群について」, 『朝鮮學報』제8집, 朝鮮學會, 1955년 10월.

563) 小山富士夫, 「高麗の古陶磁」, 『陶器講座』第7卷, 雄山閣, 1938, p. 83.
564) 『樂浪』, 東京帝國大學 文學部, 1930.
　　田澤金吾, 「東大文學部の樂浪古墳發掘」, 『史學雜誌』第37편 제1호~3호, 1926년 1월~3월.
　　「雜報」, 『人類學雜誌』제40권 12호, 東京人類學會, 1925년 12월.
　　梅原末治, 「漢代漆器紀年銘文集錄」, 『東方學報』京都第5冊, 東方文化院京都研究所, 1934.
565) 『광복이전 박물관자료 목록집』, 국립중앙박물관, 1997, p. 73.
566) 小泉顯夫, 『朝鮮古代遺蹟の遍歷』, 六興出版, 1986年, pp. 42~58.
　　大坂六村, 『趣味の慶州』, 慶州古蹟保存會, 1939,
　　小泉顯夫, 「瑞鳳?の發掘」, 『史學雜誌』제38편 제1호, 1927년 1월.
567) 梅原末治, 『朝鮮古代の墓制』, 國書刊行會, 1972, p. 21.
568) 東湖, 田中俊明(박천수, 이근우 옮김), 『고구려의 역사와 유적』, 동북아역사재단, 2008.
569) 野守健, 榧本龜次郎, 「晚達山麓高句麗古墳の調査」, 『昭和12年度 古蹟調査報告』, 朝鮮古蹟硏究會, 1938.
570) 梅原末治, 藤田亮策, 『朝鮮古文化綜鑑』제1권, 養德社, 1947, pp. 12~16.
　　1927년 4월에 평북 위원군 숭정면 용연동 도로공사 중 유물 발견되어 동년 11월에 小泉顯夫가 총독부의 명으로 출토지를 조사하여 유적의 전모가 밝혀짐.
571) 野守健, 「忠淸南道公州松山里 古墳調査報告」, 『昭和2年度 古蹟調査報告 第2冊』, 朝鮮總督府, 1935.
　　輕部慈恩, 「公州に於ける百濟古墳」, 『考古學雜誌』24-3, 1934년 3월.
　　小泉顯夫, 『朝鮮古代遺跡の遍歷』, 六興出版, 1986.
572) 野守健, 「忠淸南道公州松山里 古墳調査報告」, 『昭和2年度 古蹟調査報告 第2冊』, 朝鮮總督府, 1935.
　　輕部慈恩, 「公州に於ける百濟古墳」, 『考古學雜誌』24-3, 1934년 3월.
　　小泉顯夫, 『朝鮮古代遺跡の遍歷』, 六興出版, 1986.
573) 野守健, 「忠淸南道公州松山里 古墳調査報告」, 『昭和2年度 古蹟調査報告 第2冊』, 朝鮮總督府, 1935.
　　輕部慈恩, 「公州に於ける百濟古墳」, 『考古學雜誌』24-3, 1934년 3월.
　　小泉顯夫, 『朝鮮古代遺跡の遍歷』, 六興出版, 1986.
574) 野守健, 「忠淸南道公州松山里 古墳調査報告」, 『昭和2年度 古蹟調査報告 第2冊』, 朝鮮總督府, 1935.
　　輕部慈恩, 「公州に於ける百濟古墳」, 『考古學雜誌』24-3, 1934년 3월.
　　小泉顯夫, 『朝鮮古代遺跡の遍歷』, 六興出版, 1986.
575) 野守建, 神田忽藏, 「鷄龍山麓陶窯址調査報告」, 『昭和2年度 古蹟調査報告 1冊』, 朝鮮總督府, 1929.
576) 藤田亮策, 「大邱大鳳町支石墓調査」, 『朝鮮考古學硏究』, 高桐書院, 1948.
　　梅原末治, 藤田亮策, 『朝鮮古文化綜鑑』제1권, 養德社, 1947, p. 89.
577) 野守健, 「扶安郡に於ける高麗陶窯址」, 『陶磁』제6권 제6호, 1934.
578) 國立中央博物館, 『유리원판목록집 Ⅲ』, 1999, 원판번호 248-4~11.
579) 森爲三, 「朝鮮石器時代に飼養せし犬の品種に就て」, 『人類學雜誌』제44권 제2호, 東京人類學會, 1929년 2월.

580) 小山富士夫,「高麗の古陶磁」,『陶器講座』제7권, 雄山閣, 1938.
    小川敬吉,「大口面窯址の靑瓷2顆」,『陶磁』제6권 제6호, 1934.
    수집한 파편 중 문자가 있는 皿과 靑瓷瓦가 있었으며, 대구면 수동리의 아동에게 구입한 파편에는 「正陵」,「謂」가 상감되어 있는데 채집지점은 명확하지 않다고 한다.
581) 輕部慈恩,「百濟の舊都熊津に於ける西穴寺及び南穴寺址」,『考古學雜誌』19-4, 1929년 4월.
582) 朝鮮總督府,「昭和3年度古蹟調査事務槪要」,『朝鮮』, 1929년 4월.
583) 朝鮮總督府,「昭和3年度古蹟調査事務槪要」,『朝鮮』, 1929년 4월.
584) 朝鮮總督府,「昭和3年度古蹟調査事務槪要」,『朝鮮』, 1929년 4월.
585) 朝鮮總督府,「昭和3年度古蹟調査事務槪要」,『朝鮮』, 1929년 4월.
586) 朝鮮總督府,「昭和3年度古蹟調査事務槪要」,『朝鮮』, 1929년 4월.
587) 朝鮮總督府,「昭和3年度古蹟調査事務槪要」,『朝鮮』, 1929년 4월.
588) 朝鮮總督府,「昭和3年度古蹟調査事務槪要」,『朝鮮』, 1929년 4월.
589) 野守健,「扶安郡に於ける高麗陶窯址」,『陶磁』제6권 제6호, 1934.
590) 野守健,「扶安郡に於ける高麗陶窯址」,『陶磁』제6권 제6호, 1934.
591) 有光敎一,「慶州邑南古墳群について」,『朝鮮學報』제8집, 朝鮮學會, 1955년 10월.
592) 『東亞日報』1929년 9월 3일, 9월 24일자.
593) 早乙女雅博,「新羅の考古學調査 100年の硏究」,『朝鮮史硏究會論文集』39, 朝鮮史硏究會, 2001년 10월, p. 73.
    藤田亮策,「昭和4年度古蹟調査事務槪要」,『朝鮮』, 1930년 2월.
594) 국립중앙박물관,『국립중앙박물관 보관 고문서목록』, 1996, p. 57.
595) 국립중앙박물관,『국립중앙박물관 보관 고문서목록』, 1996, p. 57.
596) 국립중앙박물관,『국립중앙박물관 보관 고문서목록』, 1996, p. 58.
597) 국립중앙박물관,『국립중앙박물관 보관 고문서목록』, 1996, p. 59.
598) 국립중앙박물관,『국립중앙박물관 보관 고문서목록』, 1996, p. 60.
599) 국립중앙박물관,『국립중앙박물관 보관 고문서목록』, 1996, p. 61.
600) 濱田耕作,『考古學硏究』座右寶刊行會, 1939, p. 294.
    藤田亮策,「昭和4年度古蹟調査事務槪要」,『朝鮮』, 1930년 2월.
601) 「昭和5年度古蹟調査」,『朝鮮』, 1931년 10월.
602) 梅原末治, 藤田亮策,『朝鮮古文化綜鑑』제3권, 養德社, 1949, p. 37.
603) 野守健 외,「平安南道大同郡大同江面梧野里古墳調査報告」,『昭和5年度古蹟調査報告書』, 朝鮮總督府, 1935.
    濱田耕作,『考古學硏究』, 座右寶刊行會, 1939, p. 297.
604) 野守健 외,「平安南道大同郡大同江面梧野里古墳調査報告」,『昭和5年度古蹟調査報告書』, 朝鮮總督府, 1935.
605) 野守健 외,「平安南道大同郡大同江面梧野里古墳調査報告」,『昭和5年度古蹟調査報告書』, 朝鮮總

督府, 1935.
606) 有光敎一, 『有光敎一著作集 第1卷』, 1990, pp. 5~6.
607) 早乙女雅博, 「新羅の考古學調査 100年の硏究」, 『朝鮮史硏究會論文集』39, 朝鮮史硏究會, 2001년 10월, p. 77.
608) 早乙女雅博, 「新羅の考古學調査 100年の硏究」, 『朝鮮史硏究會論文集』39, 朝鮮史硏究會, 2001년 10월, p. 77.
609) 有光敎一, 『有光敎一著作集 第1卷』, 1990, p. 32.
610) 榧本杜人, 「咸北 先史遺蹟の調査」, 『朝鮮學報』第46輯, 朝鮮學會, 1968년 1월.
611) 「昭和5年度古蹟調査」, 『朝鮮』, 1931년 10월.
612) 「昭和5年度古蹟調査」, 『朝鮮』, 1931년 10월.
613) 「昭和5年度古蹟調査」, 『朝鮮』, 1931년 10월.
614) 「昭和5年度古蹟調査」, 『朝鮮』, 1931년 10월.

4) 반출한 유물

석암리 제205호분(王旰墓)
*** 발굴계기**

1924년 이후 재정긴축으로 인해 고적조사과가 폐지되고 고적조사사업은 어려움에 직면하게 된다. 1925년에 이같은 국내 사정을 파악한 도쿄대학의 구로이타(黑板), 무라가와(村川) 양 교수의 발의에 의해 그들 사학회 사업(史學會事業: 후일 문학부 사업)으로 일본 호소가와가(細川家)의 자금을 지원받아 낙랑고분의 발굴을 요청해 왔다. 이때 그들의 명분은 중요한 낙랑 유물자료가 수없이 땅 속에 있으나 학술적 조사를 경유한 것은 겨우 수십 기에 불과하고 대부분은 우연히 또는 도굴에 의하여 세간에 전완(傳玩)되기에 이르러 한갓 골동물(骨董物)로서 학술적 가치를 멸살(滅殺)시키고 있으니[615] 학술적 조사가 필요하다는 것이었다.

그 직접적 동기에 대해 후지타 료사쿠는 "1924년에 낙랑고분에서 기년명의 칠기가 발견된 것"이라고 한다. 1924년의 낙랑고분 발굴을 보면, 석암리 제200호분, 석암리 제194호분 등의 발굴 조사에서 각종 기년명의 칠기가 출토되었다.[616] 이에 자극을 받은 후지타의 기년명의 칠기 발굴에 대한 욕심에서 조사가 시작되었다는 것이다. 그리고 발굴 주체가 사학회 사업에서 도쿄대학 문학부 사업으로 바뀐 데 대해서는, 1925년 봄에 구로이타 박사가 조선총독부 고적조사위원회와 교섭을 할 때 처음에는 사학회 조사로서 경비는 호소가와 후작이 기부하는 것으로 하여 발굴을 요청했다. 그러나 조선총독부 측에서는 일개 학회의 조사는 선례로 남는 것을 우려하여 거절했다고 한다. 그래서 도쿄대학 문학부의 고고연구 사업으로 승인하여 발굴 조사를 개시하기에 이르렀다고

---

615) 『樂浪』제1장 '序說', 東京帝國大學 文學部, 1930.
616) 濱田耕作, 『考古學研究』, 座右寶刊行會, 1939, p. 306.
樂浪漢墓刊行會, 『樂浪漢墓』, 1974.

한다.617) 당시 신문기사에도 비슷한 내용이 있다.618)

※ 허가 과정

학술적 조사라는 미명 하에 도쿄대학총장이 조선총독부에 허가원을 냈는데 그 내용은 다음과 같다.619)

東京帝國大學 度第534號

大正14년 9월 2일

朝鮮總督 殿

고분발굴의 건

금회 본학(本學) 문학부에서 고고학적 연구를 이루고 싶은 희망으로서 귀관하(貴官下) 평안남도 대동군 평양부근의 낙랑고분을 발굴코자 하오니 하기(下記) 조항에 의하여 어승인(御承認)을 얻고자 하니 어조회(御照會)하나이다.

기(記)

-. 기간은 9월 중순부터 45일간의 예정

-. 발굴 및 조사에 요하는 비용은 본학의 부담으로 할 것

-. 발굴에 관해서는 본학 교수 무라가와(村川), 구로이타(黑板) 및 조교수 하라

---

617) 藤田亮策,「書評'樂浪'」,『靑丘學叢』제3호, 1931년 2월, pp. 155~156.
618) 『每日申報』1925년 9월 8일자에는 다음과 같은 기사가 있다.
최근 낙랑고분으로부터 2천년 전의 칠기 파편을 발굴하였다는 사실을 들은 골동상인들은 급거히 조선총독부에 이의 발굴원을 제출하였으나 당국은 여사히 중요한 고분 발굴을 개인에게 허가하면 역사적 진품을 분실할 염려가 있으므로 이를 동경제대사학회에서 계획하도록 하였으나 사학회는 재정궁핍으로 곤란이 적지 않다하여 村川謹吾박사가 細川후작과 상담한 결과 세천 후작이 경비 전부를 후원하겠다고 하여 제대사학회의 낙랑고분 발굴대는 수일 전에 편성하여 발굴 주임으로 原田박사 감독으로 村川, 黑板박사, 조수로 사학회의 인사 2명이 15일에 도선할 예정이라더라.
619) 黃壽永 編,「日帝期 文化財 被害調査」,『考古美術資料』제22집, 韓國美術史學會, 1973에서 옮김.

다 요시토(原田淑人)로 하여금 감독시킬 것임

이에 대하여 제22회 고적조사위원회를 개최하였는데, 이미 구로이타와 협의를 마친 상태에서 도쿄대로부터 허가원이 제출되었기 때문에 허가를 위한 협의로서 그 허가의 이유를 다음과 같이 제시하고 있다.

> 첫째, 2,000여 기에 달하는 낙랑 고분을 전부 그리고 영구히 보존하는 것은 도저히 어렵다.
> 둘째, 우리나라(일본) 학술의 중심인 제국대학의 전문적인 연구를 통해 반도의 문화를 소개하여 학계에 도움을 주어야 한다.
> 셋째, 일본 내지에서도 이런 종류의 고분 발굴을 대학에 허가한 전례가 있다. 1911~15년 도쿄제대와 교토제대가 내무대신 및 궁내대신의 허가를 얻어서 궁기현의 고분을 조사한 예가 있다.
> 넷째, 신라와 백제 등 반도 민중과 직접 관련이 있는 고분이나 고적의 조사는 신중을 기해야 하겠지만, 대동군에 있는 고분은 전부 낙랑군의 통치자인 한인의 무덤이므로 반도 고유의 민중과는 관계가 없으므로 발굴 조사가 민심에 영향을 미칠 리 만무하다.
> 다섯째, 조선총독부의 고적보존규칙과 고적조사위원회규정에는 고적조사위원이 참가하면 저촉되지 않는다.[620]

첫째 이유는 "2천여 기에 달하는 고분을 보존하기 어렵기 때문에" 발굴을 해야 한다는 것이다. 1916년 이후 고려자기를 도굴하던 도굴꾼들이 대거 평양 일대로 몰려들면서

---

[620] 오영찬, 「제국의 예외-1925년 일본 도쿄제국대학의 낙랑고분 발굴」, 『일본에 있는 낙랑 유물』, 학연문화사, 2008.에서 옮겨옴.

낙랑고분의 대난굴 시대가 전개되었다.(621) 이로 인하여 대부분의 낙랑고분이 도굴을 당하여 성한 고분이 거의 없었다. 1925, 6년에 오가와(小川), 노모리(野守) 두 사람이 총독부의 명을 받아 낙랑 고분군의 고분분포도(古墳分布圖)를 작성한 그 현황표를 보면, 고분의 총수는 1386기로 도굴을 면한 것은 '의심이 가는 것'까지 다 합하여도 243기 뿐이다.(622) 특히 전곽분의 경우에는 성한 것이 단 한 기도 없는 것으로 조사되었다. 이대로 가면 어차피 도굴을 당하니 발굴하여 학술적 조사라도 해야 한다는 억지 이유를 붙이고 있다.

네 번째 이유는 낙랑고분은 한인의 무덤이므로 조선인의 민심에는 영향이 미치지 않는다고 하는데, 낙랑고분의 주인을 중국에 두고 조선인과는 무관하니 반발을 사지 않는다는 억지 주장을 하고 있다. 그러나 고분이 발굴되자 조선인의 감정이 동아일보 논설로 표출됨으로써 그들의 억지 주장을 무색케 하고 있다.

결국 1925년 9월 22일 6가지 조건을 붙여 허락을 한다.

도쿄대학에 보낸 공문은 다음과 같다.

동경제국대학총장 古在由直 宛
大正14년 9월 2일 度第534號로써 낙랑고분 발굴의 건 어조회의 취지를 허락함

---

621) 關野貞, 「樂浪時代의 遺蹟」, 『古蹟調査 特別報告 第 4册』, 朝鮮總督府, 1927, p. 10에 의하면 "明治 42년 以來 우리들은 數回의 調査로 樂浪, 帶方의 郡治地로 생각되는 것을 발견하고 또 古墳의 發掘로 當時 문화의 證據로 多數의 遺物을 獲得하여 두郡의 遺蹟 遺物을 시작으로 世人의 耳目을 새롭게 하기에 이르렀다"고 하고 있다.
오영찬, 「제국의 예외-1925년 일본 도쿄제국대학의 낙랑고분 발굴」, 『일본에 있는 낙랑 유물』, 학연문화사, 2008.p. 21)에 의하면, 1909년 1월 당시 신문사에서 조사한 일본인 '業種別 調査'에 의하면 古物商을 하는 수가 12명으로 나타나 있는데 이들은 모두 일본 商人輩들로서 이들은 대부분 盜掘品을 취급하던 자들로 추정된다.
八田蒼明은 『樂浪と傳說の平壤』에서, "1916년 關野 박사 일행이 석암리 제9호 목곽분을 발굴하여 백 수십점의 귀중한 부장품을 얻자 낙랑연구열이 점차 민간에까지 확대"되었음을 증언하고 있다.
622) 每日申報, 1926년 8월 4日字에는,
"총독부에서 현재 1376기 중 아직 발굴되지 않은 것은 53基"라고 하고 있다.

右(위)는 고적조사위원회 결의의 결과 左記(아래) 조건을 附하여 승인하오니 회답 있기를 바람

조건

一. 조사구역은 평안남도 대동군 대동강면 및 원암면의 내로서 고분 4기 이내로 함

二. 조사 시는 소할도청(所轄道廳) 및 경찰서장과 상의한 후 착수하고 또 반드시 조선총독부 고적조사위원을 참가시킬 것

三. 조사 및 조사지의 피해 등에 관한 비용은 모두 동경제국대학의 부담으로 함

四. 발굴적(發掘迹)은 십분 복구하고 석표(石表)를 세워 조사일시를 명기(銘記)할 것

五. 발굴유물은 조선총독부의 지정한 것을 제외한 전부를 동경제국대학에 완전히 보존하고 자타의 연구의 자(資)에 공(供)할 것이며 매각 또는 양도하지 말 것(중복하는 물건을 제하고는 전부 총독부에서 지정한 것으로 할 것)

六. 상세한 보고서를 조선총독부 고적조사위원에게 제출할 것[623]

※ 발굴 과정

발굴에 앞서 다사와 긴고(田澤金吾)와 고이즈미 아키오(小泉顯夫)가 1925년 9월 28일 고분군을 조사하고 29일에 발굴할 고분을 선정했다. 선정된 고분은 2기로 1925년 10월 1일에 발굴을 시작하여 12월 초순에 끝을 맺는 것으로 했다. 발굴은 하라다(原田)가 책임자로 총지휘했으며 다사와와 고이즈미가 담당하였다. 사진부원으로는 총독부박물관의 다노 시찌스케(田野七助)가 참가하였다. 선정된 고분 중에서 다사와가 북분(왕우묘)를, 고이즈미가 남고분을 담당했다. 먼저 남분은 10월 1일에 발굴을 개시하여 7일에 목곽 잔존부에 도달하여 호 및 2, 3의 유물의 존재를 파악하기에 이른다. 그러나

---

623) 黃壽永 編, 「日帝期 文化財 被害調査」, 『考古美術資料』제22집, 韓國美術史學會, 1973에서 발췌.

왕우묘 발굴 장면(『낙랑』)

북분의 발굴에 전력을 기울여야 할 필요가 생겨 남분의 발굴은 중지하고 북분의 발굴을 완료한 후에 다시 계속하기로 했다. 그러나 북분의 조사가 예상일보다 길어지면서 결빙기가 오는 바람에 남분은 발굴할 수 없게 되었다.[624]

그간 북분의 발굴에 앞서 북분 서편에 있는 한 고분의 봉토 남측에서 도굴구를 발견하고 시험삼아 파 보았다. 이미 도굴당한 형적이 있고 곽실이 유존하는데 전곽분으로 판명되었다. 곽실 내부의 물과 흙을 제거하고 유물을 수색했는데 은제지환, 은제천(銀製釧), 무자동인(無字銅印), 동검잔편, 기타 칠기편, 토기잔편 등이 발견되었다. 이 고분 역시 이후의 조사는 북분 발굴 후로 미루었다.

북분(왕우묘)은 10월 2일 외부 실측을 마치고 10월 3일에 발굴에 착수했다. 10월 6일에 목곽 천정부에 도달했다. 발굴이 한창 진행되어 유물들이 속속 출토되자 사이토 총독은 부인을 동반하고 발굴 현장을 방문하여 하라다로부터 유물에 대한 설명을 듣기도 했다.[625] 발굴 기간은 10월 2일부터 총 64일이 소비되었다.[626] 후일 고이즈미는 "낙

---

624) 田澤金吾, 「東大文學部 樂浪古墳 發掘」, 『史學雜誌』 제37권 1號, 1926.
625) 『每日申報』 1925년 11월 6일자.
626) 『每日申報』 1925년 10월 23일자에는 다음과 같은 가사가 있다.

랑군치지와 왕우묘의 발굴은 동아고고학사상 영원히 기록"할 중요한 발굴로 기술하고 있다.(627)

출토유물(628)

출토유물	수량	출토장소	비고
漆杯	18	북실 출토	建武二十一年銘漆杯, 建武二十八年銘漆杯
漆盂	2	북실 출토	有紋漆盂
漆盤	8	북실 출토	永平十二年在銘神仙龍虎畵像漆盤, 有紋漆盤, 金銅釦有紋漆盤
漆壺	1	북실 출토	
圓筒形漆器	1	북실 출토	有紋筒形漆器
漆案 殘缺	2	북실 출토	
瓦壺	3	북실 출토	
瓦瓮	3	북실 출토	
瓦盌	1	북실 출토	
鐵劍	1	북실 출토	
漆奩	2	북실 출토	
鏡	3	북실 출토	
琉璃製耳墻	2	북실 출토	
銅製小鈴	1	북실 출토	
木製櫛	2	북실 출토	
白粉	약간	북실 출토	
燕脂	약간	북실 출토	
白粉刷子	1	북실 출토	
釵 殘缺	약간	북실 출토	
式古天地盤殘缺	1	북실 출토	

　　금회의 발굴은 이미 신문지상에 수차 보도함과 같이 지중에 파묻혀 있는 유적으로 인하여 실제로 학구상의 참고하려는 동대문학부의 사업으로 총독부에 교섭하여 평양 대동군 대동강면 석암리에 있는 고분 4개소를 발굴하기로 하고 그 중 1개소를 실지 발굴에 착수하였다.

627) 小泉顯夫,「樂浪古墳の發掘と原田先生」,『考古學雜誌』제60권 제4호, 1975년 3월.
628)『樂浪』, 東京帝國大學 文學部, 1930.

출토유물	수량	출토장소	비고
蘭製紐	1	북실 출토	
銅鋲	2	북실 출토	
漆杯	8	側槨北邊 출토	
漆盤	3	側槨北邊 출토	
漆勺	1	側槨北邊 출토	
漆匕	1	側槨北邊 출토	
筒形漆器	1	側槨北邊 출토	
漆案	4	側槨北邊 출토	
白樺製飮器	1	側槨北邊 출토	
瓦壺	3	側槨北邊 출토	
漆奩	2	側槨北邊 출토	
鏡	1	側槨北邊 출토	
木製櫛	1	側槨北邊 출토	
木具	1	側槨北邊 출토	
墨塗細木片	1	側槨北邊 출토	
膏澤	약간	側槨北邊 출토	
水晶切子玉	2	側槨北邊 출토	
木炭製平玉	1	側槨北邊 출토	
漆枕	1	側槨北邊 출토	
小匣 殘缺	1	側槨北邊 출토	
長方形小石板	1	側槨北邊 출토	
方形小石板	1	側槨北邊 출토	
羊鈕金具	1	側槨北邊 출토	
鋼代製器物 殘缺	1	側槨北邊 출토	
植物殘片	약간	側槨北邊 출토	
漆器의 木心 및 漆片	약간	槨內棺下 및 槨外 出土	
毛桃核	1	槨內棺下 및 槨外 出土	
漆履 殘缺	2	槨內棺下 및 槨外 出土	
漆片	약간	槨內棺下 및 槨外 出土	
瓦器片	약간	槨內棺下 및 槨外 出土	
瓦片	多量	槨內棺下 및 槨外 出土	
漆杯 殘缺	1	側槨內北邊以外 出土	
漆盌 殘缺	1	側槨內北邊以外 出土	
漆盤	1	側槨內北邊以外 出土	

출토유물	수량	출토장소	비고
漆案 殘缺	1	側槨內北邊以外 出土	
漆履	2	側槨內北邊以外 出土	
琴狀漆塗板	1	側槨內北邊以外 出土	
同附屬木具	2	側槨內北邊以外 出土	
長木棒	2	側槨內北邊以外 出土	
棒形漆塗細木片	1	側槨內北邊以外 出土	
弓形木製品	1	側槨內北邊以外 出土	
果核	2	側槨內北邊以外 出土	
琉璃製耳璫	2	木棺內(東棺) 出土	
同附屬小環	2	木棺內(東棺) 出土	
銀製指環	1	木棺內(東棺) 出土	
釵	1	木棺內(東棺) 出土	
漆塗釵 殘缺	약간		
組紐	1		
撚紐	2		
絹布 殘片	약간		
木印	1	木棺內(中棺) 出土	
鐸形漆器	1	木棺內(中棺) 出土	
銀製指環	1	木棺內(中棺) 出土	
비녀	1	木棺內(中棺) 出土	
竹製櫛	1	木棺內(中棺) 出土	
漆冠 殘缺	1	木棺內(中棺) 出土	
冠纓	1	木棺內(中棺) 出土	
絹布 殘片	약간	木棺內(中棺) 出土	
琉璃製耳璫	2	木棺內(西棺) 出土	
銀製指環	4	木棺內(西棺) 出土	
釵	1	木棺內(西棺) 出土	
漆塗釵	6	木棺內(西棺) 出土	
白粉	少量	木棺內(西棺) 出土	
絹布 殘片	若干	木棺內(西棺) 出土	
琉璃製耳璫	2	木棺內(側棺) 出土	
同附屬半球玉	2	木棺內(側棺) 出土	
同附屬小環	2	木棺內(側棺) 出土	
銀製指環	5	木棺內(側棺) 出土	

출토유물	수량	출토장소	비고
瑪瑙製指環	1	木棺內(側棺) 出土	
石炭製羊形玉	1	木棺內(側棺) 出土	
石炭製平玉	1	木棺內(側棺) 出土	
琥珀製平玉	1	木棺內(側棺) 出土	
漆塗釘 殘缺	若干	木棺內(側棺) 出土	
撚紐	若干	木棺內(側棺) 出土	
絹布 殘片	若干	木棺內(側棺) 出土	

이같은 엄청난 유물이 발굴되어 세상을 놀라게 했을 때, 동아일보 사설은 다음과 같은 내용을 게재하고 있다.

조선인 자신은 알지도 못하는 사이에 동양문화의 최대 보고란 것이 조선 안에 번듯하게 생겨나서 세계의 이목이 이리로 주집(注集)하게 되었다. 대동강 남안을 중심으로 한 고조선의 유적 내지 유물의 기록한 광명과 놀라운 가치가 최대한의 경이(驚異)로서 세계의 학림(學林)을 진감(震憾)하여 날로 더 풍성(風聲)을 높여 감이 그것이니 작금(昨今) 양 년 만하여도 기다(幾多)의 귀중한 신발견이 있는 中 더욱 세계무쌍(世界無雙) 고금독보(古今獨步)의 묘공(妙工)이라 하는 다수(多數)한 칠기(漆器)가 자기의 연대에 관한 명문(銘文)까지 짊어지고 나와서 한층 더 사람의 경탄과 감사를 자아내는 중이다. 〈중략〉

남은 알고 놀라고 야단을 하여 세계를 들어 번쩍거려도 아직 모르시기는 임자인 조선인뿐이 아닌가. 분명히 조선인 의리(衣裏)의 보주(寶珠)인 것을 시방도 일본인은 낙랑시대의 유물로만 인정하여 우리 선민(先民)의 우물적(寓物的) 심장(心藏) 그것을 턱없이 부인(否認)하여 버리건마는 들고 나서 변백(辨白)하는 이와, 할 만한 이와, 하려는 이가, 누군가 누구인가. 어허 우리조상이 감추어주신 의리(衣裏)의 보주(寶珠) 도 남의 손에 들추어서 남의 손으로 들어가건마는 도둑맞는 줄조차 알지 못하는 치

태개아(痴呆丐兒: 멍청이, 거지아이) 가 있으니 그 이름이 조선인이라 한다. 〈중략〉

　　세계의 어떠한 문화적 민족 의구한 국토와 혈통을 이어오는 역사적 국민이 자기의 문화적 고장(庫藏)을 남에게 맡겨 버리는 자이며 그리하여 모르는 체 하는 자이냐. 이러한 보고(寶庫)는 있기 때문에 또한 치욕을 덧바르지 아니치 못하는 설움을, 어허 누구로 더불어 말할른지. 저 개인의 출자(出資)와 대학의 협력으로 성립한 일본인의 대동강안 발굴대가 우리의 이마에 또 한번 부끄럼의 낙인(烙印)을 칠 양으로 입국하는 것이 일석간(日夕間)에 있다하여요.[629]

　　동아일보 사설은 낙랑고분이 그 주인인 조선인에 의해 발굴조사가 이루어지지 못하고 일본인에 의해 강제로 이루어짐을 통탄하고 있다.

✲ 유물 처리

　　도쿄대학 문학부 고고학실의 낙랑고분 조사반이 11월 23일 발굴을 종료한 후 조사주임인 하라다는 "당시의 풍습을 조사하는 절호의 호자료(好資料)를 얻은 일로서 이를 도쿄대로 가지고 돌아가 명후년에 걸쳐 조사한 내용을 학계에 발표할 생각이다"[630]라 했다. 이 같이 유물들을 일본으로 가져가려 할 때 동아일보는 또 다시 다음과 같은 사설을 실었다.

　　금년에 있는 양대수획(兩大收獲)으로 영원히 학계에 기념될 것이다. 그러나 그 발굴은 아직 진행 중에 있고 꽤 오래 시일을 요할 것이니까 아직 이것저것을 시방 말할 것이 아니어니와 〈중략〉 상당히 지각있는 학자의 입에서 발굴품을 일본으로 지거(持去)함이 좋다는 말을 들음이요 더욱 그것이 학적 필요로 보다 물적탐욕(物

---

629) 「樂浪遺蹟 發掘隊」, 『東亞日報』, 1925년 9월 16日字.
630) 「原田東大敎授語」, 『朝鮮史學』第1號, 朝鮮史學同攷會, 1926년 1월.

的貪慾)에 끌림이 더 큼이다.

낙랑의 발굴물은 실로 2,000년 전의 동양 문화 생활 그것이 시간을 초월하여 우리의 안전(眼前)에 용현(湧現)한 것이다. 이때까지 동양에서는 유례 없는 대발견이요 여러 가지로 세계적 가치를 지닌 일대 보물이다. 할 수 있는 대로 이것을 자기네의 대학 또는 박물관의 물건으로 만들려고 또 될 수만 있으면 이것을 자기네 안두진완

'건무21년명칠배
(建武二十一年銘漆杯)'
(『낙랑』)

(案頭珍玩)이라도 삼아 보려함이 탐심(貪心)있는 사람, 더욱 얌치 빠진 그네들의 생각함직한 일이 아닐 것이 아니지마는 이것이 학적 양심과 문화적 정의감의 앞에서는 눈치도 보일 수 없는 일일 것이거든 하물며 입밖에 내서 희망하며 요구함이랴. 〈중략〉 주인이 똑똑하지 못하다하여 강도질이 옳은 일이 아니다. 대체 이번의 낙랑 발굴품을 어째서 일본으로 가져가겠다 하는가. 귀떨어진 돈푼이나 내었으니 돈 값으로 가져가겠다 함인가, 조선에는 두어도 무소용이니까 소용되는 자기네게로 가져가겠다 함인가. 〈중략〉 설사 이런 말을 할 자가 있고 또 그자가 어떠한 지위와 권위를 지닌 자라도 이런 말을 입밖에 낸 것부터 이 광망(狂妄)한 표라 하고 말 것이다.[631]

이같이 유출을 막으려 했으나 그들은 결국 왕우묘의 출토품을 사전 계획대로 몽

---

631) 『東亞日報』1925년 11월 25일자.

땅 일본 도쿄대학으로 가져갔다.(632) 도쿄대로 가져간 205호 낙랑고분 출토물은 동양문고에 진열하였고 1926년 5월 16일 사학회대회에서 하라다의 공개 강연이 있었다.(633)

※ 반환받아야 하는 근거

총독부에서 도쿄대학에 조건을 붙여 허가를 할 때, "五 발굴유물은 조선총독부의 지정한 것을 제외한 전부를 도쿄제국대학에 완전히 보존하고 자타의 연구의 자(資)에 공(供)할 것이며 매각 또는 양도하지 말 것(중복하는 물건을 제하고는 전부 총독부에서 지정한 것으로 할 것)"이라는 조건을 붙이고 있기 때문에(634) 조사가 끝난 유물은 당연히 돌려주어야만 하는 것이다. 이에 대해서 경성일보 1925년 11월 25일자는 구로이타 가쓰미(黑板勝美)의 말을 옮겨 다음과 같은 기사를 싣고 있다.

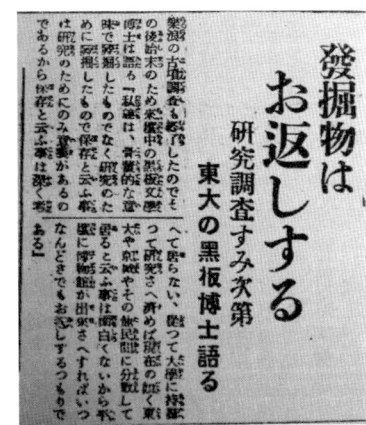

경성일보 25년 11월 25일자

발굴물은 돌려보내겠음
연구조사가 끝나는대로
동대의 구로이타 박사 말하다

낙랑의 고분조사도 종료하였으므로 그 뒷처리를 위하여 래양중(來壤中)의 구로이타(黑板) 문학박사는 말하기를 "우리들은 골동적인 의미로 발굴한 것이 아니고 연구를 위하여 발

---

632) 東京帝國大學 文學部, 『樂浪』, 1930.
633) 「雜報」, 『人類學雜誌』제42권 제6호, 1926년 6월.
　　 朝日新聞社 編, 『日本美術年鑑』, 1927.
634) 여기에서 '조선총독부의 지정한 것'이라는 것은 중복되지 않은 모든 것을 말하는 것으로 중복되는 한 두 가지는 연구상 허용할지라도 나머지는 모두 조선총독부에 보관되어야 마땅한 것이다.

굴한 것으로 보존이라는 것은 연구를 위하여서만 의의가 있는 것이니 보존이라는 것은 보존이라는 것은 깊이 생각하지 않고 있다. 따라서 대학에 가지고 가서 연구만 끝나면 현재와 같이 동대나 경성이나 민간에 분산되어 있는 것은 좋지 않으니까 평양에 박물관만 되면 언제 어느 때라도 돌려보낼 생각입니다.

그 후 상당 시간이 지나도 도쿄대학에서 돌려줄 기미가 보이질 않자, 1926년 8월 2일에 개최한 제25회 고적조사위원회 회의 도중에 오가와(小河) 위원은 "도쿄제대에서 조사한 낙랑유물은 언제 본부에 제출하느냐?"고 질문하였다. 이에 대해 후지타 료사쿠(藤田亮策) 위원은 "목하 대학에서 정리 중이오니 정리를 끝내는 대로 제출할 것"이라고 답했다.635)

그 후 수 년이 지났건만 조선총독부에서는 되찾아올 노력을 하지 않았으며 1933년에 와서야 평양박물관에서 박물관 개관을 계기로 돌려받으려 애를 썼다. 1933년 8월 8일과 8월 25일에 평양박물관의 진열품 수집을 위한 낙랑평의원회를 개최하였다. 이 때 도쿄대학으로 간 왕우묘 출토품 반환에 대한 논의가 있었다. 그러나 우메하라(梅原) 교수와 낙랑연구소 책임자 오바(小場)로부터 박물관 평의원 도미타 신지(富田晋二)에게 전달해 온 내용은 도쿄제국대 문학부에 보관하고 있는 1925년 발굴한 왕우묘 출토품 수백 점 중 대표적인 20점을 선정하여 발송한다는 것이었다.636)

1933년 9월 3일 도쿄제대로부터 평양박물관에 도착한 왕우묘 출토품은 영평십이년재명칠반(永平十二年在銘漆盤) 등을 비롯한 주로 음식용구로 칠배 4개, 금은이유문칠배 4개, 금동유문칠반(金銅有紋漆盤) 3개, 유문칠배 등 겨우 20점에 불과하여 평양의 각 방면에서 불만의 소리가 높았다.637)

---

635) 黃壽永 編,「日帝期 文化財 被害調查」,『考古美術資料』제22집, 韓國美術史學會, 1973.
636)『平壤每日申報』1933년 9월 2일자.
637)『平壤每日申報』1933년 9월 2일, 4일, 7일자.

구로이타의 말대로 평양에 박물관만 생기면 돌려준다고 했으나 그 약속도 지키지 않은 것이다. 20점을 제외한 나머지 막대한 유물은 고스란히 도쿄대학이 불법 소장하고 있다.

5. 1931년부터 해방 전까지의 고적조사와 이에 따른 유물 반출

1) 조선고적연구회의 고적조사 사업

그간의 재정긴축정책으로 박물관의 진열, 고적조사, 보존수리, 등록 지정 등의 모든 행정이 정체 상태에 빠지게 되었다. 일찍부터 조선고적조사 사업에 관여해 온 구로이타 가쓰미(黑板勝美)는 이러한 경비상의 어려움을 타개하기 위해 새로이 공사(公私)의 단체와 유지들로부터 자금을 얻어 고적조사를 계속할 뜻을 세운다. 그리하여 1931년 일본 이와사키 남작가(岩崎男爵家)의 원조를 받아 총독부박물관의 외곽 단체로 조선고적연구회를 조직하기에 이르렀다.

먼저 평양에 평양박물관을 신축하여 평양연구소를 두고, 경주 분관에 신라 문화의 조사를 목표로 경주연구소를 두었으며, 부여에 부여보승회의 진열관을 개조하여 부여 분관을 두어 이곳에서 백제의 고분, 성지, 사지 등을 연구하는 부여연구소를 두었다.

이 연구회는 처음 조선총독부 정무총감이 이사장이었다가 후에 학무국장이 대신하였고, 구로이타 가쓰미, 오다 세이고(小田省吾), 아유카이 후사노신(鮎貝房之進) 등이 이사로 활동했다. 각 조선고적연구회의 연구소주임에는 경주연구소에 아리미츠 교이치(有光敎一), 사이토 다다시(齋藤忠), 오사카 긴타로(大坂金太郎)를, 평양연구소에 고이즈미 아키오(小泉顯夫), 오바 쓰네키치(小場恒吉)를, 부여연구소에 후지사와 이치오(藤澤一夫) 등 전문가를 배치하여 현지에 거주케 하고 조사, 정리를 현지에서 직접 할 수 있도록 조직했다.(638)

1932년 7월에는 훈령으로 종교과를 사회과에 합병시켜, 학무국에서 관할하게끔 사무분장규정을 고치게 된다. 사회과에서 사회사업에 관한 사항은 물론이거니와 종교, 도서관, 박물관, 고적조사 및 보존 등에 관한 사무까지 관장하면서(639) 고적조사사업은 더욱 위축되어 거의 빈사상태에 이르게 되었다. 이렇게 되자 거의 모든 고적조사는 조선고적연구회에 의존하게 된다.

이후 일본에서 일본학술진흥회가 조직되어(640) 1933년 이후에는 일본학술진흥회로부터 상당한 보조금을 받는다. 또 궁내성, 이왕가의 하사금으로 연구회 사업을 계속하

---

638) 藤田亮策,「朝鮮 古文化財の保存」,『朝鮮學報 第1輯』, 1951, p. 257~258.
639) 朝鮮總督府,『朝鮮總督府 30年史 (3)』, 1940, p. 672.
『朝鮮社會敎化要覽』(1937년 朝鮮總督府學務課社會敎育課)에 의하면,
社會敎育課에 관한 기구는 1921년에 처음 형성된 것으로 동7월에 조선총독부내무국 사회과를 설치하고 사회과는 社會事業과 社會敎化의 사무를 취급했다. 1932년에 사회과에 속하는 사무를 2분하여 사회과를 내무국으로 이관하고 사회교육교화의 사무를 학무국에 신설하고 사회교육과에서 이를 취급했다.
社會敎育課의 所管業務를 보면,
一. 社會敎化에 關한 事項 (圖書館 및 博物館에 관한 사항 包含
二. 地方改良에 관한 사항
三. 社會體育에 관한 사항
四. 鄕校 및 鄕校財産에 관한 사항
五. 宗敎 및 殿陵에 관한 사항
六. 寶物古蹟名勝天然記念物의 調査保存에 관한 사항
七. 敎化團體에 관한 사항
以上의 業務를 取扱하였으며, '六. 寶物古蹟名勝天然記念物의 調査保存에 관한 사항'은 學務局 社會課의 古蹟係에서 맡아 보았는데, 總督府關係職員表를 보면 古蹟係 職員은, 兼2명, 技手1명, 囑託10명, 雇員11명 합계 24명으로 구성되어 있다.
640) 梅原末治,『朝鮮古代の文化』, 國書刊行會, 1972, P. 18.

여[641] 1941년까지 계획적 발굴조사를 행하고 보고서를 발행[642]하기에 이른다.[643]

따라서 이때부터 조선고적연구회의 사업으로 진행된 조사보고는 말하자면 일본인 연구자들의 제2기 활동이라 볼 수 있을 것이다.[644] 그동안 세키노를 중심으로 한 일련의 조사자는 1921년을 전후하여 교토대학의 하마다(濱田), 우메하라(梅原) 교수를 중심으로 하는 주도자와 교체되어[645] 유적 발굴에 있어서도 일본 학계의 구미(口味)에 맞게 진행되었다.[646]

---

641) 1931년부터의 資金補助를 보면,
    1931년 　　　岩崎小彌太 金7천円
    1932년 　　　細川護立 金6천円
    1932년 　　　日本學術振興會 金1만5천円, 宮內省 金5천円
    1934년 　　　日本學術振興會 金1만2천円, 宮內省 金5천円, 李王家 下賜金 5천円
    1935년 　　　日本學術振興會 金8천円, 宮內省 金5천円, 李王家 下賜金 5천円
    藤田亮策, 『朝鮮學論考』, 藤田先生記念事業會刊, 1963년, p. 84.
642) 朝鮮古蹟硏究會의 出版物
    昭和8年度　　慶州古蹟調査槪報 (昭和 8)
    同　　　　　樂浪古蹟調査槪報 (昭和 9)
    昭和9年度　　樂浪古墳調査槪報 (昭和 10)
    昭和10年度　樂浪古墳調査槪報 (昭和 11)
    昭和11年度　古蹟調査報告 (昭和 12)
    昭和12年度　古蹟調査報告 (昭和 13)
    昭和13年度　古蹟調査報告 (昭和 15)
    樂浪彩篋塚　小泉顯夫 等 (昭和 9)
    樂浪王光墓　小場恒吉 等 (昭和 10)
643) 藤田亮策, 「朝鮮 古文化の保存」, 『朝鮮學報 第1輯』, 1951, P. 256.
644) 濱田耕作, 『考古學硏究』, 座石寶刊行會, 1939, P. 307.
645) 李弘稙, 「高句麗遺蹟 調査의 歷程」, 『白山學報 第1號』, 1966. 12.
646) 일본학술진흥회의 보조금으로 낙랑유적의 조사를 위해 조직된 조사원의 면모를 보면,
    연구원 경성제국대학 문학부 조교수　　　原田淑人
    연구원 경성제국대학 문학부 조교수　　　梅原末治
    연구원 동경미술학교 강사　　　　　　　小場恒吉
    위의 조사연구원 밑에 조수 내지는 보조원을 두었는데 병기운이나 기타의 이유로 다소 변동이 생겨 실제 발굴조사에 종사한 사람은 다음과 같다(『昭和8年度 樂浪古蹟調査槪報』, 朝鮮古蹟硏究會,

1934년에는 황남리 제109호분과 황오리 제14호분이 발굴되었다. 황남리 제109호분은 현재 신라 적석목곽묘 가운데 가장 이른 시기의 자료로 파악되고 있는데 출토품이 국립박물관에 소장되어 있지 않다. 같은 해에 조사된 황오리 제14호분 유물 가운데 등자를 비롯한 일부 유물만 경주박물관에 소장되어 있을 뿐 대부분 유물은 소재가 확인되지 않고 있다. 특히 보고서의 유물 출토 상태를 보면 수백 점의 토기가 출토되었지만 복원된 사진이 없는 것으로 보아 모두 수습되었는지조차도 알 수 없다.[647]

1935년에는 만주 집안현의 고구려 유적 조사를 대대적으로 행했다. 1935년 5월에 만주국 안동성 시학관 이토 이하치(伊藤伊八)가 새로이 발견한 벽화고분을 소개하면서, 만주국 문교부에 그 조사를 주장한 것이 그 계기였다. 한편 새로 발견된 벽화는 모사하여 도쿄에 보내졌으며, 이토의 주선으로 세키노, 하마다, 이케우치 등이 실지조사를 할 수 있도록 교섭이 이루어졌다. 조사는 1935년 7월에 하기로 했으나 함께 조사하기로 한 세키노가 1935년 7월에 졸거(卒去)하여 일정에 차질이 생기자, 조사는 1935년 9월 말 경에 이루어졌다. 도쿄대 이케우치, 교토대 하마다, 우메하라가 참여하고 조선고적연구회에서는 오바 쓰네키치 등이 참가하였다.[648] 이 조사는 만주국 문교부와 일본 학자들의 합작이라 할 수 있다. 이때부터 집안현의 고구려 유적조사가 활발하게 이루어졌으며

1934, pp. 3~4).

동방문화학원 동경연구소 연구원	松本榮一
제실박물관 감사보	矢鳥恭介
제실박물관 미술공예과	濱本助千代
조선총독부 고적조사 사무촉탁	澤俊一
조선총독부 고적조사 사무촉탁	榧本久次郎
조선고적연구회	田窪眞吾

이상의 조사원들을 보면, 그 조직 자체를 보아도 다분히 일본학계 의도하는 바가 반영되었다고 짐작할 수 있다.

647) 이한상, 「식민지시기 신라고분 조사 현황」, 『신라의 발견』, 동국대학교출판부, 2008, pp. 309~310.
648) 「滿洲國安東省輯安縣에 於ける高句麗遺蹟의 調査」, 『靑丘學叢』제23호, 大阪屋號書店, 1936년 2월, pp. 170~171.

1936년 가을에도 계속되었다.

    1936년도에는 일본 학술진흥회에서 다시 3년 간 조선고적조사에 대해 매년 8천 원의 보조금과 궁내성에서의 보조금을 더하여 사업 계획을 새롭게 정비하였다. 이 계획은 일본학술진흥회의 방침에 따라 후지타 료사쿠, 하라다 요시토, 우메하라 스에지, 오바 쓰네키치 등이 중심이 되어 조사계획을 수립하고 1937년 7월에 준비에 착수하여 9월에 실시되었는데 그 계획은 크게 세 가지에 역점을 두었다.

    1. 고구려시대 유적의 발굴조사

    2. 고구려시대 유적의 지리적 조사

    3. 백제시대 고분의 발굴조사

    이상의 세 가지 역점사업에서 제1의 조사는 오바 쓰네키치의 지휘 아래 고구려시대 고분의 구조 양식의 연구와 벽화 발견에 그 목표를 두었다. 따라서 이 계획은 벽화 고분의 소재지로 알려져 있는 평안남도 대동군 임원면 및 시족면을 조사지역으로 선정하여 1937년 9월 10일에 작업을 개시하여 11월 1일까지 21기의 고분을 조사하는 것으로 수립되었다.

    제2의 조사는 후지타 료사쿠가 담당하여 고구려 유적의 분포 상태를 조사하여 고대 읍, 부락, 성지, 고분, 사지 등의 관계를 밝히는 데 역점을 두었다.

    제3의 조사는 우메하라 스에지가 담당하여 1937년 4월부터 실시하는 것으로 계획하였다.[649]

    한편 1935년 이후에는 백제, 고구려의 불교 유적 등에 힘을 쏟아 일본의 고대 불교 유적에 대한 단서를 얻고자 했다. 1935년부터 1936년에는 도쿄제실박물관 감사관 이시다 시게사쿠(石田茂作), 관원 세키네 류오(關根龍雄), 조선총독부 촉탁 겸 당시 경주박물관장 사이토 다다시(濟藤忠) 등이 중심이 되어 부여 군수리의 폐사지를 2회에 걸쳐 조

---

649) 『日本美術年鑑』, 岩波書店, 1937, p. 181.

사 발굴했으며, 1938년에는 부여 일대의 동남리 폐사지, 가탑리 폐사지 등을 조사하였다.

이때 그들의 조사 보고에, "발굴조사의 결과 확인된 이 사지의 배치는 일본 아스카시대(飛鳥時代) 사원과 매우 밀접한 관계를 가질 뿐 아니라"650) "일본 아스카시대 고찰의 하나의 새로운 자료를 제공하는 것이라 할 만하다"651)하고 있다. 이를 이용하여 일본 아스카시대 사원과 백제사원은 동일한 구조를 가지고 있음을 들어 내선일체(內鮮一體)를 강조하여 조선인의 정신을 소멸하려는 데 이용하였다.652)

1937년에는 고구려 원오리 폐사지를 발굴하여 고구려 불상으로 중요한 니불을 출토했다. 1938년에도 청암리 폐사지를 발굴하여 중요한 유물을 출토했다.

일제 말기에는 부여신궁의 조영계획으로 대토목공사가 이루어졌는데 이로 인하여 백제구도의 고대유적이 마구 파헤쳐졌다. 부소산성, 서복사지, 정림사지 등의 발굴조사가 이루어졌으나 이에 대한 모든 자료는 해방이 되면서 일본으로 가지고 가 보고서를 발간하지 못했다.

1941년에는 평남 중화군의 동명왕릉 뒤에 있는 진파리의 벽화고분에 대한 조사가 있었으나 조사보고서는 미간에 그쳤다. 1942년부터 1944에 있었던 평양 석암리의 낙랑고분 발굴에 대한 것도 조사보고서는 미간되었다.

일제 말기 모든 것이 전쟁에 집중되자 고적조사사업은 발굴은 하여도 이에 대한 보고서 작성에는 등한시하였다. 이때 작성한 모든 자료는 해방이 되면서 일본으로 가지고 가버려 유물은 있되 보고서가 없어 사료적(史料的)인 가치를 거의 발휘하지 못하고 있는 실정이다.

---

650) 石田茂作, 「夫餘 軍守里廢寺址 發掘調査報告」, 『昭和11年度 古蹟調査報告』, 朝鮮古蹟研究會, 1937, p. 44.
651) 齋藤忠 外, 「夫餘東南里廢寺址 古蹟調査報告」, 『昭和13年度 古蹟調査報告』, 朝鮮古蹟研究會, 1940, p. 43.
652) 『每日申報』1941년 8月 6日字에는 '石田博士의 新研究'라 하여 '遺蹟이 말하는 內鮮一體'라는 제목 下의 글이 있다.

2) 주요 조사표 5

시기	조사지역	조사자	조사유구	출토 및 수집유물	시대	비고
1931년	부산	及川民次郎 (동래고등보통학교 교유)	동삼동 패총			출처(653)
1931년	함북	藤田亮策, 榧本龜次郎	웅기 석기시대 유적			출처(654)
1931년 7월	평남 대동군 대동강면	野守健, 神田惣藏	오야리 제21호분	永平十四年在銘漆杯, 漆杯殘缺 6개분, 漆盤殘缺, 銀製指輪 1개, 琉璃製耳璫 1개, 花紋鏡 1개, 陶甕殘缺를 비롯한 도기류 6개분		출처(655)
1931년 9월 18일 ~10월 22일	평남 대동군	小泉顯夫, 澤俊一	석암리 제201호분(656)	元始四年銘漆杯, 居攝三年銘漆盤, 小簇, 扁壺, 雲文漆耳杯, 漆匣, 扁壺, 黑色壺片		居攝三年銘漆盤 - 동경국립박물관 소장 유물번호 28893 ~28901.(657) 출처(658)
1931년 10월 5일~ 11월 26일	평남 대동군	小泉顯夫, 澤俊一	남정리 제116호(彩簇塚)(659)	'彩畵漆簇'(660), '白銅鏡', '漆彩木馬'등 180여 점의 유물이 出土		총독 齋藤實이 발굴 상황을 시찰, 일부 유물은 동경박물관에 소장.(661) 출처(662)
1931년 9월 18일 ~10월 16일	평남 대동군	小泉顯夫, 澤俊一	석암리 제260호고분 (내부는 도굴 파괴)	漆盤 殘缺		출처(663)
1931년 9월, 11월	경주 황남리	藤田亮策, 有光敎一, 梅原末治	황남리 제82호분	頸胸部玉飾, 金製耳飾, 帶鉸具, 玉類, 高杯, 丸底壺, 蓋付壺, 土器, 그 외 鐵製環頭太刀, 斧頭등의 무기류, 마구류	신라	출처(664)
1931년 9월 27일 ~10월 19일	경주 황남리	藤田亮策, 有光敎一, 梅原末治	황남리 제83호분	琉璃玉頸飾, 土器類 등 80여 점	신라	출처(665)
1931년 10월	공주	輕部慈恩	우금리 고분군 제1~10호분(도굴 후의 재조사)	金銅製耳飾, 陶器, 玉類 다수	백제	출처(666)

시기	조사지역	조사자	조사유구	출토 및 수집유물	시대	비고
1931	공주 송산리	野守健, 神田惣藏	송산리 제4호분	金銅製角錐鏃形具, 鐵製角頭鋲 7개, 목편,漆器破片	백제	출처(667)
1932년 5월 7일 ~14일	평양	榧本龜次郞, 野守健	평양역 구내에서 1기의 전곽분 고분 (永和九年在銘塼出土古墳)	永和九年在銘塼, 遊環付耳飾 1개, 太環耳飾 1개, 金銅透彫金具, 骨製品 6개, 鐵鏃 3개, 鐵釘 55개, 鐵環 6개, 鐵地銀張飾金具 24개, 金銅飾鋲 3개, 鐵器殘缺, 土器片 1개	낙랑	출처(668)
1932년 5월 27일 ~6월 10일	경주 충효리	有光敎一, 藤田亮策, 諸鹿央雄, 崔順鳳	충효리 석실고분 제1, 2, 3, 4, 5, 6호분	제1호분-鐵製太刀 1개, 刀子 1개, 토기 5점 제2호분-토기 2점, 古瓦 24점 제3호분-토기 2점, 塼 6점, 와 17점 제5호분-鐵鏃 37本 제6호분-勾玉 1개, 琉璃小玉 1개, 銀板 1매, 토기 4점	신라	출처(669)
1932년 7월4일 ~8월 5일	경주 충효리	有光敎一, 藤田亮策, 諸鹿央雄, 崔順鳳	충효리 석실고분 제7, 8, 9, 10호분	제7호분-石枕 1개, 石足座 2개, 勾玉 1개, 水晶切子玉 1개, 瓦 8점 9호분-靑銅壺 1점, 土器 1점 제10호분-토기 3점, 金製鉸具 1점, 靑銅鐶座金具 1점	신라	출처(670)
1932년 10월	공주 송산리	藤田亮策, 澤俊一, 小泉顯夫, 輕部慈恩	송산리 제3호분	鐵製大刀殘缺, 木製破片	백제	출처(671)
1932년 10월	공주 송산리	輕部慈恩	송산리 제1호분의 直下古墳	勾玉, 裝身具殘缺, 銀製小玉 등 玉類 多數, 銀製板狀金具破片	백제	출처(672)
1932년 9월 15일 ~11월 3일	평양	小場恒吉, 榧本龜次郞	정백리 제127호분 (王光墓)	각종 陶器, 指環, 각종 漆器, 鏡 金屬製品, 馬具, 武器, 木印, 長劍 마제석촉 등 180여 점	낙랑	동경국립박물관에 소장, 유물번호 29537~29539(15점)로 기증자는 今井田淸德로 謄載되어 있다. 출처(673)
1932년 9월 22일 ~29일	평양	小場恒吉, 榧本龜次郞	남정리 제119호분	陶器片, 漆器片 人骨, 齒牙도 발굴	낙랑	동경제국대학 의학부 소장. 출처(674)

시기	조사지역	조사자	조사유구	출토 및 수집유물	시대	비고
1932년 10월 4일~10월 23일	경주	德田(경도제국대 교수)	황남리고분	靑銅製冠 1개, 黃金製耳飾 1대, 翡翠勾玉 1개, 靑銅製馬鐸 1개, 靑銅製蕉斗 1대, 靑銅製鞍 1대, 銀製釜 2개, 土器杯 3개, 銀製帶 1개, 白樺製品 다수, 馬鈴 25개, 기타 약간		출처675)
1932년 10월	부여	輕部慈恩	假稱 송산리 제8호분	勾玉 1개, 耳飾用金環 1개, 純金製山梔玉 6개, 黑色練平玉 4개, 綠色玻璃製小玉 1천여 개, 黃色玻璃製小玉 약 3백여 개, 小豆色玻璃製小玉 36개, 銀製葉形裝身具) 5개, 紫紺色玻璃製小玉 약 150여 개, 鐵釘) 약 40개, 坩形陶器 4개, 坩形土器) 1개 등	백제	출처.676) 출토상태의 사진은 그의 저서 『百濟美術』에 圖版으로 실려 있다.677)
1932년 10월	평양	小場恒吉, 榧本龜次郎, 梅原末治	정백리 제175호분	거울, 劍, 化粧具, 魚骨		출처678)
1932년 12월	경주	有光敎一	황오리고분	金銅冠, 靑銅製合, 鐵釜, 純金製耳飾, 腰佩具, 環頭太刀, 기타 무기 다수, 漆器 다수, 純金製太鐶耳飾, 頸飾, 그 외 다수	신라	출처679)
1932년	대동군 대동강면	小場恒吉	정백리 제8호분	銅鏡		출처680)
1932년	대동군 대동강면	小場恒吉	정백리 제13호분	銅鏡, 漆器		출처681)
1933년 2월	평남	榧本龜次郎	대동군 용악면 상리 고분	細形銅劍, 鐵劍, 鐵鉾, 鐵製環頭刀子, 鐵斧, 銀製劍把頭, 小銅鈴, 銀製車衡頭, 土器 등		1932년 철도공사 중 유물이 발견되어 1933년 2월에 조사682)
1933년 8월~10월	경주 황오리	有光敎一	제54호분	純金耳飾, 勾玉, 帶飾, 武器, 도기, 靑銅鐎斗 및 馬鐸 등을 발굴 특히 耳飾은 각종 형식을 망라하고 있다.683)	신라	
1933년 8월~10월	경주 황오리	有光敎一	제16호분	銙帶, 銅製鐎斗, 漆器片, 鐵斧, 鐵帽, 刀子, 土器, 太鐶耳飾, 曲玉, 切子玉		출처684)
1933년 여름	대동군 임원면	長谷川, 笠原, 小野忠明	청호리 유적지 발굴	石斧, 石鏃, 토기		출처685)

시기	조사지역	조사자	조사유구	출토 및 수집유물	시대	비고
1933년 여름	대동군 대동강면	長谷川, 笠原, 小野忠明	오야리 유적	石鏃, 砥石, 石斧		출처[686]
1933년 7월 29일~ 8월 2일	송산리	輕部慈恩 도굴	제6호분			출처[687]
1933년 8월	송산리	藤田亮策, 小泉顯夫, 澤俊一	제6호분	純金製耳飾 조각, 玻璃小玉	백제	출처[688]
1933년 가을	대동군 대동강면		석암리 제17호분 (도굴분)	水晶切子玉, 琉璃丸玉	낙랑	출처[689]
1933년 9월~10월	대동군 대동강면	小場恒吉, 矢島恭介	정백리 제8호분	指輪 14개, 鏡 1면 외 40점[690]	낙랑	
1933년 9월 10일 ~20일	대동군 대동강면	榧本龜次郎, 田窪	정백리 제122호분	漆盤, 漆器 등 약 40여 점[691]	낙랑	
1933년 9월 9일 ~11월	대동군 대동강면	梅原末治, 澤俊一, 榧本龜次郎	정백리 제219호분	瓦盤, 瓦鉢 등 22점[692]	낙랑	
1933년 9월 10일 -30일	대동군 대동강면	梅原末治, 澤俊一, 榧本龜次郎	정백리 제221호분	漆盤, 銀製指輪, 등 20여 점[693]	낙랑	
1933년 9월 20일 ~10월 28일	대동군 대동강면	小場, 矢島	정백리 제13호분	漆耳杯, 漆盤, 漆器, 銀指輪, 鏡 등 70여 점[694]	낙랑	
1933년 9월 21 ~10월 10일	대동군 대동강면	榧本龜次郎, 田窪	정백리 제17호분	永光元年銘漆耳杯 등 칠기, 토기, 등 약 80여 점[695]	낙랑	출처[696]
1933년 9월 25일 ~10월 말	대동군 대동강면	梅原末治, 澤俊一, 榧本龜次郎, 濱本助千代	정백리 제227호분	瓦竈 1개, 瓦釜 1개, 瓦甑 1개, 筒形明器 3개, 瓦盤 4개분, 瓦鉢 1개, 瓦盆 1개, 瓦杯 약 15개분, 壺 1개[697]	낙랑	현재 동경국립박물관 유물번호 29540~29548로 소장되어 있다.[698]
1933년 10월 8일 ~10월 22일	대동군 대동강면	梅原末治, 澤俊一, 榧本龜次郎, 松本榮一	정백리 제59호분	유리옥, 鐵斧 등 약 50여 점[699]	낙랑	

시기	조사지역	조사자	조사유구	출토 및 수집유물	시대	비고
1933년 4월	경주 노서리 215번지	有光敎一	노서리 제215호분	純金耳飾, 龍紋腕輪, 腕輪飾玉, 勾玉 등 다수	신라	동경박물관으로 반출되었다가 반환. 출처700)
1933년	함경북도 함성군	橫山將三郞	용성면 농포동 油坂貝塚 함성군 오촌면 元師台貝塚	骨角器, 石製品, 土器		수집품은 해방이 되면서 모두 중앙박물관에 기증. 출처701)
1933년	吉林省 寧安縣	原田淑人	성지, 사지, 궁지	무문전, 花紋甎, 와편, 치미, 석등룡, 벽화단편, 小甎佛, 塑佛斷片		출처702)
1934년 3월	개성	榧本龜次郞	개성부근 유적조사			출처703)
1933년	평남 순천군	榧本龜次郞	순천면 운봉리 고구려 석실벽화고분, 삼화리 고분 발굴			출처704)
1934년 4월	전남 함평군	山田萬吉郞	나산면 이문리요지, 학교면 월송리요지, 학교면 백호리요지(개인적 발굴)	각종 陶器片		출처705)
1934년 9월~11월	대동강면	小場恒吉, 高橋男	장진리 제45호분	도기류 1점, 청동제품 42점, 은제품 2점, 철제품 8점, 칠기 1점, 기타 3점	낙랑	출처706)
1934년 9월, 11월	대동강면	小泉顯夫, 田窪眞吾	장진리 제30호분	漆盤, 双獸文耳杯, 漆器 기타 총 24점	낙랑	출처707)
1934년 9월~11월	대동강면	小場恒吉, 澤俊一	정백리 제19호분	도기 8점, 청동제품 3점, 옥류 8점, 은제품 42점, 칠기 40여 점, 목기 7점, 기타6점	낙랑	출처708)
1934년 9월~11월	대동강면	小泉顯夫, 田窪眞吾	석암리 제212호분	칠기 22점, 土器 23점, 무기 및 마구 7점, 그 외 100여점	낙랑	출처709)
1934년 6월8일 ~7월 6일	경주	藤田亮策, 有光敎一, 後藤守一, 崔順鳳, 渡部繁一	황남리 제109호분	冠帽殘缺, 帶金具, 鐵製環頭大刀 등 금속류 110여점, 토기류 140여점	신라	출처710)

시기	조사지역	조사자	조사유구	출토 및 수집유물	시대	비고
1934년 9월 20일 ~11월 4일	경주	藤田亮策, 有光敎一, 後藤守一, 崔順鳳, 渡部繁一	황오리 제14호분	銀製冠帽殘缺, 耳飾, 銀製銙帶, 은제환두대도 등 금속류 200여 점, 토기류 160여 점, 옥류 다수	신라	출처711)
1934년 10월	경주	齋藤忠	황남리 제4호분	純金製大冠式弔飾 1대, 銀製小刀 1개, 鐵槍 2개, 토기 다수, 그 외 철제품		출처712)
1934년 12월~1935년 1월	김해	榧本龜次郎	김해유적 조사			출처713)
1935년 4월	함경도	稻葉岩吉	함흥 태조 이성계 유물, 황초령 진흥왕순수비, 마운령 진흥왕순수비, 여진자비 등			출처714)
1935년 1월	김해	榧本龜次郎	회현리 패총	옹관 3개, 銅劍, 銅製品, 碧玉製管玉 2개		출처715)
1935년 5월	집안	伊藤伊八	舞踊塚, 角抵塚	벽화 발견	고구려	출처716)
1935년 가을		藤田亮策	원오리 폐사지 (1차 조사)	泥佛 수개		출처717)
1935년 9월 28일 ~30일	집안	池內宏, 濱田耕作, 藤田亮策, 梅原末治, 小場恒吉	무용총, 각저총, 모두루총, 환문총, 사신총, 광개토대왕비			출처718)
1935년 9월 28일 ~30일	집안	池內宏, 濱田耕作, 藤田亮策, 梅原末治, 小場恒吉	산성자성	고와 다수 채집		출처719)
1935년 9월~10월	대동강면	小場恒吉, 榧本龜次郎, 澤俊一	석암리 제255호분	漆器殘缺, 鏡 1면, 大甕, 瓦盤, 瓦竈 등720)	낙랑	

시기	조사지역	조사자	조사유구	출토 및 수집유물	시대	비고
1935년 9월~10월	대동강면	小場恒吉, 榧本龜次郎, 澤俊一	석암리 제257호분	漆器類 약 25개분, 도기류 약20개분, 금속제품 약 50개분, 玉石甲類 14점, 직물류 약간721)	낙랑	
1935년 9월~10월	대동강면	小場恒吉, 榧本龜次郎, 澤俊一, 田窪眞吾	정백리 제4호분	칠기류 약간, 도기류 4점분, 금속제품 11점, 옥석갑류 4개, 직물류 약간722)	낙랑	
1935년 9월~10월	대동강면	梅原末治, 澤俊一, 田窪眞吾	남정리 제53호분	금속제품 13점, 칠기류 약 10점, 도기류 13점, 그 외 博山爐 등 26점723)	낙랑	경도대학 문학부724)
1935년 9월~10월	대동강면	梅原末治, 澤俊一, 田窪眞吾	도제리 제50호분	도기류 약 20점, 칠기류 약 20개분, 금속제품 약64점725)	낙랑	출처726)
1935년 4월, 9월, 10월	대동강면 토성리	駒井, 澤俊一, 田窪眞吾, 野守健, 原田淑人	토성지	銅鏃, 鐵釘, 瓦甑, 瓦鼎, 玉類, 封泥 기타 총150여 점727)	낙랑	출처728)
1935년 가을	평양 대동군 대동면	小場恒吉, 田窪眞吾, 澤俊一	석암리 제297호분	土器 약 20점, 비녀, 거북형장신구, 경, 銅製腰帶, 金屬具, 金具, 모직물, 劍, 등 다수	낙랑	출처729)
1936년 3월	경주	杉山	내동면 사천왕사지 (공사 구역)	天部像塼 부분 발견		출처730)
1936년 3월 3일~15일	경주	齋藤忠	황오리 고분 1기 (황오리98번지고분)	金製耳飾 3對, 金製垂飾 2對, 頸飾 2連, 勾玉 4顆, 銀製指環 1개, 銀製釧, 鐶頭大刀 3개, 金銅冠殘缺, 帶金具, 其他 鐵製利器, 馬具類, 土器類, 기타 다수	신라	출처731)
1936년 4월 18일~5월 3일	부여	有光敎一, 米田美代治	규암면 사지	다수의 우수한 文樣塼, 鴟尾, 土器, 陶器, 鐵器, 瓦當		출처732)
1936년 9월 31	집안	濱田耕作, 池內宏, 三上次男 (일한문화협회 연구원)	牟頭婁塚, 環文총, 사신총, 삼실총		고구려	출처733)
1936년 10월 1일	집안	濱田耕作, 池內宏	태왕릉, 장군총, 천추총, 서대총	「千秋萬歲永固」명문전 다수	고구려	출처734)

시기	조사지역	조사자	조사유구	출토 및 수집유물	시대	비고
1936년 10월 1일	집안	三上次男, 梅原末治	태왕릉, 사신총	「願太王陵安如山固如岳」명문전 다수	고구려	출처735)
1936년 10월 2일	집안	水野淸一, 池內宏, 三上次男	산성자산성		고구려	출처736)
1936년 10월 2일	집안	梅原末治	산성자동방 고분군		고구려	출처737)
1936년 10월 3일	집안	水野淸一, 池內宏	환도성		고구려	출처738)
1936년 10월 3일	집안	梅原末治, 三上次男	삼실총		고구려	출처739)
1936년 10월 4일	집안	水野淸一, 池內宏, 三上次男, 梅原末治	장군총		고구려	출처740)
1936년 9월~10월	평양 대동군 임원면	黑板勝美, 濱田耕作, 原田叔人, 小場恒吉	대성산록 고분	벽화 발견, 청룡, 인물화상 발견	고구려	출처741)
1935년 가을, 1936년 가을	부여	石田茂作, 關根龍雄, 齋藤忠	군수리의 폐사지	금동방울, 金銅製靴形金具, 철 못, 金銅光背의 잔편, 金銅菩薩像(보물 제330호), 蠟石製如來坐像(보물 제329호), 鐵器(七支모양), 土器, 金環, 작은 구슬, 瓦製光背片 등	백제	동경국립박물관 소장품 목록에 군수리 출토품 와(瓦)가 15점 수록. 출처742)
1936년 5월	경주	齋藤忠	충효리 도굴고분	철정편, 丸瓦, 용문조각석주	신라	출처743)
1936년 가을	대동군 柴족면	小場恒吉 외 2명	불당리 고분 5기		고구려	출처744)
1936년 9월 10일~ 10월 30일	평남 대동군 시족면	小場恒吉, 有光敎一	토포리 제1호, 2호, 3호, 6호분 (4,5,7호분 발굴 중지)	토포리 제1호분-철정 십수개, 鐵製裝飾 토포리 제2호분-金銅金具 2매, 鐵釘 수개	고구려	출처745)
1936년 9월 10일~ 10월 30일	평남 대동군 시족면	小場恒吉, 有光敎一	남경리 제1호 (2호분 발굴 중지)	1호분-벽화 흔적	고구려	출처746)
1936년 9월 10일~ 10월 30일	평남 대동군 시족면	小場恒吉, 有光敎一	호남리 제1호, 2호분	小環珞, 도기편	고구려	출처747)

시기	조사지역	조사자	조사유구	출토 및 수집유물	시대	비고
1936년 9월 10일~ 10월 30일	평남 대동군 시족면	小場恒吉, 有光敎一	내리 제1호분 (2,3호분 발굴 중지)	내리 1호분-벽화, 鐵製鐶, 鐵釘	고구려	출처[748]
1936년 9월 10일~ 10월 30일	평남 대동군 임원면	小場恒吉, 有光敎一	상오리 제1호분, 제2호분, 제3호분	작업 중지	고구려	출처[749]
1936년 9월 10일~ 10월 30일	평남 대동군 임원면	小場恒吉, 有光敎一	고산리 제1호분, 제2호분, 제3호분	고산리 제1호분-벽화	고구려	출처[750]
1936년 12월 8일	울산	齋藤忠, 崔南柱	울산군 범서면 입암리 폐사지	각종 瓦片		출처[751]
1936년 9월~10월	대구 대봉동	藤田亮策, 榧本龜次郎	대봉동 제2구 및 제3구 지석묘 발굴	石鏃, 土器片		출처[752]
1937년 4월 3일 ~4월 15일	부여	梅原末治, 鏡山猛, 澤俊一	릉산리동 고분 제1호분	鐵釘, 金箔片, 鉢, 高麗時代壺, 靑瓷皿, 煉瓦, 기타	백제	출처[753]
1937년 4월 3일 ~4월 15일	부여	梅原末治, 鏡山猛, 澤俊一	릉산리동 고분 제2호분	鐵釘, 金箔片, 金銅薄板小片, 銅製金具	백제	출처[754]
1937년 4월 3일 ~4월 15일	부여	梅原末治, 鏡山猛, 澤俊一	릉산리동 고분 제3호분	金銅圓頭鋲 2개, 飾玉 2개, 黃金小玉 3개, 琥珀小玉, 金銅丸玉 2개, 기타	백제	출처[755]
1937년 4월 3일 ~4월 15일	부여	梅原末治, 鏡山猛, 澤俊一	릉산리동 고분 제4호분	金銅製小步搖 1개, 金箔片, 鐵釘, 陶質殘鉢	백제	출처[756]
1937년 4월 3일 ~4월 15일	부여	梅原末治, 鏡山猛, 澤俊一	릉산리동 고분 제5호분	목편, 철정, 飾鋲, 座金具, 金箔片	백제	출처[757]
1937년 4월 15일 ~4월 19일	평양	小泉顯夫, 田窪眞吾, 梅原末治	오야리 제25호분	鏡, 管玉, 丸玉, 指環 土器, 그 외 다수	낙랑	출처[758]
1937년 5월 29일 ~6월 26일	평양	原田淑人, 高橋勇 (동경제실박물관원),	낙랑 토성지	千秋萬歲瓦當, 五銖錢, 銅鏃, 鐵鏃, 漢鏡, 封泥 2개, 銅製指輪 기타 120여 점	낙랑	출처[759]

시기	조사지역	조사자	조사유구	출토 및 수집유물	시대	비고
		田窪眞吾, 駒井和愛 (동경대 문학부 교수)				
1937년 5월	평양	小泉顯夫, 田窪, 小野忠明, 本口正夫	원오리의 폐사지	泥佛殘缺, 青銅製盒, 토기, 철기류, 와 다수760)	고구려	일부 일본 반출 의문761)
1937년 6월 14일 ~7월 22일	경주	齋藤忠, 崔順鳳	성동리의 유구지 (폐사지)	각종 문양전 다수, 각종와 등, 소금구잔결, 토기	신라	출처762)
1937년 6월	평남	小川顯夫, 八田實, 吉田英三, 岡村行一	강서군 사기동 요지	청자편, 백자편		출처763)
1937년 8월 25일 ~9월 2일	경주	齋藤忠	낭산록 유구지(12支 午像板石 발견지)	午像相輪部殘缺片, 각종 유문와, 토기, 철정	신라	출처764)
1937년 6월	집안	黑田源次郎	제12호분 (双室墳), 사신총 발굴조사	벽화, 金銅飾具, 鐵刀, 鐵鏃, 土器類	고구려	12호벽화는 黑田의 감독 아래 松永南이 1937년 10월에 약 한달에 걸쳐 모사하였다. 출처765)
1937년 가을	집안	黑田源次郎	제17호분 (五塊墳중 1)	벽화	고구려	출처766)
1937년 8월 2일~18일	평양	小泉顯夫	萬壽臺 및 그 부근	고려시대의 와편, 도자편, 고구려 와당,		출처767)
1937년 10월 8일 ~11월 1일	대동군 임원면	小場恒吉, 澤俊一	고산리 제3, 4호분	4호분- 철정, 陶壺	고구려	출처768)
1937년 10월 8일 ~11월 1일	대동군 임원면	小場恒吉, 澤俊一	고산리 제5호분	철정	고구려	출처769)
1937년 10월 8일 ~11월 1일	대동군 임원면	小場恒吉, 澤俊一	고산리 제6호분	철정, 金銅金具片	고구려	출처770)

시기	조사지역	조사자	조사유구	출토 및 수집유물	시대	비고
1937년 10월 8일~11월 1일	대동군 임원면	田窪, 澤俊一	고산리 제7호분	金銅小釘, 철정, 塼, 陶器片	고구려	출처771)
1937년 10월 8일~11월 1일	대동군 임원면	田窪, 澤俊一	고산리 제8호분	철정 12개, 은두철정 2개, 금동금구 5片, 鐵環 기타 금속류 약간	고구려	출처772)
1937년 10월 8일~11월 1일	대동군 임원면	小場恒吉, 澤俊一, 田窪眞吾	고산리 제9호분	벽화, 金銅銙帶金具, 鐵釘, 唐草金銅金具	고구려	출처773)
1937년 10월	대동군 대보면	小場恒吉, 澤俊一	안정리 제2, 3호분		고구려	출처774)
1937년 10월	대동군 대보면	小場恒吉, 澤俊一	서기리 제4호, 5, 7호분	4호분- 赤瓦片 다수, 철정 5호분- 은두철정 2개, 와편 다수, 陶片 다수 7호분- 철정 2개	고구려	출처775)
1937년 10월 15일~11월 2일	평남 강동군 만달면 승호리	野守健, 澤俊一, 田窪眞吾, 榧本龜次郎	만달산 고구려 고분 14기 제4호~17호분	5호분-靑銅鐶, 철정 6호분- 철정 7호분-陶壺, 金製耳飾 1對, 철정 1개 8호분-金長靑銅鐶, 鐵鏡, 鐵釘 26개 9호분- 철정 14개 10호분- 철정 61개 13호분- 철釘 12개 14호분-陶壺, 철정 12개 15호분-靑銅腕鐶, 五銖錢 1개, 토기편 16호분- 철정 3개, 鐵金具殘片 1개	고구려	출처776)
1937년 9월	대동군 임원면	小場恒吉, 澤俊一	대성산록 고분		고구려	출처777)
1937년 10월~11월	평남 강동군	野守健	승호리 공장 부지 공사로 15기 고분 발굴	순금제귀걸이, 거울, 철제품 등 수십점	고구려	출처778)
1937년 5월	경주	齋藤忠	능지탑 조사	12지상 판석		출처779)
1937년	경기도 고양군	野守健	원당면 원흥리 도요지	靑磁素文盌		출처780)
1938년 4월~5월	부여	石田茂作, 齋藤忠	동남리(東南里) 폐사지(廢寺址)	蠟石製佛像破片, 鐵釘, 瓦製光背破片, 陶器類, 小玉	백제	출처781)

시기	조사지역	조사자	조사유구	출토 및 수집유물	시대	비고
1938년 5월	부여	石田茂作, 齋藤忠	가탑리 폐사지	鴟尾片, 塼片, 다수의 古瓦		출처782)
1938년 10월 25일 ~11월 3일	평양	米田美代治, 小野, 坂井, 小泉顯夫	청암리 폐사지	[寒川]재銘 희귀한 文字塼, 金銅小鈴, 金銅樂天小像, 金銅製金具, 靑銅製帶金具, 鬼面瓦 등783)	고구려	출처784)
1938년 9월 ~10월	대구	有光敎一	대명동 고분 7기	金銅製冠(높이 1척) 1대, 金銅換頭柄頭太刀 1개, 靑銅製鈴 1개, 靑銅製鐸 1개, 銀製太刀 1본 기타 다수		출처785)
1938년 5월 21일 ~26일	나주 반남면	有光敎一, 澤俊一	신촌리 제6호분	完全甕棺 2개, 破損甕棺 4개-靑銅環, 鐵鏃, 鐵器, 土器 등		출처786)
1938년 5월 22일 ~24일	나주 반남면	有光敎一, 澤俊一	신촌리 제7호분	破損甕棺1-管玉 1개, 土器		출처787)
1938년 5월 19일 ~5월 22일	나주 반남면	有光敎一, 澤俊一	덕산리 제2호분	마제석족 1개		출처788)
1938년 5월 18일 ~5월 24일	나주 반남면	有光敎一, 澤俊一	덕산리 제3호분	파손옹관3, 금동식금구파편, 銀製空玉 6개, 유리옥 16개, 관옥 4개, 처정, 철족, 토기 수개		출처789)
1938년 5월 19일 ~5월 22일	나주 반남면	有光敎一, 澤俊一	덕산리 제 5호분	石片 수개		출처790)
1938년 5월 25일 ~5월 27일	나주 반남면	有光敎一, 澤俊一	홍덕리 석실고분	鐵釘, 鐵製金具		출처791)
1938년 5월	나주 반남면	有光敎一, 澤俊一	대안리 제9호분			출처792)
1938년 5월	황해도 봉산군	齋藤忠	문정면 석성리 1기의 고분	文樣塼 다수		출처793)
1938년 5월~7월	집안	小場恒吉, 七田忠志	벽화고분 제112호분 (2실총, 풍속화)	112호분 북방의 한 고분에서 瓦製竈의 明器		출처794)
1938년 5월~7월	집안	小場恒吉, 七田忠志	제65호분 (사신총)	제65호분 현실-두개골		출처795)
1938년 5월~7월	집안	小場恒吉, 七田忠志	제62호분-벽화모사-소장	제62호분-鐵斧, 파괴된 1기의 고분에서 黃綠油陶器, 裝身金具		출처796) 일부 경도대 소장797)

시기	조사지역	조사자	조사유구	출토 및 수집유물	시대	비고
1938년 5월~7월	집안	小場恒吉, 七田忠志	장군총 현실 청소, 고와산 포지 조사			출처798)
1938년 6월	집안	黑田源次	고구려 고분(제12호분)	벽화 발견, 金銅飾具, 鐵刀, 鐵鏃, 土器類		출처799)
1938년 3월	경주	梅原末治, 崔南柱, 齋藤忠, 米田美代治, 末松保和	경주 천군리의 폐사지 발굴	수종의 古瓦片, 塔片800)		
1938년 11월	대구 대봉동	藤田亮策, 末松保和, 白神壽吉, 川崎文治	제1區 지석묘	석검, 석족, 토기편 다수		출처801)
1938년 11월	대구 대봉동	藤田亮策, 末松保和, 白神壽吉, 川崎文治	제5區 지석묘	석족, 토기편		출처802)
1938년 11월	대구	藤田亮策, 末松保和, 白神壽吉, 大坂金太郎, 崔南柱, 齋藤忠,	신지동 (현 대명동) 북구릉 제7호분	銀裝鐶頭大刀 1구, 鐵地銀張心葉形帶金具 4개, 鐵鎌 1개, 銀板片 1개, 토기편 3개분		출처803)
1938년 11월	대구	藤田亮策, 末松保和, 白神壽吉, 大坂金太郎, 崔南柱, 齋藤忠,	신지동 북구릉 제8호분, 제2호분	鐵刀, 토기 11점		출처804)
1938년 11월	대구	藤田亮策, 末松保和, 白神壽吉, 大坂金太郎, 崔南柱, 齋藤忠,	신지동 북구릉 제2호분	金製耳飾斷片		출처805)
1938년 11월	대구	藤田亮策, 末松保和, 白神壽吉, 大坂金太郎, 崔南柱, 齋藤忠,	신지동 남구릉 제1호	鐵鉾 1개, 轡片 1개, 토기편 2개분		출처806)

시기	조사지역	조사자	조사유구	출토 및 수집유물	시대	비고
1938년 11월	대구	藤田亮策, 末松保和, 白神壽吉, 大坂金太郎, 崔南柱, 齋藤忠,	신지동 남구릉 제2호분, 고총	轡引手殘缺, 鐵製刀子 1개, 토기편 4개분 高塚-토기편		출처807)
1938년 11월	대구	崔南柱, 齋藤忠	해안면 제1호분	토기편, 金銅雲珠殘缺		출처808)
1938년 11월	대구	崔南柱, 齋藤忠	해안면 제2호분	토기류 83점, 철격쇠 37개분, 鐵刀子 1본, 철도끼 2개		출처809)
1938년 ~1939년	회령	藤田亮策, 澤俊一	회령 부근 석기시대 적조사			출처810)
1939년 봄	평양	평양고적보존회	정백리 제356호분	鐵斧, 鐵手斧, 銅製鐵鉾殘缺		출처811)
1939년 3월	평양	小泉顯夫	오야리 목곽분 1기	柄付斧, 手斧, 耳杯, 弩		출처812)
1939년 6월	평양	小泉顯夫	오야리 전곽분 1기	조명기, 토기		출처813)
1939년 10월, 11월	평양	小泉顯夫	오야리 전곽분 1기, 목곽분 1기			출처814)
1939년 5월	부여	米田美代治, 李鍾國	사비루 부근의 고대 및 중앙부 발굴	石佛頭, 石碑片, 「儀鳳二年」在銘 平瓦片		출처815)
1939년 5월	황해도 황주군	小泉顯夫	황주면 석기시대 주거지	石劍片, 石鏃, 土器 등		출처816)
1939년 6월	황해도 신계군	榧本龜次郎	적여면 횡혈식 석실분 1기	土器片, 鐵釘		출처817)
1939년	평안남도	榧本龜次郎	순천군의 2기의 고구려 고분 발굴			출처818)
1939년 봄	황해도	小泉顯夫	황주면 청동기시대 주거지 발굴			출처819)
1939년 가을	공주 금정	齋藤忠	교촌리 제3호분과 제6호분 조사			출처820)

시기	조사지역	조사자	조사유구	출토 및 수집유물	시대	비고
1939년 6월~7월	평양	米田美代治, 小泉顯夫	청암리 사지 발굴	丁酉年在銘土器, 金銅製光背片, 다수의 고구려와	고구려	출처821)
1939년 7월~8월	평양	小泉顯夫, 小野, 齋藤忠	대동군 임원면 상오리 고구려건물지 발굴	高句麗瓦, 角形金銅金具, 金銅心葉形垂飾		출처822)
1939년 11월	대구	藤田亮策, 有光敎一	칠성공원 월견산 소재 소분 5기	石劍, 土器		출처823)
1939년	평양	小泉顯夫, 齋藤忠	상오리 폐사지 발굴조사	金銅鹿角狀裝飾品, 金銅唐草垂飾具, 金銅製風鐸片, 古瓦 20여 개	고구려	출처824)
1939년 6월~7월	고령	有光敎一, 白神壽吉, 大坂金太郎	傳錦林王陵을 비롯한 4기 발굴	純金製耳飾, 銀製前立飾, 유리 옥, 鐵劍, 陶器 등 3개소의 고분에서 150여 점 출토	가야	출처825)
1939년	고령	有光敎一	지산동 제39호분	鐵鏃, 金銅製矢筒, 金銅製環頭太刀, 金製耳飾		출처826)
1940년 4월 하순~5월 18일	부여	石田茂作	동남리 폐사지	석불상수부잔편 3개, 硝子珠 수개, 銅製帶金具殘片	백제	출처827)
1940년 6월	강서군 임차면	野森(촉탁)	사기동 고려도요지 발굴	자기편		출처828)
1940년 7월~9월	평양 대동군	朝鮮古蹟保存會	정백리 제356호분	金銅鉾格 1개, 木柄付鐵斧 1, 金銅轡, 金銅馬面 1, 青銅車軸頭 1, 木製品 1, 有紋漆杓 1, 水晶切子玉 4	낙랑	출처829)
1940년 7월~9월	평양 대동군	朝鮮古蹟研究會	정백리 제360호분	青銅龍鬪鐶金具 1	낙랑	출처830)
1940년 7월~9월	평양 대동군	朝鮮古蹟研究會	정백리 제200호	漆奩 1, 漆盂 2, 永平十一年銘漆耳杯 1, 漆耳杯 4, 建武三十年銘漆耳杯 1, 木製斧 1, 環頭鐵刀 1, 花紋鏡 1, 銀盌 1, 漆案 1, 漆扁壺 1, 기타 7점	낙랑	출처831)
1940년 7월~9월	평양 대동군	朝鮮古蹟研究會	정백리 제138호분	耳飾 1대, 腕飾 1, 銀釧飾 1, 琥珀獸形飾 1, 花紋鏡 1, 金銅馬面殘缺 1	낙랑	출처832)
1940년 7월~9월	평양 대동군	朝鮮古蹟研究會	남정리 제117호분	銀釵 1, 金銅漆器附屬品 1, 五銖錢	낙랑	출처833)
1940년	부여	米田美代治	가탑리 요지			출처834)

시기	조사지역	조사자	조사유구	출토 및 수집유물	시대	비고
1940년 7월	함북 회령군	총독부	벽성면 영수동 석기시대 분묘 수기	打製石器, 磨製石鏃, 佩玉, 石斧, 玉環		출처835)
1940년 7월	함북 종성군	총독부	행연면 지경동 석기시대 유적	臺付盌 等 土器 약간		출처836)
1940년 8월	함북 회령군	藤田亮策 외 2명	봉의면, 팔을면의 선사시대 유적	석기, 석검, 화로, 貝器, 玉環		출처837)
1941년 5월 2일 ~6월초	대동강면	小泉顯夫	정백리 고분 3기	漆器, 土器 등 400여 점	낙랑	출처838)
1941년 5월	평안남도 중화군 동두면 진파리	小泉顯夫, 米田美代治, 小場恒吉	동명왕릉 뒤에 있는 고분(1, 2, 3, 4, 6, 9호분)	진파리1호분-벽화, 土器 진파리2호분-벽화, 金銅製遊環 2개 진파리4호분-벽화, 「咸通十?年 庚寅三月」刻記 진파리6호분-金銅透彫金具839)	고구려	발굴보고서는 1986년에서야 「中和眞坡里古墳群의 조사」라 제한 略報告書가 나오게 되었다.840)
1941년 6월	석암리	小泉顯夫	석암리 제214호분	漆案 등 다수	낙랑	출처841)
1940~1942년	해인사	藤田亮策, 張之兌	해인사 소장잡판 인쇄 및 조사			출처842)
1942년 8월, 9월	부여	米田美代治, 藤澤一夫, 天野	부소산성 건물지 발굴	벽화 발견, 蓮瓣瓦(연꽃모양이 새겨진 용마루기와) 등을 발견, 금과 구리로 만든 풍경의 혀와 소석상조각		출처843)
1942년 10월 초순		米田美代治, 藤澤一夫, 天野	정림사지탑 부근 발굴	文字瓦 등 발견		출처844)
1942년 9월	부여읍 구아리 부소산	米田美代治, 藤澤一夫	西腹寺址	鴟尾斷片, 鍍金風鐸, 壁畵土塊, 塑造佛像片, 蓮花紋瓦當, 鴟尾片 등		발굴보고서 미간 출처845)
1942년 6월~7월	평양	小泉顯夫, 榧本龜次郎, 小野忠明, 中村春壽	석암리 제219호분 (목곽: 王根 墓)	銀印('王根信印'銘), 銅印, 銀指環, 銀帶鉸具, 鐵劍, 漆案, 漆耳杯, 漆盤, 銅博山爐, 陶壺, 鐵斧 외 다수	낙랑	출처846)

시기	조사지역	조사자	조사유구	출토 및 수집유물	시대	비고
1942년 6월~8월	평양	小泉顯夫, 榧本龜次郎, 小野忠明, 中村春壽	석암리 제215호분 (목곽)		낙랑	출처847)
1943년	평양	小泉顯夫, 小野忠明, 中村春壽	석암리 제293호분(목곽), 석암리 제294호분(전곽), 석암리 제297호분(전곽) 발굴			출처848)
1943년 6월~8월	부여	藤澤一夫	부소산의 송월대 동쪽 부근	고려시대의 자기, 초두, 기물 등 50여 점		출처849)
1943	부여	藤澤一夫	정림사지 발굴조사			출처850)
1944년	평양	小泉顯夫, 小野忠明, 中村春壽	석암리 제218호분(전곽), 외 전곽분 1기 발굴			출처851)
1944년	평양	조선고적연구회	토성지 일부 발굴조사			출처852)

653) 早乙女雅博,「新羅の考古學調査 100年の硏究」,『朝鮮史硏究會論文集』39, 朝鮮史硏究會, 2001년 10월, p. 77.

654) 高田十郎,「朝鮮古蹟調査ききがき」,『史迹と美術』第8輯 3號, 1937년 3월, p. 32.

655) 野守健 외,「平安南道大同郡大同江面梧野里古墳調査報告」,『昭和5年度古蹟調査報告書』. 朝鮮總督府, 1935.

梅原末治,「漢代漆器紀年銘文集錄」,『東方學報』京都第5冊, 東方文化院京都硏究所, 1934.

656) 925년 가을에 동경제국대학 문학부의 조사에서 남분(南墳)이란 가칭하(假稱下)에 왕우묘(王旴墓)와 함께 발굴에 착수하였으나 작업을 절반 정도 하다가 중지했던 고분.

657) 梅原末治,「漢代漆器紀年銘文集錄」,『東方學報』京都第5冊, 東方文化院京都硏究所, 1934년. p. 214.

658) 小泉顯夫,「古墳發掘漫談」,『朝鮮』, 朝鮮總督府, 1932年 6月.

朝鮮古蹟硏究會,「石巖里の二古墳」,『樂浪彩篋塚』, 1934.

濱田耕作,『考古學硏究』座右寶刊行會, 1939, p. 309.

梅原末治,「漢代漆器紀年銘文集錄」,『東方學報』제5집, 1934.

梅原末治는 始元四年銘漆杯, 居攝三年銘漆盤을 東京帝室博物館 所藏으로 기록하고 있다.

659) 남정리 116호분은 원래 1923년, 4년에 도굴꾼들이 이 고분을 도굴 중 지하수가 너무 심하게 분출하여 유물을 꺼내지 못하고 중지한 고분이다. 1925년 봄에 남정리 일대의 도굴 상태를 살피기 위해 巡察中에 本 古墳을 目擊하는데 당시 溝壁이 붕괴되어 副葬品이 모두 掠奪된 것으로 判斷했었다(『樂浪彩篋塚』, 朝鮮古蹟研究會, 1934).
660) '孝婦', '渠孝子', 대껍질을 정교하게 깎아서 내외 이중으로 엮은 것인데 주, 적, 초록, 적갈색 등의 채색으로 남녀노소 90여의 입상과 좌상을 그렸으며 인물 옆에 '湯女', 등의 朱書가 있다. 현재 북한 국립중앙력사박물관에 소장되어 있다(『문화유산』no1, 조선인민공화국과학원, 1958).
661) 채협총 발굴유물 일부는 동경국립박물관 소장목록에 유물번호 28905, 28920~28925로 기록되어 있다.
662) 榧本龜次郎,「王根墓 調査報告」,『美術資料』第四輯, 國立博物館, 1961년 12월.
榧本龜次郎,『樂浪 彩?塚』, 朝鮮古蹟研究會, 1934.
『每日申報』1931년 10월 23일자, 1931년 11월 24일자, 1931년 11월 11일자.
663) 榧本龜次郎,「王根墓 調査報告」,『美術資料』第四輯, 國立博物館, 1961년 12월.
梅原末治,「漢代漆器紀年銘文集錄」,『東方學報』京都第5冊, 東方文化院京都研究所, 1934.
664) 有光教一,「慶州 皇南里 第82號墳 第83號墳 調査報告」,『昭和6年度 古蹟調査報告 第1冊』, 朝鮮總督府, 1935.
有光教一,「私の朝鮮考古學」,『朝鮮學事始め』, 靑丘文化社, 1997.
有光教一,「新羅金製耳飾最近の出土例に就いて」,『考古學』제7권 제7호, 1936년 6월.
『每日申報』1931년 11월 10일자, 1931년 11월 13일자.
665) 有光教一,「慶州 皇南里 第82號墳 第83號墳 調査報告」,『昭和6年度 古蹟調査報告 第1冊』, 朝鮮總督府, 1935.
有光教一,「私の朝鮮考古學」,『朝鮮學事始め』, 靑丘文化社, 1997.
666) 輕部慈恩,「公州に於ける百濟古墳」,『考古學雜誌』23-7, 1933년 7월; 24-6, 1934년 6월.
輕部慈恩는 공부 부근에서 백제고분을 實見한 것이 1천 기가 넘었다고 하며, 이 중 100여 기는 실측 조사했다고 한다.
667) 野守健,「忠淸南道公州松山里 古墳調査報告」,『昭和2年度 古蹟調査報告 第2冊』朝鮮總督府, 1935.
輕部慈恩,「公州に於ける百濟古墳」,『考古學雜誌』24-3, 1934년 3월.
小泉顯夫,『朝鮮古代遺跡の遍歷』, 六興出版, 1986.
668) 榧本龜次, 野守健,「永和九年在銘傳出土古墳調査報告」,『昭和7年度古蹟調査報告書 第1冊』, 朝鮮總督府, 1933.
669) 有光教一,「慶州忠孝里石室古墳調査報告」,『昭和7年度古蹟調査報告書 第2冊』, 朝鮮總督府, 1937.
670) 有光教一,「慶州忠孝里石室古墳調査報告」,『昭和7年度古蹟調査報告書 第2冊』, 朝鮮總督府, 1937.
671) 輕部慈恩,「公州に於ける百濟古墳」,『考古學雜誌』24-5, 1934년 5월.
672) 輕部慈恩,「公州に於ける百濟古墳」,『考古學雜誌』24-9, 1934년 9월.
輕部慈恩는 이 고분에 대해 송산리 제7호분으로 기록하고 있다.

673) 小場恒吉 外,「貞栢里.南井里二古墳發掘調査報告」,『昭和7年度古蹟調査報告』, 朝鮮古蹟研究會, 1935.
梶本龜生,「樂浪出土在銘漆器の一二に就いて」,『考古學』제7권 제4호, 1936년 4월.
『東亞日報』1932년 10월 29일자.
674) 小場恒吉 外,「貞栢里 南井里 2古墳 發掘調査報告」,『昭和 7年度 古蹟調査報告』, 朝鮮古蹟研究會, 1935.
675) 『東亞日報』1932년 10월 28일자.
유물은 황오리 제54, 16호분에서 출토된 것과 닮은 점이 많은데, 이처럼 많은 유물이 출토되었음에도 불구하고 다른 보고서 등에 나타나지 않은 것이 의문이다. 혹 황오리 것을 황남리로 오인한 것이 아닌지도 의문이다.
676) 輕部慈恩,「公州に於ける百濟古墳」,『考古學雜誌』24卷 9號, 1934년 9월.
輕部慈恩,『百濟美術』, 寶雲舍, 1946.
677) 輕部慈恩,『百濟美術』, 寶雲舍, 1946, p. 131.
이 출토 유물은 "오랫동안 공주군청에 보존되어 있다가 최근 공주박물관에 보관하여 진열하고 있다"고 하나 무엇이 어떻게 보관되었는지에 대해서는 정확히 알 수 없다.
678) 『東亞日報』1932년 10월 23일자.
679) 『京城日報』1932년 12월 1일자, 12월 9일자.
『每日申報』1932년 12월 2일자, 12월 11일자.
680) 국립중앙박물관,『유리원판목록집 Ⅳ』, 2000. 원판번호 840-4~6, 141-1~8.
681) 국립중앙박물관,『유리원판목록집 Ⅳ』, 2000. 원판번호 840-1~3, 142-9~16.
682) 梅原末治, 藤田亮策,『朝鮮古文化綜鑑』제1권, 養德社, 1947, p. 34.
683) 藤田亮策,「昭和8年度朝鮮古蹟研究會の事業」,『靑丘學叢』제14號, 1933년 11월, pp. 203~204.
有光敎一,「新羅金製耳飾最近の出土例に就いて」,『考古學』제7권 제7호, 1936년 6월.
朝鮮古蹟研究會,『昭和8年度朝鮮古蹟調査報告』, 1934.
「昭和8年度 朝鮮古蹟研究會の事業」,『靑丘學叢』제14호, 1933년 11월.
684) 藤田亮策,「昭和8年度朝鮮古蹟研究會の事業」,『靑丘學叢』제14號, 1933년 11월, pp. 203~204.
有光敎一,「新羅金製耳飾最近の出土例に就いて」,『考古學』제7권 제7호, 1936년 6월.
朝鮮古蹟研究會,『昭和8年度朝鮮古蹟調査報告』, 1934.
「昭和8年度 朝鮮古蹟研究會の事業」,『靑丘學叢』제14호, 1933년 11월.
685) 小野忠明,「朝鮮大同江岸節目紋土器に隨伴する石器」,『考古學』제8권 제4호, 東京考古學會, 1937년 4월.
686) 小野忠明,「朝鮮大同江岸節目紋土器に隨伴する石器」,『考古學』제8권 제4호, 東京考古學會, 1937년 4월.
687) 丁奎洪,『우리 文化財 受難史』, 學硏文化社, 2005.
688) 小泉顯夫,『朝鮮古代遺蹟の遍歷』, 六興出版, 1986, p. 200.
689) 梅原末治, 藤田亮策,『朝鮮古文化綜鑑』제3권, 養德社, 1949, p. 23.
690) 朝鮮古蹟研究會,『昭和8年度 古蹟調査槪報』, 1935.

691) 朝鮮古蹟研究會, 『昭和8年度 古蹟調査槪報』, 1935.
692) 朝鮮古蹟研究會, 『昭和8年度 古蹟調査槪報』, 1935.
693) 朝鮮古蹟研究會, 『昭和8年度 古蹟調査槪報』, 1935.
694) 朝鮮古蹟研究會, 『昭和8年度 古蹟調査槪報』, 1935.
695) 朝鮮古蹟研究會, 『昭和8年度 古蹟調査槪報』, 1935.
696) 梅原末治, 「漢代漆器紀年銘文集錄」, 『東方學報』京都第5冊, 東方文化院京都硏究所, 1934.
697) 朝鮮古蹟研究會, 『昭和8年度 古蹟調査槪報』, 1935.
698) 東京國立博物館, 『東京國立博物館 所藏品目錄』, 1956.
699) 朝鮮古蹟研究會, 『昭和8年度 古蹟調査槪報』, 1935.
700) 有光敎一의 회고에 의하면, 이 두 고분을 발굴하는 과정에서 「조선보물고적명승천연기념물보존령」이 발포되면서 有光敎一는 조선총독부박물관으로 전근을 가게 되었으며, 출토 유물은 경주박물관에 보관하고 이에 대한 보고서는 미간에 그쳤다고 한다.
    有光敎一, 「私の朝鮮考古學」, 『朝鮮學事始め』, 청구문화사, 1997.
    『東亞日報』1933년 4월 10일자.
701) 有光敎一, 『有光敎一著作集 第1卷』, 1990, pp. 5~6.
    橫山將三郞, 「油坂貝塚に就て」, 『(小田先生頌壽記念)朝鮮論集』, 小田先生頌壽記念會, 1934.
702) 原田淑人, 「渤海國都城址の發掘調査」, 『史學雜誌』第46編 第4號, 1933년 11월.
703) 高田十郞, 「朝鮮古蹟調査ききがき」, 『史迹と美術』第8輯 3號, 1937년 3월, p. 33.
704) 국립중앙박물관, 『국립중앙박물관 보관 고문서목록』, 1996, p. 60.
705) 山田萬吉郞, 「三島刷毛目の變遷」, 『陶磁』제10권 제6호, 東洋陶磁研究所, 1938년 12월.
    국립중앙박물관, 『유리원판목록집 Ⅲ』, 1999. 원판번호 157-5, 185-1~11, 186-1~16.
706) 朝鮮古蹟研究會, 『昭和9年度 樂浪古墳 古蹟調査槪報』, 1937.
    朝鮮古蹟研究會, 「昭和9年度事業の槪況」, 『青丘學叢』제18호, 1934년 11월.
707) 朝鮮古蹟研究會, 『昭和9年度 樂浪古墳 古蹟調査槪報』, 1937.
    朝鮮古蹟研究會, 「昭和9年度事業の槪況」, 『青丘學叢』제18호, 1934년 11월.
708) 朝鮮古蹟研究會, 『昭和9年度 樂浪古墳 古蹟調査槪報』, 1937.
    朝鮮古蹟研究會, 「昭和9年度事業の槪況」, 『青丘學叢』제18호, 1934년 11월.
709) 朝鮮古蹟研究會, 『昭和9年度 樂浪古墳 古蹟調査槪報』, 1937.
    朝鮮古蹟研究會, 「昭和9年度事業の槪況」, 『青丘學叢』제18호, 1934년 11월.
710) 齋藤忠, 『古都慶州と新羅文化』, 第一書房, 2007.
    齋藤忠, 「慶州 皇南里 第109號墳, 皇吾里 第14號墳 發掘調査報告」, 『昭和9年度 古蹟調査報告』第1冊, 朝鮮總督府, 1937.
    황남리 109호분은 有光敎一이 총독부박물관으로 옮겨간 후 齋藤忠이 경주박물관 책임자로 부임해 온 후 첫 발굴조사로서 한국인 李雨盛씨가 현장에서 齋藤忠의 조수로 일을 도왔다(齋藤忠, 「慶州, 夫餘の調査硏究」, 『朝鮮學事始め』, 青丘文化社, 1997).

711) 齋藤忠,『古都慶州と新羅文化』, 第一書房, 2007.
　　齋藤忠,「慶州 皇南里 第109號墳, 皇吾里 第14號墳 發掘調査報告」,『昭和9年度 古蹟調査報告』第1冊, 朝鮮總督府, 1937.
　　齋藤忠,「慶州, 夫餘の調査研究」,『朝鮮學事始め』, 靑丘文化社, 1997.
712)『東亞日報』1934년 10월 25일자.
713) 高田十郎,「朝鮮古蹟調査ききがき」,『史迹と美術』第8輯 3號, 1937년 3월, p. 33.
714)「彙報」,『靑丘學叢』제21호, 1935년 6월.
　　1922년 11월, 1924년 11월, 1932년 5월에도 조사를 했다.
715) 榧本龜次郞,「金海會峴里貝塚の一銅製品に就て」,『考古學』제7권 제6호, 1936년 6월.
　　榧本龜次郞,「金海會峴里貝塚發見の甕棺に就て」,『考古學』제9권 제1호, 1938년 1월.
716) 池內宏,「滿洲國安東城集安縣に於ける高句麗の遺蹟」,『考古學雜誌』28-3, 1938년 3월.
717) 齋藤忠,『朝鮮古代文化の硏究』, 地人書館, 1943, pp. 58~59.
718) 池內宏,「滿洲國安東城集安縣に於ける高句麗の遺蹟」,『考古學雜誌』28-3, 1938년 3월.
　　「滿洲國安東城集安縣に於ける高句麗遺蹟の調査」,『靑丘學叢』제23호, 1936년 2월.
719) 池內宏,「滿洲國安東城集安縣に於ける高句麗の遺蹟」,『考古學雜誌』28-3, 1938년 3월.
　　「滿洲國安東城集安縣に於ける高句麗遺蹟の調査」,『靑丘學叢』제23호, 1936년 2월.
720) 朝鮮古蹟硏究會,『昭和10年度 樂浪古墳 古蹟調査槪報』, 1936.
721) 朝鮮古蹟硏究會,『昭和10年度 樂浪古墳 古蹟調査槪報』, 1936.
722) 朝鮮古蹟硏究會,『昭和10年度 樂浪古墳 古蹟調査槪報』, 1936.
723) 朝鮮古蹟硏究會,『昭和10年度 樂浪古墳 古蹟調査槪報』, 1936.
724) 梅原末治, 藤田亮策,『朝鮮古文化綜鑑』제2권, 養德社, 1948, p. 42.
　　雲龍漆文土器盦, 博山爐, 龍首盌이 京都大學 문학부 소장으로 나타나 있다.
725) 朝鮮古蹟硏究會,『昭和10年度 樂浪古墳 古蹟調査槪報』, 1936.
726) 梅原末治, 藤田亮策,『朝鮮古文化綜鑑』제2권, 養德社, 1948, p. 22.
727) 朝鮮古蹟硏究會,『昭和10年度 樂浪古墳 古蹟調査槪報』, 1936.
728) 美術硏究會,『日本美術年鑑』, 1936.
729)『每日新報』1935년 10월 1일자.
730)「彙報」,『考古學雜誌』제26권 9호, 1936년 9월.
731) 齋藤忠,「慶州に於ける古墳の調査」,『昭和11年度古蹟調査報告書』, 朝鮮古蹟硏究會, 1937.
　　「彙報」,『考古學雜誌』26-9, 1936년 9월.
　　『朝鮮中央日報』1936년 3월 22일자.
732) 有光敎一,「扶餘窺岩面に於ける文樣塼出土の遺蹟と其の遺物」,『昭和11年度古蹟調査報告書』, 朝鮮古蹟硏究會, 1937.
733) 池內宏,「滿洲國安東城集安縣に於ける高句麗の遺蹟」,『考古學雜誌』28-3, 1938년 3월.
734) 池內宏,「滿洲國安東城集安縣に於ける高句麗の遺蹟」,『考古學雜誌』28-3, 1938년 3월.

735) 池內宏,「滿洲國安東城集安縣に於ける高句麗の遺蹟」, 『考古學雜誌』28-3, 1938년 3월.
736) 池內宏,「滿洲國安東城集安縣に於ける高句麗の遺蹟」, 『考古學雜誌』28-3, 1938년 3월.
737) 池內宏,「滿洲國安東城集安縣に於ける高句麗の遺蹟」, 『考古學雜誌』28-3, 1938년 3월.
738) 池內宏,「滿洲國安東城集安縣に於ける高句麗の遺蹟」, 『考古學雜誌』28-3, 1938년 3월.
739) 池內宏,「滿洲國安東城集安縣に於ける高句麗の遺蹟」, 『考古學雜誌』28-3, 1938년 3월.
740) 池內宏,「滿洲國安東城集安縣に於ける高句麗の遺蹟」, 『考古學雜誌』28-3, 1938년 3월.
741) 『每日新報』1936년 8월 2일자, 1936년 9월 3일자, 1936년 10월 31일자, 1936년 12월 10일자.
742) 石田茂作,「夫餘軍守里 廢寺址 發掘調査」, 『昭和11年度 古蹟調査報告』, 朝鮮古蹟研究會, 1937.
「朝鮮夫餘に於ける發掘調査」, 『考古學雜誌』26-12, 1936년 12월.
梅原末治,「百濟遺蹟調査の回顧と今春の發掘に就いて」, 『忠南敎育』, 忠淸南道敎育會, 1938.
『每日新報』1936년 10월 13일자.
743) 齋藤忠,「慶州に於ける古墳の調査」, 『昭和11年度古蹟調査報告書』, 朝鮮古蹟研究會, 1937.
「高句麗古墳調査槪要」, 『靑丘學叢』제26호, 1936년 11월.
744) 『每日新報』1936년 9월 26일자.
「高句麗古墳調査槪要」, 『靑丘學叢』제26호, 1936년 11월.
745) 小場恒吉,「高句麗古墳の調査」, 『昭和11年度古蹟調査報告』, 朝鮮古蹟研究會, 1937.
총21기를 발굴시도, 그 중 11기는 중도에 중지하고 1기는 도굴, 나머지 9기를 발굴조사
「高句麗古墳調査槪要」, 『靑丘學叢』제26호, 1936년 11월.
746) 小場恒吉,「高句麗古墳の調査」, 『昭和11年度古蹟調査報告』, 朝鮮古蹟研究會, 1937.
「高句麗古墳調査槪要」, 『靑丘學叢』제26호, 1936년 11월.
747) 小場恒吉,「高句麗古墳の調査」, 『昭和11年度古蹟調査報告』, 朝鮮古蹟研究會, 1937.
「高句麗古墳調査槪要」, 『靑丘學叢』제26호, 1936년 11월.
748) 小場恒吉,「高句麗古墳の調査」, 『昭和11年度古蹟調査報告』, 朝鮮古蹟研究會, 1937.
「高句麗古墳調査槪要」, 『靑丘學叢』제26호, 1936년 11월.
749) 小場恒吉,「高句麗古墳の調査」, 『昭和11年度古蹟調査報告』, 朝鮮古蹟研究會, 1937.
「高句麗古墳調査槪要」, 『靑丘學叢』제26호, 1936년 11월.
750) 小場恒吉,「高句麗古墳の調査」, 『昭和11年度古蹟調査報告』, 朝鮮古蹟研究會, 1937.
751) 齋藤忠, 『新羅文化論攷』, 吉川弘文館, 1973, p. 304.
이곳은 울산과 언양을 통하는 도로에서 북으로 수백 미터 떨어진 大和川 가까이 있는 유적으로, 완만한 구릉 위에 토단과 초석이 남아 있어 폐사지로 추정되는 곳이다. 여기에 대한 종합적인 보고서는 나오지 않았지만 齋藤忠은 이곳에서 출토한 많은 고와를 중심으로「慶州附近出土の單弁蓮花文古瓦の一形式」이란 논문을 발표하였다. 齋藤은 이 논문의 주석편에서, "소화11년(1936) 12월 8일 유적조사를 함께 한 최남주 씨의 노고를 함께 명기(銘記)하고, 깊이 감사한다"라고 밝히고 있다.
752) 藤田亮策,「大邱大鳳町支石墓調査」, 『昭和11年度古蹟調査報告書』, 朝鮮古蹟研究會, 1937.
753) 梅原末治,「夫餘陵山里東古墳群の調査」, 『昭和12年度 古蹟調査報告』, 朝鮮古蹟研究會, 1938.

梅原末治, 「百濟遺蹟調査の回顧と今春の發掘に就いて」, 『忠南敎育』, 忠淸南道敎育會, 1938.
754) 梅原末治, 「夫餘陵山里東古墳群の調査」, 『昭和12年度 古蹟調査報告』, 朝鮮古蹟硏究會, 1938.
梅原末治, 「百濟遺蹟調査の回顧と今春の發掘に就いて」, 『忠南敎育』, 忠淸南道敎育會, 1938.
755) 梅原末治, 「夫餘陵山里東古墳群の調査」, 『昭和12年度 古蹟調査報告』, 朝鮮古蹟硏究會, 1938.
梅原末治, 「百濟遺蹟調査の回顧と今春の發掘に就いて」, 『忠南敎育』, 忠淸南道敎育會, 1938.
756) 梅原末治, 「夫餘陵山里東古墳群の調査」, 『昭和12年度 古蹟調査報告』, 朝鮮古蹟硏究會, 1938.
梅原末治, 「百濟遺蹟調査の回顧と今春の發掘に就いて」, 『忠南敎育』, 忠淸南道敎育會, 1938.
757) 梅原末治, 「夫餘陵山里東古墳群の調査」, 『昭和12年度 古蹟調査報告』, 朝鮮古蹟硏究會, 1938.
梅原末治, 「百濟遺蹟調査の回顧と今春の發掘に就いて」, 『忠南敎育』, 忠淸南道敎育會, 1938.
758) 田窪眞吾, 梅原末治, 「樂浪梧野里제25號墳の調査」, 『昭和12年度 古蹟調査報告』, 朝鮮古蹟硏究會, 1938.
759) 原田淑人, 高橋男, 「樂浪土城址の調査」, 『昭和12年度 古蹟調査報告』, 朝鮮古蹟硏究會, 1938.
『東亞日報』1937년 6월 10일자.
760) 小泉顯夫, 「泥佛出土地元五里廢寺址の調査」, 『昭和12年度 古蹟調査報告』, 朝鮮古蹟硏究會, 1938.
齋藤忠, 『朝鮮古代文化の硏究』, 地人書館, 1943, pp. 58~59.
761) 1982년 일본에 소재(所在)한 한국불상을 조사 수록한 이호관의 「일본에 가 있는 한국불상」(2003년 학연문화사)에 원오리에서 출토된 니불(泥佛)이 수 점 수록되어 있는데, "1937년 평양 서북쪽 약 30킬로 지점의 원오리사지에서 총 204개의 편이 출토된 것 중의 하나로 추정된다"라고 설명하고 있어 정식발굴에 의한 것이지만 일부는 일본으로 반출한 것으로 추정된다.
『東京國立博物館 收藏品目錄』(1956)에 의하면, '니조보살입상'(유물번호36625)가 山本茂策의 기증으로 나타나 있다.
762) 齋藤忠, 「慶州に於ける新羅統一時代の調査」, 『昭和12年度 古蹟調査報告』, 朝鮮古蹟硏究會, 1938.
齋藤忠, 『古都慶州と新羅文化』, 第一書房, 2007.
齋藤忠, 『朝鮮佛敎美術考』, 寶雲寺刊, 1947.
763) 小山富士夫, 「高麗の古陶磁」, 『陶磁講座』第7卷, 雄山閣, 1938, p. 84.
764) 齋藤忠, 「慶州に於ける新羅統一時代の調査」, 『昭和12年度 古蹟調査報告』, 朝鮮古蹟硏究會, 1938.
齋藤忠, 『朝鮮佛敎美術考』, 寶雲寺刊, 1947.
765) 美術硏究所, 『日本美術年鑑』, 1938년 11월, p. 165.
梅原末治, 『朝鮮古代の墓制』, 國書刊行會, 1972, p. 34.
藤田先生記念事業會, 『朝鮮考古學』, 1963, pp. 614~615.
「雜信」, 『陶磁』제9권 제5호. 1937년 8월, p. 39.
766) 美術硏究所, 『日本美術年鑑』, 1938년 11월, p. 165.
梅原末治, 『朝鮮古代の墓制』, 國書刊行會, 1972, p. 34.
藤田先生記念事業會, 『朝鮮考古學』, 1963, pp. 61~615.

이 곳의 벽화는 1940년에 小場恒吉이 다시 모사했다.
767) 小泉顯夫,「平壤萬壽臺及其附近の調査」,『昭和12年度 古蹟調査報告』, 朝鮮古蹟研究會, 1938.
768) 小場恒吉,「高句麗古墳の調査」,『昭和12年度 古蹟調査報告』, 朝鮮古蹟研究會, 1938.
769) 小場恒吉,「高句麗古墳の調査」,『昭和12年度 古蹟調査報告』, 朝鮮古蹟研究會, 1938.
770) 小場恒吉,「高句麗古墳の調査」,『昭和12年度 古蹟調査報告』, 朝鮮古蹟研究會, 1938.
771) 小場恒吉,「高句麗古墳の調査」,『昭和12年度 古蹟調査報告』, 朝鮮古蹟研究會, 1938.
772) 小場恒吉,「高句麗古墳の調査」,『昭和12年度 古蹟調査報告』, 朝鮮古蹟研究會, 1938.
773) 小場恒吉,「高句麗古墳の調査」,『昭和12年度 古蹟調査報告』, 朝鮮古蹟研究會, 1938.
774) 小場恒吉,「高句麗古墳の調査」,『昭和12年度 古蹟調査報告』, 朝鮮古蹟研究會, 1938.
775) 小場恒吉,「高句麗古墳の調査」,『昭和12年度 古蹟調査報告』, 朝鮮古蹟研究會, 1938.
『동아일보』1939년 8월 16일자에는 다음과 같은 기사가 있다.
고령에 있는 금림왕릉은 도굴을 당하고 내장물이 없을 것이라고 추측하고 있는데, 지난 6월과 7월에 조선총독부에서 파견된 유광, 재등 양씨의 손으로 진귀한 고물 다수를 발견하였다. 당시 발굴을 착수할 때 벌써 가장 교묘한 수단으로 몇 군데가 도굴되었음을 발견하고 고령경찰서에서 극비리 수사에 착수했는데 그 후 유력한 단서를 얻어 수사를 계속해오던 중 지난 6일 동읍내 耳山山腹 숲가운데 잠복하고 있는 주범 동읍내 김모를 체포하고 매물을 은닉해 둔 증거품도 다수 압수하였으며 공범 3명도 체포하였다. 도굴품은 상당한 수에 달하며 대부분 팔아먹고 남은 것은 경찰에서 압수하였다하며 도굴범이 심히 교묘하여 전문적 기술을 가진 배후의 흑막이 있는 듯 해서 수사범위를 넓혀 수사를 계속하고 있다.
776) 野守健, 榧本龜次郎,「晚達山麓高句麗古墳の調査」,『昭和12年度 古蹟調査報告』, 朝鮮古蹟研究會, 1938.
777) 『每日新報』1937년, 9월 13일자.
『東亞日報』1937년 9월 6일, 9월 20일자.
778) 『每日新報』1937년, 11월 5일자.
779) 齋藤忠,『古都慶州と新羅文化』, 第一書房, 2007.
780) 『광복이전 박물관자료 목록집』, 국립중앙박물관, 1997.
781) 石田茂作,「夫餘東南里廢寺址 發掘調査」,『昭和13年度 古蹟調査報告』, 朝鮮古蹟研究會, 1940.
782) 石田茂作,「夫餘東南里廢寺址 發掘調査」,『昭和13年度 古蹟調査報告』, 朝鮮古蹟研究會, 1940.
783) 「平壤淸岩里廢寺址の調査」,『昭和13年度 古蹟調査報告』, 朝鮮古蹟研究會, 1940.
당시 발굴조사에는 평양중학교 전교생이 勤勞奉仕라는 이름 하에 20여 일간 동원되었다(小泉顯夫,『朝鮮古代遺跡の遍歷』, 六興出版, 1986, pp. 339~340).
784) 『每日新報』1938년 11월 15일자.
小泉顯夫,『朝鮮古代遺跡の遍歷』, 六興出版, 1986.
『東亞日報』1938년 11월 16일자.
785) 『東亞日報』1938년 10월 1일자.
786) 有光敎一,「羅州潘南面古墳の發掘調査」,『昭和13年度古蹟調査報告書』, 朝鮮古蹟研究會, 1940.

787) 有光敎一,「羅州潘南面古墳の發掘調査」,『昭和13年度古蹟調査報告書』,朝鮮古蹟硏究會, 1940.
788) 有光敎一,「羅州潘南面古墳の發掘調査」,『昭和13年度古蹟調査報告書』,朝鮮古蹟硏究會, 1940.
789) 有光敎一,「羅州潘南面古墳の發掘調査」,『昭和13年度古蹟調査報告書』,朝鮮古蹟硏究會, 1940.
790) 有光敎一,「羅州潘南面古墳の發掘調査」,『昭和13年度古蹟調査報告書』,朝鮮古蹟硏究會, 1940.
791) 有光敎一,「羅州潘南面古墳の發掘調査」,『昭和13年度古蹟調査報告書』,朝鮮古蹟硏究會, 1940.
792) 早乙女雅博,「新羅の考古學調査 100年の硏究」,『朝鮮史硏究會論文集』39, 朝鮮史硏究會, 2001년 10월, p. 83.
793) 齋藤忠,「黃海道鳳山郡文井面に於ける古墳の調査」,『考古學雜誌』28-7, 1938년 7월.
794) 七田忠志,「滿洲國安東城集安縣高句麗遺蹟の調査」,『考古學雜誌』28-11, 1938년 11월.
795) 七田忠志,「滿洲國安東城集安縣高句麗遺蹟の調査」,『考古學雜誌』28-11, 1938년 11월.
796) 七田忠志,「滿洲國安東城集安縣高句麗遺蹟の調査」,『考古學雜誌』28-11, 1938년 11월.
797) "동대고고학교실에서 접합복원 중"이라는 것으로 보아 모두 동대로 옮긴 것으로 추정된다.
798) 七田忠志,「滿洲國安東城集安縣高句麗遺蹟の調査」,『考古學雜誌』28-11, 1938년 11월.
799) 美術硏究所,『日本美術年鑑』, 1938년 11월, p. 165.
　　　벽화는 黑田의 감독 아래 松永南樂이 10월에 약 한 달에 걸쳐 모사하였다.
800) 米田美代治,「慶州千軍里寺址び三層石塔調査報告」,『昭和13年度古蹟調査報告書』, 朝鮮古蹟硏究會, 1940.
801) 藤田亮策,「大邱大鳳町支石墓調査」,『昭和13年度古蹟調査報告書』, 朝鮮古蹟硏究會, 1940.
802) 藤田亮策,「大邱大鳳町支石墓調査」,『昭和13年度古蹟調査報告書』, 朝鮮古蹟硏究會, 1940.
803) 齋藤忠,「大邱府附近に於ける古墳の調査」,『昭和13年度 古蹟調査報告』, 朝鮮古蹟硏究會, 1940, PP. 58~61.
　　　齋藤忠,『朝鮮古代文化の硏究』, 地人書館, 1943, p. 139.
804) 齋藤忠,「大邱府附近に於ける古墳の調査」,『昭和13年度 古蹟調査報告』, 朝鮮古蹟硏究會, 1940, PP. 58~61.
　　　齋藤忠,『朝鮮古代文化の硏究』, 地人書館, 1943, p. 139.
805) 齋藤忠,「大邱府附近に於ける古墳の調査」,『昭和13年度 古蹟調査報告』, 朝鮮古蹟硏究會, 1940, PP. 58~61.
　　　齋藤忠,『朝鮮古代文化の硏究』, 地人書館, 1943, p. 139.
806) 齋藤忠,「大邱府附近に於ける古墳の調査」,『昭和13年度 古蹟調査報告』, 朝鮮古蹟硏究會, 1940, PP. 58~61.
　　　齋藤忠,『朝鮮古代文化の硏究』, 地人書館, 1943, p. 139.
807) 齋藤忠,「大邱府附近に於ける古墳の調査」,『昭和13年度 古蹟調査報告』, 朝鮮古蹟硏究會, 1940, PP. 58~61.
　　　齋藤忠,『朝鮮古代文化の硏究』, 地人書館, 1943, p. 139.
808) 齋藤忠,「大邱府附近に於ける古墳の調査」,『昭和13年度 古蹟調査報告』, 朝鮮古蹟硏究會, 1940,

PP. 58~61.

齋藤忠,『朝鮮古代文化の研究』, 地人書館, 1943, p. 139.
809) 齋藤忠,「大邱府附近に於ける古墳の調査」,『昭和13年度 古蹟調査報告』, 朝鮮古蹟研究會, 1940, PP. 58~61.

齋藤忠,『朝鮮古代文化の研究』, 地人書館, 1943, p. 139.
810) 藤田亮策,「朝鮮古蹟調査」,『考古學論考』, 藤田先生記念事業會刊, 1963. p. 84.
811) 梅原末治, 藤田亮策,『朝鮮古文化綜鑑』제2권, 養德社, 1948, p47, 48.
812) 齋藤忠,「昭和14年に於ける朝鮮古蹟調査の槪要」,『考古學雜誌』31-1, 1940년 1월.
813) 齋藤忠,「昭和14年に於ける朝鮮古蹟調査の槪要」,『考古學雜誌』31-1, 1940년 1월.
814) 齋藤忠,「昭和14年に於ける朝鮮古蹟調査の槪要」,『考古學雜誌』31-1, 1940년 1월.
815) 齋藤忠,「昭和14年に於ける朝鮮古蹟調査の槪要」,『考古學雜誌』31-1, 1940년 1월.
816) 齋藤忠,「昭和14年に於ける朝鮮古蹟調査の槪要」,『考古學雜誌』31-1, 1940년 1월.
817) 齋藤忠,「昭和14年に於ける朝鮮古蹟調査の槪要」,『考古學雜誌』31-1, 1940년 1월.
818) 早乙女雅博,「新羅の考古學調査 100年の硏究」,『朝鮮史硏究會論文集』39, 朝鮮史硏究會, 2001년 10월, p. 84.
819) 早乙女雅博,「新羅の考古學調査 100年の硏究」,『朝鮮史硏究會論文集』39, 朝鮮史硏究會, 2001년 10월, p. 84.
820) 早乙女雅博,「新羅の考古學調査 100年の硏究」,『朝鮮史硏究會論文集』39, 朝鮮史硏究會, 2001년 10월, p. 84.
821) 齋藤忠,「昭和14年に於ける朝鮮古蹟調査の槪要」,『考古學雜誌』31-1, 1940년 1월.

『東亞日報』1939년 7월 1일, 1939년 8월 4일자.
822) 齋藤忠,「昭和14年に於ける朝鮮古蹟調査の槪要」,『考古學雜誌』31-1, 1940년 1월.
823) 齋藤忠,「昭和14年に於ける朝鮮古蹟調査の槪要」,『考古學雜誌』31-1, 1940년 1월.

『東亞日報』1939년 11월 25일자.

『每日新報』1939년 11월 10일자.
824) 小泉顯夫,『朝鮮古代遺跡の遍歷』, 六興出版, 1986.
825)『每日新報』1939년 7월 5일자.

『東亞日報』1939년 7월 5일자.
826) 국립중앙박물관,『유리원판목록집 Ⅲ』, 1999. 원판번호 195-1~5.
827) 美術硏究所,『日本美術年鑑』, 1941년 3월, p. 171.
828)『東亞日報』1940년 6월 14일자, 7월 6일자.

『每日新報』1940년 6월 16일자.
829) 美術硏究所,『日本美術年鑑』, 1942년 3월(1941년판), p. 112.
830) 美術硏究所,『日本美術年鑑』, 1942년 3월(1941년판), p. 112.
831) 美術硏究所,『日本美術年鑑』, 1942년 3월(1941년판), p. 112.

832) 美術硏究所,『日本美術年鑑』, 1942년 3월(1941년판), p. 112.
833) 美術硏究所,『日本美術年鑑』, 1942년 3월(1941년판), p. 112.
834) 小泉顯夫,「中和眞坡里古墳群의 調査」,『朝鮮古代遺蹟의 遍歷』, 六興出版, 1986.
835) 朝鮮總督府博物館,『博物館陳列品圖鑑』, 第15輯, 1941년 3월, '해설편'.
836) 朝鮮總督府博物館,『博物館陳列品圖鑑』, 第15輯, 1941년 3월, '해설편'.
837)『東亞日報』1940년 8월 9일자.
838)『每日新報』1941년 6월 7일자.
839) 후일 출토유물에 대한 것은 1966년 梅原과 藤田이 共著한『朝鮮古文化綜鑑』에 일부 유물의 도판이 수록되어 있다.

    해설26-32, 도판52-66(진파리 제1호분 벽화)

    해설33-34, 도판67-70(진파리 제4호분 벽화)

    해설 42, 도판127(진파리 제1호분 출토 금동투조옥충익식금구)

    해설43, 도판128-129(진파리 제1호분 출토 청동환) 등이 수록되어 있다.

    특히 진파리 제4호분 벽화에서는 북, 서의 양벽에 墨書로「咸通十年□庚寅三月」이라는 後記가 있어 唐의 咸通10년(서기870)에 이미 後人이 들어갔음을 알 수 있다.
840) 小泉顯夫,「中和眞坡里古墳群의 調査」,『朝鮮古代遺蹟의 遍歷』, 六興出版, 1986.

    梅原末治,『朝鮮古代의 墓制』, 國書刊行會, 1972, p. 60.

    『每日新報』1941년 10월 14일자, 10월 16일자, 10월 20일자.
841)『每日新報』1941년 6월 19일자.
842) 藤田亮策,「朝鮮古蹟調査」,『考古學論考』, 藤田先生記念事業會刊, 1963. p. 84.
843)『每日申報』1942년 9월 4일자, 9월 7일자, 9월 23일자.
844)『每日申報』1942년 9월 7일자, 1942년 9월 23일자, 1942년 10월 22일자.
845)『博物館新聞』, 1974. 4. 1에서 轉載.
846) 梅原末治,『朝鮮古代의 文化』, 國書刊行會, 1972, p. 32.

    榧本社人, 中村春壽,「石巖里第219號墳發掘調査」,『樂浪漢墓』2册, 1975.
847) 梅原末治,『朝鮮古代의 文化』, 國書刊行會, 1972, p. 32.
848) 梅原末治,『朝鮮古代의 文化』, 國書刊行會, 1972, p. 32.
849) 小泉顯夫,『朝鮮古代遺蹟의 遍歷』, 六興出版, 1986.

    『每日申報』1943년 8월 10일자.
850) 藤島亥治郎,『韓의 建築文化』, 1976.
851) 梅原末治,『朝鮮古代의 文化』, 國書刊行會, 1972, p. 32.

    梅原末治, 藤田亮策,『朝鮮古文化綜鑑』제3권, 養德社, 1949, p. 72.
852) 梅原末治,『朝鮮古代의 文化』, 國書刊行會, 1972, p. 32.

3) 반출 유물

(1) 왕광묘(정백리 127호분) 출토 유물

1932년 9월에는 오바(小場), 가야모토(榧本) 등에 의해 외관상 도굴당하지 않고 내용물이 풍부할 것으로 예상되는 정백리 127호분을 선정하여 1932년 9월 14일부터 11월 5일까지 발굴했다. 그 출토유물은 도기, 칠기, 금속제품, 마구, 무기, 목인, 장검 인골 853) 등 실로 엄청난 180여 점에 달했다.854)

왕광묘 발굴 장면
(『昭和7年度古蹟調査報告』)

853) 『東亞日報』1932년 10월 29일자에는 다음과 같은 기사가 있다.
    발굴 중에 있던 정백리 127호 고분 속에서 마침내 완전한 인골을 발견하였다.
    이는 조선에서 고분 발굴 이래의 처음 일로 학계에 새로운 연구 재료를 재공하는 귀중한 발견이다. 동 고분 속에서 관은 두 개인데 그 중 남자의 관은 일부가 파손되어 뼈를 발견치 못하고 여자의 관 속에서는 누펴논 시체 그대로의 형상을 보존한 人骨을 발견하였다. 허리를 매인 붉은 띠완, 골반 등을 보아 여자의 뼈인 것은 확실하며 신장은 5척 1촌 내지 2촌 가량이겠다고 한다.
    그 관과 부장품 등을 미루어 주인공은 2천 년 전 왕공가의 인물인 듯 하며 성은 番氏인 것으로 인정할 물건도 발견되었다.
    이에 당시의 미인상을 연구하는데 큰 공헌이 되리라 한다. 이것은 평양에 왔던 경성대 今村 박사의 손으로 평양의학강습소 해부실에서 청결히 씻어가지고 今村 박사가 휴대하고 경성으로 가져갔다.
854) 小場恒吉 外, 「貞栢里.南井里二古墳發掘調査報告」, 『昭和7年度古蹟調査報告』, 朝鮮古蹟研究會, 1935.

※ 출토유물

종류	내용	개수	발견장소
陶器類	甕	1	封土中
	甕	2	北室
	甕	2	北西室
	坩	2	北室
	漆塗坩	4	
	坩堝形坩	2	
	黑色坩	4	
漆器類	几	1	서실
	案	2	북실
	案	3	서실
	案	2	서북실
	果盤	5	북실
	果盤	2	북서실
	飯盤	4	서실
	耳杯	54	
	高杯	1	북실
	杓匕	2	북실
	洗	1	서실
	奩	3	서실
	奩	1	북실
	匣	3	서실
金屬器類	青銅製對鉤	2	西棺
	金銅製對鉤	1	西棺
	銀製指環	2	西棺
	銀製指環	3	東棺
	銀金具	一括	西棺
	太山四神鏡	1	西室
	凍治鉛華경	1	西室
	小壺	1	
馬具類	轡	2	북실
	馬面	2	북실
	銅環	2	북실
	鋑	2대	북실

종류	내용	개수	발견장소
武器	鐵劍	2	西棺
	鐵刀	1	西棺
	刀子	1	西棺
	弩臂	1	西棺
玉石類	釵子	1	東棺
	耳璫	1대	東棺
	心葉形珠	6	東棺
	切子珠	11	東棺
	平珠	1	東棺
	圓珠	1	東棺
	其他珠玉	2	東棺
甲革類		2	西棺
木竹類	竹釵	3	東棺
	木印[855]	2	西棺
	木片	1	西棺
	把手	1	북실
	傘蓋	1	북실
	木棒	3	서실
	木竹條	2	서실
	木器	4	북실
	櫛	2	서실
染織類	織物	7	東西棺
	編物	3	東西棺
毛製品	刷子	3	서실
	毛	一括	서실
	筆	1	북실
계		184	

이들 출토유물 중 일부는 일본으로 가져갔으며, 현재 도쿄국립박물관에 소장되어 있는데, 유물번호 29537~29539로 기증자는 이마이다 기요노리(今井田淸德)로 등재되어 있다.

---

[855] 貞柏里 127號墳(王光墓) 西棺에서 出土된 木印은 2개로 그 중 하나의 한 면에는 「樂浪太守掾王光之印」이라는 印文이 있고 다른 면에는 「臣光」이라는 印文이 있었으며, 다른 하나의 木印에는 「王光

왕광묘 출토 칠기

왕광관명인
(『昭和7年度古蹟調査報告』)

私印」이라는 印文이 있었다. 이는 被葬者가 王光으로 官職은 郡 太守의 直屬 下級官吏로 推定되고 있다(小場恒吉, 「王光墓」, 朝鮮古蹟研究會, 1935).

왕광묘 출토 유물
(『昭和7年度古蹟調査報告』)

(2) 정백리 제227호분(도굴분) 출토 유물

  1933년도의 낙랑고분 조사에는 일본학술진흥회의 사업으로, 조선총독부 고적조사사무촉탁 사와 슌이치(澤俊一)와 가야모토 가메지로(榧本龜次郎), 조선고적연구회 연구원 다쿠보 신고(田窪眞吾), 도쿄제실박물관 감사관보 야시마 교스케(矢島恭介), 도쿄제실박물관 미술공예과 하마모토 스케쵸(濱本助千代), 동방문화학원 동방연구소 연구원 마쓰모토 에이이치(松本榮一)가 발굴에 참여하였다.[856]

---

856) 朝鮮古蹟硏究會, 『昭和8年度 古蹟調査槪報』, 1935.

도쿄국립박물관 소장
정백리 제227호분 토기

출토 유물

기간	조사자	출토유물	수량
1933년 9월 25일~10월 20일	梅原末治, 澤俊一, 濱本助千代	瓦竈	1개
		瓦釜	1개
		瓦甑	1개
		筒形明器	3개
		瓦盤	4개분
		瓦鉢	1개
		瓦盆	1개
		瓦杯	약 15개분
		壺	1개

  227호분의 유물은 현재 도쿄국립박물관 유물번호 29540~29548로 소장되어 있으며, 기증자는 이마이다 기요노리(今井田清德)로 등재되어 있다.[857] 이 자는 조선총독부 정무총감으로서 조선고적연구회 이사장을 겸임하고 있으면서 그 권력의 힘으로 평양 정백리 제227호분 출토 유물을 1937년에 도쿄제실박물관에 헌상한 것이다.

---

857) 『東京國立博物館 所藏品目錄』, 1956.

(3) 남정리 제119호분 출토 유물

1932년 9월 가야모토(榧本) 등은 평양부립박물관 평의원 도미타 신지(富田晋二), 도리카이 이코마(鳥飼生駒)와 함께 발굴 조사할 고분을 선정하기 위해 대동강면 각지를 시찰하던 중 채협총 서쪽에 도굴을 당하여 석실 일부가 노출된 한 고분을 발견하고 남정리 제119호분이라 이름붙였다. 그리고 정백리 제127호분을 조사하던 중 여가를 이용하여 남정리 제119호분의 내부를 정리 조사했다. 9월 22일부터 작업을 시작하여 9월 29일에 대략 종료하고, 그 이듬해 8월에 재조사를 했다. 유물은 대부분 도굴을 당하고, 조사원에 의해 출토된 유물은 다음과 같다.

출토 유물	개수	비고
人骨片	若干	일부 채집
棺材片	若干	일부 채집
鐵貨	4	채집
漆器片	若干	器形不明
漆器片	若干	器形不明
漆耳杯 殘缺	1	채집
漆盤 殘缺	1	
漆器片	若干	
漆器片	若干	
土器片	若干	채집
土器片	若干	1개분

이곳에서 도기편, 칠기편 외에 인골 치아도 발굴하는데 도쿄제국대학 의학부로 가져갔다.[858]

---

858) 小場恒吉 外, 「貞栢里 南井里 2古墳 發掘調査報告」 『昭和 7年度 古蹟調査報告』, 朝鮮古蹟研究會, 1935.

남정리 제119호분
(『정백리. 남정리
2고분발굴조사보고』)

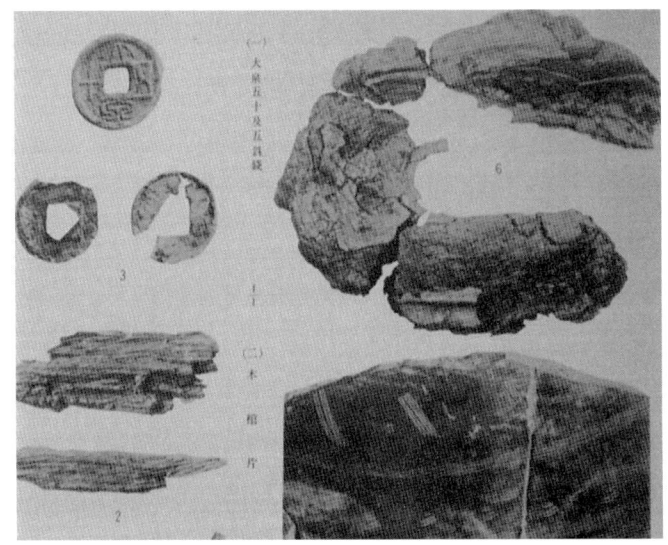

남정리 제119호분
출토 유물
(『정백리. 남정리
2고분발굴조사보고』)

(4) 석암리 제201호분 출토 유물

석암리 제201호분은 1925년 가을에 도쿄제국대학 문학부의 조사에서 남분이란 가칭 하에 왕우묘와 함께 발굴에 착수하였으나 작업을 절반 정도 하다가 중지했던 고분이다. 1925년에 구로이타의 감독 하에 다사와(田澤), 고이즈미(小泉)가 일을 맡게 되어 9월 30일 외형 실측을 하고, 10월 1일 발굴을 개시했다. 봉토에는 와편 토기편이 혼재하

발굴 전의 201호분
(『樂浪彩篋塚』)

였고, 작업을 진행하는 동안 은제지환, 칠기단편, 금동대금구(金銅帶金具), 동세잔결(銅洗殘缺) 등이 관에 이르기 전에 봉토 속에서 발견되어 이미 도굴된 것이 판명되었다. 10월 3일에도 칠기편과 토기편이 나왔다.

10월 2일부터 왕우묘 발굴에 들어갔는데, 도굴당하지 않은 것으로 판명되면서 2개의 고분을 동시에 병행할 수 없어 석암리 제201호분은 10월 6일부터 일시 중지하기로 했던 것이다.

석암리 제201호분은 1931년 9월 18일에 다시 발굴을 시작하여 9월 22일에 고분의 목곽까지 도달하는 동안에 도굴분이라는 것을 확인했으나, 내부에서 거섭연호명칠반 및 이배 등의 잔편, 동제박산로단편, 시원4년명이배 등을 발견하고 10월 17일에 발굴을 종료했다. [859]

1931년에 재차 발굴한 유물은 도쿄제실박물관으로 기증했다.

1925년에 발굴한 유물은 어떻게 되었는지 알 수 없다.

---

859) 小泉顯夫, 「古墳發掘漫談」, 『朝鮮』, 朝鮮總督府, 1932年 6月, p. 90.
　　朝鮮古蹟硏究會, 「石巖里の二古墳」, 『樂浪彩篋塚』, 1934.

채협총 기사
(『경성일보』1931년
11월 23일자)

(5) 남정리 제116호분(채협총) 출토 유물

남정리 제116호분은 원래 1923, 4년에 도굴꾼들이 이 고분을 도굴하던 중 지하수가 너무 심하게 올라와 유물을 꺼내지 못하고 중지한 고분이다.[860] 이 무덤의 앞 칸 서쪽 절반 부분의 벽면에는 벽화가 있었다고 하는데 땅속에 물이 차 있었기 때문에 옛 모습을 구체적으로는 알 수 없으나 기마병의 벽화가 그려져 있었던 모습이 알려진 바 있다.[861]

1931년 가을에 조선고적연구회사업의 일환으로 고이즈미 아키오와 사와 슌이치에 의해 발굴이 진행되었다. 고분 발굴은 10월 5일에 시작하여 11월 26일에 그 작업을 종료했다. 발굴 이전에 남정리 제116호로 번호를 부여하여 고적대장에 등록하였고[862] 발굴 결과 출토유물로 채화칠협(彩畵漆篋)[863], 백동경(白銅鏡), 칠채목마(漆彩木馬)

---

860) 大正14年 봄에 남정리 일대의 도굴 상태를 살피기 위해 巡察中에 本 古墳을 目擊하는데 당시 溝壁이 붕괴되어 副葬品이 모두 掠奪된 것으로 判斷했었다(『樂浪彩篋塚』, 朝鮮古蹟研究會, 1934).
861) 『고고민속논문집』, 북한 사회과학출판사, 1971.
    八田에 의하면, 前室의 서, 남, 북 3면의 木壁에 흑, 주, 청, 록, 황의 5색을 사용한 아름다운 벽화가 있었다고 하며, 서쪽 벽에는 말, 인물이 그려져 있었다고 한다(八田蒼明, 『樂浪과 傳說의 平壤』, 平壤研究所, 1934, p. 172).
862) 濱田耕作, 『考古學研究』, 1939, P. 318.
863) '孝婦', '渠孝子', 대껍질을 정교하게 깎아서 내외 이중으로 엮은 것인데 주, 적, 초록, 적갈색 등의 채색으로 남녀노소 90여의 입상과 좌상을 그렸으며 인물 옆에 '湯女', 등의 朱書가 있다. 현재 북한 국립중앙력사박물관에 소장되어 있다(『문화유산』no1, 조선인민공화국과학원, 1958 참조).

채협총 발굴 장면

등 180여 점의 유물이 출토되는데 채화칠협(彩畵漆篋)이 나왔다고 해서 일명 「채협총」이라 했다.[864]

　　채협총의 유물은 조선인의 반발을 의식했음인지 일부는 남기고 상당수는 일본으로 가져갔다. 채협총 발굴유물 일부는 도쿄국립박물관 소장목록에 유물번호 28905, 28920~28925로 기록되어 있다.

(6) 남정리 제53호분 출토 유물

　　평양 대동강면 남정리 제53호분은 1935년 조선고적연구회에서 낙랑유적 발굴사업으로 실시하였다.[865] 발굴은 1935년 9월 1일부터 10월 23일까지로 우메하라 스에지, 사와 슌이치, 다쿠보 신고(田窪眞吾)가 담당했다. 출토유물로는 금속제품 13점, 칠

---

864) 樋本龜次郎, 「王根墓 調査報告」, 『美術資料』 第四輯, 國立博物館, 1961. 12.
865) 1935년도의 낙랑군시대의 고분발굴은 전년도에 이어 일본학술진흥회의 원조금으로 조선고적연구회 평양연구소에서 계속했다. 조사대상은 석암리 제225호분, 석암리 제257호분, 정백리 제4호분, 남정리 제53호분, 도제리 제50호분 그리고 토성지가 선정되어 대대적으로 발굴을 하였다.

남정리 제53호분 발굴 장면
(『소화10년도 낙랑고분 고적조사개보』)

남정리 제53호분 출토 동정
(『소화10년도 고적조사개보』)

남정리 제53호분 출토 박산향로
(『조선고문화종감』 제2권 도판 제34)

기류 약 10점, 도기류 13점, 그 외 박산로 등 26점이 출토되었다.[866]

우메하라와 후지타가 공저한 『조선고문화종감(朝鮮古文化綜鑑)』제2권을 보면 남정리 제53호분 출토의 운용칠문토기렴(雲龍漆文土器奩), 박산로(博山爐), 용수완(龍首盌)이 '교토대학 문학부 보관'으로 나타나 있다.[867] 이는 당시 발굴한 유물 전체 내지 일부를 가져간 것이다.

---

866) 朝鮮古蹟研究會, 『昭和10年度 樂浪古墳 古蹟調査概報』, 1936.
867) 梅原末治, 藤田亮策, 『朝鮮古文化綜鑑』제2권, 養德社, 1948, p. 42.

토성지 발굴지
(『소화10년도 고적조사개보』)

(7) 평양 토성리 출토 유물

낙랑토성은 1913년 9월에 세키노 일행이 이곳에서 와당을 채집하면서 처음으로 학계에 알려졌다.[868] 그 후 일본학술진흥회의 후원금을 받아 1935년 4월과, 9월, 10월에 발굴조사가 있었고,[869] 1937년에 발굴조사가 이루어졌다.

토성지의 발굴은 1935년에 고마이 가즈치카(駒井和愛), 사와 슌이치(澤俊一), 다쿠보 신고(田窪眞吾), 노모리 겐(野守健), 하라다 요시토(原田淑人)가 담당했다. 출토품으로는 동족(銅鏃), 철족(鐵鏃), 방추차(紡錘車), 철정(鐵釘), 와증(瓦甑), 와정(瓦鼎), 옥류(玉類), 봉니(封泥), 오수전(五銖錢), 화천(貨泉), 낙랑부귀와당(樂浪富貴瓦當), 천추만세와당(千秋萬歲瓦當), 기타 총150여 점이나 되었다.[870]

1936년 1월 22일 도쿄제국대학문학부 고고학연구실에서《토성리출토품전관》

---

868) 谷井濟一, 「朝鮮平壤附近た於ける新たに發見せられたる樂浪郡の遺蹟」, 『考古學雜誌』제4권 8호, 1914년 4월.
869) 美術硏究會, 『日本美術年鑑』, 1936.
   당시 발굴은 석암리255호분, 석암리 257호분, 정백리 4호분, 남정리 53호분, 도제리 50호분 그리고 토성지를 발굴하였다.
870) 朝鮮古蹟硏究會, 『昭和10年度 樂浪古墳 古蹟調査槪報』, 1936.

이 개최되었다. 이 진열품은 모두 평양 토성리 토성에서 발굴한 것이다. 토성지 출토품 중에서 얼마를 그들의 연구실로 반출했는지는 정확히 알 수 없으나,《토성리출토품전관》의 진열품은 방추차(紡錘車), 철정(鐵釘), 와증(瓦甑), 오수전(五銖錢), 전(甎), 와당(瓦當), 와추(瓦錘), 전범(錢笵), 검필(劍珌), 철족(鐵鏃), 동정(銅鼎), 와정(瓦鼎), 동작(銅勺) 등이라고 한다. 이러한 것은 "도쿄제국대학 문학부 고고학연구실에서 1935년도 조선고적연구회 주최의 고적조사 중 특별히 도쿄제국대학 문학부 고고학연구실 관계자에 의하여 발굴한 평양부외 토성리 토성 출토품 일부를 진열했다"[871]고 하는 것으로 보아 모두 가져갔거나 상당수를 가져갔을 것으로 추정된다.

토성지 출토 유물
(『소화10년도
고적조사개보』)

토성지 발견 봉니
(『소화10년도
고적조사개보』)

---

871) 「土城里出土品展觀」,『日本美術年鑑』, 美術研究所, 1937年度版, p. 156.

평양 토성리의 낙랑고분 발굴 작업은 1937년에도 계속되었는데, 당시 신문기사에는 다음과 같은 내용이 있다.

> 평양 토성리의 낙랑고분 발굴 작업은 지난 5월 31일 개시, 동경제실박물관 고교용, 동대문학부 구정 조수, 평양고적연구소 소천현부의 손으로 시작되었는데 연와적재의 약 4미터 방형 발굴이 수일 전에 완료되었다. 그동안 발굴된 유물은 낙랑부귀와 파편 1개, 방수차 4개, 오수전 1개, 마차의 금구, 마골, 토기 등이며 25일까지 계속할 예정이다.[872]

1937년의 발굴 조사에서 얼마나 많은 유물이 출토되었는지, 또 얼마나 많은 출토유물이 일본으로 반출되었는지 분명하게 밝혀진 것은 없다. 정인성의 조사에 의하면 낙랑토성에서 발굴되어 도쿄대학으로 반출된 전만도 223점이 넘는 것으로 확인되었으며, 와편은 무려 500여 점이나 되었다. 그 외 철기류 등이 상당수 확인되었다. 조사 당시 낙랑토성의 전은 대부분 세척되지 않은 상태로 상자에 담겨 있었는데, 상자의 바깥에는 '樂浪土城'이라고 적혀 있었다고 한다.[873] 릿쿄(立校)대학에도 토성에서 발굴한 청동촉 3점이 소장되어 있는데 그 경위는 고마이 가즈치카(駒井和愛)가 반출한 것으로 1937년 낙랑토성 발굴현장에서 우편으로 부친 것이라고 한다. 고마이는 1934년 릿쿄대학 문학부 강사로 고고학을 강의했는데 1935년 조선고적연구회 낙랑연구소 조수 자격으로 낙랑토성 발굴에 참여했다.[874]

토성리의 출토물은 도쿄박물관에도 상당수 소장되어 있다. 와전 54점은 세키노 외 3명이 기증한 것으로 나타나 있고, 봉니 9점, 와 17점은 반출자가 나타나 있지 않다.[875]

---

872) 『동아일보』1937년 6월 10일자.
873) 정인성, 「도쿄대학 문학부 고고학연구실 소장 자료」, 『일본에 있는 낙랑 유물』, 학연문화사, 2008.
874) 동북아연구재단, 『일본 소재 고구려 유물 I』, 2008, p. 372.
875) 東京國立博物館, 『收藏品目錄』, 1956.

(8) 1938년 조사 만주 집안 출토 유물

1938년 5월부터 7월 하순까지 도쿄미술학교강사 겸 조선고적연구원 오바 쓰네키치와 시치다 타다시(七田忠志)는 만주 집안현의 고구려 고분을 조사하였다.

당시 오바 쓰네키치는 벽화고분 112호분(2실총, 풍속화), 65호분(사신총), 62호분(소위 17호분)의 벽화를 모사하는 데 대부분의 시간을 보내고, 시치다 타다시(七田忠志)는 주로 장군총을 청소하고 파괴된 고분과 고와 산포지를 조사했다. 당시 발견한 유물은 65호분에서 두개골, 62호분 봉토에서 철부(鐵斧), 파괴된 1기의 고분에서 황녹유도기(黃綠油陶器)와 장신금구(裝身金具)를 발견하고, 112호분 북방의 한 고분에서 와제조(瓦製竈)를 발견했다. 이 유물에 대해서『고고학잡지』1938년 11월호에서는 "목하 교토대 고고학교실에서 접합 복원 중"이라고 하는 점으로 보아 발굴 후 곧 바로 교토대학 고고학교실로 가져간 것으로 보인다.[876]

이 유물에 대해서는 요시이 히데오(吉井秀夫)에 의해 실측 소개한 바 있으며,[877] 『조선고문화종감』제4권에도 도판으로 소개하고 있다.[878] 1951년에 간행한 『교토제국대학 문학부진열관 고고도록』에도 "시치다 타다시(七田忠志) 기증"으로 하여 도판으로 소개하고 있다.[879]

(9) 정백리 제200호분 출토 유물

1940년 7월부터 9월까지 조선고적연구회에서 평양 정백리 제138호분, 정백리

---

876) 七田忠志,「滿洲國安東城集安縣高句麗遺蹟の調査」,『考古學雜誌』28-11, 1938년 11월, pp. 66~67.
877) 吉井秀夫,「日本 西日本地域 博物館에 所藏된 高句麗 遺物」,『高句麗 遺蹟 發掘과 遺物』, 高句麗研究會, 2001.
878) 梅原末治, 藤田亮策,『朝鮮古文化綜鑑』제4권, 養德社, 1966.
  圖版 160 집안현 통구 출토 黃釉陶盤, 圖版170 동지 출토 黃葛釉四耳陶壺, 圖版172 陶製甕는 모두 京都大學文學部 所藏으로 기록하고 있다.
879) 京都帝國大學 文學部,『京都帝國大學 文學部陳列館 考古圖錄』1951년, 圖版 40.

제200호분, 정백리 제356호분, 정백리 제360호분, 남정리 제117호분을 발굴했는데 구체적인 보고서도 남기지 않고 『일본미술연감』(1941년판 p.112)에 출토 유물만 일부 게재하고 있다. 그런데 『조선고문화종감』제2권 도판 제10으로 소개되어 있는 평양 대동군 정백리 제200호분 출토의 동완(銅盌)을 보면 "제실박물관 장"으로 소개하고 있다. 이것이 어떤 경로로 도쿄박물관에 들어갔는지 알 수 없으나 1940년 7월부터 9월까지 발굴 조사

집안현 통구 출토 황갈유사이도호 (黃葛釉四耳陶壺) (『조선고문화종감』 제4권 도판 170)

정백리 제200호분 출토 銅盌 (제실박물관 소장, 『조선고문화종감』 제2권 도판 제10)

한 유물의 일부가 일본으로 반출되었을 것으로 추정해 볼 수 있다.

1933년에는 오바와 우메하라에 의해 대동군 대동면의 정백리 고분 목곽분 5기 전곽분 3기를 발굴했다. 이중에는 처녀분이 4기(정백리 제8호분, 제122호분, 제13호분, 제59호분)이고 도굴분이 4기로[880] '영광원년재명칠이배(永光元年在銘漆耳杯)', '금동칠반

---

880) 『古蹟調査 槪報』, 『昭和8年度樂浪古蹟調査槪報』, 朝鮮古蹟研究會, 1934, pp. 22~39.
  * 정백리 17호분 - "大正13年경에 內鮮人과 相謀하여 內部에 浸透하여 盜掘"
  * 정백리219호분 - "大正12,3년경에 盜掘로 인해 천정 破壞"
  * 정백리 221호분 - "昭和7年 春에 盜掘당하여 中央 塼室 일부가 露出"
  * 정백리 227호분 - "盜掘로 인하여 封土中央이 내려앉음"

(金銅漆盤)', '은지륜(銀指輪)'등 300여 점의 유물을 출토시켰다. "채집유물은 평양부립 박물관, 경성 총독부박물관, 교토제국대학 고고학교실에서 분담하여 정리 중(整理中)"881)이라고 밝히고 있는 것으로 보아 일부는 일본으로 가져갔을 것으로 보인다.

1933년에 발굴한 정백리 고분 8기 중 제227호분은 조선고적연구회에서 도쿄제실박물관으로 기증했고, 이를 제외한 나머지 중에서 일부가 교토대학 고고학교실로 들어갔을 것으로 보인다.

(10) 평남 원오리 폐사지 출토 고구려불상

평안남도 평원군 덕산면에 있는 원오리 폐사지의 니불(泥佛)이 시중에 나타난 것은 1930년경으로, 세키노는 1930년 10월 19일 평양 오노 다즈로(小野達郎)가 세키노가 묵고 있는 여관으로 가지고 와 처음 접하게 되었다고 한다. 이 시점에 평양박물관을 위시하여 개인 소장의 니불이 출현했다고 한다. 세키노의 『조선의 건축과 예술』에는 '전조보살입상(塼造菩薩立像)'(제310도, 제311도)이라 하여 소개하고 '평양박물관장'으로 그 소장처를 밝히고 있다.882)

이 사지에 주의를 기울인 것은 1932년의 일로, 평원군 한천(漢川) 부근의 출토품이라고 하는 니불(泥佛) 2종의 잔편(殘片)을 평양고물상에서 오바 쓰네기치(小場恒吉)가 구입하게 되어 그 단서를 찾게 되었다. 이후 이러한 종류의 단편이 평양 일대의 유적지에 많이 매장되었을 것으로 생각하여 유적지의 소재 확인에 나서게 되었다.

1935년 가을에 후지타 료사쿠(藤田亮策)가 원오리의 폐사지를 답사하여 다수의 니불(泥佛)을 채굴하고 당국에 도굴방지책을 요청을 했다. 그 후 1937년 5월에 고이즈미(小泉)와 평양박물관원 오노 다다아키(小野忠明) 등이 5월에 주요부분을 조사 발굴하였다. 사지는 대부분 경지화되어 지상에 석편(石片)들이 혼란하게 흩어져 있고 건물지 부

---

881) 『古蹟調査 槪報』,『昭和8年度樂浪古蹟調査槪報』, 朝鮮古蹟硏究會, 1934, p. 7.
882) 關野貞, 『朝鮮の建築と藝術』, 岩波書店, 1941, p. 500. (1933년 9월 『寶雲』 제7책에 게재)

근에는 고려시대 와편, 고구려 와편이 혼입(混入)되어 있었다. 이곳에서 니불잔결(泥佛殘缺)이 출토되고 청동제합(靑銅製盒) 등을 수습했다.883) 출토된 204개의 니불파편(泥佛破片)은 거의 동시대에 제작된 것으로 884) 모두 파괴된 것이기는 하지만 출토지가 확실한 고구려 불상으로서의 중요한 가치를 가지고 있다.

이곳에서 출토된 니불은 1937년 이전에 이미 상당수 도굴되어 시중에 나돌아 수집

마사키(正木)미술관 소장의 니조보살입상 (「일본에 가 있는 한국불상」도판4)

가들 손에 들어갔다. 그 중 거의 완전한 1구(높이 17.8㎝)는 평양의 나카무라(中村眞三郞)가 소장하였는데, 1935년에 교토대학에 기증했다. 교토대학 문학부박물관에는 이외도 원오리불상 1구(높이 13㎝)를 소장하고 있다.885) 교토대학 소장의 원오리 폐사지 출토의 니불 2점에 대해 요시이 히데오(吉井秀夫)는 원오리 폐사지 출토의 니불은 1932년경부터 고물상에 진열되기 시작하여 주목을 받았는데, 그 출토지를 알게 된 고이즈미(小泉顯夫)가 1937년에 발굴했다. 이러한 경위와 교토대학에 들어온 연대를 보면 이들

---

883) 齋藤忠, 『朝鮮古代文化の硏究』, 地人書館, 1943, pp. 58-59.
884) 金元龍, 『新版韓國美術史』, 서울대출판부, 1993.
885) 「경도대학문학부박물관」, 『일본소장한국문화재3』, 한국국제교류재단, 1995.

니불은 고물상에서 구입한 것으로 생각된다고 한다.[886]

1935년판 도쿄대학 『문학부고고학연구실 수집품 고고도편』에는 평남 원오리 폐사지에서 출토한 "전불두"가 보이고 있다. 1935년에 발간한 책자에 전불두(塼佛頭)가 실려 있다는 것은 고물상으로부터 구입을 했거나 발굴 이전에 행한 사전 조사에서 채집한 것으로 보인다.

1982년에 일본에 건너가 일본소재의 한국불상을 조사한 이호관은 『일본에 가 있는 한국불상』에 원오리에서 출토된 불상 마사키(正木)미술관 소장의 니조보살입상(도판4), 도쿄 구노 겐(久野健) 소장의 니조보살입상(도판5), 도쿄국립박물관 소장의 니조보살불두(도판7) 등 3점을 싣고 있다. 그 중의 1점인 마사키(正木)미술관 소장의 니조보살입상(도판4)은 『소화12년도 고적조사보고서』에 게재한 불상과 너무도 꼭 같아 눈으로 분간을 할 수가 없다. 이호관은 이 3점의 니불에 대해 "이 입상은 1937년 원오리사지에서 총204개의 니불과 그 편이 출토된 것 중의 하나로 추정"하고 있어,[887] 당시 정식 발굴에 의하여 출토된 것이지만 일반 개인의 손에 넘어간 것으로 보인다.

(11) 교토대학 고고학교실 진열품

교토대학은 1907년에 사학과가 설치됨에 따라 관계 자료의 수집이 본격화되었다. 고고자료 수집은 하마다 고우사쿠(濱田耕作)가 본격화시켰다. 하마다는 1905년 7월에 도쿄제국대학 사학과를 졸업하고 1909년 9월에 교토제국대학 문과대학 강사로 취임한 후에 본격적인 수집을 시작하였다.[888] 1914년에는 진열관이 완성되었다. 1916년 11월 12일, 13일 양일간에 신축진열관에서 대전람회를 개최했다. 진열품은 주로 제1실에

---

886) 吉井秀夫,「日本 西日本地域 博物館에 所藏된 高句麗遺物」,『高句麗研究』12, 社團法人 高句麗研究會編, 2001.
887) 이호관,『일본에 가 있는 한국불상』, 학연문화사, 2003.
888) 『京都帝國大學 文學部陳列館 考古圖錄』, 1923.
　　有光敎一,「京大考古學敎室創立の頃の人」,『考古學ジャナル』170, 1980년 4월.

판본 및 희귀서, 제2실에는 고기록 및 고지도, 제3실에는 조선 관계의 저서, 문서, 제4실에는 인도, 중국, 조선 일본의 조상(造像), 사경 및 간경 등이 진열되었다.[889]

1918년에 하마다가 조선고적조사위원으로 임명된 것을 계기로 하마다와 우메하라는 매년 한국에서 행한 발굴조사와 유물정리에 종사하면서 각지의 유물을 채집하고, 한국 각지의 개인 수집가로부터 유물을 기증받았다.[890] 교토대학 문학부진열관 고고학교실 소장 관계의 표본은 1922년을 기점으로 무려 2,200여 종, 총 12,000여 점에 달했다. 1922년 당시 주임으로 있던 하마다 교수가 주요품 300여 점을 골라서 도록으로 처음 간행했다.[891] 그 후 1928년에 신수품 100여 종을 추가하여 축쇄·재판하였다. 다시 1930년에 새로이 원색판 약간을 넣어 3판을 발행했다. 이후 수집한 것 중에서 대표적인 것을 골라 1935년에 다시 간행하고, 1951년에는 우메하라가 중심이 되어 고고도록을 간행하기에 이른다.[892]

『교토제국대학 문학부진열관 고고도록』에 실린 한국 유물은 다음과 같은 것이 있다.

품명	출토지	출처	비고
蓮華紋瓦	부여 발견	『考古圖錄』1923,[893] 151도판 44-3	寄贈. 부여군청
石槍	경주 부근 발견	『考古圖錄』1923, 도판 45-1,2	
石斧	경주 부근 발견	『考古圖錄』1923, 도판 45-3	寄贈. 諸鹿央雄
石庖丁	경주 부근 발견	『考古圖錄』1923, 도판 45-4	
石鏃	경주 부근 발견	『考古圖錄』1923, 도판 45-5~12	
陶壺	경주 황남리 고분 출토	『考古圖錄』1923, 도판 46	경도대학 고고학교실원 채집

---

889) 京都帝國大學 文學部, 『京都帝國大學 文學部30周年史』, 1935.
890) 吉井秀夫, 「日本 西日本地域 博物館에 所藏된 高句麗 遺物」, 『高句麗 遺蹟 發掘과 遺物』, 高句麗硏究會, 2001, p. 529.
891) 京都帝國大學文學部, 『京都帝國大學文學部陳列館 考古圖錄』, 1923.
892) 京都大學文學部, 『京都帝國大學文學部陳列館 考古圖錄』'序文', 1951년 3월.
893) 『京都帝國大學 文學部陳列館 考古圖錄』, 1923.

품명	출토지	출처	비고
節目文土器	평남 廣梁灣패총	『考古圖錄』1935,[894] 152 도판30-1	寄贈. 水野淸一
節目文土器	부산 동삼동패총	『考古圖錄』1935, 도판30-2	寄贈. 부산고고회
石劍, 石鏃, 石斧, 石器	경주 부근	『考古圖錄』1935, 도판31	寄贈. 有光敎一
元康三年銘塼	황해도 발견	『考古圖錄』1935, 도판32-1	
永和九年銘塼	평양	『考古圖錄』1935, 도판32-2	평양부 기증
咸寧元年銘塼	황해도 발견	『考古圖錄』1935, 도판32-3	
銀製裝身品	경주 부근 고분 발견	『考古圖錄』1935, 도판33-1~13	
水禽形容器	경주 부근 고분 발견	『考古圖錄』1935, 도판34-1	
橫瓮	경주 부근 고분 발견	『考古圖錄』1935, 도판34-2	
押型花飾高杯形骨壺	경주 부근 고분 발견	『考古圖錄』1935, 도판35-1	有光敎一 기증
把手附骨壺	경주 부근 고분 발견	『考古圖錄』1935, 도판35-2	有光敎一 기증
綠釉器蓋	경주 부근 고분 발견	『考古圖錄』1935, 도판35-3	有光敎一 기증
圓瓦	경주 흥륜사지	『考古圖錄』1935, 도판36-1	
圓瓦	경주 창림사지	『考古圖錄』1935, 도판36-2,3,5	
圓瓦		『考古圖錄』1935, 도판36-4	
圓瓦	경주 신동리 폐사지	『考古圖錄』1935, 도판36-6	
平瓦	경주 보문사지	『考古圖錄』1935, 도판37-1	
平瓦	임해전지	『考古圖錄』1935, 도판37-2	
平瓦	경주 부근	『考古圖錄』1935, 도판37-3,5	
平瓦	동천리 폐사지	『考古圖錄』1935, 도판37-4	
塼	경주 임해전지	『考古圖錄』1935, 도판38-1~3	濱田耕作 기증
塼	경주 월성지	『考古圖錄』1935, 도판38-4	濱田耕作 기증
塼	울산 농소면 출토	『考古圖錄』1935, 도판38-5~8	濱田耕作 기증
甄佛	평남 평원군 덕산면 출토	『考古圖錄』1935, 도판39-1	中村眞三郎 기증
甄佛 4종	발해 구도 동경성 출토	『考古圖錄』1935, 도판39-2~5	水野淸一 기증
異形石器	경주 부근 발견	『考古圖錄』1935, 도판48-5	有光敎一 기증
조선 각지 발견 토기, 석기	선산 부근, 평남 미림리, 경주 남산, 경주부근	『考古圖錄』1951,[895] 153 도판39	柴田鈴三, 諸鹿央雄, 水野淸一, 田中秀作 기증
綠釉陶壺	집안현 고구려고분 출토	『考古圖錄』1951, 도판40-1	七田忠志 기증
瓦製明器竈	집안현 고구려고분 출토	『考古圖錄』1951, 도판40-1	七田忠志 기증
瓦	부여 군수리 폐사지 출토	『考古圖錄』1951, 도판41-1	조선고적연구회 기증
瓦	부여 舊待里 출토	『考古圖錄』1951, 도판41-2	藤澤一夫 기증
瓦	경주 천관사지 출토	『考古圖錄』1951, 도판41-3, 4	小川敬吉 기증
鬼面瓦	경주 출토	『考古圖錄』1951, 도판41-5	

경주 부근 발견 석기류
『考古圖錄』1923, 도판 45

---

894) 『京都帝國大學 文學部陳列館 考古圖錄』, 1935년 3월.
895) 京都大學文學部, 『京都帝國大學文學部陳列館 考古圖錄』, 1951년 3월.

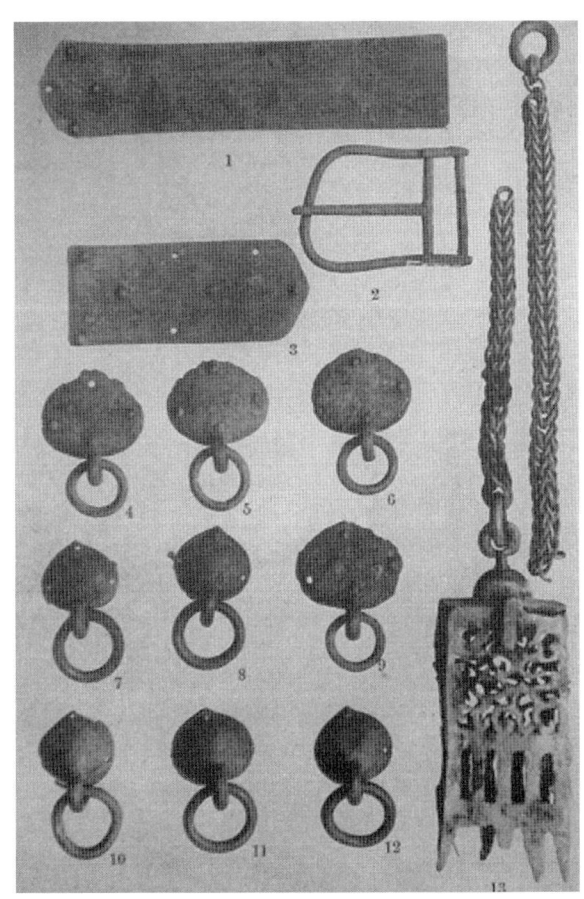

경주부근 고분 발견
『考古圖錄』1935, 도판33

※ **경주 부근 발견 와전**

1935년의 『고고도록』에는 경주 부근에서 출토한 와전이 많이 나타나 있다. 하마다와 우메하라가 공저한 『신라고와의 연구』를 보면 "우리가 교토제국대학 문학부 고고학교실에서 대정7년 이래 수십 회에 걸쳐 경주를 방문할 때 자연스럽게 입수한 고와는

하마다가 가져간
경주 부근 발견 전
『考古圖錄』1935, 도판38

거의 3백에 달하고 그 중에는 약간의 중요품을 포함하고 있다"[896] 하는 것으로 보아 이들은 경주를 방문할 때마다 와전을 수집하여 대학으로 반출한 것임을 알 수 있다. 반출한 와전은 1934년에 간행된『신라고와의 연구』와 1935년의『고고도록』에 일부 실려 있다.

---

896) 濱田耕作, 梅原末治,『新羅古瓦の硏究』, 京都帝國大學, 1934.

※ 평양부에서 기증한 영화9년명전

영화9년명전이 나온 무덤은 1932년 평양역 구내 철로 아래에서 발견된 벽돌무덤(塼築墳)으로 1932년 5월에 조사를 했다. 영화9년명벽돌이 출토되어 '영화9년명 출토 고분' 또는 '평양역전 전실분'이라고도 부른다. 이 고분은 이미 도굴되어 소량의 유물만이 출토되었다. 금제가는 귀고리(細環耳飾) 1점, 금동투조금구, 칠안(漆案), 토기파편 1점과 생선뼈가 붙은 칠기가 발견되었고, 굵은고리귀고리(太環耳飾) 1점, 철환(鐵環), 철제띠고리, 도금된 철기 등이 발견되었다. 평양부에서 교토대학에 기증한 전은 '영화구년삼월십일요동한현도태수령동리조(永和九年三月十日遼東韓玄菟太守領佟利造)'의 명문이 있는 것으로 평양역 구내 지하의 전축분에 사용되었던 전이다.[897]

평양부에서 기증한
영화9년명전
『考古圖錄』1935,
도판32-2

경주 부근 고분
출토 토기
『考古圖錄』1935,
도판34-1

---

897) 榧本龜次, 野守健, 「永和九年在銘傳出土古墳調査報告」, 『昭和7年度古蹟調査報告書 第1冊』, 朝鮮總督府, 1933.

나카무라 신자부로(中村眞三郞)는 평안남도 고등경찰과에 근무했던 자로서 평양 일대에서 도굴한 장물을 많이 취급한 자이다. 1934년에는 낙랑 '동증(銅甑)'을 비롯한 상당량을 문명상회를 통해 일본으로 반출하였다.

나카무라(中村眞三郞)가 기증한 평남 원오리 출토 고구려 불상 (오른쪽 높이17.8센치)과 水野淸一 기증의 발해 동경성 출토 전불(왼쪽 4개)

교토대학문학부 소장의 또 다른 원오리불상(높이13센치) (「경도대학문학부박물관」, 『일본소장한국문화재3』)

아리미츠가 기증한 경주 부근 발견 유물
(『考古圖錄』1935, 도판35-1~3)

교토대 소장 규암면 전(「경도대학문학부박물관」, 『일본소장한국문화재3』)

황룡사 출토와(「경도대학문학부박물관」, 『일본소장한국문화재3』)

※ 부산고고회가 기증한 부산 동삼동패총 출토 유물

1931년에 부산을 중심으로 고고학에 관련한 연구와 취미 보급을 목적으로 결성한 부산고고회의 회원 명부를 보면 30여 명이 결성되어 있다. 박문당이라는 골동상점을 운영하는 요시다 신이치(吉田新一) 외에는 모두 일반인들로 구성되어 있다. 1908년 탁지부 부산세관에 부임하여 1921년부터 전주전매국에 근무한 오오타니 요시타로(大曲美太郎), 1927년 동래보통학교 후에 진해여자고등학교에 근무한 오이카와 다미지로(及川民次郎), 1912년 3월 조선공립소학교 훈도에 임명되어 한국에 건너온 나미마츠 시게로(並松茂), 부산을 중심으로 식림 및 농장을 경영한 다케시타 요시타카(竹下佳隆) 등이 있었다. 이들은 동호인회 성격의 와전이나 도자기 전람회를 수시로 가졌던 점으로[898] 보아 당시 부산 일대를 중심으로 한 수집가들로 보인다.

부산고고회에서는 수시로 부산 일대의 유물을 수집하고 유적을 발굴하기도 했다. 1931년에는 동래고등보통학교 교유 오이카와 다미지로(及川民次郎)가 동삼동 패총을 발굴하고, 1934년에는 오오타니 요시타로(大曲美太郎)가 경남 동래군 낙동강안 대

小川敬吉 기증,
경주 천관사지 발견 와.
『考古圖錄』1951, 도판41-3, 4

---

898) 髙須賀虎夫, 『朝鮮陶磁』, 釜山考古會, 1932.
부산고고회에서는 창립 5년의 기념사업으로 금년 가을 부산에서 조선교육총회 및 경남교육총회가 개최되는 계기로 교육총회장의 1실을 빌어 향토관계의 고고전람회를 개최하기도 했다(『매일신보』 1936년 7월 26일자).

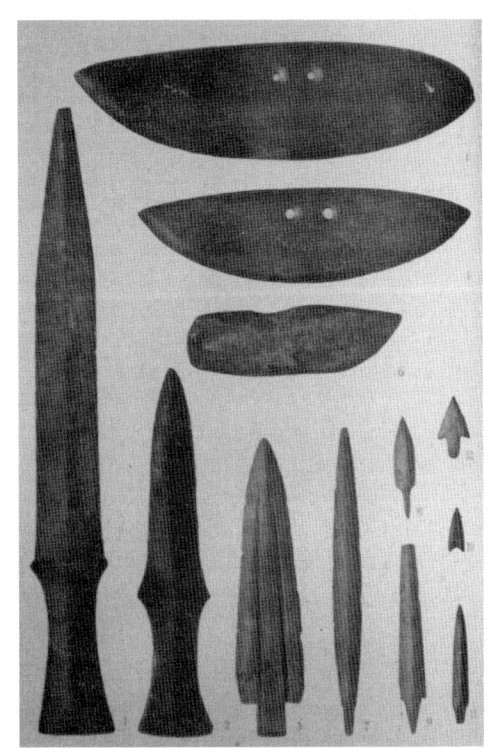

조선 각지 발견 석기
(『考古圖錄』1951, 도판39. 柴田鈴三, 諸鹿央雄, 水野淸一, 田中秀作 기증)

포 패총을 발굴 조사했다.[899] 이중에서 1931년에 부산 동삼동 패총에서 발굴한 일부의 유물을 교토대학에 기증했다.

교토대학 문학부진열관은 1955년에 문부성으로부터 박물관 상당으로 지정되고, 1959년에는 교토대학 문학부박물관으로 개칭했다. 1986년에는 박물관 신관이 완성되어 고고자료는 새로운 수장고에 이전하고, 1997년에는 자연사계 자료를 수장 전시하는 부문과 병합하여 교토대학종합박물관으로 개칭했다.

이곳에는 『교토제국대학 문학부진열관 고고도록』에 나타난 것 외에 고구려 유

---

899) 早乙女雅博,「新羅の考古學調査 100年の硏究」,『朝鮮史硏究會論文集』39, 朝鮮史硏究會, 2001년 10월. p. 77.

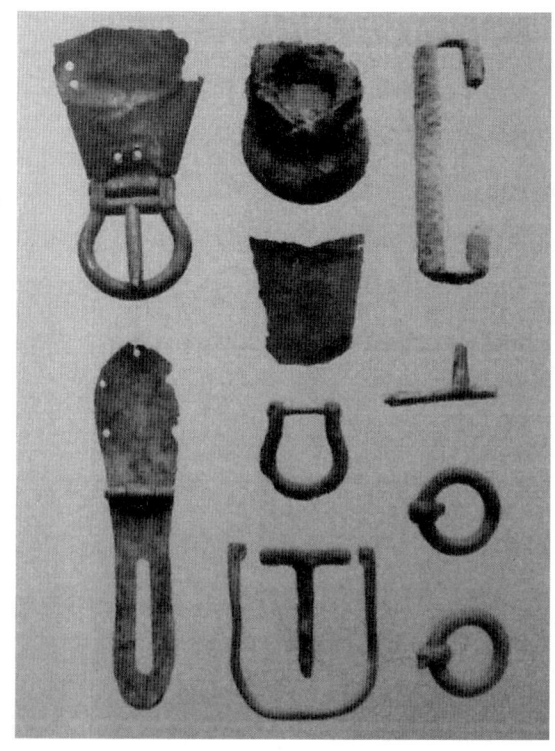

경주 외동면 출토 銅銀製帶具
(「경도대학문학부박물관」,
『일본소장한국문화재3』)

물이 많이 소장되어 있다. 1914년에 이마니시 류가 기증한 총 60점의 와전류가 소장되어 있는데, 이마니시는 1913년 9월부터 12월까지 세키노, 야쓰이, 구리야마 등과 함께 평안남북도, 함경남도 각지의 유적을 조사하면서 11일 동안 집안의 유적을 조사했다. 그 때 태왕릉, 장군총, 천추총을 비롯한 그 주변의 지역에서 많은 와전류를 수집했다. 이들의 일부가 도쿄제국대학, 도쿄제실박물관과 함께 교토제국대학에 이마니시의 경유로 들어온 것이다. 그리고 야마다 사이치로((山田鈄次郎)가 평양 주변의 출토품 기와 54점을 1916년에 기증한 것이 소장되어 있다.[900]

---

900) 吉井秀夫,「日本 西日本地域 博物館에 所藏된 高句麗遺物」,『高句麗研究』12, 社團法人 高句麗研究會編, 2001.

(12) 도쿄대학『문학부고고학연구실 수집품 고고도편』에 나타난 한국 유물

도쿄대학 문학부고고학연구실에서는 1927년부터 1936년까지 매 해『문학부고고학연구실 수집품 고고도편』을 발간하였는데 그 속에는 한국에서 반출한 유물이 일부 실려 있다. 그 목록은 다음과 같다.

※ 東京帝國大學,『文學部考古學硏究室蒐集品 考古圖編』第5輯, 美術工藝會, 1931년 4월.

품명	출토지	소장처 및 소장자	출처	비고
石器	경주군 동천리	考古學硏究室	圖版10	
石槌	경주군 동천리	考古學硏究室	圖版11	

경주동천리 출토 석기
(『考古圖編』第5輯, 도판10)

※ 東京帝國大學, 『文學部考古學硏究室蒐集品 考古圖編』第8輯, 美術工藝會, 1934년 6월.

품명	출토지	소장처 및 소장자	출처	비고
瓦璫殘片 2개	경주 인왕리폐사지	考古學硏究室	圖版20	기증. 諸鹿央雄
瓦璫殘片 2개	경주 사천왕사지	考古學硏究室	圖版21	기증. 諸鹿央雄
瓦璫殘片 2개	경주 사천왕사지	考古學硏究室	圖版22	기증. 諸鹿央雄
瓦璫殘片 2개	경주 임해전지	考古學硏究室	圖版23	기증. 諸鹿央雄
瓦璫殘片 2개	경주 천군리폐사지, 보문리사지	考古學硏究室	圖版24	기증. 諸鹿央雄
瓦璫殘片 3개	경주 보리사, 임해전, 흥륜사지	考古學硏究室	圖版25	기증. 諸鹿央雄
宇瓦殘片 2개	경주 임해전지	考古學硏究室	圖版26	기증. 諸鹿央雄
宇瓦殘片 3개	경주 사천왕사지, 보문리폐사지	考古學硏究室	圖版27	기증. 諸鹿央雄
宇瓦殘片 4개	경주 인왕리폐사지, 천군리폐사지	考古學硏究室	圖版28	기증. 諸鹿央雄
甎殘片 5개	경주	考古學硏究室	圖版29~30	기증. 諸鹿央雄

『고고도편』제8집 발간에 대해 서언에서 하라다 요시토는 모로가 히사오(諸鹿央雄)의 기증에 대해, "경주출토 고와편, 우리들은 이 귀중한 연구자료를 학계에 공개하고 아울러 기증한 사람들의 후의에 영원히 기념"하기 위한 것이라고 하고 있다.

사천왕사지 출토와(도판21)

천군리, 보문리 출토와(도판24)

임해전지 출토와(도판26)

※ 東京帝國大學, 『文學部考古學研究室蒐集品 考古圖編』第9輯, 美術工藝會, 1935년 6월.

품명	출토지	소장처 및 소장자	출처	비고
馬鐸	경기도 광주 풍납리토성 출토	考古學硏究室	圖版22	선년 田澤金吾가 토성을 조사할 때 채집
瓦壺	충남 공주 출토	考古學硏究室	圖版23	
瓦璫 1개	충남 공주 서혈리사지 출토	考古學硏究室	圖版24	
塼斷片 2개	송산리 고분 출토	考古學硏究室	圖版24	
瓦製骨壺	경주 부근	考古學硏究室	圖版25	
金銅佛像		考古學硏究室	圖版26	
塼佛頭	평남 평원군 덕산면 원오리 출토	考古學硏究室	圖版27	

　　『문학부고고학연구실 수집품 고고도편』제9집에는 서언에서 "본집은 동아 관계의 유품(遺品) 중에서 선택"한 것으로, "많은 것은 본실 관계의 고마이(駒井), 에가미(江上), 다자와(田澤)를 시작으로 우리들의 지우가 친히 현지에서 채집"한 것이라고 하고 있다. 대부분 발굴시 가져간 것으로 보인다. 이들이 언제 한국에 건너와 채집했는지는 알 수 없으나 이와 같이 일본 학자들은 현지를 답사하며 무법적인 발굴 채집을 일삼았다.

충남 공주
서혈리사지
출토와 및
송산리 고분
출토 전(도판24)

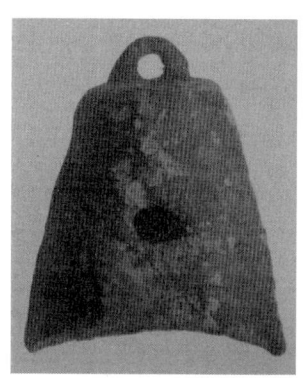

풍납리토성 출토 마탁(도판22)

금동불상(도판26)   경주 부근 출토 골호(도판25)

평남 원오리 출토 불두(도판27)
도판 설명에는 사당(寺堂) 벽간에
소감(小龕)을 만들고 그 안에 넣어
두었을 것으로 추정하고 있다.

(13) 오가와 게이키치(小川敬吉)의 반출품

　　오가와 게이키치(小川敬吉: 1882~1950)는 1912년에 강서삼묘의 벽화를 실측 모사하고, 1916년부터 고적조사사업에 참여하여 각종 발굴조사에 참여했다. 1944년에 조선총독부를 퇴직하고 고향으로 돌아갔기 때문에 그가 수집한 자료는 고스란히 일본으로 가져갔다. 그의 사후에 수집 자료는 우메하라의 중개로 대부분이 교토대학 공학부 건축학교실에 기증되었으며, 고고자료는 고고학연구실에 기증되었다.[901] 요시이 히데오(吉井秀夫)가 소개한 '교토대학종합박물관 소장 고구려 유물(평양주변 출토물)' 속에는 오가와가 1926년 6월 27일에 평안남도 대동강면 토성리 부근에서 채집한 헌환와(軒丸瓦) 2점이 소개되어 있다.[902]

(14) 개인적 불법 조사에 의한 유물 반출

※ 가루베 지온(輕部慈恩)의 불법 조사 및 유물 반출[903]

　　부여 공주를 대표하는 고고유물 수장가로는 가루베 지온을 들 수 있다. 그는 수장가라기 보다는 도굴꾼이라 해야 마땅할 것이다. 조선총독부 고적조사원은 아니나 개인적으로 학술 연구라는 미명 하에 부여와 공주 일대의 고분 중 그의 손을 거치지 않은 고분이 없을 정도이다.

　　그의 소장품들은 대부분 고분에서 출토된 고고유물로서 밖으로 드러난 것이 극히 드물다. 그의 소장품은 대부분 그가 공주에서 교편 생활을 하면서 개인적으로 채집

---

901) 水谷昌義 編纂,「故小川敬吉氏蒐集資料目錄」,『朝鮮學報』116輯, 1985.
902) 吉井秀夫,「日本 西日本地域 博物館에 所藏된 高句麗 遺物」,『高句麗 遺蹟 發掘과 遺物』, 高句麗研究會, 2001.
903) 輕部慈恩의 도굴과 관련한 것은 이미 졸저『우리문화재 수난사』와『유랑의 문화재』에 밝혀 두었다. 그러나 백제 유물과 관련하여 너무나 중요한 부분을 점하고 있기에 생략할 수가 없었다. 본편은 그 내용을 일부 수정 보완하였다.

해 온 것들이다.904)

　　가루베(1897~1970)의 교직생활은 1925년 평양의 숭실전문학교에서 시작되었다. 그가 한국에 건너와 평양에서 첫 교직생활을 한 데에는 분명한 이유가 있었다. 그는 이유를 "평양의 숭실전문학교에서 고대사 강좌를 담당하면서 낙랑과 고구려 유적을 탐사하고 싶어서 조선에 건너간 것이다"라고 밝히고 있다.905) 그런데 왜 그가 평양생활을 접고 공주로 내려왔는가? 그가 평양에서 교직생활을 할 즈음은 낙랑고분의 대난굴 시대로 도굴품들이 시중에 마구 쏟아져 평양의 유지, 수집가들은 그 수집에 여념이 없었다. 또한 1925년 도쿄제국대학에서 왕우묘를 발굴하여 몽땅 그네들 대학으로 반출하여 보고서를 발간하는 등 낙랑유적의 명성이 최고조에 달해 있을 시기였다. 따라서 낙랑유적 유물에 대한 연구열과 연구자가 많았던 시기인지라 젊은 자신으로서는 접근하기 어려운 형편이었다고 한다. 그러던 차에 공주의 중학교에 근무하였으면 하는 제안이 있어 "전문학교의 교직을 포기하고 중학교로 옮기는 것은 아쉬웠지만 그곳은 백제 당시의 구도이기도 하고 거기에 무언가 마음이 끌려 드디어 그곳으로 옮기기로 뜻을 정하였다"906)고 한다. 이러한 면은 그의 학문적 욕심이 얼마나 강했는지를 엿볼 수 있다.

　　가루베의 유물 수집 또는 조사 방법은 학생들에게 과제를 주고, 학생들이 조사한 지역의 전설, 고적, 유물 등에 대한 정보를 참고하여 직접 현지 조사에 착수했던 것으로 추정된다. 1935년에 공주공립고등보통학교에서 간행한 『충남향토지(忠南鄕土誌)』를 보면 그러한 흔적을 볼 수 있다. 그 내용은 가루베와 학생들이 조사한 충남의 고적,

---

904) 1925~26년 평양의 숭실전문학교 근무, 1927~37년 공주고등보통학교 근무, 1938년~39년 공주중학교 근무, 1940~42년 대동고등여학교 근무, 1943년~해방까지 강경고등여학교 근무.
905) 輕部慈恩,「百濟と私」,『駿豆地方の古代文化』, p. 114: 윤용혁,『가루베 지온의 백제연구』, 서경문화사, 2010에서 재인용.
906) 輕部慈恩,「百濟と私」,『駿豆地方の古代文化』, p. 114: 윤용혁,『가루베 지온의 백제연구』, 서경문화사, 2010에서 재인용.

유물 등에 대한 내용을 싣고 있다.[907]

가루베는 1930년 3월에 교내에 향토관을 설치하고 "거교적으로 공주를 중심으로 한 백제시대의 토기, 와당, 탁본, 사진, 기타 향토의 훈풍을 담은 여러 가지 유물 수집에 힘썼다"고 한다.[908] 윤용혁이 『가루베 지온의 백제연구』[909]에서 제시한 '가루베 지온 수집 유물에 의한 공주고보 향토실' 사진을 보면 각종 수집유물이 잘 정리되어 진열되어 있다.

가루베는 공주 일대를 샅샅이 훑으면서 총독부의 정식 허가도 없이 백제의 고분을 수없이 파헤쳤다. 그가 공주에서 발굴한 고분 중에서 대표적인 것을 몇 가지 들어보면, 송산리 제5호분, 제8호분, 6호분(도굴)을 들 수 있다.

송산리 제5호분은 1932년 10월 30일 백제왕릉 진입로 공사 중 발견하여 이튿날 공주군수의 의뢰를 받아 조사했다. 당시 공사감독관 다케우치(竹内)가 내부를 측량하고 가루베가 유물을 들어냈는데 항아리, 순금제장신구, 기타 잔여 유물이 출토되었다.

그가 발굴한 것 중 완전한 분이라고 하는 것은 가칭 송산리 제8호분이다. 이 고분은 송산리 제4호분 직하 10미터 정도의 장소로 제4호분의 배분(陪墳)으로 보고 있으며, 오랜 세월 동안 표면이 씻기어져 외관상 고분으로 생각하지 않았다. 1932년 10월 27

---

907) 『忠南鄕土誌』는 전설편, 향토사편, 토속자료편으로 나누고 전설편과 향토사편은 각 군별로 배열하고 각 지역의 고적 유물에 관한 것을 싣고 있다. 토속자료편은 풍속 관습, 민간신앙, 연중행사, 오락 유희, 가요의 5부로 나누어 게재하고 있다. 이러한 모든 내용은 학생들이 조사한 내용들이다. 전설편의 앞부분에 輕部慈恩의「公州に於ける百濟遺蹟」을 싣고 있는데, 1934년 11월 『朝鮮』에 게재했던 것을 『忠南鄕土誌』에 그대로 게재하고 있다.
908) 윤용혁, 『가루베 지온의 백제연구』, 서경문화사, 2010.
"私藏과 蒸發이라는 유물의 문제를 논외로 한다면, 가루베 지온은 공주라는 공간을 학문적 토대로 한 최초의 근대학자다."-책머리.
909) 윤용혁의 저서 『가루베 지온의 백제연구』는 자료적으로도 폭넓게 수집한 풍부한 양일뿐만 아니라, 가루베가 범한 과오와 그가 남긴 개인적 실적을 객관적으로 정리했다는 점에서 가루베를 평가할 수 있는 좋은 참고서라 할 수 있다.

일 전백제왕릉(傳百濟王陵) 제4호분의 참도신설공사(參道新設工事) 중 우연히 발견하여 가루베가 직접 발굴하였다. 출토유물은 구옥(勾玉) 1개, 이식용금환(耳飾用金環) 1개, 순금제산치옥(純金製山梔玉) 6개, 흑색연편옥(黑色練平玉) 4개, 녹색파리제소옥(綠色玻璃製小玉) 1천여 개, 황색파리제소옥(黃色玻璃製小玉) 약 3백여 개, 소두색파리제소옥(小豆色!璃製小玉) 36개, 은제엽형장신구(銀製葉形裝身具) 5개, 자감색파리제소옥(紫紺色玻璃製小玉) 약 150여 개, 철정(鐵釘) 약 40개, 감형도기(坩形陶器) 4개, 감형토기(坩形土器) 1개 등으로 기록하고 있으며,[910] 출토상태의 사진은 그의 저서 『백제미술』에 도판으로 실려 있다. 이 출토유물은 "오랫동안 공주군청에 보존되어 있다가 최근 공주박물관에 보관하여 진열하고 있다"[911]고 하나 무엇이 어떻게 보관되었는지에 대해서는 정확히 알 수 없다.

가루베의 가장 대표적인 만행은 무령왕릉과 같이 붙어 있는 송산리 제6호분을 발견하고 이를 도굴하여 모든 부장품을 은닉한 것이다. 송산리 6호분은 1932년 가을에 송산리 고분 내를 통과하는 유람도로 건설공사가 시작되었고 1932년 10월 26일에 전축의 배수구 일단을 가루베가 발견하여 고분임을 감지하였다.[912] 당시 「고적급유물보존규칙」이 있어, "고적 또는 유물을 발견한 자는 현상(現狀)에 변경을 가함이 없이 3일 이내에 구두 혹은 서면으로 그 지역의 경찰서장에게 신고해야 한다"하고 이를 어겼을 때에는 처벌을 받도록 되어 있다. 그런데도 이 사실에 대해서는 아무런 보고도 없었던 것이다.

그의 자술대로라면 이듬해 1933년 7월 29일부터 8월 2일까지 단독 발굴을 하

---

910) 輕部慈恩, 「公州に於ける百濟古墳」, 『考古學雜誌』24卷 9號, 1934年 9月 參照.
911) 輕部慈恩, 『百濟美術』, 寶雲舍, 1946, p. 131.
912) 輕部慈恩이 1935년에 『忠淸南道 鄕土誌』기고한 기록에,
"1932년 10월 20일에는 도로공사 중에 발견된 송산리 제 5호분의 조사와 함께 석곽 내부에 2개의 塼築棺臺 및 羨道의 입구를 막기 위하여 사용한 塼壁의 實例를 얻었다. 그리고 同年 10월 26일에는 앞에서 기술한 바와 같이 송산리 제5호분의 서쪽부근에 塼築의 배수구를 찾아내어 여기에 드디어 제 6호분 발굴의 동기를 만들었던 것이다."라 하고 있다(輕部慈恩, 「公州に於ける百濟遺蹟」, 『忠淸南道 鄕土誌』, 昭和10年, 公州公立高等普通學校 校友會發行. p. 10).

고, 후에 총독부에 신고를 하여 고적조사원들과 함께 하였다고 한다.913) 하지만 이미 도굴을 한 후에 신고를 하고 유물은 모두 은닉하였던 것이다.914)

913) 輕部慈恩의 기술에, "소화8년 7월 29일에 공주보승회의 의뢰를 받아 송산리6호분의 시굴에 들어갔다. 소화7년 10월 도로공사 중에 노출된 최남단에 있는 배수구에서 차례로 북쪽으로 地山을 남기고 盛土만을 빼고 시행하였다. 그리고 8월 1일 오후에 이르러 약 21미터를 북쪽으로 파 올라가 羨道前壁上部의 끝이 되는 곳에 이르게 된 것이다. 여기에 있어서 羨道前壁內面 즉 연도 최남단 천정에 닿는 부분을 아래로 파 내려가 직경 30센티 내외의 割石과 섞이어 다수의 문양이 들어간 塼이 출토되었다. 더 파 내려가 약 1미터 정도에 이르자 전과 섞이어 이조말기의 白色釉의 鉢形 도기파편이 나왔기 때문에 이전에 이미 도굴된 것이 명백하여 잠시 실망을 했다. 〈중략〉 8월 2일 오후 4시경에 이르러 겨우 槨內로 들어갈 수가 있었다. 그리고 예상외로 내부는 완전히 보존되고 벽화도 있고 佛龕, 棺臺도 있고 유물도 도굴된 편에 비하여 비교적 많이 남아 있어 그 기쁨 중에 경성에 있는 조선총독부박물관에 타전하여 小泉顯夫 씨의 출장을 의뢰하여 공동으로 조사가 시작된 것이다. 〈중략〉 유물의 중요한 것은 대부분 도난을 당하고, 琥珀勾玉, 眞珠丸子玉 80여개, 純金製耳飾, 帶金具, 大刀, 刀子破片, 그 외 금동제장신구를 출토했다."(輕部慈恩, 「公州に於ける百濟遺蹟」, 『忠淸南道 鄕土誌』昭和10年 公州公立高等普通學校 校友會發行, pp. 10~13).

914) 輕部慈恩의 행위를 보면, 이 일대에서 1931년에 농부들이 전을 발견하였으며 1932년 10월에 이미 6호분의 존재를 확인하고 있었다. 그런데 발굴은 그 이듬해 1933년 7월 29일부터 시작하여 8월 2일에 곽내에 들어가 조사를 한 후에 총독부에 신고를 한 것으로 되어 있다. 그러나 『百濟美術』에서는 1933년 7월 하순에 배수구 출구 끝부분에서 봉토(封土)를 제거하기 시작하여 8월 1일에 현실 내에 도달한 것으로 기술하고 있다(輕部慈恩, 『百濟美術』, p. 117). 이에 대해서는 輕部가 언제 현실 내에 들어갔는지는 전적으로 輕部의 말 외는 증명할 수 있는 방법이 없다. 그가 7,8년 전부터 이 일대를 집중적으로 조사한 전력을 본다면 그간에 그냥 두지 않았을 것이다.
小泉에 의하면 "1933년 8월 상순 돌연 공주고적보존회장으로부터 전보가 왔는데 벽화고분을 발견했다는 보고를 하고 조사요원의 급파를 총독부학무국장에게 보내왔다. 연락을 받은 총독부박물관에서는 藤田亮策 고적조사원을 主事로 澤俊一, 小泉顯夫 등 3명이 파견되어 조사를 담당하였다"(小泉顯夫, 『朝鮮古代遺蹟の遍歷』, 1986년, 六興出版, p. 200.)고 하며 당시 조사상황을 다음과 같이 기술하고 있다.
"우리가 도착한 깜깜한 실내의 상황이다. 도굴분이라고 하기에는 너무나 내부가 깨끗했으며 유물 토기의 조각 잔재도 남아 있지 않았으며 엷은 진흙이 건조된 것 같은 흙 위에는 무수히 많은 발자국들이 있었다. 棺台上의 주변이나 羨門西 옆의 벽돌대가 흩어져 있음에도 도굴자가 유물을 찾아다니기보다는 오히려 棺台나 玄室床의 구조를 조사하려 한 것으로 강하게 추정되었다. 藤田위원뿐만 아니라 지금까지 많은 도굴분을 조사해 왔던 우리들도 그것을 짐작했다.
최초로 현실 내로 들어간 輕部慈恩 씨에게 「유물은 어떻게 된 것일까?」라는 문제를 제기해 보았지

최근에 발표한 후지이 가즈오(藤井和夫)의 논문[915]에서는 와세다대학 문학부 강사였던 아이즈 야이치(會津八一)의 수필을 인용하고 있는데, 아이즈의 수필 내용은 1939년에 발표한 것으로 1935년 7월에 도쿄부(東京府) 나카사구(中野區) 야마토쵸(大和町)에 있는 가루베 지온의 집에서 있었던 일을 다음과 같이 전하고 있다.

만「당초부터 이 상태이며 아무것도 남아 있지 않았다.」라고 회답을 했다. 우리가 床上棺台上의 흐트러진 흙을 정밀조사해본 결과 관대 위의 흐트러진 벽돌 사이에서 純金製耳飾 조각과 관대 및 그 주위에 흩어져 있는 玻璃小玉과 동시에 미세한 조각의 진주옥 다수가 발견되었다. 지금 정확한 개수는 알 수 없지만 모두 합해서 수백 조각 정도이며 옥 조각은 진한 청색, 황색, 붉은 색의 세 가지 색이었다. 전체의 3분의 1에 해당하는 진주는 천연진주의 특성인 不整形이고 큰 것은 쌀알 크기의 정도의 수 개이며, 그의 반 정도는 쌀알의 3분의 1정도의 크기가 대부분이었다. 그 중에는 어떻게 해서 연결용의 실구멍을 낼 수 있을까하는 작은 것도 포함되어 있다. 지금 아름다운 진주색깔의 화려함을 갖고 있으며 바다에서 생산된 것인지 강에서 생산된 것인지 구별이 안 될 정도이다. 유일한 장신구인 純金製耳飾 한 개는 길이가 5-6센치 직경이 1.5센치 정도의 가느다란 고리이고 ……운운" (小泉顯夫,「百濟의 舊都夫餘と公州」,『朝鮮古代遺蹟의 遍歷』, 六興出版, 1986, pp.205-206).

輕部慈恩의 신고를 받고 현장에 도착한 小泉 등의 조사에서도 무뢰한의 도굴이 아니라는 것을 직감하고 있다. 이는 輕部가 이미 6호분에 대한 도굴과 아울러 충분한 조사를 하였다는 것을 입증하고 있다. 小泉은 당시를 다음과 같이 회술하고 있다.

"그처럼 온후한 藤田 위원님의 얼굴빛을 바꾸며 격노에 찬 언사를 퍼부시는 것은 그전에도 그 후에도 본적이 없다. 그러나 藤田 위원님의 질책은 在地의 관계 유력자들에 대한 것이 아니라 그들 중에 아무런 내색도 않고 설명진에 참가하고 있던 특정 인물에 대한 것이라는 것을 우리들은 알 수 있었다." (小泉顯夫,「百濟의 舊都夫餘と公州」,『朝鮮古代遺蹟의 遍歷』, 六興出版, 1986, p. 201).

그 특정 인물이라는 것은 바로 輕部를 지목하는 것이다(有光敎一, 藤田和夫,「公州 松山里古墳群의 發掘調査」,『朝鮮考古研究會 遺稿 II』, 도서출판 깊은 샘, 2002. p. 5).

그가『忠淸南道 鄕土誌』에 기고한 기록에도 도판으로는 '6호분의 羨道', '百濟塼', '壁畵 朱雀圖', '壁畵 白虎圖'는 소개하고 있으나 현실 바닥 사진은 빠져 있다. 그의 기록에 분명히 "유물이 비교적 남아 있었다"고 했011. 그렇다면 바닥 노출상태를 찍은 사진에도 남아 있었을 것이다. 輕部가 1970년 죽기 전에 쓴『백제유적의 연구』(輕部慈恩,『百濟遺跡の研究』, 1971, 吉川弘文館)에도 공주 송산리 6호분의 도판이 12면이 실려 있으나 이곳에도 바닥 노출 사진은 제외되어 있다. 그의 모든 기록에서 이 사진만 빠진 것은 그가 이미 유물을 빼돌린 사실이 드러나는 것을 은폐하기 위한 것이다.

915)「早稻田大學 會津八一博士紀念博物館所藏 高句麗瓦塼에 關하여」, 동북아역사재단편,『일본 소재 고구려 유물 IV』동북아역사재단, 2011.

날짜는 잊어버렸으나 4, 5년 전의 일이다. 충청남도 공주에서 중학교 선생 노릇을 하고 있는 다른 우인이, 자신이 거기서 발견한 백제국왕의 묘에서 파낸 여러 가지 물품을 가지고 7월 휴가 때에 돌아왔다. 그걸 보기 위해 야마사구 야마토초의 집으로 향했다. 〈중략〉 이윽고 발굴자의 설명을 들어가면서 동석한 4, 5명은 아주 조용히 수많은 물건들을 보았다. 이 묘는 이미 예전에 한 번 도굴을 당했던 것 같은데 유물은 대부분 작은 금구(金具)의 파편이나 남경옥(南京玉) 등 뿐이었으나, 그래도 그 파편의 도금한 색은 휘황찬란하게 우리들의 눈에 비쳐졌다. 방안 가득히 늘어놓은 파편으로부터 먼 옛날 그 나라 왕궁의 생활을 조용히, 세밀히, 중간 중간 넋을 잃고 마음속에 그려봤다.(1939년 발표)

위 인용문에서 후지이 가즈오(藤井和夫)는 주석을 붙여 "가루베 지온이 아이즈 야이치에게 보여 준 '백제 국왕의 무덤에서 파낸 여러 가지 물건'이 1933년 8월에 후지타 료사쿠 등이 발굴한 송산리 제6호분에서 빼내온 것으로 조사 이전에 도굴해 가지고 있었던 것일 가능성이 높다"라고 하고 있다.

가루베가 백제 유물을 얼마나 많이 수집 또는 도굴하였는지 그가 스스로 밝힌 내용은 다음과 같다.

내가 이 지역의 유적 조사를 시작한 지 8개년, 그간 다행히 많은 백제관계의 고분, 사지, 성지, 궁원지(宮院址) 등 유적을 발견하였다. 또 각종의 백제계통에 속하는 유물을 채집하여 점차 웅진성시대의 백제문화의 윤곽을 밝히기에 이르렀다.[916]

백제고분 유물에 대해서는 상당한 연구가 있었으며, 일본 고고학계에 백제 유물

---

916) 輕部慈恩,「公州に於ける百濟遺蹟」,『忠淸南道 鄕土誌』, 公州公立高等普通學校 校友會發行, 1935, p. 3.

과 고분을 소개하고 논문 등을 발표했다. 이런 점이 일본 고고학계의 호응을 얻고 있었다는 점에서 그의 불법 행위를 조선총독부에서도 어느 정도 묵인한 것으로 보인다.

그가 1927년부터 1933년까지 공주 일대에서 실견(實見)한 고분의 수는 1천여 기가 넘었다. 그 중에서 그는 완전한 분을 포함한 115기[917]에 대하여 실측 촬영하고 『고고학잡지』에 1933년부터 1936년까지 8회에 걸쳐 「공주백제고분」을 연재 발표하였는데[918] 상당수의 출토유물과 함께 사진을 소개하고 있다. 그 중 상당수는 그가 일본으로 반출한 것으로 추정된다.

1928년 공주 서혈사지에서 가루베가 수집한 와 1928년 8월 19일 가루베가 서혈사로부터 채집했던 것으로 1945년 귀국과 함께 그의 수집품을 가지고 돌아갔다. 그 후 奈良국립박물관에 위탁보관하였다. 2006년 11월에 공주박물관에 기증해온 4점 중의 1점이다.[919]

가루베는 공주부근 백제고분 738기를 가지고 '백제고분분포개수표(百濟古墳分布槪數表)'를 만들고, 그 중 182기를 지역별, 유형별로 구분하여 표를 만들고 발견 시일과 상태, 출토 유물을 기록하고 있다. 가루베가 고분으로부터 유물을 출토한 고분은 다음과 같다.

---

917) 松山里 20基, 校村里 5基, 牛禁里 15基, 甫通洞 27基, 金鶴里 6基, 南山麓 42基
918) 『考古學雜誌』23-7, 23-9, 24-3, 24-5, 24-6, 24-9, 26-3, 26-4.
919) 戶田有二, 「百濟の鐙瓦製作技法について」, 『百濟文化』第37輯, 공주대학교 백제문화연구소, 2007.

가루베가 실측하고 발견한 고분 출토유물[920]

지역	고분	발견 시일	출토 유물
송산리 고분	1호분	1927년 3월	
	5호분	1932년 10월 30일	
	8호분	1932년 10월 27일	勾玉, 純金製裝身具 등
	9호분	1929년 4월 도굴	百濟陶器 3개, 五銖錢, 玉類
	14호분	1927년 5월	百濟陶器破片
	15호분	1927년 5월	大型百濟陶器
	16호분	1927년 5월	1924년경 도굴, 百濟陶器破片
	17호분	1928년 여름	百濟塼 多數
	18호분	1927년 가을	百濟陶器 多數
	19호분	1932년 10월	百濟三脚陶器 3개
교촌리 고분	3호분	1929년 6월	大型百濟陶器
우금리 고분	1호분	1931년 10월 18일	1931년 9월 도굴, 勾玉, 器玉, 金銅耳飾, 百濟陶器
	2호분	1931년 10월 18일	貨泉
	4호분	1931년 10월 18일	人骨, 百濟陶器
	5호분	1931년 10월 18일	百濟陶器
	6호분	1931년 10월 18일	百濟陶器
	7호분	1931년 10월 18일	百濟陶器
	12호분	1931년 10월 18일	百濟陶器殘缺
	13호분	1931년 10월 18일	石製陶器
	14호분	1931년 10월 18일	石製
	15호분	1931년 10월 18일	石製
보통동 고분	4호분	1931년 9월 23일	鐵釘, 鐵製棺用環, 漆器破片
	19호분	1932년 12월	百濟陶器殘缺
금학리 고분	1호분	1931년 1월	百濟陶器 3점
	2호분	1930년 5월	百濟陶器坩破片
	6호분	1931년 10월	百濟陶器 2개

---

920) 輕部慈恩, 「公州に於ける百濟古墳」, 『考古學雜誌』제23권 제9호, 1933년 9월.
  輕部慈恩, 「公州に於ける百濟古墳」, 『考古學雜誌』제24권 제3호, 1934년 3월.

지역	고분	발견 시일	출토 유물
남산록a구 고분	1호분	1931년 9월	木棺金具, 百濟陶器破片
	2호분	1931년 9월	百濟陶器
	4호분	1932년 3월	百濟陶器
남산록구 고분	18호분	1933년 1월	百濟陶器
	22호분	1932년 2월	百濟陶器, 鐵製棺金具
	41호분	1931년 11월	百濟陶器, 銅器破片
남산록c구 고분	24호분	1928년 9월	百濟陶器破片
	27호분	1928년 10월	坩 및 鉢形百濟陶器
	28호분	1928년 4월	百濟陶器 3개
	29호분	1931년 4월	百濟陶器
	30호분	1931년 4월	百濟陶器
	32호분	1932년 4월	鉢形百濟陶器
주미리 고분	2호분	1930년 7월	百濟陶器殘缺
	5호분	1930년 9월	耳飾, 玉器
	7호분	1930년 7월	百濟陶器殘缺
	8호분	1930년 7월	百濟陶器殘缺
	12호분	1932년 10월	百濟陶器
룽시 고분	3호분	1930년 4월	百濟陶器殘缺
	5호분	1930년 4월	百濟陶器殘缺
	10호분	1930년 10월	百濟陶器殘缺
	20호분	1931년 4월	百濟陶器, 木棺釘
월성산록 고분	1호분	1931년 4월	百濟陶器殘缺
	5호분	1931년 4월	百濟陶器
주미산록 고분	3호분	1931년 5월	百濟陶器
	5호분	1931년 5월	百濟陶器殘缺
	7호분	1931년 5월	百濟陶器殘缺

　　이상을 보면 가루베가 공주고등보통학교에 부임한 1927년부터 곧바로 백제고분 조사를 행했으며, 조사 대상은 그가 이 논문을 발표한 1933년까지의 조사이다.

「공주에 있어서의 백제고분8」
도판 제67도 (1)
백제고분출토 장신구(상단)
동조석가입상(하단우)
이식(하단좌)

　　가루베의「공주에 있어서의 백제고분8」을 보면, 도판 제67도 1 '백제 출토의 이식'으로 사진을 제시하고 있다. 또 옥잔(玉盞)이 1점 제시되어 있는데, 제72도로 제시된 '백제고분 출토의 옥기'라 하여 "주미리 5호분에서 전술한 바와 같이 현재 도쿄제실박물관 소장으로 있는 이식과 함께 출토"라 하고 있다. 그 설명에는 "현재 도쿄제실박물관 소장으로 1930년 가을 주미리 제5호분에서 옥잔(玉盞)과 함께 출토"된 것으로 설명하고 있다.921) 주미리 제5호분은 1930년 8월경에 도굴당한 고분으로 1930년 9월에 가루베가 조사하여 잔여 유물을 발견한 것이다.922) 이같이 가루베는 고분 출토유물들을 모두

---

921) 輕部慈恩,「公州に於ける百濟古墳」,『考古學雜誌』제26권 제4호, 1936년 4월.
922) 輕部慈恩,「公州に於ける百濟古墳」,『考古學雜誌』제24권 제호, 1936년 4월. p. 26.

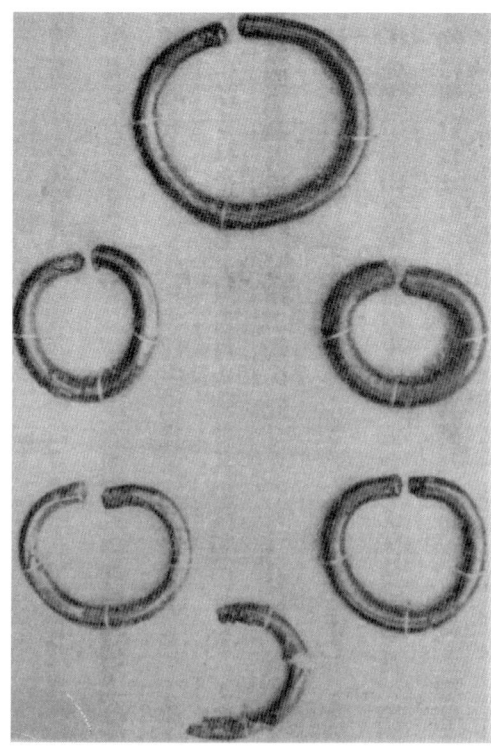

「공주에 있어서 백제고분8」
도판 제67도 (2)
백제출토 이식(가루베 소장)
중상은 주미리5호분 출토,
우상은 우금리 출토

개인 소장으로 하고 일부는 도쿄박물관으로 매각하였다. 주미리 출토품은 1932년에 도쿄박물관에 매각한 것이다.[923]

---

923) 「東京國立博物館所藏朝鮮産土器 綠釉陶器の收集經緯」(東京國立博物館, 『東京國立博物館圖版目錄』, 朝鮮陶磁篇(土器,綠釉陶器), 2004, p. 171)에는 주미리 출토품을 1932년에 동경박물관에 매각한 것으로 나타나 있다.

가루베가 소장했던 유물

품명	출토 장소 및 시기	출처	비고
백제식와당, 와편, 기타 유물	1928년 3월, 서혈사지	『考古學雜誌』19-4,5[924]	
연화문파와 발견, 4종의 당초와, 문자와 채집	1928년 8월, 서혈사지	『考古學雜誌』19-4,5	
각종의 와를 채집	남혈사지	『考古學雜誌』19-4,5	
大通銘入瓦	웅진출토	『考古學雜誌』20-3[925] 제6도	석불 근처에서 발견
각종 耳飾	백제고분 출토	『考古學雜誌』26-4[926], 第67圖(2)	
釜	남산고분지대	『考古學雜誌』26-4, 第70圖	
金銅製鳳凰形裝飾具	공산성지	『朝鮮』34-11[927], 제2도	삼비의 서측 50미터
金銅製環狀金具 및 銅製蓋形器具	공산성지	『朝鮮』34-11, 제3도	쌍수교에서 동으로 40미터 지점
百濟式陶器	공산성지	『朝鮮』34-11	
石製器	공산성지	『朝鮮』34-11	
漁用土器 42개	공산성지	『朝鮮』34-11	쌍수교로부터 서쪽 50미터 정도
八葉蓮瓣瓦當 1개	공산성지	『朝鮮』34-11, 제5도	쌍수교로부터 서쪽 50미터 정도
百濟陶器 2개	공산성지	『朝鮮』34-11, 제4도	쌍수교로부터 서쪽 50미터 정도
토기 1개, 碗形石器 1개,	공산성지	『朝鮮』34-11	쌍수교로부터 서쪽 50미터 정도
石棒 1개	공산성지	『朝鮮』34-11	쌍수교로부터 서쪽 50미터 정도
塼 1개	공산성지	『朝鮮』34-11	
金銅如來像(높이 7cm)	공주읍 부근에서 출토	百濟美術[928]	
金銅挾侍菩薩像 (높이 5.7cm)	1930년 부여군 규암면 내리 출토	百濟美術, 圖版12	
金銅菩薩像(높이 18.2cm)	1931년 가을 공주군 목동면 부근에서 출토	百濟美術, 圖版19-1	
鐎斗	공주공산성 출토	百濟美術, 圖版22-3	
金銅製鳳凰形把手	공주 부근	百濟美術, 圖版23	
金銅製金具 2점	공주 부근	百濟美術, 圖版24	
百濟裝身具	공주 부근	百濟美術, 圖版27	
百濟陶器坩堝	공주 부근	百濟美術, 圖版29	
百濟陶器	공주	百濟美術, 圖版31	

품명	출토 장소 및 시기	출처	비고
百濟陶器	공주	百濟美術, 圖版32	
百濟古瓦	1932년 대통사지	百濟美術, 圖版33	
百濟古瓦	신원사	百濟美術, 圖版34	
百濟古瓦		百濟美術, 圖版35-2,3,4	
百濟古瓦	공주	百濟美術, 圖版36	
百濟古瓦	익산미륵사	百濟美術, 圖版37	
百濟塼	공주	百濟美術, 圖版39, 40, 41	
百濟瓦	부여	百濟美術, p107, 圖47-1,2,5,6	
百濟瓦	공주	百濟美術, p107, 圖47-3,4,7,8	
百濟瓦	공주 대통사지	百濟美術, p213, 圖48-1	
百濟瓦	공주 신영리폐사지	百濟美術, p213, 圖48-2	
백제 榱先飾瓦	공주	百濟美術, p220, 圖49-2,4,5,6	
古瓦	공주 신원사	濱田1934,[929] 圖10-3	
古瓦 2점	공주 남혈사지	濱田1934, 圖10-3	
古瓦 2점	공주 대통사지	濱田1934, 圖10-3	
古瓦	공주 송산리 동록	濱田1934, 圖10-3	
古瓦	공주산성지	濱田1934, 圖10-3	
古瓦	공주	濱田1934, 圖10-3	
古瓦	舟尾寺址	濱田1934, 圖10-3	
석족 3건	공주 발견	『東京博物館圖版目錄』 2004[930]	1932년 동경제실박물관에서 구입
토기 3점	공주 발견	『東京博物館圖版目錄』2004	1932년 동경제실박물관에서 구입
금제이식	공주 발견	『東京博物館圖版目錄』2004	1932년 동경제실박물관에서 구입

---

924) 輕部慈恩, 「百濟の舊都熊津に於ける西穴寺及び南穴寺址」, 『考古學雜誌』제19권 제4호, 5호, 1929년 5월, 6월.
925) 輕部慈恩, 「百濟の舊都熊津발견の百濟式石佛光背に就いて」, 『考古學雜誌』제20권 3호, 1930년 3월.
926) 輕部慈恩, 「公州に於ける百濟古墳」, 『考古學雜誌』제26권 제4호, 1936년 4월.
927) 輕部慈恩, 「公州に於ける百濟の遺蹟」, 『朝鮮』朝鮮總督府, 1934년 11월.
928) 輕部慈恩, 「百濟美術」, 寶雲舍, 1946.
929) 濱田耕作, 梅原末治, 『新羅古瓦の研究』, 京都帝國大學, 1934.
930) 「東京國立博物館所藏朝鮮産土器·綠釉陶器の收集經緯」, 東京國立博物館, 『東京國立博物館圖版

가루베의 『백제미술』을 보면, 도판 또는 삽화 중의 상당수를 가루베의 소장으로 기록하고 있다. 공주읍 부근에서 출토된 높이 7cm의 '금동여래상', 1930년 부여군 규암면 내리에서 출토한 높이 5.7cm의 '금동협시보살상', 1931년 가을 공주군 목동면 부근에서 출토한 높이 18.2cm의 '금동보살상' 등은 모두 가루베의 소장으로 기록하고 있다.[931] 백제불상의 수가 극히 희소하다는 점에서 개인이 3구의 백제불상을 소장했다는 것은 상당한 비중이라 할 수 있다.

이 외에도 공주 공산성 출토의 초두(鐎斗), 금동제봉황형파수(金銅製鳳凰形把手), 금동제금구(金銅製金口) 2점, 장신구(공주 부근 출토), 도기감대(陶器坩臺: 공주 부근 출토), 대통사 출토 와(瓦), 신원사 출토 와(瓦), 미륵사지 출토 와(瓦) 등이 가루베의 소장으로 기록되고 있다.

그는 공주 일대의 지표면 조사를 꾸준히 해왔는데, 특히 공산성지의 조사 기록을 보면,

> 공산성지에서 나는 수년간 지표면의 유물을 채집, 다수의 확실한 백제 유물을 얻기에 이르렀다. 다시 1932년 여름과 가을에 유람도로 공사 후 빗물에 씻겨 내려가기다(幾多)의 중요한 자료를 채집하고, 출토지에 배열하여 출토의 상황을 조사하였고 〈중략〉 쌍수교(雙樹橋)에서 서로 50미(米)정도의 사이에 수혈(竪穴)이 10개소가 있는데 이중에서 하나는 겨우 경90리(經90糎)의 혈(穴) 중에 어용토기(漁用土器) 42개, 팔엽연변와(八葉蓮辨瓦) 1개, 백제도기(百濟陶器) 1개, 토기 1개, 완형석기(碗形石器) 1개, 석봉(石棒) 1개 등이 출토되었다.[932]

　　　『目錄』朝鮮陶磁篇(土器,綠釉陶器), 2004.
931) 輕部慈恩, 『百濟美術』, 寶雲舍, 1946, p.140, 143, 148 解說.
932) 輕部慈恩, 「公州に於ける百濟遺蹟」, 『忠淸南道 鄕土誌』, 公州公立高等普通學校 校友會發行, 1935, p. 5.

이같이 지표조사에서 유물 출토·채집 장소를 소상히 기록하고 있다.

이들은 모두 일본으로 반출해 간 것으로 추정되고 있다. 그러나 가루베는 『백제미술』 '예언(例言)'에서 "본서(本書) 소재의 도판, 삽화 중에 '저자의 소장'이라 쓴 자료의 대부분은 시국의 급전으로 조선에서 나올 때 그곳에 그냥 두고 왔다. 지금 이들이 어떻게 관리되고 있는지 알 길 없으나 본서에서는 그 소장을 정정하지 않고 종전(從前)의 고(稿) 그대로 싣기로 했다"[933]라고 하며 반출을 부인하고 있다.

후지이 가즈오(藤井和夫)가 밝힌 와세다대학의 아이즈 야이치(會津八一)기념박물관 소장품 수집 경위를 보면, 아이즈 야이치의 컬렉션에는 고구려, 백제, 신라의 와전류가 많은데 그 대부분이 가루베 지온이 1930년대에 일본으로 가지고 들어와 매각한 것이라고 한다. 후지이는 1934년 2월 24일에 탈고한 아이즈 야이치의 수필 중 다음 내용을 싣고 있다.

> 나는 최근에 조선의 어느 방면에서 파편과 함께이기는 하지만 옛 신라시대의 고와를 400개 정도 구입했다. 지금까지 내 수중에 있던 일본이나 중국의 고와 200개를 더하면 600개 정도가 된다.

후지이 가즈오는 여기에 주석을 붙여, "이 당시 구입한 것으로 생각되는 신라와전은 가루베 지온에게서 입수한 것이다. 이 와전에는 채집마다 1~14까지의 한자 숫자가 묵서되어 있는데 채집지가 몇 곳으로 구별되어 있었던 것 같고, 일부에는 숫자 이외에도 채집자명이 기재되어 있다. 가루베 지온는 아이즈 야이치(會津八一)의 요구에 응해 일시에 대량의 와전을 채집, 사굴했기 때문에 혼란을 피할 목적으로 채집, 사굴지마다 번호를 부여해 분류한 후 아이즈 야이치에게 매각한 것에 아이즈 야이치 등이 주기

---

933) 輕部慈恩, 『百濟美術』, 寶雲舍, 1946, p. 4.

한 것으로 보인다"라고 한다. 이 한자의 숫자는 출토지를 나타내고 있다고 생각되는데, 『회진팔일수장고기물목록』과 비교해 보면 월성, 흥륜사, 천군리, 보문사, 황룡사, 남산, 임해전, 사천왕사, 북군리, 나원사, 분황사, 창림사, 고선사 등지에서 채집한 것이라고 한다. 또 『회진팔일수장고기물목록』제6책과 제7책에 따르면 1936년 2월 1일 현재 고구려 와전 46점, 백제와전 85점, 신라와전 525점이다. 이 중에 상당 부분은 1934년에 구입한 것이라고 한다.[934]

후지이 가즈오는 "일찍이 필자는 아리미츠 교이치로부터 공주 송산리 제29호분의 보고서(有光敎一, 藤井和夫, 2002) 작성 준비 중에 들은 바가 있는데 '경부자은의 형제가 교토에서 골동점을 하고 있었던 것 같다'라고 하면서 그 골동점을 통해서도 매각을 하고 있었다고 전한다"고 한다.[935] 가루베는 해방 전에 그가 도굴 또는 채집한 유물을 수시로 일본으로 반출하여 개인이나 형제가 하는 골동점 등을 통해 매각한 것이다.

가루베는 1940년 이후에는 대동고등여학교를 거쳐 강경고등여학교에 재직하다가 일본이 패망하자 그 동안 미처 일본으로 내보내지 못했던 유물을 한 트럭 싣고 일본으로 사라졌다.[936] 후지이 가즈오(藤井和夫)는 가루베의 유물 반출에 대해 아리미츠 교

---

934) 藤井和夫, 朱洪奎, 「早稻田大學 會津八一博士記念博物館所藏 高句麗瓦塼에 關하여」, 동북아역사재단편, 『일본 소재 고구려 유물Ⅳ』, 동북아역사재단, 2011.
會津八一은 1910년부터 1925년까지 도쿄의 와세다중학교에서 영어교사로 근무했다. 1926년에 와세다대학 문학부 강사로 동양미술사를 강의했다. 이때부터 본격적으로 미술자료를 수집하기 시작했다고 한다.
935) 藤井和夫, 朱洪奎, 「早稻田大學 會津八一博士記念博物館所藏 高句麗瓦塼에 關하여」, 동북아역사재단편, 『일본 소재 고구려 유물Ⅳ』, 동북아역사재단, 2011.
936) 최순우는 「어처구니없는 일」(『최순우전집』, 학고재, 1992. pp. 371~372)에서,
"小倉武之助는 대전에 있는 輕部慈恩이 소장한 백제문화재를 사서 싣고 갈 것이라고 했다는 것이다. 그 당시 輕部慈恩은 대전에 물건을 가지고 있었으므로 小倉武之助가 그 트럭에 사서 싣고 갔음이 분명했으며, 부여박물관의 그 일본인 직원은 輕部慈恩의 물건을 봐두기 위하여 일부러 대전까지 갔었다고 한다. 小倉이 그 후 물건을 어떻게 일본으로 반출해 갔는지 못 가져갔는지는 분명한 정보는 없지만……" 이라고 하는데, 물론 이 이야기는 傳聞한 것이라 하지만 小倉武之助가 트럭을 동

이치로부터 전해 들었다고 하며 "또한 '가루베 지온은 일본으로 귀환할 때 다른 일본인이 배낭 하나만 가지고 귀환선으로 고생하며 귀국한 것과 달리 돈이 있어서 어선을 전세내어 귀환했는데 그때 많은 자료를 가지고 돌아왔다'라고 말했다"[937]고 증언하고 있다.

그의 불법반출에 대해 1946년 1월 10일 재공주 미군정청을 경유하여 문교부교화국장에게 문화재 반환청구를 제출하였는데, 이 문건이 재일본 맥아더 사령부로 이첩되어 가루베에게 조사하고 진술한 문건이 서울 본관으로 도착하였다. 진술에 의하면 자기가 소지하였던 유물들은 귀국시 공주박물관에 기증하였다고 허위진술을 하여 사실무근임을 재발첩했다.

공주박물관 측은 1946년 6월 20일에 가루베가 소지하였던 문화재 반환 요구서를 충청남도 적산관리과장에게 제출하고, 7월 19일 류시종 공주박물관장이 공주 군정장관 카타중령과 가루베의 최종 재직처인 강경여자중학교를 방문 조사하였는데 당시학교 직원의 진술에 의하면 8. 15 해방이 되자 가루베가 소지하였던 문화재와 도서 등을 트럭에 싣고 부산 방면으로 행방을 감추었기 때문에 학교에 가루베의 소유물은 한 점도 없다고 했다.[938]

1947년 3월에는 문교부에서 도쿄연합국사령부에 일본이 조선으로부터 반출한 예술품, 고고학적 자료에 대한 목록을 작성하여 제출하였는데, 이 목록 속에는 그의 반출품도 포함되어 있었다. 연합국 총사령부에서는 1947년 3월 25일 일본 정부에 한국의 문화재 반환을 명하였으나,[939] 일본 정부는 이에 대해 아무런 성의도 보이지 않았다.

그 후 한일회담 때에도 그가 가지고 간 문화재를 반환받기 위해 여러 방면으로

원하여 輕部慈恩을 만났다면 두 사람 사이에 매매가 성립되지 않았다 할지라도 그 트럭을 사용하여 輕部慈恩이 소장하고 있던 백제 유물을 일본으로 반출하였을 것으로 추정된다.
937) 藤井和夫, 朱洪奎, 「早稻田大學 會津八一博士記念博物館所藏 高句麗瓦博에 關하여」, 동북아역사재단편, 『일본 소재 고구려 유물Ⅳ』, 동북아역사재단, 2011.
938) 「공주박물관의 발자취」, 『박물관신문』 1973년 9월 1일자.
939) 『大東新聞』, 1947년 4月 14日字.

애를 썼으나 실패하고 말았다.

　　일본으로 도망친 가루베는 자신이 발굴한 백제 고분 출토품을 토대로 1946년에 『백제미술』이라는 저서를 냈으며, 1971년에는 『백제유적의 연구』란 책을 냈다. 그가 반출해 간 유물 일부는 도쿄국립박물관에 기증하기도 했다.[940] 그의 사후에 아들이 고분 출토품을 물려받았으나 한국인의 분노를 염려했음인지 아직 공개하지 않고 있어 어떤 유물이 얼마나 있는지 파악하지 못하고 있다.

※ 그 외 불법 조사 및 반출

시기	조사지역	조사자	조사유구	출토 및 수집유물	비고
1909년 3월 26일	강화도	和田雄治[941]	참성단	참성단 모퉁이에서 破瓦, 陶片을 채집	출처[942]
1913년	강화도	和田雄治	동막의 채석장	석부, 석기, 토기	『매일신보』1913년 11월 3일자
1913년 11월	강화도	和田雄治		석기 토기류 다수 발굴	출처[943]
1913년	함북	和田雄治	무산, 성진의 양지	석기 토기류	출처[944]
1914년	강원도 강릉 일대의 답사	和田雄治	오죽헌, 보현사, 문수사 석불, 석주, 심복사의 석탑 석불을 조사	심복사지에서 문자명와	출처[945]
1910년	개성	重田定一	만월대	蛇目紋平瓦 외에 연화문 파와와 당초문와를 채집	출처[946]
1931년	부산	동래고등보통학교 교유 及川民次郎	동삼동패총 발굴		출처[947] 발굴물은 경도대학에 기증
1934년	경남 동래군 낙동강안	大谷美太郎	大浦패총 발굴 조사		출처[948]
1932년 7월	익산	大谷勝眞	미륵사지 근처 조사	延祐四年銘 고와파편을 채집	출처[949]
1925년 8월	경주	東京帝國大學部 原林學博士	임해전지 발굴		출처[950]

---

940) 뒷편. '동경국립박물관 소장품 목록' 참조.

시기	조사지역	조사자	조사유구	출토 및 수집유물	비고
1914년 봄	황해도	河合弘民	옹진군 일대 요지, 신천군 용문면 추산동 야왕산 사기곡 요지 발굴	상당량의 고려자기편, 분청사기편 수집	출처951)
1906년 5월 ~1914년		木村宇太郎	성진일대	많은 석기시대 유물을 채집	석기시대 토기편 한 상자는 1915년에 일본 고고학회에 기증952)
1930년	부산	橫山將三郎	절영도 東三洞貝塚		출처953)
1930년	함경남도	橫山將三郎	함경남도 유판패총		출처954)
1933년	함경북도 함성군 용성면 농포동	橫山將三郎	油坂貝塚	骨角器, 石製品, 土器	출처955)
1933년	함성군 오촌면	橫山將三郎	元師台貝塚	骨角器, 石製品, 土器	발굴보고서 발표956)
1925년	경기도 광주	橫山將三郎	암사동 일대	다수의 토기	출처957)
1930년대 초	경기도 광주	橫山將三郎	암사동 일대	다량의 토기	채집한 석기, 토기 등을 자동차로 운반해야 할 정도958)
1925년 8월	경주	東京帝國大學部 原林學	임해전지 발굴조사		『考古美術資料 第22輯』959)
1933년 6월 16일	평양	齋藤武一, 齋藤房太郎	미림리	石錐 채집	출처960)
1928년 5월 13일부터 3일간	평양	森爲三, 橫山將三郎	미림리 석기시대 유적 발굴	골편 등	출처961)
1932년 7월	경주	早稻田大 石村眞次	천북면 동산리 지대 조사	석기 1개, 타제석부 2개, 마제석족 3개, 석검파편 1개, 토기파편 수개를 채집	조도전대학 인류학교실로 가져감962)
1932년 7월	경주	石村眞次	掛陵 배후의 구릉 석기 산포지	마제석족 3개, 석검파편 2개, 석기 1개, 石匙 1개, 토기파편 수개를 채집	조도전대학 인류학교실로 가져감963)
1910년		小林 모		鳥形高杯	동경대학 인류학교실로 기증964)
1932년	경주	杉原莊介	남산성지 부근	마제석부, 고배형토기, 乳形把手附土器를 채집	출처965)

941) 『皇城新聞』1905년 3월 21일자와 3월 2일자에는 인천임시관측소장 和田雄治씨가 기상대를 건축 준공하고 낙성연을 열었다는 기사가 보인다.
서울대학교 규장각 한국학연구원 자료(한국사 데이터베이스, 『宮內府案』奎 17801)에 의하면, 1899년 11월 10일자로 외부대신 朴齊純이 학부대신 李乾夏에게 보낸 '宮內府案' 문서에, "일본공사 林權助에 따르면 제국군함 大和함장 太田盛實, 중앙기상대 기사 和田雄治가 경복궁, 창덕궁 관람을 청하고 있다"는 조회의 문서가 보이며, 아울러 위 두 명의 관람을 윤허 받았다는 기록(11월 13일)도 보인다. 1905년 3월 30일자에는, "일본 공사관 林權助의 조회에 의하면 임시관측기사 和田雄治가 경의를 표하기 위하여 알현을 청한다"는 '請議書 70호'가 보이고 있다.
1907년 10월에 일본황태자가 왔을 때 인천 측후소장 화전은 인천에서 황태자를 맞아 수행하기도 했다. 1908년에는 농상공부 관측소 기사로 임명, 1909년 曾彌가 부통감으로 있을 당시 경주 순시에 함께 동행하기도 했다. 曾彌의 초도순시에 대해 和田雄治는 1917년에 간행한 『朝鮮古代觀測記錄調查報告』에서 일부 기술하고 있다. 그 기록에는 1909년 4월 21일에 부산항에서 光濟號에 편승하여 경주로 향했다. 일행으로는 曾彌 부통감과 그 수행원, 그리고 和田雄治와 그의 동료 平田 학사, 山本 기수가 있었으며 헌병 순사 등이 호위를 하였다. 和田의 기록은 경주 첨성대에 대한 기술이 중점이며 당시 첨성대 앞에서 찍은 사진과 석굴암 앞에서 찍은 사진이 남아있다(和田雄治, 『朝鮮古代觀測記錄調查報告』, 朝鮮總督府觀測所, 1917).
『每日申報』1911년 3월 3일자에는 다음과 같은 기사가 있다.
仁川觀測所長 和田雄治는 學部倉庫에서 天變抄謄錄, 風雲記 등 1750년 이후 漢城 天候에 관한 測候記錄을 발견하였는데 중간 결루가 많다.
『新韓民報』1911년 4월 5일자에는 다음과 같은 기사가 있다.
보배로운 기록. 일인들은 한국의 고적을 조사하여 보배스러운 책을 많이 들쳐 내었는데 전 학부 곳간에서는 천변초출록과 풍운기라는 책을 얻었음으로 서력 1750년 이후 전기를 력력히 알겠고 3월 2일에는 인천관측소장 일인 화전웅치가 궁내부 규장각 책고를 헤치고 승정원일기를 내어 왔는데 이는 인조대왕 이후로 융희2년까지 정사를 기록한 고로 280년간의 기상을 통계할 수 있다더라.
일제강점기 초에 전국을 답사하면서 관측 관련 조사를 한 자로 『조선고대관측기록』을 저술한 자이기도 하다. 和田雄治는 1913년 6월에 이학박사 학위를 받았는데 제출한 논문은 「朝鮮古今地震考」이다. 和田은 우리나라 고대 유물에 대한 관심이 많았다. 和田이 이학박사이지만 우리나라 유물에 관심이 많았던 것은, 동경대 인류학교실이 이학부에서 개설(1893년)되어 초기의 고고학, 인류학 연구가 의학박사, 이학박사들에 의해 이루어졌던 상황을 본다면 그리 이상한 것도 아니다.
和田雄治, 「朝鮮の先史時代遺物に就いて」, 『考古學雜誌』 4-5, 1914.에 의하면,
1905년에는 和田의 부하직원 기수 香川槐三이 인천 송림산록에서 작은 돌도끼(小石斧)를 채집하여 和田에게 주었는데 和田은 이것을 坪田박사에게 보내어 그 감정을 청하고 인류학교실에 기증했다.
和田雄治, 「朝鮮先史時代の遺物に就て」, 『朝鮮及滿洲』 제78호, 朝鮮及滿洲社, 1914년 1월, p. 58.에 의하면,
1907년에는 우인 정진홍(당시 수산국장)소유의 打製石槍을 보았다. 정진홍은 함경북도 발견품이라

했다. 고고학상 중요한 참고품으로 동대인류학교실에 기증했다. 1912년 2월 9일 우인 太田興吉씨 소유지 내를 산책하다가 우연히 石斧 2개를 얻어 인류학회에 보고(동년5월 보고) 나는 1914년 8월 백두산 등산을 가던 도중 함북 무산, 성진의 양지에서 또 본년 11월 강화도에서 석기 토기류를 다수 발굴하여 얻었다고 한다.

942) 和田雄治, 「江華島の塹城壇」, 『考古學雜誌』제1권 제8호, 1911년 4월.
943) 和田雄治, 「朝鮮先史時代の遺物に就て」, 『朝鮮及滿洲』제78호, 朝鮮及滿洲社, 1914년 1월.
944) 和田雄治, 「朝鮮先史時代の遺物に就て」, 『朝鮮及滿洲』제78호, 朝鮮及滿洲社, 1914년 1월.
945) 和田雄治, 「江原道 江陵の石柱」, 『歷史地理』제17권 제6호, p. 42.
946) 重田定一, 「高麗の舊都」, 『歷史地理』제16권 6호, 歷史地理學會, 日本歷史地理學會, 1910년 12월, p. 15.
947) 早乙女雅博, 「新羅の考古學調査 100年の硏究」, 『朝鮮史硏究會論文集』39, 朝鮮史硏究會, 2001년 10월. p. 77.
948) 早乙女雅博, 「新羅の考古學調査 100年の硏究」, 『朝鮮史硏究會論文集』39, 朝鮮史硏究會, 2001년 10월. p. 77.
949) 大谷勝眞, 「彌勒塔の記」, 『隨筆朝鮮』, 京城雜筆社, 1935.
950) 黃壽永 編, 「日帝期 文化財 被害資料」, 『考古美術資料 第22輯』, 韓國美術史學會, 1973에서 轉載.
951) 河合弘民, 「黃海道に於ける新發見の高麗窯」, 『朝鮮及滿洲』제88호, 朝鮮及滿洲社, 1914년 11월.
952) 木村宇太郎은 언제 한국에 건너왔는지 알 수 없으나 성진각국거류지 일본인 임시총대를 지낸 자로, 함경북도 성진에 재주하면서 성진 일대를 중심으로 석기시대 유적 유물을 조사하여 아래와 같이 일본 『고고학잡지』에도 여러 차례 발표를 하기도 했다.
木村宇太郎, 「銅鏃と土器」, 『考古學雜誌』제5권 제4호, 日本考古學會, 1914.
木村宇太郎, 「石器の磨製と裂製に就て」, 『考古學雜誌』제6권 제3호, 日本考古學會, 1915.
木村宇太郎, 「城津市內の遺跡と遺物」, 『考古學雜誌』제7권 7호, 日本考古學會, 1917.
木村宇太郎, 「錘石の形狀」, 『考古學雜誌』제12권 제2호, 日本考古學會, 1921.
木村宇太郎, 「石器時代の遺跡新發見」, 『考古學雜誌』제15권 제12호, 日本考古學會, 1925.
1906년 5월에 성진 송오리에서 타제석부 1개를 처음 발견했으며, 이로부터 1914년까지 성진 일대에서 많은 석기시대 유물을 채집했다(木村宇太郎, 「城津に於ける石器時代遺物遺跡發見始末」, 『考古學雜誌』제4권 9호, 日本考古學會, 1914).
「考古學會記事」, 『考古學雜誌』제5권 제6호, 1915년 2월에 의하면,
그간에 수집한 유물 중에서 석기시대 토기편 한 상자는 1915년에 일본고고학회에 기증했다.
953) 有光敎一, 『有光敎一著作集 第1卷』, 1990.
954) 早乙女雅博, 「新羅の考古學調査 100年の硏究」, 『朝鮮史硏究會論文集』39, 朝鮮史硏究會, 2001년 10월, p. 77.
955) 有光敎一, 『有光敎一著作集 第1卷』, 1990.
956) 有光敎一, 『有光敎一著作集 第1卷』, 1990.

957) 有光教一,『有光教一著作集 第1卷』, 1990.
958) 有光教一,『有光教一著作集 第1卷』, 1990, p. 9.
959) 小場恒吉의 조사 복명서에 나타나 있다.
"그런데 大正14(1925)年 8月 東京帝國大學部 原林學博士가 1個人으로 新羅時代에 있어서의 庭園 硏究를 위하여 慶州에 來訪함에 경주고적보존회는 본부고적조사계에 하등의 通牒도 발하지 않고 승인을 얻지 않고서 곧 동박사의 조사에 대하여 인부 債金을 任給하고 조금도 기술을 해치 못하는 1사무원에 명하여서 함부로 귀중한 殿址의 발굴조사를 하여 石渠, 石槽를 노출케 하여 신발견이라 칭하고 특히 地覆石과 그 위에 놓인 전과의 위치를 흩어 버려 연구자료를 잃게 함은 심히 유감으로 하는 바이다. 그런데 이것에 대하여 다시 埋沒 또 기타 적당한 정리 시설을 하지 않고 그대로 방치하여 둠은 수많은 귀중한 유적을 보유하는 경주의 장래에 관하여 이보다 더한 위험사는 없을 것이며 유물의 연구 보존상 실로 한심하기 짝이 없는 일이다. 이와 같이 그릇된 작업에 대하여서는 엄중히 取締하여 가하다고 믿는다"라고 하고 있다(黃壽永 編,「日帝期 文化財 被害資料」,『考古美術資料 第22輯』, 韓國美術史學會, 1973에서 轉載).
임해전지는 朝鮮總督府告示 제857호(朝鮮總督府官報 제3825호 소화14년 10월 18일)에 의하면 東洋石植株式會社 所有로 되어 있다.
960) 齋藤武一, 齋藤房太郎,「東京市大森區久ケ原町庄仙の石錐に就いて」,『考古學雜誌』제23권 10호, 1933년 10월.
961) 森爲三,「朝鮮石器時代に飼養せし犬の品種に就て」,『人類學雜誌』제44권 제2호, 東京人類學會, 1929년 2월.
962) 大坂金太郎,「在鮮回顧十題」'三. 石村眞次氏と慶州の石斧',『朝鮮學報』제45輯, 朝鮮學會, 1967년 10월.
963) 大坂金太郎,「在鮮回顧十題」'三. 石村眞次氏と慶州の石斧',『朝鮮學報』제45輯, 朝鮮學會, 1967년 10월.
964) 金元龍,「三國時代 動物形土器 試考」,『美術資料 6號』, 1962년 12월.
965) 早乙女雅博,「新羅の考古學調査「100年」の硏究」,『朝鮮史硏究會論文集』39, 朝鮮史硏究會, 2001년 10월.

3장

관권 및 기증·헌납에 의한 반출

1. 통감부, 조선총독부 등 국가행위에 의한 반출

1) 통감부에서 일본으로 반출한 서적

1910년에 도쿄제국대학에서는 한국을 연구하기 위해 한국 귀중서를 요청했다. 소네 통감(曾禰統監)은 1910년 4월에 연구자료의 제공이라는 핑계로 도쿄제국대학으로 엄청난 한국 귀중서를 반출하였던 바, 당시 신문에는 다음과 같은 기사가 실려 있다.

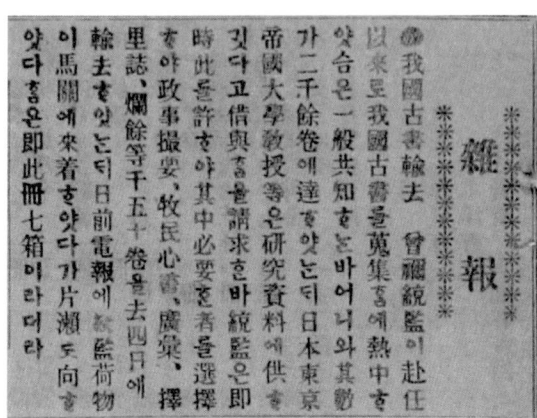

『황성신문』
1910년 5월 8일자, 잡보

3장_ 관권 및 기증·헌납에 의한 반출   *323*

소네 통감(曾禰統監)이 부임한 이래로 아국 도서를 수집함에 열중하얏슴을 일반 공지하는 바이거니와 그 수가 2천여 권에 달하였는데 일본 동경제국대학교수 등은 연구자료에 공(供)하겠다고 차여(借與)함을 청구하였던 바 통감은 즉시 이를 허(許)하야 그 중 필요한 것을 선택하여 고사촬요(故事撮要), 목민심서(牧民心書), 광휘(光彙), 택리지(擇里志) 등 1500여 권을 지난 4월에 수거(輸去)하얏는데 월전(月前) 전보에는 수하물이 바간(馬關)에 來着하얏다가 가다오세(片瀨)로 향하다 함은 즉 이 책 7상(七箱)이라더라(『황성신문』 1910년 5월 8일자, 잡보).

통감부에서 한국 고대서적 중 긴요한 것을 모두 걷우어 가는데 그 수가 2천여 종에 달했으며 금번에 일본 제국대학교수 등의 청구로 인하여 5월 4일에 1천5백 권을 일본으로 보냈으니 이는 한국 안에서 다시 구할 수 없는 서적이라더라(『신한민보』 1910년 6월 1일자).

한국서적 건너갔다. 증미통감이 종래에 한국서적을 다수히 구하여 그 수가 이천여 질에 달하는데 금번 일본 제국대학교수 등의 청구를 인하여 통감부에서 지난 4일에 책 1천 5백권을 보내었다더라(『대한매일신보』 1910년 5월 8일자).

그들은 한국의 여론을 의식하였는지 빌려 가는 형식을 취했지만 그 이후 1,500권의 귀중서는 한국으로 다시 돌아오지 않았으니 1923년 대지진 때 소실되었거나 아니면 현재 도쿄대학이 비장하고 있을 것으로 추정된다.

황성신문에는 다음과 같은 자성의 글도 함께 싣고 있다.

아국의 서적을 일본대학 교수에 참고하기 위해 동경으로 다수 수거(輸去)한다니 외국인은 아국 서적을 참고에 사용하기 위해 약시(若是)히 애중(愛重)하는데 아국 소위 교육계는 본국 서적을 파리변물(笆籬邊物)로 알고 있으니 실로 한심한 일이다(『황성신문』 1910년 5월 8일자, 만평).

이외에도 통감부에서 일본 궁내성 등으로 반출한 건이 보이고 있는데, 마에마 교사쿠(前間恭作)[1]는 통감부본(統監府本)에 대해서 『고선책보(古鮮册譜)』에서 "통감부 장본(藏本)은 상당한 분량의 것이었다. 소견(所見)의 일부분밖에 써 놓지 않아서 그것만을 기입하였다. 대부분은 후에 궁내성 등에 옮기고 잔여가 총독부의 도서해제에도 약간 산견(散見)한다"[2]고 한다. 마에마의 『고선책보』에 나타난 것의 상당수는 궁내성으로 반출한 것으로 추정할 수 있겠다.

---

1) 岩井大慧, 「前間先生小傳」(『古鮮册譜 附錄』제1권, 東洋文庫, 1944)에 의하면,
   前間은 1892년 慶應義塾을 졸업하고, 1892년 7월 외무성에서 조선 유학생을 모집하자 이에 응시하여 8월 11일부로 유학생으로 명받았다. 그는 부산을 경유하여 11월에 인천에 상륙하여 경성으로 들어왔다. 유학생으로 경성에서 2년 반을 보내고 1894년 7월에 영사관 서기관으로 명받아 인천에 근무했다. 1898년 7월 한국재근 외무서기생으로 명받아 다시 경성으로 옮기고 1902년 10월에 공사관 2등서기관으로 임명되었다. 1905년 12월에 한국통감부제가 발포되자 다음해 1월에 통감부 통역관으로 옮겨 총무부 외무과 겸 서무과에 근무했다. 1910년 조선총독부 시정 총독부 통역관으로 임명되어 총무부 문서과에 근무하다가 1911년에 퇴임하여 동경으로 돌아갔다. 전후 18년간 한국에서 생활하면서 막대한 조선 물품을 수집했으며 이와 관련한 귀중서 또한 엄청나게 많이 모았다. 활자본만 해도, 현종실록자 『三國史記』 50권 11책, 『東文選』 33권 15책, 初鑄甲寅字 『漂海錄』 3권 3책, 『五山集』 2책 등 무려 100여 종을 헤아린다.
   그의 수집 조선본은 『在山樓蒐書錄』, 『續在山樓蒐書錄』에 있다. 1924년에 장서는 동양문고에 기증했다. 나머지는 1941년에 동양문고에 기증했다.
   前幹恭作의 조선관계 著述로는 校訂交隣須知(1904), 韓語通(1909), 鷄林類事麗言攷(1926), 半島上代の人文(1938), (訓讀)吏文(1942), 鮮册名題(1946), 古鮮册譜(1945, 56, 57), 朝鮮の板本(1968) 등이 있다.
2) 前間恭作, 『古鮮册譜』 제1권 序文, 東洋文庫, 1944.

※ 『고선책보』에 수록한 '통감부 장서'

書目	수량	編者	所藏	비고
河西集	8책		統監府藏書目錄	『고선책보』p95
河氏辨誣錄	3책		統監府藏書目錄	p99
家禮增解	10책	李孟宗 編	統監府藏書目錄	p119
海齋文集	4책		統監府藏書目錄	p131
國朝名臣錄(寫本)	17책		統監府藏書目錄	p146
簡易集	9책	崔岦	統監府藏書目錄	p162
關聖帝君聖蹟圖誌(印本)	5책		統監府藏書目錄	p188
箕子志(印本)	3책	鄭璘基 編	統監府藏書目錄	p236
己丑記事	1卷		統監府藏書目錄	p242
紀年兒覽(寫本)	4책		統監府藏書目錄	p246
近齋集 全32卷(鑄字印本)	16책	朴胤源	統監府藏書目錄	p295
續景賢錄	2책	李楨	統監府藏書目錄	p371
桂察訪集	12卷 3책	桂德海	統監府藏書目錄	p382
湖陰雜稿	8卷 8책	鄭士龍	統監府藏書目錄	p456
高麗史	60책		統監府藏書目錄	p567
五禮儀(板本)	8책		統監府藏書目錄	p577
三學士傳(寫本)	1책	宋時烈	統監府藏書目錄	p654
思庵先生文集	3책		統監府藏書目錄	p722
史漢(印本)	15책		統監府藏書目錄	p726
資治通鑑(刻本)	74책		統監府藏書目錄	p754
沙村集 4卷	2책	張經世	統監府藏書目錄	p790
臺山集	10책		統監府藏書目錄	p1296
大東正路(印本)	5책		統監府藏書目錄	p1304
朝野輯要(寫本)	21책		統監府藏書目錄	p1374
思政殿訓義綱目	75책		統監府藏書目錄	p1387
陶庵集 51권		李縡	統監府藏書目錄	p1433
東國通鑑(印本)	23책		統監府藏書目錄	p1464
新增輿地勝覽(印本)	25책		統監府藏書目錄	p1473
遁翁先生集(板本)	4책	韓汝俞	統監府藏書目錄	p1517
楓皐集	8책	金祖淳	統監府藏書目錄	p1668
明義錄(印本)	3책		統監府藏書目錄	p1801
宙淵集	15책		統監府藏書目錄	p1861

1965년 6월 22일 도쿄에서 조인된 한일조약 및 협정 중 문화재 반환문제에 대한 전적은 한말에 한국에서 가져간 통감부본과 소네 통감이 가져간 163부 852책이 반환된 일이다.3) 당시 반환된 도서목록과 『고선책보』에 수록한 '통감부 장서'를 대조해 보면 『楓皐集』8책만 반환문화재 목록번호 4번으로 나타나 있으며 나머지에 대해서는 알 수 없다.

궁내청에 보관된 통감부본과 소네통감본은 통감부 또는 통감이라는 특수관권에 의하여 반출된 것이 분명하므로 제6차회담 때 이것을 청구하였는데 일본 측은 처음에는 그 내용조차 밝히지 않다가 1963년에 이르러 처음으로 그 목록을 제시하였다. 이홍직 박사의 조사에 의하면, 그것을 본즉 대략 영·정조 이래에 많이 유포된 전적이 대부분이고 또 필사본이 많았다고 한다. 궁내청 서릉부의 전적도 실물을 검수하여 본즉 그 필사본은 보통 항간에 돌아다니는 필사본이 아니고 궁중의 사본으로서 유래 있는 호화로운 사본이며 정조시의 규장각에서 경연용(經筵用)으로 쓴 것이 아닌가 하는 감을 주는 것도 있고 또 저명인의 장서인이 찍힌 것도 있었다고 한다.4)

2) 조선왕조실록 반출

조선왕조실록은 처음에 태조, 정종, 태종실록 각 2부를 등사하여 1부는 춘추관에, 1부는 충주사고에 봉안하였으며 세종27년에 다시 2부씩을 등사하여 신설사고인 전주와 성주에 분장하여 이때부터 춘추관과 성주, 전주, 충주의 사고(史庫)에 분장(分藏)하여 보관하였는데, 임진왜란으로 전주를 제외한 나머지는 모두 타 버렸다.5)

---

3) 李弘稙,「日本서 가져온 壬亂前 韓籍複寫本」,『한 史家의 流勳』通文館, 1972.
　반환된 전적은 그 내용에 있어서 또 서지학적으로 보아도 가치가 높다고 할 수 없어서 우리 측은 그것을 지적하고 보완하는 의미에서 임란에 약거한 귀중한 전적의 마이크로필름을 요청하였다고 한다.
4) 李弘稙,「日本서 가져온 壬亂前 韓籍複寫本」,『한 史家의 流勳』通文館, 1972.
5) 충주사고는 선조 25년 4월에 小西行長와 黑田長政의 군대에 의해 燒失되었으며 성주사고도 黑田長政의 군대에 의해 소실되었다. 춘추관사고는 4월말 御駕가 義州로 향해 도성을 떠나자 난민들이 궁에

선조39년(1606)에 이 잔본을 기초로 하여 4부를 중간하여 춘추관과 태백산, 묘향산의 사고에는 신인정본(新印正本) 실록을, 오대산에는 교정인쇄본(校正印刷本)을 분장(分藏)하고, 원본 즉 전주본은 강화 마니산 사고에 보관하였다.6) 이후부터는 역대실록을 편찬하여 인출할 때마다 3사고에 추가 봉안하였는데 전례에 의하여 정족산, 태백산, 적상산에는 정인본을, 오대산에는 교정인쇄본을 두었다.

오대산에 보관된 것은 철종까지의 실록 761책, 의궤 380책, 기타서적 2,469책, 계 3,610책이었다. 이들은 모두 궤(櫃)에 넣었는데, 궤는 실록궤 82, 서책궤 86, 공궤 7궤가 봉안되어 있었다.7) 『황성신문』1900년 11월 13일자 기사를 보면, "강화 정족산성사고 책자 폭서시에 1책을 분실한 일로 비서랑 이병소(李秉韶)가 황주 철도로 3년간 유배되었다"는 기록 등으로 보았을 때 이때까지는 보관에 철저를 기했던 것으로 보인다.

들어가 弘文館 收藏의 書籍과 他庫에 수장되었던 史草, 承政院日記 등과 함께 불태웠다.
전주사고는 왜군들이 전주를 공격하자 參奉 吳希吉과 선비 孫弘祿, 安義가 6월 22일 실록을 정읍 내장산의 龍窟庵으로 疏開시켰기 때문에 화를 면할 수 있었다. 1년 후 선조가 강서에 있을 때 史官 宣傳官 등이 파견되어 정읍 내장산에서 손홍록 안의 등과 함께 실록을 아산으로 옮겨 다시 해로를 통해 해주로 옮기게 되었다. 선조 28년에는 해주에서 강화로 移安되었으며 선조 30년 4월에는 정유재란으로 다시 香山으로 이안하였다. 선조 34년에는 寧邊府內 客舍로 이안하였다가 선조 36년 다시 강화에 봉안함으로서 실록의 명맥을 보전할 수 있었다(丸龜金作, 「朝鮮全州史庫實錄の移動と宣祖の實錄複印」, 『史學雜誌』第49編6號, 1938; 裵賢淑, 「太白山史庫 實錄 板本考」, 『奎章閣 11』, 서울대학교도서관, 1988, pp. 2~3.).
6) 그 뒤 묘향산사고는 인조11년(1633년) 청과의 관계 악화로 무주 적상산으로 옮기고, 마니산본은 인조 14년(1636년) 병자호란 때 대파하여 落張과 落帙이 많이 생긴 것을 顯宗 때 다시 보수하여 신설한 同郡의 鼎足山史庫로 옮기어 두었으며, 춘추관본은 인조2년(1624년)에 있었던 李适의 난 때 화재를 만나 불타버렸다. 이후 정족산본과 춘추관본을 합쳐 1건을 형성하였으나 또 효종 때에 마니산사고의 화재로 일부가 소실되었다. 이에 落卷을 보충하기 위하여 修補하였으니 전후 4차에 걸쳐 修補가 있었다. 1차는 춘추관 殘本으로 보완할 때, 2차는 孝宗 때, 3차는 顯宗 때, 4차는 肅宗 때이다(參考: 裵賢淑, 「鼎足山史庫本 實錄 調査記」, 『奎章閣 10』, 서울대학교도서관, 1987, p. 83; 瀨野馬熊, 「李朝實錄 所在의 移動에 대하여」, 『靑丘學叢』第4號, 靑丘學會, 1931.).
7) 裵賢淑, 「五臺山史庫와 收藏書籍에 대하여」, 『書誌學硏究』創刊號, 書誌學會, 1986, p. 86.

그 후에 오대산사고본은 1906년 4월에 폭서한다는 기록이 보이고 있다.[8] 1909에는 궁내부 사무관 무라카미 류키치(村上龍吉)가 사고를 조사하고 궁내부대신에게 보낸 오대산사고 조사보고서에 의하면 "사고의 상고(上庫)에 봉장(奉藏)한 책자에는 이상이 없었으나 실록궤의 자물쇠가 파손되거나 분실된 적이 있었을 뿐만 아니라 붙인 장첩(粧帖)이 파손되기도 하였고 홍복(紅袱) 등이 없는 것도 있다고 하였다. 그리고 하고(下庫)에 상장(尙藏)한 책자에는 부식(腐蝕)이 있고 자물쇠의 파손과 분실은 상고보다 심하여 궤의 부후(腐朽)와 파괴도 많았고, 붙인 번호와 목록이 상이(相異)한 것도 많은 실정"이라고 보고한 것이다.[9] 통감부시기에 와서 상당히 등한히 했던 것이 아닌가 생각된다. 분실에 대한 기록은 볼 수 없으나 그 관리가 얼마나 소홀했는지를 말해 주고 있다.

1910년 9월 30일에는 칙령 제356호로 조선총독부에 취조국을 설치하고[10] 1911년 6월에 조선총독부 취조국이 이왕직의 역대기록, 기타 도서 14만 8백여 책과 홍문관, 규장각, 집옥재, 시강원, 북한산이궁(北漢山離宮: 行宮), 강화의 정족산, 무주 적상산, 봉화 태백산, 평창 오대산사고를 강제 접수하였다.[11]

강제 접수한 이후 총독부에서는 1910년 11월부터 강원도 강릉군 오대산에 있는 사고에 관한 사무는 강릉군수가 구관(句管: 맡아서 다스림)하기로 결정했다.[12] 당시의 사정은 1911년의 기록을 보면, 사고 수호를 위해 사고에는 승군 40명을 20명씩 1년 교대로 근무했다는 기록이 있다.[13]

---

8) 『皇城新聞』官報, 1906년 4월 21일.
9) 『隆熙三年十月二十五日五臺山實錄曝曬時形止案』: 裵賢淑, 「五臺山史庫와 收藏書籍에 대하여」, 『書誌學硏究』創刊號, 書誌學會, 1986. 재인용.
10) 『朝鮮總督府30年史』, 朝鮮總督府, 1940. p. 225~226.
11) 『朝鮮慣習制度調査事業槪要』, 朝鮮總督府中樞院, 1938. p. 25.
12) 『每日申報』1910년 11월 16일자.
13) 「五臺山月精寺僧應元等處〈禮曹完文〉」, 『朝鮮寺刹史料』下, 朝鮮總督府 內務部地方局纂輯, 1911년 3월, pp. 68~70.
『朝鮮寺刹史料』는 1910년 8월부터 경기도, 충청북도, 전라남도, 경상남북도, 강원도, 평안도, 황해,

1912년 11월 5일에는 세키노 일행이 오대산사고를 조사했는데, 오대산사고는 2동으로 이루어졌으며 주위는 석담을 두르고 있었다. 남동(南棟)은 실록각으로 누상(樓上)에는 실록을 납하고 궤에 보관하였으며, 계하(階下)에는 사서, 시문집의 간본 등을 장치해 두었다. 그리고 북동(北棟)은 선원보각(璿源寶閣)으로 계보류(系譜類)를 납(納)하고 궤(櫃)에 수장(收藏)하였다 하고, 선원보각소장의 순조원년에 중교보간한『선원계보기약(璿源系譜紀略)』간본 8책을 꺼내어 조사했다는 기록이 있다.[14]

또한 이때 조선왕조실록을 조사한 세키노는 다음과 같이 기술하고 있다.

> 강화도사고, 춘양 태백산사고, 강릉 오대산사고, 무주 적상산사고 중에서 가장 볼만한 것은 태백산과 오대산의 사고로 공히 선조39년의 경영으로 될 것이다.[15]

이처럼 오대산사고본을 중요시하자, 이에 탐이 난 도쿄제국대학은 총독 데라우치에게 도쿄제국대학에 오대산사고본을 기증해 줄 것을 간청했다.[16]

이때 주동적인 역할을 한 자가 시라토리 구라키치(白鳥庫吉)다. 오대산사고본 실록에 탐이 난 도쿄대학은 시라토리를 한국에 파견하여 수 차 데라우치 총독을 만나 도쿄대학에 기증해 줄 것을 간청했다. 1913년 여름에 조선총독 데라우치로부터 허락이 떨어지자 시라토리는 도쿄대학의 출장을 명받아 이를 옮기기 위해 8월 하순에 한국에 건너왔다.

시라토리는 "내가 도착하기 전에 데라우치 총독의 명으로 이미 경성에 수송한 고로, 반수는 바로 도쿄으로 보내고, 오대산에 남아 있는 잔부(殘部)는 직접 도쿄로 수

함경남도의 現存 寺刹에 있는 碑文, 事蹟, 重修記, 懸板, 上樑文 등의 資料를 수집하여 1911년 3월에 朝鮮總督府 內務部地方局에서『朝鮮寺刹史料』2冊을 간행한 것이다.
14) 谷井濟一,「朝鮮通信2」,『考古學雜誌』第3卷 第5號, 1913년 1월, pp. 58~59.
15) 關野貞,『朝鮮の建築と藝術』, 岩波書店, 1941, p. 172.
16) 稻葉岩吉,「震災と鮮滿史料の佚亡に就て」,『朝鮮史講座』, 朝鮮史學會同人, 1923.

송하기로 하여 11월에 이르러 전부 도쿄에 도착하여 도쿄제국대학도서관에 비장하게 되었다"라는 것으로 보아 도쿄대의 요청을 받고 데라우치 총독은 시라토리가 한국에 오기 전에 이미 오대산사고본을 경성으로 옮기고 있던 과정에 시라토리가 한국에 건너온 것으로 보인다. 그래서 시라토리는 경성에 옮겨진 것은 바로 도쿄로 보내고, 미처 옮기지 못한 것은 오대산으로 본인이 직접 가서 도쿄로 반출하여 1913년 11월에 도쿄제국대학에 비장한 것이다.17) 이는 태조 때부터 철종 때까지의 기록으로 권수는 총계 1,700권이고 책 수는 1,200여 책이나 되었다.18)

당시 도쿄대학에서 실록을 진장한 데 자극받은 교토제국대학의 사와야나기(澤柳) 총장도 총독과 교섭하는 중이며 조만간 교토대학에도 기증될 것으로 예상하고 있었다.19) 그런데 어떤 연유인지 모르지만 교토제국대학에는 실록이 기증되지 않았다. 아마 한국인의 감정을 고려하여 불허했던 것이 아닌가 생각한다.

도쿄대학으로 반출된 오대산사고본의 운명은 너무나 가혹하여 1923년 9월 1일 관동대지진 때 대부분 불타 버리고, 겨우 157권 57책을 남겼다. 오대산사고본이 소실되자 경성대학 법문학부에서는 세키노가 중시하던 또 하나의 태백산사고본20)을 저본(底本)으로 하여 1930년에서 1932년까지 3년에 걸쳐 30부를 사진판으로 발행해 그 대부분을 일본으로 가져갔다.21) 그 대가인지는 모르지만 도쿄대학으로 반출되어 화재를 면한

---

17) 「李朝實錄につきて」, 『史學雜誌』第25編第2號, 史學會, 1914년 2월, p. 127.
18) 稻葉岩吉, 「震災と鮮滿史料の佚亡に就て」, 『朝鮮史講座』, 朝鮮史學會同人, 1923.
19) 「李朝實錄につきて」, 『史學雜誌』第25編第2號, 史學會, 1914년 2월, p. 127.
20) 1930년 경성제국대학(서울대학)으로 이관되어 보관해 오다가 1985년 총무처 정부기록보존소장의 요청으로 현재 부산의 정부기록보존소로 이관되었다.
21) 「李朝實錄の影印出版」, 『靑丘學叢』第2號, 1930年 11월, pp. 182~184.
   李謙魯, 『通文館 책방비화』, 1987.
   裵賢淑의 조사(태백산사고 실록 판본고)에 의하면, 일제가 影印을 하면서 解册했을 가능성도 다분히 있다고 한다. 이때 다시 編綴하면서 原綴絲를 사용했는지 아니면 새로운 철사를 사용했는지 여부는 미상이나 만약 원철사를 버리고 새로운 철사를 사용했다면 원철사는 한 책도 없다고 한다.

157권 57책 중에서 59권 27책은 1932년에 경성대로 돌려받고 나머지 98권 30책은 도쿄대학에 소장되었다.[22] 나머지 30책과 그 후 더 발견된 17책을 합쳐 47책은 2006년에 기증 형식으로 고국으로 돌아왔다.

3) 조선왕실의궤 및 기타 서적

선조 39년(1606) 오대산사고에 선원보략과 실록이 봉안된 이후 의궤 등은 제작 완료되면 각 소에 분장해 왔는데, 오대산사고의 선원보각에는 1904년과 1905년에도 의궤를 보장한 기록이 보인다.[23]

오대산사고의 실록이 일본으로 반출된 이후 의궤 380책, 기타 서적 2,469책의 행방에 대해 그 소재가 명확하지 않다.

조선왕실의궤가 궁내청 서릉부에 소재한다는 사실은, 1991년 천혜봉 교수를 단장으로 하는 조사단에 의해서 처음 밝혀졌다.[24]

---

22) 『鄕土』第1卷 1號, 正音社, 1946. 7.
23) 儀軌護送. 秘書卿 李載崑氏가 內部에 照會하되 各都監儀軌을 江陵 五臺山 奉化 太白山 茂朱 赤裳山城史庫에 奉安次로 秘書郎 以下가 卽日 陪往하난디 道路에 有剪徑之患이라 期圖沿邑에 發送하야 莫重公行에 俾無踈漏케하라신 旨을 承奉하얏스니 所經 各郡에 訓飭하야 校卒을 派遣 護送케 하라하얏더라(『皇城新聞』1904년 11월 23일자).
의궤봉안
각 도감의궤를 강릉 오대산과 봉화 태백산과 무주 적상산성으로 지난 23일에 봉안차로 비서원랑 이하가 배종하는데 도중에 도적의 염려가 있으니 연로 각읍에서 호송하여 막중한 통행에 소홀함이 없도록 하게하라 하옵신지라 내부에서 각군에 호송하라 하였다(『大韓每日申報』1904년 11월 26일자).
護送儀軌
宮內府에서 內部에 照會ᄒ되 各都監에서 儀軌를 史庫에 奉安次로 秘書郎以下가 陪往이온바 沿路에 剪遼之患이 慮有이오니 期圖沿邑之護送ᄒ야 莫重公行에 俾無踈漏케 ᄒ라신 旨意를 奉有ᄒ와 玆庸仰佈ᄒ오니 訓飭所經各郡ᄒ야 另派巡校巡卒ᄒ야 鱗次護送케 ᄒ라 ᄒ얏더라(『皇城新聞』1905년 05월 30일자).
24) 文化財管理局, 「宮內廳 書陵部 所藏 韓國典籍」, 『日本所在韓國典籍目錄』, 1991.

2006년에 '조선왕실의궤환수위원회'가 출범되고 2006년 10월에 환수위는 직접 일본궁내청을 방문하여 명성황후국장도감의궤, 대례의궤 등을 열람했다. 그런데 의궤 뒷면에는 '대정11년(1922년) 5월 조선총독부 기증'이란 날인이 있었다고 한다. 이 사실만으로 보면 1922년 조선총독부가 일본 궁내청 황실도서관에 조선왕실의궤를 기증함으로써 반출되었다는 것을 확인할 수 있다. 그러나 조선왕실의궤가 1922년 조선총독부가 반출했다는 내용만 전할 뿐 일본 황실 내 도서관으로 흘러간 경위조차 베일에 싸여 있었다.

1913년 시라토리가 오대산사고에 남아 있던 사고본을 도쿄로 반출한 상황에 대해 『월정사 사적기』에는 다음과 같이 기술하고 있다고 한다.

> 1914년 3월 3일 총독부 소속 관원 및 평창군 서무주임 오게구치(桶口) 그리고 고용원 조병선 등이 와서 본사(월정사)에 머무르며 사고와 선원보각에 있는 사책(史冊) 150짐을 강릉 주문진으로 운반하여 일본 동경제국대학으로 직행시켰다. 그 때 간평리의 다섯 동민이 동원되었는데 3일에 시작하여 11일에 역사(役事)를 끝냈다.[25]

『월정사 사적기』에 나타난 일정은 착오로 보이나, 당시 "사고와 선원보각에 있는 사책 150짐"을 옮겼다는 것은 실록뿐만 아니라 다른 것도 도쿄로 옮겼다는 이야기가 되는 것이다.

아사미 린타로(淺見倫太郎)는 「구정부의 비장한 기록(2)」이란 글에서,

> 장서는 선원각과 별관에 충실하였더니 선원각에 저장한 것은 이왕가의 계보와 제종의 의궤류 기타 정부의 인쇄한 것과 개인의 인쇄물을 납본한 것이니 이 사판도

---

25) 李龜烈, 『한국문화재 수난사』에서 재인용.

2, 3백부에 달한다 하나 모두 영조 이후의 인본으로 인정할 만한 것에 불과하고 이 사각의 실록은 지금은 동경제국대학에 보관하여 있으며[26]

라고 하며, 실록의 소재는 밝히고 있으나 의궤 등의 행방에 대해서는 밝히지 못하고 있다. 원래 실록을 제외한 의궤 380책, 기타서적 2,469책 있었다고 하는데 아사미의 기술은 훨씬 못 미치는 수량이다.

마에마 교사쿠는 『고선책보』 제1권 예언에서, "오대(五台)의 목록은 구형(舊形)이 보존되어 있어서 입본(入本)의 순서 연대가 추지(推知)된다. 이 본은 후에 모두 경성에 가져가서 총독부에 모아둔 것 같이 듣고 있는데 그 잡서(雜書)는 하나도 총독부의 해제에 오르지 않았다. 어떻게 된 것인지 모르겠다"[27]고 기술하고 있어 더욱 의문을 갖게 한다. 1913년에 실록을 반출할 때 의궤와 기타 서적 일부를 함께 반출한 것으로 추정케 하는 대목이라 할 수 있다. 1914년 참사관분실은 오대산사고의 도서를 서고에 이전했다. 1916년에는 『조선도서대장』을 작성했는데 여기에 나타난 목록에 의궤 목록이 들어 있었다고 한다. 이 목록에 부여된 도서번호와 이번에 반환된 의궤의 표지에 부착된 번호지의 도서번호가 일치하는 것으로 보아[28] 조선왕실의궤는 실록과 함께 반출된 것이 아님을 확인한 것이다.

조선왕실의궤는 조선왕실의궤환수위원회의 꾸준한 노력에 의해 2011년 10월 노다 요시히코(野田佳彦) 총리가 방한하면서 『대례의궤』 등 3종 5책을 반환했다. 그리고 2011년 12월에 조선왕실의궤 등 도서 147종 1,200책을 '인도' 형식을 취하여 반환받았다. 서책 대부분은 이토가 반출한 것으로 알려져 있다.

1914년에는 4월 8일부터 10일까지 3일간 공과대학 건축과에서 《건축학과 제5

---

26) 『每日申報』 1916년 10월 4일자.
27) 前間恭作, 『古鮮册譜』 제1권 序文, 東洋文庫, 1944. 예언.
28) 김정임, 「조선왕조 의궤의 현황과 반출 경위」, 『되찾은 조선왕실 의궤 도서』, 국립중앙도서관, 2011.

회전람회》를 가졌다. 이때 진열했던 서적류와 문서류는 그 목록이 구체적으로 밝혀져 있지는 않다. 그러나 실록에 대해서는 "오대산의 실록은 구랍(舊臘) 옮겨져 현재 도쿄 제국대학 부속도서관에 보관되어 있다."고 하고 있다. 그런데 전람회에 진열한 중요 목록 중에는 놀랍게도 『오대산상원사중창권선첩(五臺山上院寺重創勸善帖)』과 세조(世祖) 및 세자 이하 당대 지명제신(知名諸臣)의 자서(自署), 인장 등이 나타나 있다.29) 이들은 모두 오대산사고에 진장되었던 것으로 보이는데 당시 진열되었던 조선 관계 유물에 대해 "이상 진열품의 대부분은 세키노 박사가 최근 조선에서 가지고 온 것"이라고 하고 있다.30) 세키노 일행이 반출한 것이라면 1912년 11월 5일에 오대산 상원사와 오대산사고를 조사하고31) 곧바로 반출한 것으로 보인다. 하지만 당시 세키노 일행이 어떤 것을 얼마나 반출했는지 알 수 없다. 오대산사고에 함께 보관되어 있던 기타 서적의 행방을 찾는 일에도 꾸준한 노력이 필요하다.

---

29) 『考古學雜誌』第4卷 第9號, 1914년 5월, p. 57.
30) 「朝鮮藝術展覽會」, 『史學雜誌』第25編第5號, 史學會, 1914년 5월.
   『考古學雜誌』第4卷 第9號, 1914년 5월.
31) 谷井濟一, 「朝鮮通信2」, 『考古學雜誌』第3卷 第5號, 1913년 1월, pp. 58~59.
   藤井惠介, 早乙女雅博 외 2명 편, 『關野貞アゾア踏査』, 東京大學總合研究博物館, 2005.

4) 조선총독부가 일본왕실 등에 헌상한 물품

1914년부터 1919년까지 조선총독부가 일본왕실에 헌상한 물품은 다음과 같다.

품명	수량	출산지	출처	비고
조선형선모형(朝鮮形船模型)	1쌍	전매과	『매일신보』1914년 7월 16일자	1914년 조선총독부에서 일본왕실에 헌상
갑사(甲紗)		중앙시험소	同	1914년 조선총독부에서 일본왕실에 헌상
화생(花生)	1대	중앙시험소	同	1914년 조선총독부에서 일본왕실에 헌상
문화(文畵)	1개	중앙시험소	同	1914년 조선총독부에서 일본왕실에 헌상
양치수입(養齒水入)	1개	중앙시험소	同	1914년 조선총독부에서 일본왕실에 헌상
서화지(書畵紙)	1종	중앙시험소	同	1914년 조선총독부에서 일본왕실에 헌상
시전지(詩箋紙)		중앙시험소	同	1914년 조선총독부에서 일본왕실에 헌상
대반지(大半紙)		중앙시험소	同	1914년 조선총독부에서 일본왕실에 헌상
서간지(書簡紙)		중앙시험소	同	1914년 조선총독부에서 일본왕실에 헌상
청주(淸酒)	1본	중앙시험소	同	1914년 조선총독부에서 일본왕실에 헌상
행주(杏酒)	2본	중앙시험소	同	1914년 조선총독부에서 일본왕실에 헌상
묵일상(墨一箱)		이왕직미술관제작	同	1914년 조선총독부에서 일본왕실에 헌상
아안박제(野雁剝製)		경성고등보통학교	同	1914년 조선총독부에서 일본왕실에 헌상
산묘박제(山猫剝製)		경성고등보통학교	同	1914년 조선총독부에서 일본왕실에 헌상
취청박제(鷲鶄剝製)		경성고등보통학교	同	1914년 조선총독부에서 일본왕실에 헌상

품명	수량	출산지	출처	비고
나전세공, 옥석제품, 백고려자기 및 기타 자기		상공과	『매일신보』1915년 5월 19일자	1915년 조선총독부에서 일본왕실에 헌상.
농무과에서는 미, 대두, 율,		농무과	同	1915년 조선총독부에서 일본왕실에 헌상.
인삼, 연초, 소금		전매과	同	1915년 조선총독부에서 일본왕실에 헌상.
명포, 한천		수산과	同	1915년 조선총독부에서 일본왕실에 헌상.
朝鮮形漁船模型 외 19점		해사수산박물회 출품	『매일신보』1916년 6월 23일자	1916년 조선총독부에서 동경수산강습소에 기증
해사수산박물회 출품물	일부	해사수산박물회 출품	同	1916년 조선총독부에서 도쿄대학에 기증
해사수산박물회 출품물	일부	해사수산박물회 출품	同	1916년 조선총독부에서 도쿄출장소에 기증
호피 1개		함경북도에서 획득한 것	『매일신보』1917년 6월 9일자.	1917년 조선총독부에서 일본왕실에 헌상
鹿角 1개		함경남도에서 획득한 것	同	1917년. 조선총독부에서 일본왕실에 헌상
한산모시		충청남도에서 製織한 것	同	1917년. 조선총독부에서 일본왕실에 헌상
紙卷, 煙草			同	1917년. 조선총독부에서 일본왕실에 헌상
자기 2개(靑磁魚模樣彫刻花瓶, 漆手鳥模樣瓶)			同	1917년. 조선총독부에서 일본왕실에 헌상

5) 조선총독부가 반출한 이천의 5층석탑

오쿠라집고관은 한국에서 반출해 간 막대한 고려자기 등을 진열하고 있었으며 또한 경복궁 안의 자선당을 이건하고 평안남도 대동군 율리면에 있던 8각석탑까지 반출하여 정원에 이건하였다. 그것도 모자라 또 다른 1기의 석탑을 반출하고자 한국의 석탑을 물색하던 중 평양 정차장 앞의 7층석탑32)에 눈독을 들여 이를 양수하고자 하였다.

　　　　　1918년에 오쿠라집고관의 이사 사카와 요시로(阪谷芳郎)는 평양정차장 앞의 7층석탑에 대해 양도해 줄 것을 희망하는 문서를 총독부에 보내왔다. 이때 총독부에서는 평양 정차장 앞의 7층석탑은 이미 많은 사람들에게 알려져 있기 때문에 반출 시 한국인의 반감을 우려하여 이를 허락하지 않았다.33) 그러나 일본의 거물 오쿠라의 부탁을 외면할 수 없어 대신에 많은 사람들에게 알려져 있지 않은 다른 석탑을 주기로 결정했다. 이에 시정5주년기념공진회 때 이천에서 총독부박물관으로 옮겨온 5층석탑을 지목하여 오쿠라집고관에서 양수해 갈 것을 추천하였다.34) 시정5주년기념공진회 전에 총독부박물관으로 옮긴 것은 읍내 향교 가까이에 있던 5층탑 1기와 안흥사지석탑 1기를 기록하고 있는데35) 이는 시정5주년기념공진회에 전시하기 위해 옮겼던 것이다. 당시 향교 근

---

32) 關野貞의 『朝鮮美術史』에서, "平壤六角七重石塔은 평양 대동공원내에 있는 육각칠층석탑으로 元廣寺라 칭하는 寺의 廢址에 있던 것을 보존하기 위하여 지난 해 정거장 앞에 옮겨 놓았다가 그 후에 다시 지금의 곳에 옮겨 놓았다"고 기록하고 있다.
　齋藤岩藏의 「平南の名所舊蹟を訪ねて」(『朝鮮』, 1930년 9月, 朝鮮總督府, p. 89.)에는, "明治39年에 평양정차장 부근으로 옮겼다가 大正15년(1926)에 다시 練光亭의 공원 내로 옮겨 지금에 이르고 있다"라고 하고 있다.
　그리고 關野貞 『朝鮮의 建築과 藝術』(1942, 岩波書店, p. 566)에서는 [編者註]에 "현재는 평양박물관 내에 있다"라고 하고 있다.
33) 金禧庚 編, 「韓國 塔婆研究資料」, 『考古美術資料』第20輯 考古美術同人會에 의하면, 이에 대해 1918년 10월 3일자 '고적조사위원회 의안'의 '석탑 양도의 건'에서, "평양정차장 앞의 석탑은 1906년 정차장 설치 시부터 지금 장소에 있어서 세인(世人)의 숙지(熟知)함이 되었으므로 이를 타에 옮김은 적당하지 못하다"고 하고 있다.
34) 金禧庚 編, 「韓國 塔婆研究資料」, 『考古美術資料』第20輯 考古美術同人會, p. 275.
35) 1916년 今西龍 일행이 이천읍 부근 석탑을 조사한 기록(今西龍, 『大正5年度 古蹟調査報告』, pp. 104-105.)을 보면, 이천읍 부근 석탑 소재지를 다음과 같이 기록하고 있다.
　(1) 읍내 향교방 2기(그 중 1기는 총독부박물관으로 이건)
　(2) 읍내면 안흥리 안흥사지 1기(총독부박물관으로 이건)
　(3) 읍내면 진리 1기
　(4) 읍내면 관고리 1기

처에서 와편 등이 출토된 것을 보면 이 일대가 사지임에 틀림없는데 이곳에서 박물관으로 이건하였던 이천향교 부근의 5층석탑을 반출 허가하였던 것이다.

해방 이후 정부는 대일현물배상의 요구로 1차 목록을 1949년 3월에 맥아더 사령부에 제출하였는데 이 속에는 '동경 오쿠라집고관 소장 5층공양탑'이라 하여 반환목록에 포함시켰다. 국내의 여론은 배상의 성질이 아니고 부정한 수단에 의하여 강탈당한 우리 재산에 대한 반환 요구인 만큼 배상 문제와 분리시켜 시급히 찾아와야 한다는 것이었다. 당시 외무장관은 "이것들은 배상 문제와 분리시켜 시급히 찾아오도록 조처하고 있는데 그 시기에 대해서는 예언할 수 없으나 반드시 찾아오겠다"고 하였다. 또한 문교당국에서도 "간악한 일본인들이 어느 정도 에누리해 나올른지 모를 일이고 무엇보다도 양산부부총이나 신라5층석탑을 비롯한 100여 점의 극히 귀중한 물건들은 불법적으로 건너간 것들이기 때문에 그것들은 우리 문화인들이 일본에 가서 쉽게 찾아올 자신이 있다"했으나 반환할 의사가 전혀 없는 그들에게는 백방의 노력도 허사였다.

2. 관료들에 의한 반출

1) 이토 히로부미가 반출한 문화재

(1) 이토 히로부미가 반출한 고려자기

한국에서 고려자기를 반출한 대표적인 인물로 이토를 빼놓을 수 없다. 미야케는

---

(5) 읍내면 송정리 1기

"이토 공도 남에게 선물할 목적으로 성(盛)히 모은 한 사람으로 한 때는 그 수가 천 점 이상이 되었을 것이다"36)고 한다. 이토는 그 스스로가 고미술품을 애호 애장한 것이 아니라 주로 정치적으로 활용하기 위하여 고려자기를 수집하였던 것으로 보인다. 그는 일본 관공소나 일본의 거물급들에게 주로 선물을 하기 위해 한번에 30점 또는 40점씩 우수품을 사서 관공소나 일본의 고관들에게 기증 또는 선물을 하기도 했다.37)

그가 일본 거물이나 접촉하는 인사들에게 고려자기를 선물하는 일에 얼마나 열중했는지, 이토 히로부미가 만주 시찰 중 회견을 할 사람들에게 고려자기를 선물할 생각으로 소네 통감에게 전보를 하여 고려자기를 사서 보내라고 했다. 전보를 받은 소네는 즉시 기관보사장 오오오카 이시오(大岡力)에게 고려자기를 사모으라고 했다.38)는 기사가 보인다.

이렇게 하고 며칠 지나지 않아 이토는 1909년 10월 26일 안중근 장군에 의해 사살되었으니, 그는 죽기 전까지 고려자기에 대한 욕심을 버리지 못했다.

러일전쟁 이후 한동안 서울에 재주하였던 나라사키 데츠카(楢崎鐵香)는, "통감 이토 히로부미 공은 일본과 조선을 왕래하면서 많은 고려소와 조선의 불상

『황성신문』
1909년 10월
22일자 기사

---

36) 三宅長策, 「そのころの思ひ出 '高麗古墳發掘時代'」, 『陶磁』6卷 6號, 1934年 12月.
37) 박병래는 『도자여적』(中央日報社, 1974, p. 27.)에서 이토의 일화를 거론하면서, "초대 통감 이토는 전례대로 청자를 한 짐 싣고 도쿄역에 도착했다고 한다. 플렛트에 마중 나온 사람들에게 이토가 내려오면서 '자네들에게 주려고 고려청자를 선물로 가져왔으니 기차에 올라가 꺼내 가지라'고 했다"고 한다.
38) 『大韓每日申報』1909년 10월 22일자; 『皇城新聞』1909년 10월 22일자, 1909년 10월 24일자.

을 내지로 가지고 왔다고 들었다"고 증언하고 있다.[39] 그러나 그가 가져갔다는 불상에 대해서는 어떤 것이 얼마나 반출되었는지 알려진 것이 없다.

그의 수집품은 조선고적도보가 발간될 즈음에는 이미 일본으로 반출되어 일본 귀족 또는 고위 관리들의 수중으로 들어갔거나 도쿄박물관에 기증되어 그의 이름으로 게재된 것은 보이지 않고 도쿄박물관 소장으로 게재된 것들이 보인다.

1912년 이시즈카(石塚) 농공부장관이 일본 공업시찰을 할 때의 이야기로, 이시즈카는 1912년 7월 19일 오후 교토에 도착하여 20일까지 교토시의 상품진열관 및 도자기시험소를 참관했다. 이 도자기 시험소는 각종 실험적 연구를 하여 도자기 업자의 각종 질의에 답하여 도자기의 개량발전을 도모하고자 설립한 것인데, 시험실에는 이토 히로부미가 일찍이 이곳에 왔다가 기증한 고려자기도 진열하였다[40]고 하는데, 그 수는 알 수 없다.

이토가 반출한 것 중에서 가장 우수한 것 103점은 1907년에 일본왕실에 헌상하였다. 이것은 도쿄박물관에 진열되었다가 1966년 한일회담 때 한국으로 반환받았다.

(2) 이토 히로부미가 빌려간 서책

이토는 도자기 뿐만 아니라 한국 귀중서에까지 손을 뻗쳐 상당수의 한국 서적을 일본으로 반출하였다. 일본의 전문 학자를 불러 폭서한다는 핑계로 규장각 서고에 있던 옛 책들을 밖으로 꺼내 조사케 하고, 한국 연구를 위해 빌려가는 형식을 취해 많은 한국 귀중서를 가져갔다.

이토는 〈규장각 폭서목록〉이라는 책자를 만들어 귀중본을 따로 모아 도쿄 제대로 옮긴 후 조선 역사를 깊이 연구하도록 했는데, 그 목록에는 과거의 한일관계와 관련

---

39) 楢崎鐵香, 「朝鮮陶瓷器漫筆」, 京城日報, 1937년 12월 2일.
40) 『每日申報』1912년 7월 30일자.

된 역사적 사건이 기록되어 있는 귀중본이 많았다고 한다.[41]

이토가 통감으로 있을 당시에 폭서한 기록이 신문지상에 1906년과 1908년 두 번의 기사가 보이고 있다.[42] 1906년의 폭서 때에는 누가 주모자였는지는 나타나 있지 않으나 1908년의 경우에는 구로사키(黑崎)라는 자가 담당한 것으로 되어 있다. 구로사키(黑崎)는 즉 구로사키 미치오(黑崎美智雄)란 자로 『융희2년6월직원록』(1908년)에 의하면 당시 궁내부 사무관으로 궁내부 농림과장 겸 인사과 사무관에 이름이 등재되어 있다(당시 궁내부차관은 小宮三保松). 1921년에 조선중앙경제회에서 편찬한 『경성시민명감』에 의하면, 이 자는 일본에 있을 당시에 도쿄외국어학교 조선어학과를 졸업하고 그 후 도쿄불어학교에서 불어법률과를 졸업하고 1895년부터 신문사에 근무하였으며, 1906년에 한국에 건너와 국민신보에 관계하다가 1907년에 궁내부사무관으로 임명받은 것으로 나타나 있다. 이런 경력으로 보아 한국학 지식이나 한국어가 상당한 수준이었을 것으로 보이며 폭서 과정에서 한국 귀중 서적에 대한 내용 파악도 겸하였을 것으로 추정된다.

당시 한국 도서는 모두 통감부에서 장악하고 일본인들에 의해 관리되고 있었기 때문에 얼마나 많은 양의 귀중본이 반출되었는지는 파악할 수가 없다.

백린 박사에 의하면, 1960년대에 규장각 도서를 정리하던 중 1911년도 조선총독부 취조국의 도서관계서류철을 발견하였는데, 이는 규장각 도서의 접수관계 서류철로서 이 중에는 이토에게 대출한 도서목록이 있었다고 한다. 이 목록에 들어 있는 도서는 현재 규장각 도서 중에는 없는 책들이고 또 당시 한일관계에 있어 가장 중요한 자료

---

41) 이구열, 『문화재 수난사』, 돌베개, 1996.
42) 近日 北闕內 奎章閣에서 册庫에 積置한 册子를 曝書하는데 오래 동안 검열치 아니하여 부상한 것이 많아 일제히 曝書하려면 多日이 費하겠고, 각 처 산성에 積置한 서적도 차제 폭쇄한다더라(光武 10年(1906) 10月 30日字 萬歲報).
규장각의 黑崎. 奎章閣及集玉齋에 積置한 각종 서적을 日前부터 康寧殿에서 曝曬한다는데 폭쇄하는 사무는 일본인 黑崎가 擔任하얏더라(隆熙2年(1908) 8월 22일자 大韓每日申報).
집옥재 및 규장각에 보관한 제반책자를 폭서하다(1908년 8월 22일자 皇城新聞).

라 할 수 있는 것들이다.

1911년 5월 15일부로 일본 궁내부대신 와타나베 찌아키(渡邊千秋)가 당시의 조선총독 데라우치에게 보낸 조회공문 내용의 골자는 "이토 히로부미가 한일관계 사항의 조사를 위한 목적으로 한국서적을 지래(持來)하였던 바 이것도 이토의 사후에는 이 도서를 일본 궁내성 도서료에 보관하고 있는데 이는 일본왕족 공족 실록편수에 참고서로서 또한 이들 도서는 일본의 제실도서 중에서도 없는 책이니 양도해 달라"는 내용이다.[43] 양도를 요청한 도서는 정치, 역사, 인물에 관한 것과 문집, 읍지 등을 포함한 33부 563책에 달했다. 읍지를 제외한 이들 도서는 모두 규장각 도서로서 서고장서록(西庫藏書錄)에 수록되어 있는 것이다. 이 속에는 현재 우리나라에는 없는 유일본이거나 또는 현 규장각 도서 중에 낙질본이 많이 있는데, 백린 박사가 지적한 사항에는 다음과 같은 것들이 있다.

서목	수량	편자	간년	비고
邑誌	八道分 74책	弘文館	英祖年刊	현재 규장각에 있는 읍지보다 가치가 있는 것
祖鑑	4권	趙顯命	1728년	영조4년에 趙顯命에게 명하여 열조 이래의 가언과 선정을 분류 산정한 것
國朝通記	10책			규장각도서 중에는 사본 1책만 남아 있다.
三忠錄	1권			
嶺南人物考	17책		正祖朝	경상도 출신의 정치인과 학자의 略傳, 백린 박사는 현재 일본 궁내성 도서료에 보관으로 추정.

---

43) 일본 궁내성 문서인 이토가 반출한 도서를 양도해 달라는 공문(1911년 5월 22일)은 다음과 같다.
별지 목록의 조선전적은 앞서 일한관계 사항 조사 자료로 쓸 목적으로 고 이등 공작이 한국으로부터 가져온 것입니다. 동 공작이 훙거한 후에는 당성 도서료에 보관시켜 두고 있는 바 동 도서료에서는 관제상 왕족 공족의 실록편수 사무도 관장하고 있으므로 이들 편수상 필요한 참고서로도 되고 있고 또 종래 제실도서 중에는 아직 존재하지 않은 것도 많은 형편이라 이상의 전적은 제실도서 중에 편입시키고 싶다는 취지로 모두 당성에 양도할 것으로 조치를 하였으면 합니다. 이상 조회합니다.
1911년 5월 15일 궁내대신 백작 도변천추
조선총독 백작 사내정의 전
(국립중앙도서관, 『되찾은 조선왕실 의궤 도서』, 2011.)

서목	수량	편자	간년	비고
瀋陽日記	9책			병자호란 후 인질로 심양으로 가있던 昭顯世子와 鳳林大君 등의 滯留日記
東史補遺	4권 4책		1846년	우리나라 역사서에 부족한 점을 보충한 책
寄齋雜記	天, 人 2책	朴東亮		백린 박사는 현재 궁내성에 있을 것으로 추정

그러나 이들은 반환문화재 목록에는 하나도 들어 있지 않으며 문화재 반환시에 이미 『서릉부장서목록』이 책자로 간행되었으나 반환 문제와 직접 관계되므로 반포(頒布)가 중지되었다고 한다.[44]

그 외 이토가 가져간 대출도서 목록은 백린 박사의 「이등박문에 대출한 규장각 도서에 대하여」에 『국조보감(國朝寶鑑)』 26책, 『신임기년찬요(辛壬紀年撰要)』 7책, 『지봉류설(芝峯類說)』 10책 등을 포함하여 자세하게 게재되어 있다

백린 박사의 발표 후 2002년에 이상찬의 조사(「이등박문이 약탈해 간 고도서 조사」)에 의하여 『도서관계서류철』(규 NO. 26764)에 있는 「한국전적 양도에 관한 건」에서 77종 1,028책(한국궁내부규장각본 33부 563책, 구통감부채수본 44부 465책)을 가져갔다는 사실이 밝혀졌다.(대출도서 목록은 동기록에 揭載되어 있다.) 이는 백린 박사의 조사에서 나타난 숫자와는 다른 것으로 이상찬은 『도서관계서류철』(奎 NO. 26764)에 있는 「한국전적 양도에 관한 건」에는 15번과 16번이 있는데 백린 박사가 16번 문서를 보면서도 15번 문서에 전혀 주목하지 않은 탓이라고 한다. 이상찬이 밝혀낸 15번 문서에는 1911년 5월 23일자 기안으로 조선총독부 취조국이 일본 궁내성에 보낸 문서로서 이토가 반출해 간 77종 1,028책 중에서 24종 200책은 양도 가능하다는 것이고 이를 제외한 53종 828책은 돌려줄 것을 요청한 내용이다. 그러나 취조국 문서에는 이토가 반출해 간 도서를 반환받았다는 기록이 어디에도 없다고 한다.[45]

이토가 한국서적을 반출한 시기에 대해, 백린 박사는 "이토 히로부미(伊藤博文)

---

44) 白麟, 「伊藤博文에 貸出한 奎章閣 圖書에 대하여」, 『書誌學』 創刊號, 韓國書誌學硏究會, 1968.
45) 李相燦, 「伊藤博文이 掠奪해 간 古圖書 調査」, 『韓國史論』 48. 서울대학교 人文大學 國史學과, 2002.

가 이 책을 언제 가져갔는지 기록이 없어 확실치는 않지만 이토가 특사로 두 번 내한한 일이 있는데 즉 1904년 2월 한일의정서가 성립된 다음 3월에 특파대사로 내한한 바 있고, 제2차는 1905년 2차 한일협약 체결시에 이토가 특사로서 내한한 바 있으니 이 양년 중에 어느 때인가 가져간 것"으로 추정하고 있다. 그러나 '통감부채수본(統監府采收本)'이라는 것은 통감부가 설치된 이후에 수집한 것이기 때문에 그 시기는 통감부가 설치된 1906년 1월 이후라야 맞는 것이다. 이상찬에 의하면, 이토가 가져간 규장각본 33종 563책 중에 현재 규장각이 소장하고 있지 않은 도서는 4종 8책인데, 이들은 『규장각서목』과 『폭서목록』에는 모두 동일한 제목과 책 수가 확인되고 있으나, 1912년의 『서적목록대장』에서는 확인되지 않는다고 한다. 이는 1908년까지는 규장각에 소장되어 있었다는 것을 말하는 것으로 이토가 일본으로 보낸 시기는 1908년 이후로 볼 수 있다. 또 이토가 가져간 '통감부채수본' 중에는 1908년 11월에 간행된 『면암집(勉庵集)』 등이 있다고 한다. 따라서 이토가 한꺼번에 가져갔다면 1908년 11월 이후라야 맞는 것이다.[46]

1911년 5월 15일부로 일본 궁내부대신 와타나베 찌아키(渡邊千秋)가 당시의 조선총독 데라우치에게 보낸 조회공문에 대해 회답한 문서는 서울대학교 규장각 한국학연구원에 소장되어 있는 '조선전적 양도에 관한 건(1911년 5월 23일 기안)'으로 남아 있는데, 그 내용은 다음과 같다.

  '조선전적 양도에 관한 건'
  장관
  총무부장관사무취급 완
  5월 22이부 조을발 제4596호로 조선전적 양도에 관하여 궁내대신으로부터 조회의 건 통지취지를 승람하고 궁내성으로부터 보내온 서적 목록 중 죄기 서적은 양도하

---

46) 이상 伊藤博文의 書籍 搬出에 관한 件은 졸저 『우리문화재 수난사』와 『유랑의 문화재』에 이미 게재한 것이지만, 수정 보완한 것임.

는데 지장이 없으나 기타 서적은 구규장각에서도 소장하고 있지 않고 또 참고상 필요한 전적이므로 반려해 주도록 궁내성에 조회해 주셨으면 합니다. 이상 회답 드립니다.

추신: 별지 서면은 통지한 내용에 따라 반려합니다.[47]

이 문서는 조선총독부 취조국의 공문으로 양도 가능한 도서목록을 제시하면서 그 외의 도서는 반려할 것을 요구하는 내용이다. 그러나 이에 대해 아무런 조치를 취하지 않고 궁내청에 그대로 남아 있었던 것이다.

2002년에 이상찬의 조사(「이등박문이 약탈해 간 고도서 조사」)에 의하면 『도서관계서류철』(규 NO. 26764)에 있는 「한국전적 양도에 관한 건」에는 77종 1,028책(한국궁내부규장각본 33부 563책, 구통감부채수본 44부 465책) 중 11종 90책은 1966년에 반환을 받았다.

이토가 빌려간 나머지 도서는 2011년에 반환받았다. 2011년 12월 한국에 돌아온 조선왕실의 의궤 및 왕실 도서를 포함하여 150종 1,205책이다. 왕실 도서를 제외한 66종 938책은 이토 히로부미가 대출했다가 반납하지 않고 궁내청에 보관했던 것이다. 이로써 이토가 빌려간 총 77종 1,028책을 모두 반환받게 되었다.

(3) 이토 히로부미가 귀국 시에 가져간 것

이토는 1909년에 일본으로 귀국할 때에도 8백여 권의 한국의 귀중도서를 일본으로 반출했는데, 그 서목이 거의 밝혀져 있지 않다.

『신한민보』1909년 8월 25일자에 의하면, 이토 히로부미가 귀국할 때 규장각에 보관하였던 책자 8백여 권을 가지고 갔는데 그 중에는 태조 때 편찬한 『팔역지도(八域地圖)』 두 권까지 포함되어 있으며, 기타 서적들도 규장각에 특별히 간수하였던 것이라고 한다.

---

[47] 국립중앙도서관, 『되찾은 조선왕실 의궤 도서』, 2011.

또한 『매천야록』에 의하면, "이토 히로부미가 일본으로 돌아갈 때 내각서책(內閣書冊)을 싣고 갔으며 태조 때 만든 지도 3권도 그 가운데 들어 있었다"고 한다. 신한민보와 매천야록에는 동일한 사안을 기술한 것으로 보이는데 8백여 권 중에 구체적으로 더 이상 어떤 것이 있었는지 밝혀진 것이 없다.[48] 그 외에 조선 왕실에서 하사한 그림 등도 일부 있었다.[49]

그런데 이상찬의 조사에 나타난 이토가 가져간 77부 1,028책 속에는 『팔역지도』 또는 그 외의 조선 지도로 추정할 수 있는 것이 보이지 않는다. 그리고 신한민보 기사에서 "규장각에서 특별히 간수하였던 것"이라고 하는 점으로 보아 이토가 귀국하면서 앞에서 서술한 백린 박사와 이상찬의 조사에 포함되지 않은 별도의 것을 가져간 것으로 보인다.

이토의 한국 문화재 약탈에 대해 『신한국보』 1909년 11월 2일자에는 다음과 같은 기사가 있다.

소위 대표적 세계 인물이라고 자랑하는 이등박문(伊藤博文)이 을사년 정변에 경성에 도달하던 길로 조약을 특정하고, 〈중략〉 황실존엄과 궁위숙청을 빙자하고 만병으로 궁문을 파수하여 실속으로는 덕수궁, 창덕궁을 감옥소를 만들고 자의대로 책명을 발하여 13도를 지휘명령하며 너의 말로 문명사상이 발전되었다는 만고역적

---

48) 伊藤博文이 歸國할 때 奎章閣 안에 보장하고 있던 書籍 8백여 권을 가져갔다. 어떤 자가 아첨하기 위하여 내어준 듯하다고 한다(『大韓每日申報』1909년 7월 29일자).
  伊藤이 귀국할 때 奎章閣 안에 있던 書冊을 가져갔는데, 이 속에는 한국 高皇帝 當年에 편찬한 八域地圖라는 책 두 권도 가져갔다더라(『大韓每日申報』1909년 7월 30일자).
  伊藤博文의 內閣書冊 持去
  14일, 伊藤博文이 귀국하자 李完用은 省墓를 한다는 핑계로 미리 출발하여 大田에서 伊藤博文을 전송하였다. 이때 伊藤博文은 內閣의 書冊을 가지고 갔는데 太祖 때 편찬한 地圖 3권이 그 속에 끼여 있었다(『梅泉野錄』제6권, 隆熙 3년 1909년).
49) 皇帝陛下께서는 伊藤博文에게 下賜할 차로 삼천원어치 옛그림과 書冊을 사셨다더라(『大韓每日申報』1909년 7월 7일자).

송병준 일진회를 교촉하여 기강을 탁란하며 국가의 역사적 보물은 모두 동경 박물원으로 운송하거나 내장성에 옮겨가고, 〈중략〉 이는 이등박문(伊藤博文)이 일본의 통감으로 한국의 재류한 지 5년 간에 알뜰히 망해 놓은 사적이라.

이토가 빌려갔던 도서는 반환받았지만, 이토가 귀국하면서 가져간 서적들은 아직 행방이 묘연하다.

2) 소네 아라스케(曾彌荒助)가 반출한 문화재

(1) 소네 아라스케(曾彌荒助)가 반출한 서적

소네는 명치유신 이후 내각기록국장, 내각관보국장, 법제국서기관장, 중의원서기관장, 농상무대신을 역임하고 1901년 대장대신을 거쳐 1908년에 한국부통감으로 임명, 6월 14일에 통감으로 임명되었다.[50]

소네 아라스케는 한국통감으로 있으면서 옛 책들을 다량으로 수집하여 일본 왕실에 헌상했으며, 한국의 구가와 서원과 사찰에서 갈취한 귀중한 서적들을 무더기로 반출해 갔다. 그 일부는 1965년까지 일본 궁내청 서릉료에서 '소네 아라스케 헌상본(獻上本)'이라 하여 은밀하게 보관되다가 극히 일부만 한일국교정상화 후 반환 문화재의 일부로 돌아왔다.

마에마 교사쿠의 『고선책보』에는 "증미본은 증미황조 자작이 통감으로 재임 중 수집한 것으로 이것은 분량이 많지 않다. 졸거 후 궁내성에 납입되어서 지금 도서료에 현존한다."[51]고 하는데, 『고선책보』에 수록한 '증미자작 장서'는 다음과 같다.

---

50) 『매일신보』1910년 9월 15일자.
51) 前間恭作, 『古鮮册譜』제1권, 東洋文庫, 1944, p. 2. 例言.

※『古鮮册譜』에 수록한 '曾彌子爵 藏書'

書目	수량	編者	所藏	비고
畏齋存守錄	2책	李端夏	曾彌子爵 藏書所見	
易學啓蒙要解	3권 4책		曾彌子爵 藏書目錄	p48
家禮增解	2책		曾彌子爵 藏書目錄	p120
海東名將傳	3卷 3책		曾彌子爵 藏書目錄	p144
閑客巾衍集	1책	寫本	曾彌子爵 藏書目錄	p166
欽欽新書(寫本)	32卷 10책	丁若鏞	曾彌子爵 藏書目錄	p288
詞庵集(寫本)	7책	申玩	曾彌子爵 藏書目錄	p363
經筵問答(寫本)	1책		曾彌子爵 藏書目錄	p366
檢身錄(寫本)	1책	李縡	曾彌子爵 藏書目錄	p430
宣廟寶鑑(寫本)	10卷 5책		曾彌子爵 藏書目錄	p586
三書輯疑	2책	權尙夏	曾彌子爵 藏書目錄	p680
書社輪誦(寫本)	1책	李縡	曾彌子爵 藏書目錄	p849
小華詩評(寫本)	1책	洪萬宗	曾彌子爵 藏書目錄	p854
聖學輯要(寫本)	4책	李珥	曾彌子爵 藏書目錄	p1052
太湖集(寫本)	5책	普愚	曾彌子爵 藏書目錄	p1251
湍相年譜(寫本)	2卷 2책		曾彌子爵 藏書目錄	p1278
地球典要	13卷 7책	崔漢綺	曾彌子爵 藏書目錄	p1315
宙衡(寫本)	27卷 10책	李縡 編	曾彌子爵 藏書目錄	p1342
鄭蕤閣集(寫本)	3책	朴齊家	曾彌子爵 藏書目錄	p1402
陸律分韻(寫本)	39권 13책		曾彌子爵 藏書目錄	p1430
南溪年譜(寫本)	4권 4책		曾彌子爵 藏書目錄	p1550
兵學指南(寫本)	4권 1책		曾彌子爵 藏書目錄	p1708
增修無寃錄(寫本)	2권 2책		曾彌子爵 藏書目錄	p1795
爛餘	26책	金在魯 撰	曾彌子爵 藏書目錄	p1872
兩賢傳心錄(寫本)	4책		曾彌子爵 藏書目錄	p1924
禮疑類集(寫本)	15권 5책		曾彌子爵 藏書目錄	p1954
嶺誌要選(寫本)	1책		曾彌子爵 藏書目錄	p1958
儀文註釋(寫本)	10권 8책	柳根	曾彌子爵 藏書目錄	p1965
老淵雜識(寫本)	4권 2책	吳熙常	曾彌子爵 藏書目錄	p2014

1966년에 반환받은 반환문화재 도서목록과 『고선책보』에 수록한 '증미자작 장서'를 대조해 보면 『고선책보』에 수록한 '증미자작 장서' 146책 중 127책은 반환받은 것으로 확인된다. 이 중 아직도 돌려받지 못한 것은 가례증해 2책, 해동명장전 3책, 한객건연집 1책, 서사륜송(寫本) 1책, 소화시평(寫本) 1책, 정유각집(寫本) 3책, 증수무원록(寫本) 2책, 영지요선(寫本) 1책, 선묘보감(寫本) 5책 등 총19책이다. 이는 다른 곳에 비장되어 있거나 돌려주지 않은 것이다. 『고선책보』에 수록된 것은 소네의 장서 중 일부일 것으로 판단되며, 상당수는 어디엔가 비장되어 있을 것으로 생각된다.

(2) 소네의 석굴암5층탑 반출 의문

석굴암 본존불 뒤 즉 11면관음상 앞에는 현재 대석만 남아 있는데 이곳에는 아름답기 그지없는 5층사리탑이 놓여 있었다고 한다. 석굴 안에는 원래 두 기의 작은 석탑이 있어서 석굴의 본존대불을 중심으로 앞뒤에 안치되어 있었던 것으로 추정되는데 이는 1913년 중수공사를 할 때 두 탑이 안치되었던 화강암 대석(臺石)과 작은 석탑(石塔: 상부와 상륜부)이 수습된 사실로도 알 수 있다. 그런데 1909년 2대 통감 소네가 경주의 초도순시 때 그 수행원들과 함께 석굴암을 다녀간 후 이 탑이 사라졌다고 한다.

소네 부통감이 석굴암을 방문한 것은 고적조사원들의 정식 조사가 있기 전으로 그가 석굴암을 방문한 직후의 석굴암 사진과 그 내용이 1910년에 간행한 『조선미술대전』에 실려 있다. 사진은 소네 일행의 관리들이 석굴암본존상을 배경으로 찍은 사진으로 그 해설편에서는 "선년(先年) 소네 통감 일행이 동암(同菴)에 이르러 처음으로 이를 발견하였으며 이외 방인(邦人)의 학자 및 조사원 등은 아직 발길이 닿지 않았다"라고 하고 있다.52) 여기서 '선년(先年)'이라고 하는 것은 곧 1909년을 지적하는 것으로 소네가 경주를 초도순시한 해와 일치한다.53)

---

52) 『朝鮮美術大觀』'第2部 彫鑄' 第1圖 및 解說, 朝鮮古書刊行會. 1910년 2월.
53) 曾禰의 초도순시에 대해 諸鹿央雄는 '明治41년(1908) 춘'이라고 하고, 大坂는 '明治42년(1909) 추'

1909년 소네의 경주 초도순시
(初度巡視) 때의 사진

라고 하여 소네의 경주 방문시기가 명확하지 않다. 1907년 통감부관제를 개정하여 새로 부통감제를 설치함에 따라 曾禰가 임명되었으며, 이토가 1909년 6월에 일본 추밀원 의장으로 전임하게 되어 일본으로 귀국하고 소네가 그 뒤를 이었기 때문에(『朝鮮年鑑』, 京城日報社, 1941), 曾禰가 부통감으로 있었던 시기는 1909년 6월 이전이 된다. 따라서 '1909년 秋'라는 것은 시기가 맞지 않다.

曾禰의 초도순시에 대해서 1917년에 간행한 和田雄治의『조선고대관측기록』에 의하면, 1909년 4월 21일에 부산항에서 巡邏艦 光濟號에 편승하였는데 당시 일행으로는 曾禰 부통감과 그 수행원, 그리고 和田와 그의 동료 平田 학사, 山本 기수가 있었으며 헌병 순사 등이 호위를 했다고 한다. 이 책자에는 첨성대 앞에서 찍은 사진 1매가 실려 있는데, 이는『조선미술대관』에 실려 있는 석굴암 앞에서 찍은 소네 일행의 복장과 일치하고 있다. 또한『조선미술대관』에 수록한 사진 2매를 보면, 석굴 입구의 작은 나뭇가지에 나뭇잎이 하나도 보이지 않는다. 가을이라면 나뭇가지에 아직 잎이 남아 있어야 한다. 따라서 소네의 경주초도순시는 와다 유지(和田雄治)의 기록대로 1909년 4월이 정확한 것으로 보인다. 그들은 포항에서 상륙하여 1박을 하고 이튿날 4월 22일 오후 8시에 경주에 도착한 것으로 나타나 있다. 皇城新聞 1909년 4월 28일자에는 曾禰 일행이 4월 26일에 경주에 도착했다는 기사가 있다. 和田는 직접 일행 속에 있었으며 첨성대 연구에 몰두하고 있었기 때문에 일정을 메모해 두었을 것으로 추정되나, 皇城新聞 기사는 전보 등에 의한 것이기 때문에 신문기사 쪽이 더 신빙성이 있어 보인다. 和田의 기록은 경주의 전반적인 여행을 기술한 것이 아니라 경주 첨성대에 대한 기술이 중점이었기 때문에 석굴암에 대한 구체적 기록은 보이지 않지만 능묘를 비롯한 고종, 고사찰, 첨성대를 살펴본 것으로 나타나 있기 때문에 曾禰 일행의 석굴암 방문시기임을 알 수 있다.

1909년 소네의 경주 순시 후 5층탑은 사라졌으며, 이에 대해서는 여러 설이 있다. 오쿠다 코운(奧田耕雲)의 기록에는 소네 통감 때 가지고 갔다고 하고,[54] 일제 강점기 초의 경주박물관장이였던 일인 모로가 히사오(諸鹿央雄)의 기록에는 모대관의 순시 후 사라졌다고 하며, 야나기 무네요시(柳宗悅)는 당시 목격자의 회술을 빌어 소네 아라스케 통감이 가져갔다고 추정하고 있다.[55] 이 후 이 탑의 행방에 대해 나카무라 료헤이(中村亮平)는,

> 유설(流說)에 의하면 모 씨의 저택에 옮겨져 있는 것이 아닌가 하는 이야기가 있다.[56]

라고 하고 있다. 그러나 이 탑의 반출 경로나 행방에 대해서는 아직 정확한 기록이 보이지 않고 있다.

3) 데라우치 마사타케(寺內正毅)의 미술품 수집과 반출

1902년 이래 육군대신인 데라우치는 1910년 5월에 제3대 한국통감에 임명되었고, 육상을 겸하면서 국권 침탈을 주도하여 그해 10월 1일 초대 조선총독에 임명되었다. 그리고 1916년 10월 일본의 내각수반으로 옮겨가기까지 약 6년간 혹독한 식민통치를 자행했다.

---

54) 奧田耕雲, 『新羅舊都 慶州誌』, 大正8年 9月. p. 215.
    十一面觀音前의 小石壇에는 원래 五重의 석탑이 있었는데 曾禰 통감시대에 持去하고 지금은 어떻게 되었는지 알지 못한다.
55) 야나기 무네요시, 「석불사의 조각에 대하여」, 『조선을 생각한다』.
    九面觀音 앞에 작고 우수한 五重塔이 안치되어 있었다고 한다. 이것은 후에 曾禰荒助 통감이 가져갔다고 말하고 있으나 진위는 불명하다.
56) 中村亮平, 『朝鮮慶州之美術』, 1929. p. 36.

봉덕사종 앞의 데라우치
(『매일신보』1912년 11월 14일자)

그는 통치기간 동안 살벌한 분위기 속에서[57] 막강한 권력을 이용하여 방대한 한국 미술품을 수집하였다. 그는 특이하게도 무관 출신이면서도 한국 문화재에 많은 관심을 가지고 있었다. 얼마나 한국 미술품에 욕심이 많았는지 그는 정신없이 바쁜 시기에도 미술품 수집에는 끈을 놓지 않고 있었다. 1910년 8월 22일 강제 한일병탄조약이 맺어진 후 경술국치 직전의 신문에는 다음과 같은 기사가 있다.

사내총독 근태. 사내총독은 시국의 대강을 이미 해결함으로 심중에 한가함이 생기면 혹 남산구락에 출왕소요(出往逍遙)도 하고 혹 골동상 등을 소집하여 우리나

---

[57] 朴榮喆은 「歷代總督의 人物, 내가 본 伊藤·曾根·寺內·長谷川·齋藤·山梨·宇垣의 7대 總督記」(『삼천리』제6권 제5호, 1934년 05월)에 寺內의 인물평에 대해 다음과 같이 평하고 있다.
그가 동경서 육군대신으로 있다가 6월부터 7월까지 2개월 동안에 비밀히 한국병합위원회라는 것을 設하여 외무성정무국장 倉地鐵吉, 내각서기관장 柴田家門, 법제국장관 安廣伴一郎, 척식국서기관 江木翼, 부총재 後藤新平, 小松綠. 兒玉秀雄의 제위원으로부터 각종 제도법령의 입안과 한국 황실의 대우안 등을 모두 만들어 가지고 7월 23일 인천에 상륙하여 경성에 들어오던 날의 광경은 실로 무시무시하여 위의(威儀)를 갖추었다. 〈중략〉 그뿐더러 모두가 武谷第一이었다. 군속, 철도원, 기사 같은 평화한 직무를 보는 자에도 칼을 채우고 심지어 벌레 하나 아니 죽일 듯한 여학생을 교육하는 여학교 교사들에게까지 칼을 채워 殺氣橫溢한 외관을 이루었다. 그리고 寺內 자신은 겁(恸)많은 이로 관저 이외에는 나다니지 못하였고 다니더라도 사복, 헌병 등으로 열을 지을 지경이었다.

라 고미술품을 수집 완상한다더라.58)

그가 시간을 내어 골동상들을 소집했다는 것은 수집을 목적으로 한 것이었으며, 조선총독으로 취임한 이후에는 미술품 수집에 더욱 열을 올렸다. 『조선고적도보』에 그의 소장품으로 게재되어 있는 숱한 고고유물, 도자기, 불상 등이 이를 대변하고 있다. 이 중에는 우수한 고려자기도 상당수 포함되어 있다.

그가 고미술품을 좋아한다고는 하지만 스스로 발벗고 나서서 방대한 양을 수집하지는 않았을 것이다. 이 속의 대부분은 청탁성 뇌물 및 특혜 사례의 상납이 상당했을 것으로 보인다.59)

후지타 료사쿠(藤田亮策)는 문화재 보존에 관련하여 "조선 고문화재는 어디까지나 조선 안에 보존하면서 조선의 진실을 알리기 위한 자료가 되게 하라는 데라우치 총독의 방침은 완고하리만치 엄격히 준수되어.... 운운"60)하고 있다. 물론 그가 한국을 떠나면서 총독부박물관 설립을 그의 한 공적으로 남기고자 '금동미륵반가사유상'61)을 포

---

58) 『皇城新聞』 1910년 8월 26일자.
59) 박계리는 「조선총독부박물관 서화컬렉션과 수집가들」에서, "조선에 와서 6년이라는 짧은 기간 동안 그렇게 안목 높은 컬렉션을 구축할 수 있었던 데에는 이완용, 이윤용 등과 같이 고미술에 조예가 있었던 한국 귀족의 청탁성 뇌물 및 특례사례의 '상납'에 의지한 바도 적지 않을 것으로 추측"하고 있다(박계리, 「조선총독부박물관 서화컬렉션과 수집가들」, 『근대미술 연구』, 국립현대미술관, 2006).
60) 藤田亮策, 「朝鮮古文化財の保存」, 『朝鮮學報』 제1輯, 1951.
61) 이 불상은 국보 제78호로 1912년에 淵上貞助이 데라우치 총독에게 기증한 것인데, 『조선고적조사약보고』(1914)에 실린 '대정원년 촬영 조선유적 사진목록'에는 "三國時代銅造彌勒像-淵上貞助"로 기록하고 있다. 형식상으로는 몇 천원에 판 것으로 하고 있지만, 총독 데라우치가 이 불상의 존재를 안 이상 내놓지 않을 수 없었을 것이다. 데라우치는 1916년 총독부박물관이 창설되면서 박물관에 기증 전시하였다.
박물관에 남아 있게 된 것은 다행스러우나 참으로 아쉬운 것은 이 중대한 유물이 그 자체가 가지고 있는 학술적인 가치를 상실하고 있다는 것이다. 세키노는 이 불상에 대해, "대정원년 경성 후치가미 테이스케(淵上貞助)씨로부터 총독부에 기증된 것인데 애석하게도 출처가 명백하지 못하다. 그러나 경상도에서 발견된 것인 듯하다"(關野貞, 『朝鮮の建築と藝術』, 岩波書店, 1941)라 기술하고 있다. 물론

함한 상당수의 유물을 박물관에 기증하기도 했다.(62) 후지타는 특히 일본으로 반출되었던 경천사지10층석탑, 법천사지지광국사현묘탑 등이 한국에 돌아온 것에 대해 데라우치의 공로가 컸다고 하지만 이는 그의 편견으로밖에 볼 수 없다. 데라우치는 일본의 각 대학이나 연구기관에서 한국 유물의 반출을 요구하면 수차 허용하였다. 일본 왕실에 각종 유물을 헌상한 것은 물론이거니와, 도쿄대학으로 오대산사고본 기증을 수락한 사실, 그의 재임기간 동안 세키노 일행이 발굴한 대부분의 출토유물이 일본으로 반출되었다는 사실이 이를 증명하고 있다.

또한 데라우치는 특별지시로 합천 해인사의 팔만대장경을 인출하여 일본 천용사(泉湧寺)에 봉납하기도 했다. 1909년에 이어 1910년의 해인사대장경판 인출미수 사건이 있자,(63)

이는 구체적이지 못하고 그저 풍설에 의한 것이다. 불법자들이 산간벽지의 사찰이나 암자들을 수색하여 암암리에 빼내어 온 것이기 때문에 그 출처를 은폐하였던 것이다. 불법적으로 원지를 떠난 유물의 경우는 이같이 돌고 돌아 나중에는 완전히 학적인 증징사료가 사멸되어 버린 경우가 비일비재하였다.

62) 고려청자 중 일급품에 속하는 '청자상감음각모란문매병'과 '청자상감국화연당초문합'이 들어 있다. 또한 고려분묘에서 도굴품으로 나온 '청동은입사포류수금문정병'등 고려 최고의 금속공예품이 속해 있다. 그 외에도 강희안 필 '고사관수도', 김명국 필 '산수인물도'등이 있으며 서화 탁본도 151점이 포함되어 있다. 그가 기증한 것은 서예, 금석, 회화 등 총 800여 점이다.(참고: 박계리, 「조선총독부박물관 서화컬렉션과 수집가들」, 『근대미술 연구』, 국립현대미술관, 2006)

63) 해인사대장경 인출 사건과 관련하여 다음과 같은 기사가 있다.
佛經發刊承認
日本人 金尾次郎은 陜川郡海印寺에 積實ᄒᆞ얏던 佛經을 發刊홈깃다고 宮內府에 請願承認ᄒᆞ얏다더라(『皇城新聞』1909년 9월 17일자).
해인사 주승이 일인 좌등육석과 서로 의논하고 그 원판을 일본으로 운송하여 출판코자하므로 당국에서 탐지하고 그 희귀한 물건이 혹 산란될까 염려하여 경관 수명이 그 지방으로 향하여 갔다더라(『大韓每日申報』1910년 3월 29일자).
일본인 佐藤六石과 해인사 주승이 서로 의논하여 해인사팔만대장경판을 일본으로 운송하여 출판하고자 하던 중에 당국에서 탐지하고 경관을 급파했다.(『皇城新聞』황성 1910년 3월 31일자)
해인사에 있는 대장경을 보관할 차로 당국에서 관리를 파견한다 함은 이미 게재하였거니와 그 대장경 원판을 조사할 차로 장례원의 박주빈씨가 궁내부 사무관 일인 촌상이가 재작일 상오 11시에 떠나갔는데 겸하여 그 절에 부속한 전답까지 조사하고 한주일 후 돌아온다더라.(『大韓每日申報』1910년 4월 9일자).

이에 대한 조사가 이어졌으며,(64) 해인사 팔만대장경의 가치가 다시 부각되자 데라우치는 인출을 강행했다.

당시 대장경판의 인출(印出)에 앞서 1914년 8월에 데라우치는 아키야마(秋山) 참사관에게 명하여 경판을 조사케 하였으며 이에 아키야마는 참사관실 사무관 오다 간지로(小田幹治郎)에게 조사의 주임을 맡겨 조사 겸 판목정리를 하였다. 1914년 10월 9일부터 11월 5일까지 28일간 출장원 2명 외 인부 총계 643명을 투입하여 조사한 결과 현존

합천 해인사 창고에 대장경 원판 十五만 매가 있는데 이것은 희귀한 진품이요 당당한 국보라. 인도지나 일본의 석학 고승 등이 그 있는 바를 관구하던 바인데 해사 주승이 일인과 상의하여 일본으로 운송 출판코자함을 당국자가 탐지하고 이 진품 고물이 산란될까 염려하여 경판 수명이 동지로 급행하였다더라(『신한국보』1910년 4월 19일자).

내부에서 경상남도 관찰사에게 훈령하되 합천 해인사에 적치한 八萬대장경은 소중히 자별한 즉, 혹 간출하는 자가 있는지 혹 타처로 운반하는 경우이거든 본부의 지휘를 기다려 처리하라 하였다더라(『신한국보』1910년 4월 26일자).

大藏經譯刊計劃
중부 전동에 있는 각황사 주무 이해광 씨는 합천 해인사에 있는 대장경을 다시 번역 발행하기 위하여 고적을 시찰차로 도래한 관야 박사를 동반하여 재작일 오전에 남대문 발 경부열차로 동사에 향해 갔다더라(『每日申報』1910년 10월 21일자).

世界無類의 珍寶(續), 其時에 余가 韓國 宮內官 朴琪宗氏에게 寄書ᄒᆞ야 經板의 設法保護홀 事를 談及ᄒᆞ얏고 近日에 至ᄒᆞ야는 余가 夐히 曾禰統監에게 申請ᄒᆞ야 國寶保存의 方法을 講究ᄒᆞ기로 勤告ᄒᆞ되 曾禰子爵이 余言을 不信ᄒᆞ더니 未幾에 果然 日人 佐藤六石氏란 者가 此書를 發見ᄒᆞ야(恐컨딕 六石은 아니라 六石은 詩人이라ᄒᆞ되 高麗藏經板을 飽聞혼 者ㅣ니 此는 必是射利의 徒가 六石과 同姓者의 所爲인딕 訛傳ᄒᆞ야 市虎를 成홈이로다)日本으로 運来코ᄌᆞ홈으로 一時 韓國僧界에서 恐慌이 大起ᄒᆞ야 六石을 忿恨ᄒᆞ야 其肉을 食(韓國國文報所揭)코져ᄒᆞ다ᄒᆞ얏더라(『皇城新聞』1910년 07월 14일자).

64) 한국 궁내부사무관 村上龍佶, 궁내부대신 閔丙奭, 同次官 小宮三保松에 의해 1910년 4월 17일부터 해인사에서 滯在하면서 조사되어 1910년 5월 12일자로『(朝鮮 海印寺經板攷』란 제하(題下)의 보고서가 제출되었다. 이 당시에는 해인사 대장경판의 일부가 서울로 옮겨져 조사되었던 바, 이는 궁내부사무관 村上龍佶가 경판을 운반하였다.
참고:『慶南日報』1910年 4月 26日字.
　　　漆山雅喜,『朝鮮巡遊雜記』, 1931年, p. 337.
　　　池內宏,「高麗朝の大藏經」(上),『東洋學報』第13卷 3號, 1923年 8月, p. 326.

판수는 8만 1천 240매이고 결판(缺板)이 18매나 발견되기도 했다.(65)

인출작업은 1914년 10월부터 1915년 3월까지 중앙시험소 기타 제지소에서 종이를 제작하고 1915년 3월 15일부터 8월까지 인부 50인으로 학무국 오다 간지로 사무관의 감독 하에 인쇄하여 6월 2일에 인쇄를 마쳤다. 인쇄공 연 인원수 1,306인, 판목의 출입 및 인쇄지 정리 등에 요한 인부가 총 966인이었다.

『매일신보』 1917년 9월 20일자

일본에 봉납한 것 외의 2부 중 1부는 총독부 참사관실에 두고, 1부는 총독부박물관에 보관하였다.(66) 인쇄한 3부 중 2부는 특제절본(特製折本)으로 8만 1천 137매이고, 다른 1부는 1천 160책, 절본(折本) 6천 805첩으로 표지는 청색이며 고려시대의 와문양(瓦文樣)을 넣어 고색창연하게 하였다. 이것을 가지고 1915년 11월 29일에 한국에서 출발하여 일본 교토 천용사(泉湧寺)에 봉납(奉納)하였다.(67)

---

65) 「大藏經奉獻顚末」, 『朝鮮彙報』, 朝鮮總督府, 1916年 4月.
66) 『每日申報』1915年 11月 30日字, 1917年 9月 20日字.
　　小田事務官의 설명에 의한 즉 경판의 수는 최근에 번호를 附하야 조사를 한 결과 81240매, 缺板 18매, 完數 81258枚인데 缺板은 目下 彫刻 중에 속하고 用材는 梓木인데 길이 七寸二分, 넓이 二尺二寸五分, 두께 一寸二分 乃至 一寸五分, 板面은 길이 七寸四分, 폭 一尺五分인데 四隅에 銅製의 金具를 附하고 ..... (『每日申報』1915年 4月 1日字).
67) 竹中要, 『半島の山と風景』, 1938, pp. 557~558.泉涌寺長老의 受領證은 다음과 같다(「大藏經奉獻顚末」, 『朝鮮彙報』, 朝鮮總督府, 1916年 4月).
　　　　　　　證
　一 高麗再雕折本大藏經　　　　壹部
　　　六百六拾四帙
　　　一千五百拾二種

『매일신보』1915년 5월 26일자

데라우치는 권력기구를 통해 수집한 상당수의 한국 유물을 일본으로 반출하여 그의 고향 야마구치현에 조선관을 꾸며 진열해 두었다. 이 조선관 건물은 한국에서 옮겨 간 전 환구단 내에 건축하였던 궁전의 부속건물로서, 1915년 5월 26일자 『매일신보』에는 다음과 같은 기사가 있다.

> 총독과 문고. 총독 향리에 조선 가옥 전 환구단(圜丘壇) 부속 건축물
> 사내 총독은 그 향리에 문고 1동을 건축 중인데 이 건물의 재목은 전 환구단 내에 건축하였던 궁전의 부속건물이니 이곳에 조선호텔을 세우게 됨으로 훼철하게 되어 총독부에서는 다른 건물과 같이 공히 불용품(不用品)으로 일반의 입찰에 부쳤는데, 총독은 원래부터 적당한 조선 가옥을 향리에 세우고 문고를 만들고자 하는 희망이 있었던고로 입찰자에 교섭하여 다시 동인에게 이를 매수하여 향리에 수송한 후 건축에 착수하였는데, 이 건평수는 불과 24, 5평의 고옥이나 이를 운반한 일체 비용을 계산하면 수천원에 달하였다는 고로 총독은 그 친근자에 대하여 말하되 "보

六千八百拾九册
明治天皇御冥福 勅裁 經 御寄納相成謹而受納候也
　　　　　　　　　大正四年 十二月 四日
　　　　　　　　　　　泉涌寺長老　　　大僧正智等印

朝鮮總督伯爵寺內正毅殿

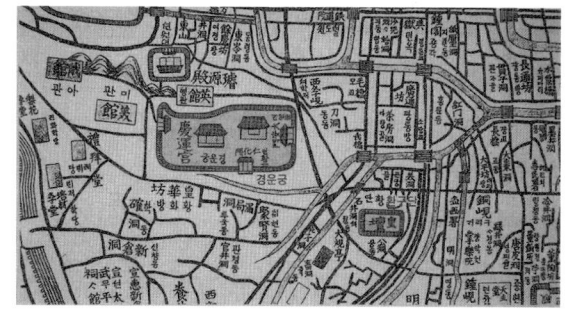

한성부지도(1901년)에 나타난 환구단 위치
(출처: 『환구단 정문 정밀실측조사보고서』)

기는 그래도 돈이 많이 든 집이다"하고 크게 웃은 일도 있다는데 이 가옥이 낙성 후에는 앵포문고(櫻圃文庫)라고 명명하고 조선 고래의 도서와 기타 평소 총독이 수집한 모든 미술품을 이곳에 옮겨 영구히 조선의 문물을 보존하고 조선 연구의 자료를 만들고자 하는 계획이라 한다.

환구단(圜丘壇)은 원구단(圓丘壇)으로 불리어지기도 했다.(68) 이 터는 원래 고려 숙종의 목멱괴궁궐(木覓壞宮闕) 터로, 조선 태종의 제2왕녀 경정공주(慶貞公主)의 저택이었다가 선조 때는 제3자 의안군의 저택으로 사용되기도 했다. 그 후에 청의 사절 숙

---

(68) 중츄원 의관 민영션 리천군슈 리직셩 륙품 송슈만을 원구단 황궁우 역소 별감동을명호오시다(『미일신문』1898년 10월 12일자).
掌禮院典祀補郭漢鳳任圜丘壇典祀補叙判任官五等(『皇城新聞』1910년 08월 11일자).
掌禮院主事金敎憲任 園丘壇祠祭署令叙判任官五等(『獨立新聞』1900년 01월 20일자).
원구단 거동, 대왕폐하께서 음력 본월 18일에 원구단에 거동하오셔...(『大韓每日申報』1907년 12월 15일자).
총독부사회과, 경성제대, 보물 고적 명승 천연긔물의 보존담당자협의회, 新羅石塔, 總督官邸內의 石佛, 朝鮮호텔 안에 잇는 圜丘壇, 海印寺三層石塔, 安州 日祥樓, 成川 東明館, 安邊駕鶴樓等 七十三種, 帶方時代古墳.. 云云(『每日申報』1935년 08월 07일자).
명칭의 통일을 위해 문화재청은 2005년에 圜丘壇으로 명칭을 통일했는데, 결정사유는 "고종황제가 제사를 지낸 1897년 10월 12일자 독립신문의 기록을 존중하여 한자표기 및 독음을 환구단(圜丘壇)으로 한다"는 것이다. 이에 대해 이순우는『통감관저, 잊혀진 경술국치의 현장』(도서출판 하늘재, 2010)에서 여러 논증 자료를 제시하여 '원구단'으로 읽어야 한다는 주장을 펴고 있다.

박소가 되었으며 남별궁(南別宮)이라 했다.

1897년에 러시아 공사관에서 경운궁으로 환궁한 고종은 1897년 국호를 대한제국으로 선포하고 환구단에 나아가 천지에 고하는 제사를 드린 후 황제에 즉위했다. 환구단은 3층의 화강암 단으로 상부에는 금색 원추형 지붕이 있었다. 환구단을 세운 2년 후에는 환구의 북쪽에 신위판(神位版)을 모신 황궁우(皇穹宇)를 세웠다. 황궁우는 화강암 기단 위에 3층 8각 지붕으로 축조했다. 1902년에는 고종 즉위 40년을 기념해 제천(祭天)을 위한 악기인 석고(石鼓)도 만들었다.[69]

일제가 한국을 강점하고 1911년 2월 20일에 환구단의 건물과 부지가 모두 총독부에 인계되었으며, 1913년에는 일제가 환구단을 철거하고 조선철도호텔(조선호텔 전신)을 세우게 되었다.[70] 이 무렵 전국적으로 철도 건설이 일단락된 후 철도 이용객이 늘고 외국인 수의 증가함에 따라 서양식 호텔이 필요한 상황이기도 했다.[71]

그런데 왜 하필이면 호텔 자리를 대한제국의 출발이자 황제국으로서의 격상을 상징하는 환구단 건물 부지에 마련하여 짓게 되었을까? 이는 대한제국의 흔적을 완전히 제거함으로써 식민지국임을 알리려는 전략적인 측면이 있었다고 볼 수 있다.[72] 이때 총독부에서는 황궁우와 석조물 몇 기를 제외한 모든 부속건축물을 철거하여 경매에 부쳐 모두 사방으로 흩어 놓았다.

---

69) 考古生,「京城이 가진 名所와 古蹟」,『별건곤』제23호, 1929년 9월.
70)『京城府史』第3卷, 朝鮮鐵道史 ;『每日申報』1913년 4월 26일자.
71) 서울특별시 중구청 공원 녹지과,『환구단 정문 정밀실측조사보고서』, 2009.
72)『매일신보』1912년 5월 14일자에 의하면, 철도호텔의 위치로 원구단도 그 후보지로 유력한데 다소 남대문정차장에서 거리가 먼 것이 험이라고 하고 있다.
『매일신보』1912년 6월 18일자에 의하면, 그 후보지로 탁지부관사 정지, 남대문역 大屋 장관관저 부근, 원구단 이렇게 3개 지역이 후보라고 한다.
『매일신보』1912년 8월 31일자에 의하면, 호텔 건설지로 환구단을 대략 내정한 후에도 철도 측에서는 제1희망지로 남대문정차장 앞의 대옥장관 관저 근처라 하고, 제2는 남대문통의 탁지부장관 관저 부근을 희망했다.

철도호텔이 들어서기 전의 모습(출처: 『환구단 정문 정밀실측조사보고서』)

조선철도호텔이 들어서면서 환구단의 정문은 호텔의 정문으로 사용되었다. 석고각의 정문인 광선문(光宣門)은 1927년 6월 남산의 북쪽 기슭에 있던 동본원사(東本願寺)로 옮겨져 정문이 되었다. 석고각은 1931년 완공된 이토 히로부미를 위한 박문사(博文寺)로 옮겨져 종루로 사용되었다. 석고각이 있었던 자리는 1923년 경성도서관이 들어서게 된다. 석고각 속의 석고단도 나중에 조선호텔의 후원으로 사용되었다.[73]

1913년 조선철도호텔이 들어서면서 철거하는 건축물들을 누구에게 방매했는지는 알 수 없다. 데라우치가 자신의 고향에다 조선관을 꾸민 목재 등은 바로 환구단의 부속건축물을 철거하여 경매에 부쳐 방매했을 때 그 일부 건축물을 반출한 것이다.

데라우치가 한국에서 약탈해 간 서적은 그의 사후 야마구치현의 그의 구저 앵포데라우치기념문고(櫻圃寺內記念文庫)에 보관해 두었다. 1922년 말 조사에 의하면 이곳에는 조선본 432책(46부), 조선고간독법첩류 191책(150부)이 소장되어 있으며[74] 특히

---

73) 서울특별시 중구청 공원 녹지과, 『환구단 정문 정밀실측조사보고서』, 2009.
   이 보고서에 의하면, 1967년 조선호텔의 신축과 함께 당시까지 남아 있던 환구단의 정문과 재실, 전사청 등의 부속건물은 해체되어 방매되었다고 한다. 그 후 환구단의 정문은 우이동의 그린파크 호텔에서 발견했다고 한다.
74) 松田甲, 『日鮮史話』第2編, 朝鮮總督府, 1931, pp. 18~19.

조선고간독법첩류, 조선역대어필, 석유의 유고, 서축 등은 다시없는 귀한 것들이었다. 데라우치가 약탈해 간 많은 문화재는 일부 산일되기는 했지만 후에 야마구치현립여자대학에 기증하여 소장되어 있다.

데라우치가 약탈해 간 한국 문화재는 한일협정 때 반환받기 위해 백방으로 노력하였으나 실패하고 말았다. 야마구치현립여자대학에 소장되어 있는 한국문화재 중의 일부인 135점은 1996년에 경남대로 반환받기도 했다.[75] 이를 가지고 1996년 9월에 덕수궁에서《데라우치문고 특별전》을 개최하기도 하였다.

4) 가와이 히로타미(河合弘民)가 약탈해 간 서적

가와이 히로타미(河合弘民)는 도쿄제국대를 졸업한 후 1907년에 동양협회전문학교 경성분교에서 교편을 잡았다. 당시 조선 재정에 관한 연구를 시작하여 1916년에는 『이조세제(李朝稅制)에 관한 연구』로 문학박사 학위를 받았다. 1910년에는 내부사사과로부터 국내 사사조사사무를 위임받아 조사했으며,[76] 1911년 2월에는 임시취조국 조사사무 촉탁으로 활동하였기 때문에 한국 서적에 대해 밝았을 뿐만 아니라 우리나라 고서적, 고문서 수집에 열성적이었다.

松田甲, 『朝鮮漫筆』, 朝鮮總督府, 1928, pp. 119~120.
寺內는 號를 魯庵으로 하고, 별도로 櫻圃라 하였는데, 이에 따라 櫻圃文庫라 했다.
75) 1990년 이종영이란 분이 우연히 야마구치여대에 자신의 선조인 이암 선생(고려 충선왕 때 청백리)의 작품이 있다는 것을 알고 국사편찬위원회에 반환을 호소하게 되어, 이때부터 한일의원연맹, 한일친선협회 등이 중심이 되어 반환을 위해 노력하였다. 당시 문화재를 반환받아 온 경남대 측에서는 "일본 측은 어디까지나 기증을 주장하였고 우리 측은 반환을 주장하여 '반환기증식'이라는 독특한 명칭이 붙을 정도로 말과 글 하나하나에 몹시 신경이 쓰였던 순간, 야마구치여대 담당자들은 감정이 몹시 상해서 '약탈이라면 줄 수 없다'고 해서 총장이 직접 언론사를 찾아다니며 야마구치대학 측에 사과를 하는 등 혼줄이 났다"고 한다.(두산그룹, 『백년 이웃』, 1996.)
76) 『皇城新聞』 1910년 8월 24일자.

전등사에는 원나라 지원19년에 충렬왕 원비 정화공주 왕씨가 회인기에게 부탁하여 송나라에 들어가 인출한 대장경을 비롯해 귀중한 서적이 많이 소장되어 있었다.[77] 1908년 12월 29일 가와이 히로타미(河合弘民)가 헌병대장 아카시 겐지로(明石元二郎) 부대 소속의 일본헌병 2명, 보조원 5명을 데리고 전등사로 가서 사고 조사의 필요가 있다고 하며 문짝을 부수고 서책 21권을 가져갔다.[78]

경기경찰부장 경시 이이다(飯田)가 경찰국장 마쓰카와(松川)에게 보낸 '서고를 발(發)한 건'은 다음과 같다.

경기비발제402호(京畿秘發第四百二號)
융희3년(1909년) 3월 11일(隆熙三年 三月 十一日)
경기경찰부장 경시 이이다 장(京畿警察部長 警視 飯田 章)
경찰국장 마쓰카와 전(警察局長 松川 殿)

강화도 전등사 소장(所藏)의 고본(古本)을 함부로 지출(持出)한 건(件)은 작년 11월 29일 강화군수로부터 관찰사에 보고된 요령(要領)에 의하면 한 일본인은 일본 헌병 2명 보조원 5명의 보호 하 동사(同寺)에 와서 사고조사의 필요가 있다고 칭(稱)하여 사고(寺庫)의 개비(開扉)를 강청하여 드디어 도끼로서 고비(庫扉)를 타개(打開)하고 2, 3시간 열람 후 고내(庫內)에 있는 서책 21권을 가져갔음으로 군수는 이 불법행위와 그것이 누구인가를 동군(同郡) 헌병분견소에 규명(糾明)한 즉 동인(同人)은 동양협회 및 전문학교 간사 가와이 히로시(河井弘)라는 자이며 헌병대장 아카시(明石) 소장의 소개에 의하여 보호를 가한 것이라 한다. 관찰사는 우군수(右郡守)의 보고에 의하여 이것을 내각(內閣)에 전보하였더니 금회(今回) 총리대신으로부터 해서적(該書籍)의 반환을 강화도 파주(派駐) 일본 헌병대분견소 소장 및 해

---

77) 『新增東國輿地勝覽』第12卷, 江華都護府 佛宇 條.
78) 黃玹, 『梅泉野錄』李章熙 譯, 良友社, 1998.

책자(該冊子)를 가져간 가와이 히로시(河井弘)에 대하여 조회할 것을 지령하였다. 그러므로 관찰사는 군수의 명에 의하여 해서적(該書籍) 반환을 교섭시키고 있다고 한다. 고본 반출의 내용은 이상과 같으며 인천서장으로부터 아직 하등의 보고에 접(接)하지 않고 있으나 사건이 헌병대에 관함으로 본건의 조사에 간(干)하여 혹시 헌병과 충돌을 일으킬 염려도 있어서 경찰에서는 일부러 조사를 단념하였으나 자(玆)에 내보(內報)하는 바이다.[79]

일본 공사는 경찰고문 초빙의 필요를 고종에게 진상(秦上)하여 1905년 2월 3일 마루야마 시게토시(丸山重俊)를 초빙하여 경무고문으로 삼았다. 한국 조정은 이때 일본인 경시 1명씩을 각 도에 배치하여 경무보좌관으로 삼았으며 마루야마(丸山)는 경성에서 전국 경찰을 지휘 감독하였다.[80] 이는 통감부 설치 이후 더욱 심하여 1909년 당시 한국 정부가 있고 관찰사, 군수 등이 있다 할지라도 그 경찰권은 이미 일본인이 모두 장악

---

[79] 李弘稙,「在日 韓國 文化財 備忘錄」,『月刊文化財』第13號, 1972. 12, pp. 28~ 29에서 轉載 ; 隆熙 3年 1月~12月 暴徒에 關한 編冊(京畿道) 발신자: 飯田章(京畿警察部長) 날짜: 1909-03-11.
한국독립운동사 자료 13(의병편Ⅵ), 국사편찬위원회 한국사데이터베이스.
[80] 『京城府史 第一卷』, 1934. 3, p. 2.
1904년 일본 육군대장 長谷川는 우리 정부를 협박하여 한국의 경찰력으로는 치안을 유지하는 데 부족할 뿐 아니라 도리어 방해가 되니 이제부터는 마땅히 전국의 警衛의 권한은 日本軍吏의 손으로 넘겨받겠다 하였다. 그는 일본 군사경찰의 명령에 복종해야 한다고 말하고, 19조를 반포하여 범법하는 자가 있으면 모두 일본 사령관의 손을 거쳐서 직접 형사상의 처분을 한다고 하였다. 그 가운데 제4조는 당을 만들어 일본에 반항하려 하든가 혹은 일본군에 대하여 항거하는 자, 제15조 회사를 조직하고 혹은 신문잡지 광고로서 혹은 다른 수단으로 치안을 문란시킨 자, 제17조 군사령관의 명령을 어긴 자. 운운하였다(黃玹,『梅泉野錄』(李章熙 譯, 大洋書籍, 1973, p. 288). 당시 그들의 威勢가 얼마나 대단했는지 육군대장 長谷川好道가 서울에 주둔하여 사령부를 세우고, 一進會가 이에 뜻을 같이하게 되자 高宗은 그것을 근심하여 뇌물을 보냄이 그치지 않았고 또한 敍勳할 것을 명하고 李花章까지 주었다(매천야록, p. 287). 즉 그들은 1904년 7월 24일 [군사경찰 훈령]을 발포하고 같은 해 10월 9일에는 그 시행에 관한 內訓을 정하여 생활 전반에 걸친 탄압을 감행하면서 일본인의 침탈 행위를 감싸는 데 철저하였던 것이다(吳世卓,「日帝의 文化財 政策」,『문화재』29호, 문화재관리국, 1996, pp. 160~161).

하고 있었다. 따라서 이 사건은 헌병대의 힘에 눌려 조사를 회피(回避)한 것도 있었지만 일본인의 죄악(罪惡)을 드러나지 않도록 한 일본 경찰권의 힘이 작용했다고 볼 수 있다. 결국 이 사건은 유야무야되고 말았으며 귀중한 서적은 유유히 일본으로 반출되었다.[81]

1918년에 가와이가 죽자, 이마니시 류(今西龍)의 주선으로 교토대학도서관에서 가와이의 유족들로부터 수집 장서를 일괄 구입하였는데, 서책은 물론이고 고문서도 엄청난 숫자에 달했다.[82] 〈가와이문고(河合文庫)〉는 가와이 히로타미(河合弘民)의 이름을 딴 것이다. 교토대학 부속도서관의 〈가와이문고〉의 수장서는 약 7백 부 4천 책으로, 조선의 역사 및 제도에 관한 고판 등을 망라하고 있다. 고문서는 약 3백 통 이상이며 중요한 것은 임진왜란 이후 조선에서의 기록으로, 이마니시가 담당하여 정리에 착수했다.[83] 이 속에는 강화도 전등사에서 약탈한 것도 들어있을 것으로 추정된다.

5) 시오카와 이치타로(鹽川一太郎)가 반출한 서적

시오카와 이치타로(鹽川一太郎)는 조선어학생 출신으로, 한국에 언제 건너온 것인지는 정확히 알 수 없다. 청일전쟁 전에 한국에 건너와 일본영사관에서 서기관으로 번역과 통역을 담당했던 것으로 보인다.

1894년 9월 28일자로 특명전권대사 오오토리 게이스케(大鳥圭介)가 외무대신 자작 나쓰노쿠 무네미츠(陸奧宗光)에게 보낸 '시오카와(鹽川) 서기생을 조선정부에서 고용하도록 주선하는 일에 대한 내신(內申)'[84]이라는 문건이 보인다.

---

81) 정규홍, 『우리 문화재 수난사』, 학연문화사, 2005, pp. 24~26, 524~525.
82) 藤本幸夫, 「河合文書 研究」, 『朝鮮學報 第60輯』, 1971.
83) 「彙報」, 『歷史地理』제32권 1호, 歷史地理學會, 日本歷史地理學會, 1918년 7월, p. 65.
84) 출처 : 국사편찬위원회 한국사데이터베이스 http://db.history.go.kr

'鹽川書記生을 조선정부에서 고용하도록 주선하는 일에 대한 內申'

발송일 1894년 9월 28일

문서번호 기밀제190호 본113

이곳 영사관 서기생 鹽川一太郞은 이 나라의 신정부가 창립되는 초기부터 매일 왕궁에 출입하면서 전적으로 개혁사무에 참여하였고 군국기무처(軍國機務處) 회의에서는 항상 서기관 자리를 차지하고서 의장을 보좌해 회의장을 정리하게 하는 등 적지 않은 진력을 하였습니다. 그러므로 이번에 이 사람을 의정부에 고용하는 것은 피차의 이익이 될 것으로 생각하여 의논을 했던 바 그들도 동의한다고 했습니다. 그런데 이 사람은 원래 조선어학생 출신으로 다년간 담당 사무에 숙달해 있으므로 우리 쪽으로서는 매우 놓치기 아까운 인물입니다만 현재 정세로 보아서 놓치기 아까울 정도의 인물을 빌려주지 않고서는 상대방에게 이익이 되지 않을 것이라는 생각이 듭니다. 더욱이 이 사람을 곧바로 의정부 고문관으로 충당하게 하려는 것이 아니고 의정부에서 사무를 보조하게 했다가 훗날 고문관을 초빙하게 될 때에는 이 사람을 그 고문관에 부속시켜 서기관 겸 통역의 역할을 맡게 할 예정입니다. 따라서 본성(本省)에서 별 지장이 없으시다면 즉시 同 서기생을 고용하게 하는 의논을 하고자 합니다. 그러니 본관이 전보 드리는대로 곧 동 서기생에게 무보직(無補職)을 명해 주시기 바라며 그리고 현재 정세로는 조선 정부의 기초가 아직 공고하지 못하므로 동 서기생의 신상이 언제 바뀔지 알 수 없으므로 장래 사정에 따라 이 사람이 언제라도 다시 복직할 수 있도록 허락해 주시기 간절히 바랍니다. 이렇게 해주신다면 동 서기생으로서도 기꺼이 조선 정부의 고용에 응할 것으로 생각됩니다. 그러하오니 논의하신 뒤에 아무쪼록 전보 훈령해 주시기 바라며 이에 내신 드립니다.

이후 시오카와는 의정부의 사무 보조, 내부보좌원, 재한일본공사관 서기관 이등 통역관으로 활동했다. 1908년에는 경상북도관찰사 직속 서기관으로 임명되어 근무를 하다가, 1910년에 조선총독부 취조국 사무관에 임명되었다. 1911년 4월 총독부 학무국 취조국에서는 보통학교 독본의 철자법을 정하기 위해 조선어사서(朝鮮語辭書: 나중에 사전으로 바뀜)의 편찬을 계획하고, 같은 해 7월 고쿠후(國分) 인사국장에게 조선어에 관한 조사를 명하고 시오카와 사무관 외 3명에게 이 조사를 촉탁하게 되어 그 위원으로 활동하였다. 이때 조선총독부 보관의 조선도서 및 참고할 만한 서적에서 어사(語辭)의 수집에 착수했으며, 1912년 4월에 관제의 개정으로 인해 그 사무가 참사관실로 이관되자 참사관실 소속으로 활동했다.[85]

개인적인 활동으로는 1902년 1월 25일에는 다케우치(竹內), 시데하라(幣原), 고쿠후(國分), 나카시마(中島), 다나카(田中), 오오에(大江) 등과 함께 '한국연구회'를 발족시켰다. 재한 일본인들간에 설립된 한국연구회는 매월 1회 회합을 개최하고 회원 각자 연찬한 결과를 피력했다. 점차 그 연구한 내용을 세상에 공개하기로 하여 1902년 9월에는 『한국연구회담화록(韓國硏究會談話錄)』이란 한국 연구 책자까지 발간했다.[86] 1906년에는 재경성일본인들로 조직한 한국진서간행회(韓國珍書刊行會)를 설립하여 이후 계속 한국의 진귀한 귀중서적을 영인발간했다.[87]

이러한 경력으로 볼 때 그는 한국 서적에 대해 많은 자료를 섭렵했으며 여러 한국 귀중서를 수집한 것으로 보인다. 그가 수집한 서적은 모두 일본으로 반출한 것으로 추정되나 밝혀진 것이 많지 않다.

그가 한국공사관번역관으로 근무할 당시 제국도서관이 시오카와에게 수집을

---

85) 『官報』光武 元年(1897년) 7月 14日字.
　『皇城新聞』1900년 2월 19일자.
　金允經,「朝鮮文字의 歷史的 考察[17], 한글發展과 基督敎의 貢獻」,『동광』제39호, 1932년 11월.
86) 「韓國硏究會」,『史學雜誌』제14편 7호, 명치36년 7월, p. 98.
　韓國硏究會,『(韓國硏究會)談話錄』, 1902년 9월.
87) 評議員은 國分象太郞鹽川一太郞, 前間恭作, 大浦茂彦, 田中玄黃, 鮎貝房之進, 菊池謙讓 等諸氏오會長은 文學博士 幣原坦氏오 理事는 西河通徹高橋亨諸氏오 常務理事는 渡瀨當吉氏오 幹事는 松本雅太郞氏다.(『皇城新聞』1906년 02월 17일자)

의촉하여 1902년에 수집한 서적은 100종 이상으로 모두 제국도서관으로 들어갔다. 그 일부는 1905년 4월 1일 일본문고협회주최로 제국도서관 내에서 개최한 〈제2회도서전람회〉에 일부 진열되기도 했다. 시오카와가 수집하여 제국도서관에 들어간 서적 중 중요한 39종의 서목은 다음과 같다.[88]

도서명	편찬자	수량
彙纂麗史	洪如河 著	47권 21책
戡亂錄	宋寅明 등 편찬	6권 4책
海東繹史	韓大淵 著 寫本	71권 26책
東史會綱	林象德 寫	12권 보4권
小華外史	吳慶元 저	8권 6책
明義錄	金致仁 저	4권
大義源流彙考		2권 2책
高麗名臣傳	南公轍 저	12권 6책
御製御賢傳心錄		8권 4책
海東名將傳	洪良浩 저	6권 3책
李忠武公全書	內閣編寫	14권 8책
白雲齋實記	權應珠 저	4권 4책
林忠愍公實記	林淳憲 編	8권 3책
忠烈實錄	崔鎭漢 편	2권 1책
金氏世孝圖		1권
雲英傳		1권
双節錄	金養善 저	2권 1책
璿源系譜記略	金錫胄 등 校	26권 8책
南亭君洪公行狀		1권
南亭君洪公行狀別本		1권
桐漁年譜	李敦 저	2권 1책
淸陰年譜	宋時烈 編	2권 1책
御定羹墻錄	李福源 校	8권 4책
典律通補	具允明 등 編纂	7권 4책

88) 「朝鮮の歷史書籍」, 『史學界』 제5권 제4호, 1903년 4월.

도서명	편찬자	수량
謨訓輯要		6권 3책
經世遺表	丁若鏞 編	11권
萬機要覽		
御製禮疑類輯		25권 15책
御製訓書		1권
國婚定例		6권 2책
度支五禮通攷		7권 3책
牧民心鑑	朱逢光 저	2권 1책
宮園儀	金華鎭 편	3권 2책
弘文館志	李魯春 등 편	1권
四禮纂說	李氏 편	8권 4책
四禮撮要	尹義培	2권 2책
四禮便覽	李氏 편	8권 4책
磻溪隧錄	柳馨遠	16권 13책

6) 시라토리 구라키치(白鳥庫吉)가 반출한 백산흑수문고 조선본

러일전쟁 후 조선과 만주를 요리하기 시작한 일본은 1906년 6월에 남만주철도주식회사를 설립하였다. 그리고 이 남만주철도회사는 일본정부의 명에 의하여 1907년 도쿄제국대학 교수 시라토리 구라키치(白鳥庫吉) 등에게 『만주역사지리』와 『조선역사지리』를 편찬케 하였다.

시라토리는 『만주역사지리』의 서문에, "러일전쟁 후 남만주의 경영이 우리에 의하여 착수되었다. 나는 만한(滿韓)지방에 관한 연구의 급함을 제창하였으니, 그 1은 만한경영(滿韓經營)의 필요에 의한 것이요. 그 2는 학술적인 견지에서인 것이다"하였다.[89] 즉 조선에 대한 연구는 일본이 조선을 항구적(恒久的)으로 지배하기 위함에 있었

---

89) 文定昌, 『古朝鮮史 研究』, 한뿌리, 1969, p. 287.

으며, 이를 합리화하기 위한 자료 수집에도 열을 올렸다.

특히 시라야마구로미즈문고(白山黑水文庫)본은 1908년 이래 남만주철도회사가 시라토리에게 조선과 만주의 역사 조사를 의탁하여 시라토리의 지도 하에 다년간 조선과 만주관계사료를 수집하여 그 양이 막대하였다.

시라토리는 그 스스로가 여러 차례 조선에 건너와 조선 사료를 수집했다. 이 중의 『사총서(四叢書)』는 실로 천하일품이라 할 수 있는 귀중한 것으로 이 총서에 실려 있는 서적의 전부가 극히 희귀한 것으로 일부분은 다른 단행본으로 세상에 전하는 것도 있지만 많은 것은 절무(絕無)하다고 할 수 있다. 『사총서』는 광사십집(廣史十集) 200책, 휘수(彙數) 15책, 설해(說海) 59책, 총사(叢史) 50책으로 그 서목(書目)은 일본 『사학잡지』제35편과 『중앙사단』제9권 3호의 '소실된 귀중서목'에 실려 있다.

시라토리는 1908년 12월 26일 진서 수집을 목적으로 한국에 건너왔다가 1909년 1월 12일에 일본으로 돌아갔는데, 그 수집 결과 진서만도 무려 102부 약 1,300책을 구입했다고 한다. 이때 수집한 것은 주로 경성에 있는 홍문서원(弘文書院)에서 그 대부분을 매수하고 다른 2, 3의 한국인에게 직접 구입한 것이라 한다. 홍문서원은 한국통감부도서관 건설의 계획을 듣고, 각 방면을 다니면서 고서 전적을 수색하여 모은 다음 통감부도서관에 팔기 위해 수집했다고 한다. 그런데 계획이 중단됨으로 인해 실망하여 방황하고 있던 참이라 시라토리는 쉽게 많은 진서를 구할 수 있었다고 한다. 그 중요한 목록은 다음과 같다.[90]

『광사(廣史)』	180책
『설해(說海)』	59책
『지양만록(芝陽漫錄)』	10책

---

90) 「白鳥博士の朝鮮珍書蒐集」, 『史學雜誌』第20編第2號, 史學會, 1909년 2월.

『국문고략(國文考略)』	15책
『휘총(彙叢)』	15책
『총사(叢史)』	55책
『반계수록(磻溪隧錄)』	13책
『기언(記言)』	20책
『인물고(人物考)』	88책
『간독(簡牘)』	6책
『호서우지(湖西右志)』	2책
『실록제명기(實錄題名記)』	7책
『집고첩(集古帖)』	16책
『관동지(關東志)』	12책
『익제집(益齊集)』	3책
『조야회통(朝野會通)』	16책
『고려사(高麗史 板本)』	70책
『이충무공전집(李忠武公全集)』	12책
『연려실기술(練藜室記述)』	42책
『관서지(關西志)』	2책
『호남지(湖南志)』	12책
『호서좌지(湖西左志)』	5책
『동원기략(東援記略)』	2책
『신임기사(辛壬紀事)』	6책
『우복집(愚伏集)』	10책
『정축록(丁丑錄)』	1책
『한음문고(漢陰文稿)』	3책

『청음집(淸陰集)』	14책
『일사집(日沙集)』	22책
『동문선(東文選)』	55책
『고필재집(估畢齋集)』	9책

이 외에도 상당수가 있었을 것으로 추정된다.

1909년 여름에도 시라토리 일행은 만주지방을 조사하고 한국에 건너와 많은 고문서와 한국 서적을 수집하였다.[91] 그 서목은 『대한흥학보』 제8호(1909년 12월)에 일부 실려 있으며, 조선사료 5천 권을 비롯한 귀중서가 수두룩하다고 한다.[92]

1909년 11월 남만주철도주식회사 도쿄지사에서 사료전람회를 가졌다. 당시 진열된 사료는 크게 구분하면 비문탁본, 서적, 사진, 고경(古鏡), 고와, 고전(古錢) 등이다.

---

91) 「時評」, 『歷史地理』제15권 2호, 歷史地理學會, 1910년 2월.
92) 三投生, 「散錄」, 『大韓興學報』제8호, 1909년 12월.
嗚呼歷史家諸公
력사란 것은 국민의 정신적 교과서 중 가장 緊要호者 어늘 我韓現代의 歷史家諸公은此를 輕視홈인지 如戈史冊編纂홀 것은 無非外人著述의 譯述에 不過호고 至若近世 政變史는 執筆의 自由가 無호니 甚히 責홀 수 업거니와 由來相傳호든 史乘은 相當히 保護管守호야 日後 國民의 無識을 免케홈이 現代史家의 莫重혼 責任이어늘 此 亦等閒히 思量홈인지 史冊保管도 自由롤 已失홈인지 四千年來 遺傳호든 貴重혼 書類는 日復日外國을 流出호야 如此히 십년만 경과호면 국내에 可考혼 서적이 絕無호야 二十世紀秦始皇을 復見호깃스니 可憐혼 事가 안인가.
일전 모 신문을 據혼즉 白鳥博士(日人)는 今夏(1909년 여름)에 만주를 巡遊하다가 한국 及 만주의 史料古跡을 苦心探求호야 現今 滿鐵東京支社樓에 진렬호얏는디 古銅人,戰捷碑,古鏡等考古學上可考혼 珍物이 多혼 中에 서적의최중혼 者로 言호면 조선사료 오천권, 人物考 八十卷, 東文選 八十卷, 集古眞帳 十六, 高麗史 全部, 爛餘(我國建國史)五十卷, 弘齋全書 (正宗御製)百卷, 朝野僉載 (太祖至肅宗朝)十卷, 朝野會通 (太祖至景宗朝)五十卷, 燃餘記述 (太祖至太宗祖)四十二卷等이오.
其他 高句麗 九都勒功碑와 太祖께옵셔 撫順東方에서 明國大軍을 破호신 戰勝紀念碑等이라호얏시니 嗚呼라. 敗家亡身호는 者流는 田土를 蕩賣호다가 書籍과 神主까지 販出혼다 호더니 韓國民은 土地家屋을 日로 外人에 競賣호다가 書籍가지 賣食호니 祖先에 對호야 不肖가 莫甚호고 民族에 對호야 若此혼 悖類가 無호니 歷史家諸公은 注意홀지어다.

이때 시라토리가 1908년 겨울에 조선에서 구입한 조선서적과 1909년 여름에 수집한 것을 함께 전시하였다. 한 실에 서적을 전시했는데, 사본 19부, 간본 16부로 이중 사본 가운데에는 광사, 인물고, 동문선, 조야회통, 간독, 명가의 진적집(眞跡集) 등이고, 판본으로는 고려사를 시작으로 정조어제의 홍재전서 100책 등이 진열되었다. 그 외에도 광개토대왕비 탁본, 진흥왕순수비 탁본, 한국천상열차분야지도 등이 진열되었다.93) 『역사지리』15권 1호(1910년)에도 일부의 목록이 보이고 있다.94)

도쿄제국대학으로 들어간 시라야마구로미즈문고(白山黑水文庫)본은 안타깝게도 1923년 대지진 때 거의 소실되었다. 도쿄대학 부속도서관은 도서관이 창립된 지 50년 간 수집한 내외 고금의 도서가 무려 약 75만여 권에 달했다. 귀중서만 해도 3,000여 점 이상으로 이 속에는 우리나라의 고대문서, 기록사본, 명가자필본, 고간본, 고서본 등이 엄청나게 많이 소장되어 있었다. 1923년 대지진으로 인하여 일거에 소실되어 60만 권의 손실을 입었다.95) 소위 통감부 때 부산영사관에서 도쿄제국대학에 기증한 구막부시대(舊幕府時代) 이후 한일교섭문서집(韓日交涉文書集) 1천여 책, 그 후 총독부에서 모은 것, 오대산본 실록 등도 이때 소실되었다.96)

---

93) 「彙報」, 『考古界』第8篇 第9號, 명치42년 12월.
94) 「滿洲史料展覽會」, 『歷史地理』제15권 제1호, 1910년 1월. 그 목록은 대략 人物考 80책, 東文選 80책, 集古眞帳 16책, 簡牘 6책, 爛餘 50책, 弘齋全書 100책, 朝野僉戰 10책, 朝野會通 50책, 練藜室記述 42책, 高麗史 全部.
95) 土井重義, 「東大附屬圖書館」, 『圖書館雜誌』, 日本圖書館協會, 1942. 9.
    和田萬吉, 「東京帝國大學附屬圖書館の罹災に就いて」, 『中央史壇』第9卷 3號, 1924. 9.
96) 大森金五郎, 「書庫博物館等の罹災」, 『中央史壇』第9卷 第3號, 國史講習會, 1924.

3. 기증 및 헌납에 의한 반출

1) 한국 왕실에서 기증·하사한 물품

물품명	기증 및 하사	시기	비고
銀製煙具一櫃	일본왕실에 증정	1906년 12월	『皇城新聞』1906년 12월 17일자
銀製墨汁器一座	일본왕실에 증정	1906년 12월	『皇城新聞』1906년 12월 17일자
毛木緞六疋	일본왕실에 증정	1906년 12월	『皇城新聞』1906년 12월 17일자
衲紬四疋	일본왕실에 증정	1906년 12월	『皇城新聞』1906년 12월 17일자
銀內鐶五件	일본왕실에 증정	1906년 12월	『皇城新聞』1906년 12월 17일자
安亢羅十疋	일본왕실에 증정	1906년 12월	『皇城新聞』1906년 12월 17일자
繡屛次八幅	일본왕실에 증정	1906년 12월	『皇城新聞』1906년 12월 17일자
皮衣籠一雙	일본왕실에 증정	1906년 12월	『皇城新聞』1906년 12월 17일자
紙籠一雙	일본왕실에 증정	1906년 12월	『皇城新聞』1906년 12월 17일자
竹箱一個	일본왕실에 증정	1906년 12월	『皇城新聞』1906년 12월 17일자
手袋一座	일본왕실에 증정	1906년 12월	『皇城新聞』1906년 12월 17일자
金三鞭盃 1건	방한한 일본 황태자에게 증여	1907년 10월	『皇城新聞』1907년 10월 20일자
銀茶器俱	일본 황태자에게 증여	1907년 10월	『皇城新聞』1907년 10월 20일자
甲冑(갑옷과 투구) 1부[97]	일본 황태자에게 증여	1907년 10월	『皇城新聞』1907년 10월 20일자
銀燭臺 1쌍,	일본 황태자에게 증여	1907년 10월	『皇城新聞』1907년 10월 20일자
太極緞 4필	일본 황태자에게 증여	1907년 10월	『皇城新聞』1907년 10월 20일자
金捲烟匣 1건,	일본 황태자에게 증여	1907년 10월	『皇城新聞』1907년 10월 20일자
豹皮 2건	일본 황태자에게 증여	1907년 10월	『皇城新聞』1907년 10월 20일자
璿源譜畧 한 질	소궁삼보송에게 하사	1909년 9월	『皇城新聞』1909년 9월 23일자
國朝寶鑑 한 질	이등박문에게 하사	1909년 9월	『皇城新聞』1909년 9월 23일자
國朝寶鑑 한 질	증미통감에게 하사	1909년 9월	『皇城新聞』1909년 9월 23일자
刺繡額子 1개	일본왕실에 기증	1917년	『每日申報』1917년 6월 16일자 경성여자고등보통학교 기예과 졸업생 작품
五色詩箋 3권	일본왕실에 기증	1917년	『每日申報』1917년 6월 16일자
朝鮮童服 및 附屬品	일본왕실에 기증	1917년	『每日申報』1917년 6월 16일자
자기 1개 (白磁菊唐模樣彫刻花甁-)	일본왕실에 기증	1917년	『每日申報』1917년 6월 16일자 총독부중앙시험소 제작

물품명	기증 및 하사	시기	비고
硯 1개	일본왕실에 기증	1917년	『每日申報』1917년 6월 16일자 황해도 산
墨 1개	일본왕실에 기증	1917년	『每日申報』1917년 6월 16일자 이왕직제작소
삼천원어치 옛그림과 서책	이등박문에게 하사	1909년	『대한매일신보』1909년 7월 7일자

2) 일진회 등이 일본 황태자에게 헌상한 한국 물품

1907년 10월에 일본 황태자가 한국을 방문했을 때 한국의 친일단체들은 아부성 환영이 극에 달했다. 일진회와 한성부민회[98]에서는 숭례문 앞에 봉영문(奉迎門)을, 각 처에 환영문을 설치하고 10월 16일에 일본 황태자 일행이 남대문에 도착하자 대대적인 환영 행사를 하였다.[99] 황태자 일행이 돌아갈 때는 각종 기념품과 한국 미술품을 헌상했다. 일진회에서는 황태자의 도한을 접하고 총무위원회를 개최하여 헌상품 선택에 대하여 협의하였다. 한국 고대부터 현대에 이르기까지 의복, 악기, 무기, 가구, 농구, 기타 기구류 5백여 종을 각도 지부에 연락하여 전력으로 수집했다. 일진회 회장 이용구는 여관으로 이토 히로부미를 찾아가 헌상 수속을 치렀다. 전부의 용적은 큰 상자 9개에 달했다.

한성부민회에서는 일본 황태자에게 경의를 표하기 위해 은제반상 1조와 산수화첩 2건을 헌품하였고, 자선부인회[100]에서는 송학자수족자 1건을 제작하여 헌품하였다.

---

97) 일본 궁내청에 보관되어 있을 가능성이 높다.
98) 奉迎會任員. 금회 일본황태자전하를 봉영호기 위호야 漢城府民會團体를 조직호고 임원을 선정호얏는 더 회장 張憲植氏 부회장 洪肯燮氏 설비위원장 金宇鉉氏 장의위원장 趙秉澤氏 헌품위원장 尹晶錫氏 광무위원장 박기원氏 외교위원장 韓相龍氏 내사위원장 白寅基氏 운동위원장 鄭永斗氏 회계주임 崔敬淳氏 평의원 金基永氏 조鎭泰氏 白完爀氏 等 三十餘人이오 해회고문은 總理大臣 李完用氏 農商工部大臣 宋秉畯氏 法部大臣 重趙應氏 라더라(『皇城新聞』1907년 10월 15일자).
99) 加濱和三郎, 『皇太子殿下韓國御渡航紀念寫眞帖』, 1907년 12월.
100) 奉迎歡迎. 慈善婦人會에서 再昨日 日本皇太子殿下奉迎時에 奉迎委員 十七員을 選定ᄒ야 漢城府民會의 徽章을 佩ᄒ고 南大門外府民會奉迎門下에서 禮式을 奉行ᄒ고 同日下午四時에 歡迎會를

이 물품들은 일본에 도착하자 얼마 지나지 않아 동궁어소에서 〈동궁전하어하부한국일진회헌품(東宮殿下御下附韓國一進會獻品)〉이라 하며 도쿄제실박물관으로 보내져 일반 대중들이 볼 수 있도록 진열되었다. 당시 도쿄제실박물관으로 넘겨진 것은 총 300여 점으로 복식, 가구, 무기, 악기, 문방구, 농공구, 천산물에 이르기까지 넓게 일반을 망라하고 있다. 면관조복류(冕冠朝服類), 도자기, 금속기, 직물류, 길이 8척이나 되는 호피, 순은의 기구, 천연사금, 부녀자의 악기, 이용구의 서장(書狀) 등이 진열되었다.[101]

일본 황태자에게 헌납한 물품[102]

물품명	증여 및 헌납자	증여 및 헌납 시기	비고
銀製飯床 1조와 산수화첩 2건	漢城府民會	1907년 10월	
松鶴刺繡簇子 1	慈善婦人會	1907년 10월	
이용구의 書狀	一進會	1907년 10월	현재 도쿄 국립박물관 소장
虎皮(길이 8척)	一進會	1907년 10월	상동
冕冠朝服	一進會	1907년 10월	상동
도자기	一進會	1907년 10월	상동
各郡의 所産各種 織組物 布帛 絲紬	一進會	1907년 10월	상동
各種 海産物	一進會	1907년 10월	상동
各種 獸皮	一進會	1907년 10월	상동
各種 漆器	一進會	1907년 10월	상동
各種 農器	一進會	1907년 10월	상동
各種 武器	一進會	1907년 10월	상동
各種 服式	一進會	1907년 10월	상동
各種 器具	一進會	1907년 10월	상동
古物	一進會	1907년 10월	상동
各種 書冊 등을 포함한 총300여 점	一進會	1907년 10월	상동

明月舘에 開ㅎ얏더라(『皇城新聞』1907년 10월 18일자).
101) 「東京帝室博物館の新陳列」, 『考古界』第6篇 第10號, 명치41년 1월.
102) 『황성신문』1907년 10월 20일자; 『대한매일신보』1907년 10월 20일자.

●물품반천일 한셩부민회에
셔 은으로만든 쳘뎝반상훈벌
따 산슈그린 화본 두벌을 일
본 황태즈뎐하쎅 밧쳣다더라
●물품진졍 일진회에셔 얼
본 황태즈씨 각종 도산파 인
죠 물품을 만히 밧쳣다더라
●본황태즈씨 일진회에셔 얼
에 션는 일본 황태즈인회
쇼나무와 학 그린 그림 효
폭을 밧쳣다더라

『대한매일신보』
1907년 10월 20일자.

3) 개인 기증

물품명	기증 및 헌납	시기	비고
金瓶(金百兩重)	일진회가 伊藤博文에게	1909년 7월	'伊藤公爵紀念贈보'이라는 八字를 조각[103]
古制甲冑 一襲	이완용이 일본 동경에 있는 靖國神社內游就舘에 기증	1909년 08월	寺內正毅가 그 답례로 일본에서 신제작한 갑주일습(甲冑一襲)을 이완용에게 기증[104]
고동제향로 1좌	일진회장 이용구가 일본승 澤田範之에게	1910년 5월	『皇城新聞』 1910년 5월 24일자
병풍 1쌍	적십자사에서 일본왕실에 헌상	1915년	『每日申報』 1915년 10월 23일자.
연적, 文臺	애국부인회에서 일본왕실에 헌상	1915년	『每日申報』 1915년 10월 23일자.
조선병풍	김규진 작	1915년	1915년 창덕궁에서 천황에게 헌상[105]

103) 『皇城新聞』 1909년 07월 10일자.
104) 『皇城新聞』 1909년 08월 25일자.
105) 『每日申報』 1915년 4월 7일자.
 동궁 전하께 書帖 헌상. 십륙체 서첩을 헌상하는 김규진씨
 해강 김규진씨는 작년 봄에 창덕궁의 명을 받자와 서첩을 병풍으로 포장하여 창덕궁 리왕전하로부터 천황폐하께 바치게 되어 그 당시에 비상한 영광을 입고 창덕궁의 은명이 자기에게 나리움을 감격하더이며, 자기의 그림이 이은명으로 인하여〈중략〉
 근 일년 만에 글씨도 다 되고 포장까지 마치어서 한폭의 족자와 아울러 일전에는 소궁 차관을 거쳐 바치는 절차를 행하였다.

『대한매일신보』1907년 8월 11일자에는 다음과 같은 만평을 싣고 있다.

세계 각국에 계신 군자들 여보시오. 나라를 팔아먹는 종을 많이 무역하려거든 대한국으로 건너오시오. 황족 귀인과 정부대관이 나라를 파는 종이오. 몇 만 명이 다 나라를 파는 종이라 값도 헐할듯하오. 그것을 사다가 무엇하게, 개돼지만도 못한 것을 그저 주어도 아니 가져가겠소.

4) 기타

품목	원지	반출시기	반출자	소장처	비고
왕궁 내에 장적(藏積)되어 있던 수많은 금, 은, 보화, 기물 각종 문화재	경복궁	1894년 6월 21일	일본군 부대장과 일본공사		출처[106]
圓形黃金軍扇 1개	탁지부 창고	1909년	關野貞	일본황실	『皇城新聞』 1909년 9월 23일자.[107]
패엽경	화장사	1894년 4월	加藤文教		『鷄林佛教探見旅行日誌』[108]
숙종대왕의 御製詩[109] 현판	울산군 望洋亭	1909년	須藤正夫[110]		기념으로 가져감[111]
일본 장군의 鎧(갑옷)	한국의 어느 농가	1909년경	한국주둔사령장관 육군대장 久保春野	유취관에 기부	출처[112]
朝鮮本 및 漢籍 책수 3,000	趙男爵		趙男爵 소장의 것을 동경대서 구입	동경 제국대학	동경제국대학,『東京帝國大學 附屬圖書館 復興帖』, 1930.
북관대첩비	함경북도		육군중장 三好成行	遊就館	출처[113]
藏書 6만여 권	閔泳韶		閔泳韶가 國分象太郎에게 매도[114]		출처[115]

106) 1894년 6월 21일 새벽 일본군 부대장과 일본공사가 병 1,500명 대포 8문을 이끌고 경복궁 내에 침입하여 주권을 강탈할 때에 그 강도단은 500년래(年來) 이 나라 왕궁 내에 장적(藏積)되어 있던 수많은 금, 은, 보화, 기물 각종 문화재 등을 모조리 강탈 포장하여, 인천을 경유하여 강탈하여 갔다. 이때 황매천은 "국가 수백년래의 비장지보(秘藏之寶)가 일조(一朝)에 탕갈(蕩渴)되었다"고 탄식하였다. 일본 육군참모본부가 공식으로 발행한 「日淸戰史」 8권 42책(1895년 淸戰史)에 의하면, 일본 육군

은 청일전쟁 직전인 1894년 7월 23일 경복궁을 무력으로 점령했다고 되어 있다. 이 자료는 이어 '조선 왕궁에 대한 위협적 운동과 준비는 이미 7월 21일 시작됐다'고 하고 있다. 작전 수행을 위한 혼성여단 사령부는 당시 경성 공사관 안에 설치됐으며 오전 3시 반에 출발, 왕궁 동북고지부터 점령할 것 등 각 부대의 행동계획을 상세하게 기술하고 있다(『구 조선총독부 건물 실측 및 철거 보고서』, 문화체육부 국립중앙박물관, 1997).

西山武彦은 「한국건축조사보고서의 수수께끼」(『한국의 건축과 예술』, 건축문화, 1990.)에서,
"1894년 7월 20일 새벽, 일본 정부는 일본군을 동원하여 한국의 왕궁을 기습 점령하였다. 왕궁 점령의 목적은 국왕(고종)을 포로로 잡아 무력에 의한 위협으로 국왕을 윽박질러 한국 군대의 무장해제와 일군의 청국군 공격은 한국정부의 요청, 국왕의 의뢰에 따르는 것임을 국왕으로 하여금 말하게 하는 데 있었다.
이때 무장해제와 함께 왕궁에 소장되어 있는 방대한 귀중한 문화재가 약탈되었다. 일본이 한국의 보물을 탈취한 것은 단순히 우발적인 일은 아닌 듯하다. 일본은 청일전쟁을 기화로 조선, 중국의 문화재의 조직적 수집에 혈안이 되었다."고 기술하고 있다.

107) 『皇城新聞』1909년 9월 23일자.
탁지부 내에 있는 비밀창고(秘庫)는 옛날부터 이를 열면 국가에 凶變이 생긴다고 하여 범하는 자가 없었다. 그런데 관야정이 이를 무시하고 문을 열었다. 이곳에는 豊臣秀吉이 소지하였던 圓形黃金軍扇과 기타 수백의 진보가 있었는데, 관야는 圓形黃金軍扇 1개를 일본 황실로 가져갔다.
『신한국보』1909년 10월 26일자.
전 탁지부 내에 비밀한 창고 一좌가 있는데 이를 열면 국가에 흉년이 생긴다는 말이 전래함으로 어떤 사람이든지 감히 열지 못하였더니 금회에 일본인 관야가 개도하여 열어본즉, 왜장 풍신수길이가 임진전역 시에 가져온 부채(軍用) 三개중 二개를 발견하였는데(一개는 일본황실에 진장) 모양은 둥글며 황금으로 제조하였으니 〈중략〉 또 기타 여러 가지 희귀한 진품 수백 개를 발견하였다더라.

108) 1894년 한국을 정찰하기 위해 渡韓한 일본승 加藤文敎의 『鷄林佛敎探見旅行日誌』1894년 4월 3일자 기록에 의하면, 加藤文敎가 이곳 화장사를 방문했을 당시는 경기, 강원 일대의 제1거찰로서 승도가 무려 200여 명에 달하였다고 하며, 패엽경에 대해서는,
이 절의 보물 지공존자가 西天으로부터 가지고 온 문수보살의 친필로 된 패엽경은 그 수 15여 매로 내가 1매를 구하고자 하였으나, 主管이 말하기를 돈으로 交易 할 수 없는 것이라고 하여 내가 하나의 案을 제안하였는데, 대웅전 석가불이 金箔剝하니 이를 改金하고 패엽경을 받기를 청하니 山內僉議하고 이를 허락하여 塗替金 六百文 즉 10원을 주어 그 증명서를 받았다(加藤文敎, 『朝鮮開敎論』, 附錄篇, 明治33年(1900), pp. 61~63).
라고 하며 그 증명서까지 기록하고 있어 15매 중 1매는 가등이 반출해 갔음을 밝히고 있다.
證明書의 마지막에는 "日本僧加藤文敎師爲華藏寺大化主大施主誓心明意成就佛寺故 滿山衆僧處決議立旨之意許給貝葉經一枚者也 華藏寺主管 德雲 爐殿三濟"라고 기록하고 있다.

109) 肅宗 御製詩
列壑重重逶迤開/驚濤巨浪接天來/如將此海變成酒/奚但只傾三百盃

國史編纂委員會 編纂, 『輿地圖書』上, 1979, p. 542.
110) 官報 1909년 9월 15일자에 의하면, 須藤正夫는 재무총독국 주사로 나타나 있다.
111) 『皇城新聞』1910년 4월 19일자.
울진군 망양정에 현판글은 숙종대왕의 어제하신 바인데 그 정자를 훼철한 후 그 현판을 그 고을 객사에 두었더니 원산 재무감독국 임원 일인 수등정부가 재무 시찰차로 왔다가 그 현판을 구경하고 가져갔다더라(『大韓每日申報』1910년 4월 19일자).
울진군 망양정 현판은 숙종대왕이 친히 만든 것인데 그 고을 객사에 두었더니 원산 재무감독국에 있는 일인 등정부가 재무 시찰차로 울진에 왔다가 그 현판을 보고 욕심이 나서 필경 가져갔다더라(『신한민보』1910년 5월 18일자).
蔚珎望洋亭, 有肅宗朝御筆, 倭人須藤正夫窃去(『梅泉野錄 卷之六』隆熙四年庚戌').
112) 「太閤征韓時代の鎧」, 『歷史地理』제15권 2호, 歷史地理學會, 1910년 2월. p. 102.
113) 1904년 일본군 후방수비대 제2사단 제17여단장 육군 소장 池田正介가 북한 수비 중 함경북도에서 북관대첩비를 발견했다. 일본군 제2사단장 육군중장 三好成行이 이 비석은 조선역의 역사상 참고를 제공하는 좋은 자료라 생각하여 이를 가지고 일본제실에 헌상하고자 반출했다.
이 공사는 1905년 5월에 착수하여 5월 27일 해안으로 운반하고, 廣島에 도착한 것은 1905년 7월 28일 이다. 오랫동안 遊就館구내정원에 옮겨 세워 두었다.
북관대첩비가 일본으로 옮겨지자 일본학계에서는 고구려 광개토대왕비까지 일본으로 반출하려 했다. 『考古界』제5篇 第2號에 "우리들은 이 거사를 찬양하며, 계속해서 저 만주 회인현 통구에 있는 고구려고비도 이와 같이 본방(일본)에 수송하여지기를 희망한다."하고 있다.
참고: 「北關大捷碑の輸送」, 『考古界』第5篇 第2號, 1905년 9월, p. 48.
「北關大捷碑」, 『考古界』第6篇 第2號, 1906년 12월.
中村久四郞, 「韓國會領府의 顯忠祠비명에 대하여」, 『歷史地理』제9권 5호, 歷史地理學會, 명치40년 5월.
114) 國分象太郞은 『(明治41年 7月 現在)統監府及所屬官署職員錄』에 의하면, 統監官房 秘書室 書記官으로 在職하였으며, 『朝鮮總督府及所屬官署職員錄』에는 韓日合邦 初期에 總督府 人事局長 및 中樞院 書記長官을 兼任한 것으로 나타나 있다.
115) 1910년 2월에 閔泳韶가 舊書籍 6만여 권을 1,500圓에 日本人 國分象太郞에게 賣渡코자 하는 故로 非難을 받다."(『大韓每日申報』1910년 2월 23日).
『梅泉野錄』에는 "閔泳韶가 일본인 國分象太郞에게 藏書 6만여 권을 매도하여, 책값 1,500元을 받았다."(『梅泉野錄』제6권, 隆熙 4년 庚戌(1910년).

4장

상인 및 수집가들에 의한 반출

1. 국내 고미술 시장

1) 골동상의 등장

한국에도 전통적으로 골동품을 다루는 상점이 있었지만 이는 어디까지나 국내 소비를 목적으로 한 것이며, 타국에의 반출과 직접적으로 관련되는 것은 일본인 골동상이 등장하면서부터라 할 수 있다. 일본인 골동상들이 처음으로 한국에 진출한 것은 도굴이 시작된 1890년대부터인 것으로 추정되고 있다.

도쿄국립박물관의 소장품 목록에는 1885년에 구입한 경주 월성 출토품 15건, 경남 김해에서 출토한 유물 여러 건이 보이고 있다. 이는 1885년 농상무성 박물국에서 "조선반도의 토기를 최초로 일괄 구입"한 것이라고[1] 하고 있어 이 당시에 이미 골동상들이 한국을 왕래했을 것으로 짐작된다. 1890년대에 들어오면 한국에 건너오는 자들 중

---

[1] 「東京國立博物館所藏朝鮮産土器・綠釉陶器の收集經緯」, 東京國立博物館, 『東京國立博物館圖版目錄』朝鮮陶磁篇(土器,綠釉陶器), 2004.

에는 고물상 취급에 관한 수속이나 조례까지 수록한 책자를 휴대한 점으로[2] 보아 1890년대에 이미 골동을 포함한 고물을 취급하는 상인들이 상당수 한국에 재주하였다고 볼 수 있다.

청일전쟁 이후 대거 몰려온 일본인들에게 골동 취급은 상당한 이득을 취할 수 있는 선호직업으로 인식되었다.[3] 당시 골동을 취급하는 일본인 골동상이 얼마나 되었는지 몇몇 기록을 살펴보면 다음과 같다.

※ 골동종사자

조사 시기	조사 대상	직업 명	수	비고
1904년 1월 25일부	경성	고물상	12명	『滿韓大觀』, 1904.
1904년 1월 25일부	재부산 일본인	고물상 및 행상	26명	'재부산제국영사관 일본인 직업별 보고'[4]
1905년경	재부산 일본인	고물상	13명	'거류민영업별'[5]
1906년 6월말	재한 일본인	고물상 종사자	214명	재한 일본인 직업별 일람표[6]
1909년 1월	재평양 일본인	고물상	12명	'업종별 조사'[7]

---

2) 1897년에 간행한 『도한자필휴(渡韓者必携)』란 책자를 보면 한국에 거주하는 일본인들이 한국에서의 사업에 필요한 규칙과 거류지에서 지켜야 할 생활상의 규칙, 그 외 참고사항을 기술하고 있다. 그 내용 중에는 1891년 9월 26일자로 작성한 '고물상 취체 조례세칙'과 '고물상 취급 수속'까지 들어있다(高木末熊, 『渡韓者必携』, 朝鮮時報社, 1897.).

3) 1904년에 발간한 『企業案內 實利之朝鮮』이란 책자를 보면, 저자 吉倉凡農은 직접 한국 전역을 답사하고 각종 업종에 대한 정보와 어떻게 하면 이익을 얻을 수 있는지 온갖 수단과 방법을 소개하고 있다. 그 중 '古物商'조에, "고려시대의 도기 및 불상이 많은데 그 값이 굉장히 싸다. 많이는 지중에 또는 사원에서 발견된다. 일본으로 수출하여 비싼 값으로 된 것도 적지 않다. 이것을 매수하는 데 앞잡이 역의 한국인을 이용하는데 능수능란한 수법이 필요할 때도 있다. 또 자신이 고사(古寺), 고총(古塚), 고적을 심방(尋訪)하는 것도 필요하다. 이 업에 정통하면 상당한 사업으로 성장할 수 있다."라고 기술하고 있다.

4) 『滿韓大觀』10권 9호, 博文館, 1904.
5) 相澤仁助, 『釜山港勢一般』, 日韓昌文社, 1905.
6) 統監府總務部, 「在韓日本人 職業別 一覽表」, 『韓國事情要覽』제2집, 東洋陶磁硏究所, 1907. pp. 54~58.
7) 白川正治, 『平壤要覽』, 平壤實業新聞社, 1909.

조사 시기	조사 대상	직업 명	수	비고
1910년 9월말	재한일본인	고물상 가옥	92호	'내지인 직업별 조사'[8]
1911년	개성	일본인 고물상	4곳	『개성안내기』[9]
1913년	경성고물상조합	고물상 조합원수	120명	『朝鮮在住內地人實業家人名士辭』[10]
1912년	대구	골동상	4곳	『鮮南要覽』[11]
1920년	대구	골동상	15곳	'大邱著名營業者案內'[12]

1906년 재한 일본인직업별일람표에서 고물의 매매를 업으로 하는 고물상의 수가 214명으로 나타나 있다는 것은 당시 도굴이 얼마나 성행했는지를 보여주는 단적인 예이다. 뿐만 아니라 군사력을 배경삼아 건너온 무뢰한(無賴漢), 깡패, 목공, 토공 등의 상당수 또한 도굴이나 골동상에 종사했을 것이라는 추측이 가능하다. 1912년에 간행한 『선남요람(鮮南要覽)』에서, 일본인에 한해 조사한 '대구저명영업자안내(大邱著名營業者案內)'조를 보면, 당시 대구에만 골동상이 4곳이나 있는 것으로 기록하고 있다.[13] 그러나 이 수는 1920년에 오면 15곳으로 6배 가량 늘어난다.[14] 이것도 이름이 있는 골동상에 한해 안내한 것이고 그 외 숨어서 장물을 취급하는 자들이나 그들의 하수인도 상당수가 존재했을 것으로 추정된다. 또한 1913년에 간행한 『조선재주내지인실업가인명사』에 의하면, 당시 서울에서 일본 고물상들이 '고물상조합'을 결성하였는데 조합원 수가 120명에 달했다.[15] 이들 대부분은 도굴에 참여하던 자이거나 장물을 취급하는 상인들로 추정된다.

---

8) 川端源太郎, 『京城と內地人』, 日韓書房, 1910.
9) 岡本喜一, 『開城案內記』, 開城新聞社, 1911.
10) 『朝鮮在住內地人實業家人名士辭』, 朝鮮實業新聞社, 1913, p. 358.
11) 「慶北雜纂」, 『鮮南要覽』, 大邱新聞社, 1912, p. 98.
12) 佐瀨直衛, 『最近 大邱要覽』, 大邱實業會議所, 1920, pp. 21~23.
13) 「慶北雜纂」, 『鮮南要覽』, 大邱新聞社, 1912, p. 98.
14) 佐瀨直衛, 『最近 大邱要覽』, 大邱實業會議所, 1920, pp. 21~23.
15) 『朝鮮在住內地人實業家人名士辭』, 朝鮮實業新聞社, 1913, p. 358.

2) 초기의 골동상

　　일본에서 건너와 상점을 내고 일본 물품을 파는 가게에서는 일본 물품을 수입하면서 그 판로를 이용하여 한국 고미술품도 일부 취급하였다.

　　대표적으로 와다(和田)상점 같은 경우를 들 수 있다. 와다 쓰네이치(和田常市)는 1881년에 한국에 건너와 인천에서 약제상을 하다가 1883년에 무역상을 겸했다. 1886년에는 거점을 서울 충무로로 옮겨 수입무역상점을 운영했다. 이곳에서 그는 일본 물품을 들여와 판매하고 한국 물품을 일본으로 수출했다. 그는 무역업을 했지만 자신의 집 정원에 폐사지 등에서 불법으로 옮긴 석조물들을 놓고 매매를 하기도 했다.[16] 초기 한국 재주 일본인 상인들은 무역업이나 과자상 등의 간판을 내걸고 있었으나 이익이 되는 일이면 무엇이든지 서슴없이 하였으며, 골동 매매를 겸하기도 했다.[17] 골동 매매가 상당한 이익을 가져오자 나중에는 전문 골동상점이 등장하기 시작한다.

---

16) 정규홍, 『유랑의 문화재』, 학연문화사, 2009.
　　關野가 1911년에 촬영한 사진목록(『朝鮮古蹟調査略報告』, 1914년)을 보면, 사진목록번호 3~18번에 해당하는 '지광국사현묘탑', '불사리탑', '원공국사승묘탑' 등이 '和田常市 所管'으로 나타나 있다. '智光國師玄妙塔'은 和田常市가 1912년에 오사카의 藤田가에 팔아넘겨 일본으로 반출되었다가 후에 겨우 반환받았다. 원공국사승묘탑은 해방 때까지 和田의 집 정원에 있다가 해방 후 집 주인이 여러 차례 바뀌는 과정에서 또다시 다른 곳으로 옮겨지면서 한때 행방불명이 되기도 하였다.
　　和田은 서화 작품도 상당히 수집하였던 것으로 알려져 있다. 1915년 명동의 한성병원 자리에서 조선신문사 주최로 《東洋美術展覽會》를 개최하였는데 이때 청의 옹방강의 글씨 두 폭을 출품하기도 하였다.
17) 1911년에 간행한 『開城 案内記』(岡本喜一, 開城新聞社. 1911)란 책자의 광고란을 보면, 인삼 판매점이나 일반 상점에서도 고려소(고려자기)를 취급한 것으로 나타나 있다. 고려자기의 가격이 급등하고 너도나도 고려자기를 찾게 되자 개성일대에서 도굴한 고려자기를 사모아 개성의 특산물처럼 버젓이 상점에 진열하여 판매하였던 것이다.

❈ 초기의 골동상

인명	시작연대	내용
近藤佐五郎	1904년경	약제상으로 1892년 부산공립병원에 초빙되어 약국장으로 근무하다가 그만두고 1904년에 서울로 올라와 충무로에 박고당(博古堂)이라는 골동상점을 열었다. 1907년에는 풍덕군의 경천사지탑을 일본으로 반출할 때 현장 감독자로 헌병들과 역부들을 동원하여 수십 대의 달구지에 탑 석재를 싣고 좌우에서 총칼을 든 헌병들과 불법자들에게 호송케 하면서 현장을 지휘했다. 1913년에는 경성고물상조합의 조합장으로 활동하기도 했다.
大館龜吉	1906년	1906년에 한국에 건너와 남산정에서 골동품 가게와 더불어 미소원(微笑園)이라는 원예점을 함께 하였다. 오다치(大館)는 조선자기를 많이 취급하였다. 원래 도쿄에서 식목옥(植木屋)을 하던 자로 고미야 미호마츠(小宮三保松) 궁내부차관의 부름을 받고 이왕가의 창경궁 정원과 경복궁 내의 연못, 창덕궁 조경을 맡아 하였다. 이런 관계로 고미야와 친분을 가지고 있었다. 오다치는 별도로 골동에 대한 감식안까지 가지고 있었는데 이것을 알고 있는 고미야는 그에게 "조선물은 무엇이든지 가지고 와라" 하여 오다치는 한국 골동을 마구 사들였으며, 이들 중 상당수는 고미야의 주도 하에 이왕가 미술관으로 들어갔다.[18]
新田谷伊之助	1907년	1907년에 한국에 건너와 서울 명동에서 닛다(新田)상점이라는 골동상을 운영하면서 五十경매소까지 하였다.
赤星佐七	1907년	1896년에 인천으로 건너와 과자상을 시작하여 1904년에 개성으로 옮겨 과자상, 잡화상을 하다가 1907년에 고물상을 시작하여 서울에 올라와 아카보시(赤星)상점이라는 잡화상 및 골동상을 하였다. 이 자는 도쿄국립박물관에 상당수의 한국유물을 기증하기도 하였다. 『동경국립박물관 소장품 목록』을 보면 최충헌묘지(崔忠獻墓誌, 유물번호 27412), 금동제도금옥(유물번호 19296), 지석(유물번호 6511)을 비롯한 토기 4점(유물번호 6512, 6510, 6676, 6509)이 아카보시(赤星)가 기증한 것으로 나타나 있다.
陣之內吉次郎	1908년	일본에서 미곡상을 하다가 1908년 2월에 한국에 건너와 서울 본정(충무로)의 토지를 매수하여 골동품상을 하였다.
伊藤東一郎	1907년경	일본에서 시계 골동품상을 하였는데 1906년 한국에 건너와 시계점을 운영하다가 1년 만에 그만두고 골동전문점으로 업종을 바꾸었다. 그의 골동상점에는 특히 우수한 고려자기가 많이 있었다고 한다. 어릴 때부터 서화골동에 취미가 있고 골동품상들 사이에는 골동에 대한 안목이 아주 높은 것으로 알려져 있다. 1922년 경성미술구락부사장.
浦谷淸次	1908년	1891년부터 일본에서 골동점을 운영하다가 1905년에 잠시 그만두고 1908년에 다시 일본에서 완고당(玩古堂)이라는 골동상점을 운영하면서, 1912년에 서울에 완고당 출장소를 두었다.
林仲三郎	1911년	1905년 2월에 한국에 건너와 서울에서 여관업을 하면서 삼팔경매라는 골동품 경매업을 겸하였다. 1911년에는 삼팔경매를 주식 조직으로 변경, 경성경매주식회사를 설립하여 운영하였다. 처음에는 주로 중국에서 물건을 가지고 와서 팔다가 후에는 한국 고미술품까지 함께 취급하였다.
池內虎吉	1912년	이케우치는 1912년부터 이왕가박물관과 거래를 하던 골동상으로[19] 초기 개성 등지에서 올라오는 고려자기를 포함한 각종 도굴품을 취급하였다.

인명	시작연대	내용
吉村亥之吉		1904년 러일전쟁이 일어나자 한국으로 건너와 대구에서 효시(日吉)상회라는 상점을 운영하다가, 1911년 11월에 서울에 올라와 남산동에 요시무라(吉村)골동점을 운영하였다.
鈴木	1911년경	조선의 고서화를 전문적으로 취급[20]
稲本新臣	1912년 이전	1912년에 간행된 『대구일반』 '인물조'에는 이나모토 신오미(稲本新臣)가 1905년에 조선신문사에 입사하였다가 골동에 취미가 있어 골동업에 종사하였는데, 그의 이나모토(稲本)골동점은 대구 동성동에 자리하는 것으로 조선 고기물, 고대 기와, 회화, 미술품 등을 가장 많이 가진 골동점으로 소개하고 있다.[21] 그러나 이나모토(稲本)골동점을 언제 열었는지 그 연대는 명확하지 않다. 『광복 이전 박물관 자료 목록집』을 보면 총독부박물관의 '대정14년도 진열품 구입 결의'에 이나모토로부터 물품을 구입한 건이 보인다.
新見茂藏	1912년 이전	대구에서 골동상점을 운영
奥治助	1912년 이전	대구에서 골동상점을 운영
米田常吉	1912년 이전	1912년에 부산상업회의소에서 간행한 『부산요람』의 '상공인명록'에 나타난 고물상의 인명으로는 요네다 쓰네키치(米田常吉)란 자가 보인다.
栗原	1910년대	경주에서 골동상, 정확한 연대는 알 수 없으나 경주 지역이 일찍부터 일본인 관광객들의 발길이 잦았던 점으로 보아 1910년대에는 시작되었을 것으로 보인다.
車	1910년대	경주에서 골동상
鈴木	1910년경	아유카이 후사노신의 지도를 받아 한국 고서화를 전문적으로 취급(『京城美術俱樂部創業20年記念誌』)
三梅太郎	1911년 이전	개성에서 고려자기 등 골동과 인삼을 판매(『개성안내기』)[22]
吉岡	1911년 이전	개성에서 고려자기 등 골동과 인삼을 판매(『개성안내기』)
吉田	1918년 이전	부산 梅香堂
吉田	1918년 이전	을지로의 요시다(吉田)상점(阿部辰之助, 『大陸之京城』, 京城調査會, 1918)
大倉	1918년 이전	오쿠라(大倉)상점(阿部辰之助, 『大陸之京城』, 京城調査會, 1918)
森勝次	1918년 이전	(阿部辰之助, 『大陸之京城』, 京城調査會, 1918)
高木德哉	1918년 이전	(阿部辰之助, 『大陸之京城』, 京城調査會, 1918)
毛利猪七郎		러일전쟁 당시 개성수비대, 퇴역 후 개성 경성을 오가면서 영업.(『京城美術俱樂部創業20年記念誌』)
赤尾		개성과 경성을 오가며 고려자기 판매

3) 고물상조합 및 경성미술구락부

고물 수요자가 늘어나고 고물상의 수가 자연스레 증가하자 판로의 확장을 위하여 고물상중개조합이 결성되기 시작한다. 언제부터 고물상중개조합이 조직되었는지는 명확하지 않으나, 경술국치 이전부터 소규모의 고물경매소가 있었던 것으로 보인다.[23] 경술국치를 전후로 일본인들이 중심이 되어 경성고물상조합이 결성되고 소규모이긴 하지만 경매소가 등장한다. 1912년 3월에는 한국인들로 구성된 '경성조선인고물상조합'을 결성하고 고물진열소까지 마련하였다.[24]

고물상의 수가 날로 늘어나고 불법이 난무하자 1912년 3월 총독부에서는 '고물취체에 관한 법령 취급 수속에 관한 훈령'(관보, 1912년 3월 27일)을 정하여 난립하는 고물상들을 정리하고자 하였다.[25] 하지만 문화재 보호 차원의 장물 취급 등에 관한 것은

---

18) 佐佐木兆治, 『京城美術俱樂部創業20年記念誌』, 京城美術俱樂部, 1942, p. 38.
19) 박계리, 「朝鮮總督府博物館 書畵컬렉션과 蒐集家들」, 『近代美術 硏究』, 2006.
20) 佐佐木兆治에 의하면 明治末 경에 鮎貝房之進의 지도를 받아 고서화를 전문적으로 취급했으며, 阮堂, 玄齋 등의 작품을 팔고 있었다고 한다.(佐佐木兆治, 『京城美術俱樂部創業20年記念誌』, 京城美術俱樂部, 1942, p. 38.)
21) 三輪如鐵, 『大邱一斑』, 玉村書店, 1912.
22) 岡本喜一, 『開城案內記』, 開城新聞社, 1911.
23) 『皇城新聞』1910년 3월 22일자에는 "고물중개조합. 전군수 조모는 일본인 모모와 합자하여 아국에 전래하는 고물중개조합소를 발기 조직하기로 주선중이라더라"라는 기사가 보인다.
24) 『매일신보』1912년 3월 28일, 29일, 4월 9일, 6월 18일.
25) 고물상취체에 관한 제령시행규칙(조선총독부령 제22호, 총독부관보 제 460호, 1912년 3월 12일)
제1조 고물상단속법에 규정한 행정청의 직권은 경찰서장(경찰분서장·경찰서장의 직무를 하는 헌병분대장·헌병분위소장을 포함. 이하 같다)이 행사한다. 다만, 영업을 금지하거나 정지 또는 영업의 금지나 정지를 해제하는 처분은 경무부장(경성에서는 경무총장. 이하 같다)이 한다.
제2조 ① 고물상영업의 면허를 받고자 하는 자는 다음 사항을 구비하여 경찰서장에게 신청하여야 한다.
    1. 본적·주소·성명·생년월일 및 경력
    2. 영업장소
    3. 영업물품의 종류

하나도 보이지 않고 있다. 서화나 골동을 전문으로 하는 골동상도 마찬가지 고물상으로 허가를 받아 영업을 하였는데 특별한 제지 조항이 없으니 그 수는 계속 증가했다.[26]

그러나 골동을 전문적으로 취급하는 경매는 거의 없었다. 사사키 쵸이지(佐佐木兆治)에 의하면, 고려자기가 한창 시중에 흘러들어와 일본인들의 손에 들어갈 때 1906년경 아카오(赤尾)라는 자는 주로 개성에서 도굴에 의해 경성으로 올라온 고려자기를 야간에 경매했다고 한다. 사사키는 낮에는 노점을 운영하고 밤에는 경매장으로 향했는데 그 경매장에는 아가와(阿川), 아유카이(鮎貝), 야마구치(山口), 파성관(巴城館) 등의 제씨가 매일 밤 출입을 하였다고 한다. 그 외에도 삼팔경매소, 번다회(番茶會) 등이 경매회를 가졌다고 한다.[27] 이러한 것은 대부분 도굴품을 취급했기 때문에 음성적이고 소규모로 행해졌던 것이다.

『매일신보』1913년 1월 10일자에는, "경성고물상조합. 기보한 바와 같이 작일 8일 일본인 상업회의소에서 시내고물상총회를 개최하고 각 연도의 결산보고 및 역원을 선정하였는데 조합장은 곤도 사고로(近藤佐五郎), 부조합장은 하야시 나카사후로(林仲

---

②고물상이 영업의 종류를 변경하고자 하는 때에는 경찰서장에게 신청하여 허가를 받아야 한다.
제3조 상속에 의하여 영업을 승계한 때에는 면허를 받은 것으로 본다.
제4조 영업자가 스스로 관리하지 아니하는 영업소 또는 점포를 소유한 때에는 업무를 담당할 관리인을 정하여 본적·주소·생년월일·경력 및 관리할 영업소 또는 점포명을 기재하고 관리인이 연서한 후 경찰서장에게 신청하여 허가를 받아야 하며 관리인을 변경하고자 하는 때에도 같다.
제5조 ①고물상으로서 행상을 하거나 노점을 하고자 하는 자는 경찰서장에게 신청하고 감찰을 받아 휴대하여야 한다.
②고물상은 가족 또는 동거하는 고용인에 한하여 행상을 하게 하거나 노점을 내게 할 수 있다. 이 경우에는 전항의 수속에 의하여 감찰을 받아 휴대하게 하여야 한다.

26) 阿部辰之助,『大陸之京城』(京城調査會, 1918)에 의하면, 1918년에는 조합원의 수가 고물상 허가를 받은 일본인 수만 400여 명이나 되었다고 한다.
『동아일보』1921년 4월 28일자에 의하면, 1921년 통계를 보면 서울의 한국인 고물상은 점포를 가진 자가 약 300을 헤아리고 점포를 가지지 아니한 행상인을 합하면 8, 9백에 달한다고 한다. 이는 단순히 서울에서 활동하는 수에 불과한 것이다.
27) 佐佐木兆治,『京城美術俱樂部創業20年記念誌』, 京城美術俱樂部, 1942,

三郞) 그 외 평의원으로 10명을 선정하였다"는 기사가 보인다. 또『조선재주 내지인실 업가인명사전』을 보면, 오노 단지(小野團治)란 자는 1912년 8월에 경성고물상조합을 조직하고 친우회(親友會) 경영의 '伍十경매소'를 인수하여 경영하였으며, 1913년 4월에는 수표교통에 출장소를 두고 경매소로 이용하였다고 한다.

그러나 고물상조합에서 운영하는 경매는 다른 고물과 서화 골동의 매매가 함께 이루어졌기 때문에 문제가 있었다. 미술품의 진위 판명도 어려웠을 뿐 아니라 원래 서화 골동 등은 일정한 가격이 있는 것이 아니기 때문에 오직 고물조합의 경매소에서 입찰에 의해 가격이 정해지는 것은 매매가격의 불확실성을 면하기 어려웠다.

좀더 공개적이고 대규모로 경매가 이루어진 것은 1918년에 와서야 볼 수 있는데 서울이 아닌 지방에서 먼저 시작되었다.

1918년 12월 7일부터 12월 9일까지《신고서화대전람회》가 부산상공회의소에서 개최되었다. 이 전람회는 부산 재주의 거물 오이케 타다스케(大池忠助), 사코마 후사타로(迫間房太郎), 가시이 겐타로(香椎源太郎)[28]가 주동이 되어 도쿄의 모 명사의 수집품과 부산 재주의 유지자, 부윤 와카마츠(若松)를 비롯한 9명의 찬조를 받아 부산일보의 후원으로 개최되었다.

---

28) 香椎源太郎은 1894년에 한국을 시찰한 후 러일전쟁을 계기로 한국에 건너와 鶴原 총감부장관을 설득하여 伊藤博文을 만나 거제도 가덕도 등의 어장권을 얻어 수산업을 시작, 이왕가 소유의 어구 중에 20여 개소의 어구를 貸下받아 수산업을 하여 수산왕이라는 별칭까지 붙었다. 1923년『개벽』지에 게재된「조선문화의 기본조사」에, "경남의 조선인 상업계도 일인을 중심 삼아 운전된다. 그들은 마치 망과 망 같고 의복의 領과 같다. 예를 들면 부산 거주의 香椎源太郎, 迫間房太郎, 大池忠助와 같은 사람은 모두 백만의 장자로서 그들의 소유한 경제력은 경남 일원에 팽배한 것뿐이 아니다."라 할 정도로 경남 일대를 좌우지하는 거부이다. 그는 부산상공회의소 대표, 총독부산업조사회원, 조선수산협회장을 역임하였다.

그는 막강한 재력을 이용하여 많은 고미술품을 수집하였다. 1934년에는 동경미술구락부에서 상당히 많은 양의 서화골동을 경매에 부쳐 팔기도 했다(동경미술구락부『釜山香椎家藏入札』, 1934).

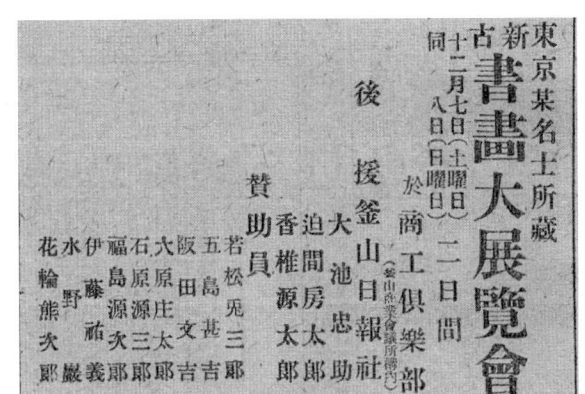

『부산일보』
1918년
12월 7일자

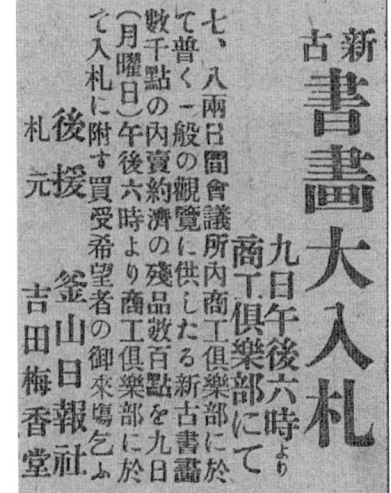

『부산일보』
1918년
12월 9일자

당시 진열된 서화의 수는 수천 점이라 하나 어떤 작품이 출품되었는지는 알 수 없으며 부산의 골동상 요시다(吉田: 梅香堂 주)가 주선하여 대입찰회를 가졌다. 입찰 방식은 정찰제로 하여 12월 7일과 8일은 즉매를 하였고, 12월 9일에는 경매 방식을 택했다. 즉 정찰제로 하여 1차 판매를 하고 1차에서 판매되지 않은 것을 2차로 경매에 부치는 방법으로 매매의 효율성을 극대화하고 있다. 12월 9일 경매에는 2백여 명이 참가하여 백 수십 점이 낙찰되었다고 한다.[29]

이 같은 경매회는 경성미술구락부의 탄생에 상당한 자극을 주었을 것으로 보인

---

29) 『釜山日報』1918년 12월 6일~10일자.

다. 또한 서화 골동의 수요와 골동상의 수가 늘어나면서 보다 체계적이고 단독적인 서화 골동경매의 필요성이 절실했다. 이전까지는 일정한 장소에서 지속적으로 열리지 못하고 일회성 행사로 끝났기 때문에 이런 점을 해소하기 위해 일정한 장소에서 지속적으로 경매를 할 수 있는 회사가 필요했던 것이다. 또한 고미술품에 대한 전문적이며 공개적인 매매가를 결정할 수 있는 유통구조 또한 필요했다.

경성미술구락부를 설립하자는 논의는 1921년에 이토 토이치로(伊藤東一郎), 아가와 시게로(阿川重郎), 사사키 쵸이지(佐佐木兆治)가 모여 처음 거론하였다. 수차 모임을 가지면서 합의에 도달하자 1922년 3월에 충무로에 사옥 신축공사를 시작하였다. 드디어 1922년 6월 5일에 자본금 3만원으로 주식회사 경성미술구락부를 설립하였다.[30] 목적은 "각국에 있는 신고서화 골동의 위탁 판매, 제종의 집회장에 사용할 위석대업(爲席貸業), 이상에 관련하는 제반의 업무"라고 하고 있다.[31] 경매활동은 미술구락부 건물이 완공된 1922년 9월부터 시작되었다. 이후 한국의 고미술품은 주인인 한국인이 주도하지 못하고 일본 상인들에 의해 좌지우지되어 상업적 가치가 부여되었다.

경성미술구락부의 체계를 보면 회사의 업무와 운영은 골동상들이 맡고, 감사역은 자본주들 측에서 맡도록 하였다.[32] 경매의 방식은 골동상점이나 동호인 또는 개인이 미술품을 출품하면 경성미술구락부에서는 수집가들에게 이를 공고하는 형식이었다. 대체로 첫날은 미술품을 전람하고, 마지막날은 경매에 부쳐 수집가들이나 대리인이 경매에 참가하는 방법으로 공개적으로 진행했다. 간혹은 고미술품교환회라 하여 회원들끼리

---

30) 창립 당시 주주는 총 85명인데, 전문적인 골동상으로는 취체역을 맡은 자 5명 뿐이다. 나머지 대부분은 한일합방 이전에 한국에 건너온 자들로, 阿川重郎을 비롯하여 일본의 한국 통치 기반조성을 위한 대토목공사에 종사하여 막대한 재물을 축적한 토목 건축업자들이다.
31) 中村資良, 『朝鮮銀行會社要錄』, 東亞經濟時報社, 1923.
32) 제1회에는 伊藤東一郎, 佐佐木兆治, 毛利猪七郎, 祐川宇吉, 大石理一의 5명이 선임되었는데, 伊藤東一郎가 대표역을 맡고, 毛利猪七郎가 상무로 선정되었다. 감사역에는 阿川, 荒井初太郎, 松本民介, 城臺一六의 4명이 맡았다.

각자 수장한 물품을 피차 값을 쳐서 서로 교환하기도 하였다. 이 경우에는 세금이 부과되지 않았다.

1930년대에 들어오면 경성미술구락부에서는 경매를 하기 전에 거의 목록을 미리 제작하였다.[33] 목록은 출품자의 이름과 작품에 대한 간단한 설명과 우수품에 대한 도판을 함께 싣고 있다. 표지는 『....씨 애장 서화골동매립목록』 또는 『....가 소장 서화골동매립목록』이라 하고 출품자가 이름을 밝히기를 원치 않을 경우에는 밝히지 않거나 또는 '모씨'로 표시하였다. 표지 다음 장에는 경매일, 출품자 소개, 세화인의 이름을 밝히고 있다.

세화인은 모두 골동 거래를 가장 잘 파악하고 있는 골동상 내지는 거간으로 이루어졌으며 출품자와 수집가를 연결하는 중개인 역할을 하며 경매를 대리하였다. 이들은 수집가들을 직접 찾아다니며 경매장에 미술품을 출품할 것을 권하기도 하고 스스로 찾아오는 출품자와 사전에 물품에 대한 최저 경매가를 설정하고 출품 목록이나 도록을 만들었다. 세화인은 경매가 열리기 전에 목록을 들고 각기 자기의 단골 고객을 찾아가 상담을 했다. 고객과 상담을 하여 사야 할 물건을 미리 정하고 예정가를 설정하여 작전을 세우게 된다. 작전이 끝나

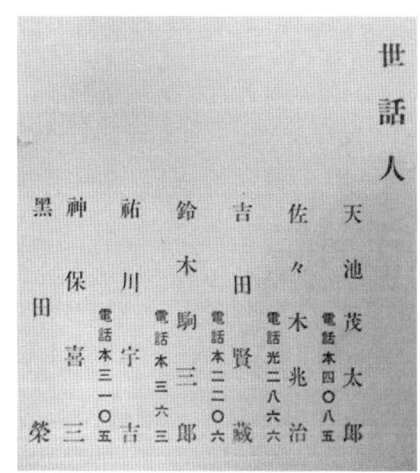

목록 안쪽
세화인 명단

---

33) 경성미술구락부에서 제작한 도록 및 목록은 국립중앙도서관의 고전운영실, 개인문고실, 국립중앙박물관 개인기증실, 기타에서 필자가 실견한 것만도 50부가 넘는다. 그런데 발행년도를 밝히지 않은 것도 상당수가 있지만 발행년도가 나타난 것으로는 모두 1930년대 이후였다. 더 많은 자료를 보지 못했기에 좁은 소견일 수도 있지만, 목록과 도록 제작은 1930년대에 와서 시작한 것으로 보인다.

면 세화인은 자신의 고객을 대신하여 경매에 참가하기도 했다.[34] 세화인들은 일본의 골동상들과 연계되어 경성미술구락부에서 경매가 이루어지면 일본의 골동상들에게 연락하고 이들의 참여를 유도했다.

당시 세화인으로 활동한 사람들은 다음과 같다.

※ 세화인으로 활동한 자들

인명		상호명	비고
鈴木	명동	東古堂	
太田尾鶴吉			육군간호 출신 후에 고미술상
黑田榮	회현동		
市田義政			
劉用植			장택상의 단골거간
李淳璜		翰南書林	전형필의 수집에 보조
佐佐木兆治	누상동	聚古堂	
天池茂太郎	명동		
吉田賢藏	명동		
新保喜三		溫古堂	전형필의 대리인으로 많이 활동
祐川宇吉			
鈴木駒三郎			
淸元		吉壽堂	
이희섭		文明商會	
吳鳳彬		朝鮮美術館	

---

34) 세화인들은 물품의 관리 판매 등을 그들 계산하에 하되 출품자의 판매 수수료에서 세금, 구락부 수수료, 도록 제작, 기타 경비를 제하고 남는 이익을 그들끼리 분배하였다. 세화인은 경매에서 낙찰시키면 출품자와 산 사람에게 각각 2~5%의 수고료를 받는다. 이는 어디까지나 겉으로 드러난 것이고 경매라는 것은 그날의 분위기에 따라 상당한 변화가 있기 때문에 파는 사람과 살 사람이 얼마나 흡족해했느냐에 따라 얼마든지 더 많은 수고료를 받기도 한다. 그런데 출품자와 약속한 대로의 예정가격 이하를 받으면 세화인이 그만큼 손해 배상을 하여야 한다. 손해를 보지 않기 위해 이들은 대체로 출품자와 약속한 최저 경매가보다는 살 고객과 높은 가격으로 상담을 하게 된다. 그렇기 때문에 경매가를 형성하는 데 이들의 역할이 상당했던 것이다.

인명		상호명	비고
福山一二			
湊佐吉			
前田才一郎	충무로		
矢野忠一		韓古堂	
金子		壽明堂	
本田政義			
永野市三郎			
藤本	남대문로	東方堂	
高山熊夫			
富田	충무로	古泉堂	
小寺淸一			
柿田	부산	九霞堂	
이영개			
池內寅吉			
淸元		古壽堂	
白鳥昇平		寸松堂	
元田嘉一郎			
福山一二			
龍泉堂	동경		
壺中居	동경		

    1922년 9월에 출범한 경성미술구락부는 그해 12월까지 9회에 걸쳐 전시 경매를 하였으며, 총 1만 7천원의 이익을 보았다고 하니 자본금 3만원으로 발족하여 3개월의 실적으로는 상당한 거래가 성사되었다고 할 수 있다.

    경성미술구락부가 한창 호황을 이룰 때는 1년에 십 수회 경매가 이루어졌는데 전국의 골동상이나 수집가는 물론이고 일본에서 건너온 골동상까지 가세하여 일대 장관을 이루었다고 한다.

    1920년대에 들어와 고려자기 발굴이 다하여 시중의 고려자기 수가 현격히 줄어들자 1920년대 후반기에는 조선백자에 눈을 돌리게 된다. 때마침 조선민족미술관이 설립되고 조선백자에 대한 미를 역설하는 자들의 영향을 받기도 하였다. 물론 고려자기의 거래도 있었으나 우수한 것들은 일본으로 반출되었거나 개인 소장으로 돌아가 거래가 드물었던 것이다.

1920년대 후반부터는 충청남도 계룡산 일대의 도요지에서 도자기(대부분 분청사기)와 그 잔편을 도굴함이 빈번하여 골동상의 출입이 잦아지면서 계룡산 도기가 서울로 계속 올라오자 계룡산 유물의 인기가 격등하기도 했다.[35]

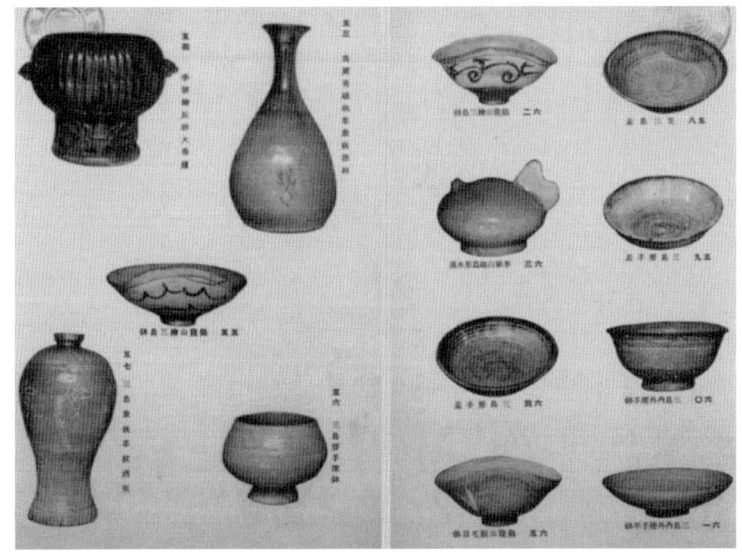

'제2회 죽내계룡암주 소장품매립목록'

---

35) 野守健, 神田忽藏, 「鷄龍山麓陶窯址調査報告」, 『昭和2年度古蹟調査報告 1冊』, 朝鮮總督府, 1929. 총독부에서 1927년 4월에 小川, 野守등을 보내어 조사한 결과『世宗實錄地理志』公州郡部에 나오는 磁器所 두 곳 중 한곳이 반포면 학봉리의 도요지임을 밝히고 이곳에서「內資寺」,「禮賓」의 文字銘이 있는 磁器破片과「景泰元年」,「成化廿三年」,「弘治三年」,「嘉靖十五年」등의 年號銘이 있는 破片을 채집하였다. 완전한 것은 다 도굴당하여, 스스기鈴木武司, 野崎朝吉, 淺川伯敎, 住井辰男, 越田常太郎 등의 손에 넘어가고 나중에 破片들만 採集하였다. 이들의 소장품들은 일찍이『朝鮮古蹟圖譜』와 『昭和2年度古蹟調査報告 제2책』에 실려 있다.

또한 일본 골동상들이 한국에 건너와 대량으로 사들인 것들이 도쿄, 오사카 등지에 보내져 비싼 가격에 거래되자 날로 그 구매욕이 높아져 갔다. 이렇게 되자 골동상 이께우치(池内)는 계룡산 요지의 밭을 통째로 매수하여 땅을 뒤졌으며 이에 뒤질세라 경성미술구락부의 회원(동업자)들이 다투어 도요지의 밭을 매수하여 도자기 및 그 파편을 구하기에 혈안이 되었다.36) 1930년대에 들어오면 경성미술구락부에서도 계룡산 유물은 최고의 인기를 구가했다.

1937년 6월에 경성미술구락부에 출품한 '제2회 죽내계룡암주소장품매립목록'에 의하면, 485점까지만 목록이 나타나 있고 '이하 생략'이라고 표시하고 있다. 목록에 나타난 것 중 가장 많은 것은 분청사기이다.

1928년에 간행한 『조선고적도보』제8권에는 고려자기를 중심으로 이왕가박물관과 총독부박물관, 도쿄제실박물관 그리고 개인들이 소장하고 있는 우수한 고려자기를

---

36) 佐佐木兆治, 『京城美術俱樂部創業20年記念誌』, 株式會社 京城美術俱樂部, 1942, pp. 39~40.
처음 요지에서 몰래 시도되다가 나중에 이 지역의 도굴이 흥하면서 요지를 통째로 買入하여 파낸 사례가 이 외에도 黃壽永 編「日帝期 文化財 被害資料」(『考古美術資料』, 韓國美術史學會, 1972)에 다음과 같이 존재한다.
* 古器物의 破片이 나옴을 들은 大田郡 以下 不詳 河岐某氏 本年 지난 一月 四日頃부터 約 7, 8日間 洞里 羅光順의 所有宅地 約 320坪을 代金 5백원으로 매수하여 매일 인부 7, 8명을 使役 同所를 發掘하였으나 破片만으로서 ......
* 管下 公州面旭町 倉本淸一郞은 洞里 鶴峯里 姜奎鉉의 소유 택지 약 140평을 代金 300원으로 買入하여 하루에 인부 10명씩을 사용하여 약 3일간 발굴하였으나 어느 것이나 破片뿐으로서 완전한 古器物을 얻지 못하였음
小泉顯夫, 「古墳發掘漫談」, 『朝鮮』, 朝鮮總督府, 1932年 6月, p. 87.에 의하면, 도굴품을 매매하는 골동상들은 대부분 수명의 전문적인 도굴꾼들을 거느리고 그들과 결탁하여 골동을 팔아 막대한 이익을 챙겼다고 한다.
小泉顯夫는 일본잡지(『예술과 생활』, 1965.)에서
"계룡산 자기에 대한 도굴은 기업적 성격을 띠고 진행되었다. 당시 계룡산 골 안에는 수많은 골동상들이 모여들었는데 조선자기 도굴자와 골동상인 간의 매매행위가 그칠 사이가 없었다. 일본의 한 출판물까지도 '20원에 산 이조진사국화문병이 얼마 후에는 1만 4천원으로 매매되었다"는 사실을 밝히고 있다(박현종, 『조선공예사』, 북한 조선미술출판사, 1991.에서 轉載).

게재하고 있다. 『조선고적도보』제8권이 편찬될 당시만 해도 고려자기가 일본에 많이 반출되어 우수한 고려자기를 소장한 일본인이 많이 있었겠지만, 고적도보에 게재된 자들은 한국에서 활동한 대표적인 고려자기 수장가라 할 수 있다. 고적도보 제8권에는 한국인은 단 한명도 보이지 않는 것이 특이한데, 이때까지만 해도 한국인 중에는 고려자기에 비중을 두고 수집하는 사람이 거의 없었던 것으로 보인다.

그동안 고려자기가 동이 나자 이에 대한 거래는 자연스레 뜸해졌다. 그러나 1930년대에 들어와서는 재조선 일본인이 일본으로 귀국하면서 급매 처분하는 경우가 생겨 고려자기가 일시적으로 대량 거래되기도 했다.[37]

1932년에 경성미술구락부에서 요코타 고로(橫田五郞)의 소장품을 전시 경매하였는데 『횡전가어소장품입찰목록』을 보면, 1932년 11월 25일부터 26일까지 전시를 하고 27일에 경매를 하였다. 서화, 청자, 백자, 불상 등 220여 점이 출품되었는데 이 중에는 우수한 고려청자가 단연 많은 양을 차지하였다.

스에마츠 구마히코(末松熊彦)는 이왕가박물관의 설립 때부터 오랫동안 박물관에 관여하면서 박물관 진열품을 수집했다. 이 과정에서 개인적으로 우수한 고려자기를 많이 수장하고 있었다. 스에마츠가 죽고 난 후 그

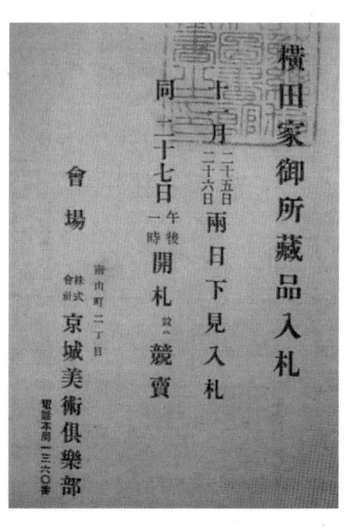

『횡전가어
소장품
입찰목록』

---

37) 오래 동안 한국에 재주하였던 일본인이 경성미술구락부를 통하여 경매에 부친 『某某兩家秘藏品賣立圖錄』(국립중앙도서관 葦滄文庫 자료)를 보면, 경매 년대는 미상이며 출품한 물품은 모모양가 모두 20전부터 경성에 재주하였는데, 그 당시는 성하게 개성에서 우수품이 나타나 선택하여 수집한 것들이라고 설명을 붙이고 있다.

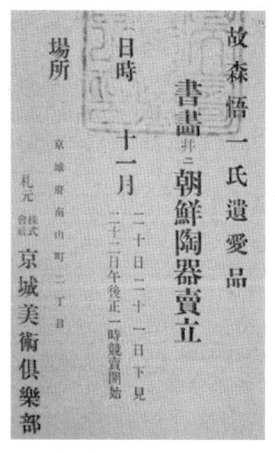

의 수집품은 전부 경성미술구락부에서 매입하여 1934년 10월 1일에 경매에 입찰하였는데, 이 속에는 단연 고려자기가 많았다고 사사키(佐佐木)는 전하고 있다. '고려청자연화양각문향로'의 경우에는 2천 3백 50원에 경락되었으며 총 매상액 2만 3천여 원의 예상 외의 고가를 올렸다고 한다.[38]

한국에 재주한 일본인들은 대부분 고미술품에 관심을 가지고 수집한 사람들이 많았다. 귀국하는 골동상들이나[39] 수장가들이 귀한 것은 대부분 일본으로 가져갔다고 보아야 할 것이다. 수집가들이 평소 팔지 않고 애지중지하다가 그가 죽고 난 후 일본으로 귀국하는 유족들에 의해 처분되는 경우에는 공개되지 않았던 우수한 고미술품들이 경매장에 나타나 경매장의 분위기를 들뜨게 하기도 했다.

『고삼오일씨 유애품도록』

---

38) 東洋陶磁硏究所, 『陶磁』 6-4(1934년 11월), 展覽 入札 편.
39) 佐佐木兆治, 『京城美術俱樂部創業20年記念誌』, 京城美術俱樂部, 1942에 의하면, 한국에 在住하다가 한국에서 사망한 일인 골동상들은 다음과 같다.
   伊藤東一郞, 毛利猪七郞, 宇津宮源三郞, 鈴木, 島岡玉吉, 長谷尾源治郞, 高橋榮吉, 大倉龜吉, 東谷嘉代藏, 東谷學, 陳內吉次郞, 赤星佐七, 赤松藤兵衛, 高橋德松, 浦谷, 山田幸七, 廣田倉治, 浮村土藏, 田中久五郞, 白石益二郞, 高田光吉, 中川, 梶村庄太郞, 澤田, 太田尾鶴吉, 吉田賢藏, 中山末吉, 濱田壽太郞 일본으로 귀국하여 사망한 골동상
   近藤佐五郞, 池內寅吉, 浦谷淸治, 宇野平太郞, 林仲三郞, 松田初太郞, 大館, 中山, 吉村亥之吉, 前川, 鳥越, 小貫根古彌

대표적으로 모리 고이치(森悟一)는 고미술품에 대한 안목이 대단히 높았다. 그의 소장품 중 서화와 도자기 부문에서는 일본인 거물급 수집가 중에서도 일류급에 속했다. 1934년에 모리가 한국에서 죽자 그의 유족들은 고미술품에 별 관심이 없었던지 1936년 11월에 경성미술구락부를 통해 경매에 부쳤다. 경매에 나온 것들은 현재 간송미술관 소장으로 있는 '청화백자양각진사청채난국초문병'을 비롯한 최상급 고미술품 200여 점이었다.

당시 서울은 물론이고 전국의 내로라 하는 수장가들은 자신의 거래 중개인을 앞세우고 나타났다.[40]

1936년을 전후하여 또 한 번의 대경매가 있었는데 당시 목록으로 남아 있는 『삼가소장 서화골동매립목록』을 보면 무려 683점이나 출품되었다. 이러한 예는 경성미술구락부 경매 사상 거의 없는 일이다.

『森家所藏 書畵骨董賣立目錄』

	품명	수량	비고
書畵之部	檀園 筆 花鳥圖		목록번호 51
	玄齋 筆 靑綠山水圖		목록번호 53
	朝鮮佛畵		목록번호 54
	列朝御筆		목록번호 82
	吾園 筆 花鳥雙幅		목록번호 92

---

40) 당시 경매장 현장에 있었던 이영섭은 「내가 걸어온 고미술계 30년」에서 당시의 현장 모습을 생생하게 표현하고 있다.
한국인으로서는 장택상, 김찬영, 이병직, 백인제, 의사 박창훈, 간송 전형필 등이 대표적 수집가로 참가했다.
일본인들로는 경매를 주관한 佐佐木, 원산의 三由, 성환농장주 赤星, 서울의 天池, 黑田, 鈴木, 저축은행 전무 白石喜一郎, 대판옥호서점 內藤, 시멘트회사 사장 淺野, 인천의 거부 鈴茂, 일본의 山中, 村上 등을 비롯한 30여 명이 참가하였다. 이때 주선한 세화인으로는 간송의 단골 거간이자 온고당 주인 新保喜三도 포함되었다.

	품명	수량	비고
骨董之部	書畵大觀	4冊	목록번호
	기타	100여 점	목록번호~106
	木彫佛		목록번호 111
	鍍金座佛像		목록번호 122
	木彫佛		목록번호 131
	高麗鏡	57종	목록번호 141
	三國時代佛像 등 불상	14점	목록번호 120~229
	청자, 백자, 기타		목록번호 683
계		683 점	목록번호는 1부터 683번까지 있으나 어떤 것은 한 번호에 여러 점이 있다.

이같이 그 유족들이 골동에 대한 애착이 없거나 경제적 어려움이 생겨 대량으로 매각해 버리는 경우에는 우수한 미술품이 많이 나타나지만, 그렇지 않은 경우가 더 많았다.

궁내부차관 고미야 미호마츠(小宮三保松)는 이왕가박물관 설립에 관여하면서 일찍부터 우수한 미술품을 많이 수집했다. 1909년에 고적조사를 위해 한국에 왔던 야쓰이 세이이치는 고미야의 수집품을 보고는 불상을 집중적으로 수집하고 있다고 전했다.[41] 1909년에 발간한 『한홍엽(韓紅葉)』에 고미야 소장의 불상 4점이 실려 있다. 이것은 1915년 시정공진회에 진열되기도 했다. 고미야의 소장품 중에는 고려시대의 것으로 추정되는 아름다운 소종이 하나 있다. 이 종은 『조선미술대관』(1910년, 고서간행회)에 게재된 '小宮三保松 所藏鐘'이라고 하는 사진 한 장이 유일한 자료이고 설명에서도 한국에서 출토된 종이라고 되어 있다. 『조선미술대관』'제2부 조주(彫鑄)'조 제8도로 소개된 그 해설에서 이 종은 고분에서 발굴된 것으로 그 양식 및 주법(鑄法) 등의 장식적 섬교(纖巧)가 고려조의 특색으로 보인다고 한다.

---

41) 谷井濟一,「韓國葉書だより」,『歷史地理』제14권 5호, 歷史地理學會, 1909년 11월.

고미야 소장 조선종
『조선미술대관』(1910년)에 의함

　　고미야의 사후에 유가족들에 의해 그간 한국에서 수집한 고미술품 일부를 매도한다는 의사를 경성미술구락부에 전해옴에 따라 1936년 10월에 경성미술구락부에 출품되어 경매에 부쳐졌다. 이 속에는 도자기, 서화, 문구류 등 다양한 미술품이 출품되었다.

　　도록 첫 장에, "이등박문의 초빙에 의하여 내지의 현직(顯職)을 사직하고 한국 궁내부에 들어가 병합과 함께 이왕직차관이 되어 궁중부중(宮中府中) 구별에 노력하신 일은 세간이 주지하는 사실입니다. 선생이 이 극무(劇務)의 반면에 서화, 골동에 조예가 깊고, 반도사계(半島斯界)에 공헌이 큰 것도 사람들이 잘 아는 바입니다. 그 조예의 선물로는 이왕직박물관을 창설하여 현재 오인이 미술의 대표관으로서 즐겨하는 곳입니다"라고 설명을 하고 있다. 그러나 경매 도록을 살펴보면 총 226점이 수록되어 있는데 불상은 한 점도 나타나 있지 않다. 고려청자나 조선백자의 경우에도 우수한 것은 찾아볼 수가 없다. 따라서 우수한 미술품들은 모두 일본으로 가져가고 그보다 한 단계 낮은

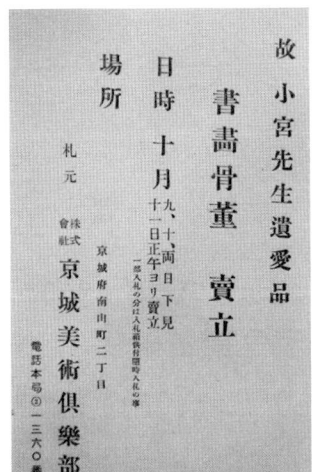

고미야의 유애품 경매도록

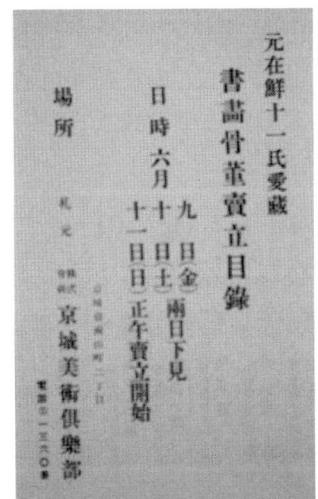

『元在鮮十一氏愛藏 書畵骨董賣立目錄』
일시: 1939년 6월 9일~11일
장소: 경성미술구락

것들만 경성미술구락부에 내놓은 것으로 보인다.

1930년대 중반에 들어오면 경성미술구락부를 찾는 한국인이 증가하고 수집열이 높아지자 한국인들이 주주로서, 세화인으로서 참여하여 활동하기도 한다.[42] 또한 후반부터 경성미술구락부의 경매가가 급등하고 한국인의 수요가 늘어나자 1939년에는 역으로 일본에 반출해 있던 한국 고미술품이 한국에 들어와 경성미술구락부에서 경매가 이루어지기도 했다. 이 경매는 1939년 6월 9일에 이루어졌는데 이영개[43]가 주선을 하여 이루어지게 되었다. 출품자들은 한일합방을 전후하여 한국에 건너와 관리 등으로 근무

---

42) 1931년 경성미술구락부의 주주들을 살펴보면, 총 64명인데 이 중에는 한국인 3명 즉 李屋禧爕(문명상회), 李村淳璜(한남서림), 吳鳳彬(조선미술관 운영) 등이 포함되어 있다. 1937년부터는 이희섭, 이순황, 유용식, 오봉빈 등이 세화인으로 참여를 하였다.

43) 이영개는 일본 동경에서 살고 있으면서 주로 일본인을 상대로 장사를 하였는데 그는 일본화를 많이 소장하고 있었다. 해방 후에는 동경과 서울을 드나들면서 일본인들이 국내에 남기고 간 일본화를 싼 값으로 사들여 일본으로 가져가 팔곤 하였던 자이다.

하면서 서화 골동을 수집하여 일본으로 귀국한 11명의 수장가들로 대부분 한국에서 사법관으로 활동하던 자들이다.[44] 이들은 한국에서 활동하는 동안 막대한 한국 고미술품을 수집하여 퇴임하고 귀국하면서 수집품들을 고스란히 가져갔던 자들이다. 출품 수는 서화 300여 점, 도자기 100여 점, 기타 50여 점 등 총 450여 점이나 되었다.[45]

※『원재선 11씨 애장 서화골동 매립목록』에 나타난 수량[46]

	품명	수량	비고
書畵之部	謙齋 筆 通川門岩		간송미술관 소장[46]
	阮堂 筆 行書對聯		
	阮堂 筆 行書七絶對聯		
	豹菴 筆 溪谷孤亭圖		
	蕙園 筆 耕作圖		
	李上佐 筆 花鳥圖 등	200여 점	목록번호 1~292(10여점은 목록에서 생략)
陶器, 骨董之部	靑磁象嵌雲鶴酒甁		목록번호 300
	銅製銀象嵌香爐		목록번호 325, 海印寺所傳
	白高麗香盒 등	100여 점	목록번호 301~382(이하 십수 점 목록에서 생략)
총계		450여 점	

경성미술구락부는 서울에서 미술품 매매에 관련한 회사 및 단체로써 해방 전까지 한국 고미술품의 매매를 주도하였다. 공개 경매로 경매도록을 발간함으로써 골동의 수장자와 수장경로를 파악할 수 있는 중요한 자료를 제공했다.

경성미술구락부가 한국에서의 골동 매매를 원활히 한 면도 있지만 매회 일본의

---

44) 和田, 柿原, 辻, 中村, 中山, 山口, 國分, 前澤, 三宅, 島村, 工藤 등 11명의 수장가.
45) 京城美術俱樂部,『元在鮮十一氏愛藏 書畵骨董賣立目錄』, 1939.
46) 이 때 간송이 경락한 것으로는 겸재 정선의 '通川門岩圖', 명의 丁雲鵬이 그린 '無量壽佛圖'등을 비롯한 수 점이 있다.

골동상들이 한국에 건너와 경성미술구락부를 통해 많은 골동을 매수하여 일본으로 반출한 점을 본다면 일본인들의 한국 고미술품 구입창구 역할을 한 면도 있다.

경성구락부에서 판매한 통계를 보면, 1922년 9회, 1923년 24회, 1924년 22회, 1925년 14회, 1926년 20회, 1927년 6회, 1928년 11회, 1929년 15회, 1930년 14회, 1931년 14회, 1932년 19회, 1933년 10회, 1934년 11회, 1935년 15회, 1936년 15회, 1937년 9회, 1938년 4회, 1939년 8회, 1940년 12회, 1941년 8회로 총 260회로 평균 1년에 13회 꼴로 이루어진 셈이다. 그렇다면 매매된 수는 대략 얼마나 될까? 회당 보통 적게는 200여 점 많게는 600점 이상이 출품되었는데, 회당 350점으로 잡아도[47] 9만 1천여 점이나 된다. 이것은 1941년까지이고 해방 전까지로 본다면 10만 5천여 점은 넘을 것으로 본다.

경성미술구락부에서 출품된 것은 대부분 도자기, 서화 등이 주를 이루고 있으며, 부피가 큰 석조물이나 고분에서 출토된 도굴품들은 대부분 밀거래에 의해 매매가 이루어졌다. 초기 도굴로 세상에 나온 도굴품들은 물론이거니와 경성미술구락부 출범 이후에도 수집가들은 골동상이나 거간들로부터 정보를 얻고 직접 구입하는 것이 대부분이다.[48] 그래서 구락부를 통해 매매가 이루어지는 것은 사실 그 수가 얼마 되지 않은 것이다.

---

47) 회당 350여 점으로 보는 것은 도록에 나타난 것을 기준으로 하여 대략 산출한 것이다.
48) 예로 小倉武之助의 경우에는 경성미술구락부를 통해 구입하기도 했지만 대부분은 개인적으로 전국적인 조직망을 가지고 도굴품을 수집했다. 일본인 館野晳가 편저한 『그때 그 일본인들』이란 책에는 남영창이란 사람이 쓴 글이 실려 있는데, 남영창은 오구라의 수집에 대해 다음과 같이 비난하고 있다. 자신이 적극적으로 수집했다면서 수집 방법을 비난하는 사람에게는 "현지 한국 사람이 팔러 왔기 때문에 사주었을 뿐이다"라고 변명하고 있다. 오구라가 수집의 포획망을 넓히기 위해 전기회사의 지점, 출장소를 수집 창구로 삼고 있다는 사실만으로도 그 변명 그대로 받아들일 수 없는 일이다. 설령 일부 한국인이 들고 팔러 왔다고 해도, 입수경위에 부정의혹이 있는(도굴품) 역사적 유물을 돈으로 구입하는 행위 그 자체가 불법 행위이기 때문이다. 그 이전에 한국 민족의 둘도 없는 민족문화유산을 금전거래의 대상으로 삼고 취미로 소장한다는 것은 다름 아닌 한국 민족과 문화에 대한 모욕인 것이다. 〈중략〉 한국 현지인의 증언에 의하면, "백주에 당당하게 인부를 이끌고 와서 도굴했다"고 한다(館野晳 編著, 『그때 그 일본인들』 오정환 옮김, 한길사, 2006).

2. 문화재 국외 유출

1) 유물반출 실태

일본공사관 서기로 한국에 와있던 야마요시 모리요시(山吉盛義)는 이토 히로부미보다 훨씬 앞서서 고려자기를 수집하여 일본으로 반출하였다.[49] 1902년 2월에 도쿄제실박물관[50]에서는 진열실의 진열품을 일부 교체하였는데 이때 야마요시 모리요시(山吉盛義)가 한국에서 수집한 고려청자 등이 진열되었다. 그 수가 무려 200여 점이나 되어 거의 1실을 점하였다고 한다.[51] 야마요시(山吉)는 한국에서 입수한 고려청자를 가지고 귀국 후에 사진집을 만들었다. 『고고려미흔(古高麗美痕)』이란 제목의 이 사진집에는 우수한 고려청자가 수록되어 있으며, 일부는 1896년 개성 부근의 고분에서 출토된 것이라고 한다.[52] 이는 당시 고려청자에 대한 일본인들의 호기심을 자극하기에 충분하였던 것이다.

일본고고학회 본회 총회가 1906년 6월 16일 도쿄미술학교에서 개최되었다. 이 때 회원들이 수집한 유물들이 많이 출품되었는데, 그 중에서도 구로다 다쿠마(黑田太久馬)는 한국에서 도굴한 고경 및 도자기를 많이 출품하였다. 그 목록을 보면 다음과 같다.[53]

---

49) 官報 光武2년(1898) 9월 16일자에 의하면, 伊藤博文이 내한할 때 일본공사관 서기 山吉盛義가 그를 맞이한 기록이 보인다.
50) 동경국립박물관의 전신인 동경제실박물관은 1882년 3월에 上野공원 내에 처음으로 개관하여 農商務省의 관리에 속하게 하였다. 1886년 3월에는 농상무성에서 宮內省 소관으로 옮기고, 한 때 궁내성 圖書寮에 부속케 하였다가 1889년에 이를 폐하고 제국박물관으로 개칭하였다. 1900년에는 제국을 다시 제실로 하여 동경제실박물관으로 불렀다.
51) 考古學會, 『考古界』제1편 제9號, '彙報', 1902년 2월, p. 60.
52) 長谷部樂彌, 「高麗 古陶磁の再發見」, 『陶磁講座』제8卷, 雄山閣, 1973.
53) 「考古學會記事」, 『考古界』제6편 제1號, 1906년 11월.

품명	출토지	출품자
銅製水瓶	韓國肅宗陵址發掘	黑田太久馬
雲鶴手鼎	韓國肅宗陵址發掘	黑田太久馬
雲鶴手豆	韓國肅宗陵址發掘	黑田太久馬
雲鶴手合子	韓國肅宗陵址發掘	黑田太久馬
雲鶴手香爐	韓國肅宗陵址發掘	黑田太久馬
雲鶴手盃 및 臺(菊花紋)	韓國肅宗陵址發掘	黑田太久馬
雲鶴手盃 및 臺	한국 발굴	黑田太久馬
華華式香爐	한국 발굴	黑田太久馬
靑磁盃 및 臺	한국 발굴	黑田太久馬
靑磁細口瓶	한국 발굴	黑田太久馬
韓雙魚鏡		黑田太久馬
韓獅子鏡		黑田太久馬
五華式鴛鴦寶花鏡	한국 발굴	黑田太久馬
八花素文鏡	한국 발굴	黑田太久馬
?華鏡	한국 발굴	黑田太久馬
韓寶花文方鏡		黑田太久馬
韓寶花蜻蛉文方鏡		黑田太久馬
八稜鏡	한국 발굴	黑田太久馬
韓雙龍鏡	한국 발굴	黑田太久馬
兩面方鏡	한국 발굴	黑田太久馬
雙鳳寶花八稜鏡	한국 발굴	黑田太久馬
韓柄鏡		黑田太久馬
六花式湖?鏡	한국고분 발견	黑田太久馬
韓十二肖鏡	한국 발굴	黑田太久馬
菊花雙鳥鏡		黑田太久馬
韓寶花鏡	한국 발굴	黑田太久馬
素背雙紐鏡	한국 발굴	黑田太久馬
七寶地文鏡	한국 발굴	黑田太久馬
素背鏡	한국 발굴	黑田太久馬
沙文鏡	한국 발굴	黑田太久馬
韓獅子鏡	한국 발굴	黑田太久馬
韓四乳鏡	한국 발굴	黑田太久馬
響銅鏡	한국 발굴	黑田太久馬
韓國懸佛	한국 고분 발견	黑田太久馬
寶花文鏡	한국 발굴	동경미술학교
寶花文方鏡	한국 발굴	동경미술학교

1916년경에 작성한 『고적대장』을 기초로 하여 만든 『조선보물고적조사자료』의 기록을 보면, 경기도 장단군 소남면 유덕리 왕릉동에는 어느 왕의 능인지는 불명이나 주민들이 왕릉이라 부르고 있는 거대한 능이 있는데 직경 3칸 반이나 파여져 무참히 도굴을 당하였으며, "경기도 진서면 납목리 고려 숙종왕(肅宗王) 영릉(英陵)도 7, 8년 전에 도굴을 당했다"54)고 기록하고 있다. 이같이 도굴한 영릉(英陵)의 출토물이 구로다 다쿠마(黑田太久馬)의 손에 들어간 것이다. 통감부 설치 후 이토 히로부미가 도굴을 부추기고 있던 시기에 도굴된 것으로 보인다.

인종(仁宗)의 장릉(長陵)에서 나온 출토 유물의 일부는 『조선고적도보』 제7책 도판 3323~3335로 게재되어 있는데, 아유카이 후사노신(鮎貝房之進)의 기록에,

근경(近頃) 인종대왕(仁宗大王)의 릉(陵)이 도굴되어 수 개의 고려소(高麗燒)와 함께 묘지(墓誌)55)가 나왔다.〈중략〉묘지(墓誌)는 구로다씨소장(黑田氏所藏), 화병1개, 개부다완(蓋付茶碗) 3개, 합자(盒子) 1개(이상 黑田氏 所藏)56)이라고 하고 있다. 아유카이의 기록이 1908년임으로 인종의 장릉은 1907, 8년경에 도굴을 당하여 그 유물은 곧바로 구로다의 손에 들어간 것임을 알 수 있다. 총독부박물관에서는 1916년에 묘지와 화병 등을 사들이게 된다. 2008년에는 인종 장릉의 출토유물이 국립중앙박물관에서 공개 진열되었다.

---

54) 朝鮮總督府, 『朝鮮寶物古蹟調査資料』, 1942, p. 57, p. 61.
　이외에도 津西面 納木里의 高麗 名妓 黃眞의 묘를 비롯한 津西面 田齋里의 조사된 80여 기의 고분도 완전히 도굴을 당하였다.
55) 墓誌에는 缺損된 부분이 많지만, "維皇統六年丙寅三月", "尊諡曰恭孝大王" 등의 文字가 나타나 있는 바, '皇統六年'은 서기 1146년에 해당하며, '恭孝大王'은 仁宗을 指稱하는 것으로『高麗史』世家 제17권, 仁宗 조 마지막에 "왕은 在位 24年 나이 38세였다. 이에 諡號"를 恭孝라 올리고 廟號를 仁宗이라 하고 城南에 장사지내고, 陵號를 長陵이라 하였다."라고 기록하고 있다.
56) 點貝房之進, 「高麗の花(高麗燒,明治41年)」, 『朝鮮及滿洲之硏究』제1輯, 朝鮮雜誌社, 1914, pp. 354~355.

인종 장릉 출토의
청자화병과 시책탁본
(黑田太久馬 구장)

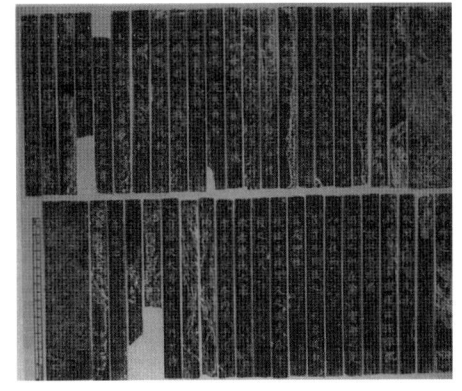

구로다는 그의 저택에 '관심당'이라는 진열관을 두고 많은 골동들을 수집하였는데 "주된 고물은 조선 고려조의 유품 중 금속품으로 고경(古鏡), 고전(古錢), 어미식의 시저(匙箸), 모자식구(帽子飾具), 고동인(古銅印), 동완(銅椀), 수병(水甁), 동제불탑(銅製佛塔), 형(衡), 불상 등"57)으로 그의 수장품은 대부분 개성 등지에서 도굴한 부장품이 주를 이루고 있었다고 한다. 한 개인이 수장한 것이 이 정도이며, 이런 수집가가 수두룩했을 것으로 보인다.

1909년 9월 1일부터 28일까지 도쿄 우에노공원에서 도쿄주금회(東京鑄金會) 주최로 《제3회 주금전람회》를 가졌다. 이때 한국에서 반출한 거울 등이 출품되었는데 여러 출품자들 중에 기무라 구메이치(木村久米市)란 자는 조선경을 25면이나 출품하기도 했다.58) 여기에 나타난 것은 모두 도굴품으로 한 기의 고분에서 기껏해야 1~2면의 경이 나오는 점을 고려한다면, 한 개인이 25면을 출품했다는 것은 이 외에도 많은 도굴품을 소장했을 것으로 짐작된다.

1909년에는 일본 교바시에서 이토 야사부로(伊藤彌三郎)와 니시무라 쇼타로(西村庄太郎)의 주최로 일본 수집가들과 한국 재주의 수집가들이 비장의 고려시대 분

---

57) 「黑田氏底に於ける觀心堂」, 『考古學雜誌』제1권 제3호, 1910년 11월. pp. 65~66.
58) 「考古學會記事」, 『考古界』제8篇 제6號, 1909년 9월.

묘 발굴품을 진열하고 이것을 비매품과 매품을 진열하였는데, 그 수가 무려 900여 점이나 되었다. 관전자가 기술한 내용 중에서 중요한 것을 보면 다음과 같다.[59]

출품자	품목	비고
住友家	七言絕句花瓶, 蓮花唐草模樣辰砂花瓶, 梅竹蝶鳥模樣花瓶	
後藤男爵	唐草模樣牡丹雲鶴花瓶, 菊象嵌三耳香爐 외 7점	아주 정교한 것
高橋是清男爵	長方形盒子 외 1점	
末松子爵	水注(이등공 遺愛) 외 2점	이토의 애장품
根津家	정병 외 1점	
吉井友兄	砧靑磁水注 외 1점	희품
松方 侯爵	大杯, 酒注	
岡部(子爵)	唐草模樣酒杯 외 3점	
都築(男爵)	水瓶	
加藤增雄	水注 외 4점	
後藤勝藏	(30품중)黑葉模樣水注, 瓢形曲乘杯	
黑田太久馬	白磁合香爐 외 5점	
大倉家	청자거북형주전자 외 1점	
村井家	象嵌淨瓶 외 1점	
竹中家	4점	
高橋家	3점	
池田	표형주전자 외 1점	
泉 氏	3점	
市川家	정병 외 9점	
伊藤彌三郎	砂張菱花形骨壺, 大理石菱花形上箱, 銅經筒, 砂張大水盤	골동상
藤本義助	眞砂筆版 외 1점	
原六郎	雲鶴瓢形花瓶, 文字入大杯 외 3점	
村井吉兵衛	雲鶴大花瓶, 合子白粉入, 白磁杯	
近藤佐五郎	唐草浮模樣花瓶, 繪高麗花瓶 외 1점	재한국
白石盆彦	雲鶴花瓶內花菊象嵌合子 외 3점	재한국
赤星佐七	白雲鶴合子 외 2점	재한국
鮎貝房之進	浦柳水禽模樣花瓶 외 3점	재한국
西村	石棺 및 墓誌(蓋 外部와 四方에 四神圖), 刷毛目, 雲鶴, 三島, 靑磁茶碗 등 21 점	한국과 일본을 왕래하는 골동상

59) 「高麗燒展覽會」, 『考古界』제8권 제8호, 1909년 12월.

1909년을 기점으로 고려자기 900점이 한 곳에 진열되었다는 것은 엄청난 사실로, 이 900점은 실제 이들 출품자들이 소장하고 있는 것 중에서도 우수한 것만 선별하여 출품했을 것이다. 또한 이들 출품자들은 일본의 수집가들 중에서 극소수에 해당하는 귀족 내지는 유명인이다. 따라서 1909년을 기점으로 본다면 실제 일본에 건너간 고려자기는 몇십 배가 넘을 것으로 보인다. 뿐만 아니라 이는 고려자기에 한한 것이고 고려자기 이외의 고분에서 함께 출토된 것을 합한다면 그 수는 가늠하기 힘들 정도이다.

　　당시 한국에 재주한 외교관계자들에 의한 수집에 국제적 무역상들까지 등장하여 구미 등지에도 상당수 반출되었는데,[60] 이미 그 명성이 자자할 정도였다. 한 예로 아오야기 쓰나타로(靑柳綱太郎)의 『조선문화사대전』을 보면, 다음과 같은 일화를 기록하고 있다.

---

[60] 『통감부 문서 6권』 1909년 3월 16일자 헌기 제568호 '한미흥업회사원의 고려소 매수'건을 보면, 한미흥업주식회사에서 고려소(고려자기)를 매수한다는 정보에 의해 조사를 한 기록이 보인다. 한미흥업주식회사는 한국 고려소 및 진유제 식기를 미국으로 수출하기 위하여 경성(서울)의 골동상에게 주문 내지는 매수하기에 분주하고, 재개성의 일본 상인들로부터 고려소를 구입하였는데 총매수액이 약 2만원이라고 한다.
『황성신문』 1909년 3월 10일자를 보면, 한미흥업주식회사에서 미국 시애틀 대박람회에 출품하기 위해 한국물품을 구입한다는 소문에 신문기자가 직접 회사를 찾아가 물품을 살펴본즉 고려자기 10여 종과 신제조 유기 수십 종이 진열되어 있다고 한다. 1909년에 이미 국제적인 미국 골동상이 한국에 등장한 것이다.
『권업신문』 1913년 3월 16일자에는 다음과 같은 기사가 있다.
요사이에 한국서 만드는 의롱이 구미 각국으로 비상히 수출되는데 그전에 서양 사람들이 한국에서 나는 부채와 신선로와 여러 가지 기구를 많이 사갔거니와 의롱 많이 삼은 실로 요사이에 성한지라. 그 값은 한 개에 十四, 五원 이상으로 百원까지의 각종이 있는 바 구미 각 처로 수출하는 것은 각색 박달과 흑색 박달의 좋은 재료로 만든 것과 그 나머지 괴화나무 등 아름다운 재료로 만들어 보통 三, 四十원 이상으로 나가는 것이 가장 많은데 근년 내에 구미 인사들이 한국에 오는 자도 의례 한두 개를 사거니와 구미 각국에 있는 인사들도 종종 주문하여 가져가며, 구미 각국 사람들이 이것을 매우 사랑함에 제一로 양복 넣어 두는 데와 귀한 보물로 앎이라더라.

『고려소』 도판

 오늘날 고려시대의 고려소(高麗燒: 高麗瓷器)가 세계적 일품(逸品)으로 동서에서 독보적이다. 일소화(一小話)로 일찍이 후쿠모토 지쓰난(福本日南)이 구미 여행 중의 일로 독일의 한 귀족의 집을 방문하였는데 이 귀족은 비상(非常)히 도자기벽(陶磁器癖)을 가지고 있고 함께 또 뛰어난 감식안을 갖추고 있었다. 이에 후쿠모토는 어느 나라의 제품이 가장 뛰어난 것인가? 라고 물으니 그는 일언지하에 고려소(高麗燒)라고 답하였다고 한다.[61]

---

61) 靑柳綱太郎, 『朝鮮文化史大全』, 朝鮮美術史 條, 1924, p. 1185.

공립신보
1909년 1월
13일자 기사

> ●한미흥업회사 미국인마야씨 자본금 十萬元을 뉘여 한미흥업 듀식회사를 셔울박동에 셜립ᄒ앗 논ᄃᆡ 마야씨 구이 회사물품을 뉴출ᄒ고 한 미국의 소산물품과 고물을 슈입ᄒᆞ야 영업을 시작할 계획인디 이 회사가 셜립된 후에눈 한인의 슈용ᄒ눈 일본물화가 무셰 ᄒ야 일본샹민의 셰력이 졈졈 즐어디리라 ᄒ더라

1928년 구미의 박물관 등을 돌아본 후지타 료사쿠는 다음과 같이 기술하고 있다.

경성에 공사관을 설치하게 되자 매사에 열중하기 쉬운 구미외교관 등은 그 본국에 조선의 특수산물을 보내고, 일청 일로 양역(兩役) 당시에는 기행일기 등으로 신흥국의 풍토를 소개하고 넓이 조선의 토속품을 수집하는 인사도 속출하게 되었다. 명치38년(1905)경부터 점차 발굴된 고려조의 도자기, 금은품의 대부분이 이방인의 수중에 들어가는 것은 당시의 시세로 보아 면치 못할 사세(事勢)이었다. 그러나 이왕직박물관의 수집으로 인하여 반도 최귀의 보물의 일부분을 구하게 된 것은 조선민족과 함께 동경불감(同慶不堪)하는 바이다. 금일 구미 각 박물관에 진열된 조선의 고미술품의 대부분은 당시에 유출한 것이다.[62]

1909년 대한매일신보는 다음과 같은 논설을 게재했다.

나라 파는 놈을 꾸짖어 깨우다. 옛날 도화 서적과 기명 등 물건은 선인들의 손때가 묻어 후인의 애국심을 발생케 하는 바라 〈중략〉

평생 학자가 세월을 허비하여 진리를 궁구한 서책이며 기교한 생각에 제작한 옛사람의 그림이며 아름답기가 비할 바 없는 옛적 기명이 일환, 이환 이십 전 삼십

---

[62] 藤田亮策, 「歐米博物館과 朝鮮(上)」, 『朝鮮』164호, 朝鮮總督府, 1929년 1월, p. 8.

전의 헐값으로 날마다 신호 대판으로 날라 가니 이익을 탐하여 국민조상의 보물을 외국 사람에게 내어주니 이것도 또한 나라를 파는 자다.[63]

후지타 료사쿠는 구미의 박물관, 도서관 등에 소장되어 있는 한국과 일본의 문화재를 살피고 그 실태를 잡지 『조선』에 실었는데, 그가 본 몇 가지 대표적인 한국 유물은 다음과 같다.

품명	출토지	소장자 및 소장처	비고
고려 및 조선시대 자기 靑磁, 白磁, 繪高麗, 三島手, 靑華, 坩 等		대영박물관	
新羅土器 3개		대영박물관	
象嵌靑磁皿, 碗 류의 파편		대영박물관	
磨製石斧, 石鏃, 石刀		대영박물관	신수품 소개란에 '慶州 諸鹿央雄氏 亡兒記念寄贈'이란 설명표가 있다고 한다.
통일신라시대 壺器 2개		빅토리아미술관	이 미술관에 있는 것은 투부론 씨가 1913년경에 경성에서 수집한 것
高麗靑磁, 白磁, 繪高麗手, 三島手, 天目 各種		빅토리아미술관	
고려의 조각이 있는 石棺		빅토리아미술관	
조선시대 墓誌		빅토리아미술관	
象嵌靑磁深鉢		빅토리아미술관	경성 양박물관에서도 구하기 어려운 우수품
沈文靑磁甁 2개		빅토리아미술관	경성 양박물관에서도 구하기 어려운 우수품
靑磁器(내면에 진사화문)	강화도	유물로소	
靑磁象嵌甁, 鉢, 皿, 靑磁沈文鉢, 三島手, 天目사발		유물로소	
朝鮮妓生裳 2매		파리식물원 내 인류학진열관	
江華島史庫本 掠奪圖書		파리국립도서관	

63) 『大韓每日申報』 1909년 8월 11일자.

품명	출토지	소장자 및 소장처	비고
조선신부와 상복 입은 남자상		네덜란드 라이덴대학 관하 국립토속박물관	
조선 도자기, 침구, 탁자, 수저, 신발		국립토속박물관	
新羅土器		독일 계룬박물관	조선공예품은 1실을 점유
高麗大形鍍金文盤		독일 계룬박물관	
高麗鏡		독일 계룬박물관	
古銅印		독일 계룬박물관	
銀象嵌鏡架		독일 계룬박물관	
우수한 고려청자 다수		독일 계룬박물관	
회고려, 백자, 天目, 三島手		독일 계룬박물관	
식기류, 의복, 악기, 농기구		베를린토속박물관 창고	
신라 및 고려자기 다구		베를린토속박물관 창고	
喪祭服, 扇, 기타 다수		스톳트칼트토속박물관	
조선공예품		뮌헨토속박물관	1실을 마련
경회루 모조품, 吉凶禮裝		이태리 라데란궁전 내의 토속박물관	
青磁器		스웨덴궁전	구스타프 황태자가 도한했을 때 총독 齋藤實이 贈呈
新羅鍍金裝身具		스웨덴궁전	총독 齋藤實 부인이 증정
高麗青磁雲龍文瓶	고려	미국 보스톤미술관 도자기실	조선에는 없는 일품
青磁象嵌蓮花文盒子 등 다수	고려	미국 보스톤미술관 도자기실	
高麗時代 銅鏡, 銅器 등 다수	고려	미국 보스톤미술관 동기실	
四溟堂松雲大師肖像畵를 비롯한 다수의 肖像畵	조선시대	미국 보스톤미술관 지하실창고	
金銅釋迦如來立像	신라시대	미국 보스톤미술관	
청자, 백자, 회고려자기 등 100여 점		미국 비엔 호잇트	이 중 象嵌青磁 3점과 鐵釉白花卯瓶 등은 아주 희소한 것
白衣黑笠의 풍속인형		미국 세람시립미술관	기증. 俞吉濬[64]
기타 유물 다소		세람시립미술관	
「亞米利加合衆國華盛頓府留朝鮮國留學生徒俞吉濬閣下, 朝鮮國農務試驗所 崔景錫」이란 書簡		세람시립미술관	
신라토기		미국 메트로폴리탄박물관	
會高麗牡丹文瓶		미국 메트로폴리탄박물관	
고려자기		미국 메트로폴리탄박물관	

품명	출토지	소장자 및 소장처	비고
朝鮮鐵砂白壺를 비롯한 백자		미국 메트로폴리탄박물관	
新羅金佛, 銅佛		미국 메트로폴리탄박물관	
高麗銅瓶, 銅鏡, 匙		미국 메트로폴리탄박물관	
조선의 經書, 史集, 繪畵, 古文書, 地圖 등 수백점		합중국도서관 書庫	
조선에 관한 歐米人의 報告, 紀行, 宣敎師의 記錄		합중국도서관 書庫	
靑磁鐵釉竹文花瓶을 비롯한 다수의 도자기		시카고시의 미술연구소	

이 조사는 비록 1928년에 이루어진 것이지만 이것들이 구미로 흘러간 시기는 대부분 한말부터 1910년을 전후한다고 한다. 후지타는 바쁜 일정 속에 대략적으로 살펴보고 기록하느라 대표적인 것만 소개한 것이다.[64]

그런데 여기에서 특별히 주목되는 것은 파리도서관에 있는 강화도사고본 약탈도서이다. 이 속에 있는 의궤는 현재 귀환하여 2011년에 국립중앙박물관에서 전람회를 가졌다.

당시 전람회장에는 '국립중앙박물관 자료'라 하여 〈외규장각 의궤의 귀환 경과〉에 "1975년. 재불학자 박병선 박사, 프랑스국립도서관에서 중국도서로 분류된 외규장각 의궤 첫 발견"이란 글귀가 눈에 띄었다. 즉 그가 프랑스국립도서관에 외규장각도서가 소장되어 있는 것을 직접 확인한 최초의 한국인임을 밝히고 있다. 발견 후 몇 년이 지나 국내에 알려옴으로써 이것이 반환의 모태가 되었음은 틀림없다. 그렇다면 과연 파리국립도서관에 외규장각도서가 있다는 사실을 국내에 소개한 것이 박병선 박사가 최초일까? 파리국립도서관에 외규장각도서가 있다는 사실을 1929년에 국내에 소개한 후지타의 기록이 최초가 아닌가 생각된다.

후지타 료사쿠(藤田亮策)는 「조선과 구미박물관(상)」에서 외규장각도서에 대해 다음과 같이 기술하고 있다.

---

64) 이 미술관은 미국인 모고스의 수집품을 주로 하고 있는데, 白衣黑笠은 조선의 청년 兪吉濬이 유학 중에 모고스를 방문하여 지도를 받고 着用하고 있던 服裝을 그대로 寄附하고 간 것이라고 한다.

이태왕10년 추 불국 동양함대 사령관「로-쓰」제독이 인솔한 함대가 강화도를 점령하고 府庫의 장서 일체를 약탈한 후 도성에 방화하고 퇴각한 사실이 있다. 이 장서는 전부 현재 파리국립도서관에 보존하였으나 그 후 60년간 일차 정돈하지도 않고 장치되어 있다. 파리외국어학교에도 다소 조선도서가 장치되어 있으나 특별히 귀중한 자료는 없는 모양이다.(65)

물론 프랑스의 기록에는 나와 있지만 그러한 프랑스의 기록이 아직 국내에는 알려지지 않은 상황이었다.

또 하나는 대영박물관에 소장된 마제석부(磨製石斧), 석족(石鏃), 석도(石刀)에 대해 신수품 소개란에 '경주 제록앙웅씨망아기념기증(慶州 諸鹿央雄氏亡兒記念寄贈)'이란 설명표가 있다고 한다. 이 물품에 대해 신수품이란 표시가 있다는 것은 후지타가 실견한 1928년 경에 경주의 모로가 히사오(諸鹿央雄)가 그의 죽은 자식을 생각해서 기증했다는 것인데, 모로가는 일본 학계나 박물관에 수많은 유물을 기증한 사실이 있다. 그런데 영국에까지 한국 유물을 기증했다는 사실은 놀라운 일로서, 그가 경주고적보존회 활동과 경주박물관장을 지낸 자이면서 한국 유물을 얼마나 사유화하고 함부로 취급했는지를 엿볼 수 있다.

2) 1930년대 일본에서의 한국 고미술품 전람회

고미술품은 가격이 높고 선호하는 사람이 많은 일본으로 흘러가기 마련이다. 골동상들은 누구할 것 없이 일본으로의 수출욕을 가지고 있었다. 당시는 일제기를 통틀어 한국을 왕래하는 골동상들의 전성기였다고 할 수 있다.

---

65) 藤田亮策,「朝鮮과 歐米博物館(上)」,『朝鮮』145호, 朝鮮總督府, 1929년 1월.

고야마 후지오(小山富士夫)는 한 강연에서 다음과 같이 설하였다.

한국의 도자기가 마치 물이 낮은 곳으로 흐르듯이 많은 물건이 일본에 건너오게 되었고 또 이것을 매우 사랑하고 아끼고 또 그 아름다움을 찬미하게 된 것은 명치시대 말기 이후입니다. 명치시대 말기부터 대정년 간의 초기에 걸쳐서 한국에서 출토된 고려청자를 한국에 온 여행자들이나 또는 한국에서 근무한 일본인들이 가지고 돌아와서 그 수집열이 일본에서 날로 성행했습니다.

또 대정년 간의 말기부터 소화년 간의 초기에 걸쳐서는 유종열, 천천백교 같은 선각자들이 이조도자기의 아름다움을 발견해서 이것이 깊게 넓게 일본인들의 가슴에 스며들어서 지금 세계를 바라봐도 일본인만큼 이조의 도자기를 진심으로 사랑하고 그 아름다운 이조자기를 지니고 있는 나라는 없습니다.[66]

한국보다 높은 가격으로 매매가 이루어졌던 일본에서는 한국 미술품에 대한 전람회나 판매회가 자주 개최되었다. 1934년부터 1941년까지를 중심으로 널리 알려진 것으로는 다음과 같은 것이 있다.

※ 일본에서 개최한 한국미술품 전람 및 판매회

일시	전람명	주최 및 장소	품명	출처
1934년 5월	《지나조선고미술전》	산중상회, 도쿄 일본미술협회		
1934년 10월 7일~11일	朝鮮古陶磁卽賣會	西銀座一動畵廊		『陶磁』6-4[67]
1934년 11월 3일~11일	조선공예전람회	국민미술협회 주최		『陶磁』6-4

---

66) 小山富士夫, 「日本에 있는 韓國陶磁器」, 『考古美術』105, 韓國美術史學會, 1970년 3월.

일시	전람명	주최 및 장소	품명	출처
1934년 10월13일~14일	釜山香椎家藏賣立	동경미술구락부		『陶磁』6-4
1934년 11월 19일~20	조선고도자전람회	平島淸淨堂		『陶磁』6-5[68]
1935년 1월 17일~20	《朝鮮美術工藝品鑑賞會》			『陶磁』7-1[69]
1935년 4월 3일~8일	朝鮮石工藝品展	大阪 聚好園	석탑, 석등, 석수, 석인	『朝鮮石工藝品展觀』, 安井聚好山房, 1935.
1935년 6월 1일~3일	朝鮮石工藝品展	동경미술구락부 정원	석탑, 석등, 석수, 석인	
1935. 11. 30 ~ 12. 5	조선공예전람회	국민미술협회 주최		문명상회
1935년 12월 3일~8일	조선고대 庭園石 전	大阪 聚好園	석탑, 석등, 석수, 석인	
1935년 9월 24일~26일	朝鮮陶磁展	靑山會館		『陶磁』7-5[70]
1936년 3월 15일부터 18일까지	조선고대미술품전람 및 卽賣會	下關의 唐戶백호 백화점	목록은 알 수 없다.	美術硏究所,「古美術展覽會及展觀」,『日本美術年鑑』, 1937년.
1936년 4월 9일부터 일주일간	朝鮮新出土古陶逸品展	大阪 阪急百貨店	계룡산, 강진 등지에서 도굴한 도자기	小田榮作,『朝鮮 新出土 古陶逸品』, 春海商店
1936년 6월 9일부터 12일까지	朝鮮出土古陶展覽會	대판 三越		美術硏究所,「古美術展覽會及展觀」,『日本美術年鑑』, 1937년.
1936년 6월 26일부터 28일까지	朝鮮出土古陶展觀	靑山高樹町 春海	새로 조선의 계룡산, 당진, 장흥, 보성 등 각지에서 출토된 분청사기, 고려자기 등	美術硏究所,「古美術展覽會及展觀」,『日本美術年鑑』, 1937년.
1936년 9월 15일부터 19일까지	조선고분모사전관	동경미술학교 진열관	소장항길이 조선총독부 의촉을 받아 다년간 제작한 우현리대묘 현실벽화와 평양 부근 장수원 소재의 고분벽화 일부분	美術硏究所,「古美術展覽會及展觀」,『日本美術年鑑』, 1937년.
1936년 10월 16일~11월 10일	동양도자전	동경제실박물관		『陶磁』8-5[71]
1936년 11월 14일~15일	동양고도자전	銀座松坂屋		『陶磁』8-6[72]
1936. 11. 20 ~ 26	조선공예전람회			
1937년 2월 15일~16일	朝鮮出土雅陶鑑賞會	上野松坂屋		『陶磁』9-1[73]

일시	전람명	주최 및 장소	품명	출처
1937년 4월 25일 ~6월 25일	《支那朝鮮陶瓷특별전》	대판시립미술관		『陶磁』9-3[74]
1937년 5월24일~26일	《朝鮮고미술전》	吉村萬古庵 주최		『陶磁』9-3
1937년 6월 15일~18일	《朝鮮古陶展》	吉村萬古庵 주최		『陶磁』9-3
1937년 6월 26일부터 28일까지	조선도자전시회	일본 春海	조선의 계룡산, 강진, 장흥, 보성 등지에서 출토된 자기들을 수집하여 전시회를 가졌다.	『日本美術年鑑』美術研究所, 1937년 11월.
1937년 6월 27일-7월 5일	靑磁와 染付展	西銀座彩雅房		『陶磁』9-3
1937년 7월 25일-8월 25일	《朝鮮古陶展》	日本橋東 美俱樂部		『陶磁』9-3
1937년 7월 5일-8월 25일	朝鮮古陶磁展	橋東美俱樂部, 港屋 주최		『陶磁』9-3
1937년 7월 25일-8월 25일	朝鮮古美術展	吉村萬古庵 出張所		『陶磁』9-3
1938년 4월 1일-7일	《朝鮮民藝展》	일본민예협회 주최		『陶磁』10-1[75] 제10권 제1호, 東洋陶磁硏究所, 1938년 4월
1938년 4월 1일-5월 31일	동양도자특별전	대판시미술관		『陶磁』10-2[76]
1938년 6월 9일~18일	조선공예전	大阪高島屋		『陶磁』10-2
1938년 11월 9일~12일	동양고미술전	日本橋高島屋		『陶磁』10-4[77]
1938년 11월 27일~ 29일	지나조선고도자전	銀座資生堂		『陶磁』제10권 제5호, 東洋陶磁硏究所, 1938년 12월(22일)
1939년 11월 1일~5일	조선공예전	日本橋高島屋		『陶磁』11-4[78]
1939년-11월 25일~29일, 大	조선공예전	大阪高島屋		『陶磁』11-4
1939년 12월 4일~6일	朝鮮瀨戶古陶展	銀座朝日俱樂部, 三彩會 주최		『陶磁』11-4
1939년 3월22일~26일	東洋古美術展	산중상회, 일본미술협회		『陶磁』제11권 제1호, 東洋陶磁硏究所, 1939년 4월

일시	전람명	주최 및 장소	품명	출처
1939년 2월 5일-4월 16일	大阪市立美術館陶枕特別展			『陶磁』제11권 2호, 1939년 7월.
1940년 3월 22일-26일	東洋古美術展觀	山中商會 주최		『日本美術年鑑』미술연구소, 1941년 3월
1941년 11월 28일~30일	根津美術館제1회전	根津美術館	高麗象嵌廚子, 高麗靑磁水甁 등이 진열	『陶磁』제13권 제2호, 東洋陶磁硏究所, 1941년 12월.
1941년 11월 6일~9일	根津美術館제3회전		高麗靑磁四耳香爐-名物로 표시	『陶磁』제13권 제4호, 東洋陶磁硏究所, 1943년 1월.
1941. 11. 18 ~ 23	조선공예전람회	국민미술협회 주최		문명상회

3) 국외 반출의 대표적 골동상

경술국치 이전부터 이토 야사부로(伊藤彌三郎)와 니시무라 쇼타로(西村庄太郎) 등이 한국에 건너와 고미술품을 매입하여 일본으로 속속 반출했다. 이어 경술국치 초경에는 오사카의 야마나카상회가 개성 등지에서 고려자기를 수집하여 구미로 수출하였다. 서양인 워너와 홉슨이 중개역을 맡았다고 한다. 본점은 일본에 두고 한국에 진출

---

67) 『陶磁』제6권 제4호, 東洋陶磁硏究所, 1934년 11월.
68) 『陶磁』제6권 제5호, 東洋陶磁硏究所, 1934년 12월.
69) 『陶磁』제7권 제1호, 東洋陶磁硏究所, 1935년 10월.
70) 『陶磁』제7권 제5호, 東洋陶磁硏究所, 1935년 10월.
71) 『陶磁』제8권 제5호, 東洋陶磁硏究所, 1936년 11월.
72) 『陶磁』제8권 제6호, 東洋陶磁硏究所, 1936년 12월.
73) 『陶磁』제9권 제1호, 東洋陶磁硏究所, 1937년 3월.
74) 『陶磁』제9권 제3호, 東洋陶磁硏究所, 1937년 8월.
75) 『陶磁』제10권 제1호, 東洋陶磁硏究所, 1938년 4월.
76) 『陶磁』제10권 제2호, 東洋陶磁硏究所, 1938년 6월.
77) 『陶磁』제10권 제4호, 東洋陶磁硏究所, 1938년 11월.
78) 『陶磁』제11권 제4호, 東洋陶磁硏究所, 1939년 12월.

1940년 11월, 경성미술구락부에서 경매한
'재경모가소장품고려이조도기매립도록'
류센도우(龍泉堂), 고츄교(壺中居) 등이
경성미술구락부의 세화인으로 활동하기도 했다.

한 골동상으로 도쿄의 류센도우(龍泉堂), 고츄교(壺中居), 오사카의 무라카미(村上)는 총독부 설립 후 구미로 고려자기를 수출하여 큰 돈을 번 것으로 알려져 있다.[79] 이들은 경성미술구락부를 통해 많은 미술품을 구입하기도 했다.

(1) 야마나카상회

야마나카상회는 1890년대 이후 고미술품 거래처를 미국, 영국 등지로 확장하였다. 1918년 야마나카 사다지로(山中定次郞)가 사장으로 취임하면서 야마나카(山中)상회는 발전을 거듭하여 교토에 본점을 두고 지점을 일본 각지는 물론이고 뉴욕, 런던, 북경에까지 두어 세계적인 골동 거상으로 발전하였다.

야마나카 사다지로(山中定次郞)는 1865년생으로, 1878년 13세의 나이로 오사카의 고미술상 야마나카 기치베에(山中吉兵衛)의 점원으로 들어가 일찍부터 고미술 거래에 눈을 떴다. 워낙 고미술에 대한 안목이 높아 1889년 사다지로의 나이 24세 때 기치베에는 사다지로를 양자로 삼게 되었다. 이때부터 사다지로는 기치베에의 가족이 되어 고미술상 운영에 함께 하였다.

---

79) 佐佐木兆治, 『京城美術俱樂部創業20年記念誌』, 株式會社 京城美術俱樂部, 1942.

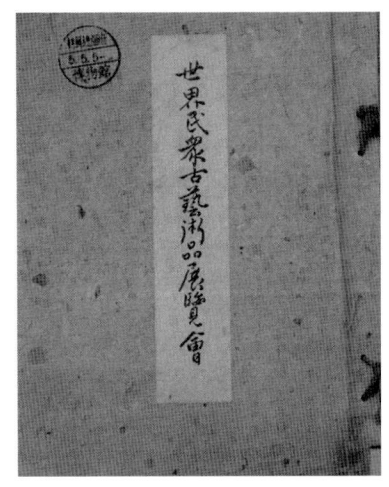

도록(山中商會, 『世界民衆古藝術品展覽會』, 1930.)

야마나카 사다지로는 1894년에 미국으로 건너가 미국에 지점을 개설하였다. 이것이 해외 1호점이다. 당시는 주로 중국고미술품, 일본 공예품, 분재, 잡화 등을 판매하였다. 1900년에는 영국에 지점을 개설하고 합자회사 야마나카상회로 조직을 개편했다. 1905년에는 프랑스 파리에 대리점을 개설함으로써 국제적인 고미술상으로 발전하였다. 1917년에는 중국 북경에 출장소를 개설하고, 사장 야마나카 기치베에가 죽자 1918년에 야마나카 사다지로가 사장에 취임했다.[80]

1923년에는 구미 각국의 고미술품을 수집하여 5월에 오사카미술구락부에서 《동서고미술품전》을 개최하였다.

1914년 11월에는 오사카미술구락부에서 《고대미술품대전람회》를 개최하였다. 이 때 일본, 중국, 조선, 희랍, 프랑스 기타 각국에서 수집한 불상, 고도기, 금석물 등 수천 점의 우수한 고미술품을 진열하고, 도쿄미술학교장 마사키 나오히코(正木直彦)와 도쿄미술학교 교수 기무라 세이가이(木村西崖)를 초빙하여 각종 고미술에 대해 강연회를 개최하기도 했다.

1928년 12월 13일에는 조선총독부박물관에 금동수정입칠기합식(金銅水晶入漆器盒飾) 1점을 기증하기도 했다.[81]

---

80) 故山中定次郎翁編纂會, 『山中定次郎傳』, 1939.
81) 1928년 11월 26일 조선총독부박물관에서 주식회사 山中상회 山中定次郎에게 '金銅水晶入漆器盒

1930년 5월 12일부터 14일까지 야마나카상회 주최로 오사카미술구락부에서 《세계민중고예술품전람회》가 열렸다.

이 전람회 목록을 보면 총 2200여 점이 출품되었는데, 그 중 한국 도자기는 150점이 진열되어 판매되었다. 도록에는 출토지까지 밝히고 있으며 당시 일본인

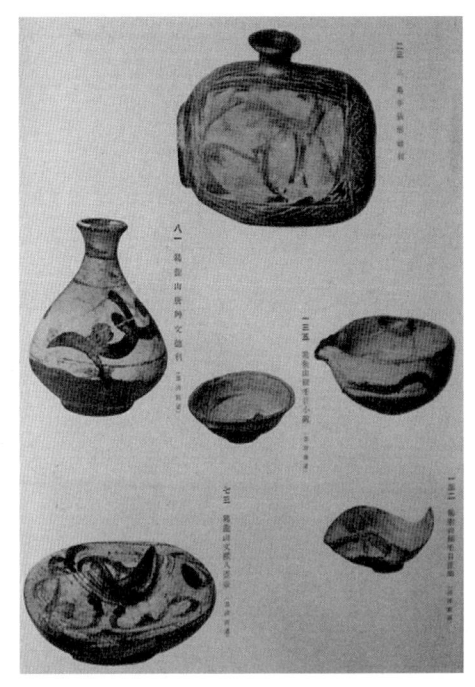

『世界民衆古藝術品展覽會』도판 사진

들의 선호도를 반영한 듯 계룡산 등지에서 출토한 분청사기가 주를 이루고 있다.

1933년 11월 2일부터 11월 5일까지 오사카의 야외 야마나카(山中)석조진열소에서 석등롱 야외전을 개최하고 경매를 한 적이 있다. 당시 얼마나 많은 한국 석조물이 진열되었는지 알 수 없으나 이때 간송 전형필은 이곳에 출품된 우리나라 석조유물을 구입하여 한국으로 가져온 적도 있다.[82]

飾'을 구입하기 위해 교섭을 하였는데, 1928년 12월 13일에 山中定次郎은 이를 총독부박물관에 기부를 하였으며, 총독부에서는 山中定次郎에게 포상을 한 건이 『광복이전 박물관자료목록집』에 나타나 있다. 『동경국립박물관 소장품목록』에도 산중상회가 한국에서 가져가 기증한 '硬玉製曲玉(유물번호 29053~54)'이 보이고 있다.

82) 당시 통일신라 3층석탑은 기와 집 6채 값인 6천원에 사들였고 고려 3층석탑은 3천 7백원, 석조 사자는 2천 5백원, 조선 석등 하나는 3천 7백원에 사들인 예도 있다. 이 석조물들은 현재 간송미술관의 정

경매도록 『지나조선고미술전관』(1934)
에 수록된 석탑
높이 9척5촌('백제탑'으로 표기되어 있다.)

    1934년 5월에는 《지나조선고미술전》을 도쿄일본미술협회에서 개최하였다. 이때 진열한 것은 중국의 고동기, 도자기 등 928점을 비롯하여 한국의 고려자기, 조선자기, 금석, 석조물 등 266점이 진열되었는데 한국미술품 목록을 보면 다음과 같다.

종류	품명	수량	비고
금속물	新羅 銅菩薩入像	1 점	목록번호 1
	新羅 銅菩薩像	1 점	목록번호 2
	新羅 銅塔 기타	6 점	목록번호 2~5
	高麗時代 山水人物文鏡을 비롯한 金屬物	12 점	목록번호 6~15
도자기	高麗磁器	59 점	목록번호 16~74
	朝鮮磁器	103 점	목록번호 75~178
석조물	石塔	6 기	목록번호 1~6
	石燈籠	78 기	목록번호 7~84
계		266 점	6 기

원에 소재한다.

일본 측에서는 야마나카 사다이치로를 평가하여 "아국의 미술을 해외에 소개하고 야마토(大和)민족의 문화적 진출에 발굴의 성적을 세운 걸물(傑物)"이라고 하며, "아국(일본)미술계의 선각자로서 해외에 진출하여 미술품으로 국리민복(國利民福)과 국위를 선양"한 것이라고 하고 있다.[83]

야마나카상회는 일본에서 개최한 전람회도록은 일부 남겼으나, 동양의 고미술품을 서구로 판매한 도록 등을 볼 수 없어 어떤 한국미술품이 넘어갔는지 그 수량을 측정할 수 없다.

(2) 다케우치 야오타로(竹內八百太郞)

한국에서 골동상을 운영하는 자들은 모두가 한국에서보다 고가로 매매가 이루어지는 일본에 미술품을 판매하였다. 그 중에서도 가장 활발하게 일본으로 한국 고미술품을 판매한 자는 을지로에서 골동상을 운영하던 다케우치 야오타로(竹內八百太郞)란 자이다. 이 자가 언제부터 한국에서 골동상을 시작하였는지 알 수 없으나 『광복이전 박물관자료 목록집』에는, 1917년에 '다케우치(竹內) 외 2명으로부터 목조불상 등 구입에 관한 건'(1917년 6월 4일)이 보이고 있다.[84]

다케우치는 경성미술구락부를 통하여 여러 차례 판매하기도 했지만 상당수는 일본으로 반출하여 판매하였다. 일본으로 얼마나 많은 수를 반출하여 판매하였는지 자세히 알 수는 없지만 그가 판매를 목적으로 간행한 도록에서 일부 살펴볼 수 있다. 다케우치는 서화 골동 모두를 취급하였지만 그가 만든 도록에서 서화나 도자기에 대한 기록은 잘 보이지 않고 석조물이 주를 이루고 있다. 그가 판매한 도록이 1935년에만 3부가 남아 있는데 그 출품수를 보면,

---

83) 故山中定次郞翁編纂會, 『山中定次郞傳』序文, 1939.
84) 정규홍, 『유랑의 문화재』, 학연문화사. 2009.

1935년 4월 3일~8일	朝鮮石工藝品展	大阪 聚好園	석탑 8기, 석등, 석수, 석인 등 200점 이상	『朝鮮石工藝品展觀』, 安井聚好山房, 1935.
1935년 6월 1일~3일	朝鮮石工藝品展	동경미술구락부 정원	석탑 6기, 석등, 석수, 석인 등 120여점	
1935년 12월 3일~8일	조선고대 庭園石전	大阪 聚好園	석탑, 석등, 석수, 석인 등 80여 점	

이같이 석조물만 400여 점을 반출했다.

오사카의 슈고엔(聚好園)에서는 한국에서 반출해 간 석조물을 수시 판매함은 물론 주기적으로 경매를 하였는데, 다케우치가 반출해 간 한국 석조물들도 이곳에서 상설 전시 판매되었다. 그는 전국적인 조직망을 가지고 석조물을 모은 다음 일본으로 판매했던 것이다.[85]

도록은 없지만, 1940년경에도 다케우치가 인천을 통해 괴산부도를 반출하려던 차 간송이 엄청난 가격으로 입수한 즈음에도 역시 한국 석조물을 대량 반출하였던 것으로 생각된다.

---

85) 다음과 같은 신문기사가 있다.
예산군 대술면 화산리 정락을 외 1명은 부내 장사동 竹内八百太郎을 걸어 6일에 경성지방법원에 석공물인도청구 소송을 제기하였다. 이유는 양주군 내면에 있는 6대조 한창유 판서 무덤에 그 유업을 기념하기 위해 다수의 석공물을 만들어 세웠는데, 지난 7월에 원고가 모르게 피고는 화강석으로 만든 장명등 한 개와 羊馬石 2개를 가져갔다. 이것을 최근에 와서 알게 되어 전기와 같이 소송에 이른 것인데 상당히 정밀하게 된 석공물로 시가 2천 5백원에 상당하다 한다(『每日申報』1931년 10월 9일자).
충북 음성군 금왕면에 본적을 두고 현재 경기도 고양군 한지면 하왕십리에 거주하는 정모는 생활이 빈곤하여 호구지책을 강구하던 중 경성부 황금정 2정목 65번지 죽내팔백태랑이 전국적으로 고분상에 장식한 석물 등을 고가로 매입하여 일본으로 보낸다는 소문을 듣고 한번 일확천금하자는 생각으로 금년 3월초에 강원도 관내에 들어와서 고분의 석물을 찾던 나머지 금년 4월 5일 오후 11시에 원주군 원주면 화천리 구정동 뒷산 동궁 동면 상동리 원씨 12대조 분묘를 장치한 석등룡 1개 가격 100원짜리를 관리인과 공모하고 철거하는 동시에 동군 신초면 수암리 자검촌내 김?옥 밭에 있는 석탑 8개(가격 150원)를 절취하여 주간에 인부를 고용하여 심야에 운반하여 전기 고물상에 2백원에 매각한 사실이 발각되어 원주경찰서 형사에게 체포되었다(『每日申報』1935년 5월 28일자).

그가 반출한 것은 부피가 크고 육중한 석조물만 알려져 있지만 도록이 없어 확인할 수 없을 뿐 도자기류나 고고미술품류도 상당히 많이 반출했을 것으로 추정된다.

(3) 이케우치 도라키치(池內虎吉)

이케우치 도라키치(池內虎吉)는 1905년 조선철도회사에 입사하여 한국에 건너왔다. 1912년에 철도회사를 그만두고 서울 충무로에서 역사가 가장 오래된 서화골동보석상을 이어받아 운영하였는데 서울의 대표적인 골동상점이라 할 수 있다. 『광복 이후 박물관 자료 목록집』에는 1917년부터 해방 직전까지 총독부박물관에서 이케우치로부터 유물을 구입한 건이 여러 건 보이고 있다. 계룡산요지가 발굴되어 계룡산요지 출토 분청사기의 가격이 폭등하자 대량으로 매수하여 판매하기도 했다.[86]

『대일청구 한국예술품목록』에는 이케우치가 일본 도쿄방면으로 석조물을 이출하기 위하여 1925년 1월 24일자로 학무국장에게 출원한 '석물이출의 건'이 보인다. 여기에는 석조물 4건이 나타나 있는데 다음과 같다.[87]

* 고양군 벽제면 벽제리 648번지 이 모씨에게서 매입한 석등롱(1924년 11월 매수)
* 광주군 중부면 탄리 앞산 석등롱(1924년 10월 3일 매수)

---

86) 계룡산의 요지를 최초로 조사한 것은 1918, 9년경으로 이왕가박물관의 八木庄三郎와 총독부박물관의 小場恒吉로 계룡산요지의 도기파편에 흥미를 가져 일반적인 조사가 있었으며, 1926년 이후 도굴이 빈번하면서 1928년 1월에 공주지방법원 모일본인이 도굴한 계룡산도기를 서울로 가지고 올라와 매매를 하자, 골동상 池內가 그 일부를 먼저 매수하고 나머지는 경성미술구락부 동업자들에게 전화를 하여 모두 매각하게 되었다. 그 후에도 계룡산도기가 서울로 계속 올라오게 되고 일본에서 골동상들이 한국에 건너와 대량으로 사가게 되자 날로 그 구매욕이 높아져 갔다. 이렇게 되자 골동상 池內는 계룡산 요지의 밭을 통째로 매수하여 땅을 뒤지자 이에 뒤질세라 경성미술구락부의 회원(동업자)들이 다투어 도요지의 밭을 매수하여 도자기 및 그 파편을 구하기에 혈안이 되었다.
87) 大韓民國政府, 『對日請求 韓國藝術品目錄』부록편, '池內虎吉에 관한 석물반출의 건', 檀紀 4293년 10월 1일.

* 양주군 별내면 고산리 후록 석등롱(1924년 12월 15일 매수)

* 양주군 별내면 윤 모씨로부터 매입한 석등롱

부피가 크고 무거운 석조물을 반출할 정도이니, 이 외도 많은 고미술품을 반출했을 것으로 보이나 도록으로 남아 있는 것이 보이지 않는다.

(4) 도미타상회(富田商會)

도미타 기시쿠(富田儀作)[88]는 서울에 도미타상회(富田商會)라는 간판을 걸고 '조선미술공예품 진열관'을 운영하여 전국에서 도자기 및 각종 고미술품을 사들여 전시 판매하였다. 1922년 11월 29일자 매일신보에는 그의 진열관에 대해 다음과 같이 기술하고 있다.

> 시내 남대문통 부전의작이 경영하는 조선미술공예품진열관이 남대문안 패밀리 호텔 자리에 설치하였다. 지난 28일부터 일반에게 공개하였다. 진열한 것은 조선 고대의 미술공예품과 최근의 공예품으로 그 수가 4천여 점에 달했다. 불화, 불상, 도자

---

88) 富田儀作은 1858년생으로 1897에 대만으로 건너가 石炭採取業에 종사하다가 1899년에 한국에 건너와 경성(서울)에 거주하는 한석진이라는 사람을 표면상 명의인으로 하여 한국 정부로부터 채굴허가를 받고 은률광산을 인수하여 경영하였으며, 점차 사업을 확장하여 1907년에는 진남포에서 토지를 매입하여 삼화농장을 운영하였다. 1908년에는 三和高麗燒라는 도자기 제조공장까지 운영하였다. 서울에서는 富田商會라는 간판을 걸고 '조선고미술 공예품 진열관'을 운영하여 전국에서 도자기 및 각종 고미술품을 사들여 판매 전시하였다. 1922년에는 '주식회사 조선미술품제작소'를 설립하였는데, 이는 원래 통감부시대에 송병준 등에 의해 한국의 전통적인 공예품제작소라 할 수 있는 '漢城美術製作所'가 창설되었는데, 1913년 6월부터 이왕직에서 직접 운영하던 것을 1922년에 이르러 富田儀作 등이 이를 인수하여 주식회사를 설립한 것이다. 그는 이 외에도 진남포주식회사 감사역, 진남포부협의회원, 동양잠사회사 사장 등의 직함을 지닌 당시 일본인 사이에서는 가장 대단한 실업가의 한 사람으로 이름이 나 있었다.

기, 나전칠기, 동철기, 곡옥, 기타 고대의 물품을 5개의 실에 나누어 진열 그 중에는 가격이 10원부터 3백원이 되는 고기물도 있는 바.

토미타상회의 '조선미술공예품진열관'은 한국 고미술품과 신공예품을 함께 진열하여 판매하였으며, 또 이 진열관을 통하여 매입하기도 하였다. 여기서 매입한 상당수는 미국 등지에 판매하기도 했는데 후지타 료사쿠는 미국에서 도미타상회가 반출한 미술품에 대해 다음과 같이 기술하고 있다.

조선의 유물이 가장 많이 이출되고 또 가장 진중히 여기는 곳은 미국이다. 어느 박물관이든지 조선의 공예미술품을 진열하지 않은 곳이 없었다.〈중략〉
기타 대소박물관 이외에 개인의 수집품 중에 볼 만한 것이 적지 않다. 량에 있어서는 오히려 박물관보다 우월한 것이 있다. 그러나 내가 미국을 방문한 때는 마침 하기 피서계절이었으므로 개인의 소장품을 관람할 기회가 없었던 것이 유감이다. 그러나 보스톤미술관의 富田씨와 山中商會제씨의 談話로 조선고기, 고물 즉 청동기, 초상화 등이 다수 이입되어 개인이 소지하였다는 말을 들었다. 명치40년 전후에 가장 많이 발굴된 고려시대의 유물은 대부분이 불란서와 같이 개인의 수중에 비장된 것이 많은 모양이다. 경성의 富田씨가 다년 고심 수집한 고려, 이조의 諸品, 특히 이조의 衣裝, 器具 등은 목공, 칠공, 금공에 好個의 참고품이라, 다시 수집하기 어려운 귀중품인데 대부분을 보스톤 산중상회에 매각하여 금일에는 同商會階上倉庫에 비장되었다.[89]

参考: 青柳網太郎, 『新朝鮮成業名鑑』, 朝鮮研究會, 1917.
朝鮮新聞社 編纂, 『朝鮮人事興信錄』, 朝鮮新聞社, 1922.
朝鮮公論社 編纂, 『在朝鮮內地人紳士名鑑』, 朝鮮公論社, 1917.
佐佐木太平, 『朝鮮の人物と事業』, 京城新聞社, 1930.
[89] 藤田亮策, 「歐米博物館과 朝鮮(下)」, 『朝鮮』165호, 朝鮮總督府, 1929년 2월.

도미타상회가 직접 미국으로 판매한 것이 아니라 야마나카상회에 매도하면 야마나카상회에서는 미국 보스톤에 있는 지점에서 판매했던 것이다.

(5) 문명상회

1920년대까지는 고미술품 수집은 일본인들의 독무대였다. 그러다가 1930년대에 들어서면 한국인 수집가들이 늘어나고, 특히 간송 전형필 같은 선각자는 해외 반출을 막기 위해 전 재산을 털어 일본 수집가들과 투쟁하기도 했다. 반면에 자신의 사리사욕만 채우려는 자들도 있었으니 그 대표적인 자가 문명상회 이희섭이었다. 당시 이희섭은 경성미술구락부의 주주이면서 세화인으로 참여하여 중개 역할을 하기도 하고,[90] 경성미술구락부를 통하여 많은 고미술품을 매입하기도 했다. 이희섭은 원래 서울 아현동에서 유기점을 하던 부친 밑에서 행상으로 출발하였다고 한다. 그가 어떤 동기로 고미술품에 손을 대었는지는 알 수 없으나 그의 수집 목적은 경제적 이득에 있었던 것이다.

그가 설립한 문명상회는 서울에 본점을 두고 개성, 도쿄, 오사카에 지점을 두어 운영하였다. 서울에 몇 명의 사무원을 두고 거액의 자금을 들여 낙랑에서 조선시대에 이르는 고미술품을 1급품만 골라서 대량으로 매입한 다음 모두 일본으로 반출하였다. 도쿄와 오사카 지점에서 수시 판매하는 것은 물론이거니와, 1934년부터 1941년 사이에는 조선총독부의 후원을 얻어 7회에 걸쳐 도쿄와 오사카에서《조선공예전람회》를 열어 우리나라 문화재를 대량으로 전시 판매하였다.

일본에서 개최한《조선공예전람회》도록은 7책이 남아 있다. 이것은 1934년부터 1941년까지 7회에 걸쳐 개최한《조선공예전람회》에서 전시 판매하기 위해서 만든 도록으로, 문명상회의 이희섭이 수집한 한국의 고미술품 중 1급품만 골라서 도판을 만들고 목록을 제작한 것이다. 당시 조선총독을 위시하여 정무총감, 조선군사령관, 일본 정계를

---

90) 경성미술구락부의 '1941년 말 현재의 주주 및 지주 수'를 보면 이희섭은 '李屋禧燮'이란 이름으로 주주의 명단에 30주를 가지고 있는 것으로 나타나 있다.

주름잡던 거물들이 도록에 글을 실어 부추기고 경하하였다. 즉 한국 고미술품이 일본 땅으로 넘어가는 것을 축하하고 있었던 것이다. 오늘날 실물을 볼 수 없는 상황에서 우리나라 유물의 이동을 파악하는 일에 이 도록의 가치는 대단히 중요하다고 할 수 있다.

문명상회 도쿄지점

제1회 《조선공예전람회》는 1934년 11월 3일부터 11월 11일까지 일본미술협회 열품관에서 열렸다. 도록을 보면 당시 일본의 고미술계에서 가장 권위있다고 하는 '국민미술협회'의 주최로 이루어졌다. 사단법인 국민미술협회 관리 하에 전람회 의원을 위촉하여 도록을 편집하였는데, 편집 및 역원으로는 고문에 마사키 나오히코(正木直彦), 위원장에 오카와(大河內正敏), 이하 위원 12명으로 이루어졌다. 도록의 책머리에는 마사키(正木直彦)의 "이희섭 군은 경성에서 문명상회를 경영하는 반도인으로 수년 동안 본인이 직접 계림팔도의 산간변수(山間邊陲)에 고공예를 섭렵(涉獵)하고 또는 고도(古都)의 구가를 심방하고, 마침내 수천 점의 고공예품을 수집하기에 이르렀다"는 머리글을 싣고 있다. 처음 계획은 물품 하나하나에 어느 정도 해설을 첨부하려 했으나, 9월 하순에 대폭우로 인하여 조선에서 하물이 연착되는 관계로 시간이 부족하여 대략 연대

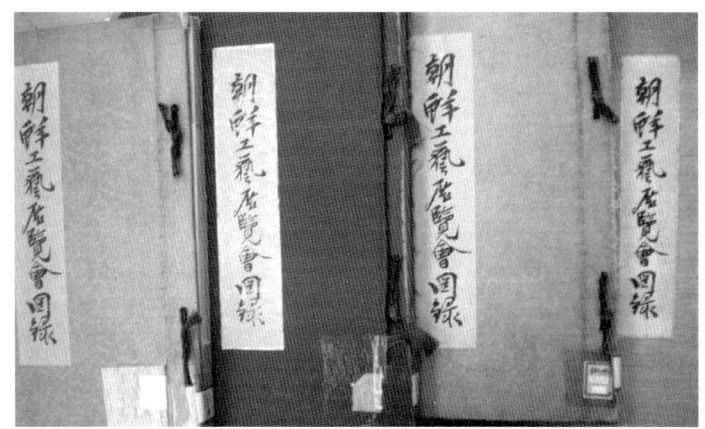

《조선공예전람회》
도록

순으로 배열했다고 한다.[91]

도록에는 대표적인 343점은 도판으로 싣고, 그 후는 목록만을 게재하고 있다. 도판으로 실린 것으로 중요한 것은 낙랑고분에서 출토된 것으로 '도금박산향로'와 평양 재주의 나카무라(中村)의 구장으로 알려진 '동증(銅甑)'과 조선고적도보 제8책의 3472호로 모리 마사오(森眞男)의 소장으로 알려진 '고려청자투각구형개향로(高麗靑瓷透刻龜型蓋香爐)'가 특히 눈에 띈다. 불상의 경우에는 무려 28점이나 출품되었다.[92]

제2회에 1935년 11월 3일부터 12월 5일까지 조선공예연구회의 주최로 오사카에서 열렸다. 도록에는 1회 때 실렸던 도판이 그대로 실린 것도 있다. 1회 때 출품되었던 것 중에서 대표적인 것이 실린 것으로 보아 도록의 무게를 살리기 위한 것으로 추정

---

91) 國民美術協會, 『朝鮮工藝品展覽會圖錄』 '序文', 1934.
92) 高句麗觀世音菩薩立像(목록번호30, 平壤出土), 高句麗鍍金佛立像(목록번호31, 32), 高句麗石佛(목록번호35), 高句麗泥佛(목록번호34), 新羅銅佛立像(목록번호36, 37), 新羅鍍金佛立像(목록번호38), 新羅銅佛坐像(목록번호39, 41), 新羅銅佛立像(목록번호40, 42, 43, 44), 三國時代觀音菩薩立像(목록번호45), 三國時代如意輪觀音菩薩銅像(목록번호46), 高麗金銅佛像(목록번호63, 64), 高麗鍍金坐佛(목록번호65), 新羅立佛(목록번호512), 新羅座佛(목록번호513), 高麗靑銅坐佛(목록번호546), 高麗金銅坐佛(목록번호547, 548, 549, 550), 高麗金銅立佛(목록번호551), 朝鮮坐佛(목록번호888)

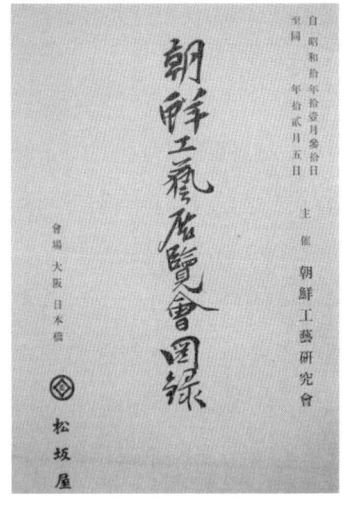
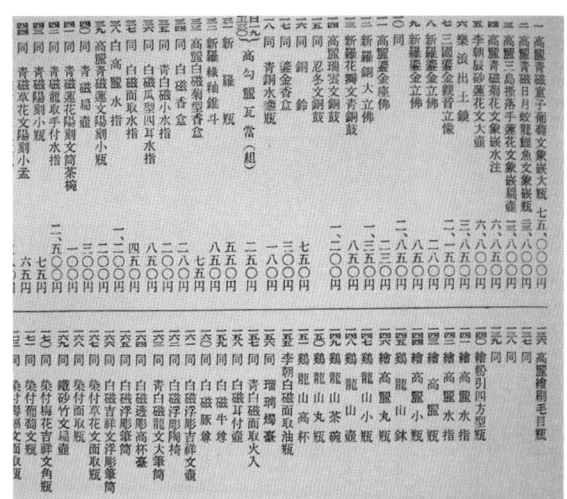

제3회 도록 안쪽   제4회 가격표

된다. 도록의 첫 장에는 제1회 때와 같은 마사키(正木)의 머리글이 실려 있다. 특이한 것은 목록번호 1961부터 2052까지는 목록에서 생략되고 있으면서 '비매품'라고 표시하고 있으며, 2053부터 2152까지는 '조선고대 초자옥류(硝子玉類) 비매'라고 표기하고 있다. 또 목록에는 포함시키지 않은 석물이 별도 목록으로 1~18까지 실려 있다.

    제3회는 1936년 11월 20일부터 26일까지 조선공예연구회 주최로 열렸다. 도록에는 '동양연대표'가 삽입되어 있고 동양미술학교 교수 다나베 코우지(田邊孝次)의 「조선의 공예」란 글이 실려 있다.

    제4회는 1938년 6월 9일부터 18일까지 조선공예연구회 주최와 조선총독부의 후원으로 개최되었는데, 도록에는 오사카시미술관의 고바야시 이치로(小林市郎)의 「조선도자의 미에 대하여」란 짧은 글과 「조선역대 대조표」라 하여 한국, 중국, 일본의 연대표가 삽입되어 있다. 또 가격표까지 만들었는데 고려청자동자포도문상감대병의 경우에는 75,000엔, 고려청자일월교룡리어문상감병은 23,800엔 이라는 가격표가 붙어 있다.

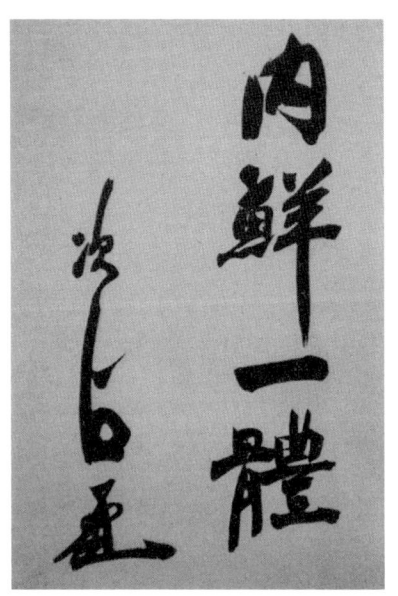

南次郎의 題字

도록 뒤편에는 「조선고미술전람회 개최에 대하여」란 글이 있는데 말미에, "경성 문명상회 이씨는 반도 구가에 태어나 전심으로 조선 고미술의 진가 선전에 노력 헌신하여, 가장 열성진지(熱誠眞摯)한 고미술 수집가로 일찍이 전반도에 신망이 두텁고, 이미 내지에 도쿄 및 당지에서 3회의 전관(展觀)을 개최한 사계에 절찬을 두루 받아왔다"고 치켜세우고 있다.

제5회는 1939년 11월 1일부터 11월 5일까지 조선공예연구회 주최와 조선총독부 후원으로 개최되었다. 도판7의 고려청자상감초화류금문매병은 "본 품은 시대를 대표하는 절품"이라고 해설을 붙이고 있다.

제6회에는 1939년 11월 24일부터 30일까지 조선공예연구회의 주최와 조선총독부의 후원으로 오사카의 타케시마야(高島屋) 백화점에서 개최되었다. 도록에는 오사카 미술관의 고바야시(小林)의 글이 실려 있고 약사사 관주(貫主)의 「조선미술의 가치」란 글이 실려 있는데, "조선의 미술공예는 아국(일본)의 모태적 존재이다"라 하고 있다. 도록에는 조선총독 미나미 지로(南次郎)의 제자 "內鮮一體", 조선정무총감 오오노(大野)의 "溫故知新", 귀족원의원 네즈 기이치로(根津喜一郎)의 "福壽"가 실려 있다.

제6회 전람회의 도록을 보면 장택상의 소장품으로 있던 백자가 8점이 나와 있는데 하나같이 명품이라 할 수 있는 것들이다. 그런데 해설에는, 전 소장자의 이름을 밝히기를 꺼려했음인지 "경성의 명가 장가의 소장품" 또는 "장가의 전품"이라고 기록하고

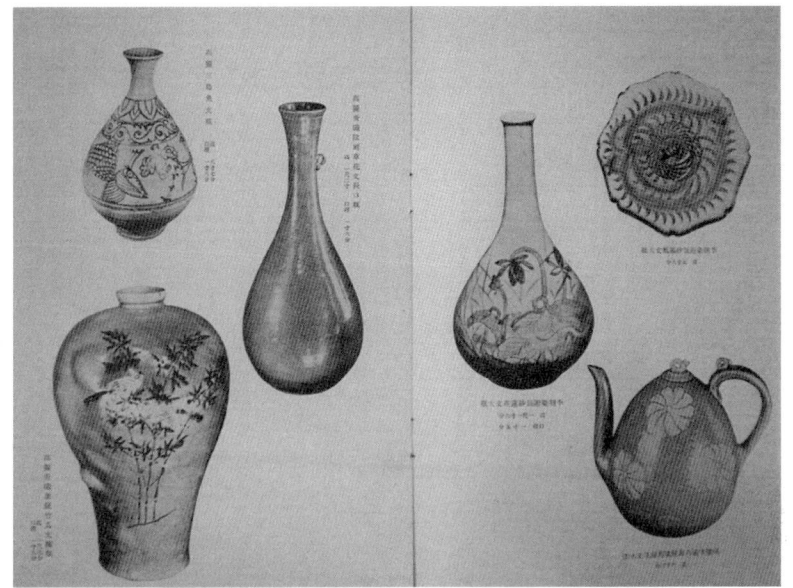

6회 도록

제6회 전시장 모습

있다. 도판6의 조선진사당초문면취병, 도판7의 청화백자진사봉황문명, 도판8의 청화백자진사연화문대병은 "모두 경성의 명가의 소장품으로 동씨는 본회 주최의 이 전람회에

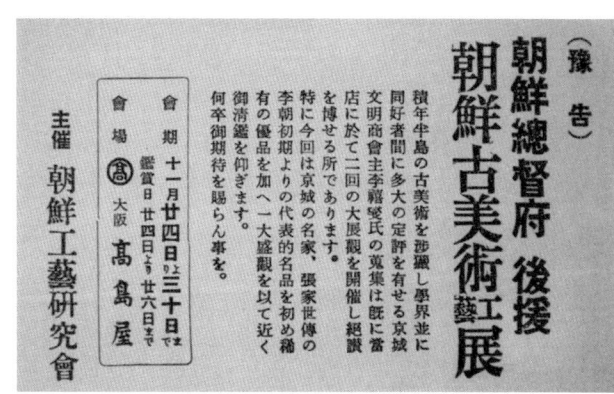

대판매일신보
1939년 11월 16일자

깊은 이해를 가지고 특별히 출품한 것"이라고 해설을 붙이고 있다. 이것은 모두 장택상이 소장하던 것으로 이희섭이 구입하여 전시 판매한 것이다.

이희섭은 경성미술구락부에 참여하여 고미술품을 상당수 수집하기도 했지만, 개인 수장가들을 찾아다니면서 우수한 고미술품을 조선공예전람회에 출품하기를 권하기도 했다. 당시 한국인으로서는 간송을 제외하면 장택상이 가장 우수한 도자기를 수집하였다. 장택상의 소장품에는 고적도보에 수록된 것과 그 외 보물급에 속하는 조선백자가 많이 있었다. 이에 평소 눈독을 들여 온 이희섭은 장택상과 접촉하여 수차《조선공예전람회》에 내놓을 것을 종용하여 출품하게 한 것이다.93)

제7회는 1941년 11월 18일부터 11월 23일까지 도쿄 한복판의 다케시마야(高島屋)백화점에 엄청난 규모의 진열실을 마련하고《조선공예전람회》를 개최하였다. 당시 출품된 것은 낙랑시대부터 조선시대에 이르는 불상, 고려청자, 조선자기, 석조물, 금속공예, 목공예품 등 우수한 미술품을 망라하였다. 도록에 수록되지 않은 것까지 합하면

---

93) 골동상 윤명선은 "그는 창랑 장택상의 수장품을 노리고 장택상 부인에게 당시로서는 어마어마한 고가인 다이아몬드 2캐럿 짜리를 선물로 주고 창랑을 설득하도록 끈질기게 부탁을 했고 끝내는 하나 둘씩 빼내는 데 성공을 했다."고 한다. 장택상이 수장하였던 진사편호의 경우는 이희섭이 6천원에 사서 일본에서 3만원에 팔기도 하였다고 한다.

무려 3천 점이 넘었다. 당시 출품된 것 중에 삼국시대 금동불상은 30만원, 낙랑풍령(樂浪風鈴)은 10만원의 가격표시를 하였다. 도록에는 아사카와 노리타가(淺川伯敎)의 조선자기에 대한 해설이 붙어 있다.

제7회 전람회에 관련하여 매일신보(1941년 11월 24일자)에는 다음과 같은 기사가 있다.

> 이달에 조선고대미술 전람회가 일본 동경 高島屋백화점에서 개최된 바 우리나라 역대 불상과 도자기 등 5,000점이 전시되었는데 이 중 약 2만원 어치가 동경미술관에 매약되다.

신문기사에서 5,000점이라 한 것은 과장한 것이며, 현재 도쿄국립박물관에 소장되어 있는 한국 유물 중에는 일부가 이때 반출된 것으로 볼 수 있다.

1972년 일본에서 개최한 《동양명도자전》에서 동양도자 7대 명품에 속했던 고려청자상감죽학문매병을 위시하여 조선자기 1급품들이 제7회 《조선공예전람회》에 많이 반출되어 출품 전시되었다. 현재 일본 아타카컬렉션의 일급품들 중에는 이 때 출품된 것이 많다. 아타카컬렉션은 구 아타카산업주식회사가 수집 보관한 동양 도자를 말한다. 아타카컬렉션이 수장하고 있는 우리나라 도자기는 800여 점으로 아타카 에이치(安宅英一)에 의해 약 30년 동안에 수집된 것이다.[94] 이들은 해방 전에는 골동상 이희섭이 7회에 걸쳐 경매한 조선공예품전에서 매입한 것이 많이 있고, 6·25동란 후 약 20년간에

---

94) 수집경위를 보면 전회장인 실업가 安宅英一의 개인적인 컬렉션에서 출발하여 2차 대전 이전 한 소장자의 한국도자기컬렉션을 일괄 매입함으로서 본격화되었다고 한다. 그 후 1951년부터는 회사가 수집에 참가 이후 십수 년 동안 수집해 왔다. 아타카컬렉션은 모두 엄선된 물건들로 미술품 구입을 전담하는 미술실장을 두고 도자기를 감식하는 전문적인 팀을 두었다고 한다. 2차 대전 후 20년 동안 70수억 원을 미술품 수집에 쏟아 부었다고 한다.

걸쳐 우리나라에서 밀반출된 것들을 사 모은 것들이라고 알려져 있다.[95]

아타카컬렉션의 한국도자기는 여러 번 선을 보이기도 했다.[96] 1976년에는 아타카산업이 경영위기와 신용불량으로 도산 지경에 빠져 회사를 살리기 위해 11월에 도쿄에서《아타카컬렉션 명도전-고려 이조》를 개최하였다. 컬렉션 전부를 매각하기 위해 내놓은 것이다. 이 컬렉션의 중심인 동양도자 965건은 사회적 관심이 높아 소유권에 대한 화제가 국회의 논의 대상까지 되었다. 일본 문화청은 관리책임자인 스미토모(住友)은행에 아타카컬렉션이 분산되거나 해외로 유출되지 않기를 요망하였다. 이들 문화재의 매각설이 나돌자 우리 측에서 수차 이들을 매입하려고 교섭을 벌였으나 일본 문화청은 "아타카컬렉션의 분산을 막고 해외반출을 하지 못하도록 하고 있다"며 불응하였다. 모 재단에서도 교섭을 했으나 일본 정부가 한국 측의 구입을 적극 방해해 "해외에 반출할 수 없다"고 거절하였다. 재일거류민단 측에서는 아타카컬렉션이 한국에 돌아갈 수 있는

---

95) 우리나라에서는 6·25동란부터 그 후 몇 년간의 혼란기에 악덕 상인들에 의해 상당수의 중요미술품이 일본으로 유출되었다. 심지어는 국보로 지정되어 있던 것(국보 제372호)까지 반출되기도 하였는데 이때 반출된 한국 도자기의 상당수가 아타카컬렉션에 들어갔다.

96) 아타카컬렉션의 한국 도자기가 처음 선을 보인 것은 1969년 9월로 이시카와(石川)현 미술관에서 개최된《아타카컬렉션명도전》에서 중국 도자기 33점, 고려청자 47점, 조선자기 70점이 일반에게 공개되었다.
그 다음으로 1970년 4월에 도쿄에서《아타카컬렉션 동양도자명품전》이 개최되었다. 이때 중국 도자기 37점, 한국 도자기 127점이 공개 진열되어 화제를 불러일으켰다.
그 후 1976년 11월에 도쿄에서《아타카컬렉션명도전-고려·이조》가 개최되었다. 이때는 아타카컬렉션에서 소장하고 있는 한국도자기 800여 점 가운데 고려자기 64점, 조선자기 112점 계 176점이 공개되었다. 그 중 제일 우수하다는 것이 모두 문명상회에서 반출해 간 물건들이다. 이 전시를 돌아본 장규서는 "대부분이 처음 공개되는 것인데, 국내에서는 도저히 볼 수 없는 초국보급만 12점이 나와 있음을 확인하였다"고 한다. 실제 그 도록의 사진만 보아도 감탄사가 절로 나오는 명품 중의 명품들이다.
그 후 1978년 교토국립박물관과 일본경제신문사 주최로 교토국립박물관에서〈아타카컬렉션 동양도자전〉이 개최되었다. 이때 전시된 것은 미공개품 10여 점을 포함한 128점이 출품되었다. 이 전시회는 동양도자기의 세계적인 대수장으로 이름난 아타카컬렉션이 지난 1976년 11월에 도쿄에서 가졌던《고려청자이조백자전》에 이은 것이다.

길을 열어달라는 성명서를 발표하는 등 '국외반출 불허'란 일본정부의 방침을 비난하고 나섰다. 국내에서도 편협한 일본정부 방침을 비난하고 나섰지만 실패하고 말았다.[97]

　　1980년 3월에 스미토모(住友)그룹은 아타카컬렉션의 동양 도자를 오사카시에 일괄 기증하였다. 오사카시에서는 이 컬렉션의 동양 도자기를 전시하기 위해 1982년 11월에 오사카시립동양도자미술관을 설립하여 이곳에 아타카컬렉션 동양도자기를 보관 진열하였다. 동양도자미술관 내의 아타카컬렉션은 세계에서 한국 도자기 소장으로는 규모가 가장 크다고 할 수 있다.

　　7회까지의 도록에 나타난 목록은 대략 다음과 같다.

회	품명1	목록번호	수량	비고
제1회	낙랑출토 박산로	1		칼라 사진으로 싣고 있는데, 1916년 대동강면 석암리 제9호분에서 출토된 향로와 아주 흡사한 것이다.
	낙랑출토 硝子玉	2	20종	
	고려청자투각구개향로	3		『조선고적도보』8권 3472, 森辰男 구장
	樂浪銅甑	6		中村 구장
	낙랑출토 銅弩機	14		동경박물관 소장의 것과 동일형

----
97)『한국일보』1990년 4월 14일자.

회	품명1	목록번호	수량	비고
제1회	고구려 觀世音菩薩立像	30		평양 발굴
		46		
	高麗銅鼓	53		在銘
	高麗梵鐘	61		
	高麗梵鐘	62		"숭정기원후사 술년구월 일(崇禎記元後四 戌年九月 日) 중종개주(中鐘改鑄) 대구 김종득(大丘 金鐘得) 도편사(都片寺)"란 명문이 있다. 쓰보타 료헤이(坪田良平)의 『조선종』에는 재일 소재미상 종(e)로 소개하고 있다. 1934년 11월 개최된 《조선공예전람회》에 출품된 종으로 도록에 제62호로 게재된 바 있다. 주성년대는 14세기로 짐작되며 아마도 일본의 애호가가 소장한 것으로 추정되고 있으나 인명은 알 수 없다고 한다.[98]
	고려청자목단문음각수주	80		
	고려청자인물형수적	88		
	彫삼도초화문병	132		
	회고려병	171		

442 우리 문화재 반출사

회	품명1	목록번호	수량	비고
	청화백자십장생대호	209		
	청화(染付)백자용문대호	211		
	조선루각인물도병풍	293		
	석탑	324~327	4기	
제1회	도판은 343까지 싣고, 목록은 시대별로 분류했다.			
	낙랑	1~463		
	고구려	464~511		
	신라	512~545		
	고려	546~887		
	불상, 향로	546~576		
	고려백자	577~592		
	청자	593~720		
	天目	721~760		
	삼도	761~797		
	세모목	798~863		
	회고려	864~887		
	조선 888~			
	범종 등	888~895		
	백자	896~973		
	천목	974~1180		
	雜釉	1109~1137		
	잡	1158~1184		
	염부(청화)	1185~1372		
	철사	1373~1412		
	분원진사	1413~1493		

4장_ 상인 및 수집가들에 의한 반출

회	품명1	목록번호	수량	비고
제1회	분원철사	1494~1587		
	회령	1588~1606		
	칠공	1602~1760		
	목공	1761~1896		
	죽공 기타	1897~1920		
	석조물	1921~1959		
	초자옥 및 기타	1960~2500		
제2회	낙랑출토 도금박산로	1		1회와 동일
	낙랑출토 초자옥	2~21		1회와 동일
	신라불	22, 23		
	청자인물형연적	154		

회	품명1	목록번호	수량	비고
제2회	낙랑 출토 도증	65		
	운학봉황목단문진사대병	27		
	도판은 383번까지 실려 있는데, 순서만 바뀌었지 1회와 동일한 것이 많이 실려 있다.			
	목록은 1960번까지 나타나 있다.			
	비매품	1961~2052		
	조선고대 초자옥 비매품	2053~2152		
	그 외 석물	1~18		
제3회	樂浪神人車馬鏡	1		
	高麗靑磁象嵌黑釉地辰砂牧丹文水指	2		
	고려청자원앙개향로	3		

회	품명1	목록번호	수량	비고
제 3 회	고려청자쌍사자침	4		
	낙랑출토 문자전	6~8	3	
	고려청자포류인물상감 수주	52		
	회고려초화문병	127		
	조선염부초화문호	161		
	조선철사용문호	209		
	조선고대3층탑	281		
	~290까지 도판			
	낙랑	301~400		
	신라	401~432		
	고구려	446~450		
	고려	451~800		
	조선	801~1805		
	이하 약 200점 학술참 고품 기타			

회	품명1	목록번호	수량	비고
제4회	고려청자동자포도문상감대병	1		안택컬렉션
	高麗靑磁日月蛟龍鯉魚文象嵌甁	2		"고려병 중 名品"
	高麗三島연화문상감편호	3		"편호 중 최우품"
	고려상감국화문수주	4		"정교무비한 최고 絶品", 안택
	조선진사연화문대호	5		"본품은 이미 전반도에 선전" 안택
	낙랑경	6		
	고려귀와당	19~30	12	
	고려청자상감용두수주	52		

회	품명1	목록번호	수량	비고
제4회	고려청자국화문음각수주	58		
	~259 도판			
	낙랑	260~280		
	신라, 고구려, 고려	281~550		
	조선	551~1000		
	이하 250점 목록 생략			
제5회	樂浪靑銅斜稜文豆	1		대동강면 출토
	高句麗彩色白虎文雲母坩	2		"본품은 평북 강계읍에서 출토, 저명한 고분의 벽화와 유사한 형식의 문양을 가지고 있다."
	고구려녹유박산로	3		
	高麗靑磁象嵌菊花文筒茶碗	6	9	"경성 中村誠의 구애장품으로 일찍이 명성이 자자"
	고려청자상감초화류금문매병	7		고려초기 작품

회	품명1	목록번호	수량	비고
제5회	낙랑현무주작문년호경	14		'元康三年五月造'
	고려종	43		
	고려종	45		
	고려청자표형음각포도문병	65		
	신라석조입불	26		酒岩里 출토
	철유양각목단문호	147		『조선고적도보』15권 6386, 中村 구장
	고려회삼도어문횡장호	155		『조선고적도보』15권 6247, 中村 구장
	조선염부진사회포도문필통	208		『조선고적도보』15권 6609
	조선진사와형수적	211		『조선고적도보』15권 6360
	조선총진사육각합자	212		『조선고적도보』15권 6624, 中村 구장
	~258 도판			
	학술참고품 301~350			
	낙랑 351~370			
	고려 371~670			

회	품명1	목록번호	수량	비고
	조선 671~1150			
	이하 1151~1500 생략			
제 6 회	高麗白磁陽刻蓮瓣七稜香爐	1		묘지와 함께 수록 1939년 간행한 『조선총독부 후원 조선미술공예전람회도록』을 보면 渡邊定一郎의 구장이었던 것으로 문명상회를 거쳐 일본으로 반출된 '高麗白磁陽刻蓮瓣七稜香爐'가 소개되어 있다. 『渡邊家御所藏品賣立目錄』에는 도판 100번으로 실려 있다. 『조선미술공예전람회도록』에 도판 1로 실린 '高麗白磁陽刻蓮瓣七稜香爐'는 비명(碑銘)과 함께 나온 것으로 비명도 함께 도판으로 실려 있다. 그 비문에 '熙宗七年'이라는 謚年이 있어 고려 중기에 제작한 것으로 추정되고 있다. 도록의 해설에서 "현재 고려백자가 조선 내에서 제작된 것을 부정하는 일부 설을 불식"시킨 예로 들고 있다.
	白磁辰砂唐草文面取瓶	6		"경성의 名家 張家의 소장품" (장택상 구장)
	朝鮮染付辰砂鳳凰文大皿	7		"경성의 名家 張家의 소장품" (장택상 구장)
	朝鮮染付辰砂蓮花文大瓶	8		"경성의 名家 張家의 소장품"(장택상 구장)
	朝鮮辰砂菊花文壺	9		
	朝鮮染付吉祥文七稜香爐	10		"本品은 경성의 명가 장가의 傳品"

회	품명1	목록번호	수량	비고
제 6 회	朝鮮染付山水人物文大皿	11		"본품은 경성 장가의 전품으로 門外不出의 重寶"
	朝鮮染付山水樓閣文瓶	12		"본품은 경성 장가의 전품으로 門外不出의 重寶"
	朝鮮染付花蝶文水注	13		『조선고적도보』제15권 6443으로 수록. "본품은 경성 장가의 전품으로 門外不出의 重寶"
	朝鮮染付吉祥文切子瓶	14		"본품은 경성 장가의 전품으로 門外不出의 重寶"
	신라청동사자	1660		
	낙랑녹유대향로	1661		
	高麗靑銅鍾	45		坪田良平은 그의 저서 『조선종』(1974)에서, 1939년 11월 제6회 《조선공예전람회》에 출품되었던 고려시대 종 2구를 소개하고 있다. 하나는 坪田良平의 『조선종』(1974)에서 '재일 소재미상 종(b)'로, 이 종은 1939년 11월 일본 오사카에서 개최된 《조선공예전람회》의 도록에 '고려청동종'이라는 제목으로 게재되어 있는 사진이 유일한 자료로 주성연대는 13세기로 추정된다.
	高麗靑梵鍾	1711		『조선종』(1974)에서 '재일 소재미상의 종(d)'로 坪田良平은 제작년대를 12세기로 추정하고 있다. 1939년 11월에 개최된 《조선공예전람회》에 출품된 것으로 1711번으로 게재된 사진이 유일한 자료라고 한다.
	고려청자운학문매병	1651		
	계룡산어문대병	1637		
	白磁透彫水滴	1761		『조선고적도보』제15권 6331로 수록
	朝鮮白磁透彫煙管掛	1762		『조선고적도보』제15권 6343으로 수록
	朝鮮染付盛上手煙管	1763		『조선고적도보』제15권 6343으로 수록

회	품명1	목록번호	수량	비고
	朝鮮染付十二角小皿	1794		『조선고적도보』제15권 6541로 수록
	朝鮮染付梅文鉢	1799		『조선고적도보』제15권 6560으로 수록
	~2140까지 목록 이하 2141~2500 생략			
제7회	낙랑도금풍령	222		
	낙랑출토 녹유종	213		
	삼국시대미륵보살상	210		구시 다쿠마(久志卓眞)의 『조선명도도감』(1941)에 도판으로 나와 있으며, 편찬자 구시는 총독부박물관과 이왕가박물관에 소장하고 있는 2체의 대표적 미륵반가사유상을 제외하면 천하에 자랑할 수 있는 명품이라고 평하고 있다.
	도금관세음보살상	147		

회	품명1	목록번호	수량	비고
제7회	도금사불사보살사리탑	49		
	고려청자쌍사자침	181		군산 宮崎 구장
	고려청자기린개향로	5		일본경제신문사, 『安宅컬렉션동양도자명품도록』고려편, 1980. 도판 188로 所載
	고려청자상감국화목단문팔각면취세구장수병	6		『安宅컬렉션』1980. 도판138로 수록
	高麗靑磁象嵌菊花文瓜形水注	3		
	高麗靑磁象嵌双鳳丸文壺	1		『安宅컬렉션』1980. 도판143로 수록
	高麗靑磁象嵌三羽鶴文盌	17		"高麗靑磁象嵌雲鶴鉢盌類 중 최고의 名品"이란 설명이 있다.

회	품명1	목록번호	수량	비고
제7회	高麗黑釉白土象嵌描繪雲鶴文梅瓶	265		
	三島象嵌牧丹文大扁壺	202		
	진사채문자입표형병	112		1941년 문명상회를 통해 아타카컬렉션으로 들어갔다. 1976년에 전시되었다.
	朝鮮染付花文散總辰砂德利	86		
	朝鮮鐵砂龍文扁壺	93		문명상회를 통하여 아타카컬렉션에 들어간 것이다. 1942년에 간행한 다나카 도요타로(田中豊太郎)의 『이조도자보』에 도판으로 게재되어 있으며, 1977년에 발행한 『동양미술』에 도판 251로 소개되어 있다.
	朝鮮染付草花文八角壺	264		조선고적도보 8권 6400으로 수록, 淺川巧 구장[99]
	定窯黑釉金花文盞	46		"황해도 용매도 출토의 백자병과 함께 천하의 대명품"이란 설명이 있다. 김덕영 구장 도판 해설에서는 『陶器圖錄』 제7권 支那編 上 所載"라고 표시하고 있다. 애석하게도 금화문은 그 흔적만 남아있는 정도라고 한다.

회	품명1	목록번호	수량	비고
제7회	백자병	40		『도자도록』제7권 지나편에 수록. 김덕영 구장
	高麗靑磁象嵌竹鶴文梅甁	218		구시 다쿠마(久志卓眞)는『朝鮮名陶圖鑑』에서 '청자상감죽학문매병'을 "상감청자 중 굴지의 명품"이라고 평하고 있다. 1941년《조선공예품전람회》에 출품되었던 것이다. 1976년에 아타카컬렉션 명도전에 출품되었으며, 1978년《아타카컬렉션 동양도자전》에도 출품 전시되었다. 1977년에 발행된『동양미술』에 도판 242로 소개되어 있다.
	高麗靑磁象嵌雲鶴菊花文長頸甁	169		『安宅컬렉션』1980. 도판210으로 수록
	高麗靑磁象嵌雲鶴文盌	9		"고려청자완 중 神品"
	靑華白磁辰砂高台附德利	94		조선고적도보 제8권 6604로 수록. 김찬영 구장
	白磁鐵砂龍文壺	267		"희대의 절품"
	낙랑도금향로	220		
	신라도금탑	792		
	고구려녹유박산로	163		
	조선고대3층탑	44		
	조선고대5층탑	2		
	新羅大龜趺	56		야외에 전시하였던 '신라시대'로 표기하고 있는 석비이다. 도록에는 높이가 '2장 2척'이라고 표기하고 있는데, 이것이 정확하다면 석비로서는 최고 최대 규모라 할 수 있다. 그런데 이같이 거대한 석비가 그간의 한국인이나 일본 학자들의 기록에도 나타나 있지 않은 것이 의문이 아닐 수 없다. 물론 비문에는 어떤 내용이 있는지, 현재 어느 곳에 소장되어 있는지조차 밝혀져 있지 않다.
	新羅佛	26~33	7	
	高麗佛	34		
	이하 2488~3000까지 목록 생략 이하 석공품(특별번호 1~92)			

4장_ 상인 및 수집가들에 의한 반출

『조선공예전람회도록』에 나타난 출품 점수를 살펴보면 다음과 같다.

회	전시 및 판매일	출품점수	비고
1	1934. 11. 3 ~ 11	2500점	1960번부터 2500번까지는 기타
2	1935. 11. 30 ~ 12. 5	2152점(외 별도 18점)	1961번부터 목록에서 제외
3	1936. 11. 20 ~ 26	2005점	1805번이하 200점 학습 참고품, 기타
4	1938. 6. 9 ~ 18	1250점	1001번부터 목록에서 생략
5	1939. 11. 1 ~ 5	1500점	1151번부터 목록에서 생략
6	1939. 11. 24 ~ 30	2500점	2141번부터 목록에서 생략
7	1941. 11. 18 ~ 23	3000점(이외 특별번호 1~92)	2488번부터 목록에서 생략
	계	14,407점	

7회 동안 출품된 총 작품 수는 14,407점과 별도의 18점과 특별번호를 붙인 92점을 포함하면 14,517점이나 된다. 이희섭은 이 전람회 외에도 도쿄와 오사카에 지점을 두고 수시 판매를 하였기 때문에 문명상회가 일본으로 반출한 우리 문화재는 최소한 3만

---

98) 坪田良平, 『朝鮮鍾』, 角川書店, 1974.
99) '청화백자난초문각호'는 『조선고적도보』 도판 600호로 아사카와 이사오(淺川巧)의 소장으로 실려 있으며, 1941년 도쿄에서 개최한 《조선공예품전람회》에 출품하였던 것이다. 1942년에 간행한 타나카 토요타로(田中豊太郎)의 『이조도자보』에 도판 15로 게재되어 있으며 "이조청화백자의 대표작"이라고 소개하고 있다.
이 '청화백자난초문8각호'는 청화백자의 명품으로 특수한 형태나 품격으로 제일로 꼽고 있는데 문명상회를 통해 아타카컬렉션으로 들어간 것이다. '청화백자난초문각호'는 1956년에 간행한 『세계도자전집』(河出書房)제14권에도 도판 10호로 실려 있다. 淺川伯敎의 설명에 의하면, "경성의 鈴木골동점으로부터 동생인 이사오(巧)가 구입하였다. 그 후 민속박물관에 진열하였다가 그의 유족에 의해 다른 곳으로 매각되어 돌고 돌아 현 소유자의 손에 들어갔다"고 하는데 현 소유자란 바로 아타카를 지목하는 것이다.
풍만한 몸매에 유약 발색이 모두 뛰어나다. 久志卓眞는 『조선의 도자』(寶雲舍, 1944)에서 "가장 이상적으로 만들어졌을 뿐 아니라 독창성을 보여주는 최상의 것"이라고 평하고 있다.
1976년 11월에 도쿄에서 개최한 《아타카컬렉션 명도전》에 출품 전시되었다.

점 가량은 되지 않을까 추산해 본다.

여러 기관에서 조사한 바에 따르면 현재 일본에 가 있는 우리문화재는 약 6만 5천여 점 정도로 확인되었다. 이는 기간을 한정하지 않고 공공기관 등 외부로 나타나 있는 것을 기준으로 한 것이다. 실제는 이보다 몇 십 배는 될 것이라고 추산하는 데에는 문명상회가 반출한 숫자가 하나의 척도가 될 수도 있다.

현재 일본 소재 한국문화재의 수는 전적이 가장 많은 수를 점하고 있다. 또 고고유물의 경우에는 와전이 많은 수를 점하고 있다. 이에 비해 이희섭이 반출한 것은 대부분 도자기와 무덤에서 나온 고고유물 등이 주를 이루고, 그 외 석조물, 칠공예, 목공예, 회화 등이다. 이희섭이 반출한 류를 기준으로 하면 현재 밝혀진 일본 소재 한국문화재 수보다 이희섭이 반출한 문화재가 많은 수량이다.

문명상회의 반출에 대해 골동상 이영섭은 「내가 걸어온 고미술계 30년」에서, "우리 민족 문화재의 세기적 대이동이라 볼 수 있으며, 이 엄청난 규모의 미술 공예품 전시회는 인류 역사상 그 유례가 없는 호화 전시 직매장이었다. 과연 역사상 한 민족의 이와 같은 대규모의 귀중한 문화재가 타민족으로 옮긴 일이 이 지구상에 또 있을까. 우리 민족으로서는 가슴 아픈 굴욕감을 느끼지 않을 수 없다"라고 하였다. 이같이 엄청난 문화재가 한 개인의 상점을 통해 외국으로 반출된 것은 세계에 유례가 없는 일로서, 이영섭의 말대로 이 전람회는 단순히 전람회라기보다는 한 나라의 민족문화재의 대이동이라 할 수 있다.

이희섭은 1941년 일본에서 조선공예전람회를 마치고 거금을 만들어 광산업에 손을 대었다가 실패하였다.[100] 6·25가 터지고 북한군이 서울로 침입하였을 때 그는 미

---

100) 광산업에 경험이 없던 그로서는 광산업을 하면 돈이 마구 쏟아질 것으로 알았던 것이다. 처음에는 수백만원을 가지고 충분할 것으로 알았다. 그러나 생산도 되기 전에 계속해서 돈이 들어갔다. 그러다가 해방이 되었다.
전국의 96%나 되는 일본인 소유 광산의 관리 문제와 광업의 재편성을 위한 '조선광업중앙관리위원회'가 1945년 12월에 결성되었는데, 이희섭은 최창학과 함께 인계이사로 선임되었다(자유신문,

처 한강을 건너지 못하고 서울에 숨어 있다가 공사장 인부에게 붙들려 소위 자치보위대에 인도됨으로서 종말을 맞게 되었다.

3. 해방 직후 혼란기의 문화재 반출

1) 해방 직후 일본인 철수 상황과 문화재 반출

일본이 패망하자 철수하려는 일본인들은 혼란을 피하기 위해 서둘러 1945년 8월 17일에 '일본인회'라는 연락기관을 결성한다. 총독부 기관이 무력화되자 일본 민간인들이 스스로를 방위하여 일본으로 귀환하기 위해 결성한 민간조직이었다. 처음에는 '일본인회'라 하다가 정치성을 고려하여 '세화회'라 하였다. 그래서 8월 18일에 '경성내지인세화회'가 결성되고 이를 시작으로 각 지역 단위로 세화회가 결성되었다.

연합국 총사령부와 일본 정부가 8월 24일에 일본인들의 철수를 돕기 위해 협의하고, 8월 27일에 조선총독부에 '종전사무처리본부'를 설치하여 각 시도에 안내소를 두었다. 종전사무처리본부는 일본인 세화회와 연계하여 일본인들의 철수 업무를 수행하였다. 하지만 미군이 들어오고 총독부의 일본인 관리들이 해임되자, 1945년 11월에는 종전사무처리본부의 기구를 세화회에서 흡수하여 철수 일본인에 대한 사무를 일원화하였다.[101]

1945년 12월 6일자). 이때만 하여도 그는 상당한 희망을 가지고 광산업에 매진하였다. 그러나 은행의 융자는 되지 않았고 청부업자와 인부들의 아우성에 피신해 다녔다. 해방 후 얼마 남지 않은 그의 소장품은 안과의사 공병우에게 양도되었다.
101) 森田芳夫, 『朝鮮終戰の記錄』, 巖南堂書店, 1979, pp. 133~134.
中保與作, 「8.15 종전과 서울의 일본인」, 『신태양』, 1958년 8월.

그러나 세화회의 활동이 본격화되기 전에 이미 많은 일본인들이 무질서한 가운데 일본으로 돌아갔다. 미군은 9월 13일에 개성, 17일에 청주, 20일에 춘천, 10월 1일에 대구, 9월 29일에 전주, 10월 5일 광주, 10월 하순에 대전에 주재하였다. 비록 각 지방마다 치안유지회의 활동이 있었다고는 하나 그것이 체계적이지 못했기 때문에 해방 직후 얼마간은 행정 마비로 인한 혼란이 계속될 수밖에 없었다.[102]

1945년 9월 16일에 미군 선발부대 3백 명이 부산역에 도착하였으며, 9월 17일에는 미군에 대해 현지 부두 안내가 이루어졌다. 그 후 9월 25일에는 미군 제41사단이 부산에 진주하였다. 일본인 철수에 대한 본격적인 그들의 활동도 역시 9월 하순 내지는 10월 초에 와서야 정상적으로 이루어졌다. 따라서 이 시기까지는 일본인이 소장하고 있던 문화재에 대한 통제가 제대로 이루어지지 않았다고 할 수 있다. 이 같은 기회를 틈타 재빠르게 서두른 자들은 모두 막대한 물건들을 산더미처럼 쌓아 가져갔던 것이다.[103]

---

102) 부산직할시사편찬위원회, 『釜山市史(제1권)』, 1989, p. 1055.에 의하면,
건국준비위원회 부산지부가 8월 17일에 조직되자 이들은 경남도청을 접수하려 도지사 공관에 찾아가 信原 일본인 지사를 비롯한 간부들과 3시간 동안이나 연석회의를 가졌다. 그러나 일본인 측은 "통치권이 없어진 것은 사실이다. 그러나 태평양 연합군 총사령관인 맥아더 원수의 별도 지시가 있을 때까지 현상을 유지하라는 포고가 있었으며, 아직 한국에 정부가 수립된 것이 아니어서 도정을 이양하기에 사실상 어렵다"는 이유를 내세움으로서 건준 경남지부의 도청 접수 시도는 좌절되었다.
大邱市史編纂委員會, 『大邱市史 제1권』, 1995, p. 1202.에 의하면,
대구의 경우에는 미군이 대구에 온 10월 1일에 일본군의 근거지를 접수하고 일본군을 무장 해제하는 한편 경북도청과 대구부청 등 관공서도 접수를 하였다. 그러나 10월 10일에야 미군 대령이 경북도지사에, 미군 대위가 대구부윤으로 취임하였다. 그로부터 3일 후에야 일본 관리들을 전부 파면하고 행정기구 개편을 단행하면서 대구의 치안을 대구부윤이 관할했다. 이어 자치조직인 치안유지회를 해산하고 대구경찰서의 기능을 장악하였다.

103) 가장 대표적인 예는 1945년 8월 17일에 전총독부인 일행은 은밀히 부산에 도착하여 도청에 지시하여 機帆船을 구하였다. 총독부인 일행은 배에다가 산더미 같이 화물을 적재하여 17일 일본으로 떠났다. 하지만 중간에 폭풍우를 만나 산더미 같이 쌓은 화물은 바다로 던져버리고 겨우 인명만이 부산으로 다시 돌아왔다. 이 일 때문에 阿部 전 총독의 부인은 폐렴으로 상당기간 고생을 하였다고 한다(森田芳夫, 『朝鮮終戰の記錄』, 巖南堂書店, 1979).

『조선종전의 기록』에 나타난 당시 상황을 보면, 1945년 8월 18일부터 24일까지 한국 방면에 있던 화물선 27척이 일본에 입항했다. 1945년 8월 24일에 미군의 명에 의해 100톤 이상의 선박은 운항이 금지되었지만 부산-하카타(博多), 부산-센자키(仙崎) 간의 연락선만큼은 제외되었다. 또한 많은 기범선이 ○○행이라는 깃발을 세워서 부산항에 대기하고 있다가 일본인들의 화물을 싣고 일본으로 향했다. 여기에는 일본인 후원회에서 조직적으로 관여하여 화물 선적을 도왔으며, 미군이 주둔하기 전에는 모든 물품을 순조롭게 실어나를 수 있었다.104)

	다나베 다몬(田邊多聞)이 기록한 「종전 전후의 부산지방 교통국」의 사정을 보면,105) 다음과 같다.

	8월 21일. 고우안마루(興安丸)가 인양자를 가득 싣고 9시에 출범하였다.
	8월 24일. 도쿠지유마루(德壽丸)가 출항, 부산 재주국원 약 500명을 인양할 계
		획이었으나 70명을 초과하여 출항

---

104) 『博多引揚援護局史』에 의하면, 8월 18일부터 24일까지, 조선 방면에 있던 화물선 明優丸, 永昌丸 등 27척의 배가 博多에 입항했다. 연합국군의 명령으로 취항했던 최초의 배는, 전쟁 전, 시모노세키와 부산 간의 연락선인 德壽丸이다. 종전 당시에 山陰의 須佐항에 도피해 있었지만, 조선과의 취항을 명받아 9월 1일에 須佐항을 향해, 군인 군속 2,552명, 일반인 16명을 태우고, 9월 3일 아침 하카타에 입항했다(森田芳夫, 『朝鮮終戰の記錄』, 巖南堂書店, 1979, PP. 222~223).
미군의 명에 의해, 8월 24일 오후 6시를 기해 100톤 이상의 선박은 운항이 금지됐다. 그러나 부산-博多, 부산-仙崎 간의 연락선만큼은 제외되었다. 부산의 주민 중에는, 연락선에 몇 번이나 승선을 해서 짐을 운반하는 사람도 있었다. 또한 많은 기범선이 ○○행이라는 깃발을 세워서 부산항 내에 있었다. 10월에 들어서 부산 내의 일본인 후원회는, 기범선의 통제에 적극 관여하여, 당진, 하카타, 시모노세키, 센자키행은 어떤 것도 성인 1명당 150엔, 어린이 1명에 100엔, 오사카행은 성인 1명에 200엔, 어린이 1명에 150엔으로 했지만, 통제되기 전에는 모두 100엔 할증 가격이었다. 짐도 옮길 수 있고, 순조로운 때에는 12시간 또는 20시간에 일본에 도착하기 때문에 사람들은 서로 경쟁을 해서 탔다. 그러나 폭풍우, 기뢰, 해적선 등에 조우한 기범선도 상당히 있었다(森田芳夫, 『朝鮮終戰の記錄』, 巖南堂書店, 1979, pp. 124~125).
105) 森田芳夫, 『朝鮮終戰の記錄』, 資料集 第3卷, 巖南堂書店, 1985. pp. 280~288.

본일 18시에 100톤 이상의 선박은 일절 항해 금지

8월 30일. 24일 이후 연락선의 운행 금지로 부산항에 모여든 일본인의 수가 1만 1천인에 달해 대혼잡이 일어났다. 본일 이후 연락선에 한해 항해를 해금하였다.

9월 2일. 고우안마루(興安丸)가 인양민을 만재하여 출항하고, 도쿠지유마루(德壽丸)가 조선인 2천5백 명을 싣고 왔다.

9월 3일. 도쿠지유마루(德壽丸)가 하카타항을 향해 출항

9월 4일. 고우안마루(興安丸) 출항

9월 5일. 고우안마루(興安丸), 도쿠지유마루(德壽丸) 매일 1회 운항 확보

9월 6일. 아침에 고우안마루(興安丸)가 출항 후 잔류자가 2천이 되었다. 본일부터 100인 이상 선박은 생활 필수 수송을 허가를 받아야 항해가 가능하다.

9월 8일. 미군이 인천항에 상륙

9월 16일. 미군 선발대 300명이 부산에 도착, 현지 사정을 설명 들음

일본해군은 연합군 사령부의 지시에 따라 8월 24일 이후 특별 지정된 외항 항해 중인 함선 이외의 선박에 대해서는 항해를 금지함을 통고했다. 그러나 대부분 소형의 선박이 귀환자들을 싣고 한국과 일본을 왕복했으며 이것은 연말까지 계속되었다.[106]

---

106) 崔永鎬, 「해방 직후의 재일한국인의 본국 귀환」, 『한일관계사 연구』, 제4집, 玄音社, 1995, p. 105. 馬山市史編纂委員會, 『馬山市史』, 1985, p. 112.에 의하면,
일부 마산 주둔 일본 군부대 지휘관들은 착검 무장한 병력을 이끌고 당시 건준위원회 사무실을 포위하여 "일본인들의 생명과 재산에 위협을 가하거나 탈취하는 행동을 한 자에 대해서는 무력을 행사하겠다"고 했다. 마산의 일본인들은 별다른 박해나 봉변을 받지 않고 무사히 철수할 수 있었다.
부산직활시사편찬위원회, 『釜山市史(제1권)』, 1989, p. 1055.에 의하면,
경남지사였던 信原는 패전이 발표되자 도내의 각 경찰서에 지시를 내려 벽지에 살고 있는 일본인들을 모두 보호하라고 지시한 다음, 내륙 지방에 있는 일본인들을 울산, 진해, 마산, 통영, 삼천포, 부산 등 각 항구에 집결시켜서 미군이 진주하기 전에 한 명이라도 더 귀환시키려고 동분서주하였다. 부산 영주동에 있던 부산 요새사령부는 거류일본인의 재산과 생명을 보호한다는 미명 아래 매

1945년 8월부터 12월까지 일본인 인양 수는 46만 9천 764명으로, 그 중 8월에 6만 3천 648명, 9월에 10만 5천 207명으로 나타나 있다.[107]

미군이 진주하기 전에는 일본인 귀환 기점인 항구도시 등을 일본군이 장악하고 있었기 때문에[108] 약삭빠른 재벌이나 일부 관리들은 금은보화는 물론이고 현금과 고급 가구, 골동품 등을 몽땅 가지고 먼저 빠져나갔다.

미군이 진주하여 일본인 철수를 통제하였지만 밀항자를 막기에는 역부족이었다. 부산항을 중심으로 경남 일대의 연안, 여수, 목포를 중심으로 한 전남 해안 일대, 군산, 인천을 중심으로 한 서해안 일대는 해방 이후 해상 경계기능이 거의 상실되어 있었다. 일본인들의 철수는 원칙적으로 수송 지정연락선을 이용해야 하고 밀항선으로 철수하는 것은 엄금되어 있었다. 그러나 일본인들 중 귀중 문화재와 중요 물자를 배에 가득 싣고 밀항한 자들이 부지기수였다. 이에 부산 미군정당국은 이를 방비하고자 경비선을 부산 근해에 배치하고 경계하였으나 교묘히 경계망을 벗어날 뿐 아니라 경계가 허술한 전남 해안에서 다수의 배가 출항하였다.[109] 밀항 등을 통해 문화재를 포함한 동산의 일본 유출이 계속되자 1945년 11월 16일에 안재홍은 하지 중장을 만나 이에 대해 더욱 엄

일 라디오를 통하여 위협적인 방송을 하였다. 이 때문에 시민들은 미군이 부산에 진주하기 전까지 불안한 나날을 보내기도 하였다. 이런 상황에서 그들의 항해를 제지할 엄두를 내지 못했다고 한다. 『경향신문』, 1950년 3월 19일자.에 의하면,
재일교포 박용완(가명 박상집)은 해방 전 일본에서 어업을 크게 하였는데, 1945년 8월 20일부터 4개월간 12척의 선박을 동원하여 재일동포를 귀환시켰다고 한다.
드러난 것이 재일동포 귀환이지만, 이 선박들이 한국에서 일본으로 향할 때는 일본인들을 태우고 그들의 동산을 만재하여 갔던 것이다. 이와 같은 사례는 어쩌다 드러난 것이지만 작은 어선 등을 이용하여 밀항한 수는 헤일 수 없이 많았다.

107) 森田芳夫, 『朝鮮終戰の記錄』, 巖南堂書店, 1979.
108) 이완범, 「解放前後 國內政治 勢力과 美國의 關係, 1945~1948」, 『解放前後史의 再認識』, 책세상, 2006, p. 67.
109) 『조선일보』1946년 2월 11일자.

중히 단속해 줄 것을 요구하기도 했다.[110] 그러나 아무리 밀항을 단속하였다 할지라도 해안 전체를 경계할 수가 없었다. 운수국 해사부에서는 밀항 단속선박을 각 해안에 배치하고 밀항을 엄금하기 위하여 15톤 이상의 모든 선박을 1946년 2월 20일까지 가까운 부두국 분국 또는 동 출장소에 재등록하도록 했다. 만일 이 기한 안에 재등록하지 않는 선박은 그 사유 여하를 불문하고 밀항선박으로 취급 처리하겠다고 하고, 운행허가신청서를 제출하라고 했다.[111] 그러나 불법 밀항에는 돈에 눈이 먼 한국인이 그들의 밀항을 도와주는 경우도 상당수 있어[112], 이를 단속하는 데에는 많은 어려움이 있었다.[113] 해방이 되면서 당연히 한국에 남기고 가야 할 문화재는 이런 허점으로 인해 헤아릴 수 없이 많이 유출되었다.

　　대구 재주의 오구라는 우리나라 문화재를 반출하는 데 얼마나 지독했는지, 해방 직후 한국에 살던 일본 사람들이 밤낮으로 불안에 떨던 때에도 당당히 트럭 한 대를 거느리고 부여박물관에 찾아와서 그곳에 남아있던 일본인 직원에게 부여 유적에서 발굴한 백제 문화재를 자기에게 팔라고 하였다고 한다. 이 요구를 받은 부여박물관의 일본인은 하도 어이가 없어서 "부여박물관의 물건은 나라의 재산이다. 나라의 재산을 내 개인이 어찌 팔아먹을 수가 있느냐?"고 반문했더니 그때 오구라는 "지금 나라가 어디에 있느냐?"고 하였다고 한다.[114] 이는 그가 한국 문화재 수집에 대한 집념이 얼마나 강했는지를 보여주는 단면이라 할 수 있다.

　　오구라는 한국에서 수집한 수많은 문화재와 함께 부산에서 기범선을 빌려 타고 도망갔다. 오구라의 회사에 근무하던 조용하라는 사람의 회고에 의하면, 조용하는 보통

---

110) 『자유신문』 1945년 11월 20일자.
111) 『동아일보』 1946년 2월 4일자.
112) 전 연전교수 백남석은 10일 군정재판에 의하여 일본인 밀항 화물 밀수출 원조 죄로 10만원 벌금과 집행유예 2년을 언도받았다(『동아일보』 1945년 12월 11일자).
113) 『조선일보』 1946년 02월 11일자.
114) 崔淳雨, 『崔淳雨全集 5』, 學古齋, 1992.

학교를 졸업하고 오구라의 전기회사에 취직을 했다고 한다. 해방 전에도 오구라의 사택에 자주 불려가 유물의 포장과 지하실 정리 등을 했다. 해방 후에는 해방이 되던 날부터 오구라의 집으로 불려가서 문화재를 하나하나 포장하는 일에 종사했다. 그가 포장한 문화재는 트럭 7대 분량이었다고 한다. 이를 부산으로 운반했는데 조용하는 부산에까지 따라가서 문화재를 기범선에 실어주고 오구라와 이별한 뒤 대구로 돌아왔다고 한다.[115] 오구라는 40여 년간 한국에서 살면서 일본인으로는 가장 많은 한국 문화재를 수집하여 그 대부분을 해방 후 혼란기를 틈타 일본으로 반출한 것이다.

수산계의 거물 부산의 가시이 겐타로(香椎源太郞)는 자신이 가지고 있던 거제도를 비롯한 남해안 일대의 여러 어장에서 20여 척의 선박을 동원하여 그가 수집한 많은 골동품과 재물을 반출하였다.[116] 그리고도 남은 상당수는 미군정에 의해 압수당하여 경주박물관으로 갔다고 하는데 밝혀진 목록은 알 수 없다. 가시이 자신은 부산일본인세화회 회장을 맡아 일본인의 철수를 도왔기 때문에, 그가 일본으로 떠난 것은 송환 막바지에 이르렀을 때다.

해방 후 혼란기를 이용하여 한국 문화재를 반출한 자로는 부여 공주를 대표하는 고고유물 수장가 가루베 지온(輕部慈恩)을 들 수가 있다. 그는 한국에서 수집한 모든 유물들을 싸가지고 일본으로 돌아간 대표적인 자이다.

대구에서 오구라 다음가는 수장가로는 금속 및 자기류의 대수장가 대구의 병원장 이치다 지로(市田次郞)이다. 그의 저택에는 별도로 진열실을 만들어 각종 도자기, 불상, 신라 가야 무덤에서 나온 도굴품들을 진열해 둘 정도로 많은 고미술품을 수집하였다.[117]

---

115) 李慶熙,「오쿠라(小倉)컬렉션의 行方」,『(월간)조선』27권 5호, 2006년 6월.
116) 부산시사편찬위원회,『부산시사(상권)』, 1974, p. 1117.
117) 1939년에 小山富士夫가 이치다의 저택을 방문했을 때 그의 비대한 수집품들을 보고 "특히 고려청자류는 뛰어난 優品으로 그 중에 透刻唐草化粧函入, 黑白象嵌葡萄唐草紋胡蘆瓶, 犼水注, 鴛鴦香爐, 공민왕릉 출토의 靑磁印 등은 만나기 힘든 절품"이라고 하고 있다. 그 외에도 高麗靑磁博山爐, 翡翠釉片口, 鐵砂釉菊花形大盒子 등을 소개하고 있다. 市田의 도굴품을 모아둔 별실을 돌아보고

이치다 지로(市田次郎)가 가져간
백제관음보살상

그 중 금동관음보살상 1구[118]는 해방 직후 몸에 지니고 갔다. 하지만 이것이 현재 어디에 소장되어 있는지 그 소장처가 불명이다. 또 하나의 의문은 이치다가 자기만 해도

는 "신라흑유색토기, 軟火綠釉器, 와당, 전 등은 만나기 힘든 일품"이라고 하고, 신라, 가야 능묘에서 출토된 금석류 특히 순금제보관, 보관식구, 팔찌, 귀걸이, 허리띠 등의 찬란한 모습은 눈이 아찔할 정도였다고 한다. 기타 환두태도, 검두, 곡옥, 관옥, 검 등이 있었으며, 최후로 본 것은 '금동관세음보살상'으로 조선 3불상 중의 하나로 정평이 나 있는 것이라고 하고 있다. 小山은 市田이 이같이 많은 것을 수집할 수 있었던 것은 "탁월한 식견과 부유한 재력을 가지고 오래 동안 수집하고 好適의 지역에 거주하였기에 가능"하다고 하고 있다(小山富士夫,「朝鮮の旅」,『陶磁』11-2, 東洋陶磁研究會, 1939年 7月, pp. 35~36).

118) 關野貞은 이 불상을 보고 "고는 8촌 8분으로 현재까지 발견된 백제 조각 중 최대·최우수한 것"이라고 극찬하였다(關野貞,『朝鮮の建築と藝術』, 岩波書店, p. 504).

4장_ 상인 및 수집가들에 의한 반출   465

400여 점을 수장하였다고 하는데[119] 어떤 경로로 산일되었는지 아니면 일본으로 반출되었는지가 확실치 않다. 이치다의 소장으로 되어 있던 도자기류는 해방 이후 국내에서 알려진 것이 거의 없다. 해방 후 미군들에 의해 압수된 골동품 중 이치다 구장의 골동품을 경주박물관에 접수하였다는 이야기는 있지만, 아직 구체적으로 공개된 것이 없다.

2) 해방 후 문화재 접수 현황

1945년 9월에 하지 중장이 이끄는 미군이 서울에서 일제의 항복을 받고, 철수하는 일본인들이 가지고 갈 수 있는 물품의 양을 군령으로 제한했다. 1945년 10월에는 군정청에서 1945년 8월 9일까지 소급하여 9일 현재 일본인들의 재산 동결을 발표하여 일체 재산의 매매권리의 위양 등을 금지한다는 것을 포고하였다. 또 그들이 철거할 때에는 현금의 소지를 1,000원으로 한정하고 그 이상은 절대 불허하며 다른 동산을 가지고 있는 것도 불허하였다. 또 그들이 철수하기까지 임시로 재주하는 동안에는 1개월의 생활비를 500원으로 국한하여 그 이상의 지출 수납은 일체 불허하게 했다.[120] 1945년 11월에는 미군정청이 재산관리과에 지시하여 일본인의 귀중한 서류, 예술품 등을 재산관리과에서 접수하여 재산관리과의 이름으로 조선은행에 보관하도록 했다.[121] 그리고 1945년 12월 31일에는 일반 고시 제7호로 문화적 물품을 반환하고 일체 일본으로 가져가는 것을 불허하였다.[122] 사태가 이렇게 되자 머뭇거리며 빨리 떠나지 못한 일본인들은 그동안 취미삼아 또는 직업상 수집하였던 골동들을 가져갈 수 없었다. 그래서 안면이 있는 한국인 수집가들에게 헐값으로 팔아넘기거나, 다급한 나머지 집 앞에 골동 등 귀

---

119) 박현종, 『조선공예사』, 조선미술출판사, 1991, p. 36.
120) 『매일신보』 1945년 10월 6일자.
121) 『서울신문』 1945년 11월 23일자.
122) 『조선일보』 1946년 1월 8일자.

중품을 쌓아놓고 급매 처분하기도 하였다.¹²³⁾ 일본인들이 철수하면서 두고 간 물건들이 쏟아져 나오자 골동을 취급하는 상점이 갑자기 불어나기도 했다.¹²⁴⁾

한편 박물관에서는 미군의 협조로 일본인이 가지고 있던 유물을 적산문화재로 국가에 귀속시켰다. 몰래 보따리 속에 숨겨간 것도 있었겠지만 대부분은 급매처분을 하거나 버려두고 갈 수밖에 없었다. 해방 후 군정청을 통하여 일인 소지의 도서, 회화, 도자기 등을 접수했다. 철수를 미루다가 두고 간 자들의 문화재 접수 현황은 대략 다음과 같다.

---

123) 1945년 9월 23일자 『조선인민보』(경기도사편찬위원회, 『경기도사 자료집(1)』, 2004, p. 23.)에는 다음과 같은 기사가 있다.
(인천지국 발) 항도 인천에는 때 아닌 일인 만물상이 제멋대로 속출하고 있다. 갖은 비열한 수단을 다 써서 우리의 피와 땀을 짜내던 그네들은 쫓겨 가는 바에는 한 푼이라도 많이 가져가려고 그 본성인 야욕을 발휘하여 인형, 불상, 화병, 각종 기기묘묘한 골동품, 가재도구 등을 각기 현관방에다 진열하여 두고 미군 손님 오기를 기다려 접대에는 진한 화장을 한 젊은 며느리 또는 딸들이 애교를 떨며 미 군인이 물가 사정을 모르는 것을 기화로 엄청난 고가로 팔고 있다. 그들의 개점은 전 상공회의소 회두 모의 저택을 위시하여 뒷골목 거주 일인까지 가지각색의 진품을 진열하고 있다.

124) 森田芳夫에 의하면(『朝鮮終戰の記錄』, 巖南堂書店, 1979, p. 121), 물량이 대량으로 쏟아지자 일확천금을 노린 한국인들의 골동 매매는 해방 전에 비해 10배나 급등하였다고 한다.
이영섭의 「내가 걸어온 고미술계 30년」(『월간 문화재』, 1973년 5월.)에 의하면, 서울만 하여도, 장봉문(명동), 김동승(남대문로 3가), 홍기대(충무로2가), 고정식(소공동), 노제현(퇴계로), 엄창익(소공동), 윤장엽(퇴계로), 홍익표(인사동), 정원진(신세계 4층), 정성진(명동), 조영하(퇴계로) 등이 새로 생겼다고 한다. 이 상점들은 당시 시중을 범람하던 일본인들이 남기고 간 물건들을 대부분 취급하였다.
『藝術通信』1946년 11월 12일자에 의하면, 골동상점뿐만 아니라 고서적상까지 갑자기 불어났다. 해방 전 서울에는 고서점이 약 70개 처에 불과했는데, 1년이 경과한 1946년 11월에는 200여 개소로 급증하였다고 한다. 이곳에서 서화 등을 취급하기도 했다.

문화재 접수 현황[125]

소장자 및 소장처		내용
天池茂太郞	명동의 일본인 거상	장봉문이 점포를 인계받음
九霞山房	충무로	홍기대가 점포를 인계받음
內藤定一郞	충무로 입구의 대판옥호서점	해방 전에 대부분 처분, 한국 골동을 아끼던 나이토도 일본으로 귀국하면서 중요한 일부는 가져갔을 것으로 짐작되나 아직 밝혀진 것이 없다.
伊藤愼雄	동양제계주식회사 사장	해방 전에 상당수 처분하고 떠남, 그는 상당수를 매도하거나 맡기기도 했으나 녹유인화문골호(국보 제125호)[126], 금동관[127] 등을 비롯한 상당수는 귀국하면서 가져간 것으로 보인다.
鈴茂	인천의 정미소 운영	상당수를 장석구에게 매도
赤星	성환목장을 운영	상당수를 장석구에게 매도
宮崎保一	호남에서 제일가는 수장가, 전남 옥구군에서 미야자키농장을 운영	이희섭 등에게 급매 처분
淸水幸次	철도회사 근무	그의 수장품은 극히 우수한 진품들로 일찍부터 이름이 높아 『조선고적도보』제15책에도 여러 점이 올라 있다.[128] 다행히 해방 후 이것들을 반출할 수 없게 되자 조선백자철화포도문호(국보 제107호) 등을 비롯한 모든 것을 두고 갔기 때문에 모두 국내에 남은 것으로 추정된다.
三由	원산에서 어장 운영	1급 도자기를 많이 가지고 있었다. 해방 후에 북에서는 쉽게 빠져 나갈 수 없었기 때문에 많은 명품들이 국내에 흩어졌다. 이이야마 타츠오(飯山達雄)의 『고려 이조의 도자 문구』(1983)에 도판 제39, 40으로 실려 있는 청화백자철채투각포도문필통과 청화백자양각호문대필통을[129] 비롯한 일제기부터 상당히 이름이 있던 상당수가 다행히 국내의 수장가들에게 넘어왔다.[130]
柏井源太郞	부산에서 수산업	도자기류나 금속류 등은 미리 일본으로 반출했는지 알려진 것이 없고 서화류만 알려져 있다. 이영섭은 1947년 겨울 미국인 친구 그린 씨의 소개로 부산관재청장으로 있던 그레마를 만나 1천여 폭의 서화를 50만원에 샀다고 하는데 대부분은 중국 서화와 일본 서화였다고 한다. 그 중에는 중국 송대 대가들의 서화도 상당수 있었다고 한다.[131]
加藤權覺		한국에 남음
德光美福	경성대학 교수	박병래는 "해방이 되자 도쿠미츠(德光)도 그가 소장한 많은 서화 골동품을 일본으로 반출할 수 없음을 알고 헐값으로 일반 수장가들에게 넘기려 했으나 마땅히 나서는 사람이 없어 이리저리 흩어졌다"고 하는데 그 소재가 명확하지 않다.
篠崎	경성대의학부 내과교수	그 중에는 현재 국보 제293호로 부여박물관에 소장 진열되어 있는 관음보살입상도 있었다. 그 관음상을 강제 접수하였다.

소장자 및 소장처		내용
小杉虎一	경성대 교수	연적에 비상한 관심을 가지고 그 수집이 600여 개에 달했는데, 해방 후 이 물건은 모두 국내에 흩어진 것으로 알려졌다.
市田次郎		대구시에 헌납하지 않고, 몰래 부산을 통해서 밀반출하려다 부산의 박 모에게 걸려 국제시장에 나왔는데 부산의 백양사라는 골동상을 하는 박종호가 그 보따리를 몽땅 샀다. 일부는 미군에 의해 압수되었다. 백제관음보살상을 비롯한 일부는 반출한 것으로 추정된다.
小倉武之助		오구라는 대부분 반출했으나 일부는 마루 밑과 천장위에 숨겨 두었다. 또 다른 일부는 그의 심복이던 침산동에 과수원을 가지고 있던 최창섭에게 약 200여 점을 맡겼는데 "10년 후 다시 올 테니 잘 보관해 두라" 하고 떠났다고 한다.[132] 1964년 5월 27일에는 오구라가 마루 밑에 은닉해 두었던 유물이 발견되었는데, 대구시내 육군 제 8052부대 부대장실 마루 밑에서 전기시설 보수공사 중 전기기사에 의해서 다수의 고고학 자료와 미술품이 발견되어 문화재관리국에 신고 되었다. 이 건물은 바로 일제 때 오구라의 저택으로 해방 후 일본으로 철수 할 때 은닉하여 둔 것이었다. 1964년 6월 19일 경주박물관에서 감식 인수하였다.[133]
鳥山喜一		유물 접수
淺川伯敎	해방 전 조선총독부박물관 촉탁과 민속박물관장을 역임	도자기편 2,011점 아사카와 노리타카(淺川伯敎)는 조선백자에 특히 조예가 깊었다. 기회만 있으면 전국 각지의 요지를 탐색하고 도자파편을 수집 연구하였다. 이에 대한 연구서로도 『부산요와 대주요』(1930), 『조선도자의 감상』(1935) 등을 저술하였다. 그가 수집하였던 수천 점의 도자파편 자료는 박물관에 기증하였다.
小林三郎		1945년 9월 27일에는 일본인 고바야시(小林三郎)로부터 금동관음보살상(충북 부강의 사찰에 있던 것)을 자진 납부받아 부여박물관에 보관했다.
橫山將三郞	경성대 교수	1945년 10월 22일에는 요코야마 쇼자부로(橫山將三郞) 교수가 20년간 수집한 석기시대 유물과 고고학 관련 사진, 기록 등을 일괄하여 기증하겠다고 스스로 찾아와 23일 아침에 아리미츠가 운전병과 함께 한 트럭분을 접수했다.
森啓助	골동상	1946년 3월 『조선고적도보』14권에 게재된 모리 케이스케(森啓助)의 구장품 맹호도를 박물관에서 접수했다.
미군 PX		1946년 3월 22일. K 대위와 송석하가 미군 PX에서 청자병, 조선백자 십 수점을 박물관으로 옮겼다.[134]
鮎貝房之進		고서적 잡지류 1,068점을 1945년 12월 27일에 군정청을 통하여 중앙박물관에서 접수했다.
부평 구조병창		대형 청동화로 4점을 1946년 3월 21일 군정청을 통하여 중앙박물관에서 접수했다.
黑田幹一		청동기 등 약간 점, 1946년 4월 19일 군정청을 통하여 중앙박물관에서 접수

소장자 및 소장처		내용
高木貞一		도자기 등 12점, 1946년 4월 19일 군정청을 통하여 중앙박물관에서 접수
대전도청 적산관리과		도자기(고려, 조선, 중국) 990점, 1946년 5월 28일 군정청을 통하여 중앙박물관에서 접수
鳥谷八十吉	군산	일본서화 195점, 도자기 및 철기 133점, 1946년 7월 25일 군정청을 통하여 중앙박물관에서 접수
전주 중요물자영단		도자기 107점, 1946년 11월 14일 군정청을 통하여 중앙박물관에서 접수
香椎源太郎	부산	도자기, 금속품, 서화 등 1,628점(경주분관)
小倉武之助	대구	도자기, 금속품, 서화 등 670점(경주분관)
市田次郎	대구	토기, 옥석류, 도자기 등 325점(경주분관)
일인 소지품		고려, 조선시대 유물 20점, 1945년 12월 10일 공주박물관에서 접수
공주인민위원회		미술품 47점, 1945년 12월 30일 1945년 12월 10일 공주박물관에서 접수
공주군정관리위원회		미술품 35점, 1945년 12월 30일 1945년 12월 10일 공주박물관에서 접수
부평군기창고		1946년 3월에 인천박물관장 이경성은 부평군기창고에 일부 유물이 있을 것으로 추측하여 수색에 나섰다. 고철더미 속에는 중국철제 범종 3점, 청동정 2점, 수형대포 1점, 관음좌상 1점을 찾아내어 인천박물관으로 옮겼다.[135]

125) 參考: 李慶熙, 「오쿠라(小倉)컬렉션의 行方」, 『(월간)조선』27권 5호, 2006년 6월; 李慶成, 「仁川市立博物館 創設事情」, 박물관뉴스(1971. 7. 1); 李慶成, 「仁川博物館藏 觀音像」, 『고고미술』1-2; 慶州博物館, 『4283년 次降 疏開遺物目錄綴』; 李英燮, 「내가 걸어온 古美術界 30年」, 『月刊文化財』, 1973년 1월; 李英燮, 「내가 걸어온 古美術界 30年」, 『月刊文化財』, 1973년 4월; 李英燮, 「내가 걸어온 古美術界 30年」, 『月刊文化財』, 1973년 9월; 森田芳夫, 『朝鮮終戰の記錄』, 巖南堂書店, 1964. 有光敎一, 『朝鮮考古學75年』, 昭和堂, 2007; 有光敎一, 「私の朝鮮考古學」, 강재언, 이진희 편, 『朝鮮學事め』, 청구문화사, 1997; 황규동, 「해방 후의 골동서화계」, 『월간문화재』, 1971년 12월호; 中央博物館, 『館報』제1호, 1947년 2월.

126) 이 골호는 원래 경주지역에서 출토된 것이라고 전해지고 있다. 해방 직전에 이토가 일본으로 반출하였다. 그 후 얼마 지나지 않아 고미술상의 손에 들어갔다가 동경국립박물관에 팔려 소장되었다. 그래서 1955년에 간행한 『세계도자전집』제13권을 보면, 도판5번으로 '동경국립박물관 소장'으로 나타나 있다. 그 후 1965년 한일협정에 의해 반환문화재로 1966년에 한국에 돌아와 현재 국립중앙박물관에 진열되어 있다.

127) 1967년에 梅原末治에 의해 공개되었다. 梅原이「두개의 금동관」이란 제하로『고고미술』제8권 2호 (1967년 2월)에 소개한 내용에, "종전 전 경성에 재주하여 반도문물에 깊은 관심을 갖고 있던 古 伊藤愼雄씨의 당시 수집품의 하나로 거의 출토 그대로 靑綠銹가 덮여 있는 완호품이다."라 하고 있다. 梅原는 "종전 전의 출토품임에 불구하고 아직 세상에 알려지지 않은 것들이다"하며 사진은 소개하고 있으나 소장처는 밝히지 않고 있어 어느 개인 수장가에 의해 비장되어 있는 것으로 짐작된다.
128) 『朝鮮古蹟圖譜』제15책에는 다음과 같은 것이 실려 있다.
象嵌唐草紋把手附杯(도판6130), 象嵌三島硯(도판6137), 三島手文字入盌(3점 도판 6177, 6181, 6205), 繪三島甁(도판6241), 繪三島把手附鉢(도판6257), 靑畵白磁山水紋皿(도판 6526), 靑畵白磁草花紋片口(도판6553), 靑畵白磁牧丹紋植木鉢(도판 6559)
129) 청화백자투각철사포도문필통은 청진에서 골동상을 하던 최창환이 미요시로부터 입수하여 남하하면서 가져왔고, 청화백자양각호문대필통은 골동상 김학선이 당시 허술한 38선을 넘어가 미요시에게서 빼내온 것이다. 해방 후 최창환과 김학선이 뺏다시피 해서 접수해 왔다고 하는데 당시 미요시는 "나를 죽이고 가져가라!"고까지 하였다고 한다.
130) 이영섭에 의하면, 우리나라에서 일급 간다고 평가되던 조선고청추초문입호, 도들문고청8각병, 청자 2호투주각4각병, 진사호연적, 양각대연적, 청화연잎표형병 등은 너무나 유명한 것인데, 땅에 묻고 갔는지 현재까지 우리나라에도 일본에서도 발표된 적이 없다고 한다.
131) 이영섭,「내가 걸어온 고미술계 30년」,『월간 문화재』통권 17호, 1973년 1월.
132) 오구라가 맡긴 물건들을 최는 그의 과수원에 묻어두었다가 1949년부터 처분했다. 충무로 근처의 일본인 골동상회 구하산방을 물려받은 홍기대의 상점에 오구라의 구장품이 나타났다. 이 때 최창섭으로부터 홍기대가 인수한 오구라의 구장품은 신라시대 금동 불상 7점, 고려자기 등 자기류 수십 점, 각종 고려 다완 70여 점, 귀면와, 토기류 수십 점, 각종 서화류 수십 점, 인장 다수 등 상당한 양이었다.
133) 전기공사를 하다 발견된 문화재는 경주박물관에 인계되었으나 공사 중 최초로 이들 문화재를 발견하여 신고한 백 모 전기기사는 마루 밑에 감춰졌던 문화재 총 수가 5백여 점이나 되는 것으로 보였다고 주장하여 석연치 않은 뒷소문을 남겼다(『동아일보』1964년 6월 17일자, 6월 20일자).
인수된 遺物目錄(韓國美術史學會,「考古美術 뉴스」,『考古美術 第47號』, 1964년 6월)에 의하면,

삼국시대 고와	6점	신라시대 와전	46점
고려시대 와전	4점	조선시대 와전	3점
신라시대 토기	5점	고려시대 도기	3점
조선시대 도자기	48점	고려시대 청동기	3점
락랑시대 와당	1점	중국 도자기	2점
일본 도자기	23점		
(이상 계	142점)		

134) 森田芳夫,『朝鮮終戰の記錄』巖南堂書店, 1964, p. 404.
有光敎一,『朝鮮考古學75年』, 昭和堂, 2007.
135) 李慶成,「仁川博物館藏 觀音像」,『고고미술』1-2.

서울에서 철수하는 일본인들의 보따리는 미군들에 의해 검색되었다. 당시 철수하는 일본인들은 가져갈 수 있는 양은 한정되어 있었는데도 불구하고 하나라도 더 가져가기 위해 애를 썼다. 일본인 자체단체인 '세화인회'에서는 그들의 보따리를 일본으로 발송하는 임무를 맡아 서울역에서 부산으로 매일 수천 개씩 발송했다. 그러나 이 화물은 대전에서 미군들이 모두 압수하여 서울로 반송하여 조선운송주식회사나 미곡창고 등에 입고했다. 압수한 화물 중에서 미술품은 분리하여 대전적산관리과에 보관하였다가 1946년 5월에 박물관에 인계되었다.

원칙적으로 미술품들은 모두 국유물이지만, 이런 중에도 미군들을 통하여 민간에게 불하해서는 안 되는 고미술품들이 상당수 민간인들의 손에 넘어가기도 했다. 특히 당시 미군부대와 관계하였던 몇 사람은 미군부대로부터 불하받은 한국 골동품이 적지 않았다고 한다. 미군부대 청부업을 하던 이영섭도 적지 않은 미술품을 불하받았는데, "그 당시 관재청 처분국장으로 있던 그린 씨의 소개로 관재청에서 관리하고 있던 전 일본인 소유였던 서화 1천 수백 폭을 불하받아 화차에 실어 서울로 운반해 왔다. 부산에는 부유한 일본인들이 많이 살고 있었는데 그들이 소유하고 있다가 철수할 때 남겨둔 물건들이었던 것으로 풀이된다"[136]고 한다. 이같이 당연히 국가에 귀속되어야 할 문화재가 개인에게 넘어가거나 다시 외국으로 반출된 사례도 적지 않다.[137]

대구에 있던 대수장가들과 골동상들은 미군정 명령으로 재산 반출이 불가능하다는 것을 알고 1946년 1월까지 자기 수집품 헌납 목록과 함께 대구부윤 앞으로 기증하였다. 이것은 오구라 다케노스케의 창고에 보관하였는데 무려 2천 점이 훨씬 넘었다고 한다.[138] 그런데 이들은 자신이 소장하고 있던 미술품들을 모두 대구시에 내놓은 것이

---

136) 李英燮, 「내가 걸어온 고미술계 30년」, 『月刊文化財』, 1976년 10월, p. 26.
137) 정규홍, 『위기의 문화재』, 학연문화사, 2010.
138) 대구시에서는 떠나는 일본인들로부터 2천 점이 훨씬 넘는 미술품을 접수하여 대구시립박물관을 설립하였으나 설립 후 관리 부실로 많은 것을 도난당하고 결국 문을 닫고 말았다. 나머지 미술품은 나중에 경북대로 넘어갔다(정규홍, 『유랑의 문화재』, 2009).

아니었다. 중요한 것은 대부분 귀국시 반출하고 나머지 일부를 내놓은 것이다. 반출하던 중 일부는 철수 직전에 미군에 의해 접수되기도 했다. 아리미츠 교이치(有光敎一)에 의하면, 1945년 12월 28일에는 경부분관 최순봉이 김재원 관장 앞으로 서한을 보내왔는데 12월 17, 8일경 K대위가 부산의 가시이 겐타로, 대구의 이치다 지로, 오구라 다케노스케 등의 소장품 신라소, 불상, 회화 등 1천여 점을 뽑아 경주분관으로 옮겨 보관 중이라고 했다.[139] 1945년 12월 당시 미국인 교화과장 크네비치 대위의 주선으로 관원을 총동원하여 목록을 작성해 경주분관에 격납하였다. 경부박물관으로 옮긴 것은 이들로부터 접수한 서화, 도자기, 금속품 등 총계 2,623점이었다.[140] 이것은 반출 직전에 접수 처리된 것으로 보인다. 시라카미의 경우에는 대구시에 기증한 것과는 별도로 상당수의 유물을 부산을 통해 몰래 가져가려다 적발되어 부산사무처에 보관했다가 경주박물관에서 접수한 것도 있다.[141] 이 중 일부는 나중에 대구시립박물관이 탄생하자 대구시립박물관에 대여해 주었다가 1953년 10월에 돌려받은 것으로 나타나 있다.[142]

대구 재주 일본인 수집가의 문화재 접수는 타 지역에 비해서 월등했다. 당시 헌

---

139) 有光敎一,「私の朝鮮考古學」, 강재언, 이진희 편,『朝鮮學事め』, 청구문화사, 1997.
140) 中央博物館,『館報』제1호, 1947년 2월.
141) 1953년 10월에 국립중앙박물관장이 경주 분관장에게 보낸 '대여 진열품 검수에 관한 건'(慶州博物館,『4283년 次降 疏開遺物目錄綴』)은 다음과 같다.
    국박 제211호
        단기 4286년 10월 28일
            국립박물관장   김재원
    경주분관장 귀하
    대여 진열품 검수(檢收)에 관한 건
    대구시립박물관에 대여 중이던 별지 목록 진열품은 현재 본관 부산사무처에 반환차 반입되어 있는 바 귀직(貴職)으로 하여금 이를 검수케 하겠사옵기 대구시장과 연락하야 이를 검수하신 후 상황을 보고 하심과 귀 분관에 임시 보관하심을 요망하나이다.
    추신: 귀 분관에 이를 보관 중 그 일부를 진열용으로 사용하심도 무방하오며 차후 본관의 필요에 따라서 서울 본관에 반송토록 하심을 요망하나이다.
142) 慶州博物館,『4283년 次降 疏開遺物目錄綴』, 간행연대 미상.

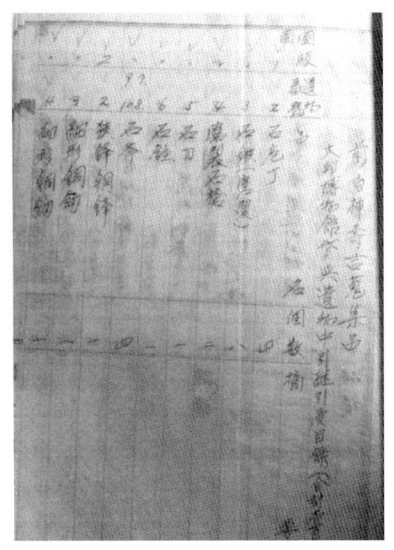

傳 白神壽吉 수집품 경주박물관에서 대구박물관에 대여한 인계인수목록

납자의 물품대장을 분실하여 알 길이 없지만 대략 알려진 자로는 대략 40여 명이라고 한다.[143] 이 숫자도 대구에 재주한 일본인 수장가들의 소장품에 비해서는 약소한 것이다. 대구를 제외한 다른 지역에서는 문화재 접수가 아주 미미했다.

그렇다면 해방 직전의 재한 일본인 고미술품 수집가는 과연 얼마나 되었을까? 일본인 수집가들은 서울, 부산, 대구, 평양, 군산, 인천, 부여, 공주, 그 외 각지에 흩어져 있었다. 해방 전 대구에는 수장가들이 대구여자보통학교장 시라카미의 회갑기념으로 대구고미술전을 개최했을 때 그 출품자의 명단만 일본인의 수가 46명이었으니[144] 그 수는 참가하지 않은 수까지 합하면 60명이 훨씬 넘을 것이다. 대구와 비슷한 수집가들이 몰려 있던 곳으로는 평양과 부산이 있고, 서울에는 대구의 6~7배 이상이 있었다. 이는 당시 골동상점의 분포나 이름난 수장가들의 비례만으로도 추정이 가능하다. 해방 직전 전국의 일본인 수장가는 적게 잡아도 5~6백 명은 넘을 것이다. 여기에 비하면 접수한 문화재는 너무 미미하다. 뿐만 아니라 질적으로도 해방 직전 일본인들이 가지고 있던 우수한 문화재들은 거의 접

---

143) 이영섭에 의하면, 小倉, 杉原, 白神, 高樹亨, 酒卷菊之亟, 木村, 土肥請五郎, 柴田友次郎, 森西平三郎, 勝丸芳太郎, 岡本小三郎, 川崎文次, 奧治助, 杉原正坦, 新田登, 堀越友次郎, 竹中定夫, 守田敏郎, 桑原金太郎, 加茂儀作 등 40여 명이 대구시에 헌납을 하였다(이영섭,「내가 걸어온 고미술계 30년」,『월간 문화재』통권 17호, 1973년 4월).

144) 이영섭,「내가 걸어온 고미술계 30년」,『월간 문화재』통권 17호, 1973년 4월.

수하지 못했다.

김재원의 『경복궁 야화』에는 당시 미술품 접수와 관련된 사진이 하나 실려 있다. 경복궁 자경전 앞 뜰 바닥에 일본인들로부터 접수한 유물 앞에서 찍은 김재원 관장의 사진이다. 자경전 계단 맨바닥에 도자기들을 늘어놓고 그 앞에서 박물관 직원이 정리하고 있는 모습이다. 하지만 "미군정청을 통하여 일본인 소지의 도서, 회화, 도자기 등의 미술품을 접수한 것이 수량은 막대하나 일품이 적은 것이 유감이다"라 하고 있다.

그렇다면 왜 이런 결과가 나왔는가? 미군이 주둔하여 문화재를 접수하기 전에 전재산을 챙겨 재빨리 빠져나갔거나, 문화재 접수가 시작된 후에도 많은 자들이 밀항하여 귀중 문화재를 가져갔기 때문이다. 이들이 해방 당시 소장하였던 한국 고미술품들 중 얼마나 많은 것을 가지고 갔는지는 밝혀진 것이 미미하여 가늠하기가 불가능하다.

한국 경제의 80% 이상을 차지하고 있던 일본인들은 이러한 부를 바탕으로 미술품에 있어서도 그 대부분을 점유하였다. 그들은 이 방면에 다소의 안목을 가지고 개인 수장을 하는 것은 물론이거니와 전국 각지에 산재한 골동상점에서 무덤에서 도굴한 도자기나 석탑 등에서 도굴한 불상, 장신구, 고서화 등을 팔아 생업을 이었다. 해방이 되면서 이것은 모두 귀속재산에 포함되었다. 귀속재산이라는 것은 일제 40년간 우리 민족의 희생으로 조성한 일본정부 기관 및 일인에 소속한 한국 및 한국인의 일체의 재산을 의미하는 것이다. 따라서 해방 직후 반출한 모든 문화재는 불법인 것이다.

5장
도쿄국립박물관에 반출된 한국 문화재

1. 박물관 연혁

도쿄 우에노공원에 위치한 도쿄국립박물관은 1871년 7월 18일에 문부성을 설치하고 문부성관제를 정하여 그해 9월 문부성에 박물국을 설치하면서 시작되었다. 이어 1872년 10월 1일 문부성 박물국에 의한 박람회가 개최되어 이를 계기로 박물관이 창립되었다. 박물국(博物局)은 박물관과 함께 처음 생겨나게 되었다. 즉 이것이 박물관의 시초라 할 수 있다. 당시만 해도 명칭은 박물관 또는 박물국이라 불렀다. 국(局)은 사무관장상 사용한 것이고, 관(館)은 진열관의 호칭으로 사용한 것으로 보인다.[1]

1881년에는 농상무성을 설치하고, 내무성의 근업료 및 박물관 기타 사무를 농상무성에서 주관했다. 박물관은 1882년 3월에 신박물관을 우에노공원에 개관하여 일반에게 공개하고 농상무성 관리하에 두었다. 1886년 3월에 이르러 박물관은 궁내성 소관으로 옮겨지고 궁내성 도서료에 부속케 했다. 1888년에는 임시전국보물국과 협력하여 전국의 사사보물을 조사하기 시작했다. 농상무성에서 궁내성으로 이관한 후 1889년 5

---

1) 帝室博物館,『帝室博物館略史』, 1938.

월 16일에 궁내성도서료부속박물관을 폐하고 궁내성의 일부국로 제국박물관으로 개칭하고, 구키 다가이치(九貴隆一)가 총장에 취임했다.[2]

1900년 6월 26일에는 관제를 개정하고, 종래의 명칭을 고쳐 제실박물관으로 했다. 제실박물관의 관리는 도쿄, 교토, 나라의 각 박물관과 우에노공원 및 동물원 등을 아울렀다.

1900년 5월 10일 황태자(東宮: 大正)성혼대전을 거행하자, 도쿄시민들이 축의의 뜻으로 미술관을 건설하여 헌납하기 위해 동궁어경사봉축회를 조직했다. 이는 나중에 전국으로 확산되었으며, 건물은 제실박물관 구내에 설치하고 1900년 8월 5일 기공식을 했다. 신축건물은 1908년 9월 29일 준공을 거쳐 10월 10일 헌납했다. 1908년 11월 3일 헌납미술관을 표경관(表慶館)이라 이름하고 제실박물관에 속하게 했다.[3] 1923년 9월 1일 대지진의 타격으로 표경관을 제외한 제1호관, 제2호관, 제3호관 등 진열관 및 창고 등이 파괴되어 피해를 입게 되자 박물관을 일시 폐쇄하고 제실박물관 열품부 중 천산부열품은 문부성에 양도하게 된다.

1924년부터는 제1호관~제3호관에 있던 유물을 모두 표경관으로 옮겨 진열하였으며 1938년까지 표경관을 위주로 진열하였다. 1928년부터는 파괴된 박물관 건물의 신축에 들어간다. 1930년 5년 11월에 지진제에 이어 1935년 4월에 제실박물관복흥건축의 상량식이 이루어졌다. 박물관 신축에는 한국 측에 5만원이 분담되었다.[4] 1937년 11월 10일에 준공되어 1938년에는 현재의 본관이 건설 개관되었다. 신축한 본관을 개관함에 따라 역사과, 미술과가 폐지되고 기능별 조직으로 개편되었다. 이에 따라 열품 구분을 바꾸어 열품번호를 부여했다. 작품 분야별 조직은 1950년 문화재보호위원회 산하 자료

---

2) 大森金五郞,「文獻の喪失 文化の破壞」,『中央史壇』제9권3호, 1924년 9월.
　飯島勇,「第二次大戰以前の館における美術品の收集について」,『MUSEUM』262, 1973년 1월.
3) 帝室博物館.『帝室博物館略史』, 1938년. pp. 118~119.
　「年表=동경국립박물관진열품수집의 걸음」,『MUSEUM』262호, 1973년 1월.
4)『釜山日報』1933년 6월 6일자.

과, 미술과, 공예과, 고고과를 두었다.[5]

1947년에는 궁내성으로부터 문부성으로 이관되어 국립박물관으로 개칭하였다. 다시 1952년에는 도쿄국립박물관으로 개칭하여 오늘에 이르고 있다.

2004년을 기준으로, 한국 미술품은 공예품과 고고자료가 약 4천여 건에 달한다.[6]

2. 진열품 관리

1877년부터 1882경에는 사전부(史傳部), 예술부(미술 및 미술공예) 및 공예부(공예)3부를 두어 관리하였다.

1886년 3월 25일에 박물관이 궁내성 관리로 넘어가게 되자 제국박물관은 입안 당초 역사, 미술, 미술공예 및 공예의 4부를 기본으로 했다. 내용은 고전적, 고고, 풍속, 회화, 조각, 건축, 도자, 금공, 칠기, 직물, 인쇄 기계 등을 망라했다. 역사부에서는 일본의 문화 진보를 대표하는 각 시대의 유물과 일본에 영향을 미친 조선, 중국 등의 물품을 수집 진열했다. 미술부, 미술공예부에서도 역시 일본미술품 및 중국, 조선 공예품을 수집 진열하고 점차 서양의 물품까지 수집하여 진열하였다. 1890년 당시 박물관 소유 열품은 역사부, 미술부, 미술공예부, 천산부(天産部)를 합쳐 3만 1천 7백 72점, 타로부터 기탁품 1천 5백 60점, 합계 3만 3천 2백 80점이었다.[7]

---

[5] 「東京國立博物館所藏朝鮮産土器・綠釉陶器の收集經緯」, 東京國立博物館, 『東京國立博物館圖版目錄』朝鮮陶磁篇(土器,綠釉陶器), 2004. p. 172.
[6] 東京國立博物館, 『東京國立博物館圖版目錄』朝鮮陶磁篇(土器,綠釉陶器), 2004.
[7] 帝室博物館. 『帝室博物館略史』, 1938년. pp. 79~80.

1900년 6월 26일 관제를 개정하고, 개정된 분과는 이전의 공예부 및 천산부 중 일부를 폐하고 열품 구분을 역사부, 미술부, 미술공예부 및 천산부로 구분했다. 이를 세분하면 다음과 같다.

※ **열품 구분**

역사부	제1구	典籍, 文書, 圖畫, 金石文, 版木(학술기계)
	제2구	上古遺物
	제3구	奈良시대 유물
	제4구	祭祀宗敎에 관한 유물
	제5구	武器
	제6구	服飾
	제7구	儀式, 家什
	제8구	樂器, 遊戲具, 文房具
	제9구	貨幣, 印紙, 度量衡
	제10구	輿車, 船泊, 建築
	제11구	蝦夷, 琉球, 臺灣, 韓國風俗
	제12구	外國風俗
미술부	제1구	新古繪畫, 古畫模本
	제2구	新古各種彫刻像, 各種彫刻像模造,
	제3구	建築 및 同裝飾具
	제4구	各種寫眞
	제5구	和漢書, 法帳
미술공예부	제1구	금속품
	제2구	燒成品
	제3구	抹漆品
	제4구	織製品
	제5구	玉石品
	제6구	甲角品
	제7구	木竹品
	제8구	紙革品
	제9구	寫眞
	제10구	圖繪(搨物, 刻板)
	제11구	印信(篆刻, 印鈕)

천산부	동물구	
	식물구	
	광물구	

  제실박물관의 열품 구분은 1, 2를 제외하고는 1937년 12월까지 그대로 유지했다. 역사부 제11구는 한국 유물의 수집이 늘어나면서 1937년에 미술공예부의 제10구와 제11구를 합쳐 제10구로 했다.8) 1899년 12월말 당시 총계 10만 1,508점, 그 후 1913년에는 18만 2,628점으로 늘어난다.9) 여기에는 한국에서 제실박물관으로 헌납한 것과 세키노 일행이 한국에서 발굴한 유물이 포함되어 그 수량이 많이 증가했다. 진열관은 제1호관, 제2호관, 제3호관 및 표경관의 4관으로 진열실 수 45실을 가지고 있었다. 표경관은 미술부 및 미술공예부의 진열품으로 채웠다. 신수품이 들어오면 수시 교체하여 진열을 하였다.

  1921년 10년 8월 5일 천산과를 폐지하고 이에 천산부 열품을 문부성에 양도함과 동시에 학습원에 교수용의 박물 표본과 천산부 열품 일부를 도쿄제국대학 이학부 부속식물원에 일부 양도하게 된다. 도쿄제실박물관의 천산부 열품 이양(移讓) 방침은 이미 1916, 7년에 궁내성·문부성 양성 간에 협정이 이루어졌다. 이후 대지진으로 동관 재래의 진열품을 잃고 1924년 8월 7일 천산물 인계교섭을 열어 8월 25일부터 1925년 3월 31일까지 4회에 걸쳐 동물, 식물 및 광물 등의 각종 열품을 문부성에 넘겼다.10)

  1923년의 대지진으로 박물관도 상당한 피해를 입었는데, 건물 피해 총 평수 956평, 물품 피해 3만 7천여 점으로 그 중 자연과학과 아울러 그 응용에 관한 참고품이 가장 많은 피해를 입었다. 전국 각지에서 개최한 박람회 출품물과 박물관에서 누차 개최한 각종 전람회 출품물 중 교육상 가치가 있는 것을 선발 수집한 것, 그외 해외 교육 참고자료

---

8) 帝室博物館, 『帝室博物館略史』, 1938년. pp. 97~98.
9) 帝室博物館, 『帝室博物館略史』, 1938년. p. 100.
10) 문부성양도 - 동물구 23,807점, 식물구 42,629 점, 광물구 27,560. 계 93,996점
  학습원 보관전환 - 동물구 480점, 식물구 2,350점, 광물구 210점
  동경제국대학 이학부 부속식물원 양도 - 식물구 462점(帝室博物館, 『帝室博物館略史』, 1938년).

로부터 사진, 통계, 서적 등이 일시에 사라지고 말았다.11) 건물 피해가 가장 컸으며 진열품은 미술공예부 도자기의 피해가 다소 있었으나 규모에 비해서는 피해가 적은 편이었다.12)

박물관의 진열관은 대지진 후 전적으로 표경관을 이용해 충당했다. 즉 제1, 제2(구 제5, 6) 양실은 미술공예부로, 제1실은 금속, 옥석 갑각 목죽품, 제2실은 도자기를 진열했다. 제3(구 제7)실은 미술부의 조각으로, 제4실, 제5실(구 제8, 9) 양실을 역사부로 하고, 계상에 제6(구 제1)실을 역사부 제7, 제8(구 제2, 3)로 구분했다.13) 미술공예부는 내국과 외국으로 나누고 있는데 한국 것은 내국으로 분류하고 있다.14)

1925년 말을 기준으로 제실박물관의 유물을 보면, 역사부 40,676점, 미술부 20,260점, 미술공예부 5,735점, 총계 66,671점이다.15)

1938년 신건물이 새로 개관되어 열품 정리는 구역사부, 미술부, 미술공예부 열품을 인계받아 열품과에서는 회화, 서적, 조각, 금속, 도자, 칠공, 염직, 고고의 8구로 구분, 또 일부는 학예과에 인계하여 자료, 도서 사진 등을 관리했다.

1937년 12월 현재의 열품 수를 보면 다음과 같다.

	회화	1,462점
	서적	2,335점
	조각	1,420점
열품과	금공	19,538점
	도자	2,716점
	칠공	3,751점
	염직	2,646점
	고고	33,846점

---

11) 棚橋源太郎,「東京博物館と震火災」,『中央史壇』제9권3호, 1924년 9월.
12) 大森金五郎,「文獻の喪失 文化の破壞」,『中央史壇』제9권3호, 1924년 9월.
13) 帝室博物館,『帝室博物館年譜(昭和10年 1月~12月)』, 1936년.
14) 帝室博物館,『帝室博物館年譜(昭和12年 1月~12月)』, 1938년.
15) 帝室博物館,『帝室博物館年譜(大正14年 1月~12月)』, 1926년.

학예과	자료	2,602점
	도서	45,191점
	사진	3,826점

3. 특별전람 및 신진열

1900년 파리만국박람회를 개최할 때 일본에서는 전국 각지의 고사나 기타 장소에 소장하고 있는 고미술품을 출품하고 그 다음해 이러한 명보를 한 곳에 모아 특별전람회를 가졌다. 이후 수시로 특별전람회를 가졌는데 한국 유물과 관련한 특별전시 및 신진열도 여러 차례 있었다.

1902년 2월에는 〈동경제실박물관의 신진열품〉이라 하여 새로운 미술품을 진열했다. 그중 도자기부에서는 야마요시 모리요시(山吉盛義)가 한국에서 수집한 고려청자를 진열했는데, 청자기린형향로, 상감청자다완, 백고려기명을 비롯한 그 수가 200여 점에 달했다.[16]

1903년에는 《도쿄제국박물관신전람》이라 하여 특별전람회를 개최했는데, 이 때 조선불화 1점이 진열되었다. "구조선 경상도 통경사(通慶寺)에 있던 것"이라고 하는데,[17] 어느 때 반출된 것인지는 불명이다.

1907년에는 《동궁전하어하부한국일진회헌품(東宮殿下御下附韓國一進會獻品)》이라는 제하의 특별진열이 있었다. 이것은 1907년 10월 일본 황태자가 한국에 왔을 때

---

16) 「東京帝室博物館の新陳列品」, 『考古界』第1篇 第9號, 1902년 2월.
17) 『考古界』第2篇 第9號, 1903년 2월, p. 53.
　　通慶寺는 어느 사찰을 지목하는지 알 수 없다.

한국 일진회의 뜻을 대표하여 일진회 회장 이용구가 이토 히로부미를 통하여 헌납한 것으로, 후에 대중들이 함께 볼 수 있도록 동궁어소에서 하부한 것이다. 총 300여 점으로 복식, 가구, 무기, 악기, 문방구, 농공구, 천산물에 이르기까지 넓게 일반을 망라하고 있다. 일단을 보면 면관조복(冕冠朝服)류와 도자기, 금속기, 직물류이고, 길이 8척이나 되는 호피, 순은의 기구, 천연사금, 부녀자의 악기, 이용구의 서장(書狀) 등이 진열되었다.[18]

1910년에는 도쿄제실박물관 본관 30호실에 고려 최황(崔晃)의 석관이 진열되었다.[19]

1926년에는 평양중학교 교유 다카가와 데루지로(高川輝次郞)의 수집품인 평양 석암리 고분에서 출토한 호를 진열하였다.

1928년에는 야쓰이 세이이치가 1921년까지 한국에서 고적조사를 하면서 채집하여 개인적으로 소장하고 있던 유물들을 진열하였는데 모두 고분 출토품으로 역사부 제7구, 역사부 제9구, 역사부 제11구에 나누어 진열하였다.[20]

1929년에는 《경검새특별전람회(鏡劍璽特別展覽會)》를 개최하였는데 야쓰이 세이이치가 한국에서 발굴한 유물이 진열되었다.[21]

1933년 4월 30일부터 5월 15일까지 《주한문화특별전람회(周漢文化特別展覽會)》를 개최하고, 박물관 소장품을 시작으로 도쿄제국대학, 교토제국대학, 도쿄미술학교, 조선총독부박물관, 평양부립박물관 그 외 개인소장 약간 등을 포함하여 총 133점을 진열하였는데[22] 한국에서 빌려간 것은 어떤 것인지 알 수 없다. 이 전시를 위해 제실박물관 학예위원 하라다 요시토(原田淑人)가 유물 출품 교섭을 위해 1933년 3월에 조선총독부박물관과 평양부립박물관을 방문하였으며, 감사관보 다카하시 마쓰오(高橋男)는 출품 수령을

---

18) 「東京帝室博物館の新陳列」, 『考古界』第6篇 第10號, 1908년 1월.
19) 「地方雜俎」, 『歷史地理』제16권 5호, 歷史地理學會, 1910년 11월.
20) 美術硏究所, 『日本美術年鑑(1928년)』, 1929.
21) 帝室博物館, 「鏡劍璽特別展覽會案內」, 『考古學雜誌』제27권 2호, 1929.
22) 帝室博物館, 『帝室博物館年譜(昭和7年 1月~12月)』, 1933. p. 149.

위해 4월 1일부터 10일간 경성과 평양에 출장을 하였다. 전람회가 끝나고 박물관 감사관보 구아노 히로시(桑野寬), 요시노 도미오(吉野富雄)는 조선총독부박물관과 평양부립박물관에서 빌린 유물들을 반환하기 위하여 5월 20일에 내한했었다.[23] 품목은 알 수 없다.

1936년에는 오오세키 본세이(大關晩成)가 수집한 미술품을 한 실에 진열했는데 그 품목은 다음과 같다.

품명	출토지	유물번호	출처	비고
天目釉鉢	조선제	美術工藝部第2區 44	『年譜(1936년)』	新出品. 大關晩成
天目釉注	조선제	美術工藝部第2區 45	『年譜(1936년)』	新出品. 大關晩成
黃瀨戶釉瓶	조선제	美術工藝部第2區 46	『年譜(1936년)』	新出品. 大關晩成
黃瀨戶釉双耳鍋	조선제	美術工藝部第2區 47	『年譜(1936년)』	新出品. 大關晩成
灰鼠釉片耳鍋	조선제	美術工藝部第2區 48	『年譜(1936년)』	新出品. 大關晩成
黃瀨戶釉鉢	조선제	美術工藝部第2區 49	『年譜(1936년)』	新出品. 大關晩成
黃瀨戶釉甕	조선제	美術工藝部第2區 50	『年譜(1936년)』	新出品. 大關晩成
靑磁水滴	조선제	美術工藝部第2區 51	『年譜(1936년)』	新出品. 大關晩成
靑磁小壺	조선제	美術工藝部第2區 52	『年譜(1936년)』	新出品. 大關晩成
靑磁茶盌	조선제	美術工藝部第2區 53	『年譜(1936년)』	新出品. 大關晩成
黃瀨戶釉茶盌	조선제	美術工藝部第2區 54	『年譜(1936년)』	新出品. 大關晩成
靑磁德利	조선제	美術工藝部第2區 55	『年譜(1936년)』	新出品. 大關晩成
釉注	조선제	美術工藝部第2區 56	『年譜(1936년)』	新出品. 大關晩成
釉壺	조선제	美術工藝部第2區 57	『年譜(1936년)』	新出品. 大關晩成
海鼠釉注	조선제	美術工藝部第2區 58	『年譜(1936년)』	新出品. 大關晩成
海鼠釉片口	조선제	美術工藝部第2區 59	『年譜(1936년)』	新出品. 大關晩成
海鼠釉注	조선제	美術工藝部第2區 60	『年譜(1936년)』	新出品. 大關晩成
聾壺	조선제	美術工藝部第2區 61	『年譜(1936년)』	新出品. 大關晩成
白濁釉片口	조선제	美術工藝部第2區 62	『年譜(1936년)』	新出品. 大關晩成
白濁釉壺	조선제	美術工藝部第2區 63	『年譜(1936년)』	新出品. 大關晩成
白濁釉盃	조선제	美術工藝部第2區 64	『年譜(1936년)』	新出品. 大關晩成
白濁釉鉢	조선제	美術工藝部第2區 65	『年譜(1936년)』	新出品. 大關晩成
人形手盃	조선제	美術工藝部第2區 66	『年譜(1936년)』	新出品. 大關晩成

23) 帝室博物館, 『帝室博物館年譜(昭和7年 1月~12月)』, 1933년, p. 158.

1937년에는 일본의 유물과 한국 출토의 유물을 비교하기 위하여 금공예품 진열실에 오구라 다케노스케(小倉武之助)가 소장하고 있던 한국 출토 유물을 진열했는데, 다음과 같다.[24]

품명	출토지	출처	비고
金製耳飾 6대	가야시대	『考古學雜誌』제27권 2호[25]	小倉武之助 所藏
銅鍍金製寶冠 1頭	신라시대	『考古學雜誌』제27권 2호	국보. 小倉武之助 所藏
銅鍍金製甲冑 1頭	신라시대	『考古學雜誌』제27권 2호	小倉武之助 所藏
銅鍍金飾履 1개	신라시대	『考古學雜誌』제27권 2호	국보. 小倉武之助 所藏
銅鍍金杏葉 3개	신라시대	『考古學雜誌』제27권 2호	小倉武之助 所藏
銅鍍金環頭太刀柄 1구	신라시대	『考古學雜誌』제27권 2호	국보. 小倉武之助 所藏

1937년 10월 16일부터 11월 10일까지 도쿄제실박물관에서 《동양도자전람회》가 개최되었다. 이 진열품은 일찍이 요코가와 다미스케(橫河民輔)가 기증한 것이다. 그는 조선, 일본, 중국 도자기를 그간 1천여 점이 넘게 박물관에 기증했는데, 그 중에서 우수한 것을 모아 진열하였다. 이 전람회는 이런 등의 기증품을 중심으로 중국 역대제요, 한국 및 내지제요를 비교 대조할 수 있도록 했다. 이 속에는 한국 도자기도 많이 포함되어 있었다.[26]

1938년에는 대지진 15주년을 맞아 도쿄제실박물관에서 전국의 사사, 박물관, 개인들이 비장하고 있는 명품 도자기들을 수집 동원하여 대규모의 전람회를 가졌다. 그 중 한국 유물은 다음과 같은 것이 진열되었다.[27]

---

24) 「雜錄」, 『考古學雜誌』제27권 2호, 1937년 2월, p. 66.
25) 「雜錄」, 『考古學雜誌』제27권 2호, 1937년 2월, p. 66.
26) 美術硏究所, 『日本美術年鑑』, 1937년 11월, p. 169.
27) 「帝室博物館復興開館記念陳列陶磁器品目」, 『陶磁』제10권 제5호, 東洋陶磁硏究所, 1938년 12월.

품명	출토지	소장처 및 소장자	비고
新羅綠釉托盞		제실박물관	
新羅綠釉盌		제실박물관	
高麗靑磁象嵌葡萄文水甁		岩崎小彌太	
高麗靑磁九龍凸起文水甁		小倉武之助	
高麗靑磁無文水甁		橫河民輔	寄贈
高麗靑磁双鳳文鉢		橫河民輔	寄贈
高麗靑磁象嵌草花文丸壺		橫河民輔	寄贈
高麗靑磁象嵌文角形杯		田邊武次	함북 길주의 주식회사 '북선제지화학공업' 감사역[28]
高麗黑花寶相華文甁		反町武作	
高麗天目白雲鶴文甁		長尾欽彌	
井戸茶碗		團伊能	重要美術品
井戸茶碗		前田利爲	
御所丸茶碗		岩崎小彌太	重要美術品
吳器茶盯		松平直亮	
粉引茶碗		松平直亮	
三島刷毛目茶碗		德川家達	
熊川茶碗		小出英延	

1940년에는 특별실 제1실을 조선실로 꾸미고 낙랑, 신라, 백제시대의 각 출토품을 진열했다. 특별실에 진열된 유물 중 중요한 몇 가지를 소개하고 있는데 다음과 같다.[29]

품명	출토지	출처	비고
弩機 2개	낙랑 유적	「帝室博物館考古室陳列」1940년[30]	
延嘉7年在銘畵像鏡 1면	낙랑 유적	「帝室博物館考古室陳列」1940년	
鼎	토성지	「帝室博物館考古室陳列」1940년	原田淑人이 토성지에서 발굴
釜와 甑		「帝室博物館考古室陳列」1940년	小倉武之助 소장
金錯銅筒		「帝室博物館考古室陳列」1940년	동경미술학교 소장

28) 中村次郞, 『朝鮮銀行會社組合要錄』, 東亞經濟時報社, 1935.
29) 「帝室博物館考古室陳列」, 『考古學雜誌』제30권 제5호, 1940년 5월.
30) 「帝室博物館考古室陳列」, 『考古學雜誌』제30권 제5호, 1940년 5월.

품명	출토지	출처	비고
각종 칠기		「帝室博物館考古室陳列」1940년	
제127호분 출토품		「帝室博物館考古室陳列」1940년	
왕우묘의 옥류		「帝室博物館考古室陳列」1940년	
封泥, 明器, 塼瓦, 그 외 토제품		「帝室博物館考古室陳列」1940년	
양산부부총의 일괄 유물		「帝室博物館考古室陳列」1940년	
塼, 瓦	백제시대	「帝室博物館考古室陳列」1940년	
玉類	토성리 출토	「帝室博物館考古室陳列」1940년	

4. 한국 유물 소장품 목록

(도쿄국립박물관 소장품 중 구매 연대나 반출자가 나타난 것)

품명	출토지	유물번호	출처	비고
杯, 蓋	삼국시대(마한)		『東博圖版目錄』2004,[31] 圖46	기증. 1879년 町田久成[32]
광개토대왕비 탁본	광개토대왕비 근처			1888년 말에 그 원본을 酒匂의 이름으로 明治王에게 獻上. 이후 1890년 7월부터는 酒匂의 쌍구가묵본을 정식 탁본으로 꾸며 제국박물관에 전시
塼	광개토대왕비 근처			1892년 寄贈. 丸山作樂[33]
高杯	경주 반월성 발굴		『東博圖版目錄』2004, 圖77	구입. 1885년
高杯	경주 반월성 발굴		『東博圖版目錄』2004, 圖141	구입. 1885년
高杯 1合	경주 반월성 발굴		『東博圖版目錄』2004, 圖155	구입. 1885년
高杯	경주 반월성 발굴		『東博圖版目錄』2004, 圖182	구입. 1885년

품명	출토지	유물번호	출처	비고
高杯	경주 반월성 발굴		『東博圖版目錄』 2004, 圖183	구입. 1885년
碗	경주 반월성 발굴		『東博圖版目錄』 2004, 圖187	구입. 1885년
台付壺	경주 반월성 발굴		『東博圖版目錄』 2004, 圖238	구입. 1885년
把手付壺	경주 반월성 발굴		『東博圖版目錄』 2004, 圖239	구입. 1885년
台付長頸壺	반월성 발굴		『東博圖版目錄』 2004, 圖256	구입. 1885년
台付長頸壺	반월성 발굴		『東博圖版目錄』 2004, 圖240	구입. 1885년
長頸壺	반월성 발굴		『東博圖版目錄』 2004, 圖259	구입. 1885년
長頸壺	반월성 발굴		『東博圖版目錄』 2004, 圖260	구입. 1885년
小壺 2개	반월성 발굴		『東博圖版目錄』 2004, 圖293, 294	구입. 1885년
石鏃 3건	경남 김해 발굴		『東博圖版目錄』 2004	구입. 1885년
玉類 6건	경남 김해 발굴		『東博圖版目錄』 2004	구입. 1885년. 1966년 외무성 관리로 전환하여 한국에 반환
金環 1건	경남 김해 발굴		『東博圖版目錄』 2004	구입. 1885년 町田久成. 1966년 외무성 관리로 전환하여 한국에 반환
馬鐸 1건	경남 김해 발굴		『東博圖版目錄』 2004	구입. 1885년. 1966년 외무성 관리로 전환하여 한국에 반환
鈴 1건	경남 김해 발굴		『東博圖版目錄』 2004	구입. 1885년. 1966년 외무성 관리로 전환하여 한국에 반환
靑花菊花文壺			『東博圖版目錄』 2007, 圖339	기증, 1886년 10월, 大井敬太郎
琉璃地網目文壺			『東博圖版目錄』 2007, 圖341	기증, 1886년 10월, 大井敬太郎

품명	출토지	유물번호	출처	비고
藍釉彫紋壺		381	『收藏品目錄』, 1956.	기증. 大井敬太郎
白磁靑畵菊花紋壺		382	『收藏品目錄』, 1956.	기증. 大井敬太郎
煙管		26874	『收藏品目錄』, 1956.	기증. 大井敬太郎
靑磁皿			『東博圖版目錄』 2007, 圖9	기증. 1886년 10월 30일, 花房義質
白磁壺			『東博圖版目錄』 2007, 圖291	기증. 1886년 10월 30일, 花房義質
白釉壺			『東博圖版目錄』 2007, 圖445	기증. 1886년 10월 30일, 花房義質
靑花雲龍文甁			『東博圖版目錄』 2007, 圖291	기증. 1886년 10월 30일, 花房義質
申命衍 筆 山水圖, 朴種丸 筆 山水圖, 石模 筆 花鳥圖		354, 906, 347	『收藏品目錄』, 1956.	기증. 花房義質
白磁壺, 白磁靑畵龍紋甁, 褐釉器		380, 374, 376	『收藏品目錄』, 1956.	기증. 花房義質
木製手單笥, 木製飾單笥		737, 3605	『收藏品目錄』, 1956.	기증. 花房義質
官服, 平服, 平服		2314, 26826, 27011	『收藏品目錄』, 1956.	기증. 花房義質
春吐手, 香彈子, 扇 5점		26862, 26822, 26813, 28554	『收藏品目錄』, 1956.	기증. 花房義質
鉢 4개	광주 분원요	26930	『收藏品目錄』, 1956.	기증. 花房義質
匙, 飯櫃, 筒形用器 2개 盒, 냄비 7개, 箱子 2개, 白茵席		27054, 27056, 27173, 28555, 27236, 26940, 26942, 26943	『收藏品目錄』, 1956.	기증. 花房義質
印材, 黃毛筆, 筆 41개	부산	26907, 26902, 26898, 26901~27391	『收藏品目錄』, 1956.	기증. 花房義質
墨 42개	갑산	26897~27045	『收藏品目錄』, 1956.	기증. 花房義質
硯, 硯滴 2개, 筆筒 4개, 粉紙 10매, 壯紙 6매	경남 양산	26896, 26905, 26913, 26906, 27223, 27226, 26883, 26884	『收藏品目錄』, 1956.	기증. 花房義質

품명	출토지	유물번호	출처	비고
粉紙 10매, 壯紙 6매, 白綿紙 20매, 煙草函, 團扇, 書簡袋 12개		26883, 26884, 26885, 26876, 27160, 26895	『收藏品目錄』, 1956.	기증. 花房義質
明紬, 粉紬, 班紬, 木棉	강진	26852, 26853, 26854, 26855, 26856	『收藏品目錄』, 1956.	기증. 花房義質
灰釉壺			『東博圖版目錄』 2007, 圖170	기증, 1886년 10월 30일, 近藤眞鋤
白磁長生文面取筆筒			『東博圖版目錄』 2007, 圖394	기증, 1886년 10월 30일, 近藤眞鋤
白磁雲鶴紋筆筒		373	『收藏品目錄』, 1956.	기증. 近藤眞鋤
淺鍾子, 風呂敷, 生絲, 麻布, 生紬		26987, 26860, 26851, 36858, 26857, 26859	『收藏品目錄』, 1956.	기증. 近藤眞鋤
靑磁壺 등 청자 6점			『東博圖版目錄』 2007, 圖11, 41, 49, 52, 57, 63	구입, 1892년 12월 24일
靑磁壺			『東博圖版目錄』 2007, 圖12	구입, 1897년 10월 3일
靑磁象嵌菊花文皿			『東博圖版目錄』 2007, 圖24	구입, 1900년 12월 13일
粉靑印花文鉢			『東博圖版目錄』 2007, 圖189	구입, 1900년 9월 14일
靑磁舟形用器	전남 강진		『東博圖版目錄』 2007, 圖24	구입, 1901년 12월 9일
靑磁鸚鵡文鉢 등 청자 3점			『東博圖版目錄』 2007, 圖32, 42, 69	구입, 1901년 12월 9일
冠紐	강원도	26972	『收藏品目錄』, 1956.	기증. 1901년으로 추정. 八木奘三郎
煙管	강원도	26875	『收藏品目錄』, 1956.	기증. 1901년으로 추정. 八木奘三郎
靑磁象嵌文輪花形杯			『東博圖版目錄』 2007, 圖128	구입, 1901년 6월
靑磁透彫象嵌鶴文枕			『東博圖版目錄』 2007, 圖138	구입, 1902년 12월 5일
朝鮮佛畵	舊朝鮮慶尙道 通慶寺[34] 所藏品		「東京帝國博物館新展覽」[35]	1903년 新陳列

품명	출토지	유물번호	출처	비고
把手付鉢	가야		『東博圖版目錄』 2004, 圖57	구입. 1903년
高杯	신라		『東博圖版目錄』 2004, 圖176	구입. 1903년
把手付鉢	신라		『東博圖版目錄』 2004, 圖225	구입. 1903년
鉢	신라		『東博圖版目錄』 2004, 圖228	구입. 1903년
把手付壺	신라		『東博圖版目錄』 2004, 圖241	구입. 1903년
鉢	경북 선산		『東博圖版目錄』 2004, 圖230	구입. 1905년
壺	경주		『東博圖版目錄』 2004, 圖136	구입. 1905년
把手付壺	경북 선산		『東博圖版目錄』 2004, 圖243	구입. 1905년
高麗時代의 釋迦如來立像	선산부근		『東博圖版目錄』 2004	구입. 1905년. 1966년 외무성에 관리 전환되어 한국에 인도
高杯	삼국시대		『東博圖版目錄』 2004	구입. 1905년
高杯	경북 선산 부근		『東博圖版目錄』 2004, 圖145	구입. 1905년
杯	경북 선산 부근		『東博圖版目錄』 2004	구입. 1905년
台付長頸壺	경북 선산 부근		『東博圖版目錄』 2004	구입. 1905년
靑磁象嵌雲鶴石榴文碗			『東博圖版目錄』 2007, 圖78	구입. 1905년
壺	선산부근		『東博圖版目錄』 2004, 圖237	구입. 1905년
瓦坩, 瓦盌, 瓦盃 등 8, 9종	선산지역에서 출토		「游帝室博物館記(二.)」[36]	1905년 제1관 제 10,11실
기타 刀劍, 玉類	김해지역		「游帝室博物館記(二.)」	제1관 제10,11실
기타 15종	경주 반월성		「游帝室博物館記(二.)」	제1관 제10,11실

품명	출토지	유물번호	출처	비고
韓國軍器, 軍用品			「游帝室博物館記(二)」	제1관 제9실
古樂器	신라		「游帝室博物館記(二)」	제1관 제9실
琴			「游帝室博物館記(二)」	제1관 제9실
花紋席			「游帝室博物館記(二)」	제1관 제9실
錫杖			「游帝室博物館記(二)」	제1관 제9실
古木佛			「游帝室博物館記(三)」[37]	제1관 제12실
古陶棺 2具			「游帝室博物館記(三)」	제1관 제12실
고려자기 다수			「游帝室博物館記(四)」[38]	제3관 제2실
백자	광주분원산		「游帝室博物館記(四)」	제3관 제2실
象嵌瓶	고려		『東博圖版目錄』 2004	구입. 1941년
古瓦			「韓國碧蹄館址發見の古瓦」[39]	기증. 1905년 弊原坦
古式籃輿(舊學部署理大臣 조병필의 家에 전하여졌던 것)			「韓國碧蹄館址發見の古瓦」	기증. 1905년 弊原坦
英祖御筆의 扁額(古回邦寧)			「韓國碧蹄館址發見の古瓦」	기증. 1905년 弊原坦
青磁碗			『東博圖版目錄』 2007[40], 圖2, 4, 5	구입, 1906년
青磁鉢			『東博圖版目錄』 2007, 圖8	구입, 1906년
青磁象嵌菊花文盒子			『東博圖版目錄』 2007, 圖134	구입, 1906년 7월 12일
青磁盤口瓶			『東博圖版目錄』 2007, 圖13	구입, 1906년 9월 18일
青磁輪花形托	전남 강진		『東博圖版目錄』 2007, 圖22	1906년 7월 17일

품명	출토지	유물번호	출처	비고
靑磁壺	전남 강진		『東博圖版目錄』 2007, 圖23	구입, 1906년 9월 18일
靑磁唐草文碗 등 2점		전남 강진	『東博圖版目錄』 2007, 圖25, 118	구입, 1906년 7월 17일
靑磁唐草文輪花鉢	전남 강진		『東博圖版目錄』 2007, 圖27	구입, 1906년 9월 18일
靑磁鸚鵡文鉢			『東博圖版目錄』 2007, 圖30	구입, 1906년 9월 18일
靑磁印花牧丹文鉢 등 청자 117점			『東博圖版目錄』 2007, 圖35, 37, 38, 39, 51, 64, 65, 66, 67, 88, 90, 91, 93, 99, 106, 119, 120	구입, 1906년 9월 18일
白磁輪花皿			『東博圖版目錄』 2007, 圖163	구입, 1906년 9월 18일
粉靑印花菊花文鉢 등 粉靑沙器 3점			『東博圖版目錄』 2007, 圖173, 182, 189	구입, 1906년 9월 18일
磁器 97점 (개수 106개)	고려시대			1907년에 伊藤博文이 반출, 한일협정 시 반환
虎皮(길이 8척)			皇城新聞,1907년 10월 20일,〈東宮殿下御下附韓國一進會獻品〉[41]	1907년 一進會 獻納[42]
各郡의 所産各種 織組物 布帛 絲紬 等			〈東宮殿下御下附韓國一進會獻品〉	1907년一進會 獻納
各種 海産物과 各種 獸皮 等			〈東宮殿下御下附韓國一進會獻品〉	1907년一進會 獻納
各種 漆器와 各種 農器 等			〈東宮殿下御下附韓國一進會獻品〉	1907년一進會 獻納
各種 武器 等			〈東宮殿下御下附韓國一進會獻品〉	1907년一進會 獻納
各種 服式			〈東宮殿下御下附韓國一進會獻品〉	1907년一進會 獻納

품명	출토지	유물번호	출처	비고
各種 器具			〈東宮殿下御下附韓國一進會獻品〉	1907년 一進會 獻納
各種 首飾			〈東宮殿下御下附韓國一進會獻品〉	1907년 一進會 獻納
其他 古物			〈東宮殿下御下附韓國一進會獻品〉	1907년 一進會 獻納
各種 書冊			〈東宮殿下御下附韓國一進會獻品〉	1907년 一進會 獻納
이상 300여점			〈東宮殿下御下附韓國一進會獻品〉	1907년 一進會 獻納
銀製七拾飯床 1조			皇城新聞, 1907년 10월 20일	漢城府民會
山水畵帖 2건			皇城新聞, 1907년 10월 20일	漢城府民會
松鶴刺繡簇子 1건			皇城新聞, 1907년 10월 20일	慈善婦人會
青磁碗			『東博圖版目錄』 2007, 圖3	구입, 1907년
青磁瓜形瓶			『東博圖版目錄』 2007, 圖16	구입, 1907년 9월 18일
青磁鸚鵡文鉢 등 청자 2점			『東博圖版目錄』 2007, 圖31, 127	구입, 1907년 12월
青磁印花菊花文皿 등 청자 8점			『東博圖版目錄』 2007, 圖43, 86, 95, 100, 107, 112, 132, 142	구입, 1907년 10월 7일
白磁托			『東博圖版目錄』 2007, 圖	구입, 1907년 10월 7일
青花花果文瓶 등 2점			『東博圖版目錄』 2007, 圖348, 393	구입, 1907년 12월
青磁象嵌菊花文盒子			『東博圖版目錄』 2007, 圖136, 137	구입, 1908년 5월 5일

품명	출토지	유물번호	출처	비고
銀製佛像 50개	1909년 한성미술품제작소 제작		황성신문 1909년 9월 11일자	기증. 1909년 궁내부차관 小宮三保松
靑磁瓜形水注 등 청자 3점			『東博圖版目錄』2007, 圖21, 115, 141	구입, 1909년 8월 26일
靑磁瓜形水注 등 청자 4점			『東博圖版目錄』2007, 圖20, 80, 102, 116	구입, 1910년 3월 25일
銅製鉸具片, 銀製鉸具片	고려시대	19195, 19194	『收藏品目錄』, 1956.	기증. 三宅長策
銅製鉸具片 4개	고려시대	19195~19198	『收藏品目錄』, 1956.	기증. 三宅長策
靑瓷人物像	고려시대	541	『收藏品目錄』, 1956; 『東博圖版目錄』2007, 圖76	기증. 1910년 9월 20일, 三宅長策
靑磁象嵌菊花文杯 등 청자 3점			『東博圖版目錄』2007, 圖125, 148, 150	구입, 1910년 8월 16일
高杯 1合	전라도 고분		『東博圖版目錄』2004, 圖154	헌납. 1912년 稻生眞履
석조보살상	강릉 한송사지			和田雄治 기증. 1912년 12월. 후에 반환
조선관계의 土器 2점			『東博圖版目錄』2004	그 중 1점이 장부에 稻生眞履가 1912년 헌납[43]
把手付壺	대구 부근		『東博圖版目錄』2004	기증. 1912년 赤星佐七
長頸壺			『東博圖版目錄』2004, 圖244	기증. 1912년 赤星佐七
小壺	개성		『東博圖版目錄』2004, 圖406	기증. 1912년 赤星佐七
壺	개성		『東博圖版目錄』2004, 圖407	기증. 1912년 赤星佐七
印花文碗 1合	조선 발굴		『東博圖版目錄』2004, 圖200	구입. 1912년
橫瓶	통일신라		『東博圖版目錄』2004, 圖324	구입. 1912년

품명	출토지	유물번호	출처	비고
瓜形水注	고려		『東博圖版目錄』 2004, 圖403	구입. 1912년
小壺	고려		『東博圖版目錄』 2004, 圖406	구입. 1912년
小鉢	경북 선산		『東博圖版目錄』 2004, 圖231	구입. 1913년
甕	가야		『東博圖版目錄』 2004, 圖76	기증. 1913년 赤星佐七
黑釉水注			『東博圖版目錄』 2007, 圖389	기증. 1913년 3월, 赤星佐七
金銅製鍍金玉		19296	『收藏品目錄』, 1956.	기증. 赤星佐七
陶製坩 2개	개성부근	6513, 6514	『收藏品目錄』, 1956.	기증. 赤星佐七
陶製脚附壺	대구부근	6512	『收藏品目錄』, 1956.	기증. 赤星佐七
陶製盌		6510	『收藏品目錄』, 1956.	기증. 赤星佐七
陶製壺, 陶製橫甕	삼국	6676	『收藏品目錄』, 1956.	기증. 赤星佐七
崔忠獻墓誌	고려	27412	『收藏品目錄』, 1956.	기증. 赤星佐七
砥石	삼국	6511	『收藏品目錄』, 1956.	기증. 赤星佐七
高杯	신라		『東博圖版目錄』 2004, 圖184	구입. 1913년
台付長頸壺	신라		『東博圖版目錄』 2004, 圖254	구입. 1913년
台付長頸壺	신라		『東博圖版目錄』 2004, 圖258	구입. 1913년
印花文骨壺	신라		『東博圖版目錄』 2004, 圖305	구입. 1913년
瓜形水注	고려		『東博圖版目錄』 2004, 圖404	구입. 1913년
壺 2개	고려		『東博圖版目錄』 2004, 圖405, 408	구입. 1913년

품명	출토지	유물번호	출처	비고
瓶 2개	고려		『東博圖版目錄』 2004, 圖415, 416	구입. 1913년
瓶 2개	조선시대		『東博圖版目錄』 2004, 圖419, 421	구입. 1913년
瓶	고려		『東博圖版目錄』 2004, 圖425	구입. 1913년
와당류 (1913년에 關野 일행이 수집)	만주 집안현 고구려 유적		田村晃一, 『樂浪と高句麗の考古學』	"臺帳에 谷井濟一이 1914년에 기증한 것"이라고 한다.[44]
長頸壺	신라		『東博圖版目錄』 2004, 圖261	구입. 1915년
鉢形器台	경주		『東博圖版目錄』 2004, 圖333	구입. 1915년
鉢形器台	가야		『東博圖版目錄』 2004, 圖74	구입. 1915년
印花文骨壺 2개	경주		『東博圖版目錄』 2004, 圖300, 301	구입. 1915년
印花文碗 1合	경주 발굴		『東博圖版目錄』 2004, 圖204	구입. 1915년
長頸壺	신라		『東博圖版目錄』 2004, 圖251	구입. 1916년
印花文骨壺			『東博圖版目錄』 2004, 圖302	구입. 1916년
台付長頸壺	경북 선산 부근		『東博圖版目錄』 2004, 圖262	구입. 1916년
瓜形瓶	개성		『東博圖版目錄』 2004, 圖423	구입. 1916년
高杯	조선 발굴		『東博圖版目錄』 2004, 圖84	구입. 1916년
短頸壺	경주		『東博圖版目錄』 2004, 圖29	구입. 1916년
高杯	경주		『東博圖版目錄』 2004, 圖138	기증. 1917년 重田定一
小壺	경주		『東博圖版目錄』 2004, 圖236	기증. 1917년 重田定一

품명	출토지	유물번호	출처	비고
壺	평남 대동강면		『東博圖版目錄』 2004, 圖12	기증. 1925년 藤田亮策
壺	평남 대동강면		『東博圖版目錄』 2004, 圖13	기증. 1925년 藤田亮策
綠釉双魚文洗			『東博圖版目錄』 2004, 圖21	기증. 1925년 小場恒吉
銅鏃	대동강면출토		『東博圖版目錄』 2004.	기증. 1925년 後藤守一
진흥왕순순비탁본	함경도		『東博圖版目錄』 2004.	기증. 1925년 後藤守一
石棺 2조		37329	『收藏品目錄』, 1956.	기증. 東京大 工學部 [45]
諸尊集會圖	조선시대	1440	『收藏品目錄』, 1956.	기증. 淺野長光
地藏十王圖, 野雲 筆 花鳥圖		11717, 11716	『收藏品目錄』, 1956.	기증. 內藤堯寶
書檣曼茶羅		201	『收藏品目錄』, 1956.	기증. 陸實
金銅佛立像 2개	통일신라	1820, 1821	『收藏品目錄』, 1956.	기증. 鈴木光
石人, 石柱	통일신라	1627, 1629	『收藏品目錄』, 1956.	기증. 神田愛祐
石獅子	고려	1208	『收藏品目錄』, 1956.	기증. 足立陽太郎
靑瓷破片	고려		『收藏品目錄』, 1956.	기증. 足立陽太郎
施釉塼	평양부근, 고구려	30922	『收藏品目錄』, 1956.	기증. 足立陽太郎
裙衣, 腰帶		(26831)(26929)	『收藏品目錄』, 1956.	기증. 中牟田倉之助
簪 3점, 櫛 4점, 笠被	제주도	(26868, 27339, 27407)(26869)(26806)	『收藏品目錄』, 1956.	기증. 中牟田倉之助
笠被	서울	(26806)	『收藏品目錄』, 1956.	기증. 中牟田倉之助
채毛	강원도	(26867)	『收藏品目錄』, 1956.	기증. 中牟田倉之助
草鞋 6점			『收藏品目錄』, 1956.	기증. 中牟田倉之助

품명	출토지	유물번호	출처	비고
貨包 5점	금강산	(26823, 28464)	『收藏品目錄』, 1956.	기증. 中牟田倉之助
刀子 3개		(26903)(26928)	『收藏品目錄』, 1956.	기증. 中牟田倉之助
盒, 盌 3개, 深鐘子, 箸, 匙, 釜, 簾 4점, 煙草袋 2개, 團扇, 白紙, 厚白紙		26917, 26918, 26932, 26988, 26997, 26975, 26945, 26946, 26873, 27002, 26816, 26886, 26888	『收藏品目錄』, 1956.	기증. 中牟田倉之助
軍帽 3점, 袋 5개, 鳥形, 劍旗 6점, 彩色捧(27151), 弓, 箭筒 3개, 矢道 2개, 箙, 斧槍, 兩鎌槍, 細竹槍 2개, 片鎌槍 2점, 方穗槍 4점, 刀 12점, 喇叭 3점		27128~27130, 27146, 27250, 27148, 27090~27095, 26807, 27120~27126, 27096, 27097, 27099, 27100~27106, 27107~27117, 27149, 27150	『收藏品目錄』, 1956.	기증. 海軍省
鐙瓦 29점	낙랑	27429	『收藏品目錄』, 1956.	기증. 關野貞 外
筒瓦 3점	낙랑	27429	『收藏品目錄』, 1956.	기증. 關野貞 外
筒瓦 4개	고구려, 용강 어을동	27428	『收藏品目錄』, 1956.	기증. 關野貞 外
墓塼 4개	대방, 봉산		『收藏品目錄』, 1956.	기증. 谷井濟一 外
金銅製唐草紋金具		19331	『收藏品目錄』, 1956.	기증. 板東勘平
銅製雙龍鏡	고려	13401	『收藏品目錄』, 1956.	기증. 神谷傳兵衛
銅製瑞花鴛鴦五花鏡	고려	13400	『收藏品目錄』, 1956.	기증. 神谷傳兵衛
銅製樓閣人物鏡	고려	13402	『收藏品目錄』, 1956.	기증. 神谷傳兵衛
銅製無紋鏡	고려	13403	『收藏品目錄』, 1956.	기증. 神谷傳兵衛
銅製無紋隅入方鏡	고려	13404	『收藏品目錄』, 1956.	기증. 神谷傳兵衛

품명	출토지	유물번호	출처	비고
鐵製金銀象嵌盒	고려	19943	『收藏品目錄』, 1956.	기증. 內藤敏德
鐵製銀象嵌香爐	조선	19945	『收藏品目錄』, 1956.	기증. 內藤敏德
紙胎盒	조선	4309	『收藏品目錄』, 1956.	기증. 內藤敏德
羅漢圖	고려	228	『收藏品目錄』, 1956.	기증. 奧義制
鍮製숟	19세기	19360	『收藏品目錄』, 1956.	기증. 李王職
紅羅素圓扇, 赤塗龍扇, 紅花團扇		3654, 3653, 3652	『收藏品目錄』, 1956.	기증. 李王職
黃塗星		3650	『收藏品目錄』, 1956.	기증. 李王職
紅繡雉方扇		27447	『收藏品目錄』, 1956.	기증. 李王職
紅燈		27446	『收藏品目錄』, 1956.	기증. 李王職
黑蓋, 青方纛, 紅蓋, 臥爪, 馴獅旗, 봉引幡, 戊, 金節, 毛節		27443, 27444, 27449, 27438, 27452, 27437, 2745, 27442, 27451	『收藏品目錄』, 1956.	기증. 李王職
銅製蟬	평양부근, 낙랑	36623	『收藏品目錄』, 1956.	기증. 山本茂策
陶製菩薩立像	고구려	36625	『收藏品目錄』, 1956.	기증. 山本茂策
銀製鳩形垂飾具 2개	삼국	26624	『收藏品目錄』, 1956.	기증. 山本茂策
鐵製蒺藜 2점, 鐵製촉 2점		19391, 19392	『收藏品目錄』, 1956.	기증. 小池奧吉
石鏃 3점, 石斧 2점, 石斧, 打製石槍, 石劍 2점, 丸石, 토제환	선사	8110, 8111, 8112, 8106, 8107, 28889, 8108, 2887, 2888, 8109	『收藏品目錄』, 1956.	기증. 小池奧吉
瓦	대구	24150	『收藏品目錄』, 1956.	기증. 富永寬容
鐙瓦	창덕궁	24151	『收藏品目錄』, 1956.	기증. 富永寬容

품명	출토지	유물번호	출처	비고
鐵製刀身	칠곡 약목동	13761	『收藏品目錄』, 1956.	기증. 稻坦甚
鐵製矛	추풍령	13762	『收藏品目錄』, 1956.	기증. 稻坦甚
銅鏃	낙랑	27537	『收藏品目錄』, 1956.	기증. 後藤守一
陶壺 2개	낙랑	27535, 27536	『收藏品目錄』, 1956.	기증. 藤田亮策
金銅裝具	낙랑	36901	『收藏品目錄』, 1956.	기증. 松永安左衛門
金銅裝鐵器		36902	『收藏品目錄』, 1956.	기증. 松永安左衛門
硬玉製曲玉 2개	삼국	29053, 29054	『收藏品目錄』, 1956.	기증. 山中定次郎
甕 2개	거제도	27532	『收藏品目錄』, 1956.	기증. 關保之助
火爐 3개		27295, 27296, 27530	『收藏品目錄』, 1956.	기증. 關保之助
朝鮮馬具		26995	『收藏品目錄』, 1956.	기증. 柳生俊郎
銅鉾	부여	36739	『收藏品目錄』, 1956.	기증. 鮭廷旭處
磨製石劍, 石庖丁, 石鏃	선사	36740, 36778, 36779	『收藏品目錄』, 1956.	기증. 鮭廷旭處
琉璃製裝身具		36741	『收藏品目錄』, 1956.	기증. 鮭廷旭處
襪 6점, 帽 2점		27166, 27245, 27137. 27138	『收藏品目錄』, 1956.	기증. 行山辰四郎
施釉塼	경주 사천왕사지	34480	『收藏品目錄』, 1956.	기증. 藤山俊雄
帽子 雨被 (26965)	강원도		『收藏品目錄』, 1956.	기증. 室田義文
盒, 술잔, 匙, 柄勺, 扇 3개, 盒 16개, 釣甁, 洗濯捧, 擣衣杆 3개		26929, 27208, 26962, 26952, 26937, 26912, 27236, 26963, 26964, 27271, 26966, 27057	『收藏品目錄』, 1956.	기증. 室田義文
華嚴經刻石片	구례 화엄사	37056	『收藏品目錄』, 1956.	기증. 岡野滋子

품명	출토지	유물번호	출처	비고
石刀(27588)	대동강		『收藏品目錄』, 1956.	기증. 谷內政吉
劍花紋鐙瓦	유점사	25364	『收藏品目錄』, 1956.	기증. 谷內政吉
打製石斧, 石斧 2개, 半磨製石斧, 磨製石斧 2개, 石鏃片 5개, 石製劍把頭 3개, 磨製石橊, 石環片, 石器.	부여 규암면	27585, 27587, 27583, 27584, 27585, 27578~27580, 27570, 27571, 27572, 27573, 27574, 27582	『收藏品目錄』, 1956.	기증. 谷內政吉
陶製棗玉, 陶器片 4개, 滑石製曲玉, 硬玉製垂飾具,	부여 규암면	27581, 27577, 27576, 27575	『收藏品目錄』, 1956.	기증. 谷內政吉
石錐	선사	9154	『收藏品目錄』, 1956.	기증. 楠常藏
衣服		27164	『收藏品目錄』, 1956.	기증. 行山辰四郎
華角貼筆		4338	『收藏品目錄』, 1956.	기증. 廣田松慾
螺鈿鞍		1472	『收藏品目錄』, 1956.	기증. 柏木貨一郎
堅手多盌		372	『收藏品目錄』, 1956.	기증. 石澤武吉
紛引多盌		4323	『收藏品目錄』, 1956.	기증. 宮崎幸太郎
靑瓷鐵畵花紋瓶		4708	『收藏品目錄』, 1956.	기증. 山田節子
粉靑瓷剝地瓶		884	『收藏品目錄』, 1956.	기증. 工藤壯平
竹杖 2개		26947, 26948	『收藏品目錄』, 1956.	기증. 織田賢司
木杖		26949	『收藏品目錄』, 1956.	기증. 片岡忠敎
書簡紙		26894	『收藏品目錄』, 1956.	기증. 石田七三郎
大方廣佛華嚴經(金字) 1帖	조선시대		帝室博物館美術課列品目錄」1919[46)]	

품명	출토지	유물번호	출처	비고
宗敎畵	조선시대		「帝室博物館美術課列品目錄」 1919	
靑磁皿			『東博圖版目錄』 2007, 圖10	구입, 1913년 2월 5일
朝鮮新村里고분발굴품 사진 44매		歷史部第1區3214	『年譜(1925년)』 47)	구입
조선 부여 유물 사진 11매		歷史部第1區3215	『年譜(1925년)』	구입
朝鮮養洞里고분발굴품 사진 43매		歷史部第1區3216	『年譜(1925년)』	구입
朝鮮大安里고분발굴품 사진 33매		歷史部第1區3217	『年譜(1925년)』	구입
조선창령고분발굴품 사진 9매		歷史部第1區3218	『年譜(1925년)』	구입
조선양산고분발굴품 사진 90매		歷史部第1區3219	『年譜(1925년)』	구입
조선대구달성면고분발굴품 사진 90매		歷史部第1區3220	『年譜(1925년)』	구입
조선경주고분발굴현상 사진 9매		歷史部第1區3221	『年譜(1925년)』	구입
조선낙랑관계유물 사진 133매		歷史部第1區3222	『年譜(1925년)』	구입
만주 집안현 유물유적 사진 10매		歷史部第1區3223	『年譜(1925년)』	구입
조선경주 금관총 발굴품 사진 164매		歷史部第1區3224	『年譜(1925년)』	구입
조선석기시대유물 사진 10		歷史部第1區3225	『年譜(1925년)』	구입
조선 발견 유물 사진 109매		歷史部第1區3226	『年譜(1925년)』	구입
조선풍속화 사진 11매		歷史部第1區3227	『年譜(1925년)』	구입

품명	출토지	유물번호	출처	비고
錡	경기도 개성 발견	歷史部第11區, 2725	『年譜(1925년)』	구입
尺(5개)		歷史部第11區, 2731~2735	『年譜(1925년)』	구입
銅製壺	충남 부여읍 반월성지 발굴	歷史部第11區, 2736	『年譜(1925년)』	구입
小刀(3개)		歷史部第11區, 2741~2743	『年譜(1925년)』	구입
煙草入		歷史部第11區, 2744	『年譜(1925년)』	구입
弓		歷史部第11區, 2745	『年譜(1925년)』	구입
首飾		歷史部第11區, 2746	『年譜(1925년)』	구입
酒筵(2점)		歷史部第11區, 2747, 2748	『年譜(1925년)』	구입
木皿(3점)		歷史部第11區, 2749~2751	『年譜(1925년)』	구입
片口		歷史部第11區, 2752	『年譜(1925년)』	구입
鬚筵(5점)		歷史部第11區, 2753~2757	『年譜(1925년)』	구입
太刀負		歷史部第11區	『年譜(1925년)』	구입
鍍金五鈷鈴	조선 某寺 전래	美術工藝部第1區, 外424	『年譜(1925년)』	
茶碗	고려시대	美術工藝部第2區, 外809	『年譜(1925년)』	
黑地螺鈿手箱	조선시대	歷史部第3區, 外405	『年譜(1925년)』	
新羅眞興王巡狩境拓本		歷史部第1區, 3193	『年譜(1925년)』	기증, 後藤守一[48]
土器殘片(一括)	평남 대동강면 (평양197호분)	歷史部第11區, 2721	『年譜(1925년)』	기증, 小場恒吉 綠釉를 施한 雙魚의 模樣으로, 朝鮮 樂浪遺蹟 發掘의 實로 珍한 것이라 함, 현재 유물번호 27534
石劍	충남 논산군 성동면 원남리 발견	歷史部第11區, 2737	『年譜(1925년)』	기증, 徐基俊
壺	평양 대동군 석암리 낙랑고분 발견	歷史部第11區, 43	『年譜(1926년)』[49]	新出品, 古川輝次郎
壺	평양 대동군 석암리 낙랑고분 발견	歷史部第11區, 44	『年譜(1926년)』	新出品, 古川輝次郎
조선총독부박물관열품 사진 22매		歷史部第1區, 3370	『年譜(1927년)』[50]	구입
耳飾	평안도 대동강면	歷史部第11區, 2759	『年譜(1927년)』	기증. 高橋健自
磚殘缺	평안도 대동강면	歷史部第11區, 2760	『年譜(1927년)』	기증. 高橋健自, 石田茂作

품명	출토지	유물번호	출처	비고
磚殘缺	평안도 대동강면	歷史部第11區, 2761	『年譜(1927년)』	기증. 高橋健自, 石田茂作
磚殘缺		歷史部第11區, 2762	『年譜(1927년)』	기증. 高橋健自, 石田茂作
帶金具(金銅製鉸具 1개, 五銖錢 9개, 金銅製鳩目形金具殘缺 7개)	경북 경주부근 고분 발견	歷史部第11區, 2763	『年譜(1927년)』	기증, 藤田亮策
十字形石器	충남 부여군 규암면 발견	歷史部第11區, 2764	『年譜(1927년)』	기증, 富永光太郎
美豆良形石器	충남 부여군 규암면 발견	歷史部第11區, 2765	『年譜(1927년)』	기증, 富永光太郎
鈕付石器殘缺	충남 부여군 규암면 발견	歷史部第11區, 2766	『年譜(1927년)』	기증, 富永光太郎
磨製石器(2개)	충남 부여군 규암면 발견	歷史部第11區, 2767	『年譜(1927년)』	기증, 富永光太郎
石環殘缺	충남 부여군 규암면 발견	歷史部第11區, 2768	『年譜(1927년)』	기증, 富永光太郎
垂飾具	충남 부여군 규암면 발견	歷史部第11區, 2769	『年譜(1927년)』	기증, 富永光太郎
勾玉	충남 부여군 규암면 발견	歷史部第11區, 2770	『年譜(1927년)』	기증, 富永光太郎
土器殘片	부여군 규암면 발견	歷史部第11區, 2771	『年譜(1927년)』『東博圖版目錄』2004	기증, 富永光太郎
石鏃殘缺	부여군 규암면 발견	歷史部第11區, 2772	『年譜(1927년)』	기증, 富永光太郎
石鏃殘缺	부여군 규암면 발견	歷史部第11區, 2773	『年譜(1927년)』	기증, 富永光太郎
石鏃殘缺	부여군 규암면 발견	歷史部第11區, 2774	『年譜(1927년)』	기증, 富永光太郎
玉	부여군 규암면 발견	歷史部第11區, 2775	『年譜(1927년)』	기증, 富永光太郎
未成石器	부여군 규암면 발견	歷史部第11區, 2776	『年譜(1927년)』	기증, 富永光太郎
半磨製石斧	부여군 규암면 발견	歷史部第11區, 2777	『年譜(1927년)』	기증, 富永光太郎
磨製石斧	부여군 규암면 발견	歷史部第11區, 2778	『年譜(1927년)』	기증, 富永光太郎
打製石器	부여군 규암면 발견	歷史部第11區, 2779	『年譜(1927년)』	기증, 富永光太郎
磨製石斧	부여군 규암면 발견	歷史部第11區, 2780	『年譜(1927년)』	기증, 富永光太郎
加工石片	부여군 규암면 발견	歷史部第11區, 2781	『年譜(1927년)』	기증, 富永光太郎
朝鮮里程標		歷史部第11區, 2784	『年譜(1927년)』	기증, 伊能キヨ
蓋付高杯 16개	조선 발굴	歷史部第11區, 3611~3626	『年譜(1927년)』	기증. 1927년 10월 6일, 德川賴貞

품명	출토지	유물번호	출처	비고
高杯蓋 6개	조선 발굴	歷史部第11區, 3627~3632	『年譜(1927년)』	기증. 德川賴貞
蓋付高杯 4개	조선 발굴	歷史部第11區, 3633~3636	『年譜(1927년)』	기증. 德川賴貞
脚付盌	조선 발굴	歷史部第11區, 3637	『年譜(1927년)』	기증. 德川賴貞
片耳付坩	조선 발굴	歷史部第11區, 3638	『年譜(1927년)』	기증. 德川賴貞
壺	조선 발굴	歷史部第11區, 3639	『年譜(1927년)』	기증. 德川賴貞
脚付壺	조선 발굴	歷史部第11區, 3640	『年譜(1927년)』	기증. 德川賴貞
壺 2점	조선 발굴	歷史部第11區, 3641, 3642	『年譜(1927년)』	기증. 德川賴貞
片耳付盌	조선 발굴	歷史部第11區, 3643	『年譜(1927년)』	기증. 德川賴貞
耳付壺	조선 발굴	歷史部第11區, 3645	『年譜(1927년)』	기증. 德川賴貞
耳付壺	조선 발굴	歷史部第11區, 3646	『年譜(1927년)』	기증. 德川賴貞
瓶 2개	조선 발굴	歷史部第11區, 3646, 3647	『年譜(1927년)』	기증. 德川賴貞
壺 3개	조선 발굴	歷史部第11區, 3648~3650	『年譜(1927년)』	기증. 德川賴貞
盌 2개	조선 발굴	歷史部第11區, 3651, 3652	『年譜(1927년)』	기증. 德川賴貞
壺	조선 발굴	歷史部第11區, 3652	『年譜(1927년)』	기증. 德川賴貞
脚付坩	조선 발굴	歷史部第11區, 3654	『年譜(1927년)』	기증. 德川賴貞
瓶	조선 발굴	歷史部第11區, 3655	『年譜(1927년)』	기증. 德川賴貞
壺	조선 발굴	歷史部第11區, 3656	『年譜(1927년)』	기증. 德川賴貞
脚付盌	조선 발굴	歷史部第11區, 3657	『年譜(1927년)』	기증. 德川賴貞
壺	조선 발굴	歷史部第11區, 3658	『年譜(1927년)』	기증. 德川賴貞
脚付壺	조선 발굴	歷史部第11區, 3659	『年譜(1927년)』	기증. 德川賴貞
瓶	조선 발굴	歷史部第11區, 3660	『年譜(1927년)』	기증. 德川賴貞
蓋付高杯	조선 발굴	歷史部第11區, 3661	『年譜(1927년)』	기증. 德川賴貞
蓋付盌	조선 발굴	歷史部第11區, 3662	『年譜(1927년)』	기증. 德川賴貞
蓋 5개	조선 발굴	歷史部第11區, 3663~3667	『年譜(1927년)』	기증. 德川賴貞
巫人襷	조선	歷史部第11區, 3668	『年譜(1927년)』	기증. 德川賴貞
巫人長衫	조선	歷史部第11區, 3669	『年譜(1927년)』	기증. 德川賴貞
巫人裳	조선	歷史部第11區, 3670	『年譜(1927년)』	기증. 德川賴貞
脚帶	조선	歷史部第11區, 3671	『年譜(1927년)』	기증. 德川賴貞
巾着 2개	조선	歷史部第11區, 3672, 3673	『年譜(1927년)』	기증. 德川賴貞
指環	조선	歷史部第11區, 3674	『年譜(1927년)』	기증. 德川賴貞
鐵鈴	조선	歷史部第11區, 3675	『年譜(1927년)』	기증. 德川賴貞
襪 2점	조선	歷史部第11區, 3676, 3677	『年譜(1927년)』	기증. 德川賴貞
袴	조선	歷史部第11區, 3778	『年譜(1927년)』	기증. 德川賴貞
裳	조선	歷史部第11區, 3679	『年譜(1927년)』	기증. 德川賴貞

품명	출토지	유물번호	출처	비고
冠	조선	歷史部第11區, 3680	『年譜(1927년)』	기증. 德川賴貞
上衣 2점	조선	歷史部第11區, 3681, 3682	『年譜(1927년)』	기증. 德川賴貞
冠	조선	歷史部第11區, 3683	『年譜(1927년)』	기증. 德川賴貞
上衣 2점	조선	歷史部第11區, 3684, 3685	『年譜(1927년)』	기증. 德川賴貞
更紗布	조선	歷史部第11區, 33741	『年譜(1927년)』	기증. 德川賴貞
男子夏着 2점	조선	歷史部第11區, 3742, 3743	『年譜(1927년)』	기증. 德川賴貞
男子用夏袴	조선	歷史部第11區, 3744	『年譜(1927년)』	기증. 德川賴貞
平紐	조선	歷史部第11區, 3745	『年譜(1927년)』	기증. 德川賴貞
袋	조선	歷史部第11區, 3746	『年譜(1927년)』	기증. 德川賴貞
財布 3점	조선	歷史部第11區, 3747~3749	『年譜(1927년)』	기증. 德川賴貞
樺皮箱 2점	조선	歷史部第11區, 3750, 3751	『年譜(1927년)』	기증. 德川賴貞
水汲	조선	歷史部第11區 3752	『年譜(1927년)』	기증. 德川賴貞
木製鉢	조선	歷史部第11區 3753	『年譜(1927년)』	기증. 德川賴貞
袋	조선	歷史部第11區 3754	『年譜(1927년)』	기증. 德川賴貞
打木編紐	조선	歷史部第11區 3755	『年譜(1927년)』	기증. 德川賴貞
木偶 3개	조선	歷史部第11區 3756~3758	『年譜(1927년)』	기증. 德川賴貞
垂飾具	조선	歷史部第11區 3759	『年譜(1927년)』	기증. 德川賴貞
飾小刀	조선	歷史部第11區 3760	『年譜(1927년)』	기증. 德川賴貞
垂飾具 2점	조선	歷史部第11區 3761, 3762	『年譜(1927년)』	기증. 德川賴貞
扇	조선	歷史部第11區 3763	『年譜(1927년)』	기증. 德川賴貞
籠	조선	歷史部第11區 3764	『年譜(1927년)』	기증. 德川賴貞
銅製匙 7개	조선 발굴	歷史部第11區 3765~3771	『年譜(1927년)』	기증. 德川賴貞
木製桶形容器	조선	歷史部第11區 3772	『年譜(1927년)』	기증. 德川賴貞
竹製簾	조선	歷史部第11區 3773	『年譜(1927년)』	기증. 德川賴貞
鏡鈹	조선	歷史部第11區 3774	『年譜(1927년)』	기증. 德川賴貞
鐵製神刀	조선	歷史部第11區 3775	『年譜(1927년)』	기증. 德川賴貞
幡	조선	歷史部第11區 3776	『年譜(1927년)』	기증. 德川賴貞
履	조선	歷史部第11區 3777	『年譜(1927년)』	기증. 德川賴貞
草鞋	조선	歷史部第11區 3778	『年譜(1927년)』	기증. 德川賴貞
木製茶托	조선	歷史部第11區 3779	『年譜(1927년)』	기증. 德川賴貞
木鉢	조선	歷史部第11區 3780	『年譜(1927년)』	기증. 德川賴貞
眞鍮製鋺	조선	歷史部第11區 3781	『年譜(1927년)』	기증. 德川賴貞
眞鍮製盌	조선	歷史部第11區 3782	『年譜(1927년)』	기증. 德川賴貞
蓋物	조선	歷史部第11區 3783	『年譜(1927년)』	기증. 德川賴貞

품명	출토지	유물번호	출처	비고
眞鍮製鋺 2개	조선	歷史部第11區 3684, 3785	『年譜(1927년)』	기증. 德川賴貞
眞鍮製壺	조선	歷史部第11區 3786	『年譜(1927년)』	기증. 德川賴貞
眞鍮製鉢	조선	歷史部第11區 3787	『年譜(1927년)』	기증. 德川賴貞
眞鍮製盌	조선	歷史部第11區 3788	『年譜(1927년)』	기증. 德川賴貞
眞鍮製蓋	조선	歷史部第11區 3789	『年譜(1927년)』	기증. 德川賴貞
眞鍮製鋺	조선	歷史部第11區 3790	『年譜(1927년)』	기증. 德川賴貞
鐵製神仙爐	조선	歷史部第11區 3791	『年譜(1927년)』	기증. 德川賴貞
陶製注口付壺	조선	歷史部第11區 3792	『年譜(1927년)』	기증. 德川賴貞
琵琶	조선	歷史部第11區 3793	『年譜(1927년)』	기증. 德川賴貞
神仙爐	조선	歷史部第11區 3794	『年譜(1927년)』	기증. 德川賴貞
眞鍮製匙 4본	조선	歷史部第11區 3795~3798	『年譜(1927년)』	기증. 德川賴貞
靑銅製匙殘缺	조선	歷史部第11區 3799	『年譜(1927년)』	기증. 德川賴貞
靑銅製鋏	조선	歷史部第11區 3800	『年譜(1927년)』	기증. 德川賴貞
靑銅製耳付毛拔	조선	歷史部第11區 3801	『年譜(1927년)』	기증. 德川賴貞
靑銅製留針	조선	歷史部第11區 3802	『年譜(1927년)』	기증. 德川賴貞
銅鋺 2개	조선 발굴	歷史部第11區 3803, 3804	『年譜(1927년)』	기증. 德川賴貞
陶製鉢 7개	조선 발굴	歷史部第11區 3806~3812	『年譜(1927년)』	기증. 德川賴貞
鐵製兜 2개		歷史部第11區 3813, 3814	『年譜(1927년)』	기증. 德川賴貞
木履		歷史部第11區 3815	『年譜(1927년)』	기증. 德川賴貞
弓		歷史部第11區 3816	『年譜(1927년)』	기증. 德川賴貞
草笠		歷史部第11區 3922	『年譜(1927년)』	기증. 德川賴貞
方格蝶文鏡		歷史部第11區 3926	『年譜(1927년)』	기증. 德川賴貞
海獸葡萄鏡		歷史部第11區 3927	『年譜(1927년)』	기증. 德川賴貞
四乳四禽鏡		歷史部第11區 3928	『年譜(1927년)』	기증. 德川賴貞
雙鸞唐草八稜鏡 2면		歷史部第11區 3929, 3930	『年譜(1927년)』	기증. 德川賴貞
皇丕昌天八稜鏡		歷史部第11區 3931	『年譜(1927년)』	기증. 德川賴貞
瑞華五花鏡		歷史部第11區 3932	『年譜(1927년)』	기증. 德川賴貞
雙鸞唐草五花鏡		歷史部第11區 3933	『年譜(1927년)』	기증. 德川賴貞
皇丕昌天八稜鏡		歷史部第11區 3934	『年譜(1927년)』	기증. 德川賴貞
雙鸞唐草文八稜鏡		歷史部第11區 3935	『年譜(1927년)』	기증. 德川賴貞
湖洲素文柄鏡		歷史部第11區 3936	『年譜(1927년)』	기증. 德川賴貞
四字鏡		歷史部第11區 3937	『年譜(1927년)』	기증. 德川賴貞

품명	출토지	유물번호	출처	비고
羅漢樓閣八稜鏡		歷史部第11區 3938	『年譜(1927년)』	기증. 德川賴貞
海浦旭日瑞獸八花鏡		歷史部第11區 3939	『年譜(1927년)』	기증. 德川賴貞
唐草六花鏡		歷史部第11區 3940	『年譜(1927년)』	기증. 德川賴貞
雙獸鏡		歷史部第11區 3941	『年譜(1927년)』	기증. 德川賴貞
八卦十二支星宿鏡		歷史部第11區 3942	『年譜(1927년)』	기증. 德川賴貞
鴛鴦唐草鏡		歷史部第11區 3943	『年譜(1927년)』	기증. 德川賴貞
鴛鴦唐草八稜鏡		歷史部第11區 3944	『年譜(1927년)』	기증. 德川賴貞
瑞花鏡		歷史部第11區 3945	『年譜(1927년)』	기증. 德川賴貞
方格四神鏡		歷史部第11區 3946	『年譜(1927년)』	기증. 德川賴貞
凹面柄鏡		歷史部第11區 3947	『年譜(1927년)』	기증. 德川賴貞
素文八花鏡 3면		歷史部第11區 3948~3950	『年譜(1927년)』	기증. 德川賴貞
雙鳥唐草八稜鏡		歷史部第11區 3951	『年譜(1927년)』	기증. 德川賴貞
素文鏡		歷史部第11區 3952	『年譜(1927년)』	기증. 德川賴貞
雙龍鏡		歷史部第11區 3953	『年譜(1927년)』	기증. 德川賴貞
素文鏡		歷史部第11區 3954	『年譜(1927년)』	기증. 德川賴貞
雙鳳唐草鏡		歷史部第11區 3955	『年譜(1927년)』	기증. 德川賴貞
雙龍文鏡		歷史部第11區 3956	『年譜(1927년)』	기증. 德川賴貞
龍樹佛閣鏡		歷史部第11區 3957	『年譜(1927년)』	기증. 德川賴貞
素文鏡 2면		歷史部第11區 3958, 3959	『年譜(1927년)』	기증. 德川賴貞
七寶文鏡		歷史部第11區 3960	『年譜(1927년)』	기증. 德川賴貞
素文長方鏡		歷史部第11區 3961	『年譜(1927년)』	기증. 德川賴貞
素文八花鏡		歷史部第11區 3962	『年譜(1927년)』	기증. 德川賴貞
鴛鴦唐草八稜鏡		歷史部第11區 3963	『年譜(1927년)』	기증. 德川賴貞
湖洲角入方鏡		歷史部第11區 3964	『年譜(1927년)』	기증. 德川賴貞
湖洲方鏡		歷史部第11區 3965	『年譜(1927년)』	기증. 德川賴貞
花文五花鏡		歷史部第11區 3966	『年譜(1927년)』	기증. 德川賴貞
菊花飛雀鏡		歷史部第11區 3967	『年譜(1927년)』	기증. 德川賴貞
鴛鴦唐草八稜鏡		歷史部第11區 3968	『年譜(1927년)』	기증. 德川賴貞
花文方鏡		歷史部第11區 3969	『年譜(1927년)』	기증. 德川賴貞
雙龍六花鏡		歷史部第11區 3970	『年譜(1927년)』	기증. 德川賴貞
煙草入		歷史部第11區 3971	『年譜(1927년)』	기증. 德川賴貞
石鍋 2개		歷史部第11區 3978, 3979	『年譜(1927년)』	기증. 德川賴貞

품명	출토지	유물번호	출처	비고
碗 4개		歷史部第11區 3980~3983	『年譜(1927년)』	기증. 德川賴貞
網巾		歷史部第11區 3984	『年譜(1927년)』	기증. 德川賴貞
花鳥草文鏡		歷史部第11區 3997	『年譜(1927년)』	기증. 德川賴貞
人物畫像八稜鏡		歷史部第11區 3998	『年譜(1927년)』	기증. 德川賴貞
朝鮮箕子廟巴瓦		美術部第1區第1類 1347	『年譜(1927년)』	기증. 德川賴貞
開城南大門下棟飾	개성	美術部第1區第1類 1357	『年譜(1927년)』	기증. 德川賴貞
靑磁鉢 2점			『東博圖版目錄』 2007, 圖6, 7	기증, 1927년 10월 6일, 德川賴貞
黑漆螺鈿手箱	고려시대	美術工藝部第3區 內435, 圖版33	『年譜(1928년)』51)	구입
彫三島茶碗		美術工藝部第2區	『年譜(1928년)』	出品返還. 岡野悅郞
土器 2건			『東博圖版目錄』 2004	기증. 1928년 遠山佑吉. 1966년 외무성으로 관리로 넘어갔다.
鋏	한국산으로 추정	歷史部第11區 4010	『年譜(1929년)』52)	구입
비녀	한국산으로 추정	歷史部第11區 4011	『年譜(1929년)』	구입
四環文巴瓦 2개	한국산으로 추정	歷史部第11區 4012, 4013	『年譜(1929년)』	구입
千秋萬歲巴瓦	한국산으로 추정	歷史部第11區 4014	『年譜(1929년)』	구입
巴瓦 9개	한국산으로 추정	歷史部第11區 4015~4113	『年譜(1929년)』	구입
平瓦殘片 4개	한국산으로 추정	歷史部第11區 4114~4117	『年譜(1929년)』	구입
樂浪禮官巴瓦	한국산으로 추정	歷史部第11區 4118	『年譜(1929년)』	구입
樂浪富貴巴瓦 2개	한국산으로 추정	歷史部第11區 4119	『年譜(1929년)』	구입
平瓦殘片 2개	한국산으로 추정	歷史部第11區 4120, 1421	『年譜(1929년)』	구입
樂浪富貴巴瓦	한국산으로 추정	歷史部第11區 4123	『年譜(1929년)』	구입
四環文巴瓦 5개	한국산으로 추정	歷史部第11區 4124~4128	『年譜(1929년)』	구입
石麟	낙랑유지 발굴	歷史部第11區 4129	『年譜(1929년)』	구입53)
TLV式鏡	낙랑유지 발굴	歷史部第11區 4130	『年譜(1929년)』	구입
銅劍	낙랑유지 발굴	歷史部第11區 4131	『年譜(1929년)』	구입
鳥形土器	낙랑유지 발굴	歷史部第11區 4132	『年譜(1929년)』	구입
陶硯	낙랑유지 발굴	歷史部第11區 4133	『年譜(1929년)』	구입
斧頭 2개	낙랑유지 발굴	歷史部第11區 4234, 4235	『年譜(1929년)』	구입
鉾殘缺	낙랑유지 발굴	歷史部第11區 4136	『年譜(1929년)』	구입

품명	출토지	유물번호	출처	비고
靑銅器殘缺	경주부근 발굴	歷史部第11區 4137	『年譜(1929년)』	구입
銅製馬形帶勾		歷史部第11區 4138	『年譜(1929년)』	구입
漆繪盆	조선시대	美術工藝部第2區 內442, 圖版29	『年譜(1929년)』	구입
金銅製銙 3개	경북 발굴	歷史部第11區 4139~4141	『年譜(1930년)』 54)	구입
金銅製銙 17개	경북 발굴	歷史部第11區 4142	『年譜(1930년)』	구입
金銅製金具	경북 발굴	歷史部第11區 4143	『年譜(1930년)』	구입
金銅製金具 2개	경북 발굴	歷史部第11區 4244	『年譜(1930년)』	구입
金銅製金具	경북 발굴	歷史部第11區 4245	『年譜(1930년)』	구입
金銅製環頭太刀柄頭	경북 발굴	歷史部第11區 4146	『年譜(1930년)』	구입
鐵製鉾		歷史部第11區 4147	『年譜(1930년)』	구입
眞鍮製銛		歷史部第11區 4148	『年譜(1930년)』	구입
陶製金時默墓誌		歷史部第11區 4149	『年譜(1930년)』	구입
甑 22개	한국 것으로 추정	歷史部第11區 4150~4171	『年譜(1930년)』	구입
內行花文鏡	한국 것으로 추정	歷史部第11區 4172	『年譜(1930년)』	구입
方格丁字鏡	한국 것으로 추정	歷史部第11區 4173	『年譜(1930년)』	구입
內行花文鏡	한국 것으로 추정	歷史部第11區 4174	『年譜(1930년)』	구입
銅鉾	한국 것으로 추정	歷史部第11區 4174	『年譜(1930년)』	구입
黑漆螺鈿箱	조선초기	美術工藝部 內450	『年譜(1930년)』	구입
鐵製斧頭	낙랑유적 발굴	歷史部第11區 4176	『年譜(1931년)』 55)	기증. 江浪芳太郎
鐵製斧頭	낙랑유적 발굴	歷史部第11區 4177	『年譜(1931년)』	기증. 江浪芳太郎
鐵金具殘缺 2개	낙랑유적 발굴	歷史部第11區 4178	『年譜(1931년)』	기증. 江浪芳太郎
鐵製槍身 2본	낙랑유적 발굴	歷史部第11區 4179, 4180	『年譜(1931년)』	기증. 江浪芳太郎
瓦器殘片	낙랑유적 발굴	歷史部第11區 4181	『年譜(1931년)』	기증. 江浪芳太郎
黑漆螺鈿筥	조선시대	美術工藝部第3區 內452, 圖版29	『年譜(1931년)』	구입
鐙瓦 4개, 宇瓦 1개, 塼 1개	경주 분황사 발견	歷史部第4區 2232	『年譜(1932년)』 56)	구입. 高橋健自氏 蒐集古瓦
鐙瓦 3개, 椑瓦 1개, 宇瓦 4개, 塼 3개	경주 사천왕사 발견	歷史部第4區 2232	『年譜(1932년)』	구입. 高橋健自氏 蒐集古瓦
鐙瓦 3개	경주 황룡사지 발견	歷史部第4區 2232	『年譜(1932년)』	구입. 高橋健自氏 蒐集古瓦

품명	출토지	유물번호	출처	비고
鐙瓦 1개	경주 삼랑사지 발견	歷史部第4區 2232	『年譜(1932년)』	구입. 高橋健自氏 蒐集古瓦
鐙瓦 1개	경주 보문사지 발견	歷史部第4區 2232	『年譜(1932년)』	구입. 高橋健自氏 蒐集古瓦
鐙瓦 1개, 宇瓦 1개	경주 반월성지 발견	歷史部第4區 2232	『年譜(1932년)』	구입. 高橋健自氏 蒐集古瓦
鐙瓦 5개, 宇瓦 2개	경주 임해전지 발견	歷史部第4區 2232	『年譜(1932년)』	구입. 高橋健自氏 蒐集古瓦
鐙瓦 1개	경주 인왕사지 발견	歷史部第4區 2232	『年譜(1932년)』	구입. 高橋健自氏 蒐集古瓦
鐙瓦 1개	경주 포석정부근 발견	歷史部第4區 2232	『年譜(1932년)』	구입. 高橋健自氏 蒐集古瓦
鐙瓦 1개	경주 견곡면 나원 발견	歷史部第4區 2232	『年譜(1932년)』	구입. 高橋健自氏 蒐集古瓦
宇瓦 1개	경주 배반리 발견	歷史部第4區 2232	『年譜(1932년)』	구입. 高橋健自氏 蒐集古瓦
鐙瓦 14개, 宇瓦 26개, 平瓦 2개, 鬼瓦 1개, 棰瓦 1개	경주 부근	歷史部第4區 2232	『年譜(1932년)』	구입. 高橋健自氏 蒐集古瓦
鐙瓦 1개	경주 황오리	歷史部第4區 2232	『年譜(1932년)』	구입. 高橋健自氏 蒐集古瓦
鐙瓦 3개	백제평제탑(정림사지탑) 발견	歷史部第4區 2232	『年譜(1932년)』	구입. 高橋健自氏 蒐集古瓦
鐙瓦 1개	부여 사비루 발견	歷史部第4區 2232	『年譜(1932년)』	구입. 高橋健自氏 蒐集古瓦
鐙瓦 1개, 棰瓦 1개	부여산 발견	歷史部第4區 2232	『年譜(1932년)』	구입. 高橋健自氏 蒐集古瓦
鐙瓦 2개, 宇瓦 7개	만월대 발견	歷史部第4區 2232	『年譜(1932년)』	구입. 高橋健自氏 蒐集古瓦
鐙瓦 1개	유점사 발견	歷史部第4區 2232	『年譜(1932년)』	구입. 高橋健自氏 蒐集古瓦
鐙瓦 3개	낙랑 발견	歷史部第4區 2232	『年譜(1932년)』	구입. 高橋健自氏 蒐集古瓦
鐙瓦 22개	평양부근 발견	歷史部第4區 2232	『年譜(1932년)』	구입. 高橋健自氏 蒐集古瓦
鐙瓦 1개	洞溝城 발견	歷史部第4區 2232	『年譜(1932년)』	구입. 高橋健自氏 蒐集古瓦

품명	출토지	유물번호	출처	비고
鐙瓦 1개, 宇瓦 2개	禾洞부근 발견	歷史部第4區 2232	『年譜(1932년)』	구입. 高橋健自氏 蒐集古瓦
鐙瓦 3개	장군총 발견	歷史部第4區 2232	『年譜(1932년)』	구입. 高橋健自氏 蒐集古瓦
鐙瓦 3개, 塼 4개	대왕릉 발견	歷史部第4區 2232	『年譜(1932년)』	구입. 高橋健自氏 蒐集古瓦
漆案脚殘片 3개	평남 대동강면 낙랑고분	歷史部第11區 4207~4209	『年譜(1932년)』	구입
勾玉	공주 발견	歷史部第11區 4210	『年譜(1932년)』	구입
金製耳飾 1쌍	공주 발견	歷史部第11區 4211	『年譜(1932년)』	구입
金環 2개	공주 발견	歷史部第11區 4212	『年譜(1932년)』	구입
壺 3점	공주 발견	歷史部第11區 4213~4215	『年譜(1932년)』	구입
石劍	회령부근 발견	歷史部第11區 4224	『年譜(1932년)』	구입
石劍	회령부근 발견	歷史部第11區 4225	『年譜(1932년)』	구입
石斧	회령부근 발견	歷史部第11區 4226	『年譜(1932년)』	구입
元始四年銘漆耳杯	평남 대동군 대동강면 석암리 제201호고분 발굴	歷史部第11區 4230, 圖版11,12	『年譜(1932년)』	구입. 1931년 9월~10월에 정식 발굴, (이것은 조선고적연구회에서 寄贈한 것이지만 구입 처리하고 있음. *〈朝鮮古蹟研究會理事協議要項〉 동경제실박물관에 진열품과 발굴품 내 약간의 기증 건에 나타나 있음)
居攝三年銘漆盤殘缺	대동군 대동강면 석암리 제201호고분 발굴	歷史部第11區 4231	『年譜(1932년)』	구입(조선고적연구회에서 기증한 것임)
大利銘漆畵耳杯殘缺	평남 대동군 대동강면 석암리 제201호고분 발굴	歷史部第11區 4232	『年譜(1932년)』	구입(조선고적연구회에서 기증한 것임)
大型漆匣殘缺	대동군 대동강면 석암리 제201호고분 발굴	歷史部第11區 4233	『年譜(1932년)』	구입(조선고적연구회에서 기증한 것임)
彫文漆匣殘片 2개	대동군 대동강면 석암리 제201호고분 발굴	歷史部第11區 4234	『年譜(1932년)』	구입(조선고적연구회에서 기증한 것임)

품명	출토지	유물번호	출처	비고
銅弩箭(?) 7개	대동군 대동강면 석암리 제201호고분 발굴	歷史部第11區 4235	『年譜(1932년)』	구입(조선고적연구회에서 기증한 것임)
漆鞘付鐵鉾	대동군 대동강면 석암리 제201호고분 발굴	歷史部第11區 4236	『年譜(1932년)』	구입(조선고적연구회에서 기증한 것임)
脚 2개	대동군 대동강면 석암리 제201호고분 발굴	歷史部第11區 4237	『年譜(1932년)』	구입(이하는 기증으로 나타나 있지 않으나 위를 미루어 볼 때 조선고적연구회에서 기증한 것으로 보임, 만약 그렇지 않다면 정식 발굴한 것을 팔아먹은 것으로 밖에 볼 수 없다.)
土器蓋	대동군 대동강면 석암리 제201호고분 발굴	歷史部第11區 4238	『年譜(1932년)』 『東博圖版目錄』 2004.[57]	구입
漆耳杯	평남 대동군 대동강면 석암리 제201호고분 발굴	歷史部第11區 4239	『年譜(1932년)』	구입
漆耳杯	대동군 대동강면 석암리 제201호고분 발굴	歷史部第11區 4240	『年譜(1932년)』	구입
漆耳杯	대동군 대동강면 석암리 제201호고분 발굴	歷史部第11區 4241	『年譜(1932년)』	구입
漆耳杯	대동군 대동강면 석암리 제201호고분 발굴	歷史部第11區 4242	『年譜(1932년)』	구입
木馬	평남 대동강면 남정리 제116호고분	歷史部第11區 4257	『年譜(1932년)』	구입(조선고적연구회에서 기증한 것임)
木馬殘缺	대동강면 남정리 제116호고분	歷史部第11區 4258	『年譜(1932년)』	구입(조선고적연구회에서 기증한 것임)
漆盤	대동강면 남정리 제116호고분	歷史部第11區 4259	『年譜(1932년)』	구입(조선고적연구회에서 기증한 것임)
漆匙	대동강면 남정리 제116호고분	歷史部第11區 4260	『年譜(1932년)』	구입(조선고적연구회에서 기증한 것임)

품명	출토지	유물번호	출처	비고
栗 8개	대동강면 남정리 제116호고분	歷史部第11區 4261	『年譜(1932년)』	구입(조선고적연구회에서 기증한 것임)
楔 3개	대동강면 남정리 제116호고분	歷史部第11區 4262	『年譜(1932년)』	구입(조선고적연구회에서 기증한 것임)
磨製石鏃 3건	공주 발견	歷史部第11區 4227	『年譜(1932년)』	기증. 輕部慈恩
小玉	공주 발견	歷史部第11區 4228	『年譜(1932년)』	기증. 輕部慈恩
磨製石器	공주 발견	歷史部第11區 4229	『年譜(1932년)』	기증. 輕部慈恩
壺	공주발견		『東博圖版目錄』 2004.58)39	구입. 輕部慈恩. 舊藏
蓮花紋鐙瓦 2개	부여	28988, 28989	『收藏品目錄』, 1956.	기증. 輕部慈恩
琉璃製小玉 一連	공주	28891	『收藏品目錄』, 1956.	기증. 輕部慈恩
磨製石劍 2개	공주	28669, 28670	『收藏品目錄』, 1956.	기증. 輕部慈恩
銅製佛形立像 (長6.5糎)	공주부근 발견	歷史部第11區 4263	『年譜(1932년)』	採集
水指	조선시대	美術工藝部第2區 內873	『年譜(1932년)』	구입
雨涙水鉢	조선시대	美術工藝部第2區 內875	『年譜(1932년)』	구입
青磁刻文茶盌		美術工藝部第2區 內878	『年譜(1932년)』	구입
青磁象嵌文鉢 2점		美術工藝部第2區 內879, 880	『年譜(1932년)』	구입
鐵砂釉仙盞瓶		美術工藝部第2區 內881	『年譜(1932년)』	구입
三島手鉢		美術工藝部第2區 內882	『年譜(1932년)』	구입
三島手平茶盌		美術工藝部第2區 內883	『年譜(1932년)』	구입
三島手皿		美術工藝部第2區 內884	『年譜(1932년)』	구입
雨涙手馬上杯		美術工藝部第2區 內885	『年譜(1932년)』	구입
刷毛目盞 5점		美術工藝部第2區 內 886~890	『年譜(1932년)』	구입
繪高麗德利		美術工藝部第2區 內891	『年譜(1932년)』	구입
繪高麗鉢		美術工藝部第2區 內892	『年譜(1932년)』	구입
三島手鉢 3점		美術工藝部第2區 內 893~895	『年譜(1932년)』	구입
三島手盞 2점		美術工藝部第2區 內 896, 897	『年譜(1932년)』	구입

품명	출토지	유물번호	출처	비고
三島手鉢		美術工藝部第2區 內898	『年譜(1932년)』	구입
三島手茶盌 2점		美術工藝部第2區 內 899, 900	『年譜(1932년)』	구입
三島手盞		美術工藝部第2區 內901	『年譜(1932년)』	구입
粉吹手鉢		美術工藝部第2區 內902	『年譜(1932년)』	구입
刷毛目茶盌		美術工藝部第2區 內903	『年譜(1932년)』	구입
刷毛目鉢		美術工藝部第2區 內904	『年譜(1932년)』	구입
刷毛目茶盌		美術工藝部第2區 內905	『年譜(1932년)』	구입
刷毛目盞 4점		美術工藝部第2區 內 906~909	『年譜(1932년)』	구입
繪高麗德利		美術工藝部第2區 內910	『年譜(1932년)』	구입
繪高麗德利		美術工藝部第2區 內911	『年譜(1932년)』	구입
繪高麗馬上杯		美術工藝部第2區 內912	『年譜(1932년)』	구입
繪高麗盞		美術工藝部第2區 內913	『年譜(1932년)』	구입
繪高麗壺		美術工藝部第2區 內914	『年譜(1932년)』	구입
三島手茶盌		美術工藝部第2區 內915	『年譜(1932년)』	구입
刷毛目盞		美術工藝部第2區 內916	『年譜(1932년)』	구입
刷毛目盞		美術工藝部第2區 內917	『年譜(1932년)』	구입
刷毛目盞		美術工藝部第2區 內918	『年譜(1932년)』	구입
堅手茶盌		美術工藝部第2區 內919	『年譜(1932년)』	구입
碧釉瓦		美術工藝部第2區 內920	『年譜(1932년)』	구입
繪高麗德利		美術工藝部第2區 內921	『年譜(1932년)』	구입
청자 등 수십 점		美術工藝部第2區	『年譜(1932년)』	기증.橫河民輔, 중국도자기와 함께 목록에 실려 있으나 정확히 구분하지 않고 있음
鬼瓦	경주 사천왕사지	歷史部第11區 4265	『年譜(1933년)』59)	구입
鬼瓦	경주 사천왕사지	歷史部第11區 4266	『年譜(1933년)』	구입
鬼瓦	경주 인왕리	歷史部第11區 4267	『年譜(1933년)』	구입
鬼瓦	경주 흥복사지	歷史部第11區 4368	『年譜(1933년)』	구입
鬼瓦	경주 석불사	歷史部第11區 4269	『年譜(1933년)』	구입
鬼瓦	경주 굴불사	歷史部第11區 4270	『年譜(1933년)』	구입
鬼瓦	경주 인왕사지	歷史部第11區 4271	『年譜(1933년)』	구입
宇瓦	임해전지	歷史部第11區 4272	『年譜(1933년)』	구입

품명	출토지	유물번호	출처	비고
宇瓦	임해전지	歷史部第11區 4273	『年譜(1933년)』	구입
宇瓦	창림사지	歷史部第11區 4274	『年譜(1933년)』	구입
宇瓦	창림사지	歷史部第11區 4275	『年譜(1933년)』	구입
宇瓦	흥복사지	歷史部第11區 4276	『年譜(1933년)』	구입
宇瓦	황룡사지	歷史部第11區 4277	『年譜(1933년)』	구입
宇瓦	분황사지	歷史部第11區 4278	『年譜(1933년)』	구입
宇瓦	사천왕사지	歷史部第11區 4279	『年譜(1933년)』	구입
宇瓦	천군리사지	歷史部第11區 4280	『年譜(1933년)』	구입
宇瓦	천군리사지	歷史部第11區 4281	『年譜(1933년)』	구입
宇瓦	남산리	歷史部第11區 4282	『年譜(1933년)』	구입
宇瓦	남산리 장창지	歷史部第11區 4283	『年譜(1933년)』	구입
鐙瓦 5개	임해전지	歷史部第11區 4284~4288	『年譜(1933년)』	구입
鐙瓦 3개	사천왕사지	歷史部第11區 4289~4291	『年譜(1933년)』	구입
鐙瓦 7개	남간사지	歷史部第11區 4292~4297	『年譜(1933년)』	구입
鐙瓦 2개	남산 출토	歷史部第11區 4298,4299	『年譜(1933년)』	구입
鐙瓦	남산리 출토	歷史部第11區 4300	『年譜(1933년)』	구입
鐙瓦 2개	보문사지	歷史部第11區 4301, 4302	『年譜(1933년)』	구입
鐙瓦 4개	서면 부성산	歷史部第11區 4303~4306	『年譜(1933년)』	구입
鐙瓦	고류사지	歷史部第11區 4307	『年譜(1933년)』	구입
鐙瓦	고선사지	歷史部第11區 4308	『年譜(1933년)』	구입
鐙瓦 3개	흥륜사지	歷史部第11區 4309~4311	『年譜(1933년)』	구입
鐙瓦	창림사지	歷史部第11區 4312	『年譜(1933년)』	구입
鐙瓦	동천리	歷史部第11區 4313	『年譜(1933년)』	구입
鐙瓦	노서리	歷史部第11區 4314	『年譜(1933년)』	구입
鐙瓦	천군리	歷史部第11區 4315	『年譜(1933년)』	구입
鐙瓦 2개	언양리	歷史部第11區 4316, 4317	『年譜(1933년)』	구입
鐙瓦	황성사지	歷史部第11區 4318	『年譜(1933년)』	구입
鐙瓦	황룡사지	歷史部第11區 4319	『年譜(1933년)』	구입
鐙瓦	망덕사지	歷史部第11區 4320	『年譜(1933년)』	구입
鐙瓦	만정사지	歷史部第11區 4321	『年譜(1933년)』	구입
鐙瓦 4개	경주 출토	歷史部第11區 4322~4325	『年譜(1933년)』	구입
鐙瓦 2개	부여 출토	歷史部第11區 4326, 4327	『年譜(1933년)』	구입
塼	임해전지	歷史部第11區 4328	『年譜(1933년)』	구입
塼	사천왕사지	歷史部第11區 4329	『年譜(1933년)』	구입

품명	출토지	유물번호	출처	비고
塼 4개	울산 출토	歷史部第11區 4330~4333	『年譜(1933년)』	구입
金製耳飾 1쌍		歷史部第11區 4335	『年譜(1933년)』	구입
環頭太刀殘缺		歷史部第11區 4336	『年譜(1933년)』	구입
漆盤	평남 대동강면 낙랑고분 발굴	歷史部第11區 4337	『年譜(1933년)』	구입
金製耳飾 1쌍		歷史部第11區 4338	『年譜(1933년)』	구입
繪高麗德利		美術工藝部第2區 內927	『年譜(1933년)』	기증. 1933년 5월 10일, 工藤壯平
文石	강원도	歷史部第11區 4358, 圖版22	『年譜(1934년)』	구입
文石	강원도	歷史部第11區 4359	『年譜(1934년)』	구입
陶製壺	조선 발굴	歷史部第11區 4360	『年譜(1934년)』	구입
坩形土器	경주 발굴	歷史部第11區 4361, 圖版23	『年譜(1934년)』	구입
盌形土器	경주 발굴	歷史部第11區 4362	『年譜(1934년)』	구입
土器蓋	경주 발굴	歷史部第11區 4365	『年譜(1934년)』	구입
骨壺	경주 발굴	歷史部第11區 4366	『年譜(1934년)』	구입
陶製瓶	경주 발굴	歷史部第11區 4367	『年譜(1934년)』	구입
陶製裝飾付坩	경주 발굴	歷史部第11區 4368	『年譜(1934년)』	구입
細形銅劍	경남 창령 발굴	歷史部第11區 4369	『年譜(1934년)』	구입
陶製杯	부여	29002, 歷史部第11區 4340	『收藏品目錄』, 1956; 『年譜(1934년)』	기증. 矢島恭介
陶製脚附杯	부여	29001, 歷史部第11區 4339	『收藏品目錄』, 1956; 『年譜(1934년)』	기증. 矢島恭介
佛形立像 (高11.6糎)	조선 발견	歷史部第11區 4341	『年譜(1934년)』; 『收藏品目錄』, 1956.	기증. 菅貞助
金製太環式耳飾 1쌍	경주 노서리 제215번지 고분 발굴	歷史部第11區 4346, 圖版24	『年譜(1934년)』	기증. 今井田清德
金製頸飾 1連	경주 노서리 제215번지 고분 발굴	歷史部第11區 4347, 圖版25	『年譜(1934년)』	기증. 今井田清德
玉製頸飾 1連	경주 노서리 제215번지 고분 발굴	歷史部第11區 4348	『年譜(1934년)』	기증. 今井田清德
金製指輪	경주 노서리 제215번지 고분 발굴	歷史部第11區 4349	『年譜(1934년)』	기증. 今井田清德
金製指輪	경주 노서리 제215번지 고분 발굴	歷史部第11區 4350	『年譜(1934년)』	기증. 今井田清德

품명	출토지	유물번호	출처	비고
銀製指輪	경주 노서리 제215번지고분 발굴	歷史部第11區 4351	『年譜(1934년)』	기증. 今井田淸德
銀製指輪	경주 노서리 제215번지고분 발굴	歷史部第11區 4352	『年譜(1934년)』	기증. 今井田淸德
金製釧	경주 노서리 제215번지고분 발굴	歷史部第11區 4353, 圖版26	『年譜(1934년)』	기증. 今井田淸德
銀製釧	경주 노서리 제215번지고분 발굴	歷史部第11區 4354	『年譜(1934년)』	기증. 今井田淸德
金製太環式耳飾 1쌍	경주 황오리 제16호분 발굴	歷史部第11區 4355, 圖版24	『年譜(1934년)』	기증. 今井田淸德
玉製頸飾 1連	경주 황오리 제16호분 발굴	歷史部第11區 4356	『年譜(1934년)』	기증. 今井田淸德
金製太環式耳飾 1쌍	경주 황오리 제16호분 발굴	歷史部第11區 4357, 圖版27	『年譜(1934년)』	기증. 今井田淸德
螺鈿懸筒	조선 시대	美術工藝部第2區 內482, 圖版57	『年譜(1934년)』	구입
把手付杯	경남 웅동면 마천리 용금동 발굴	『東博圖版目錄』2004. 圖56	기증.1935년 乾慶藏	
巴手付坩	경남 웅동면 마천리 발굴	歷史部第11區 4521	『年譜(1935년)』	기증. 乾慶藏
弩機	평남 대동강면 낙랑고분 발굴	歷史部第11區 4371, 圖版26	『年譜(1935년)』[61]	구입
石羊	강원도 발견, 고려시대	歷史部第11區 4375, 圖版27	『年譜(1935년)』	구입
石羊	강원도 발견, 고려시대	歷史部第11區 4376	『年譜(1935년)』	구입
古墳扉金具	경남 창령 발굴	歷史部第11區 4378	『年譜(1935년)』	구입
鐵製柄頭	경남 창령 발굴	歷史部第11區 4379	『年譜(1935년)』	구입
車軸頭	조선 낙랑	歷史部第11區 4398	『年譜(1935년)』	구입
石斧 2점	경주 발견	歷史部第11區 4399, 4400	『年譜(1935년)』	구입
砥石	경주 발견	歷史部第11區 4401	『年譜(1935년)』	구입
石器	경주 발견	歷史部第11區 4402	『年譜(1935년)』	구입
石環	경주 발견	歷史部第11區 4403	『年譜(1935년)』	구입
石庖丁	경주 발견	歷史部第11區 4404	『年譜(1935년)』	구입
石劍 2점	경주 발견	歷史部第11區 4405, 4406	『年譜(1935년)』	구입
石劍殘片	경주 발견	歷史部第11區 4407	『年譜(1935년)』	구입
石槍殘片	경주 발견	歷史部第11區 4408	『年譜(1935년)』	구입
石鏃 3개	경주 발견	歷史部第11區 4409~4411	『年譜(1935년)』	구입
細形銅劍	경북 천북면 신당리	歷史部第11區 4412	『年譜(1935년)』	구입

품명	출토지	유물번호	출처	비고
銅鏃	경북 천북면 신당리	歷史部第11區 4413	『年譜(1935년)』	구입
金製頸飾 1連	경주 황남리	歷史部第11區 4414	『年譜(1935년)』	구입
金製耳飾 2쌍	경주 황남리	歷史部第11區 4415, 4416	『年譜(1935년)』	구입
金製耳飾殘缺	경주 황남리	歷史部第11區 4417	『年譜(1935년)』	구입
金環 3개	경주 황남리	歷史部第11區 4418	『年譜(1935년)』	구입
金製太環	경주 황남리	歷史部第11區 4419	『年譜(1935년)』	구입
小玉 11連	경주 발굴	歷史部第11區 4420~4430	『年譜(1935년)』	구입
切子玉 8개	경주 발굴	歷史部第11區 4431	『年譜(1935년)』	구입
勾玉 2점	경주 발굴	歷史部第11區 4432, 4433	『年譜(1935년)』	구입
水晶製勾玉 3개	경주 발굴	歷史部第11區 4434	『年譜(1935년)』	구입
算盤玉	경주 발굴	歷史部第11區 4435	『年譜(1935년)』	구입
琉璃製小玉 3개	경주 발굴	歷史部第11區 4436	『年譜(1935년)』	구입
切子玉 9개	경주 발굴	歷史部第11區 4437	『年譜(1935년)』	구입
丸玉 2개	경주 발굴	歷史部第11區 4438	『年譜(1935년)』	구입
小玉 13개	경주 발굴	歷史部第11區 4439	『年譜(1935년)』	구입
金銅製帶金具 2개	경주 보문리 발굴	歷史部第11區 4440	『年譜(1935년)』	구입
銀製帶金具 2개	경주 황남리 발굴	歷史部第11區 4441	『年譜(1935년)』	구입
銀製帶金具 2개	경주 황남리 발굴	歷史部第11區 4442	『年譜(1935년)』	구입
毛拔	경주 보문리 발굴	歷史部第11區 4443	『年譜(1935년)』	구입
垂下飾 17개	경주 보문리 발굴	歷史部第11區 4444	『年譜(1935년)』	구입
垂下飾 2개	경주 보문리 발굴	歷史部第11區 4445	『年譜(1935년)』	구입
金銅製柄頭 2점	경주 발굴	歷史部第11區 4446, 4447	『年譜(1935년)』	구입
銀製柄頭	경주 발굴	歷史部第11區 4448	『年譜(1935년)』	구입
金銅製杏葉 2개	경주 황남리 발굴	歷史部第11區 4449	『年譜(1935년)』	구입
金銅製雲珠殘缺 2개	경주 황남리 발굴	歷史部第11區 4450	『年譜(1935년)』	구입
銅製馬鐸	경주 황남리 발굴	歷史部第11區 4451	『年譜(1935년)』	구입
鐎斗殘缺 3개	경주 황남리 발굴	歷史部第11區 4452	『年譜(1935년)』	구입
金銅製佛形立像 (高10.8糎)	경주 황남리 발굴	歷史部第11區 4453, 圖版28	『年譜(1935년)』	구입
金銅製佛形立像 (高4.8糎)	경주 황남리 발굴	歷史部第11區 4454	『年譜(1935년)』	구입
金銅製佛形立像 殘缺	경주 황남리 발굴	歷史部第11區 4455	『年譜(1935년)』	구입

품명	출토지	유물번호	출처	비고
金銅製佛形立像(高4.8糎)	경주 황남리 발굴	歷史部第11區 4456	『年譜(1935년)』	구입
金銅製佛形立像(高6.6糎)	경주 황남리 발굴	歷史部第11區 4457	『年譜(1935년)』	구입
銅製佛形立像殘缺	경주 황남리 발굴	歷史部第11區 4458	『年譜(1935년)』	구입
金銅製佛形立像(高8.7糎)	경주 황남리 발굴	歷史部第11區 4459	『年譜(1935년)』	구입
金銅製佛形立像殘缺(高5.5糎)	경주 황남리 발굴	歷史部第11區 4460	『年譜(1935년)』	구입
金銅製佛形立像殘缺(高5.6糎)	경주 황남리 발굴	歷史部第11區 4461	『年譜(1935년)』	구입
銅製佛形立像殘缺(高11.5糎)	경주 황남리 발굴	歷史部第11區 4462	『年譜(1935년)』	구입
土製佛像(高8.8糎)	경주 황남리 발굴	歷史部第11區 4463	『年譜(1935년)』	구입
金銅製經筒殘缺	경주 황남리 발굴	歷史部第11區 4464	『年譜(1935년)』	구입
燭臺	경주 황남리 발굴	歷史部第11區 4465	『年譜(1935년)』	구입
瓢形垂飾 3점	경주 황남리 발굴	歷史部第11區 4466~4468	『年譜(1935년)』	구입
指輪 2개	경주 황남리 발굴	歷史部第11區 4469	『年譜(1935년)』	구입
小玉	경주 황남리 발굴	歷史部第11區 4470	『年譜(1935년)』	구입
玉佩 8개	경주 황남리 발굴	歷史部第11區 4471	『年譜(1935년)』	구입
骨壺 15개	경주 발굴	歷史部第11區 4472~4488	『年譜(1935년)』	구입
坩形土器	경주 발굴	歷史部第11區 4489	『年譜(1935년)』	구입
脚付坩	경주 발굴	歷史部第11區 4490	『年譜(1935년)』	구입
長頸坩	경주 발굴	歷史部第11區 4491	『年譜(1935년)』	구입
洋盃形脚付陶器	경주 발굴	歷史部第11區 4492	『年譜(1935년)』	구입
水瓶形陶器	경주 발굴	歷史部第11區 4493, 圖版29	『年譜(1935년)』	구입
脚付盌	경주 발굴	歷史部第11區 4494	『年譜(1935년)』	구입
陶製竈具	경주 발굴	歷史部第11區 4495	『年譜(1935년)』	구입
陶製壺	경주 발굴	歷史部第11區 4496	『年譜(1935년)』	구입
陶器	경주 발굴	歷史部第11區 4497	『年譜(1935년)』	구입
臺付長頸坩	경주 발굴	歷史部第11區 4498	『年譜(1935년)』	구입
茸形陶器	경주 발굴	歷史部第11區 4499	『年譜(1935년)』	구입
鳥形陶器	경주 발굴	歷史部第11區 4500	『年譜(1935년)』	구입
洋盃形陶器	경주 발굴	歷史部第11區 4501	『年譜(1935년)』	구입

품명	출토지	유물번호	출처	비고
蓋付方形陶器	경주 발굴	歷史部第11區 4502	『年譜(1935년)』	구입
蓋付洋盃形陶器	경주 발굴	歷史部第11區 4503	『年譜(1935년)』	구입
蓋付高杯	경주 발굴	歷史部第11區 4504	『年譜(1935년)』	구입
洋盃形陶器	경주 발굴	歷史部第11區 4505	『年譜(1935년)』	구입
高杯 2점	경주 발굴	歷史部第11區 4506, 4507	『年譜(1935년)』	구입
注付形扁圓陶器	경주 발굴	歷史部第11區 4508	『年譜(1935년)』	구입
球形陶器 3점	경주 발굴	歷史部第11區 4509~4511	『年譜(1935년)』	구입
扁圓形陶器 3점	경주 발굴	歷史部第11區 4512~4514	『年譜(1935년)』	구입
球形陶器 2점	경주 발굴	歷史部第11區 4515, 4516	『年譜(1935년)』	구입
角形陶器 2점	경주 발굴	歷史部第11區 4517, 4518	『年譜(1935년)』	구입
筒形陶器	경주 발굴	歷史部第11區 4519	『年譜(1935년)』	구입
陶偶 7개	경주 발굴	歷史部第11區 4520	『年譜(1935년)』	구입
垂飾	신라시대	美術工藝部第1區 內 1219, 圖版41	『年譜(1935년)』	구입
釉裏紅壺	조선시대	美術工藝部第2區 內986	『年譜(1935년)』	구입
青磁酒注	고려시대	美術工藝部第2區 內987, 圖版47	『年譜(1935년)』	구입
白磁鳥形酒杯	조선시대	美術工藝部第2區 內988	『年譜(1935년)』	구입
雙耳洗	조선시대	美術工藝部第2區 內989, 圖版48	『年譜(1935년)』	구입
花三島鉢	조선시대	美術工藝部第2區 內990	『年譜(1935년)』	구입
三島手鉢	조선시대	美術工藝部第2區 內991	『年譜(1935년)』	구입
染付鐵砂扁壺	조선시대	美術工藝部第2區 內992	『年譜(1935년)』	구입
橫長壺	조선시대	美術工藝部第2區 內993	『年譜(1935년)』	구입
染付鐵砂大壺	조선시대	美術工藝部第2區 內994	『年譜(1935년)』	구입
染付壺 2점	조선시대	美術工藝部第2區 內 995, 996	『年譜(1935년)』	구입
染付八角德利	조선시대	美術工藝部第2區 內997	『年譜(1935년)』	구입
鐵砂德利	조선시대	美術工藝部第2區 內998	『年譜(1935년)』	구입
釉裏紅德利	조선시대	美術工藝部第2區 內999	『年譜(1935년)』	구입
染付皿 12개	조선시대	美術工藝部第2區 內1000	『年譜(1935년)』	구입
染付筆筒	조선시대	美術工藝部第2區 內1001	『年譜(1935년)』	구입
染付水滴	조선시대	美術工藝部第2區 內1002	『年譜(1935년)』	구입
環頭大刀 10口	남선지방	歷史部第11區 4522~4531, 圖版21	『年譜(1936년) 62)』	구입

품명	출토지	유물번호	출처	비고
鉾身 2구		歷史部第11區 4532, 4533	『年譜(1936년)』	구입
鉾身殘缺		歷史部第11區 4534	『年譜(1936년)』	구입
鐵器		歷史部第11區 4535	『年譜(1936년)』	구입
圭頭太刀殘缺		歷史部第11區 4536	『年譜(1936년)』	구입
鳥形陶器		歷史部第11區 4537	『年譜(1936년)』	구입
陶製盌		歷史部第11區 4538	『年譜(1936년)』	구입
銅製水瓶		歷史部第11區 4539	『年譜(1936년)』	구입
陶製瓶 7개		歷史部第11區 4540~4546	『年譜(1936년)』	구입
脚付坩		歷史部第11區 4643	『年譜(1936년)』	구입
脚付瓶		歷史部第11區 4644	『年譜(1936년)』	구입
高杯		歷史部第11區 4645	『年譜(1936년)』	구입
陶製盌		歷史部第11區 4646	『年譜(1936년)』	구입
蓋杯 2개		歷史部第11區 4647, 4648	『年譜(1936년)』	구입
臺 4개		歷史部第11區 4649~4652	『年譜(1936년)』	구입
碗 2개		歷史部第11區 4653, 4654	『年譜(1936년)』	구입
坩		歷史部第11區 4655	『年譜(1936년)』	구입
鬼瓦 3개	장두산 서록 폐사지	歷史部第11區 4656~4658	『年譜(1936년)』	구입
鬼瓦	포석정지	歷史部第11區 4659	『年譜(1936년)』	구입
鬼瓦 3개	흥륜사지	歷史部第11區 4660~4662	『年譜(1936년)』	구입
鬼瓦	갑산사	歷史部第11區 4663	『年譜(1936년)』	구입
鬼瓦 4개	보문리	歷史部第11區 4664~4667	『年譜(1936년)』	구입
鬼瓦 2개	인왕리	歷史部第11區 4668, 4669	『年譜(1936년)』	구입
鬼瓦	굴불사	歷史部第11區 4670	『年譜(1936년)』	구입
鬼瓦 4개	분황사	歷史部第11區 4671~4674	『年譜(1936년)』	구입
鬼瓦	경주 북천	歷史部第11區 4675	『年譜(1936년)』	구입
鬼瓦	경주 월성	歷史部第11區 4676	『年譜(1936년)』	구입
鬼瓦	경주 효불효교지	歷史部第11區 4677	『年譜(1936년)』	구입
鬼瓦	불국사	歷史部第11區 4678	『年譜(1936년)』	구입
鬼瓦 2개	신원사	歷史部第11區 4679, 4680	『年譜(1936년)』	구입
鬼瓦 9개		歷史部第11區 4681~4689	『年譜(1936년)』	구입
塼 3개	임해전지	歷史部第11區 4691~4693	『年譜(1936년)』	구입
塼 3개	울산 발견	歷史部第11區 4694~4696	『年譜(1936년)』	구입
塼 25개	사천왕사지	歷史部第11區 4697~4721	『年譜(1936년)』	구입
塼 3개	금척리부근	歷史部第11區 4722~4724	『年譜(1936년)』	구입

품명	출토지	유물번호	출처	비고
塼	분황사	歷史部第11區 4725	『年譜(1936년)』	구입
塼	천군리	歷史部第11區 4726	『年譜(1936년)』	구입
塼	월성	歷史部第11區 4727	『年譜(1936년)』	구입
塼 2개	사천왕사지	歷史部第11區 4728, 4729	『年譜(1936년)』	구입
瓦殘片 2개		歷史部第11區 4730, 4731	『年譜(1936년)』	구입
塼	경주 월성	歷史部第11區 4732	『年譜(1936년)』	구입
塼	월성부근	歷史部第11區 4733	『年譜(1936년)』	구입
塼 3개	귀교 발견	歷史部第11區 4734~4736	『年譜(1936년)』	구입
塼 6개	흥륜사지	歷史部第11區 4737~4742	『年譜(1936년)』	구입
塼	인왕리 발견	歷史部第11區 4743	『年譜(1936년)』	구입
塼 2개	황남리	歷史部第11區 4744, 4745	『年譜(1936년)』	구입
塼	효불효교	歷史部第11區 4746	『年譜(1936년)』	구입
塼 2개	황성사	歷史部第11區 4747, 4748	『年譜(1936년)』	구입
塼殘片 2개		歷史部第11區 4749, 4750	『年譜(1936년)』	구입
鐙瓦 18개	장두산하폐사지	歷史部第11區 4751	『年譜(1936년)』	구입
鐙瓦 15개	인왕리 발견	歷史部第11區 4752	『年譜(1936년)』	구입
鐙瓦 2개	인왕사	歷史部第11區 4753	『年譜(1936년)』	구입
鐙瓦 8개	인왕서당 부근	歷史部第11區 4754	『年譜(1936년)』	구입
鐙瓦 6개	탑리 도덕사	歷史部第11區 4755	『年譜(1936년)』	구입
鐙瓦 2개	탑리	歷史部第11區 4756	『年譜(1936년)』	구입
鐙瓦 32개	임해전지	歷史部第11區 4757	『年譜(1936년)』	구입
鐙瓦 21개	사천왕사지	歷史部第11區 4758	『年譜(1936년)』	구입
鐙瓦 9개	보문사지	歷史部第11區 4759	『年譜(1936년)』	구입
鐙瓦 11개	보문리	歷史部第11區 4760	『年譜(1936년)』	구입
鐙瓦	남산	歷史部第11區 4761	『年譜(1936년)』	구입
鐙瓦	남산리 사면석불 부근	歷史部第11區 4762	『年譜(1936년)』	구입
鐙瓦	남산성	歷史部第11區 4763	『年譜(1936년)』	구입
鐙瓦 11개	남산장곡	歷史部第11區 4764	『年譜(1936년)』	구입
鐙瓦 3개	말방리	歷史部第11區 4765	『年譜(1936년)』	구입
鐙瓦 4개	숭복사지	歷史部第11區 4766	『年譜(1936년)』	구입
鐙瓦 6개	월성	歷史部第11區 4767	『年譜(1936년)』	구입
鐙瓦 3개	월성부근	歷史部第11區 4768	『年譜(1936년)』	구입
鐙瓦 5개	반월성	歷史部第11區 4769	『年譜(1936년)』	구입
鐙瓦 61개	남간	歷史部第11區 4770	『年譜(1936년)』	구입

품명	출토지	유물번호	출처	비고
鐙瓦 4개	천은사	歷史部第11區 4771	『年譜(1936년)』	구입
鐙瓦 2개	도덕사	歷史部第11區 4772	『年譜(1936년)』	구입
鐙瓦 8개	남간사지	歷史部第11區 4773	『年譜(1936년)』	구입
鐙瓦 3개	남간촌북	歷史部第11區 4774	『年譜(1936년)』	구입
鐙瓦 2개	남간촌	歷史部第11區 4775	『年譜(1936년)』	구입
鐙瓦 2개	남간리사지	歷史部第11區 4776	『年譜(1936년)』	구입
鐙瓦 3개	효불효교지	歷史部第11區 4777	『年譜(1936년)』	구입
鐙瓦 3개	임천사지	歷史部第11區 4778	『年譜(1936년)』	구입
鐙瓦 16개	창림사지	歷史部第11區 4779	『年譜(1936년)』	구입
鐙瓦 2개	천군리	歷史部第11區 4780	『年譜(1936년)』	구입
鐙瓦 8개	천군리폐사지	歷史部第11區 4781	『年譜(1936년)』	구입
鐙瓦	천군리	歷史部第11區 4782	『年譜(1936년)』	구입
鐙瓦 11개	배반리	歷史部第11區 4783	『年譜(1936년)』	구입
鐙瓦 4개	배반리폐사지	歷史部第11區 4784	『年譜(1936년)』	구입
鐙瓦 38개	귀교	歷史部第11區 4785	『年譜(1936년)』	구입
鐙瓦 20개	신원사	歷史部第11區 4786	『年譜(1936년)』	구입
鐙瓦 24개	흥륜사지	歷史部第11區 4787	『年譜(1936년)』	구입
鐙瓦 18개	갑산사	歷史部第11區 4788	『年譜(1936년)』	구입
鐙瓦 15개	황성사지	歷史部第11區 4789	『年譜(1936년)』	구입
鐙瓦	불국사	歷史部第11區 4790	『年譜(1936년)』	구입
鐙瓦 5개	분황사지	歷史部第11區 4791	『年譜(1936년)』	구입
鐙瓦 3개	월남폐사지	歷史部第11區 4792	『年譜(1936년)』	구입
鐙瓦	월남 식기곡	歷史部第11區 4793	『年譜(1936년)』	구입
鐙瓦	남문성벽	歷史部第11區 4794	『年譜(1936년)』	구입
鐙瓦	서남산	歷史部第11區 4795	『年譜(1936년)』	구입
鐙瓦 4개	삼랑사지	歷史部第11區 4796	『年譜(1936년)』	구입
鐙瓦	첨성대 부근	歷史部第11區 4797	『年譜(1936년)』	구입
鐙瓦	사정리	歷史部第11區 4798	『年譜(1936년)』	구입
鐙瓦 2개	황복사지	歷史部第11區 4799	『年譜(1936년)』	구입
鐙瓦 3개	망덕사지	歷史部第11區 4800	『年譜(1936년)』	구입
鐙瓦	신당리	歷史部第11區 4801	『年譜(1936년)』	구입
鐙瓦	율동	歷史部第11區 4802	『年譜(1936년)』	구입
鐙瓦 2개	경주역 부근	歷史部第11區 4803	『年譜(1936년)』	구입
鐙瓦	탑정리사지	歷史部第11區 4804	『年譜(1936년)』	구입

품명	출토지	유물번호	출처	비고
鐙瓦	금산재 부근	歷史部第11區 4805	『年譜(1936년)』	구입
鐙瓦	고선사지	歷史部第11區 4806	『年譜(1936년)』	구입
鐙瓦	노서리	歷史部第11區 4807	『年譜(1936년)』	구입
鐙瓦	포석계	歷史部第11區 4808	『年譜(1936년)』	구입
鐙瓦 3개	아화	歷史部第11區 4809	『年譜(1936년)』	구입
鐙瓦 3개	건곡하구	歷史部第11區 4810	『年譜(1936년)』	구입
鐙瓦 2개	북천	歷史部第11區 4811	『年譜(1936년)』	구입
鐙瓦 6개	황룡사지	歷史部第11區 4812	『年譜(1936년)』	구입
鐙瓦 78개	寺名不詳	歷史部第11區 4813	『年譜(1936년)』	구입
宇瓦 11개	인왕리	歷史部第11區 4814	『年譜(1936년)』	구입
宇瓦 5개	인왕리폐사지	歷史部第11區 4815	『年譜(1936년)』	구입
宇瓦 6개	인왕서당	歷史部第11區 4816	『年譜(1936년)』	구입
宇瓦 9개	창림사지	歷史部第11區 4817	『年譜(1936년)』	구입
宇瓦 11개	황룡사지	歷史部第11區 4818	『年譜(1936년)』	구입
宇瓦 3개	황복사지	歷史部第11區 4819	『年譜(1936년)』	구입
宇瓦 9개	사천왕사지	歷史部第11區 4820	『年譜(1936년)』	구입
宇瓦 3개	말방리	歷史部第11區 4821	『年譜(1936년)』	구입
宇瓦 5개	숭복사지	歷史部第11區 4822	『年譜(1936년)』	구입
宇瓦 32개	남간	歷史部第11區 4823	『年譜(1936년)』	구입
宇瓦3개	남간폐사지	歷史部第11區 4824	『年譜(1936년)』	구입
宇瓦11개	천은사지	歷史部第11區 4825	『年譜(1936년)』	구입
宇瓦 12개	갑산사	歷史部第11區 4826	『年譜(1936년)』	구입
宇瓦	갑산사	歷史部第11區 4827	『年譜(1936년)』	구입
宇瓦 4개	남산	歷史部第11區 4828	『年譜(1936년)』	구입
宇瓦	남산폐사지	歷史部第11區 4829	『年譜(1936년)』	구입
宇瓦 8개	남산장곡	歷史部第11區 4830	『年譜(1936년)』	구입
宇瓦	흥륜사지	歷史部第11區 4831	『年譜(1936년)』	구입
宇瓦	장두산폐사지	歷史部第11區 4832	『年譜(1936년)』	구입
宇瓦	장두산서록	歷史部第11區 4833	『年譜(1936년)』	구입
宇瓦 5개	분황사지	歷史部第11區 4834	『年譜(1936년)』	구입
宇瓦	천주사지	歷史部第11區 4835	『年譜(1936년)』	구입
宇瓦 8재	임해전지	歷史部第11區 4836	『年譜(1936년)』	구입
宇瓦 4개	보문사지	歷史部第11區 4837	『年譜(1936년)』	구입
宇瓦	탑리	歷史部第11區 4838	『年譜(1936년)』	구입

품명	출토지	유물번호	출처	비고
宇瓦	탑정리	歷史部第11區 4839	『年譜(1936년)』	구입
宇瓦 5개	배반리	歷史部第11區 4840	『年譜(1936년)』	구입
宇瓦	배반폐사지	歷史部第11區 4841	『年譜(1936년)』	구입
宇瓦 3개	귀교	歷史部第11區 4842	『年譜(1936년)』	구입
宇瓦 5개	신원사지	歷史部第11區 4843	『年譜(1936년)』	구입
宇瓦 8개	황성사지	歷史部第11區 4844	『年譜(1936년)』	구입
宇瓦 2개	천군리	歷史部第11區 4845	『年譜(1936년)』	구입
宇瓦 5개	천군리사지	歷史部第11區 4846	『年譜(1936년)』	구입
宇瓦	반월성	歷史部第11區 4847	『年譜(1936년)』	구입
宇瓦 12개	월성	歷史部第11區 4848	『年譜(1936년)』	구입
宇瓦	월남	歷史部第11區 4849	『年譜(1936년)』	구입
宇瓦 3개	임천사지	歷史部第11區 4850	『年譜(1936년)』	구입
宇瓦	동천리	歷史部第11區 4851	『年譜(1936년)』	구입
宇瓦	포석계	歷史部第11區 4852	『年譜(1936년)』	구입
宇瓦	북문성벽	歷史部第11區 4853	『年譜(1936년)』	구입
宇瓦	성벽동북	歷史部第11區 4854	『年譜(1936년)』	구입
宇瓦	견곡하구	歷史部第11區 4855	『年譜(1936년)』	구입
宇瓦	고선사지	歷史部第11區 4856	『年譜(1936년)』	구입
宇瓦 3개	도덕사지	歷史部第11區 4857	『年譜(1936년)』	구입
宇瓦 75개	사명불상	歷史部第11區 4858	『年譜(1936년)』	구입
文字瓦 5개	말방리	歷史部第11區 4859	『年譜(1936년)』	구입
文字瓦 6개	황성사지	歷史部第11區 4860	『年譜(1936년)』	구입
文字瓦 4개	창림사지	歷史部第11區 4861	『年譜(1936년)』	구입
文字瓦 6개	보문사지	歷史部第11區 4862	『年譜(1936년)』	구입
宇瓦 6개	갑산사지	歷史部第11區 4863	『年譜(1936년)』	구입
文字瓦 3개	사천왕사지	歷史部第11區 4864	『年譜(1936년)』	구입
文字瓦	남간	歷史部第11區 4865	『年譜(1936년)』	구입
文字瓦 3개	천은사지	歷史部第11區 4866	『年譜(1936년)』	구입
文字瓦 3개	임해전지	歷史部第11區 4867	『年譜(1936년)』	구입
文字瓦	흥륜사지	歷史部第11區 4868	『年譜(1936년)』	구입
文字瓦	분황사지	歷史部第11區 4869	『年譜(1936년)』	구입
文字瓦	황룡사지	歷史部第11區 4870	『年譜(1936년)』	구입
文字瓦	인왕폐사지	歷史部第11區 4871	『年譜(1936년)』	구입
文字瓦	천군리	歷史部第11區 4872	『年譜(1936년)』	구입

품명	출토지	유물번호	출처	비고
文字瓦 4개	월성지	歷史部第11區 4873	『年譜(1936년)』	구입
宇瓦	반월성지	歷史部第11區 4874	『年譜(1936년)』	구입
文字瓦	감산사	歷史部第11區 4875	『年譜(1936년)』	구입
文字瓦	명활성	歷史部第11區 4876	『年譜(1936년)』	구입
文字瓦	천관사	歷史部第11區 4877	『年譜(1936년)』	구입
文字瓦 19개	발견지불상	歷史部第11區 4878	『年譜(1936년)』	구입
椎木瓦	사천왕사지	歷史部第11區 4879	『年譜(1936년)』	구입
椎木瓦	남산리	歷史部第11區 4880	『年譜(1936년)』	구입
椎木瓦	보문리	歷史部第11區 4881	『年譜(1936년)』	구입
椎木瓦	흥륜사지	歷史部第11區 4882	『年譜(1936년)』	구입
椎木瓦殘片		歷史部第11區 4883	『年譜(1936년)』	구입
椎木瓦	북문성벽	歷史部第11區 4884	『年譜(1936년)』	구입
椎木瓦	사천왕사지	歷史部第11區 4885	『年譜(1936년)』	구입
椎木瓦		歷史部第11區 4886	『年譜(1936년)』	구입
椎木瓦	흥륜사지	歷史部第11區 4887	『年譜(1936년)』	구입
椎木瓦	사천왕사지	歷史部第11區 4888	『年譜(1936년)』	구입
椎木瓦	사천왕사지	歷史部第11區 4889	『年譜(1936년)』	구입
椎木瓦	분황사지	歷史部第11區 4890	『年譜(1936년)』	구입
椎木瓦		歷史部第11區 4891	『年譜(1936년)』	구입
椎木瓦		歷史部第11區 4892	『年譜(1936년)』	구입
瓦		歷史部第11區 4893	『年譜(1936년)』	구입
瓦破片 4개		歷史部第11區 4894, 4895, 4897, 4898	『年譜(1936년)』	구입
宇瓦	남간	歷史部第11區 4896	『年譜(1936년)』	구입
托碗	신라시대	美術工藝部第2區 內1040	『年譜(1936년)』	구입
盃	신라시대	美術工藝部第2區 內1041	『年譜(1936년)』	구입
平瓦	황해도 해주 神光寺	歷史部第4區 2714	『年譜(1937년)』 63)	구입
銅製弩 1개	평남 대동군 대동강면정백리제127호고분 출토		『收藏品目錄』 1956	기증. 今井田淸德

품명	출토지	유물번호	출처	비고
大耳杯 6개	정백리제127호고분 출토	歷史部第11區 4910	『年譜(1937년)』	기증. 今井田淸德 정백리127호분 (유물번호 4900~4911)〈대일청구 한국예술품 목록〉에 들어 있다. 1960년 10월 1일자
小耳杯 8개	정백리제127호고분 출토	歷史部第11區 4902	『年譜(1937년)』	기증. 今井田淸德
大盆	정백리제127호고분 출토	歷史部第11區 4903	『年譜(1937년)』	기증. 今井田淸德
盤 5개	정백리제127호고분 출토	歷史部第11區 4904	『年譜(1937년)』	기증. 今井田淸德
竈	정백리제227호고분 출토	歷史部第11區 4905	『年譜(1937년)』	기증. 今井田淸德
臺 3개	정백리제227호고분 출토	歷史部第11區 4906	『年譜(1937년)』	기증. 今井田淸德
甑	정백리제227호고분 출토	歷史部第11區 4907	『年譜(1937년)』	기증. 今井田淸德
鉢	정백리제227호고분 출토	歷史部第11區 4908	『年譜(1937년)』	기증. 今井田淸德
壺	정백리제227호고분 출토	歷史部第11區 4909	『年譜(1937년)』	기증. 今井田淸德
瓦器殘片 일괄	정백리제227호고분 출토	歷史部第11區 4910	『年譜(1937년)』	기증. 今井田淸德
瓦殘片 일괄	정백리제227호고분 출토	歷史部第11區 4911	『年譜(1937년)』	기증. 今井田淸德
盒子	신라시대	美術工藝部第2區 1045	『年譜(1937년)』	1937년 3월 17일, 기증. 橫河民輔
天目釉盌	고려시대	美術工藝部第2區 1046	『年譜(1937년)』	1937년 3월 17일, 기증. 橫河民輔
鐵砂釉鉢	고려시대	美術工藝部第2區 1047	『年譜(1937년)』	1937년 3월 17일, 기증. 橫河民輔
靑磁瓶 等 靑磁 13점	고려시대	美術工藝部第2區 1048~1060	『年譜(1937년)』	1937년 3월 17일, 기증. 橫河民輔
搔落水甁	조선시대	美術工藝部第2區 1061	『年譜(1937년)』	1937년 3월 17일, 기증. 橫河民輔
三島手盌 등 粉靑沙器 5점	조선시대	美術工藝部第2區 1062~1066	『年譜(1937년)』	1937년 3월 17일, 기증. 橫河民輔
平茶盌	조선시대	美術工藝部第2區 1067	『年譜(1937년)』	1937년 3월 17일, 기증. 橫河民輔
靑花盌 等 靑磁 4점	조선시대	美術工藝部第2區 1068~1071	『年譜(1937년)』	1937년 3월 17일, 기증. 橫河民輔
白磁壺	조선시대	美術工藝部第2區 1072	『年譜(1937년)』	1937년 3월 17일, 기증. 橫河民輔
釉裏紅八方缸	조선시대	美術工藝部第2區 1073	『年譜(1937년)』	1937년 3월 17일, 기증. 橫河民輔

품명	출토지	유물번호	출처	비고
釉裏紅瓶 2점	조선시대	美術工藝部第2區 1074, 1075	『年譜(1937년)』	1937년 3월 17일, 기증. 橫河民輔
茶盌	조선시대	美術工藝部第2區 1076	『年譜(1937년)』	1937년 3월 17일, 기증. 橫河民輔
靑磁瓢形水注 等 靑磁 4점	고려시대	美術工藝部第2區 1272~1275	『年譜(1937년)』	기증. 橫河民輔
三島手皿	조선시대	美術工藝部第2區 1276	『年譜(1937년)』	기증. 橫河民輔
染付壺	조선시대	美術工藝部第2區 1277	『年譜(1937년)』	기증. 橫河民輔
額皿	조선시대	美術工藝部第2區 1251	『年譜(1937년)』	기증. 山田丑太郎
靑磁蓮葉形承盤			『東博圖版目錄』 2007, 圖62	기증. 1937년 8월 12일, 山田丑太郎
靑磁牧丹文盒子			『東博圖版目錄』 2007, 圖71	기증. 1937년 8월 12일, 山田丑太郎
粉靑印花聯珠文 皿 등 백자 2점			『東博圖版目錄』 2007, 圖176, 453	기증. 1937년 8월 12일, 山田丑太郎
黑釉瓶			『東博圖版目錄』 2007, 圖160	기증. 1938년 7월 29일, 橫河民輔
靑磁蓮花文水注			『東博圖版目錄』 2007, 圖60	기증. 1938년 7월 29일, 橫河民輔
粉靑象嵌草葉文 鉢 등 粉靑沙器 2점			『東博圖版目錄』 2007, 圖192, 261	기증. 1938년 7월 29일, 橫河民輔
白磁鉢 등 白磁 6점			『東博圖版目錄』 2007, 圖282, 293, 305, 306, 352, 451	기증. 1938년 7월 29일, 橫河民輔
黑釉扁壺 등 2점			『東博圖版目錄』 2007, 圖383, 386	기증. 1938년 7월 29일, 橫河民輔
양산부부총 유물 전체	경남 양산	33987~34159	『收藏品目錄』, 1956.	기증. 조선총독부
梁山夫婦塚 遺物 272점 (목록 생략)	가야	역사부		기증. 조선고적연구회. 1938년 9월 5일 기증 수리(동경박물관소장품목록에는 조선총독부 기증으로 기록)

품명	출토지	유물번호	출처	비고
창령교동 출토 유물일괄 총 97점(목록 생략)				1938년 조선총독부에서 동경박물관에 기증. 그 후 1958년 4월 제4차 한일회담의 결과로 교동 제31호분 출토유물 97점은 한국으로 반환되었다.[64]
水月觀音圖			『日本美術年鑑(1939년)』p138 [65]	陳列. 동경 岡崎正也
猫狗圖 2폭			『日本美術年鑑(1939년)』p138	陳列. 岸偉一
粉引茶盌	조선시대		『日本美術年鑑(1940년)』p113 [66]	기증. 宮崎光太郎
過雲文塼	부여 출토		『日本美術年鑑(1940년)』p113	구입?(고적연구회의 기증으로 추정)
鳳凰文塼	부여 출토		『日本美術年鑑(1940년)』p113	구입?
蟠龍文塼	부여 출토		『日本美術年鑑(1940년)』p113	구입?
鬼形文塼	부여 출토		『日本美術年鑑(1940년)』p113	구입?
銅劍	평남 출토		『日本美術年鑑(1940년)』p113	구입?
粉靑粉引瓶 등 粉靑沙器 2점			『東博圖版目錄』2007, 圖253, 255	기증, 1939년 4월 10일, 橫河民輔
黑釉堆白文水注	고려시대		『日本美術年鑑(1941년)』[67]p87	기증. 1941년 3월 25일, 橫河民輔
黑釉鳥口水注	고려시대		『日本美術年鑑(1941년)』p87	기증. 橫河民輔
三島過文鉢	조선시대		『日本美術年鑑(1941년)』p87	기증. 橫河民輔
刷毛地魚文瓶	조선시대		『日本美術年鑑(1941년)』p87	기증. 橫河民輔
白磁面取瓶	조선시대		『日本美術年鑑(1941년)』p87	기증. 橫河民輔

품명	출토지	유물번호	출처	비고
自然釉象嵌文瓶	고려시대	陶瓷	『日本美術年鑑(1941년)』p87	구입
金銅製杏葉(2개), 銀製帶金具(4), 銅製鐎斗殘缺(3), 銀製垂飾具(1), 金銅製雲珠(2), 水晶曲玉(1), 琉璃玉(4련), 玉環(1連), 水晶切子玉(1련), 硬玉曲玉(1), 水晶算盤玉(1), 琉璃玉製頸飾(2連), 硬玉丸玉(1) 陶器 및 土器(71점), 施釉塼(5점)				구입, 諸鹿央雄이 반출. 한일협정 때 도쿄국립박물관으로부터 반환(68)
粉青象嵌魚柳文扁壺 등 백자 2점			『東博圖版目錄』 2007, 圖257, 361	기증, 1943년 9월 30일, 橫河民輔
青磁草葉文瓶			『東博圖版目錄』 2007, 圖149	기증, 1944년 12월 27일, 山田節子
金屬小玉(9점), 水晶玉, 骨石製管玉, 水晶製舍利壺, 硝子小玉, 木製圓形臺, 盒子 木製琥珀片, 紫地唐花模樣金製一括, 紙片香木片, 紺地寮二草花紋綾裂	문경 봉서리석탑			기증, 西脇健治. 1966년 5월 28일 한일문화재 협정에 의해 반환 문화재로 국고에 귀속
소창무지조 수집 유물			오구라컬렉션	1981년 기증

31) 東京國立博物館, 『東京國立博物館圖版目錄』朝鮮陶磁篇(土器·綠釉陶器), 2004.
32) 町田久成는 내무성박물국장, 농상무성박물국장을 역임.
33) 佐伯有淸, 「高句麗廣開土王碑를 둘러싼 諸問題」, 『歷史學硏究』第401號, 1973年 10月.
34) 通慶寺는 어느 절을 말하는지 알 수 없다.
35) 『考古界』第2篇 第9號, 1903년 2월, p. 53.
36) 『황성신문』1905년 10월 3일자.
37) 『황성신문』1905년 10월 4일자.
38) 『황성신문』1905년 10월 6일자.
39) 古谷淸, 「韓國碧蹄館址發見の古瓦」, 『考古界』第6篇 第1號, 1905년 10월.
40) 東京國立博物館, 『東京國立博物館圖版目錄(靑磁, 粉靑, 白磁)』, 2007.
41) 「東京帝室博物館の新陳列」, 『考古界』第6篇 第10號, 1908년 1월.
42) 一進會本部에서 發起하여 日本皇太子한테 獻納, 후에 대중들이 함께 볼 수 있도록 동궁어소에서 하부한 것이다.
43) 1912년 궁내성 제릉료로부터 다량의 고고유물이 관리 전환되었다. 이때 조선관계의 토기 2점이 포함되었는데, 그 중 1점이 장부에 稻生眞履가 헌납한 것이라고 기재되어 있다고 한다. 그래서 실재 헌납은 1912년 이전으로 보아야 할 것이다.
  稻生眞履은 명치시대에 正倉院御物整理掛로 근무한 인물이다(「東京國立博物館所藏朝鮮産土器·綠釉陶器の收集經緯」, 『東京國立博物館圖版目錄』朝鮮陶磁篇(土器·綠釉陶器), 2004, p. 169).
44) 田村晃一, 『樂浪と高句麗の考古學』, 同成社, 2001, pp. 311~317, p. 325.
45) 東京國立博物館, 『收藏品目錄』, 1956.
46) 帝室博物館, 「帝室博物館美術課列品目錄」, 1919년.
47) 帝室博物館, 『帝室博物館年譜(大正14年 1月~12月)』, 1926.
48) 帝室博物館 鑑査官補 後藤守一은 1925년에 帝室博物館에서 「朝鮮에 於ける 漢代文化(朝鮮上古遺物の拓本寫眞展覽)」이란 題目下의 講演을 하였다(帝室博物館, 『東京帝室博物館年譜(大正14年 1月~12月)』, 1926, p. 119).
49) 帝室博物館, 『帝室博物館年譜(大正1年 1月~昭和元年12月)』, 1927.
50) 帝室博物館, 『帝室博物館年譜(昭和2年 1月~昭和元年12月)』, 1928.
51) 帝室博物館, 『帝室博物館年譜(昭和3年 1月~12月)』, 1929.
52) 帝室博物館, 『帝室博物館年譜(昭和4年 1月~12月)』, 1930.
53) 「東京國立博物館所藏朝鮮産土器·綠釉陶器の收集經緯」(東京國立博物館, 『東京國立博物館圖版目錄』朝鮮陶磁篇(土器·綠釉陶器), 2004)에 의하면, 1929년에 구입한 조선 낙랑유지 발굴 토기, 청동기, 철기, 9건을 구입하고 같은 인물로부터 동지의 조선와전 100건을 구입했다고 한다.
54) 帝室博物館, 『帝室博物館年譜(昭和5年 1月~12月)』, 1931.
55) 帝室博物館, 『帝室博物館年譜(昭和6年 1月~12月)』, 1932.
56) 帝室博物館, 『帝室博物館年譜(昭和7年 1月~12月)』, 1933.

57) 東京國立博物館,『東京國立博物館圖版目錄』朝鮮陶磁篇(土器,綠釉陶器), 2004.
58) 東京國立博物館,『東京國立博物館圖版目錄』朝鮮陶磁篇(土器,綠釉陶器), 2004.
59) 帝室博物館,『帝室博物館年譜(昭和8年 1月~12月)』, 1934.
60) 帝室博物館,『帝室博物館年譜(昭和9年 1月~12月)』, 1935.
61) 帝室博物館,『帝室博物館年譜(昭和10年 1月~12月)』, 1936.
62) 帝室博物館,『帝室博物館年譜(昭和11年 1月~12월)』, 1937.
63) 帝室博物館,『帝室博物館年譜(昭和12年 1月~12月)』, 1938.
64) 제4차 회담 진행 중에 일본 측은 어부 송환을 촉진하기 위해 창령 고분 출토 106점을 반환했었다. 이 일에 대해 황수영 박사와 이홍직 박사는 분통을 터트리고 있다.

그들은 이를 과대포장하기 위해 "무슨 큰 보물이나 가져오는 것 같이 정중한 포장을 한 큰 상자를 차에 실어서 예복을 입은 사자를 붙여서 전달식을 거행하였다."고 한다. 일본 측은 이것을 기증하는 것이라고 하였으나 우리 측은 반환을 주장하여 결국 그 중간으로 생각되는 讓渡라는 말을 썼다. 返還해 온 106점의 유물 중에서 물건다운 것은 순금귀걸이 한 쌍이고 그 외 80여 점은 목걸이의 조그만 구슬을 하나하나 세어서 만든 點數이며 나머지는 토기조각들이다. 이를 과대포장하여 한국 측을 기만하였다. 후에 이홍직 박사는 일 측과 회담할 때에 이 점에 대해서 그들의 태도와 기만성을 논박하기도 했다.
65) 美術硏究所,『日本美術年鑑(1939년)』, 1940.
66) 美術硏究所,『日本美術年鑑(1940년)』, 1941.
67) 美術硏究所,『日本美術年鑑(1940년)』, 1942.
68) 「韓日會談 返還文化財 引受遺物目錄」,『考古美術』165호, 1985.

5. 열품 수집 방법

동경박물관의 진열품은 다양한 방법으로 수집되었는데,[69] 크게 보면 채집, 구입, 헌납 및 기증으로 나누어 볼 수 있다.

1) 채집

박물관의 유물 채집 방법에는 한국으로 출장하여 현지를 답사하면서 채집하거나 고적 발굴을 하면서 일부 가져가는 경우도 있었다.

다카하시 겐지(高橋健自)와 이시다 시게사쿠(石田茂作)의 여행기를 보면, 경주의 고분 발굴현장을 방문하고, 부여, 경성, 개성, 평양 등을 답사하고 각지의 수집가들을 방문한 기록이 보인다.[70] 이들은 한국 여행에서 수집한 유물들을 박물관에 기증 또는 매도하였다. 1932년에 다카하시는 많은 개인 수집품을 박물관에 매도하기도 했다. 특히 이시다는 백제유적 발굴에 참여하여 많은 것을 개인 수장으로 돌렸을 것으로 짐작된다.

---

[69] 帝室博物館 열품 수집 방법은 다음 8가지로 구분하고 있다.(帝室博物館,『帝室博物館略史』, 1938, p. 78~79)
  1. 有志者의 寄贈
  2. 他 所有와 交換
  3. 寺社什寶의 付託
  4. 寺社什寶 중 사사에서 보호하기 힘든 것을 引受하여 보호
  5. 購入
  6. 模寫 模造
  7. 개인 소유품을 진열
  8. 貸付(개인 소유자로부터 수시 출품을 받음)
[70] 高橋健自, 石田茂作,『滿鮮考古行脚』, 雄山閣, 1927.

1927년의 박물관원의 출장 내역을 보면, 박물관의 감사관 미조구치 데이지로(溝口禎次郎)는 미술자료 조사를 위해 조선 및 중국에 출장을 명받아 10월 28일 출발하여 부산, 대구, 경주, 경성, 개성, 평양, 봉천, 북경, 천진, 청도, 여순 등의 각지를 경유하여 12월 8일 귀경한 것으로 나타나 있다. 미조구치(溝口)는 출발 전 10월 27일에 외무성 문화사업부로부터 한국, 중국고미술에 관한 조사를 위촉받았다. 귀경 후 그 보고 개요는 다음과 같다.

경주에서 경주박물관분관을 방문하여 유명한 봉덕사의 대종을 비롯한 유물을 보고, 읍내 굴불사, 백률사, 분황사, 황룡사 등의 사지 및 안압지, 반월성지, 첨성대, 계림, 오릉, 포석정지 등을 답사하고 불국사 및 석굴암을 방문하여 우수한 신라시대의 석불조각을 보고 또 괘릉, 성덕왕릉, 효소왕릉 등을 답사했다. 대구에서는 이치다(市田)와 오구라(小倉)가 수집한 경주 및 부여방면 발굴의 고고자료를 보았다. 경성에서는 총독부박물관 및 이왕가박물관을 시찰하고 궁전 등을 돌아보았다.

개성에서는 고려왕조의 궁지 만월대를 방문하고, 원시대의 대종을 남대문에서 보고, 다음으로 그 지역에서 유명한 정포은의 숭산서원 및 그 묘(廟)를 답사했다. 평양에서는 낙랑의 고분 군지를 탐방하여 그 현실을 보고 또 고구려유적으로 유명한 강서면 우현리삼묘에 이르러 그 대, 중 2묘의 현실 내 벽화를 보았다. 또 평양중학교 역사자료 진열실 및 하시도 요시키(橋都芳樹)와 도미타(富田)의 수집품을 참관했다.[71]

1932년에는 제실박물관 사무관 야시마 마사유키(矢島正昭), 감사관 고토 슈이치(後藤守一), 감사관보 기타하라 오스케(北原大輔)가 유적을 견학하기 위하여 9월 16일부터 15일간 한국에 출장했다.

1932년 9월 16일 도쿄를 출발하여 9월 17일 경남 동래에 도착하고, 9월 18일 김해에서 가야 유적, 김해패총 등을 견학하고 동래로 돌아왔다. 9월 19일에는 육로로 범어

---

71)「實地鑑査及出張」,『帝室博物館年譜(昭和2年 1月~12月)』, 帝室博物館, 1928년. pp. 512~513.

사, 통도사 등을 보고 불국사에 이르렀다. 석굴암을 배관한 후 불국사에서 숙박했다. 9월 20일 불국사를 보고 경주분관을 견학 후 다시 모로가(諸鹿)의 안내를 받아 부근 사적을 답사했다. 경주에 묵으면서 밤에 고토와 모로가 및 도쿄대의 후지도리(藤鳥) 교수 등과 함께 김씨 등 4씨 시조의 제사에 참렬(參列)했다.

9월 21일에 열차로 부여에 들어가 왕릉, 백제탑을 보고, 다음날 22일 부여박물관을 견학한 후, 자동차로 공주에 들어가 가루베 지온(輕部慈恩)의 안내로 부근의 고분을 보고, 또 계룡산요지를 찾아가 계룡산물의 파편을 채집했다. 밤에 후지타 료사쿠(藤田亮策) 등의 환영을 받으며 경성에 들어갔다.

9월 23일과 24일에는 조선총독부박물관을 찾아가 그 소장품을 견학하고, 9월 25일에는 오전 이왕가박물관을 견학하고, 오후에 후지도리, 기타하라 2인은 분원요지를 찾고, 고토는 아악부에서 악기를 배관했다.

9월 26일에는 경성을 출발하여 개성에 도착했다. 야시마 마사유키와 기타하라 오스케는 개성의 고려시대 유적을 찾고, 신축 중의 개성박물관을 방문하여 김부윤의 안내를 받아 고려자기를 관람했으며 고토 슈이치는 공민왕릉을 찾았다. 밤에 평양에 도착했다. 9월 27일에 평양박물관을 견학하고 개인소장품을 본 후 하시도 요시키(橋都芳樹)의 안내로 평양성을 답사했다. 9월 28일 아침에는 낙랑고적 발굴을 견학하고 돌아와 다시 강서의 고분벽화를 보았다. 〈중략〉 9월 29일에는 평양을 출발하여 만주 봉천으로 향했다.[72]

이 보고서를 보면 1931년 9월 22일에 계룡산요지를 찾아가 계룡산물의 파편을 채집했다는 기록이 보인다. 그리고 『제실박물관연보(1932년 1월~12월)』[73]를 보면 1932년에 '본관채집'으로 기록하고 있는 공주 발견의 동제불형입상(銅製佛形立像, 長6.5糎) 1점이 있다.

---

72) 「實地鑑査及出張」, 『帝室博物館年譜(昭和6年 1月~12月)』, 帝室博物館, 1932.
73) 帝室博物館, 『帝室博物館年譜(昭和7年 1月~12月)』, 1933.

위 보고서에는 이 불상을 채집했다는 기록이 보이지 않지만, 가루베는 "1931년 9월 22일 도쿄제실박물관 고토 슈이치(後藤守一) 및 야시마(矢島) 사무관 기타하라 오스케(北原大輔)씨 일행을 안내하여 송산리 고분지대에 이르러 제5호분 서방 약 15미(米) 근처에서 일행이 동조석가상입상(약 7cm) 1구를 우연히 습득"[74]했다고 한다. 따라서 보고서에는 1931년 9월 22일 경부의 안내로 백제고분을 견학했다고 하는데, 가루베의 기술을 보면 야시마, 고토 일행의 보고서 일정과 가루베의 기록이 정확히 맞아 떨어진다. 이러한 것으로 미루어볼 때 박물관원의 한국 출장시에 현장에서 상당수의 유물을 불법 지표조사 등을 통해 채집하여 갔던 것으로 추정된다.

또한 공식적으로 박물관 요원들이 한국에 파견되어 조선 유적지 발굴에 참여하여 상당한 자료를 반출했다.

도쿄제실박물관의 학예위원 하라다 요시토(原田淑人), 학예위원 세키네 마키하루(關根正治), 감사관 이시다 시게사쿠(石田茂作), 평의원 다카하시 겐지(高橋健自), 고토 슈이치, 도쿄제실박물관 감사관보 야시마 기요스케(矢島恭介), 도쿄제실박물관 미술공예과 하마모토 스케치요(濱本助千代), 동방문화학원 동방연구소 연구원 마쓰모토 에이이치(松本榮一), 다카하시 마스오(高橋男) 등은 직접 그 발굴에 참여하였다. 특히 하마모토는 직접 정백리 227호분의 발굴에 참여하였으며 이 고분의 출토 유물은 후에 제실박물관에 기증되었다.

---

74) 輕部慈恩,「公州に於ける百濟古墳」,『考古學雜誌』제26권 제4호, 1936년 4월, p. 20.

※ **발굴조사 참여자**

조사자	시기	조사 유구	비고
原田淑人	1918년	경주 명활산록고분 발굴, 사천왕사지 발굴, 경상도 유적 유물조사	일부 반출
	1919년	강릉 안인리 고분 발굴.	
	1925년	대동강면 석암리제205호분(왕우묘) 발굴.	유물 반출
	1935년, 1937년	대동강면 토성지 발굴	유물 반출
矢島恭介	1933년	정백리 제8호분, 정백리 제13호분 발굴.	
後藤守一	1934년	경주 황남리 제109호분 발굴, 황오리 제14호분 발굴	황오리 제14호분 출토 유물 반출
石田茂作	1935년	부여 군수리폐사지 발굴	
	1938년	부여 동남리 폐사지 발굴, 부여 가탑리 폐사지 발굴	
	1940년	부여 동남리 폐사지 발굴	
濱本助千代	1933년	정백리 제227호분의 발굴	유물 반출
高橋男	1934년	대동강면 장진리 제45호분 발굴	
	1937년	평양 토성리의 낙랑고분 발굴	

2) 구입

　　미술품 구입은 대부분 미술상들이나 개인 수집가들로부터 구입하게 되는데 박물관원들이 개인 수집가들로부터 구입하거나, 골동상들이 희망해 오면 이를 심사하여 구매하기도 한다.

　　박물관에서 한국 유물을 최초로 구입한 것은 1885년으로 경주, 김해 등지에서 출토된 여러 건의 유물들이 보이고 있다. "최초로 일괄 구입"했다고 하는데, 경주 월성 출토품 15건의 신라토기와 동시에 경남 김해 발굴의 석족 3건, 옥류 6건, 금환 1건, 마탁 1건, 령 1건을 구입한 것으로 나타나 있다.[75] 당시 농상무성 박물국에서 구입한 것이라

---

[75] 「東京國立博物館所藏朝鮮産土器・綠釉陶器の收集經緯」, 東京國立博物館, 『東京國立博物館圖版目錄』朝鮮陶磁篇(土器,綠釉陶器), 2004, p. 169.

1885년에 구입한
반월성 출토 토기
(『東京國立博物館
圖版目錄』, 2004)

1905년에 구입한
선산부근 출토 유물
(『東京國立博物館
圖版目錄』, 2004)

한다. 이때는 미술, 고고학 분야의 학자들이 한국에 진출하기 훨씬 전으로 한국에 진출한 도굴꾼들에 의해 출토된 유물들로 추정된다. 이 중 옥류와 금속제품은 1966년 외무성 관리로 전환하여 한국에 반환되었다.

    1892년부터 1903년까지의 구입품을 보면, 주로 고분에서 출토한 고려자기와 신라토기 등 도굴품이 주를 이루고 있다.

    1905년에는 경북 선산 부근 출토의 토기를 일괄 구입했으며, 이때 제실박물관에서는 선산 부근에서 발굴한 고려시대의 석가여래입상을 함께 구입했었다고 하는데

석가여래입상은 1966년 외무성에 관리 전환되어 한국에 인도되었다고 한다.[76]

『황성신문』1905년 10월 3일자의 「유제실박물관(2)」란 제하의 기사는 도쿄제실 박물관을 관람한 내용인데, 제1관 제10, 11실을 기술한 내용에 "조선품이라 하는 것은 모두 역시 고무덤에서 파낸 것으로 와감(瓦坩), 와완(瓦盌), 와배(瓦盃) 등 8, 9종으로 즉 선산 지역에서 파낸 것이다. 기타 도검, 옥속 다수는 김해 지역에서 파낸 것이고, 기타 도기 15종이라는 것은 경주 반월성지에서 취한 것이다"라고 하고 있다. 따라서 1905년 당시에는 진열품에 대해 출토지를 밝히는 해설문이 있었던 것으로 보이며, 「유제실박물관(2)」의 내용은 이 해설문을 따른 것으로 보인다.

1906년부터 1910년까지의 구입품을 보면 대부분이 고려자기로 당시의 일본 귀족층들의 선호도를 반영하고 있다.

1912년부터 1915년까지의 구입품에는 신라, 가야무덤에서 나온 토기가 주를 이루고 있는데, 이 시기에 한국에서 활동한 골동상 아카보시 사시치(赤星佐七)의 기증품도 포함된 것으로 보아 한국에서 활동한 골동상들로부터 구입한 유물들이 상당수 포함된 것으로 추정된다.

1925년의 구입품에는 그간 한국에서 발굴한 출토유물 사진을 대량 구입했다.

1929년에는 평양 일대의 낙랑고분에서 출토한 유물과 경주 일대에서 출토한 유물을 대량적으로 구입한 건이 보인다. 그 중 "낙랑유지 발굴의 토기, 청동기, 철기 등 9건을 구입, 같은 인물로부터 동지의 조선와전 약 100건을 구입했다"고 한다.[77]

1930년대 공주 일대의 요지 도굴과 공주 학봉리 일대의 출토품이 인기가 치솟자 박물관 측에서 1932년 8월 18일자로 당지의 분청사기 수십 점을 구입한 건이 보인다.

---

76) 「東京國立博物館所藏朝鮮産土器・綠釉陶器の收集經緯」, 東京國立博物館, 『東京國立博物館圖版目錄』朝鮮陶磁篇(土器,綠釉陶器), 2004.

77) 「東京國立博物館所藏朝鮮産土器・綠釉陶器の收集經緯」, 東京國立博物館, 『東京國立博物館圖版目錄』朝鮮陶磁篇(土器,綠釉陶器), 2004.

평양 토성리 출토 낙랑봉니
『도쿄국립박물관도판목록 봉니편』(1998년)과
『帝室博物館年譜(昭和12年 1月~12月)』(1938년)
에는 1937년에 구입한 것으로 나타나 있다.

  1932년에는 다카하시 겐지(高橋健自)로부터 140여 점의 유물을 대량 구입한 건이 보인다. 대단히 체계적으로 수집하였다는 사실을 알 수 있다. 『신라고와의 연구』에는 "도쿄제실박물관에서 다카하시 박사의 수집품을 재작년 일괄 구입 경주출토의 주요품을 망라"[78]한다고 한다. 다카하시는 한국 각지를 조사하면서 개인적으로 발굴품 중 일부를 취하기도 했으며 상인들로 많이 구입하기도 했다. 다카하시 사후에 이시다 시게사쿠(石田茂作)가 편찬한 다카하시 수집의 『고와도감』(1930)을 보면, 이 속에는 고와 총 959점이 실려 있는데, 그중에 한국에서 출토된 고와와 집안현의 고구려 전을 합한 수가

---

78) 濱田耕作, 梅原末治,『新羅古瓦の硏究』, 京都帝國大學, 1934.

116점이나 되었다.

1933년과 1936년에는 경주 일대에서 출토한 와전을 대량 구입한 건이 보이고 있는데, 출토지를 구체적으로 밝히고 있는 점으로 보아 현지에서 직접 채집한 전문수집가로부터 구입한 것으로 보인다.

1935년에는 경주 황남리, 보문리, 천북리 기타 경주 일대의 고분에서 출토된 유물을 대량 구입한 건이 보이고 있다. 이 유물들은 한일협정 때 반환받은 모로가 히사오(諸鹿央雄)의 반출물과 상당히 일치하고 있는 점으로 보아 대부분은 모로가의 반출물로 보인다. 한일협정 때 도쿄국립박물관으로부터 반환받은 「한일회담 반환문화재 인수 유물목록」[79]을 보면 모로가가 도쿄박물관에 기증하였던 상당수의 유물이 포함되어 있다. 이들은 모두 고분에서 나온 유물들로서, 모로가가 도굴꾼들과 깊은 연관이 있었던 것임을 짐작케 하고 있다. 모로가는 도굴과 관련한 장물 취급으로 경주박물관장을 퇴임한 후에 중요한 유물을 몇 차례에 걸쳐서 한 번에 몇 십 개씩 도쿄제실박물관에 납입하였는데 '무상인물골호(舞象人物骨壺)'도 바로 그러한 유물에 속한다. 모로가(諸鹿)는 이를 1935년 6월 1일 다른 7개의 큰 골호와 아울러 도쿄제실박물관에 납입했는데 한일협정에 의해 찾아오게 된다.[80]

1920년 중반에 들어와 박물관의 신수품에는 박물관을 출입하는 고미술상들이 일익을 담당했다. 역사과에 관계하는 자로는 에도 나미오(江藤濤雄), 이토 신조(伊藤信藏), 에나미 덴베이(江浪傳兵衛), 기시 야사후로(貴志彌三郎), 가와이 사다지로(川合定次郎) 등이 있었고, 미술과에 출입하는 자로는 마유야마 준키치(繭山順吉), 이토 헤이조(伊藤平藏), 야마나카 사다지로(山中定次郎), 기요미즈 다쓰사후로(清水辰三郎), 요시다 후쿠사후로(古田福三郎), 다카기 긴야(喬木金彌), 히로타 쇼민(廣田松愍), 도다 야

---

79) 韓國美術史學會, 『考古美術』165호, 1985.
80) 崔淳雨, 『崔淳雨全集』, 學古齋, 1992.

시치(戸田彌七), 세쓰 이노스케(瀨津伊之助) 등이 있었다.[81] 가와이 마사지로, 마유야마 준키치, 야마나카 사다지로는 한국 유물도 많이 취급한 자들이다.

한국 경성에서 활동하던 골동상 아카보시 사시치(赤星佐七)는 1912년부터 1916년까지 우수한 고려자기와 고고미술품을 많이 팔았다. 또한 한국에서 활동한 아마이케 시게타로(天池茂太郎)는 1925년부터 많은 한국 고미술품을 납품했으며, 한국인 이치주(李致柱)도 1928년에 고고유물을 납품했다. 문명상회 이희섭이 1934년부터 1941년까지 일본에서 조선공예전람회를 개최할 때 도쿄박물관에서 우수한 것을 많이 구입하기도 했다.

박물관 직원이나 한국에 관계한 고적조사원들로부터 수집한 예도 많다.

3) 기증 및 헌납

박물관에 기증한 건을 대략 정리하면 다음과 같다.

기증자	물품	연대	비고
町田久成	삼국시대 토기	1879년	내무성박물관장, 농상무성박물국장 (박물관 초대 관장)
酒匂景信	광개토대왕비 쌍구가묵본	1888	참모본부 요원
丸山作藥	광개토대왕비 근처에서 발견한 와	1892년	광개토대왕비문 해독에 참여
大井敬太郎	고려자기	1886년	花房義質이 대리공사시에 수행
花房義質	고려자기, 회화, 생활용품	1886년	공사
近藤眞鋤	도자기 등	1886년	1887년 8월 일본대리공사에 임명되어 1891년까지 재임(개항100년 연표)
八木奘三郎	도자기 등	1901년, 1910년	
일진회	각종 미술품, 특산물 300여점	1907년	
한성부민회	산수화첩	1907년	

---

81) 尾崎元春,「帝室博物館時代の陳列品収集」,『MUSEUM』262호, 1973년 1월, p. 17.

기증자	물품	연대	비고
자선부인회	자수족자	1907년	
伊藤博文	고려자기	1907년	통감
弊原坦	고와, 편액 등	1905년	1905년 2월에 학정참여관으로 임명 (일제조선침략일지, p. 68) 1925년에는 대만대학총장으로 영전 (동아일보 1925년 7월 23일)
小宮三保松	불상	1909년	궁내부차관
和田雄治	한송사지보살상	1912년	조선총독부 관측소장
稻生眞履	조선관계 토기	1912년	명치시대에 正倉院御物整理掛로 근무한 인물이다. p. 169
赤星佐七	각종 고분 출토물	1912년, 1913년	한국에서 활약한 골동상
谷井濟一	와당류	1914년	
重田定一	토기	1917년	
藤田亮策	토기	1917년, 1925년	
小場恒吉	대동강면 고분 출토 유물	1925년	동경미술학교 교수, 문양학을 전공
後藤守一	대동강면 고분 출토 유물	1925년	
淺野長光	불화		
內藤堯寶	불화		
陸實	불화		
鈴木光	불상 2점		
菅貞助	불상	1934년	
神田愛祐	석인		
足立陽太郎	석사자, 청자		
도쿄대	석관		
해군성	각종 군사용품		
中牟田倉之助	고분 출토품 및 풍속품		"명치8년(1875년)에 일본 정부가 군함을 부산에 파송하여 해군소장 中牟田倉之助로 거류민을 보호케 하고..." 황성신문 1906년 8월 17일자
三宅長策	고분 출토물, 청자	1910년	
關野貞	낙랑고분 출토품		
輕部慈恩	고분 출토품	1932년	
板東勘平	고분 출토품		
內藤敏德	고분 출토품		
山本茂策	도제보살입상 등		

기증자	물품	연대	비고
神谷傳兵衛	고려경 등		주식회사 수출식품 감사 및 대주주 (『조선은행회사요록』1921)
西脇健治	문경 봉서리석탑 유물		1920년에 한국에 삼한운수라는 주식회사를 설립하여 해륙 운송업과 창고업을 운영한 것으로 나타나 있다. 『조선은행회사요록』(1923)
奧義制	나한도		1884년 6월 원산일본영사대리에 착임1886년 8월 2일까지 재임.(『한국근대사연표』, p. 34)
이왕직	풍속 용품		
山本茂策	낙랑 발굴품		
小池奧吉	선사 유물		1908년에 통감부 순사직을 그만두고 회령으로 옮겨 전당포를 시작, 이어 서점 회령박문관을 개점 1917년 현재에 이름(『재조선신사명감』)
富永寬容	고분 출토물		
滔坦甚	고분 출토물		만철경성공무과장-매일신보 1917년 10월 5일자.
松永安左衛門	철기		조선전력주식회사근무, 이사-매일신보1932년 2월 26일자, 32년 7월8일
山中定次郎	고분 출토물		산중상회 사장
關保之助	고분 출토물		
柳生俊郎	마구		
鮭廷旭慮	고분 출토물		
行山辰四郎	풍속품		
矢島恭介	고분 출토물	1934년	고고학을 전공하고 해방 후 1954년부터 당 박물관에 근무
藤山俊雄	녹유전		고미술상
室田義文	풍속품		1886년 10월 19일 부산일본영사로 도임 (고종시대사 p878) 1892년 6월 부산주재총영사로 임명 일본 동경에서 경부철도창립총회를 개설하고 총무원 9명을 선정했는데 室田義文은 그 중의 한 명-황성신문 1901년 6월 27일자.
岡野滋子	화엄사석각편		
谷內政吉	석도		
谷內政吉	선사유물 다수		부여 규암면
楠常藏	선사유물		1893년 7월 帝國大學 法科大學 졸업 후 바로 司法官 試補로 임명 1909년 5월 韓國 정부의 초빙에 응하여 朝鮮으로 건너와 京城控訴院 部長이 됨 이후 京城覆審法院 部長으로 전근, 1917년 현재 재직 중, 조선총독부 판사

기증자	물품	연대	비고
廣田松懃	화각필		고미술상
柏木貨一郎	나전칠기		
石澤武吉	다완		
宮崎幸太郎	다완		
山田節子	도자기	1944년	
工藤壯平	도자기	1933년	1910년 총독부 사무관, 회계국 영선과장 1915년 공진회에는 선조대왕의 묵적을 출품 진열하기도 했다.(매일신보 1915년 10월 8일자) 그의 권위는 대단하여 많은 우리나라 회화 작품에 작평이나 제평을 하기도 했다. 우수한 조선회화작품에 그의 제평이 수기된 것이 다수 있다.
織田賢司	죽장		
片岡忠敎	목장		
石田七三郎	서간지		
大井敬太郎	고분 출토물	1886년	
徐基俊	석검	1925년	충남 발견
高橋健自	대동강면 출토 이식, 경주 발견 와전 다수	1927년, 1932년	조선총독부박물관 협의원(1927~28)
石田茂作	전	1927년	조선총독부 고적조사원
藤田亮策	경주 고분 발굴품	1927년	조선총독부 고적조사원
富永光太郎	석기 다수	1927년	충남 부여군 규암면에 거주하던 富永光太郎은 규암면 지방에서 발견한 석기, 석제품, 토기 18건을 1927년에 기증
德川賴貞	고분 출토물 다수	1927년	1927년에 기증 侯爵 德川賴貞
遠山佑吉	토기	1928년	
江浪芳太郎	낙랑고분 출토물	1931년	
橫河民輔	도자기 다수	1932년, 1937년, 1938년, 1939년, 1943년	건축가, 실업가로서 고도자 수집가로 유명
諸鹿央雄	와전, 고분 출토물 다량	1935년 이후	
山田丑太郎	도자기 다수	1937년	
乾慶藏	고분 출토물	1935년	토목공학 분야에 종사한 사람으로 1935년 경남에서 출토된 토기 1점을 기증

기증자	물품	연대	비고
조선고적연구회 및 今井田淸德	석암리 제201호고분 출토물, 남정리 제116호분 출토물	1932년	
今井田淸德	경주 황오리 제16호분 출토물, 노서리 제215번지 출토물	1934년	조선고적연구회 이사장
조선고적연구회	정백리 발견 弩	1935년	
今井田淸德	정백리제127호분 출토물, 정백리 제227호분 출토물	1937년	
조선고적연구회 및 今井田淸德	부여 출토 문양전	1940년	
조선총독부	조선총독부는 1938년 양산부부총 출토품과 창령 교동고분군 출토품 97건	1938년	창령 교동 고분군 출토품 97건은 1958년 4월 16일 한국에 반환
조선총독부나, 일반단체			헌납품에는 조선총독부나, 일반단체에서 일본 왕실에 헌납한 것을 후에 일본왕실에서 박물관에 기증
宮崎光太郞	도자기	1940년	

(1) 광개토대왕비 부근 발견 와

한국 유물 중 이른 시기에 반출해 간 것 중 가장 대표적인 것은 1883년 일본 참모본부 요원 사코우에 의한 광개토대왕릉비 탁본(雙鉤假墨本)과 비 부근에서 발굴한 와이다.

사코우(酒匂)의 탁본은 1888년 말에 그 원본이 사코우의 이름으로 메이지왕(明治王)에게 헌상되었으며, 이후 1890년 7월부터는 사코우의 쌍구가묵본을 정식 탁본으로 꾸며[82] 박물관에 전시하여 비의 존재를 널리 선전하기 시작하였다. 만 5년간에 걸쳐 극비리에 진행된 광개토대왕릉비의 석문 등은 일본 아세아협회에서 1889년 6월에 『회여록』 제5집을 광개토대왕비 특집으로 출간하였다. 이를 계기로 공개적인 비문 연구가 활발하게 전개되었다.

---

82) 池內宏까지도 이를 정식탁본으로 誤認하고 있다.

광개토대왕비 근처에서 발굴한 와에 대해, 아오에 슈(靑江秀)는「동부여영락태왕비명지해(東夫余永樂大王碑銘之解)」83)의 '부언(附言)'에서, "또 비석을 굴출할 때 별도로 길이 8촌, 폭 4, 5촌 정도의 기형의 와 1개를 얻었다. 와의 횡면 좌우에 '원태왕지묘안여산고여구(願太王之墓安如山固如丘)'의 11자가 각해있다고 한다"라고 하고 있다. 아오에 슈가 그의 해독에서 '부언'한 내용은 참모본부로부터 들은 것이 아니라 "모신문"에 실린 내용을 인용한 것으로 이는 비문에 대한 최초의 발설로서 비문 연구에 있어서 큰 관심의 대상이 아닐 수 없다.84)

　　이노우에(井上)의『옥록(玉籙)』에는 회여록과 같은 석문을 싣고 그 뒤에 해독작업의 정리85)가 1888년 10월에 사코우의 입회 하에 행하여진 것을 보여주는 첨어(添語)

---

83) 佐伯有淸의『硏究史 廣開土王碑』(吉川弘文館,1974. p. 5)에 의하면,
靑江秀가 1884년 7월에 작성한『東夫余永樂太王碑銘之解』의 사본은 현재 일본 국립국회도서관에 소장되어 있는데, 1885년 2월 18일부로 小杉榲邨의 "右古碑註解는 鄕友 淸江씨가 명을 받들어 만든 筆錄……"이라는 添言이 붙어 있다고 한다.

84) 佐伯有淸는『고대 동아시아 金石文論考』에서 밝히길, 최근에 동경대학 문학부 학생 小谷壽量 씨가 알아내었는데, 이 모 신문은 1884년 6월 29일부 '東京橫浜每日新聞'이라는 것이 밝혀졌다고 한다. 이 기사의 전문은 武田幸男의「『碑文之由來記』考略 -광개토왕비발견의 실상-」(『榎博士頌壽記念東洋史論叢』)에 게재되어 있다.
만주 성경성과 조선국의 경계인 압록강 상류에 예부터 물밑에 묻혀 있던 한 大石碑가 있는데, 此頃 성경장군이 들은 바, 다수의 인력을 들여 조금씩 파들어갔다. 석면을 깨끗이 씻었을 때 일본인 모가 이곳에 있어 이를 石搨하여 가지고 돌아와 목하 참모본부에 藏 하였다. 〈중략〉 또 비석을 파낼 때 별도로 길이 8촌 폭 4,5촌 정도의 奇形의 瓦 1개를 얻었다. 와의 橫面左右에 '願大王之墓安如山固如丘'의 11자가 각해 있다고 한다(武田幸男,「『碑文之由來記』考略 -廣開土王碑發見의 實相-」,『榎博士頌壽記念東洋史論叢』에 揭載, 佐伯有淸『古代東アジア金石文論考』平成7年 '第7 廣開土王碑文硏究余論').
이 기사의 내용을 淸江秀가『東夫餘永樂太王碑銘之解』에서 '부언'하여 인용한 것이 1884년 7월인데, 東京橫浜每日新聞에 이 기사가 게재된 것은 1884년 6월 29일로, 淸江秀의『동부여영락태왕비명지해』가 거의 완성단계에 이르렀을 쯤으로 추정된다. 이는 淸江秀가 신문기사를 보기 전까지는 비문을 가져온 자에 대해서 아무런 정보를 가지고 있지 않았다는 것을 말하는 것으로, 참모본부에서 淸江秀에게까지 철저하게 비밀로 하였음을 알 수 있다.

85) 비문의 해석은 1884년부터 1889년 사이 참모본부 편찬과 중심이 되어 진행되었고 각자의 해석에 대해 당시의 고명한 국학자 및 역사가들이 동원되어 교열하였다. 이진희에 의하면, 靑江秀의「비문

가 붙어 있으며, 거기에는 와가 누구에게 전해졌는지를 기술하고 있다.

"이 비는 아오에 슈(淸江秀), 요코이 타다나오(橫井忠直) 두 사람의 注 및 도서료, 박물관 등에 사본이 있긴 하나 착란이 있어 잘 통하지 않아 명치21년(1888) 10월 11일 궁내성에서 참모본부의 원본 및 이를 통구에서 얻어온 사가와(佐川)대좌(처음에는 佐川대좌라 썼다가 뒤에 이를 酒匂로 정정하였다.)에게 번호를 정정케 하였다. 가와다 쇼시(河田剛), 마루야마(丸山作藥), 요코이 타다나오(橫井忠直), 그리고 나는 서로 협의하여 그곳에서 이와 같은 훈점(訓點)을 붙였다. 사코우 가게노부(酒匂景信)은 북경에서 지나어를 배우고 만주지방을 여행할 때 이 비를 얻었는데 이곳 인가는 20호 쯤 있었다 하며 이에 이르기를 묘비상의 瓦도 갖고 돌아와서 마루야마(丸山作藥)에게 선사했는데 瓦는 거의 돌과 비길 만한 견고한 것으로 가장자리에 문자가 있다."[86]

酒匂景信(『對支回顧錄』, 佐伯有淸, 『廣開土王碑と參謀本部』, 吉川弘文館, 1976)

「고증문」에는 栗田寬, 重村不能在가 교열을 했다고 나타나 있으며, 佐伯有淸에 의하면, 橫井忠直의 「고구려고비고」(궁내청서릉부장)의 제2면 8행의 '신라성'의 주해, 제2면 9행의 '任那加羅', '安羅'의 주해에 '修史館考按'이 있어 수사관 編纂官이 검토했다는 것을 말해주고 있다. 수사관은 현재의 동경대학 사료편찬소의 前身으로 수사관이라 칭하던 시기는 명치10년(1877) 1월부터 동 19년(1886) 1월까지 9년간으로 당시 編修官으로는 일본의 근대사학을 개척한 重野安繹, 川田剛, 久米邦武, 星野恒이었다고 한다(『研究史廣開土王碑』, p. 39). 그런데 5년간이나 그와 같은 작업이 있었다는 것은 세상에 알려지지 않았다.

86) 佐伯有淸, 「高句麗廣開土王碑를 둘러싼 諸問題」, 『歷史學硏究』第401號, 1973年 10月.

사코우 가게노부(酒匂景信)가 가져간 유명전(有銘塼)은 9년 후 1892년에 마루야마(丸山作藥)를 거쳐 도쿄제실박물관에 기증되었던 것이다.

미야케 요네키치(三宅米吉)는 「고려고비고」에서,

> 비석 가까이에 일대 고분이 붕괴되어 하나의 구릉을 이루고 있고 그 아래에서 왕왕 고와가 출토되어 주내 대위가 약간의 돈을 지방인에게 주고 이를 파내어 10여 개를 얻었다고 한다. 그 하나의 명(銘)은 '원대왕지묘안여산고여구(願大王之墓安如山固如丘)'이다. 이 명이 있는 고와는 역시 현재 제국박물관에 장하고 있다. 길이 9촌 5분, 폭 5촌 3분, 두께 7분. 이상 제국박물관소장 「고려고비본래유」 및 아세아협회인행 『회여록』제5집에 근거했다. 단 고와(古瓦)의 기사는 내가 실험한 바에 거(據)했다.[87]

라고 하고 있다. 즉 미야케가 직접 관찰한 것은 제국박물관에 소장된 것으로서, 사코우가 처음 가져간 것은 10여 개였음을 말하고 있다.

사코우 이후 참모본부 요원 구리스 료(栗栖亮) 중위도 1883년 10월에 청국에 들어가 양주, 청강포, 대운하 일대의 지리를 조사하고 1886년 9월에 일본으로 돌아왔는데 그간 광개토대왕비가 있는 통구를 답사 현지를 시찰하고 "원태왕릉안여산고여악(願太王陵安如山固如岳)"이 새겨진 전을 발견하기도 했다[88]고 하는데 역시 일본으로 가져간 것으로 추정된다. 광개토대왕비문과 관련하여 이러한 와전의 일본 반입은 일본에서조차 극비에 붙여졌기 때문에[89] 1890년대까지 일반 학자들은 연구 대상으로 삼지 못하였다.

---

87) 三宅米吉, 「高麗古碑考」, 『考古學會雜誌』第2編 1, 2, 3號. 明治31.
　　三宅米吉, 『考古學研究』, 岡書院版, 1929, p. 67.
88) 佐伯有淸, 『廣開土王碑と參謀本部』, 吉川弘文館, 1976.
89) 酒匂의 雙鉤假墨本은 1888년 말에 그 원본을 酒匂의 이름으로 明治王에게 獻上되었으며, 이후 1890년 7월부터는 酒匂의 탁본을 정식 탁본으로 꾸며 제국박물관에 전시하여 비의 존재를 널리 선전하기 시작하였다. 이어 공개적인 비문연구가 시작되어, 『회여록』제5집 공간 이후 최초의 광개토왕비문의

1879년 町田久成의
기증품(『東京國立
博物館圖版目錄』,
2004)

(2) 외교 관계자 및 한국 관계자들의 기증품

가장 이른 시기에 박물관에 기증한 물품 중에는 1879년에 마찌다 히사나리(町田久成)가 기증한 삼국시대의 배(杯), 개(蓋)가 보이고 있다. 이는 개항과 더불어 일부 도굴꾼들이 한국에 진출한 것으로 볼 수 있다. 당시 박물관장은 마찌다 히사나리로, 마찌다는 내무성 박물국장, 농상무성 박물국장(박물관 초대관장)을 역임한 자이며 일본 박물관의 아버지라 부르고 있다.[90]

1886년에는 하나부사 요시모토(花房義質)와 오오이 게이타로(大井敬太郎: 대리공사 花房의 수행원)로부터 청자를 기증받은 건이 보이며, 특히 하나부사로부터 대량의 한국 유물을 기증받은 건이 보인다.

같은 해 1886년에는 곤도 마스키(近藤眞鋤)로부터 도자기를 기증받은 건이 보인다. 곤도 마스키는 1876년 10월 25일(음) 일본 외무성 관리관으로 부산에 부임하여(고종시대사, 개항100년연표), 1880년 2월에는 부산주재 영사에 임명되고, 1887년 8월에는

연구는 이에 의거한 첫 논문이 1891년 菅政友에 의해 「高句麗好太王碑銘考」(菅政友, 「高句麗 好太王碑 銘考」, 『史學會雜誌』第22號-25號, 1891年.)가 발표되고, 이어 1893년에는 那珂通世의 「高句麗古碑考」(那珂通世, 「高句麗 古碑考」, 『史學雜誌』第47號, 49號, 1893年.)가 발표되었다. 그 후 5년 뒤인 1989년 三宅米吉는 帝國博物館에 있는 縮小寫眞石版, 회외록비문, 帝國博物館藏의 橫田忠直의 「高句麗古碑考」, 菅政友의 「高句麗好太王碑銘考」, 那珂通世의 「高句麗古碑考」 등을 참고로 하여 「高麗古碑考」(三宅米吉, 「高句麗 古碑考」, 『考古學會雜誌』第2-1,3號, 1898年.)를 발표하였다.

90) 「東京國立博物館所藏朝鮮産土器·綠釉陶器の收集經緯」, 『東京國立博物館圖版目錄』朝鮮陶磁篇(土器,綠釉陶器), 東京國立博物館, 2004, p. 169.

화방의질 기증청자명
(『東京國立博物館圖版目錄』, 2004)

일본대리공사로 임명되어 1891년까지 재임하였다.

　　　1905년에는 시데하라 히로시(幣原坦)으로부터 기증받은 고와 등을 비롯한 3건이 보인다. 이 고와는 고식람여(古式籃輿: 구학부서리대신 조병필의 가에 전하여졌던 것) 및 영조어필의 편액(古回邦寧)과 함께 시데하라로부터 도쿄제실박물관에 기증된 것이라고 한다.[91] 시데하라는 일본에서 중학교 교장으로 있다가 1900년에 대한국 학부 중학교 교사로 초빙되어 한국에 건너왔다. 1902년 세키노가 한국건축조사를 할 때 시종 함께하기도 했으며 많은 도움을 주었다.[92] 1905년에는 학부 학정참여관으로 임명되어 활

---

91) 古谷淸,「韓國碧蹄館址發見の古瓦」,『考古界』第6篇 第1號, 1905년 10월.
92) 關野는『한국건축조사보고서』에서 幣原坦으로부터 많은 도움을 받았다고 기술하고 있다. 당시 關野의 조사에는 幣原坦이 동행했던 것으로, 한국정부에서는 關野와는 별도로 幣原坦을 보호하라는 다음과 같은 내용이 있다.
光武六年七月十六日(1902년 07월 16일)
발송자 議政府贊政外部大臣臨時署理宮內府特進官 俞箕煥
수신자 沿途各郡守 座下
결재자 主任 交涉 課長大臣 協辦
駐京日本公使의 照會를 接ᄒ즉 貴國官立中學校敎官我邦人 幣原坦 來十八日 由漢城發 將行遊歷于江華開城坡州扶餘恩津慶州陜川等地 所有護照 並公文 按例繕發等因이기로 玆에 訓슈ᄒ니 該員이 到境ᄒ거든 妥爲保護가 爲可.
議政府贊政外部大臣臨時署理宮內府特進官 俞箕煥 沿途各郡守 座下 主任 交涉 課長大臣 協辦 光武六年七月十六日 光武六年七月十六日 起案
[출처: 국사편찬위원회 한국사데이터베이스 http://db.history.go.kr]

동했다.

1907년에는 이토 히로부미로부터 고려자기를 대량 기증받았다.

1910년에는 궁내부차관 고미야 미호마츠(小宮三保松)로부

청자거북형주전자 이토가 일본왕실에 기증한 것으로 1965년에 반환받음

터, 1910년에는 미야케 쵸사쿠(三宅長策)로부터 기증받은 건이 보인다.

기증 시기는 알 수 없으나 나카무다 구라노스케(中牟田倉之助)의 기증 물품은 그 수량이 상당하다. 나카무다의 기록으로는 "명치8년(1875년)에 일본 정부가 군함을 부산에 파송하여 해군소장 나카무다 구라노스케(中牟田倉之助)로 거류민을 보호케 하고..."[93] 라는 기사가 보이고 있다.

1886년 8월 2일까지 원산일본영사대리로 재임한 오쿠 요시이사라(奧義制), 통감부 순사직을 그만두고 회령박문관이란 서점을 운영한 고이케 오쿠키치(小池奧吉), 만철경성공무과장을 지낸 이나쓰네 진(稲坦甚) 등이 기증한 건이 보이고 있다.

이같이 일본의 한국 강점 전까지는 한국에 관계한 외교관계자들이나 관리들로부터 대부분 기증받은 것으로 나타나 있다.

(3) 골동상 아카보시 사시치(赤星佐七)의 기증품

1912년과 1913년에는 아카보시 사시치(赤星佐七)로부터 기증을 받거나 구입한 것이 있는데 그 내용은 최충헌묘지(崔忠獻墓誌), 지석(砥石), 신라토기, 가야토기, 고려

---

93) 『皇城新聞』1906년 8월 17일자.

1912년 赤星佐七 기증, 대구부근 출토 토기
(『東京國立博物館圖版目錄』, 2004)

토기, 흑유토기, 청자 등이다.94) 아카보시는 일찍부터 한국 경성에서 골동상을 하면서 일본에 있는 수집가들에게 많은 골동을 팔아넘겼다. 그 중 일부도 도쿄박물관에 팔거나 기증한 것이다.

(4) 고적조사원의 기증품

1914년에는 야쓰이 세이이치의 이름으로 기증한, 만주 집안현 고구려 유적에서 발굴 수집한 와전이 보인다. 이것은 세키노 일행이 1913년 만주 집안 일대에서 수집한 것으로 다무라 고이이치(田村晃一)는 이에 대해, "도쿄국립박물관에 소장된 와당류는 대장(臺帳)에 야쓰이(谷井) 씨가 다이쇼(大正)3년(1914)에 기증한 것"이라고 한다.95)

수입 연대는 알 수 없으나 세키노 일행으로부터 기증받은, 평양 일대에서 수집한 와전도 다수 보인다. 야쓰이가 기증한 시기와 가까운 시기로 보인다.

1917년 시게타 시게이치(重田定一) 기증 경주 발굴품, 1925년 후지타 료사쿠(藤田亮策) 기증의 평남 대동강면 출토물, 1925년 오바 쓰네키치(小場恒吉) 기증의 녹유쌍어문세, 1925년 고토 슈이치(後藤守一) 기증의 대동강면 출토 동족 등이 보인다. 이들은 모두 직접 채집하여 박물관에 기증한 것으로 추정된다.

---

94) 東京國立博物館, 『東京國立博物館圖版目錄』朝鮮陶磁篇(土器, 綠釉陶器), 2004. p. 170.
95) 田村晃一, 『樂浪と高句麗の考古學』, 同成社, 2001, p. 325.

1925년 후지타가 기증한
대동강면 발견 호
(『東京國立博物館圖版目
錄』, 2004)

후지타 기증의 평남 대동강면 출토물 낙랑토기 호(壺)는 1925년에 고토 기증 대동강면 출토 동족(銅鏃), 함경도 진흥왕순수비탁본과 동시기에 기증한 것이라고 한다.[96]

1927년에는 이시다 시게사쿠(石田茂作)와 도쿄박물관 평의원이자 조선총독부 박물관 협의원(1927~28) 다카하시 겐지(高橋健自)로부터 기증받은 평양 대동강면 고분 출토물과 후지타 료사쿠로부터 기증받은 경주 부근 고분 출토물이 보인다.

1933년에는 구도 소헤이(工藤壯平)가 도자기 1점을 기증했다. 구도는 1910년부터 총독부 사무관, 회계국 영선과장으로 한국과 관계했으며, 1915년 공진회에는 선조대왕의 묵적을 출품 진열하기도 했다.[97] 그의 권위는 대단하여 선전 심사위원을 역임했으며 많은 우리나라 회화 작품에 작평이나 제평을 하기도 했다. 우수한 조선 회화 작품에 그의 제평이 수기된 것이 다수 있다.

야시마 기요스케(矢島恭介)는 고고학을 전공하고 제실박물관 감사보로 근무하면서 1933년부터 낙랑고분 발굴에 참여했다. 1934년 백제토기 2점을 기증했다.

경술국치 이전에는 대부분 외교관계자 등으로부터 기증받은 건이 많았으나, 이후부터는 일본인 학자들이 한국의 고적조사에 종사하면서 그 종사자들에 의한 발굴물들이 연구 자료의 명목으로 대량 일본으로 반출되어 그들 대학이나 박물관에 기증되었다.

---

96) 「東京國立博物館所藏朝鮮産土器・綠釉陶器の收集經緯」, 東京國立博物館, 『東京國立博物館圖版目錄』朝鮮陶磁篇(土器,綠釉陶器), 2004. p. 177.
97) 『매일신보』 1915년 10월 8일자.

(5) 일반인의 기증품

1927년에는 충남 부여군 규암면에 거주하던 도미나가 고타로(富永光太郞)로부터 규암면 지방에서 발견한 석기, 석제품, 토기 18건을 1927년에 기증받은 건이 보인다. 도미나가에 대한 기록은 1907년에 도미나가의 집에 의병이 불을 지르기도 했다는 기사가 보이고 있으며,[98] 충청남도 부여군 은산면 합도리 거주, 구룡면 현암리 소재 만진산의 국유임야 113정보 여를 양여받았다는 기록이 보인다.[99] 도미나가는 일제강점 이전에 한국에 건너와 부여에서 농장을 경영했다. 그는 여가를 이용하여 부여 일대의 유물을 수집하여 집안에 진열하기도[100] 하고 일부는 박물관에 기증했던 것이다.

1927년에는 후작 도쿠가와 요리사다(德川賴貞)가 한국 고분에서 출토된 유물을 대량 기증한 건이 보인다. 1927년에 도쿠가와로부터 1만 9백 14점의 물품을 기증 수리했는데, 그 중에는 역사부 제2구(上古遺物)에 속하는 것이 가장 많아 7,819점에 달했다. 그 다음으로 역사부 제11구(각국 풍속품)에 속하는 것이 1,216점이나 되었다.[101] 이중 한국 유물은 역사부 제11구 218점, 미술부 제1구 2점 이상이다.

---

98) 『皇城新聞』 1907년 2월 19일자.
99) 『朝鮮總督府官報』 1924년 6월 5일자.
100) 蘇峯生의 「百濟王朝의 遺蹟」(『每日申報』 1917년 4월 24일자)에는 다음과 같은 내용이 있다.
   우리들은 와편을 채집하면서 낙화암 고란사 아래에서 배를 타고자 백마강을 내려가 규암리에 닿았다. 〈중략〉 규암리에서 배마강의 鯉羹으로 午餐을 마치고 차를 구하여 羅福里인 富永 모씨의 집을 방문하니 富永 씨는 이 부근 내지 이주자의 가장 오래된 사람으로 유사 이전의 유물을 다수 채집하였다. 먼저 나의 눈을 뜨게 함은 그 軒頭에 幾組의 擊劍道具를 列置함이라. 〈중략〉 이 부근 일대는 산이던 岡이등 밭이든지 모두 그 위는 석기시대로부터 아래는 이조시대까지의 유적이오 민가의 담벽 중에는 석기시대의 砥石과 백제시대의 棺石과 혹은 고려자기의 파편과 혹은 이조시대의 기와가 혼재하여 담벽이 기천년 연속의 기록사라 하여도 무방하더이다. 돌아오는 길에는 부여군청을 방문하고 다시 평백제탑의 탁본에 착수하였다.
101) 帝室博物館, 『帝室博物館年譜(昭和2年 1月~12月)』, 1928.
   역사부 제11구는 한국, 중국, 대만 등지에서 발굴한 유물들로, 그 역사성을 저하시켜 각국 풍속품으로 분류하고 있다.

1928년에는 1911년부터 경상북도 성주우편소장으로 근무했던 도오야마 유키치(遠山佑吉)로부터 기증받은 토기 2점이 보인다.

1931년에는 에나미 요시타로(江浪芳太郞)로부터 기증받은 낙랑유적지 발굴품이 보인다.

1932년에는 도쿄제실박물관에서 조선, 중국 장식품, 경(鏡)을 포함 18건을 일괄 구입한 건이 있다. 그 중 6건은 조선 공주 발견의 것으로 토기 3점과 금제이식 1점이 포함되어 있다. 토기에는 '가루베소장품(輕部所藏品)'이라 첨부되어 있으며 공주발견의 금제이식은 가루베 지온(輕部慈恩)의 "공주에 있어서 백제고분"에 게재되어 있는 것과 동일한 것"이라고 한다. 동시에 가루베는 조선 공주발견 석족 3건을 기증했다고 한다.[102]

여기에서 18건을 일괄 구입했다는 것은 한 사람에게서 구입했다는 것으로 보인다. 6건은 공주의 것으로 그 중 토기 3건은 가루베의 것이며, 나머지 3점 중 금제이식은 가루베가 그의 논문에 게재했던 것이다. 이를 미루어 보면 18건 모두 가루베의 소장품으로 추정된다.

가루베의「공주에 있어서 백제고분8」을 보면, 제67도 1 '백제 출토의 이식'으로 사진을 제시하고 있다. 그 설명에는 "현재 도쿄제실박물관 소장으로 1930년 가을 주미리 제3호분에서 옥잔(玉盞)과 함께 출토"된 것으로 설명하고 있다.[103]

「공주에 있어서 백제고분」
제67도 1 '백제 출토의 이식'
(『고고학잡지』제26권 4호)

---

102) 「東京國立博物館所藏朝鮮産土器・綠釉陶器の收集經緯」, 東京國立博物館, 『東京國立博物館圖版目錄』朝鮮陶磁篇(土器,綠釉陶器), 2004. p. 171.
103) 輕部慈恩, 「公州に於ける百濟古墳」, 『考古學雜誌』제26권 제4호, 1936년 4월, p. 14.

「공주에 있어서 백제고분」제72도의 '백제고분 출토의 玉盞(玉器)'(『고고학잡지』제26권 4호)

요코가와 기증의 고려자기(『동경국립박물관 도판목록』, 2004)

「공주에 있어서 백제고분8」에서는 옥잔(玉盞)이 1점 제시되어 있는데, 제72도로 제시된 '백제고분 출토의 옥기'라 하여 "주미리5호분에서 전술한 바와 같이 현재 도쿄제실박물관 소장으로 있는 이식과 함께 출토"라 하고 있다.[104]

그는 충청남도 공주에서 고등보통학교에 근무하면서 조선총독부와는 별도로 백제유적을 조사하고 발굴(도굴)한 일부를 기증 또는 매도한 것이다.

이메이 게이조우(乾慶藏)는 토목공학 분야에 종사한 사람으로 1935년에 경남 용금동 발굴물 1점을 기증했다.

도자기류를 기증한 건을 보면 요코가와 다미스케(橫河民輔)가 기증한 것이 가장 많은 양을 차지하고 있다. 그가 기증한 것은 질적으로도 아주 우수한 것으로, 1937년 10월 16일부터 11월 10일까지 《동양고도자전람회》를 개최했다.[105] 그 후 다시 1938년, 1939년, 1941년, 1943년에 요코가와로부터 기증받은 것이 지금까지 1천 점이 넘는다.

玉盞의 출토지를 주미리 제3호분으로 기수하고 있지만, 그의 조사표에서는 1930년 9월에 조사한 주미리 5호분으로 기록하고 있어 주미리 5호분이 맞는 것으로 보인다.
104) 輕部慈恩,「公州に於ける百濟古墳」,『考古學雜誌』제26권 제4호, 1936년 4월, p. 19.
105) 帝室博物館,『帝室博物館年譜(昭和11年 1月~12月)』, 1937.

이 속에는 한국 도자기가 많이 포함되어 있다.

연대는 알 수 없으나 오카노 시게코(岡野滋子)가 기증한 구례 화엄사의 화엄경 각석편이 보이고 있는데, 화엄사 석경은 세키노 일행의 조사 이후 수차의 조사가 있었으며 보존의 소홀함으로 인해 일부는 외지로 반출되었다.

(6) 친일단체에 의한 기증

1907년에 일진회 등으로부터 황태자에게 헌납한 것이 박물관에 기증되었다. 일진회, 한성부민회 등의 단체에 의한 기증 헌납은 앞다투어 아부하기 위한 것으로, 특히 일진회는 일본 황태자에게 헌납하기 위해 전국망을 가지고 수집한 것이다.

(7) 조선총독부 및 조선고적연구회에서 기증한 유물

*** 1932년의 조선고적연구회가 기증한 유물**

평양대동군 대동강면 석암리 제201호 고분에서 출토한 원시4년명칠이배(元始四年銘漆耳杯)를 비롯한 일련의 출토품과 남정리 제116호분에서 출토한 유물들은『제실박물관연보(1932년 1월~12월)』(제실박물관, 1933년) 및『동경박물관도판목록』,『동경박물관소장품목록』에 모두 "구입"으로 기록하고 있다.

석암리 제201호분은 도쿄제국대학에서 발굴하다가 중지한 것을 1931년 9월 18일부터 10월 17일까지 재차 발굴한 것이다. 남정리 제116호분은 1931년 조선고적연구회에서 1931년 10월 5일부터 11월 26일까지 발굴한 것이다.

1932년 도쿄제실박물관에 '구입'으로 나타난 석암리 제201호분 출토 유물 목록은 다음과 같다.

※『제실박물관연보(1932년 1월~12월)』, (제실박물관, 1933년) 기록

| 元始四年銘漆耳杯, 居攝三年銘漆盤殘缺, 大利銘漆畵耳杯殘缺, 大型漆匣殘缺, 彫文漆匣殘片 2개, 銅製弩前頭 7개, 漆鞘付鐵鉾, 脚 2개, 土器蓋, 漆耳杯 4개 | 歷史部第11區 4257~4262 | 『年譜(1932년)』 | 購入 |

그런데 1931년에 발굴한 석암리 제201호분의 발굴보고서[106]에 나타난 출토 유물은 다음과 같다.

※ 석암리 제201호분 출토 유물 일람표

漆器, 銅器	居攝三年銘漆盤殘缺(2), 漆盤殘缺(7), 元始四年銘漆耳杯(1), 居攝三年銘漆耳杯殘缺(1), 大利銘漆耳杯(1), 漆耳杯各種(8), 漆耳杯殘缺(1), 彫文漆匣(蓋1), 彫文漆匣殘缺(1), 彫文漆扁壺(1), 獸衡環飾大型漆匣殘缺(1), 無文漆匣(1), 漆案殘缺(3), 異形案狀漆器殘缺(1), 六角形漆器把手殘缺(1), 漆奩殘缺(1), 博山爐殘缺(1), 銅洗殘缺(1), 提梁殘缺(1), 馬脚狀漆器脚(2)
土器	壺形土器 大破(4), 壺形土器殘缺(1), 土器蓋(2)
武器 및 馬具	鐵鉾(2), 鐵戟(1), 太刀殘缺(2), 劍殘缺(1), 金銅馬帶釦(2)
裝身具, 布裂, 棺金具	冠帽殘缺(1), 玳瑁製笄(1), 玉髮飾殘缺(1), 琉璃小玉(2), 銀製指環(1), 絹製袋狀品(1), 絹裂(1), 綿布裂(1), 刺繡裂(1), 金銅製四葉座(4), 金銅製圓鋲(8)
雜器	白木案狀木器殘缺(1), 漆製式占天地盤殘缺(1), 車輪殘缺(1), 竿頭金具(13), 石突狀金具(2), 漆杖殘缺(1), 鞘狀漆製品殘缺(1), 金錯殘缺(1), 李核(2), 貝殼(4)

위 발굴 유물을 보면 1932년에 도쿄제실박물관에서 구입했다는 유물이 그대로 포함되어 있다.

남정리 제116호분 출토유물 구입 건은 다음과 같다.

※『제실박물관연보(1932년 1월~12월)』, (제실박물관, 1933년) 기록

| 木馬, 木馬殘缺, 漆盤, 漆匙, 栗 8개, 楔 3개 | 歷史部第11區 4257~4262 | 『年譜(1932년)』 | 購入 |

---

106) 朝鮮古蹟硏究會, 「石巖里の二古墳」, 『樂浪彩篋塚』, 1934.

이 유물들은 모두 조사보고서(조선고적연구회, 「남정리채협총」, 『낙랑채협총』, 1934년)의 '발견 유물 일람표'에 명확히 게재되어 있는 것들이다. 1932년에 구입했다는 두 고분의 출토유물은 보고서에 나타난 출토유물 일람표와 비교해 보면 모두 정식 발굴에서 나온 것이다.

그런데 도쿄국립박물관에서 2004년에 간행한 『도쿄국립박물관도판목록』 조선도자편(토기, 녹유도기)의 「도쿄국립박물관 소장 조선산 토기·녹유도기의 수집 경위」를 보면, 1932년에 경성에 주재한 인물로부터 낙랑고분 출토품 13건을 구입했다고 한다. 구입한 것은 석암리 제201호분 출토의 칠기, 금속품, 토기와 남정리 제116호분(채협총) 출토의 칠기이다. 특히 석암리201호분의 출토품으로는 거섭3년명칠기, 원시4년명 칠기가 포함되어 있다고 하며 석암리 제201호분 출토 토기 1점을 게재하고 있다. 그리고 같은 해 같은 인물로부터 남정리 116호분 출토 목마 등 6건을 구입했다고 한다.[107] 그 매도한 인물은 밝히지 않고 있다.

「도쿄국립박물관 소장 조선산 토기·녹유도기의 수집 경위」의 기록대로라면 도쿄박물관에 석암리 제201호분과 남정리 제116호분의 출토 유물을 매도한 자는 동일 인물이며, 이 유물들은 조선고적보존회에서 정식 조사를 거친 것을 훔쳐서 도쿄박물관에 매도한 것이 된다.

그러나 「조선고적연구회이사회 협의 요항」의 '도쿄제실박물관에 진열품으로 발굴품의 내 약간 기증의 건'에 의하면 '기증'으로 나타나 있다. 그 이유는 도쿄제실박물관에서 1932년도 본회사업비로 금 5천원을 지출한 데 대한 감사의 표시와 제실박물관의 특별실 진열품으로 진열하기 위한 것으로 평의회의 토의를 거쳐 총독부의 허가를 받아 기증하는 것으로 나타나 있다.[108]

---

107) 「東京國立博物館所藏朝鮮産土器·綠釉陶器の收集經緯」, 東京國立博物館, 『東京國立博物館圖版目錄』朝鮮陶磁篇(土器,綠釉陶器), 2004.
108) 大韓民國政府, 『對日請求 韓國藝術品』『附錄』편, 1960, pp. 391~395.

그 목록은 다음과 같다.

목록
- 元始四年在銘漆杯 　　　　　　　석암리고분 출토
- 居攝三年在銘漆盤 　　　　　　　석암리고분 출토
- 金銅獸環付大形漆匜破片 　　　　석암리고분 출토
- 銅製弩前頭 　　　　　　　　　　석암리고분 출토
- 無文漆盤 및 匙 　　　　　　　　남정리고분 출토
- 木馬 　　　　　　　　　　　　　남정리고분 출토
- 無文漆杯(大形 完) 　　2개　　　남정리고분 출토
- 無文漆杯(小形 完) 　　2개　　　남정리고분 출토
- 漆器破片 各種 若干 　　　　　　남정리고분 출토

1932년 8월 13일자로 조선고적연구회이사장 이마이다 기요노리(今井田淸德)가 궁내차관에게 보낸 〈조선고적연구회로부터 궁내차관 제국박물관총장에게 보낸 서신〉에도 이 사실이 나타나 있다. 1932년도 조선고적연구회 사업에 금 5천원을 지출한 데 대한 감사의 인사와 함께 "본회수집품 중 조선총독부에서 보존하고 있는 칠기 기타 약간 송부 신청"한다는 내용이다.[109]

따라서 이 두 고분에서 출토한 유물은 조선고적연구회에서 기증한 것을 박물관 측에서는 '구입'으로 표기하고 있는 것이다.

「附錄」편은 한국 정부에서 대일 청구 한국예술품의 증빙자료로 '참고문서사본'을 첨부하고 있는데, "주로 미술품의 일본 반출 및 파괴 경위 문서 사본으로서 피탈문화재 목록과 관련이 많음"이라고 하고 있다.
109) 大韓民國政府, 『對日請求 韓國藝術品』「附錄」편, 1960, pp. 359~368.

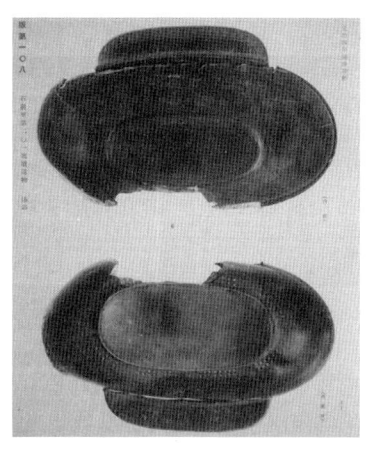

元始四年
銘漆耳杯

居攝三年
銘漆盤殘缺

한 가지 의문은 거섭
삼년명칠반편(居攝三年銘漆
盤片)은 정식 보고서에 분명
출토유물 목록에 나타나 있
는 것인데, 『유리원판 목록
집Ⅱ』(1998)에는 오바 쓰네
키치(小場恒吉)의 개인소장
으로 나타나 있다.[110]

채협총
출토 목마

---

110) 국립중앙박물관, 『유리원판 목록집Ⅱ』, 1998, 목록번호 330295.

※ 1934년 기증품

도쿄박물관 소장품 목록에는 1934년에 이마이다 기요노리의 이름으로 기증한 경주 노서리 215번지 고분 출토물과 경주 황오리 제16호분 출토물이 있다.

1933년 4월에는 경주 노서리에 있는 민가에서 우연히 한 고분(215호)이 발견되어 순금이식(純金耳飾), 용문완륜(龍紋腕輪), 완륜식옥(腕輪飾玉), 구옥(勾玉), 등 다수의 유물이 발굴되었으나 상세한 조사보고서도 나오지 않았다.

또 1933년 가을에는 조선고적연구회의 사업으로 황오리에 있는 제54호분의 갑을 2기와 제16호분을 발굴하여 순금이식, 구옥(勾玉), 대식(帶飾), 무기, 도기, 청동초두(靑銅鐎斗) 및 마탁(馬鐸) 등을 발굴하였는데 특히 이식(耳飾)은 각종 형식을 망라하고 있다.[111] 그러나 이에 대한 자세한 보고서도 남기지 않았다. 다만 일본『고고학』에 이식(耳飾)에 관한 것만 약간 소개되었을 뿐이다.[112]

이들 중 노서리 215번지 출토유물과 황오리 제16호분 출토유물은 일본으로 반출해 갔다. 이를 반출해 간 자는 이마이다 기요노리로, 이 자는 당시 정무총감이었을 뿐아니라 '조선보물고적명승천연기념물보존위원회'의 위원장으로 있으면서[113] 일본 제실박물관에 헌상(獻上)했다.

제54호분과 16호분의 발굴을 담당했던 아리미츠 교이치(有光敎一)의 회고에 의하면, 이 두 고분을 발굴하는 과정에서「조선보물고적명승천연기념물보존령」이 발포되면서 아리미츠는 조선총독부박물관으로 전근을 가게 되었으며, 출토유물은 경주박물관에 보관하고 이에 대한 보고서는 미간에 그쳤다고 한다.[114] 소위 조선의 문화재를 보

---

111) 藤田亮策,「昭和8年度朝鮮古蹟研究會の事業」,『靑丘學叢』제14號, 1933年 11月, pp. 203~204.
112) 有光敎一,「新羅金製耳飾 最近の出土例に就いて」,『考古學』(제7卷 6號), 東京考古學會, 1936年 6月.
113) 今井田淸德은 1909년 동경제국대학 법과를 졸업한 후 大坂中央郵便局長, 遞信局電話課長, 1929년 遞信次官을 거쳐 1931년 朝鮮總督府 政務摠監이 되었다.
  (阿部薰,『朝鮮功勞者銘鑑』, 民衆時論社, 1935年)
114) 有光敎一,「私の朝鮮考古學」『朝鮮學事始め』, 청구문화사, 1997.

호하기 위한 「조선보물고적명승천연기념물보존위원회」의 위원장이란 자가 버젓이 박물관에 보관된 유물을 일본으로 반출한 것이다.

이 유물은 후일 한일협정 시 반환문화재 중 일부로 돌려받게 되었다.[115]

※ **1935년 기증품**

조선고적연구회의 〈궁내성에 참고품 헌상에 관한 건〉(소화10년 7월 22일 기안)을 보면, 1933년 이래 3개년 간 조선고적연구회 사업에 대해 궁내성으로부터 지원을 받은 데 대한 감사와 제실박물관 건설이 착착 진행 중인 바, 장래 조선실을 열어 조선 고대문화 소개 취지에 부응하여 전년도 본회 조사 수집품 내에서 중복품을 보낸다는 내용이다. 그 헌상품으로는 평안남도 대동군 대동강면 정백리 발견의 목제 칠도청동부노(木製漆塗靑銅附弩) 1개만 나타나 있다.[116] 그밖에 어떤 것이 더 헌납되었는지 알 수 없다.

평남대동강면 낙랑고분 발견 노기(弩機)
(『제실박물관연보 (昭和10年 1月~12月)』 도판 26)

---

115) 반환받은 유물은 다음과 같다.
　　路西里215號墳 出土遺物 - 銀製釧 1双, 金製釧 1双, 金製指輪 2個, 金製頸飾 1連, 金製太環耳飾 1双, 玉製頸飾 1連
　　黃吾里16號墳 出土遺物 - 金製太環耳飾 1双, 金製太環耳飾曲玉附垂飾 2双, 玉製頸飾 1連
116) 大韓民國政府, 『對日請求 韓國藝術品』 「附錄」편, 1960, pp. 369~372.

1935년 구입품으로 나타나 있는
경주 발견의 불상(『제실박물관연보
(昭和10年 1月~12月)』도판 28)

『제실박물관연보(昭和10年 1月~12月)』(帝室博物館, 1936년)에는 〈궁내성에 참고품 헌상에 관한 건〉에 관련된 것으로 추정되는 역사부 제11구 유물번호 4237의 조선 평안남도 대동강면 낙랑고분 발굴의 노기(弩機, 도판26)가 있다.

※ 1936년 기증품

1936년 5월 25일자로 〈조선고적연구회이사장 이마이다 기요노리가 궁내대신 마츠히라(松平)에게 보낸 願書〉를 보면 조선고적연구회에서 해마다 수집한 유물 중에서 대표적인 것을 선택하여 제실박물관 진열품으로 헌납한 건이 보이고 있다. 그 유물은 낙랑, 신라, 백제 및 임나의 것이라고 하며 목록은 나타나 있지 않다.[117]

---

117) 大韓民國政府,『對日請求 韓國藝術品』「附錄」편, 1960, pp. 375~382.

1936년 신수품의 구입으로 나타나 있는 '남선지방의 고분 출토' 환두대도(環頭大刀) 및 환두도(環頭刀) (『제실박물관연보(昭和11年 1月~12月)』도판 21)

『제실박물관연보(昭和11年 1月~12月)』(1937년)을 보면 한국 유물을 기증받은 건은 보이지 않고, 역사부 제11구의 신수품에는 고분 출토물(유물번호 4522~4655)과 와전(유물번호 4656~4899)을 대량으로 구입한 것으로 나타나 있다. 이 속에는 낙랑, 신라, 백제, 가야 유물들이 포함된 것으로 보아 기증받은 것을 구입 처리한 것이 아닌가 여겨진다.

※ 1937년 기증품

1937년에는 이마이다의 이름으로 기증한 평안남도 정백리 제127호분(왕광묘) 출토물과 정백리 제227호분 출토물이 있다.[118]

정백리 제127호분은 1932년 9월에 오바(小場), 가야모토(榧本) 등에 의해 외관상 도굴당하지 않고 내용물이 풍부할 것으로 예상하고 발굴한 것이다. 1933년도의 정백

---

118) 東京國立博物館, 『東京國立博物館圖版目錄』朝鮮陶磁篇(土器, 綠釉陶器), 2004.

리 제227호분 조사에는 일본학술진흥회의 사업으로 도쿄제실박물관 감사관보 야시마 교스케(矢島恭介)와 도쿄제실박물관 미술공예과 하마모토(濱本)가 발굴에 직접 참여했다.

※ **1938년 기증품**

조선총독부는 1938년 양산부부총 출토품 일체와 창령 교동고분군 출토품 97건을 제실박물관에 기증했다. 당시 총독부박물관에 소장되었다가 1938년 양산부부총의 출토유물 전체와 창령 교동고분군 출토품을 함께 조선총독부에서 도쿄박물관으로 반출하였다. 그 후 1958년 4월 제4차 한일회담의 결과로 교동 제31호분 출토유물은 한국으로 반환되었다.[119]

※ **1940년 기증품**

「1940년도 동경제실박물관 신수품목록」[120]을 보면, 1940년에 조선 충청남도 부여 출토의 과운문전, 봉황문전, 반용문전, 귀형문전 등을 구입한 건이 보인다.

부여 출토의 우수한 문양전은 1937년에 규암면 외리라는 곳에서[121] 한 농부에 의해 처음 발견되어 부여경찰서에 신고 접수되었다. 이는 총독부에 보고되었고 조선총독부에서 아리미쓰 교이치(有光敎一), 요시다(米田美代治)를 이곳으로 파견하여 1937년 4월 8일부터 5월 3일까지 발굴을 진행하여 이곳에서 많은 문양전을 발굴하였다. 문양전은 파편을 포함하여 약 150개에 달했으며 문양은 8종류로 나타나 있다.[122] 도쿄박

---

119) 제4차 회담 진행 중에 일본 측은 어부 송환을 촉진하기 위해 창령고분 출토 106점을 반환했었다.
120) 美術研究所, 『日本美術年鑑』, 1942년 3월(1941년판), p. 113.
121) 이 유적은 일찍이 대구의 市田次郎의 소유로 돌아간 백제금동관음보살상의 출토지로 전하는 지점이다.
122) 有光敎一, 「扶餘窺岩面に於ける文樣塼出土と其の遺物」, 『昭和11年度 古蹟調査報告』, 朝鮮古蹟研究會, 1937, pp. 65~73 參照.

물관에 들어간 문양전은 이곳에서 발견한 것으로 구입으로 처리된 것이 의문이다. 1940년 부여 출토 문전 구입으로 되어 있으나 고적보존회의 기증으로 추정된다.

(8) 오구라컬렉션

오구라 다케노스케(小倉武之助)는 1904년에 한국에 건너와 막강한 재력을[123] 바탕으로 해방 때까지 우리나라 고미술품을 가장 많이 수집했다. 그는 해방 후 그의 수집품 대부분을 일본으로 가지고 돌아가 고향인 도쿄 근처 지바현에 '오구라컬렉션'을 설립하고 전시관을 지어 일부 유물을 전시했었다. 그의 사후에는 아들 야스유키(安之)에 의해 운영되었다. 그러나 생활이 어려워지자 일부 유물은 처분하고, 나머지 유물들은 1981년에 동경국립박물관에 기증했다.

1982년 「기증 오구라컬렉션목록」이라는 이름으로 도쿄국립박물관에서 발표한 목록에 실려 있는 우리나라 유물은 1030호까지 있는데 어떤 것은 한 호에 몇 개씩 들어 있기 때문에 실제의 숫자는 훨씬 많다. 이 컬렉션의 도록 '발간사'에서 박물관 측은 "오구라컬렉션은 오구라 다케노스케가 다년간에 걸쳐 수집한 한반도의 미술품, 고고자료를 중심으로 하는 일대 컬렉션이다. 그 내용은 선사시대부터 근세에 이르기까지의 다양한 유물들로서 그 질의 뛰어남과 종류의 풍부함에 의해서 일찍부터 내외의 주목을 받아 왔다"[124]고 한다.

---

123) 小倉武之助는 법학을 전공하고 1904년 경부철도회사에 입사하여 회계를 담당하게 되어 한국에 건너와 대구에 정착하였다. 이듬해 1905년에 회사를 그만두고 한국제정회사를 설립하고, 1910년에는 대구전기주식회사를 설립하여 양사를 거느렸다. 후에 한국의 모든 전기회사를 통합 경영한 막강한 재력가로서 대구거류민단 제2회 의장까지 역임한 실력자이기도 하다.
참고: 三輪如鐵, 『大邱一斑』, 玉村書店, 1911, p. 226, 234.
小野淸, 『朝鮮風土記』, 東京 民論時代社, 1935, p. 442.
山重雄三郞, 『大邱案內』, 麗郎社, 1934.
朝鮮公論社, 『朝鮮公論』, 1926년 10월.
124) 韓國國際交流財團, 「小倉콜랙션 所藏品目錄」, 『日本所藏 韓國文化財2』, 1995.

도쿄박물관에 소장된 오구라컬렉션의 고고유물들은 대부분 도굴품으로 이루어졌으며, 그 외 회화·도자기 등도 도쿄박물관의 한국 미술품으로는 가장 우수한 것이라 할 수 있다.

오구라컬렉션에의 삼국시대 금관(전 경남 출토), 금동관 2점(전 경주와 울산 출토), 금동제투각관모(전 창령 출토)를 비롯하여 선사시대 유물, 철제갑옷과 철모, 각종 불상, 도자기 등을 비롯한 상당수는 '전 ○○ 출토'라 하고 있는데 이것은 도굴품이라는 것을 증명하는 것으로 도굴꾼들로부터 사들일 때 도굴 장소를 메모해 두었던 것으로 짐작된다.

특히 경남 창령 출토의 '금동투조관식'은 국내에도 없는 독특한 관모로 일본 중요문화재로 지정되어 있다. 미술공예품 중에는 불교공예품이 가장 많은 양을 차지하고 있는데, 탑에 봉안하였던 사리장엄 및 불상 등이 상당히 많은 것으로 보아 산간벽지에서 탑을 허물고 도굴한 것을 수집한 것이다.

오구라컬렉션에는 금관총에서 출토된 유물 금제수식(金製垂飾), 금제수식편(金製垂飾片), 금제방주형금구(金製方柱形金具), 금제도장식구(金製刀裝飾具), 곡옥(曲玉), 청령옥(蜻蛉玉), 옥충시편(玉虫翅片) 등이 수록되어 있다. 당시 한국인은 발굴현장에 가까이 할 수 없었던지라, 발굴조사자나 인부를 매수하여 유물을 빼돌린 것이 아닌가 하는 의심이 가지 않을 수 없다.

1982년 동경국립박물관에 들어간 오구라컬렉션은 그가 일본으로 반출한 한국문화재의 일부에 지나지 않는다. 오구라컬렉션은 전후 사정으로 생활이 어려워지자 일부는 극비리에 처분된 것으로 보고 있는데 제일교포 김형익 씨가 입수한 것도 아마 이러한 원인에 의한 것으로 보인다.[125] 오구라 컬렉션은 마지막으로 남은 것이 도쿄국립박

---

125) 지난 1997년 9월에 중앙일보팀에 의해 확인된 재일교포 김형익 소장 고분 출토유물, 3점의 가야 금동관을 포함한 826점도 모두 小倉이 가져간 것으로 김형익이 1977년경에 입수한 것인데 가야 왕국의 비밀을 풀 수 있는 열쇠라고 한다.

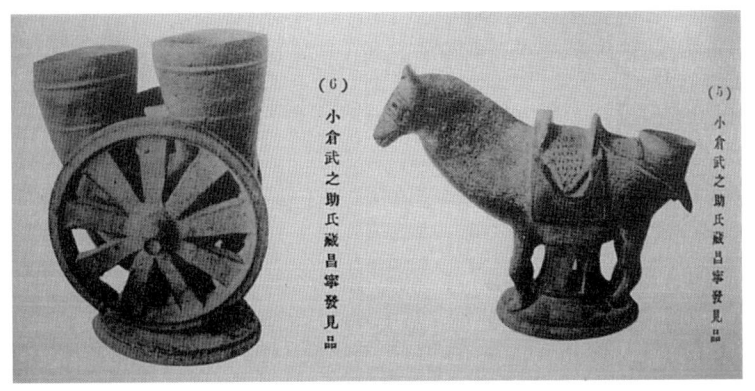

『1924년도고적조사보고』 도판에 수록된 창녕출토의 토기 (두 점 모두 일본 중요미술품으로 지정되었다)

물관으로 들어갔지만 그전에 이와 같이 극비리에 처분된 것이 얼마나 되는지 가늠하기 어렵다. 김형익의 컬렉션도 그동안 비공개로 있다가 20년이 지난 후에야 공개된 것과 같이 숨어 있는 오구라의 구장품 또한 상당한 양이리라 추측된다.

6. 도쿄박물관 열품에 나타난 반출 유물의 성격

도쿄박물관은 처음부터 약탈적 성격을 품고 열품 수집에 열중했다. 농상무성에서 궁내성으로 이관한 후 1889년에 제국도서관으로 개칭하고, 구키 다가이치(九貴隆

김형익이 금동관을 포함한 826점의 고분 출토유물을 입수한 것은 1976년에 일본인 유명 컬렉터로부터 인수한 것이다. 이 물건의 존재가 일본 내 컬렉터들 사이에 은밀히 알려진 것은 小倉이 죽은 후 1964년 무렵. 당시 關西실업계의 거물이자 한국 미술품에 관심이 많았던 일본인 컬렉터가 이 물건을 인수했다. 그는 한국 도자기에 대해서는 일본 제일이라는 평을 들었는데 금속에까지 손을 뻗친 것이다. 그러던 그가 70년대 오일쇼크의 불황을 견디지 못하고 사업에 실패하면서 김형익이 인수하게 되었다고 한다.

一)가 총장에 취임했다.126) 구키가 총장에 임명되고 몇 년 후 '전시청국보물수집방법'을 수립했다. 약탈자로서의 만행은 1894년에 제정한 [전시청국보물수집방법(戰時淸國寶物蒐集方法)]127)에 극명하게 나타나 있다.128)

---

126) 大森金五郎, 「文獻の喪失 文化の破壞」, 『中央史壇』제9권3호, 1924년 9월.
127) 이에 대한 내용은 李進熙, 『好太王碑の謎』(講談社, 1973, pp. 147~149)의 註釋에서 인용한, 中塚明의 『淸日戰爭の硏究』에 수록되어있다.
128) [戰時淸國寶物蒐集方法]은 '要旨', '方法', '費用'까지 아주 구체적으로 명시하고 있다. 그 '要旨'는 전시청국에 보물 수집원을 파견하여 수집·매수하는 大要를 제9항까지 기술하고 있다. 그 제1항은, "일본문화의 根底는 중국과 조선에 밀접한 관계를 가지고 있으며 일본 고유의 성질을 명백히 함에 있어서도 이들과 대조할 필요가 있다. 그러므로 大陸隣邦의 遺品品을 수집하는 것은 학술상 최대의 要務에 속한다"하고, 제2항 하단에는 "일체의 호기회를 이용하여 그 실행을 도모해야 한다." 제3항에는 "전시수집의 편의는 평시에 도저히 얻을 수 없는 명품을 얻는 데 있다." 제4항은 "전시 수집의 편의는 평시에 비하여 극히 저렴한 가격으로 명품을 얻는 데 있다." 제8항은 "전시에 명품을 수집하는 것은 전승의 명예와 함께 千歲의 기념으로 남아 國威를 발휘하기에 족하다"라고 기술하고 있다. 수집 '방법'은 11항으로 이루어져 있는데, 제1에서, "수집원은 육군대신 또는 군단장의 지시에 따라 군대의 適宜의 부분으로 따르게 하여 戰地 近傍에서 수집 매수를 한다"하고, 제2는 "수집물품은 견고하게 포장하여 兵站部에 送附하고 병참부에서는 본부에 送附한다", 제11에서는 "派出員은 제국박물관 총장의 관할에 속하고, 단 전지에 가서는 군단장이나 附隨 사단장의 지휘 감독"하에 두는 것으로 하고 있다.
'비용'조는 수집원에 대한 봉급, 수당, 매수비용 등을 기술하고, 마지막에는 보물 수집이 "전승의 명예가 따르고 천세의 기념으로 남을 國威를 宣揚"하는 것으로 끝을 맺고 있어, 그 약탈적 성격을 여실히 보여주고 있다. '전시청국보물수집방법'에 나타난 일제의 만행에 대해 일본의 사학자 西山武彦조차 「韓國建築調査報告書의 수수께끼」(『韓國의 建築과 藝術』, 月刊建築文化, 1990)에서 다음과 같이 신랄하게 비판하고 있다.
일본정부가 전쟁을 이용하여 중국이나 한국의 문화재와 보물을 약탈하는 방침은 1894년 가을에 이미 결정을 내리고 있었다고 한다. 더욱이 평시에는 여간해서 입수하기 어려운 '명품'을 입수하려면 전쟁 와중의 혼란한 틈을 타서 약탈함이 상책이라는 지침까지 지시했다는 사실에 이르러서는 불난 집에 뛰어들어 도둑질을 일삼는 화재도둑놈의 발상과 조금도 다를 바 없지 않는가? 더욱이 그것이 '국위(國威)를 선양(宣揚)하는' 일로 이어진다고 하는 데에는 그저 아연실색할 뿐이다. 개인이 사람을 죽이면 살인죄로 벌을 받지만 같은 사람이 국가를 배경으로 전쟁 마당에서 사람을 죽이면 훈공과 영예를 획득한다는 논리로 이어지는 것일까? 아무리 그렇다고 하더라도 일국의 문명국 정부가 염치도 없이 귀중품을 노략질하는 골동상인처럼 남의 나라를 침략한 끝에 그 재보(財寶) 뿐 아니고

이 [전시청국보물수집방법]은 당시 제국박물관(현 도쿄국립박물관)총장 구키 다가이치(九貴隆一)가 작성하여 정부와 육해군 고관에게 보낸 것으로, 일본 국회도서관 헌정자료실의 사이토 미루노(齋藤實) 문서에 들어 있다고 한다.[129] 이는 정부의 지시로 제국박물관총장에게 작성케 하고 정부 차원에서 은밀하게 행하여진 것으로, 보물 수집이 "전승의 명예가 따르고 천세의 기념으로 남을 국위를 선양"하는 것이라고 하고 있어, 그 약탈적 성격을 여실히 보여주고 있다. 임진왜란 때 도요토미 히데요시(豊臣秀吉)가 서적약탈대를 조직하여 조선의 서적과 그 외 문화재를 약탈해 간 전례와 같이, 청일전쟁시에도 보물수집대를 편성하여 이를 군대에 부속시키고 전시 중의 혼란한 틈을 이용하여 약탈 또는 매수한 것으로, 이러한 약탈적 수집방법은 청일전쟁 이후 한국에서도 여지없이 행하여졌던 것이다.

그 약탈적 성격에 부합하여 초기 한국에 건너온 외교관계자, 어학생, 박물관 관계자들에 의해 수집된 유물은 기증 처리되어 진열되었다. 한국 강점 후에는 조선고적조사원, 조선총독부, 조선고적연구회로부터 한국 유물을 기증받기도 했다.

그들의 목록에는 구입시의 이름을 밝히기를 꺼리고 있다. 기증의 경우에도 구입으로 기록하여 그 불법성을 은폐하려고 한다. 이는 앞으로 그 박물관에서 소장하고 있는 문서와 한국 박물관이나 기관 등에 보관하고 있는 문서를 세밀히 대조할 필요가 있다.

한 나라의 국립중앙박물관이라는 것은 그 나라의 역사, 민족성, 문화를 총체적으로 파악할 수 있는 척도이다. 뿐만 아니라 수집 진열된 외국 유물들은 그 나라의 문화와 역사를 비교하는 데 중요한 자료가 되고 있다. 하지만 수집 진열된 유물들이 그 수집에 있어 얼마만큼의 정당성을 가지고 있느냐 하는 것도 중요하다.

문화재까지 해적적인 수법으로 탈취한다는 것은 도저히 납득할 수 없는 이야기가 아닐는지 〈중략〉 하지만 이는 일본 정부가 서슴없이 자행한 엄연한 사실이다.

[129] 中塚明, 『淸日戰爭の硏究』 (李進熙, 『好太王碑の謎』, 講談社, 1973, p. 147의 註釋).

6장

맺음말

일본이 한국에 진출하면서 우리 문화재가 어떻게 반출되었는지를 크게 세 가지 유형으로 나누어 살펴보았다. 일본의 한국에 대한 조사는 침략 행위와 관련하여 시작되었기 때문에 처음부터 약탈적 성격을 지니고 있었다. 그들은 고적조사라는 미명 하에 지하의 무덤을 발굴하여 그들 방식으로 해석하고 필요에 따라 연구를 핑계삼아 반출하는 일을 서슴지 않았다. 관권에 의한 무단 반출과 한밑천 잡아보겠다고 밀려든 상인, 수집가들에 의한 반출은 도굴을 부추겼고 이로 인하여 파괴된 사료는 치유할 수 없는 상처를 남겼다.

1900년 이후 일본 정부나 대학의 필요에 따라 일부 학자들은 외교 채널을 통하여 조사 협력을 요청해 왔으며, 이미 한국에 재주한 일본인들은 이 조사에 적극 조력하였다. 이때 행해진 탐색적 조사는 그들의 대륙 침략을 위한 자료로 삼았다. 당시 조사에 따른 유물 채집은 많은 양은 아니나 일본의 한국 연구에 대한 호기심과 문화재에 대한 야욕을 증폭시켰다.

1909년에는 탁지부 요청에 의한 것이기는 하나, 요청사항이었던 고건축 조사에만 국한하지 않고 목적을 유적 유물 획득에까지 확대하여 고분을 발굴했다. 이는 탁지부의 요청과는 별도로 그들의 목적이 따로 있었던 것이다. 한국을 강점한 후에는 조선총독부의 주도로 식민통치의 합리화를 위한 고적조사와 교과서 편찬의 자료 수집을 위한 대대적인 조사가 이어졌다. 세키노 일행은 1909년부터 매년 한국에 건너와 유적 유물을 조사하는 과정에서 출현한 대부분을 그네들의 대학이나 학계에 반출했다.

대표적으로 1909년 세키노 일행과 이마니시 일행이 발굴한 평양의 낙랑고분에서 출토한 유물과 경주 서악리 등에서 출토한 유물, 1910년의 평남 대성산록의 고분, 고령의 주산 동남산복의 고분, 진주 수정봉 제2호분, 진주 옥봉 제7호분 출토유물과 일대 조사에서 출현한 많은 자료, 1911년의 한왕묘에서 발굴한 유물과 평남 토성지, 장무이묘 등에서 출토한 많은 유물, 1912년의 강릉 풍호동 고분과 각 사지에서 출토한 유물, 1913년의 집안 일대에서 발굴한 와전, 평남 오야리 목곽분의 출토유물과 평양 일대에서 채집한 많은 와전, 1915년의 구로이타에 의한 선산 낙산동 고분, 고령 주산의 고분 출토 유물은 모두 일본으로 반출했다.

일본으로 가져간 유물은 그들 학계의 연구자료로 활용되어 마치 전리품처럼 전시하고 앞다투어 학문적 발표를 하였다. 대표적인 것이 도쿄대학 건축학과전람회와 사학회 사료전람회로, 반출한 유물을 진열해 놓고 "야마토(大和)민족의 해외 발전의 사적을 추회(追懷)"한다느니, "임나는 상대(上代)에 일본의 영토 가야연방의 유적 일부가 처음으로 조금 상세하게 학계에 소개되었다"느니 하면서 잔치를 벌였다. 이들 기록에는 구체적인 목록은 결여되었으나, 대표적인 품목이 나타난 것이 있어 당시 반출 유물을 일부나마 가늠해 볼 수 있다.

1916년 이전에는 출토 유물에 대한 마땅한 보관 장소가 없어 지방관청이나 경복궁의 천추전 등에 쌓아놓는 정도였다. 또한 유물의 현지 보존에 대한 규칙 같은 것이 없었기 때문에 1916년 이전 발굴조사에서 출토된 유물은 거의 대부분 일본으로 반출되었다.

1915년에 조선총독부박물관이 설치되고, 1916년 고적급유물보존규칙이 만들어지면서 유물에 대한 수집과 보관이 본격화되었다. 1916년 이후에는 원천적으로 박물관에 수장하는 것이 원칙이며, 법제도를 만들어 규제했으나 조사에서 출토된 일부 유물은 조사에 참가한 연구자와 관계 깊은 대학과 박물관에 소장되었다.

1916년부터 1920년 사이에는 평양 일대의 낙랑 유적과 경상도와 전라도의 가야 유적을 중점적으로 발굴함을 볼 수 있다. 1916년 평양 일대의 낙랑고분 발굴에 치중한 것은 중국 문화를 확대시키고 한국 문화를 왜소화함으로써 한국의 정체성을 말살하여 통치에 활용하기 위함이었다. 1917년 이후는 가야유적 발굴에 주력함을 볼 수 있다. 이는 식민통치의 역사적 근거 자료를 찾기 위한 노력으로, 이마니시의 경상남북도 조사, 구로이타의 섬진강 유역 조사, 야쓰이의 나주 반남면과 경남 창령 일대의 조사는 이런 의도 하에 행해진 조사였다.

경상도와 전라도 일대의 가야 유적 발굴은 마구잡이식 발굴로, 그들이 원하는 물증 자료가 나오지 않자 대부분 보고서도 없이 무책임하게 사장시켰다. 엄청난 양의 유물들은 박물관 수장고에서 정리도 되지 않은 채 방치되었다. 특히 야쓰이 일행이 1918년부터 1919년에 창령 일대에서 발굴한 각종 토기, 각종 무기류, 각종 장신구 등은 가장 중요한 유물로 그 수도 엄청났다. 그러나 발굴 담당 책임자인 야쓰이가 1921년 박물관위원직을 사퇴하고 귀국하였고 이후 창령고분에 대한 어떤 발표도 하지 않았다. 당시 야쓰이와 함께 참여하였던 오바 쓰네키치, 노모리 겐, 오가와 게이키치 등도 그 내용을 발표하지 않아 그 당시의 상세한 사정을 알 도리가 없다.

1916년부터는 박물관에 충당할 자료 수집에 집중하여 5개년 계획을 세우고 체계적인 발굴을 하려는 모습을 보이고 있다. 그러나 1916년부터 개시하는 고적조사 5개년 계획은 유물 수집에 치중한 나머지, 단순한 조사가 아니라 규명을 위한 노력과 함께 수습할 수 있는 유물들을 거두어들이라는 노골적인 지시가 명문화되어 있다. 그렇기 때문에 저들은 지표상의 유물이라 하더라도 특별한 절차를 거치지 않고 자유롭게 수집하여 이동하는 일을 자행하였고 그러한 행위는 이 지침에 의하여 정당화되었다. 이런 과정에서 발굴한 유물의 일부는 조사자의 임의대로 사유화하여 반출했다. 야쓰이의 경우에는 1921에 고향으로 돌아가면서 그가 발굴한 무수한 유물들을 일본으로 반출하여 도쿄국립박물관에 진열하기도 했다. 이 시기에 출현한 양산 부부총이나 창령 교동 고분군에서 출토한 유물들은 후일 1930년대에 와서 반출되었다.

1921년에는 총독부 학무국에 고적조사과를 설치하고 통치행정상 문화면을 표방하였다. 그러나 1923년 일본 대지진의 영향으로 재정긴축을 하게 되자 1924년에는 고적조사과를 더 이상 유지하지 못하고 폐지한다. 이후 고적조사사업이 지속되는 재정긴축으로 곤란을 받게 되자, 도쿄대학은 이 틈을 타서 그들의 경비를 이용한 낙랑고분의 발굴허가원을 제출하였다. 1925년 도쿄대학의 요청에 의해 발굴한 유물은 몽땅 그들 대학으로 반출되었다. 이 유물들은 처음 허가 과정에서 조건을 붙여 발굴을 허가하고 총독부박물관에 보관하는 것으로 했으나 결국 도쿄대학으로 반출되었다. 그 후에도 조사가 끝나면 돌려주겠다고 했으나, 일부를 제외하고는 아직까지 도쿄대학에서 불법 소장하고 있다.

1930년대에 오면 조선총독부 주도의 고적조사를 일본 학계가 중심이 된 조선고적연구회에서 주도하게 된다. 1920년대의 재정긴축이 이어지면서 실질적인 발굴 사업이 어려워지자 조선총독부의 외곽 단체로 조선고적연구회를 설립하여 외부자금을 받아들이고 고적조사사업을 추진하였으며 이는 해방까지 계속되었다.

발굴조사는 일본의 각 대학, 일본 학회, 도쿄박물관원들이 참가하여 그들의 구미에 맞게 진행되었다. 이 시기는 외부자금의 유입으로 인하여 유물 반출도 쉽게 이루어졌다. 도쿄대학으로 가져간 남정리 제119호분 출토유물, 평양 토성리 출토유물, 도쿄대학 문학부고고학연구실 수집품, 교토대학으로 가져간 남정리 제53호분 출토유물, 교토대학 고고학교실 진열품은 대부분 고적조사 관계자들이 반출한 것이다.

조선고적연구회도 앞장서서 반출을 했다. 남정리 제 116호분 출토유물, 석암리 제201호분 출토유물, 경주 황오리 제16호분 출토유물, 경주 노서리 215번지 출토유물, 정백리 제127호분과 제227호분 출토유물, 부여 출토 문양전 등은 조선고적연구회와 이마이다 기요노리의 이름으로 도쿄국립박물관에 기증되었다. 이마이다는 당시 정무총감이었을 뿐 아니라 '조선보물고적명승천연기념물보존위원회'의 위원장으로 있으면서 유물을 반출한 것이다. 조선고적연구회는 조선총독부의 허가를 받아 조사를 행하고 수집 유물은 총독부박물관에 보관하는 것을 원칙으로 했기 때문에 조선고적연구회나 이마이다의 반출 행위는 관권을 이용한 국가적 차원의 행위로 보아야 할 것이다.

조선고적연구회의 조사 외에도 대학교수나, 교사, 일반 동호회(부산고고회) 등에서 불법으로 유적을 발굴하고 많은 유물을 출토시켰다. 이러한 유적 발굴은 당시 법에 의거해서도 당연히 불법이었으며, 출토 유물은 사유화되어 반출된 것이 많았지만 이에 대해서도 아무런 제지를 받지 않았다.

일제가 한국을 강점한 기간에 발굴 또는 도굴 파괴한 지하의 유물은 우리가 몇 백 년을 두고 발굴 연구해도 못다할 양이었다. 극히 일부는 보고서로 남겼지만 대부분은 사멸시키고 말았다. 특히 고적조사에 있어 중요한 목적 중의 하나는 그들의 지배체제를 뒷받침할 수 있는 자료의 수집이었다. 때문에 한국인에 대해서는 경계하는 부분일 수밖에 없었던 것이며, 한국인의 근접을 철저하게 봉쇄하고 한국인에게는 고적을 발굴하여 그것을 토대로 연구할 기회가 주어지지 않았다. 설사 고적조사에 참여했던 한국인이었다 할지라도 그 결과를 학술적으로 정리하여 발표할 기회는 가질 수 없었다. 그들이 우리나라 유적을 발굴하는 목적이 우리 민족의 독특한 풍토와 시대적 민족성을 연구하고 찾아내는 것이 아니라 오히려 이를 말살시키고, 침략에 필요한 방편자료를 찾고 이미 정해진 자기네들의 역사관을 합리화시키고자 하는 것이었기 때문이다.

통감부 시기는 일제의 한국 병탄이 계획대로 진행되어 가는 과정으로 이토와 소네는 일본의 대학, 학계 연구자료 수집에 적극 협조하여 자료를 불법 반출했다. 정책적 자료수집 차원에서 반출한 도서 등은 일부 반환된 것도 있으나 아직 많은 것들이 그 소재조차 파악되지 않고 있다. 이들은 개인적으로도 막대한 한국 문화재를 반출했다. 이토는 고려자기를 중심으로 한국 문화재를 대량 구입하여 일본 왕실, 귀족, 유지자들에게 선물했다. 심지어는 안중근 장군의 총탄에 쓰러지기 직전까지 소네 통감에게 부탁하여 고려자기를 사모아 보내달라고 했으니 그가 얼마나 많은 고려자기를 반출했는지 짐작할 수 있다. 이는 바로 도굴로 연결되었으므로 그야말로 고려 무덤 파괴의 주범이라 할 수 있다. 소네는 도쿄대학으로 많은 서적을 보내기도 했지만 그 스스로도 많은 귀중서를 반출했다. 이들은 모두 한국 문화재를 약탈품으로 취급한 것이다.

　데라우치의 경우에는 후지타의 말을 빌리면 "조선의 고문화재는 어디까지나 조선 안에 보존하며 조선의 진실을 알리기 위한 자료가 되게 하라"고 했으나 그 스스로가 막대한 미술품을 수집하여 일본으로 반출했다. 뿐만 아니라 실록의 반출, 이천5층탑 등의 반출을 허가했다. 일본 왕실에 각종 유물을 기증한 일, 세키노 일행이 발굴한 유물의 반출, 팔만대장경 인출, 전 환구단의 부속건물을 그의 고향으로 옮겨 반출한 유물을 진열한 일 등은 모두 그의 막강한 힘에 의해 행해진 것이다.

　가와이 히로타미가 강화도 전등사의 사고에 들어가 폭력으로 약탈해 간 서책을 포함한 가와이문고의 서적, 시오카와 이치타로가 한국공사관 번역관으로 근무할 당시 수집한 조선본, 시라토리가 수집한 백산흑수문고의 조선본 등은 당시 힘없는 한국인에게 가한 야만적 행위의 증거라 할 수 있다.

　개인에 의한 반출은 개항 이후 곧바로 시작되었음을 볼 수 있는데, 이는 도쿄박물관의 수집품에서 확인할 수 있다. 한국에 건너온 일본인들에 의해 도굴이 시작되었으며 도굴이 성행한 배경에는 일제의 한지이식정책과 군대의 힘, 일본 수집가들의 수집열이 일체를 이루었다. 경술국치 이전에 이미 일본에서는 900여 점의 고려자기가 한 자리에 진열되어 전시될 정도로 많이 반출되었다. 경술국치 이후 도굴로 출현한 유물이 많아지자 골동전문상점이 늘어나고 전문적 골동 매매의 원활화를 위해 경성미술구락부가 탄생했다. 경성미술구락부는 미술품 매매의 효율성을 높인 회사이기도 했지만 일본인 수집가나 상인들을 끌어들임으로서 일본으로 고미술품이 유출되는 창구 역할을 하기도 했다. 한편 국제적 골동상들에 의해 유물이 대량으로 반출되기도 했다. 야마나카상회 같은 경우에는 한국에서 매입한 고미술품들을 미국, 영국, 프랑스 등지에 쏟아부어 오늘날 이들 나라에 소장된 우리 문화재 속에는 야마나카상회가 유출한 것이 많다.

또한 1930년대에 들어와 활동한 문명상회는 1934년부터 1941년까지 7회에 걸쳐 일본에서 개최한 《조선공예대전람회》를 통해 무려 14,500여 점이나 되는 문화재를 반출했다. 문명상회가 도쿄와 오사카의 지점에서 수시 판매한 것도 이 이상은 되리라 본다. 이때 반출된 미술품들은 모두 우수한 문화재들로 일개인으로서는 도저히 상상할 수 없는 대규모의 반출이자 역사상 유래를 찾아볼 수 없는 사례다. 이는 조선총독부와 일본의 조선공예연구회, 국민미술협회, 귀족, 유지 등이 합심하여 반출을 부추기고 도움으로써 가능한 일이었다.

도쿄국립박물관에는 한국 문화재가 다양한 경로를 통해 들어갔다. 한말부터 한국 강점 전까지 한국에서 활동한 관계자들에 의한 반출과 강점 이후 박물관 관계자, 일반 상인들로부터 매수한 것, 조선총독부, 조선고적연구회로부터 기증받은 것 등 다양한 경로를 통해 수집되었으며 해방 이후 오구라컬렉션을 기증받으면서 더욱 비대한 한국 문화재를 보유하게 되었다. 도쿄국립박물관에 소장된 유물 중에는 조선총독부, 조선고적연구회나 이마이다 기요노리 등이 기증한 것으로 게재된 것이 많다. 결국 이런 것은 국가적 행위에 의한 반출이라 할 수 있으며 도쿄국립박물관은 현재까지도 불법 반출한 우리 문화재를 가장 많이 소장하고 있는 공공기관이다.

해방이 되면서 재한 일본인들이 점유하고 있던 모든 재산은 원칙적으로 고스란히 이 땅에 남기고 갔어야 했다. 해방이 되면서 곧바로 총독부박물관을 접수할 수 있었던 것은 그나마 천만다행이라 할 수 있다. 그러나 개인들이 소장하고 있던 막대한 문화재는 일부만 접수하였고 중요한 대부분은 되찾지 못했다. 상황이 너무 갑자기 변했기 때문에 아무런 준비가 없었으며 어떤 수순을 밟아야 할지 갈피를 잡기 어려운 상황이었다. 철수하는 일본인을 통제 관리하는 절차는 미군 진주 후 어느 정도 마련되었다 하나, 이미 상당수의 일본인들이 소장하고 있던 비대한 문화재를 가지고 떠나버린 후였다. 철수하는 일본인에 대한 관리가 이루어진 후에도 밀항에 의한 반출이 상당하다 할 수 있다. 일부의 미술품을 접수하여 박물관으로 가지고 왔으나 "접수한 수량에 비하여 우수품이 적다"라는 것은 이미 밀반출되었거나 개인의 손에 들어간 것이 많다는 사실을 의미한다.

앞으로 문화재 반환 문제에 철저를 기하기 위해서는 국외에 소재하는 우리 문화재의 소재 파악에 보다 많은 힘을 기울여야 할 것이다. 현재 일본의 공공기관에 있는 것은 대략 파악되었다 하나 개인이 비장하고 있는 것은 전혀 파악되지 않은 실정이다. 일본에 있는 우리 문화재 중 현재 소재가 확인된 공공기관 등에 소장한 것은 10%에 지나지 않을 것이다. 나머지 90%는 개인들이 비장하고 있다. 정부 차원이든 민간 차원이든 이에 대한 폭넓은 조사가 시급한 문제라고 본다. 그러기 위해서는 개인 소장품의 공개가 일본인들에게 긍정적인 면으로 부각될 수 있도록 여러 가지 방법을 모색해야 할 것이다. 그 다음은 반출 경로 파악이 꾸준히 이루어져야 할 것이다. 정확한 반출 경로가 밝혀져야만 불법성이 드러난 것에 대해 정당한 반환을 요구할 수 있는 것이다. 그래야만 국제사회는 물론이고 일본의 양심 있는 사람들의 마음을 끌어내어 문화재 반환을 촉진시킬 수 있을 것이다.

참고문헌

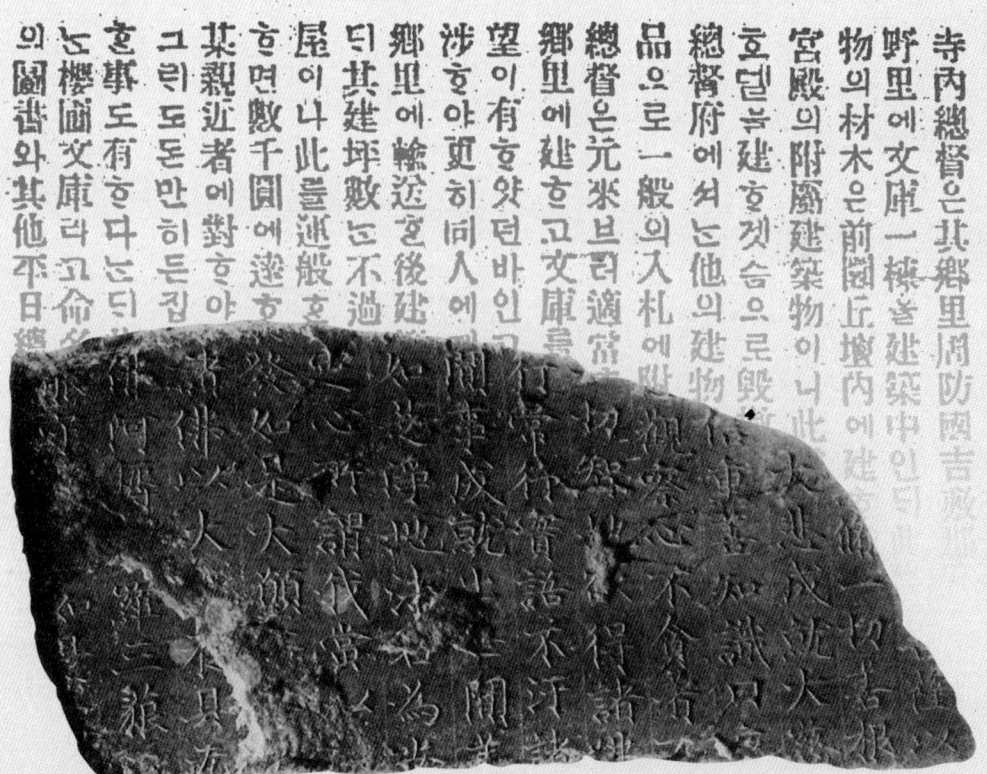

參考 文獻

조사보고서

關野貞, 谷井濟一, 栗山俊一, 『大正元年朝鮮古蹟調查略報告』, 朝鮮總督府, 1914.

關野貞, 「平安南道 大同郡 順川郡 龍岡郡 古蹟調查報告書」, 『大正5年度 古蹟調查報告書』, 朝鮮總督府, 1917.

關野貞, 「平壤附近に於ける樂浪時代の墳墓 一」, 『古蹟調查特別報告 1册』, 朝鮮總督府, 1919.

關野貞 外, 『樂浪時代の遺蹟』, 朝鮮總督府, 1925.

關野貞, 『樂浪時代の遺蹟(古蹟調查 特別報告 第 4册)』, 朝鮮總督府, 1927.

谷井濟一, 「平安南道 江東郡 晚達面 古墳調查報告書」, 『大正5年度 古蹟調查報告書』, 朝鮮總督府, 1917.

谷井濟一, 「黃海道鳳山郡-古蹟調查略報告」, 『大正6年度古蹟調查報告』, 朝鮮總督府, 1918.

谷井濟一, 「京畿道廣州-古蹟調查略報告」, 『大正6年度古蹟調查報告』, 朝鮮總督府, 1919.

谷井濟一, 「益山郡 古蹟調查報告」, 『大正6年度古蹟調查報告』, 朝鮮總督府, 1919.

今西龍, 「高麗陵墓調查報告書」, 『大正5年度 古蹟調查報告』, 朝鮮總督府, 1917.

今西龍, 「京畿道楊州郡佛巖山山城址及佛巖寺調查報告書」, 『大正5年度 古蹟調查報告書』, 朝鮮總督府, 1917.

今西龍, 「咸安郡 上. 舊咸安郡 古蹟調查報告」, 『大正6年度 古蹟調查報告』, 朝鮮總督府, 1919.

今西龍, 「慶尙北道 善山郡-昌寧郡調查報告」, 『大正6年度古蹟調查報告』, 朝鮮總督府, 1919.

藤田亮策, 梅原末治, 小泉顯夫, 「慶尙南北道忠淸南道古蹟調查報告」, 『大正11年度古蹟調查報告』第1册, 朝鮮總督府, 1924.

藤田亮策, 梅原末治, 小泉顯夫, 「南朝鮮に於ける漢代の遺蹟」, 『大正十一年度古蹟調查報告』第2册, 朝鮮總督府, 1925.

藤田亮策, 「大邱大鳳町支石墓調查」, 『昭和11年度古蹟調查報告書』, 朝鮮古蹟硏究會, 1937.

藤田亮策, 「大邱大鳳町支石墓調查」, 『昭和13年度古蹟調查報告書』, 朝鮮古蹟硏究會, 1940.

馬場是一郎, 小川敬吉, 「梁山夫婦塚と其遺物」, 『古蹟調查特別報告』第五册, 朝鮮總督府, 1927.

梅原末治, 濱田耕作, 「慶尙北道慶尙南道古蹟調查報告」, 『大正7年度蹟調查報告書』, 朝鮮總督府, 1921.

梅原末治, 「慶州 金鈴塚 飾履塚 發掘調查報告」, 『大正13年度 古蹟調查報告』第1册, 朝鮮總督府, 1932.

梅原末治, 「夫餘陵山里東古墳群の調查」, 『昭和12年度 古蹟調查報告』, 朝鮮古蹟硏究會, 1938.

米田美代治,「慶州千軍里寺址び三層石塔調査報告」,『昭和13年度古蹟調査報告書』, 朝鮮古蹟硏究會, 1940.

榧本龜次, 野守健,「永和九年在銘傳出土古墳調査報告」,『昭和7年度古蹟調査報告書』第1冊, 朝鮮總督府, 1933.

濱田耕作, 梅原末治,『大正9年度古蹟調査報告(金海貝塚發掘調査報告)』, 朝鮮總督府, 1923.

石田茂作,「夫餘軍守里 廢寺址 發掘調査」,『昭和11年度 古蹟調査報告』, 朝鮮古蹟硏究會, 1937.

石田茂作,「夫餘東南里廢寺址 發掘調査」,『昭和13年度 古蹟調査報告』, 朝鮮古蹟硏究會, 1940.

小場恒吉 外,「貞栢里.南井里二古墳發掘調査報告」,『昭和7年度古蹟調査報告』, 朝鮮古蹟硏究會, 1935.

小場恒吉,「高句麗古墳の調査」,『昭和11年度古蹟調査報告』, 朝鮮古蹟硏究會, 1937.

小場恒吉,「高句麗古墳の調査」,『昭和12年度 古蹟調査報告』, 朝鮮古蹟硏究會, 1938.

小場恒吉,「慶州東南山の石佛の調査」,『昭和12年度 古蹟調査報告』, 朝鮮古蹟硏究會, 1938.

小泉顯夫, 野守健,「慶尙北道達城郡達西面古墳調査報告」,『大正12年度古蹟調査報告書』第1冊, 朝鮮總督府, 1931.

小泉顯夫,「泥佛出土地元五里廢寺址の調査」,『昭和12年度 古蹟調査報告』, 朝鮮古蹟硏究會, 1938.

小泉顯夫,「平壤萬壽臺及其附近の調査」,『昭和12年度 古蹟調査報告』, 朝鮮古蹟硏究會, 1938.

野守健, 榧本龜次郞,「晚達山麓高句麗古墳の調査」,『昭和12年度 古蹟調査報告』, 朝鮮古蹟硏究會, 1938.

野守建, 神田忽藏,「鷄龍山麓陶窯址調査報告」,『昭和2年度古蹟調査報告』第1冊, 朝鮮總督府, 1929.

野守健,「忠淸南道公州松山里 古墳調査報告」,『昭和2年度 古蹟調査報告』第2冊, 朝鮮總督府, 1935.

野守健,「公州 松山里 古墳 調査報告」,『昭和2年度 古蹟調査報告』第2冊, 朝鮮總督府, 1935.

野守健 외,「平安南道大同郡大同江面梧野里古墳調査報告」,『昭和5年度古蹟調査報告書』, 朝鮮總督府, 1935.

原田淑人,「慶尙北道慶州郡內東面普門里古墳及慶山郡淸道郡金泉郡尙州郡幷慶尙南道陽山郡東來郡諸遺蹟調査報告書」,『大正7年度蹟調査報告書』朝鮮總督府, 1921.

原田淑人, 高橋男,「樂浪土城址の調査」,『昭和12年度 古蹟調査報告』, 朝鮮古蹟硏究會, 1938.

有光敎一,「慶州 皇南里 第82號墳 第83號墳 調査報告」,『昭和6年度 古蹟調査報告 第1冊』, 朝鮮總督府, 1935.

有光敎一,「扶餘窺岩面に於ける文樣塼出土と其の遺物」,『昭和11年度 古蹟調査報告』, 朝鮮古蹟

研究會, 1937.

有光敎一,「慶州忠孝里石室古墳調査報告」,『昭和7年度古蹟調査報告書 第2冊』, 朝鮮總督府, 1937.

有光敎一,「羅州潘南面古墳の發掘調査」,『昭和13年度古蹟調査報告書』, 朝鮮古蹟研究會, 1940.

有光敎一,「羅州潘南面 新村里 第九號墳 發掘調査記錄」,『朝鮮學報 第九十四輯』, 1980.

齋藤忠,「慶州に於ける古墳の調査」,『昭和11年度古蹟調査報告書』, 朝鮮古蹟研究會, 1937.

齋藤忠,「慶州 皇南里 第109號墳, 皇吾里 第14號墳 發掘調査報告」,『昭和9年度 古蹟調査報告』第1冊, 朝鮮總督府, 1937.

齋藤忠,「慶州に於ける新羅統一時代の調査」,『昭和12年度 古蹟調査報告』, 朝鮮古蹟研究會, 1938.

齋藤忠 外,「夫餘東南里廢寺址 古蹟調査報告」,『昭和13年度 古蹟調査報告』, 朝鮮古蹟研究會, 1940.

齋藤忠,「大邱府附近に於ける古墳の調査」,『昭和13年度 古蹟調査報告』, 朝鮮古蹟研究會, 1940.

田窪眞吾, 梅原末治,「樂浪梧野里제25號墳の調査」,『昭和12年度 古蹟調査報告』, 朝鮮古蹟研究會, 1938.

鳥居龍藏,「平安南道黃海道古蹟調査報告書」,『大正5年度 古蹟調査報告書』, 朝鮮總督府, 1917.

鳥居龍藏,『史料調査第2回報告』, 朝鮮總督府, 1913.

池内宏,「咸鏡南道咸興郡に於ける高麗時代の古城址」,『大正8年度蹟調査報告書』, 朝鮮總督府, 1921.

黑板勝美,「黃海道 平安南道 平安北道 史蹟調査報告書」,『大正5年度 古蹟調査報告書』, 朝鮮總督府, 1917.

東京帝國大學 文學部,『樂浪』, 1930.

朝鮮古蹟研究會,『古蹟調査 槪報』,「昭和8年度樂浪古蹟調査槪報」, 1934.

朝鮮古蹟研究會,「石巖里の二古墳」,『樂浪彩篋塚』, 1934.

朝鮮古蹟研究會,『昭和8年度 古蹟調査槪報』, 1935.

朝鮮古蹟研究會,『昭和9年度 樂浪古墳 古蹟調査槪報』, 1935.

朝鮮古蹟研究會,『昭和10年度 樂浪古墳 古蹟調査槪報』, 1936.

朝鮮古蹟研究會,『昭和11年度 樂浪古墳 古蹟調査槪報』, 1937.

朝鮮古蹟研究會,「扶餘 陵山里 東古墳群の調査」,『昭和12年度古蹟調査報告』, 1938.

朝鮮古蹟研究會,「平壤淸岩里廢寺址の調査」,『昭和13年度 古蹟調査報告』, 1940.

朝鮮總督府,『大正9年度 古蹟調査報告』, 1923.

朝鮮總督府,『慶州 金冠塚の其遺寶』, 古蹟調査 特別報告 第三冊, 上冊, 1924.

朝鮮總督府,『大正12年度古蹟調査報告』第1冊, 1931.

朝鮮總督府, 『大正13年度古蹟調査報告』, 1932.
朝鮮總督府, 「樂浪帶方郡時代紀年銘塼集錄」, 『昭和7年度古蹟調査報告』第1冊, 1938.
朝鮮總督府, 『高句麗時代之遺蹟』上冊, 1929.
朝鮮總督府, 『高句麗時代之遺蹟』下冊, 1930.
樂浪漢墓刊行會, 『樂浪漢墓』, 1974.
문화체육부 국립중앙박물관, 『구 조선총독부 건물 실측 및 철거 보고서』, 1997.
서울특별시 중구청 공원 녹지과, 『환구단 정문 정밀실측조사보고서』, 2009.

도록 및 목록집

講談社, 『東洋陶磁大觀』, 講談社, 1952.
京都國立博物館, 『(京都國立博物館藏)古瓦圖錄』, 京都國立博物館, 1975.
京都大學文學部, 『京都帝國大學 文學部陳列館 考古圖錄』, 1923.
京都大學文學部, 『京都帝國大學 文學部陳列館 考古圖錄』, 1935.
京都大學文學部, 『京都帝國大學文學部陳列館 考古圖錄』, 1951.
京城美術俱樂部, 『住井家 愛玩 書畵骨董賣立目錄』, 연대미상.
京城美術俱樂部, 『橫田家御所藏品入札目錄』, 1937.
京城美術俱樂部, 『在京某家 所藏品 高麗李朝陶器賣立目錄』, 1940.
京城美術俱樂部, 『元在鮮十一氏愛藏 書畵骨董賣立目錄』, 1939.
京城美術俱樂部, 『元在鮮某氏愛藏 書畵骨董賣立目錄』, 1939.
京城美術俱樂部, 『元在鮮名士及京城閔氏家舊藏品 書畵並朝鮮陶器展觀買立』, 年代未詳.
京城美術俱樂部, 『渡邊家御所藏品賣立』, 年代未詳.
京城美術俱樂部, 『在京某氏所藏書畵骨董賣立目錄』, 1940.
京城美術俱樂部, 『府內某家所藏 書畵李朝陶器及工藝品賣立會』, 1938.
京城美術俱樂部, 『府內某氏愛藏品 入札賣立圖錄』, 1941.
京城美術俱樂部, 『府內向井成山氏所藏品書畵李朝陶器工藝美術品賣立目錄』, 1943.
京城美術俱樂部, 『故小宮先生遺愛品 書畵骨董賣立』, 年代未詳.
京城美術俱樂部, 『故森悟一氏遺愛品書畵并朝鮮陶器賣立目錄』, 1936.
京城美術俱樂部, 『森家所藏 書畵骨董賣立目錄』, 年代未詳.
京城美術俱樂部, 『高麗燒李朝燒唐物大賣立目錄』, 1937.
景仁文化社, 『朝鮮工藝展覽會圖錄』 제1회~제7회影印本, 1992.
慶州博物館, 『4283년 次降 疏開遺物目錄綴』.

考古美術同人會,「韓日會談 返還文化財 引受遺物目錄」,『考古美術』165호, 1985.
久志卓眞,『朝鮮名陶圖鑑』, 文明商店, 1941.
久志卓眞,『朝鮮の陶磁』, 寶雲舍, 1944.
久志卓眞,『(圖說)朝鮮美術史』, 文明商店, 1941.
國立博物館,『返還文化財特別展示目錄』, 國立博物館, 1966.
國立中央博物館,『光復以前 博物館 資料 目錄集』, 國立中央博物館, 1997.
國立中央博物館,『유리원판 목록집Ⅰ~Ⅴ』, 1997~2001.
國立中央博物館,『국립중앙박물관 보관 고문서목록』, 1996.
國立中央博物館,『되찾은 조선왕실 의궤 도서』, 2011.
國民美術協會,『朝鮮名畵展覽會目錄』, 國民美術協會, 1931.
國史編纂委員會,『日本所在 韓國史 資料 調査報告』1~3, 2002~2007.
大韓民國政府,『對日請求 韓國藝術品』, 1960.
東京國立博物館,『東洋陶磁展』, 東京國立博物館, 1970.
東京國立博物館,『東京國立博物館 所藏品目錄』, 1956.
東京國立博物館,『東京國立博物館圖版目錄』朝鮮陶磁篇(土器,綠釉陶器), 2004.
東京國立博物館,『東京國立博物館圖版目錄(靑磁, 粉靑, 白磁)』, 2007.
東京美術俱樂部,『釜山香椎家藏入札』, 1934.
東京帝國大學,『文學部考古學硏究室蒐集品 考古圖編』第5輯, 美術工藝會, 1931년 4월.
東京帝國大學,『文學部考古學硏究室蒐集品 考古圖編』第8輯, 美術工藝會, 1934년 6월.
東京帝國大學,『文學部考古學硏究室蒐集品 考古圖編』第9輯, 美術工藝會, 1935년 6월.
東京藝術大學藝術資料館,『東京藝術大學藝術資料館 所藏目錄』, 1981.
東京藝術大學 藝術資料館,『東京藝術大學 藝術資料館藏品 目錄』, 1992.
동북아역사재단 편,『일본 소재 고구려 유물Ⅰ~Ⅳ』동북아역사재단, 2008~2011.
東洋文庫,『東洋文庫所藏梅原考古資料目錄Ⅱ』朝鮮之部, 1988.
東洋學術協會,『梅原考古資料目錄』, 東洋文庫, 1966.
梅原末治 校,『樂浪及高句麗古瓦圖譜(諸岡榮治蒐集)』, 京都便利堂, 1935.
梅原末治, 藤田亮策,『朝鮮古文化綜鑑』제1권, 養德社, 1947.
梅原末治, 藤田亮策,『朝鮮古文化綜鑑』제2권, 養德社, 1948.
梅原末治, 藤田亮策,『朝鮮古文化綜鑑』제3권, 養德社, 1959.
梅原末治, 藤田亮策,『朝鮮古文化綜鑑』제4권, 養德社, 1966.
濱田耕作, 梅原末治,『新羅古瓦の硏究』, 京都帝國大學, 1934.
文化財管理局文化財硏究所,『小川敬吉調査文化財資料』, 1994.

文化財管理局 文化財研究所, 『日本所在 韓國典籍 目錄』, 1991.
文化財管理局 文化財研究所, 『海外所在 韓國文化財 目錄』, 1993.
美術研究所, 『日本美術年鑑』, 1927~1942.
山中商會, 『世界民衆古藝術品展覽會』, 1930.
山中商會, 『蒐集美術品圖錄』, 山中商會, 1934.
山中商會, 『支那朝鮮古美術展觀』, 山中商會, 1934.
山中商會, 『東洋古美術展觀圖錄』, 日本美術協會, 1939.
石田茂作, 『古瓦圖鑑』, 1930.
安井聚好山房, 『朝鮮古代庭園石展觀圖錄』, 1935.
安井聚好山房, 『朝鮮石工藝品展觀』, 1935.
이현혜·정인성·오영찬·김병준·이명선, 『일본에 있는 낙랑 유물』, 학연문화사, 2008.
이호관, 『일본에 가 있는 한국불상』, 학연문화사, 2003.
日本經濟新聞社, 『아타카컬렉션東洋陶磁展』, 日本經濟新聞社, 1978.
日本經濟新聞社, 『東洋陶磁名品展』, 日本經濟新聞社, 1970.
日本經濟新聞社, 『아타카컬렉션東洋陶磁名品圖錄』, 日本經濟新聞社, 1980.
前間恭作, 『古鮮册譜』제1권, 東洋文庫, 1944.
田邊孝次, 『朝鮮工藝展覽會圖錄』, 國民美術協會, 1934.
田邊孝次, 『朝鮮工藝展覽會圖錄』, 朝鮮工藝研究會, 1938.
諸岡榮治蒐集編, 梅原末治校, 『樂浪及高句麗古瓦譜』, 京都便利堂, 1935.
井內功, 『朝鮮古瓦塼圖譜』, 井內古文化研究室, 1981.
帝室博物館, 「帝室博物館美術課列品目錄」, 1919.
帝室博物館, 『帝室博物館年譜』, 1926~1938.
『朝鮮古蹟圖譜』第1~15.
朝鮮考古學會, 『白神壽吉氏考古品圖錄』, 朝鮮考古學會, 1941.
朝鮮考古學會, 『杉原長太郞氏考古品圖錄』, 朝鮮考古學會, 1944.
朝鮮古書刊行會. 『朝鮮美術大觀』, 1910.
朝鮮工藝研究會, 『朝鮮古美術工藝展覽會』, 朝鮮工藝研究會, 1939.
朝鮮工藝研究會, 『朝鮮古美術工藝展覽會』, 文明商會, 1941.
朝鮮總督府, 『博物館陳列品圖鑑』, 朝鮮總督府, 1918.
朝鮮總督府博物館, 『博物館陳列品圖鑑』第15輯, 1941년 3월.
座右寶刊行會, 『世界陶磁全集』제13권, 제14권, 河出書房, 1955,1956.
韓國國際交流財團, 『日本所藏 韓國文化財』, 韓國國際交流財團, 1995.

韓國國際交流財團, 『海外所藏 韓國文化財』, 韓國國際交流財團, 1997.
韓國國際交流財團, 「小倉콜랙션 所藏品目錄」, 『日本所藏 韓國文化財2』, 1995.
韓國美術史學會, 「韓日會談 返還文化財 引受遺物目錄」, 『考古美術』165호. 1985.
海外典籍調查研究會, 『海外典籍文化財調查目錄』, 海外典籍調查研究會, 2001.

단행본

加藤文敎, 『朝鮮開敎論』, 1900.
加濱和三郎, 『皇太子殿下韓國御渡航紀念寫眞帖』, 1907.
岡本喜一, 『開城案內記』, 開城新聞社, 1911.
강재언, 이진희 편, 『朝鮮學事め』, 청구문화사, 1997.
경기도사편찬위원회, 『경기도사 자료집(1)』, 2004.
京都帝國大學 文學部, 『京都帝國大學 文學部30周年史』, 1935.
京城商工會議所, 『京城商工名錄』, 1939.
京城府, 『京城府史』第1~3卷, 1934.
輕部慈恩, 『百濟美術』, 寶雲舍, 1946.
輕部慈恩, 『百濟遺跡の研究』, 吉川弘文館, 1971.
京城日報社, 『朝鮮年鑑』, 1941.
高橋健自, 石田茂作, 『滿鮮考古行脚』, 雄山閣, 1927.
高木末熊, 『渡韓者必携』, 朝鮮時報社, 1897.
故山中定次郎翁編纂會, 『山中定次郎傳』, 1939.
高須賀虎夫, 『朝鮮陶磁』, 釜山考古會, 1932.
舘野晳 編著, 『그때 그 일본인들』오정환 옮김, 한길사, 2006.
關野貞, 『韓國建築調查報告』京帝國大學工科大學 學術報告 第6號, 東京帝國大學工科大學, 1904년 7월.
關野貞, 『韓紅葉』(1909年 調查槪要 講演集), 1909.
關野貞 等, 『朝鮮藝術之研究』, 1910.
關野貞, 『朝鮮藝術研究 續篇』(1910年 調查報告), 1911.
關野貞, 『朝鮮之研究』, 朝鮮及滿洲社, 1930.
關野貞, 『朝鮮美術史』, 朝鮮史學會, 1932.
關野貞, 『朝鮮の建築と藝術』, 岩波書店, 1941.
公州公立高等普通學校 校友會發行, 『忠淸南道 鄕土誌』, 1935.

國史編纂委員會 編纂, 『輿地圖書』上, 1979.
今西龍 遺著, 『朝鮮古史の研究』, 國書刊行會, 1970.
김문길, 『임진왜란은 문화전쟁이다』, 도서출판 혜안, 1995.
金元龍, 『新版韓國美術史』, 서울대출판부, 1993.
金載元, 『경복궁 야화』, 探求堂, 1991.
金禧庚, 「韓國 塔婆硏究資料」, 『考古美術資料』제22집, 考古美術同人會, 1969.
吉倉凡農, 『(企業案內)實利之朝鮮』, 文星堂書店, 1904.
內山省三, 『朝鮮陶磁』, 寶雲舍, 1933.
大邱市史編纂委員會, 『大邱市史 제1권』, 1995.
大邱新聞社, 『鮮南要覽』, 1912.
大屋德城, 『朝鮮之巡禮行』, 1930.
大坂六村, 『趣味の慶州』, 慶州古蹟保存會, 1939.
東湖, 田中俊明(박천수, 이근우 옮김), 『고구려의 역사와 유적』, 동북아역사재단, 2008.
東湖, 『高句麗 考古學 硏究』, 平成9年.
藤田先生記念事業會, 『朝鮮考古學』, 1963.
藤井惠介, 早乙女雅博 외 2명 편, 『關野貞アゾア踏査』, 東京大學總合硏究博物館, 2005.
藤島亥治郎, 『韓の建築文化』, 1976.
馬山市史編纂委員會, 『馬山市史』, 1985.
梅原末治, 『東亞考古學槪觀』, 星野書店, 1947.
梅原末治, 『朝鮮古代の文化』, 國書刊行會, 1972.
梅原末治, 『朝鮮古代の墓制』, 國書刊行會, 1972.
文定昌, 『古朝鮮史 硏究』, 한뿌리, 1969.
박병래, 『도자여적』, 中央日報社, 1974.
박현종, 『조선공예사』, 북한 조선미술출판사, 1991.
白麟, 『奎章閣藏書에 대한 硏究』, 연세대학교도서관, 1962.
白川正治, 『平壤要覽』, 平壤實業新聞社, 1909.
釜山考古會, 『朝鮮陶磁』, 釜山考古會, 1932.
부산직할시사편찬위원회, 『釜山市史(제1권)』, 1989.
북한 사회과학출판사, 『고고민속논문집』, 1971.
濱田耕作, 『考古學硏究』, 座右寶刊行會, 1939.
山重雄三郞, 『大邱案內』, 麗郞社, 1934.
三輪如鐵, 『大邱一斑』, 玉村書店, 1912.

森田芳夫, 『朝鮮終戰の記錄』, 巖南堂書店, 1964.
森田芳夫, 『朝鮮終戰の記錄』, 巖南堂書店, 1979.
森田芳夫, 『朝鮮終戰の記錄』資料編 第1卷, 巖南堂書店, 1979.
森田芳夫, 『朝鮮終戰の記錄』資料編 第2卷, 巖南堂書店, 1980.
森田芳夫, 『朝鮮終戰の記錄』資料編 第3卷, 巖南堂書店, 1985.
相澤仁助, 『釜山港勢一般』, 日韓昌文社, 1905.
小野淸, 『朝鮮風土記』, 東京 民論時代社, 1935.
小野則秋, 『日本文庫史』, 敎育圖書株式會社, 1942.
小泉顯夫, 『朝鮮古代遺跡の遍歷』, 六興出版, 1986.
松田甲, 『日鮮史話』第2編, 朝鮮總督府, 1931.
松田甲, 『朝鮮漫筆』, 朝鮮總督府, 1928.
阿部辰之助, 『大陸之京城』, 京城調査會, 1918.
阿部薰, 『朝鮮功勞者銘鑑』, 民衆時論社, 1935.
野守健, 『高麗磁器の研究』, 淸閑舍, 1944.
奧田耕雲, 『新羅舊都 慶州誌』, 1919.
有光敎一, 『有光敎一著作集 第1卷』, 1990.
有光敎一, 『有光敎一著作集 第3卷』, 1999.
有光敎一, 『朝鮮考古學75年』, 昭和堂, 2007.
윤용혁, 『가루베 지온의 백제연구』, 서경문화사, 2010.
李龜烈, 『한국문화재 수난사』, 돌베개, 1996.
李謙魯, 『通文館 册房秘話』, 1987.
伊藤彌三郎, 西村庄太郎, 『高麗燒』, 1910.
이순우, 『통감관저, 잊혀진 경술국치의 현장』, 도서출판 하늘재, 2010.
李進熙, 『好太王碑の謎』, 講談社, 1973.
李弘稙, 『韓國古文化論攷』, 乙酉文化社, 1954.
田中豊太郎 撰, 『李朝陶磁譜』磁器篇, 東京聚樂社, 1942.
田村晃一, 『樂浪と高句麗の考古學』, 同成社, 2001.
丁奎洪, 『우리 文化財 受難史』, 學硏文化社, 2005.
丁奎洪, 『석조문화재 그 수난의 역사』, 學硏文化社, 2007.
丁奎洪, 『유랑의 문화재』, 學硏文化社, 2009.
丁奎洪, 『위기의 문화재』, 學硏文化社, 2010.
齋藤忠, 『朝鮮古代文化の研究』, 地人書館, 1943.

齋藤忠, 『新羅文化論攷』, 吉川弘文館, 1973.
齋藤忠, 『古都慶州と新羅文化』, 第一書房, 2007.
齋藤忠, 『朝鮮佛教美術考』, 寶雲寺刊, 1947.
齋藤忠, 『朝鮮古代文化の硏究』, 地人書館, 1943.
帝室博物館, 『帝室博物館略史』, 1938.
鳥居龍藏, 『滿蒙の探査』, 萬里閣書房, 1928.
朝鮮公論社, 『朝鮮公論』, 1926년 10월.
朝鮮公論社 編纂, 『在朝鮮內地人紳士名鑑』, 朝鮮公論社, 1917.
朝鮮新聞社 編纂, 『朝鮮人事興信錄』, 朝鮮新聞社, 1922.
朝鮮實業新聞社, 『朝鮮在住內地人實業家人名士辭』, 1913.
조선인민공화국과학원, 『문화유산』no1, 1958.
朝鮮總督府, 『朝鮮總督府施政25周年記念表彰者名鑑』, 朝鮮總督府, 1935.
朝鮮總督府, 『朝鮮總督府30年史』, 1940.
朝鮮總督府, 『朝鮮寶物古蹟調査資料』, 1942.
朝鮮總督府, 『慶州南山の佛蹟』, 朝鮮總督府, 1940.
朝鮮總督府中樞院, 『朝鮮慣習制度調査事業槪要』, 1938.
朝鮮總督府學務課社會敎育課, 『朝鮮社會敎化要覽』, 1937.
佐瀨直衛, 『最近 大邱要覽』, 大邱實業會議所, 1920.
佐伯有淸, 『廣開土王碑と參謀本部』, 吉川弘文館, 1976.
佐伯有淸, 『硏究史 廣開土王碑』, 吉川弘文館, 1974.
佐伯有淸, 『古代東アジア金石文論考』, 平成7年.
佐佐木兆治, 『京城美術俱樂部創業20年記念誌』, 京城美術俱樂部, 1942.
佐佐木太平, 『朝鮮の人物と事業』, 京城新聞社, 1930.
中村亮平, 『朝鮮慶州之美術』, 1929.
中村次郞, 『朝鮮銀行會社組合要錄』, 東亞經濟時報社, 1935.
池內宏, 『高麗時代の古城址』, 東京帝國大學, 1919.
川端源太郞, 『京城と內地人』, 日韓書房, 1910.
淺川巧, 『朝鮮陶磁名考』, 朝鮮工藝刊行會, 1931.
靑柳南冥 編, 『朝鮮國寶的遺物及古蹟大全』, 京城新聞社, 1927.
靑柳綱太郞, 『新朝鮮成業名鑑』, 朝鮮硏究會, 1917.
靑柳綱太郞, 『朝鮮文化史大全』, 1924.
崔淳雨, 『崔淳雨全集』, 學古齋, 1992.

漆山雅喜,『朝鮮巡遊雜記』, 1931.
平安南道 龍岡郡民會,『龍岡郡誌』, 1988.
八田蒼明(八田己之助),『樂浪と傳說の平壤』, 平壤研究會, 1934.
平安南道,『樂浪及高句麗』, 1929.
坪田良平,『朝鮮鍾』, 角川書店, 1974.
統監官房 秘書室,『統監府及所屬官署職員錄』, 1908.
韓國研究會,『(韓國研究會)談話錄』, 1902년 9월.
和田雄治,『朝鮮古代觀測記錄調査報告』, 朝鮮總督府觀測所, 1917.
黃壽永 編,「日帝期 文化財 被害資料」,『考古美術資料 第22輯』, 韓國美術史學會, 1973.
黃玹,『梅泉野錄』李章熙 譯, 良友社, 1998.

기타

加藤灌覺,「朝鮮陶磁器槪要」,『朝鮮史講座』, 朝鮮史學會同人, 1923.
輕部慈恩,「百濟の舊都熊津に於ける西穴寺及び南穴寺址」,『考古學雜誌』제19권 제4호, 5호, 1929년 5월, 6월.
輕部慈恩,「百濟の舊都熊津發見の百濟式石佛光背に就いて」,『考古學雜誌』제20권 3호, 1930년 3월.
輕部慈恩,「公州に於ける百濟古墳」,『考古學雜誌』23-7, 23-9, 24-3, 24-4, 24-5, 24-6, 24-9, 26-3, 26-4.
考古生,「京城이 가진 名所와 古蹟」,『별건곤』제23호, 1929년 9월.
「考古學會記事」,『考古界』第6篇 第3號, 1907년 1월.
「考古學會記事」,『考古界』第6篇 第6號, 1907년 3월.
「考古學會記事」,『考古界』第8篇 第4號, 1909년 7월.
「考古學會記事」,『考古界』第8篇 第6號, 명치42년 9월.
「考古學會記事」,『考古學雜誌』第4卷 6號, 1914年 2月.
「考古學會記事」,『考古學雜誌』第5卷 2號, 1915年 1月.
「考古學會記事」,『考古學雜誌』제5권 제6호, 1915년 5월.
「考古學會記事」,『考古學雜誌』第6卷 3號, 1915年 11月.
「考古學會記事」,『考古學雜誌』제6권 제6호, 1916년 2월.
「考古學會記事」,『考古學雜誌』6권 11호, 1916년 7월.
「高句麗古墳調査槪要」,『靑丘學叢』제26호, 1936년 11월.
「高句麗瓦片の寄贈」,『考古學雜誌』제4권 6호, 1914년 2월.

「高麗燒展覽會」,『考古界』제8권 제8호, 1909년 12월.
「古新羅時代金工遺品の陳列」,『考古學雜誌』27권 2호, 1937년 2월.
「古瓦面にあらはれたみ幾何學的模樣」,『考古學雜誌』, 1919년 2월
「古蹟調査の狀況」,『朝鮮彙報』, 朝鮮總督府, 1918년 11월.
古谷淸,「韓國碧蹄館址發見の古瓦」,『考古界』第6篇 第1號, 1905년 10월.
古谷淸,「早稻田大學圖書館展覽會に就いて」,『考古界』第6篇 第10號, 1908년 1월.
高田十郎,「朝鮮古蹟調査ききがき」,『史迹と美術』第8輯 3號, 1937년 3월.
谷豊信,「五世紀の高句麗の瓦に關する若干の考察」,『東洋文化研究所紀要』제108册, 1989년 2월.
谷井濟一,「韓國葉書だより」,『歷史地理』제14권 4호, 歷史地理學會, 1909년 11월.
谷井濟一,「韓國はがきだより」,『歷史地理』제14권 5호, 歷史地理學會, 1909년 12월.
谷井濟一,「韓國葉書だより(第9信~第10信)」,『歷史地理』제15권 2호, 歷史地理學會, 1910년 2월.
谷井濟一,「韓國はがきだより(第11信~第15信)」,『歷史地理』제15권 4호, 歷史地理學會, 1910년 4월.
谷井濟一,「韓國慶州西岳の一古墳に就いて」,『考古界』第8編 第12號, 考古學會, 1910년 1월.
谷井濟一,「慶州通信」,『考古學雜誌』제3권 제4,5호, 1913.
谷井濟一,「朝鮮平壤附近た於ける新たに發見せられたる樂浪郡の遺蹟」,『考古學雜誌』제4권8호, 1914년 4월.
谷井濟一,「新羅の墳墓」,『考古學雜誌』, 1915년 12월.
關野貞,「高麗の舊都(開城)及王宮遺址(滿月臺)」,『歷史地理』제6권 제7호, 日本歷史地理學會, 1904년 7월.
關野. 谷井, 栗山,「朝鮮遺蹟調査略報告」,『考古學雜誌』제1권 제5호, 제6호, 1911년 1월, 2월.
關野貞,「伽倻時代の遺蹟」,『考古學雜誌』第1卷 7號, 1911년 3월.
關野貞,「南鮮旅行談」,『史學雜誌』第22編 第2號, 1911년 2월.
關野貞,「平壤附近に於ける燕窩樹古墳と石槨古墳」,『考古學雜誌』第2卷 5號, 1912년 1월.
關野貞,「朝鮮江西に於ける 高句麗時代の古墳」,『考古學雜誌』第3卷 8號, 1913년 4월.
關野貞,「滿洲輯安縣及び平壤附近に於ける高句麗時代の遺蹟」,『考古學雜誌』제4권 제6호, 1914년 2월.
關野貞,「滿洲輯安縣及び平壤附近に於ける高句麗時代の遺蹟」,『考古學雜誌』제5권 제3호,4호, 1914년 11월,12월.
關野貞,「百濟の遺蹟」,『考古學雜誌』5권 2호, 1915년 5월.
關野貞,「新羅及百濟の古墳」,『朝鮮及滿洲』97호, 1915년 8월.
關野貞,「百濟の遺蹟」,『考古學雜誌』第6卷 3號, 1915년 12월.
關野貞,「朝鮮美術史」,『朝鮮史講座』, 朝鮮史學會同人, 1923.

關野貞,「朝鮮三國時代の彫刻」,『寶雲』1933년 9월.

「關野博士一行の朝鮮遺蹟調査概況」,『歷史地理』제17권 2호, 歷史地理學會, 日本歷史地理學會, 1911년 2월.

「關野貞氏の歸朝」,『考古界』第2篇 第5號, 1902년 10월.

「工科大學東洋藝術展覽會」,『歷史地理』제9권 5호, 歷史地理學會, 1907년 5월.

「工科大學建築學科展覽會」,『史學雜誌』第18編 第5號, 史學會, 1907년 6월.

今西龍,「新羅舊都慶州地勢及び其遺蹟遺物」,『東洋學報』第1卷 1號, 東洋協會 調査部, 1911년 1월.

旗田巍,(李基東 譯),「日本에 있어서의 韓國史 硏究의 傳統」,『韓國史 市民講座』제1집, 一湖閣, 1987년 9월.

吉井秀夫,「日本 西日本地域 博物館에 所藏된 高句麗遺物」,『高句麗硏究』12, 社團法人 高句麗硏究會編, 2001.

金洗屋,「昌寧校洞 古墳群 및 桂城 古墳群 出土遺物과 其他」,『慶南鄕土史論叢Ⅵ』, 慶南鄕土史硏究協議會, 1997.

大谷勝眞,「彌勒塔の記」,『隨筆朝鮮』, 京城雜筆社, 1935.

大森金五郎,「書庫博物館等の罹災」,『中央史壇』第9卷 第3號, 國史講習會, 1924.

大森金五郎,「文獻の喪失 文化の破壞」,『中央史壇』제9권3호, 1924년 9월.

「大正7年度古蹟調査成績」,『朝鮮彙報』, 朝鮮總督府, 1919년 8월.

大坂金太郎,「慶州に於ける新羅廢寺址の寺名推定に就て」,『朝鮮』, 1931년 10월.

大坂金太郎,「在鮮回顧十題」,『朝鮮學報』제45輯, 朝鮮學會, 1967년 10월.

「大藏經奉獻顚末」,『朝鮮彙報』, 朝鮮總督府, 1916년 4월.

稻田春水,「石器時代に於ける石器及土器の發見」,『考古學雜誌』5-2, 1915년 5월.

稻葉岩吉,「震災と鮮滿史料の佚亡に就て」,『朝鮮史講座』, 朝鮮史學會同人, 1923.

稻田春水,「朝鮮に於ける 佛敎的藝術の硏究」,『佛敎振興會 月報』, 1915년 9월).

「東京帝室博物館の新陳列品」,『考古界』第1篇 第9號, 1902년 2월.

「東京帝室博物館の新陳列」,『考古界』第6篇 第10號, 1908년 1월.

「東京帝國博物館新展覽」,『考古界』第2篇 第9號, 1903년 2월.

「東京大學 工科大學 建築學科 第4回展覽會」,『考古學雜誌』第2卷 9號, 考古學會, 1912년 5월.

「東京帝國大學工科大學建築學科 第4回 展覽會 陳列品 槪要目錄」,『考古學雜誌』第2卷 10號, 1912년 6월.

「東京工科大學建築科第5回展覽會」,『歷史地理』제23권 5호, 歷史地理學會, 日本歷史地理學會, 1914년 5월.

東洋陶磁研究所, 『陶磁』제1권 제2호, 제1권 제3호, 제3권 제3호, 제5권 제1호, 제5권 제4호, 제6권 제2호, 제6권 제3호, 제6권 제4호, 제6권 제5호, 제6권 제6호, 제7권 제2호, 제7권 제5호, 제8권 제5호, 제8권 제6호, 제9권 제2호, 제9권 제1호, 제9권 제3호, 제9권 제7호, 제10권 제1호, 제10권 제2호, 제10권 제4호, 제10권 제6호, 제11권 제1호, 제11권 3호, 제11권 제4호, 제13권 제2호, 1928년 3월~1941년 12월.

「東洋歷史地理研究の勃興」, 『歷史地理』제11권 제3호, 1910.

瀨野馬熊, 「李朝實錄 所在의 移動에 대하여」, 『靑丘學叢』第4號, 靑丘學會, 1931.

藤本幸夫, 「河合文書 硏究」, 『朝鮮學報 第60輯』, 1971.

藤田亮策, 「歐米博物館과 朝鮮(上)」, 『朝鮮』164호, 朝鮮總督府, 1929년 1월.

藤田亮策, 「歐米博物館과 朝鮮(下)」, 『朝鮮』165호, 朝鮮總督府, 1929년 2월.

藤田亮策, 「新羅藝術品展覽會に就いて」, 『考古學雜誌』제19권 10호, 考古學會, 1929년 10월.

藤田亮策, 「昭和4年度古蹟調査事務概要」, 『朝鮮』, 1930년 2월.

藤田亮策, 「書評 '樂浪'」, 『靑丘學叢』제3호, 1931년 2월.

藤田亮策, 「朝鮮古蹟硏究會의 創立과 그 事業」, 『靑邱學叢』第6號, 1931년 11월.

藤田亮策, 「朝鮮に於ける古蹟の調査及び保存の沿革」, 『朝鮮』, 1931년 12월.

藤田亮策, 「朝鮮の古蹟調査と保存の沿革」, 『朝鮮總攬』, 朝鮮總督府, 1933.

藤田亮策, 「昭和8年度朝鮮古蹟硏究會の事業」, 『靑丘學叢』第14號, 1933년 11월.

藤田亮策, 「朝鮮發見の明刀錢と其遺蹟」, 『史學論叢(京城帝國大學會論纂 第7輯)』, 岩波書店, 1938.

藤田亮策, 「大邱大鳳町支石墓調査」, 『朝鮮考古學硏究』, 高桐書院, 1948.

藤田亮策, 「朝鮮 古文化財の保存」, 『朝鮮學報 第1輯』, 1950년 5월.

藤田亮策, 「朝鮮古蹟調査」, 『考古學論考』, 藤田先生記念事業會刊, 1963.

藤田亮策, 「高句麗の思出」, 『朝鮮學論考』, 藤田先生記念事業會, 1963.

末松熊彦, 「朝鮮活字印刷資料の展觀」, 『靑丘學叢』제6호, 靑丘學會, 1931년 12월.

「滿洲史料展覽會」, 『歷史地理』제15권 제1호, 1910년 1월.

「滿洲國安東城集安縣に於ける高句麗遺蹟の調査」, 『靑丘學叢』제23호, 1936년 2월.

名越, 「任那故地紀行(上)」, 『每日申報』1915년 7월 22일자.

名越, 「任那故地紀行(下)」, 『每日申報』1915년 7월 24일자.

梅原末治, 「朝鮮に於ける最近の考古學上の發見」, 『朝鮮』, 朝鮮總督府, 1924. 9.

梅原末治, 「北朝鮮發見の古鏡」, 『東洋學報』14-3, 1924년 11월.

梅原末治, 「漢代漆器紀年銘文集錄」, 『東方學報』京都第5册, 東方文化院京都硏究所, 1934.

梅原末治, 「多鈕細文鏡の一新例」, 『考古學』제7권 제3호, 東京考古學會, 1936년 3월.

梅原末治,「漢代朝鮮の文物に就いての一考察」,『考古學』제7권 제6호, 1936년 6월.
梅原末治,「近時所見の一二の樂浪遺物」,『考古學』제8권 제5호, 東京考古學會, 1937년 5월.
梅原末治,「百濟遺蹟調査の回顧と今春の發掘に就いて」,『忠南教育』, 忠清南道教育會, 1938.
木村宇太郎,「銅鏃と土器」,『考古學雜誌』제5권 제4호, 日本考古學會, 1914.
木村宇太郎,「城津に於ける石器時代遺物遺跡發見始末」,『考古學雜誌』제4권 9호, 日本考古學會, 1914.
木村宇太郎,「石器の磨製と裂製に就て」,『考古學雜誌』제6권 제3호, 日本考古學會, 1915.
木村宇太郎,「城津市內の遺跡と遺物」,『考古學雜誌』제7권 7호, 日本考古學會, 1917.
木村宇太郎,「錘石の形狀」,『考古學雜誌』제12권 제2호, 日本考古學會, 1921.
木村宇太郎,「石器時代の遺跡新發見」,『考古學雜誌』제15권 제12호, 日本考古學會, 1925.
尾崎元春,「帝室博物館時代の陳列品收集」,『MUSEUM』262호, 1973년 1월.
박계리,「조선총독부박물관 서화컬렉션과 수집가들」,『근대미술 연구』, 국립현대미술관, 2006.
朴榮喆,「歷代總督의 人物, 내가 본 伊藤·曾根·寺內·長谷川·齋藤·山梨·宇垣의 7대總督記」,『삼천리』제6권 제5호, 1934년 05월.
飯島勇,「第二次大戰以前の館における美術品の收集について」,『MUSEUM』262, 1973년 1월.
「年表=동경국립박물관진열품수집의 걸음」,『MUSEUM』262호, 1973년 1월.
裵賢淑,「鼎足山史庫本 實錄 調査記」,『奎章閣 10』, 서울대학도서관, 1987.
裵賢淑,「太白山史庫 實錄 板本考」,『奎章閣 11』, 서울대학교도서관, 1988.
裵賢淑,「五臺山史庫와 收藏書籍에 대하여」,『書誌學研究』創刊號, 書誌學會, 1986.
白麟,「伊藤博文에 貸出한 奎章閣 圖書에 대하여」,『書誌學』創刊號, 韓國書誌學研究會, 1968.
白鳥庫吉,「韓國の日本に對する歷史的政策」,『史學界』제7권 제7호, 1905년 7월.
「白鳥博士の朝鮮珍書蒐集」,『史學雜誌』第20編第2號, 史學會, 1909년 2월.
「本誌記念號發刊」,『歷史地理』제16권 제4호, 1910년 10월.
「本會26會例會記事」,『歷史地理』第9卷 1號, 歷史地理學會, 1907년 1월.
「本會第18次總會陳列品目錄」,『考古學雜誌』3-11, 1913년.
「北關大捷碑の輸送」,『考古界』第5篇 第2號, 1905년 9월.
「北關大捷碑」,『考古界』第6篇 第2號, 1906년 12월.
棚橋源太郎,「東京博物館と震火災」,『中央史壇』제9권3호, 1924년 9월.
榧本龜生,「樂浪出土在銘漆器の一二に就いて」,『考古學』제7권 제4호, 東京考古學會, 1936년 4월.
榧本龜次郎,「その後の金海出土品」,『考古學』제7권 제3호, 東京考古學會, 1936년 3월.
榧本龜次郎,「金海會峴里貝塚の一銅製品に就て」,『考古學』제7권 제6호, 1936년 6월.
榧本龜次郎,「金海會峴里貝塚發見の甕棺に就て」,『考古學』제9권 제1호, 1938년 1월.

榧本龜次郎, 「王根墓 調査報告」, 『美術資料』 第四輯, 國立博物館, 1961년 12월.

榧本杜人, 「咸北 先史遺蹟의 調査」, 『朝鮮學報』 第46輯, 朝鮮學會, 1968년 1월.

濱田靑陵, 「朝鮮の考古學調査に關する私の最初の思出」, 『考古學』 第7권 第6호, 東京考古學會, 1936년 6월.

「史學會の展覽會」, 『考古學雜誌』 제4권 제8호, 1914년 5월.

「史學會の展覽會」, 『考古學雜誌』 제4권 제9호, 1914년 6월.

「史學會第16回大會」, 『歷史地理』 제23권 제5호, 1914년 5월.

「史學研究會例會」, 『史學雜誌』 第20編第5號, 史學會, 1909년 5월.

山田萬吉郎, 「三島刷毛目の變遷」, 『陶磁』 제10권 제6호, 東洋陶磁研究所, 1938년 12월.

三投生, 「散錄」, 『大韓興學報』 제8호, 1909년 12월.

森爲三, 「朝鮮石器時代に飼養せし犬の品種に就て」, 『人類學雜誌』 제44권 제2호, 東京人類學會, 1929년 2월.

三宅米吉, 『考古學研究』, 岡書院版, 1929.

三宅米吉, 「高麗古碑考」, 『考古學會雜誌』 第2編 1~3號, 明治31.

三宅長策, 「そのころの思ひ出 '高麗古墳發掘時代'」, 『陶磁』 6卷 6號, 1934년 12월.

西谷正, 「1945年 以前의 高句麗 遺蹟 發掘과 遺物」, 『高句麗 遺蹟 發掘과 遺物』, 高句麗研究會編, 2001.

西山武彦, 「한국건축조사보고서의 수수께끼」, 『한국의 건축과 예술』, 건축문화, 1990.

書物同好會, 「淺見 博士 蒐集 朝鮮本」, 『書物同好會會報』 제6호, 1939.

石野瑛, 「北支滿鮮の旅から」, 『考古學雜誌』 제18권 제12호, 1928년 2월.

善生永助, 「開城に於ける高麗燒の秘藏家」, 『朝鮮』 제139호, 朝鮮總督府, 1926년 12월.

小山富士夫, 「高麗の古陶磁」, 『陶磁講座』 第7卷, 雄山閣, 1938.

小山富士夫, 「朝鮮の旅」, 『陶磁』 11-2, 東洋陶磁研究會, 1939년 7월.

小山富士夫, 「日本에 있는 韓國陶磁器」, 『考古美術』 105, 韓國美術史學會, 1970년 3월.

小山富士夫, 「八木奘三郎先生の功績」, 『陶磁』 10-2, 東洋陶磁研究所, 1938년 9월.

小野忠明, 「朝鮮大同江岸節目紋土器に隨伴する石器」, 『考古學』 제8권 제4호, 東京考古學會, 1937년 4월.

小田幹治郎, 「龍岡古碑の年號考證」, 『朝鮮彙報』, 朝鮮總督府, 1920.

小田省吾, 「古代朝鮮の民族と其の遺蹟」, 『朝鮮と建築』 2집 2권, 1923.

小川敬吉, 「大口面窯址の靑瓷2顆」, 『陶磁』 제6권 제6호, 1934.

小川敬吉, 「古蹟に就ての回顧」, 『朝鮮の建築』 제16輯 제11號, 1937년 11월.

小泉顯夫, 「古墳發掘漫談」, 『朝鮮』, 朝鮮總督府, 1932년 6월.

小泉顯夫,「樂浪古墳の發掘と原田先生」,『考古學雜誌』제60권 제4호, 1975년 3월.
小泉顯夫,「瑞鳳冢の發掘」,『史學雜誌』제38편 제1호, 1927년 1월.
「昭和5年度古蹟調査」,『朝鮮』, 1931년 10월.
「昭和8年度 朝鮮古蹟研究會の事業」,『靑丘學叢』제14호, 1933년 11월.
孫龍文,「九政里方形墳 復元工事 經緯」,『考古美術』通卷65號, 1965년 12월.
松平義明,「年代の推定し得る朝鮮陶磁器」,『陶磁』제9권 제4호, 東洋陶磁研究所, 1937년 10월.
水谷昌義 編纂,「故小川敬吉氏蒐集資料目錄」,『朝鮮學報』116輯, 1985.
「時評」,『歷史地理』제15권 2호, 歷史地理學會, 1910년 2월.
「時評及彙報」,『歷史地理』제21권 5호, 歷史地理學會, 日本歷史地理學會, 1913년 5월.
申叔靜,「우리나라 新石器文化 硏究傾向」,『韓國上古史學報』제12호, 韓國上古史學會, 1993.
「實地鑑査及出張」,『帝室博物館年譜(昭和2年 1~12月)』, 帝室博物館, 1928.
「實地鑑査及出張」,『帝室博物館年譜(昭和6年 1~12月)』, 帝室博物館, 1932.
辻善之助,「安國寺惠瓊の書簡の一節(嚴島文書)」,『(弘安文錄)征戰偉績』, 史學會編纂, 1905.
櫻井義之 編,『(明治年間)朝鮮研究文獻誌』, 書物同好會, 1941.
野守健,「扶安郡に於ける高麗陶窯址」,『陶磁』제6권 제6호, 1934.
「歷史地理地雜조」,『歷史地理』제24권 1호, 歷史地理學會, 1914년 7월.
吳世卓,「日帝의 文化財 政策」,『문화재』29호, 문화재관리국, 1996.
오영찬,「제국의 예외-1925년 일본 도쿄제국대학의 낙랑고분 발굴」,『일본에 있는 낙랑 유물』, 학연문화사, 2008.
奧平武彦,「朝鮮靑華白磁考」,『陶磁』6-4, 東洋陶磁研究所, 1934년 11월.
奧平武彦,「高麗の畫金磁器」,『陶磁』6-6, 東洋陶磁研究所, 1934년 12월.
奧平武彦,「李朝」,『陶磁講座』第7卷, 雄山閣, 1938.
奧平武彦,「朝鮮出土の支那陶磁器雜見」,『陶磁』제9권 제2호, 1937년 5월.
原田淑人,「渤海國都城址の發掘調査」,『史學雜誌』第46編 第4號, 1933년 11월.
「原田東大教授語」,『朝鮮史學』第1號, 朝鮮史學同攷會, 1926년 1월.
楢崎鐵香,「朝鮮陶瓷器漫筆」, 京城日報, 1937년 12월 2일.
有光敎一,「新羅金製耳飾最近の出土例に就いて」,『考古學』제7권 제7호, 1936년 6월.
有光敎一,「十二支生肖の石彫を繞らした新羅の墳墓」,『靑丘學叢』제25號, 1936.
有光敎一,「朝鮮扶餘新發見の石劍,銅劍,銅鉾」,『考古學雜誌』제28권 1호, 1938년 1월.
有光敎一,「慶州邑南古墳群について」,『朝鮮學報』제8집, 朝鮮學會, 1955년 10월.
有光敎一,「京大考古學敎室創立の頃の人」,『考古學ジャーナル』170, 1980년 4월.
有光敎一,「1945-46년에 있었던 나의 경험담」,『韓國考古學報』제34집, 韓國考古學會, 1996년 5월.

有光敎一, 「私の朝鮮考古學」, 『朝鮮學事始め』, 청구문화사, 1997.

有光敎一, 「扶余陵山里傳百濟王陵と益山双陵」, 『有光敎一著作集 第3卷』, 1999.

有光敎一, 藤田和夫, 「公州 松山里古墳群의 發掘調査」, 『朝鮮考古硏究會 遺稿Ⅱ』, 도서출판 깊은 샘, 2002.

유네스코한국위원회·문화재청, 『한일 불법문화재 반환 촉진 정책 포럼』, 2007년 4월 27일.

柳在坤, 「伊藤博文의 對韓侵略政策」, 『日帝에 對한 侵略政策史 硏究』, 玄音社, 1996.

李慶熙, 「오쿠라(小倉)컬렉션의 行方」, 『(月刊)朝鮮』27권 5호, 2006년 6월.

李慶成, 「仁川市立博物館 創設事情」, 박물관뉴스 1971년 7월 1일자.

李慶成, 「仁川博物館藏 觀音像」, 『고고미술』1-2.

伊藤利三郎, 「江西의 高句麗古墳」, 『隨筆朝鮮』, 京城雜筆社, 1935.

李萬烈, 「19세기말 일본의 한국사연구」, 『청일전쟁과 한일관계』, 一湖閣, 1985.

李相燦, 「伊藤博文이 掠奪해 간 古圖書 調査」, 『韓國史論』48, 서울대학교 人文大學 國史學科, 2002.

李英燮, 「내가 걸어온 古美術界 30년」, 『月刊文化財』, 1973년 1월.

李英燮, 「내가 걸어온 古美術界 30년」, 『月刊文化財』, 1973년 4월.

李英燮, 「내가 걸어온 古美術界 30년」, 『月刊文化財』, 1973년 5월.

李英燮, 「내가 걸어온 古美術界 30년」, 『月刊文化財』, 1973년 9월.

李英燮, 「내가 걸어온 古美術界 30년」, 『月刊文化財』, 1976년 10월.

이완범, 「解放前後 國內政治 勢力과 美國의 關係, 1945-1948」, 『解放前後史의 再認識』, 책세상, 2006.

李弘稙, 「高句麗遺蹟 調査의 歷程」, 『白山學報 第1號』, 1966년 12월.

李弘稙, 「日本서 가져온 壬亂前 韓籍複寫本」, 『한 史家의 流動』, 通文館, 1972.

李弘稙, 「在日 韓國 文化財 備忘錄」, 『月刊文化財』第13號, 1972년 12월.

「五臺山月精寺僧應元等處〈禮曹完文〉」, 『朝鮮寺刹史料』下, 朝鮮總督府 內務部地方局纂輯, 1911년 3월.

「李朝實錄につきて」, 『史學雜誌』第25編第2號, 史學會, 1914년 2월.

「李朝實錄の影印出版」, 『靑丘學叢』第2號, 1930년 11월.

「任那古地遺蹟」, 『考古學雜誌』제8권 제5호, 1918년 1월.

「日本文庫協會主催圖書展覽會」, 『考古界』第4篇 第11號, 1905년 5월.

日本歷史地理會, 「彙報」, 『歷史地理』제32권 6호, 1918년 10월.

「雜錄」, 『考古學雜誌』제27권 2호, 1937년 2월.

點貝房之進, 「高麗의 花(高麗燒,明治41年)」, 『朝鮮及滿洲之硏究』第1輯, 朝鮮雜誌社, 1914.

帝室博物館,「鏡劍璽特別展覽會案內」,『考古學雜誌』제27권 2호, 1929.
「帝室博物館復興開館記念陳列陶磁器品目」,『陶磁』제10권 제5호, 東洋陶磁研究所, 1938년 12월.
「帝室博物館考古室陳列」,『考古學雜誌』제30권 제5호, 1940년 5월.
朝鮮總督府,「昭和5年度의 古蹟調査」,『朝鮮』, 1931년 10월.
佐伯有淸,「高句麗廣開土王碑를 둘러싼 諸問題」,『歷史學研究』제401號, 1973년 10월.
中保與作,「8.15 종전과 서울의 일본인」,『신태양』, 1958년 8월.
中央博物館,『館報』제1호~7호, 1947.
中村久四郎,「韓國開城の二舊蹟」,『歷史地理』제9권 1호, 歷史地理學會, 명치40년 1월.
中村久四郎,「韓國會寧府の顯忠祠碑銘について」,『歷史地理』제9권 5호, 歷史地理學會, 1907년 5월.
佐伯有淸,「高句麗廣開土王碑를 둘러싼 諸問題」,『歷史學研究』제401號, 1973년 10월.
田澤金吾,「東大文學部の樂浪古墳發掘」,『史學雜誌』제37편 제1호~3호, 1926년 1월~3월.
「雜報」,『人類學雜誌』제40권 12호, 東京人類學會, 1925년 12월.
「雜報」,『人類學雜誌』제42권 제6호, 東京人類學會, 1926년 6월.
「雜信」,『陶磁』제9권 제5호, 1937년 8월.
齋藤忠,「慶州, 夫餘の調査硏究」,『朝鮮學事始め』, 靑丘文化社, 1997.
齋藤忠,「黃海道鳳山郡文井面に於ける古墳の調査」,『考古學雜誌』28-7, 1938년 7월.
齋藤忠,『古都慶州と新羅文化』, 第一書房, 2007.
齋藤忠,「昭和14年に於ける朝鮮古蹟調査の槪要」,『考古學雜誌』31권 1호, 1940년 1월.
「在釜山帝國領事館 日本人 職業別 報告」,『滿韓大觀』10권 9호, 博文館, 1904.
齋藤武一, 齋藤房太郞,「東京市大森區久ケ原町庄仙の石錐に就いて」,『考古學雜誌』제23권 10호, 1933년 10월.
齋藤岩藏,「平南の名所舊蹟を訪ねて」,『朝鮮』, 朝鮮總督府, 1930년 9월.
諸鹿央雄,「朝鮮 慶州發見釉塼」,『考古學雜誌』제6권 9호, 1916년 4월.
鳥居龍藏,「洞溝に於ける高句麗の遺蹟と遼東に於ける漢族の遺蹟」,『史學雜誌』제21編第3號, 史學會, 1910년 3월.
鳥居龍藏,「鴨綠江上流に於ける高句麗の遺蹟」,『南滿洲調査報告』, 1910.
鳥居龍藏,「新羅伽倻以前の南韓族」,『朝鮮及滿洲』제82호, 朝鮮及滿洲社, 1914년 5월.
鳥居龍藏,「丸都城及び國內城の位置に就いて」,『史學雜誌』제25編 第7號, 1914년 11월.
「鳥居龍藏氏の滿洲調査復命書(三)」,『史學雜誌』제17편 제4호, 1906년 4월.
「朝鮮古蹟研究會 昭和9年度事業の槪況」,『靑丘學叢』제18호, 1934년 11월.
「朝鮮夫餘に於ける發掘調査」,『考古學雜誌』26-12, 1936년 12월.
「朝鮮の歷史書籍」,『史學界』제5권 제4호, 1903년 4월.

「朝鮮藝術展覽會」,『史學雜誌』第25編第5號, 史學會, 1914년 5월.
朝鮮總督府,「昭和3年度古蹟調査事務概要」,『朝鮮』, 1929년 4월.
趙由典,「日帝 마구잡이 發掘로 '任那日本府說' 造作」,『慶南鄕土史論叢Ⅵ』, 1997.
早乙女雅博,「新羅の考古學調査 100年の研究」,『朝鮮史研究會論文集』39, 朝鮮史研究會, 2001년 10월.
早乙女雅博,「三國時代江原道の古墳と土器 -關野貞資料土器とその歷史的意義-」,『朝鮮文化研究』第4號, 東京大學文學部朝鮮文化研究室, 1997.
重田定一,「高麗の舊都」,『歷史地理』제16권 6호, 歷史地理學會, 日本歷史地理學會, 1910년 12월.
池內宏,「滿洲國安東城集安縣に於ける高句麗の遺蹟」,『考古學雜誌』28권 3호, 1938년 3월.
池內宏,「高麗朝の大藏經」(上),『東洋學報』第13卷 3號, 1923년 8월.
「地方雜爼」,『歷史地理』제16권 5호, 日本歷史地理學會, 1910년 11월.
차순철,「일제강점기 고적조사 연구의 성과와 한계」,『新羅史學報』17, 2009.
妻木直良,「東大寺に於ける高麗古版經に就いて」,『考古學雜誌』第1卷8號, 1911년 4월.
妻木直良,「高麗の大覺禪師」,『佛敎史學』제1권 2호, 1911년 5월.
淺見倫太郎,「朝鮮文獻의 特色」,『매일신보』1915년 6월 24일자.
靑丘學會,「朝鮮古地圖展觀」,『靑丘學叢』제10호, 靑丘學會, 1932년 11월.
村上勝彦,「解說 隣邦軍事密偵と兵要地誌」,『朝鮮地誌略』, 1981.
崔永鎬,「해방 직후의 재일한국인의 본국 귀환」,『한일관계사 연구』, 제4집, 玄音社, 1995.
「最近 1年間에 於ける 考古學界 近況」,『考古學雜誌』第1卷 5號, 1911.
七田忠志,「滿洲國安東城集安縣高句麗遺蹟の調査」,『考古學雜誌』28권 11호, 1938년 11월.
八木奘三郞,「韓國京城論」,『考古界』第1篇 第1號, 1901년 6월.
八木奘三郞,「韓國に現存する日本の古城蹟」,『歷史地理』제3권 제7호, 1901년 7월.
八木奘三郞,「韓國考古資料通信」,『考古界』第1篇 第6號, 1901년 11월.
八木奘三郞,「韓國佛塔論」,『考古界』第1篇 第8號, 1902년 1월.
八木奘三郞,「韓國佛塔論」,『考古界』第1篇 第9號, 1902년 2월.
八木奘三郞,「韓國探險日記」,『史學界』第4卷 4號, 5號, 1902년 4월, 5월.
八木奘三郞,「韓國의 美術」,『考古界』第4篇 第2號, 1904년 7월.
八木奘三郞,「晉州古墳調査」,『每日申報』1913년 9월3일, 9월 4일자.
八木奘三郞,「朝鮮의 先史民族」,『每日申報』1915년 12월 17일자.
八木奘三郞,「朝鮮의 先史民族」,『每日申報』1915년 12월 23일자.
八木奘三郞,「朝鮮古窯調査報告」,『陶磁』제10권 제2호, 東洋陶磁硏究所, 1938년 6월.
八木奘三郞,「朝鮮古窯調査報告 續」,『陶磁』제11권 3호, 1939년 8월.

「八木奘三郎君の朝鮮考古談」, 『考古界』第1篇 第11號, 1902년 4월호.
「評論」, 『歷史地理』제27권 1호, 歷史地理學會, 日本歷史地理學會, 1916년 1월.
「評論及彙報」, 『歷史地理』제12권 제1호, 1908년 1월.
「太閤征韓時代の鎧」, 『歷史地理』제15권 2호, 歷史地理學會, 1910년 2월.
太華山人, 「朝鮮新聞社의 主催 東洋美術展覽會를 一觀함」, 『新文界』제3권 10호, 新文社, 1915년 10월.
土井重義, 「東大附屬圖書館」, 『圖書館雜誌』, 日本圖書館協會, 1942년 9월.
「土城里出土品展觀」, 『日本美術年鑑』, 美術研究所, 1937.
統監府總務部, 「在韓日本人 職業別 一覽表」, 『韓國事情要覽』第2輯, 東洋陶磁研究所, 1907.
河合弘民, 「黃海道に於ける新發見の高麗窯」, 『朝鮮及滿洲』제88호, 朝鮮及滿洲社, 1914년 11월.
韓國美術史學會, 「考古美術 뉴스」, 『考古美術 第47號』, 1964년 6월.
「韓國の倂合と本誌臨時號發刊の企圖」, 『歷史地理』제16권 제4호, 1910년 10월.
「韓國研究會」, 『史學雜誌』제14편 7호, 1903년 7월.
穴澤和光, 馬目順一, 「昌寧校洞古墳群 -「梅原考古資料」를 中心とした谷井濟一氏發掘資料の研究-」, 『考古學雜誌』제61권 제4호, 日本考古學會, 1975년 3월.
戶田有二, 「百濟の鐙瓦製作技法について」, 『百濟文化』第37輯, 공주대학교 백제문화연구소, 2007.
和田萬吉, 「東京帝國大學附屬圖書館の罹災に就いて」, 『中央史壇』第9卷 3號, 1924년 9월.
和田雄治, 「朝鮮の先史時代遺物に就いて」, 『考古學雜誌』4-5, 1914.
和田雄治, 「朝鮮先史時代の遺物に就て」, 『朝鮮及滿洲』제78호, 朝鮮及滿洲社, 1914년 1월.
和田雄治, 「江華島の塹城壇」, 『考古學雜誌』제1권 제8호, 1911년 4월.
和田雄治, 「江原道 江陵の石柱」, 『歷史地理』제17권 제6호.
河合弘民, 「黃海道に於ける新發見の高麗窯」, 『朝鮮及滿洲』제88호, 朝鮮及滿洲社, 1914년 11월.
丸龜金作, 「朝鮮全州史庫實錄の移動と宣祖の實錄複印」, 『史學雜誌』第49編6號, 1938.
황규동, 「해방 후의 골동서화계」, 『月刊文化財』, 1971년 12월.
橫山將三郎, 「油坂貝塚に就て」, 『(小田先生頌壽記念)朝鮮論集』, 小田先生頌壽記念會, 1934.
「彙報」, 『考古界』第8篇 第9號, 1909년 12월.
「彙報」, 『史學雜誌』제17편제1호, 史學會, 1906년 1월.
「彙報」, 『歷史地理』제10권 제2호, 歷史地理學會, 1907년 8월.
「彙報」, 『歷史地理』제15권 제1호, 歷史地理學會, 1910년 1월.
「彙報」, 『史學雜誌』第21編第3號, 史學會, 1910년 3월.
「彙報」, 『史學雜誌』제22편 제2호, 1911년 2월.
「彙報」, 『歷史地理』제17권 5호, 歷史地理學會, 1911년 5월.

「彙報」, 『歷史地理』제23권 제2호, 歷史地理學會, 1914년 2월.
「彙報」, 『歷史地理』제30권 제6호, 歷史地理學會, 1917년 12월.
「彙報」, 『歷史地理』제31권 제1호, 歷史地理學會, 1918년 1월.
「彙報」, 『歷史地理』제32권 제1호, 歷史地理學會, 1918년 7월.
「彙報」, 『靑丘學叢』제21호, 1935년 6월.
「彙報」, 『考古學雜誌』제26권 9호, 1936년 9월.
黑坂勝美,「近代史學의 硏究」,『每日申報』1915년 4월 29일자.
黑板勝美,「南鮮史蹟의 踏査」,『每日申報』1915년 8월 10일자, 8월 13일자, 8월 15일자.
黑坂勝美,「文化史上으로 觀한 日鮮의 關係」,『每日申報』1915년 6월 7일자.
「黑田氏底에 於けゐ 觀心堂」,『考古學雜誌』제1권 제3호, 1910년 11월.

신문 기사

『慶南日報』1910년 4월 26일자.
『京城日報』1932년 12월 1일자, 1932년 12월 9일자.
『경향신문』1950년 3월 19일자.
『공립신보』1909년 1월 13일자.
『권업신문』1913년 3월 16일자.
『大東新聞』1947년 4월 14일자.
『大韓每日申報』1904년 11월 26일자, 1907년 10월 20일자, 1907년 10월 20일자, 1907년 12월 15일자, 1908년 8월 22일자, 1909년 7월 7일자, 1909년 7월 29일자, 1909년 7월 30일자, 1909년 8월 11일자, 1909년 10월 22일자, 1909년 11월 26일자, 1910年 2월 23일자, 1910년 3월 29일자, 1910년 4월 9일자, 1910년 4월 19일자, 1910년 5월 8일자.
『獨立新聞』1900년 1월 20일자.
『東亞日報』1925년 9월 16일자, 1925년 11월 25일자, 1929년 9월 3일자, 1929년 9월 24일자, 1932년 10월 23일자, 1932년 10월 29일자, 1932년 10월 28일자, 1932년 10월 29일자, 1933년 4월 10일자, 1934년 10월 25일자, 1937년 6월 10일자, 1937년 9월 6일, 1937년 9월 20일자, 1937년 6월 10일자, 1938년 11월 16일자, 1938년 10월 1일자, 1939년 7월 1일자, 1939년 8월 4일자, 1939년 7월 5일자, 1939년 11월 25일자, 1940년 8월 9일자, 1940년 6월 14일자, 1940년 7월 6일자, 1945년 12월 11일자, 1946년 2월 4일자, 1964년 6월 17일자, 1964년 6월 20일자.
『萬歲報』1906년 10월 30일자.
『미일신문』1898년 10월 12일자.

『每日申報』1910년 9월 15일자, 1910년 10월 13일자, 1910년 10월 21일자, 1910년 11월 8일자, 1910년 11월 16일자, 1911년 3월 3일자, 1911년 7월 16일자, 1911년 10월 13일자, 1912년 3월 28일자, 1912년 29일자, 1912년 4월 9일자, 1912년 6월 8일자, 1912년 6월 18일자, 1912년 5월 14일자, 1912년 6월 18일자, 1912년 7월 30일자, 1912년 8월 31일자, 1912년 10월 13일자, 1912년 11월 14일자, 1913년 4월 26일자, 1913년 6월 10일자, 1913년 9월 3일자, 1913년 9월 12일자, 1913년 9월 26일자, 1913년 9월 30일자, 1913년 10월 3일자, 1914년 6월 3일자, 1914년 6월 12일자, 1915년 4월 1일자, 1915년 4월 7일자, 1915년 5월 26일자, 1915년 5월 30일자, 1915년 6월 15일자, 1915년 6월 20일자, 1915년 6월 25일자, 1915년 6월 29일자, 1915년 7월 22일자, 1915년 7월 24일자, 1915년 8월 14일자, 1915년 10월 8일자, 1915년 11월 30일자, 1916년 6월 16일자, 1916년 6월 20일자, 1916년 8월 31일자, 1916년 10월 4일자, 1917년 6월 16일자, 1917년 9월 20일자, 1917년 12월 11일자, 1924년 4월 22일자, 1925년 9월 8일자, 1925년 10월 23일자, 1925년 11월 6일자, 1926年 8월 4일자, 1931년 10월 9일자, 1931년 10월 23일자, 1931년 11월 10일자, 1931년 11월 13일자, 1931년 11월 24일자, 1931년 11월 11일자, 1932년 12월 2일자, 1932년 12월 11일자, 1935년 5월 28일자, 1935년 08월 07일자, 1935년 10월 1일자, 1936년 7월 26일자, 1936년 8월 2일자, 1936년 9월 3일자, 1936년 9월 26일자, 1936년 10월 13일자, 1936년 10월 31일자, 1936년 12월 10일자, 1937년 9월 13일자, 1937년 11월 5일자, 1938년 11월 15일자, 1939년 7월 5일자, 1939년 11월 10일자, 1940년 6월 16일자, 1941년 6월 7일자, 1941년 6월 19일자, 1941년 8월 6일자, 1941년 10월 14일자, 1941년 10월 16일자, 1941년 10월 20일자, 1942년 9월 7일자, 1942년 9월 23일자, 1942년 10월 22일자, 1942년 9월 4일자, 1942년 9월 7일자, 1942년 9월 23일자, 1943년 8월 10일자, 1945년 10월 6일자.

『博物館新聞』1973년 9월 1일자, 1974년 4월 1일자.

『釜山日報』1915년 4월 24일자, 1915년 5월 24일자, 1915년 5월 27일자, 1915년 6월 1일자, 1915년 6월 15일자, 1915년 7월 8일자, 1915년 7월 9일자, 1915년 7월 24일자, 1915년 7월 25일자, 1915년 7월 27일자, 1915년 7월 28일자, 1916년 6월 18일자, 1917년 10월 23일자, 1917년 11월 3일자, 1917년 11월 11일자, 1917년 11월 17일자, 1918년 9월 4일자, 1918년 12월 6일~ 10일자, 1933년 6월 6일자.

『서울신문』, 1945년 11월 23일자.

『신한국보』1909년 10월 26일자, 1910년 4월 19일자, 1910년 4월 26일자.

『신한민보』1910년 2월 23일자, 1910년 5월 18일자.

『藝術通信』1946년 11월 12일자.

『자유신문』1945년 11월 20일자.

『조선일보』1946년 1월 8일자, 1946년 2월 11일자.

『朝鮮中央日報』1936년 3월 22일자.

『平壤每日申報』1933년 9월 2일, 4일, 7일자.

『한국일보』1990년 4월 14일자.

『皇城新聞』1900년 2월 19일자, 1904년 11월 23일자, 1905년 3월 21일자, 1905년 3월 2일자, 1905년 05월 30일자, 1905년 10월 3일자, 1905년 10월 4일자, 1905년 10월 6일자, 1906년 02월 17일자, 1906년 4월 21일자, 1906년 8월 17일자, 1906년 12월 17일자, 1907년 2월 19일자, 1907년 10월 15일자, 1907년 10월 18일자, 1907년 10월 20일자, 1908년 8월 22일자, 1909년 3월 10일자, 1909년 4월 28일자, 1909년 07월 10일자, 1909년 08월 25일자, 1909년 9월 17일자, 1909년 9월 23일자, 1909년 10월 22일자, 1909년 10월 24일자, 1909년 11월 23일자, 1909년 11월 25일자, 1910년 3월 22일자, 1910년 3월 31일자, 1910년 4월 19일자, 1910년 5월 8일자, 1910년 07월 14일자, 1910년 08월 11일자, 1910년 8월 24일자, 1910년 8월 26일자.

『官報』1897년 7월 14일자, 1909년 9월 15일자, 1912년 3월 12일자, 1924년 6월 5일자.

찾아보기

- ㄱ -

가루베 지온(輕部慈恩) 298, 300, 303, 313, 464, 540, 561
가시이 겐타로(香椎源太郎) 391, 464, 473
가와이 히로타미(河合弘民) 362, 365
《가와이문고(河合文庫)》 365
가츠라기 스에지(葛城末治) 118
강서고분 68
개마총(鎧馬塚) 153
《건축학과 제4회전람회》 99
《건축학과 제5회전람회》 334
《건축학과 제5회전람회》 119
劍塚 86
《경검새특별전람회(鏡劍璽特別展覽會)》 486
경성고물상조합 385, 387, 389
경성구락부에서 판매한 통계 406
경성내지인세화회 459
경성미술구락부 389, 423, 427, 432
《고대미술품대전람회》 424
고려 숙종왕(肅宗王) 영릉(英陵) 409
고물상조합 385, 389
고물취체에 관한 법령 취급 수속에 관한 훈령 389
고미야 미호마츠(小宮三保松) 402
고이즈미 아키오(小泉顯夫) 198, 220, 231, 272
고이케 오쿠키치(小池奧吉) 557
고적조사과 196, 216
고적조사위원회 151, 198, 216, 229
고토 게이지(後藤慶二) 76
《공과대학건축학과 제2회전람회》 43
광개토대왕비 44, 47, 50, 73, 83, 119, 121, 121, 157, 173, 241, 551, 554, 490
교토 천용사(泉湧寺) 357
구도 소헤이(工藤壯平) 559
구로다 다쿠마(黑田太久馬) 407
구로사키 미치오(黑崎美智雄) 342
구로이타 가쓰미(黑板勝美) 77, 140, 148, 154, 200, 228, 230
구리야마 순이치(栗山俊一) 56, 96
국외유출 한국 문화재 21
군수리의 폐사지 234
귀속재산 475
규암면 사지 242
금관총(金冠塚) 197, 204
금령총(金鈴塚) 199, 206
김해패총 84, 154, 163, 171, 177, 198, 204
金環塚 86

- ㄴ -

나카무다 구라노스케(中牟田倉之助) 557
나카무라 신자부로(中村眞三郎) 289
낙산동 고분 171
남별궁(南別宮) 360
남정리 제116호분 272, 517, 551, 563, 565
남정리 제53호분 242, 273
노모리 겐(野守健) 152, 161, 202, 275
노서리 215번지 출토유물 521, 568
능산리 고분 148
니시무라 쇼타로(西村庄太郎) 422

- ㄷ -

다카하시 겐지(高橋健自) 538, 545, 559
다케우치 야오타로(竹內八百太郎) 427
다쿠보 신고(田窪眞吾) 267, 273, 275
『대각국사문집(大覺國師文集)』 111
大方太守張撫夷墓 81
대성산록 고분 243, 246
『대일청구 한국예술품목록』 429
「대정6년도 고적조사개요」 155
데라우치 마사타케(寺內正毅) 352
《데라우치문고 특별전》 362
도리이 류조(鳥居龍藏) 44, 77, 96, 150, 152, 154
도미나가 고타로(富永光太郎) 560
도미타 기시쿠(富田儀作) 430
도미타상회(富田商會) 430
도쿄국립박물관 479, 490, 546, 558, 565, 574
도쿠가와 요리사다(德川賴貞) 560
《동서고미술품전》 424
《동양명도자전》 439

- ㅁ -

마에마 교사쿠(前間恭作) 325, 334, 348
마찌다 히사나리(町田久成) 555
망덕사지 41, 51, 110, 204
望洋亭 378
明宗 智陵 167
모로가 히사오(諸鹿央雄) 197, 295, 418, 546
모리 고이치(森悟一) 401
문명상회 432, 456
문화재 접수 현황 468

- ㅂ -

부부총(夫婦塚) 86, 187
부산 동삼동 패총 236, 291, 316
부산고고회 284, 291

- ㅅ -

사사키 쵸이지(佐佐木兆治) 390
사신총 241, 242, 243, 245, 247, 278
사와 슌이치(澤俊一) 152, 199, 267, 272, 273, 275
사천왕사 41, 48
사천왕사지 41, 51, 76, 123, 159, 173, 204, 242, 295
사코우 가게노부(酒勻景信) 553
삼실총 74, 83, 121, 242, 243
서봉총(瑞鳳塚) 201
석암리 제201호 고분 516, 551, 563, 564
석침총 79, 104
세키노 타다시(關野貞) 37, 56, 132, 140, 154
세화인 394, 432
세화인회 472
소네 아라스케(曾彌荒助) 348
소네통감본 327
송산리 제6호분 301
수정봉 제2호분 80, 105
수정봉 제3호분 80, 108
스에마츠 구마히코(末松熊彦) 399
시라야마구로미즈문고(白山黑水文庫)본 368
시라카와 마사하루(白川正治) 67, 103
시라토리 구라키치(白鳥庫吉) 330, 369
시오카와 이치타로(鹽川一太郎) 365
시정5주년기념공진회 338
시치다 타다시(七田忠志) 278
식리총(飾履塚) 199, 206

쌍영총(雙楹塚) 72, 76, 121

- ㅇ -

아리미츠 교이치(有光敎一) 230, 314, 473, 568
아카보시 사시치(赤星佐七) 544, 547, 557
아타카컬렉션 439
앵포데라우치기념문고(櫻圃寺內記念文庫) 361
야기 쇼자부로(八木奘三郞) 29, 36, 38
야마나카 사다지로(山中定次郞) 423
야마나카상회 422, 432
야마요시 모리요시(山吉盛義) 407
야시마 기요스케(矢島恭介) 541, 559
야쓰이 세이이치(谷井濟一) 56, 58, 96, 159, 191, 486, 558
양산부부총 163, 177, 188, 204
어을동토성 116
영화9년명전 288
오가와 케이기치(小川敬吉) 188
오구라 다케노스케(小倉武之助) 472, 488, 573
오구라컬렉션 573
오다 세이고(小田省吾) 78, 198, 230
오대산사고 329, 332
오대산사고본 329, 355
오대산상원사중창권선첩(五臺山上院寺重創勸善帖)』 335
오바 쓰네키치(小場恒吉) 69, 76, 119, 140, 152, 161, 231, 234, 278
오오세키 본세이(大關晚成) 487
오오타니 요시타로(大曲美太郞) 291
오쿠라집고관 337
오타 후쿠조(太田福藏) 68
옥봉 제7호분 80, 105

와다 쓰네이치(和田常市) 386
瓦塚 86
塓塚 86
왕광묘 263
왕우묘(王旴墓) 200, 220
외규장각 도서 18
외규장각도서 417
요코가와 다미스케(橫河民輔) 488, 562
요코타 고로(橫田五郞) 399
우마주카 제이치로(馬場是一郞) 188
우메하라 스에지(梅原末治) 154, 198, 234, 273
원오리 폐사지 235, 280
원오리불상 281
『월정사 사적기』 333
이마니시 류(今西龍) 32, 41, 97, 118, 133, 154, 293, 365
이마이다 기요노리(今井田清德) 265, 268, 566, 570
이메이 게이조우(乾慶藏) 562
이시다 시게사쿠(石田茂作) 234, 538, 545, 559
이치다 지로(市田次郞) 464, 473
이케우치 도라키치(池內虎吉) 429
이토 야사부로(伊藤彌三郞) 410, 422
이희섭 395, 432, 438, 456, 468
일본문고협회 주최 도서전람회 53
일본미술협회 433
일본에서 개최한 한국미술품 전람 및 판매회 419
일본인 골동상 383
일본학술진흥회 231, 267, 275
일진회 348, 375, 377
임나일본부설 157

- ㅈ -

장군총 74, 82, 83, 121, 129, 131, 133, 157, 173, 242, 243, 248, 278, 293
장택상 395, 436
전시청국보물수집방법(戰時淸國寶物蒐集方法) 576
점제비 72
정백리 제127호분 571
정백리 제200호분 278
정백리 제227호분 239, 267, 280
제국도서관에 들어간 서적 368
조선공예연구회 434
《조선공예전람회》 432, 438
『조선공예전람회도록』에 나타난 출품 점수 456
조선관 358
조선왕실의궤 332
조선왕조실록 327
조선철도호텔 360
종군문서참모부 17
《주한문화특별전람회(周漢文化特別展覽會)》 486
《지나조선고미술전》 419, 426
진흥왕순수비탁본 559

- ㅊ -

채협총 269, 272
천추총 74, 83, 121, 129, 133, 242, 293
최충헌묘지(崔忠獻墓誌) 557

- ㅌ -

태백산사고본 317
태왕릉 60, 68, 69, 107, 115, 118, 119, 228, 229, 279
《토성리출토품전관》 261
통감부 장서 312

통감부채수본(統監府采收本) 345
팔만대장경 355

- ㅎ -

하기노 요시유키(秋野由之) 62, 96
하나부사 요시모토(花房義質) 555
하라다 요시토(原田淑人) 154, 158, 218, 234, 275, 295, 486, 541
하마다 고우사쿠(濱田耕作) 40, 154, 158, 190, 198, 282
하시동 고분 70, 81, 122, 127
『한국건축조사보고서』 36, 40
『한국경주고와보(韓國慶州古瓦譜)』 43
한국진서간행회(韓國珍書刊行會) 367
한성부민회 375
한왕묘(漢王墓) 63, 100, 121, 124
화성성역의궤 113
화엄사 석경 118
환구단(圜丘壇) 359
황궁우(皇穹宇) 360
황남리 남총 79
황오리 제16호분 출토유물 522, 551, 568
후지이 가즈오(藤井和夫) 303, 313
후지타 료사쿠(藤田亮策) 163, 203, 216, 229, 234, 280, 304, 354, 414, 417, 431

부록

寺內總督은 其鄕里 周防國 吉敷
野里에 文庫 一棟을 建築中인디
物의 材木은 前間丘壞內에 建
宮殿의 附屬建築物이니 此
總督府에서는 他의 建物
호텔는 建호겟슴으로 毁撤
品으로 一般의 入札에 附
總督은 元來브터 適當宮
鄕里에 建호고 文庫를
望이 有호얏던 바인디
涉호야 更히 同人에
鄕里에 輸送호 後此
딘 其建坪 數는 不過
屋이나 此를 般호
호면 數千圓에 遂호
其親近者에 對호야
그러도 돈만 히든 집
혼事도 有호다논딕
논櫻圖文庫라고 命名
의 圖書와 其他 平日

일제 강점기 일본 기관 및 일본인 소장 유물

출처

朝鮮古蹟圖譜
古蹟圖譜1권: 第1 樂浪帶方 高句麗	1916년 3월 靑雲堂刊.
古蹟圖譜2권: 第2 高句麗	1916년 3월 靑雲堂刊.
古蹟圖譜3권: 第3 百濟任那 古新羅	1916년 3월 總督府 印刷所刊.
古蹟圖譜4권: 第4 新羅統一時代	1916년 3월 靑雲堂刊.
古蹟圖譜5권: 第5 新羅統一時代	1917년 3월 靑雲堂刊.
古蹟圖譜6권: 第6 高麗時代 一	1918년 3월 朝鮮總督府.
古蹟圖譜7권: 第7 高麗時代 二	1920년 3월 朝鮮總督府.
古蹟圖譜8권: 第8 高麗時代 三	1928년 3월 朝鮮總督府.
古蹟圖譜9권: 第9 高麗時代 四	1929년 4월 朝鮮總督府.
	以下 1935년까지 第15卷까지 發刊[1]

關野貞1942: 關野貞, 『朝鮮の建築と藝術』, 岩波書店, 1942.

梅原末治1937: 梅原末治, 「近時所見の一二の樂浪遺物」, 『考古學』제8권 제5호, 東京考古學會, 1937년 5월.

榧本龜次郎1936: 榧本龜次郎, 「その後の金海出土品」, 『考古學』제7권 제3호, 東京考古學會, 1936년 3월.

梅原末治1936: 梅原末治, 「多鈕細文鏡の一新例」, 『考古學』제7권 제3호, 東京考古學會, 1936년 3월.

榧本龜生1936: 榧本龜生, 「樂浪出土在銘漆器の一二に就いて」, 『考古學』제7권 제4호, 東京考古學會, 1936년 4월.

古調1938-1: 朝鮮總督府, 「樂浪 帶方郡時代紀年銘塼集錄」, 『昭和7年度古蹟調査報告 제1책』 1938.

---

[1] * 16冊까지 계획이 되어 있었으나 編纂의 최초 主唱者인 關野貞이 제16책의 자료 수집을 반 정도 하고 1935년 8월에 병으로 죽게 되어 중단되었다.(今井田淸德, 『朝鮮總督府 30年史』)
藤田亮策의 『朝鮮學論考』(1963년, 藤田先生記念事業會刊, p. 72)에 의하면, 『朝鮮古蹟圖譜』의 간행은 寺內 總督이 계획하고 關野貞의 방침으로 谷井濟一, 栗山俊一의 편찬으로 이루어 완성하였으며, 이로 인하여 編者 關野貞은 佛蘭西學士院으로부터 표창을 받았다고 한다.

靑柳南冥1927: 靑柳南冥,『朝鮮國寶的遺物及古蹟大全』, 京城新聞社, 1927.
奥平武彦1937: 奥平武彦,「朝鮮出土の支那陶磁器雜見」,『陶磁』제9권 제2호. 1937년 5월.
小山1939: 小山富士夫,「朝鮮の旅」,『陶磁』제11권 2호, 1939년 7월.
古調1924: 藤田亮策, 梅原末治, 小泉顯夫,「慶尚南北道忠淸南道古蹟調査報告」,『大正11年度古蹟調査報告 1册』, 朝鮮總督府, 1924.
古調1925: 藤田亮策, 梅原末治, 小泉顯夫,「南朝鮮に於ける漢代の遺蹟」,『大正十一年度古蹟調査報告』제2책, 朝鮮總督府, 1925.
樂浪遺蹟1927:『樂浪郡時代の遺蹟』本文, 朝鮮總督府, 1927.
樂浪遺蹟1925:『樂浪郡時代の遺蹟』圖版, 朝鮮總督府, 1925.
古調1919:『大正6年度古蹟調査報告』, 朝鮮總督府, 1919.
野守健1944: 野守健,『高麗磁器の研究』, 淸閑舍, 1944.
古調1917:『大正5年度古蹟調査報告』, 朝鮮總督府, 1917.
古調1929:『昭和2年度古蹟調査報告(鷄龍山麓陶窯址調査報告)』第1册, 朝鮮總督府, 1929.
八田1934: 八田蒼明(八田己之助),『樂浪と傳說の平壤』, 平壤硏究會, 1934.
田中1942: 田中豊太郞 撰,『李朝陶磁譜』磁器篇, 東京聚樂社, 1942.
古調1931:『大正12年度古蹟調査報告 제1책』, 朝鮮總督府, 1931.
古調1932:『大正13年度古蹟調査報告』, 朝鮮總督府, 1932.
考雜1-3:「黑田氏底に於ける觀心堂」,『考古學雜誌』1-3, 1910년 11월.
輕部1946: 輕部慈恩,『百濟美術』, 寶雲舍, 1946.
善生1926: 善生永助,「開城に於ける高麗燒の秘藏家」,『朝鮮』제139호, 朝鮮總督府, 1926년 12월.
梅原1947: 梅原末治, 藤田亮策,『朝鮮古文化綜鑑』제1권, 養德社, 1947.
梅原1948: 梅原末治, 藤田亮策,『朝鮮古文化綜鑑』제2권, 養德社, 1948.
梅原1959: 梅原末治, 藤田亮策,『朝鮮古文化綜鑑』제3권, 養德社, 1959.
梅原1966: 梅原末治, 藤田亮策,『朝鮮古文化綜鑑』제4권, 養德社, 1966.
杉原圖錄1934:『杉原長太郎氏蒐集品圖錄』(朝鮮考古圖錄 第2册), 朝鮮考古學會, 1934.
高句麗遺蹟1929: 朝鮮總督府,『高句麗時代之遺蹟』上册, 1929.
濱田1934: 濱田耕作, 梅原末治,『新羅古瓦の硏究』, 京都帝國大學, 1934.
新羅古瓦譜1926: 諸鹿央雄 所藏, 梅原末治 編,『新羅古瓦譜』第1輯, 慶州古蹟保存會, 1926.
大坂1931: 大坂金太郎,「慶州に於ける新羅廢寺址の寺名推定に就て」,『朝鮮』, 1931년 10월.
松平1937: 松平義明,「年代の推定し得る朝鮮陶磁器」,『陶磁』제9권 제4호, 東洋陶磁硏究所, 1937년 10월.
陶磁1-2:『陶磁』제1권 제2호, 東洋陶磁硏究所, 1928년 3월.

陶磁1-3: 『陶磁』제1권 제3호, 東洋陶磁硏究所, 1928년 4월.
陶磁3-3: 『陶磁』제3권 제3호, 東洋陶磁硏究所, 1931년 3월.
陶磁5-1: 『陶磁』제5권 제1호, 東洋陶磁硏究所, 1933년 2월.
陶磁5-4: 『陶磁』제5권 제4호, 東洋陶磁硏究所, 1933년 10월.
陶磁5-6: 『陶磁』제5권 제6호, 東洋陶磁硏究所, 1934년 1월.
陶磁6-2: 『陶磁』제6권 제2호, 東洋陶磁硏究所, 1934년 8월.
陶磁6-3: 『陶磁』제6권 제3호, 東洋陶磁硏究所, 1934년 9월.
陶磁6-4: 『陶磁』제6권 제4호, 東洋陶磁硏究所, 1934년 11월.
陶磁6-6: 『陶磁』제6권 제6호(高麗特輯號), 東洋陶磁硏究所, 1934년 12월.
陶磁7-2: 『陶磁』제7권 2호, 東洋陶磁硏究所, 1935년 6월.
陶磁9-2: 『陶磁』제9권 제2호, 東洋陶磁硏究所, 1937년 5월.
陶磁9-7: 『陶磁』제9권 제7호, 東洋陶磁硏究所, 1937년 10월.
陶磁10-2: 『陶磁』제10권 제2호, 東洋陶磁硏究所, 1938년 6월.
陶磁10-5: 「帝室博物館復興開館記念陳列陶磁器品目」, 『陶磁』제10권 제5호, 東洋陶磁硏究所, 1938년 12월(22일).
陶磁10-6: 『陶磁』제10권 제6호, 東洋陶磁硏究所, 1938년 12월(30일).
陶磁11-1: 『陶磁』제11권 제1호, 東洋陶磁硏究所, 1939년 4월.
陶磁11-3: 『陶磁』제11권 3호, 東洋陶磁硏究所, 1939년 8월.
陶磁11-4: 『陶磁』제11권 제4호, 東洋陶磁硏究所, 1939년 12월.
陶磁12-1: 『陶磁』제12권 1호, 東洋陶磁硏究所, 1930년 4월.
陶磁13-2: 『陶磁』제13권 제2호, 東洋陶磁硏究所, 1941년 12월.
諸岡1935: 諸岡榮治蒐集編, 梅原末治校, 『樂浪及高句麗古瓦譜』[2], 京都便利堂, 1935.
小山1938: 小山富士夫, 「高麗の古陶磁」, 『陶磁講座』第7卷, 雄山閣, 1938.
奧平1938: 奧平武彦, 「李朝」, 『陶磁講座』第7卷, 雄山閣, 1938.
年鑑1941: 美術硏究所, 『日本美術年鑑(1941년)』, 1942.
年鑑1939: 美術硏究所, 『日本美術年鑑(1939년)』, 1940.
年鑑1940: 美術硏究所, 『日本美術年鑑(1940년)』, 1941.
大觀1910: 朝鮮古書刊行會, 『朝鮮美術大觀』, 1910.
大屋1930: 大屋德城, 『朝鮮之巡禮行』, 1930.
유리원판Ⅰ: 국립중앙박물관, 『유리원판 목록집Ⅰ』, 1997.

---

[2] 諸岡榮治가 수집한 와전은 수천 점에 달했다. 그 중에서 가장 대표적인 것을 선별하여 실었다.

유리원판Ⅱ: 국립중앙박물관,『유리원판 목록집Ⅱ』, 1998.
유리원판Ⅲ: 국립중앙박물관,『유리원판 목록집Ⅲ』, 1999.
유리원판Ⅳ: 국립중앙박물관,『유리원판 목록집Ⅳ』, 2000.
유리원판Ⅴ: 국립중앙박물관,『유리원판 목록집Ⅴ』, 2001.
大坂1931: 大坂金太郎,「慶州に於ける新羅廢寺址の寺名推定て」,『朝鮮』, 1931년 10월.
佛敎典籍1934:「《佛誕記念 朝鮮佛敎典籍展覽會》3)」,『靑丘學叢』제17호, 1934년 8월.
活字展觀1931:「《朝鮮活字印刷資料展觀》4)」,『靑丘學叢』제4호, 靑丘學會, 1931.(경성대 제외)
古地圖展觀1932:「《朝鮮古地圖展觀》5)」,『靑丘學叢』제10호, 靑丘學會, 1932년 11월.(경성대 제외)
阮堂展觀1932:「《阮堂遺墨逸品の展觀》6)」,『靑丘學叢』제10호, 靑丘學會, 1932년 11월.
梅原資料1988: 東洋文庫,『東洋文庫所藏梅原考古資料目錄Ⅱ』, 朝鮮之部, 1988.
名畵展覽會1931:『朝鮮名畵展覽會目錄』7), 國民美術協會, 1931.

3) 1934년 5월 19일부터 20일까지 2일간 경성제국대학 법문학부 회의실에서 전람회가 개최되었다. 전람 전적은 제1門 朝鮮撰述部, 제2문 朝鮮飜刻部, 제3문 朝鮮語譯部, 제4문 朝鮮僞經部로 분류하여 전시했는데, 총점수 117건으로 경성제국대학 소장(규장각 포함)을 제외한 개인 소장품만 게제함.
4) 1931년 10월 3일 경성대 부속도서관에서 개최
5) 1932년 10월 15일에는 경성대부속도서관에서《朝鮮古地圖展觀》이 개최되었다. 규장각소장본 등 백 수십 점이 전시되었다.
6) 1932년 10월 7일부터 10일까지 4일간 경성 三越백화점에서 완당 김정희의 '유묵일품전관회'를 개최하였다. 이 전람회에 출진한 작품은 80여 점에 달했다.
7) 1931년 3월 22일부터 4월 4일까지는 일본에 반출되어 있는 안견의 '몽유도원도'를 비롯한 한국 고서화와 국내에 있는 고서화를 모아 일본에서 '조선명화전람회'를 개최하였다. 이는 1930년 조선미술관 주최로 개최하였던 '고서화진장품전'을 세키노가 참관하면서 계획되었다. 이때 조선미술관의 오봉빈이 이와 같은 전람회를 동경에서도 개최하는 것이 어떠냐고 물어보았다. 세키노는 쾌히 의미 있는 사업이라고 하여 동경 측과 의논하여 확정하기로 하였다. 동경 측 미술 관계자 역시 대찬성을 하여 조선명화전람회가 우에노(上野)공원 동경부립미술관에서 개최하게 되었다.
처음에는 조선미술관 주최와 동경 측 후원으로 하려다가 변경하여 동경에 있는 미술총연맹격인 사단법인 미술연합회 주최로 하게 되었다. 여기에는 당시 식민지국의 한국인 측 조선미술관과 일본의 사단법인 미술연합회를 동격으로 보지 않으려는 의도가 있었던 것으로 보인다.
한국 측에서는 조선위원회가 조직되어 이왕가박물관, 총독부박물관, 조선미술관이 후원하게 되었다. 전람회의 명예총재는 순종왕이 맡고 위원장은 세키노가 맡았으며, 한국과 일본의 권위자 30여 명으로 위원회가 조직되었다. 한국 측 위원으로는 조선상업은행장 和田一郞, 총독부박물관 감사위원 鮎貝房之進, 이왕가박물관 주임 下郡山誠一, 조선남서원 주간 久保天南, 이왕직사무관 末松雄彦, 조선총독

東京藝術1981: 東京藝術大學藝術資料館, 『東京藝術大學藝術資料館 所藏目錄』, 1981.
有光1938: 有光敎一, 「朝鮮扶餘新發見の石劍, 銅劍, 銅鉾」, 『考古學雜誌』제28권 1호, 1938년 1월.
太華山人1915: 太華山人, 「朝鮮新聞社의 主催 東洋美術展覽會를 一觀함」[8], 『新文界』제3권 10호, 新文社, 1915년 10월.

부 학무국장 武部欽一, 경성제국대 교수 田中豊藏, 이왕직 차관 篠田治策, 총독부박물관 주임 藤田亮策, 조선미술관주 오봉빈, 이도영 등이다. 하지만 한국인이래야 이도영과 조선미술관주 오봉빈만이 포함되었다.
출품작품은 한국에 있는 서화뿐만 아니라 일본에 반출되어 산재한 한국고서화까지 출품 전시하였다. 한국인 출품자는 이한복, 김용진, 박영효, 김찬영, 박재표, 오봉빈, 이순명, 민형식 등 7명이고, 한국재주 일본인으로는 小宮三保松, 末松雄彦, 森啓助, 中村誠, 淺川伯敎, 富田儀作 등이 출품을 하였다. 전시작품 수는 총 400여 점으로 당대의 전시 중에서 양과 질적으로 가장 대규모의 전시라 할 수 있다. 전시기간 동안 일본의 각 신문은 연일 《조선명화전》의 기사와 작품 사진을 게재하였다. 이 전시회는 일본인들에게 그리 우대를 받지 못했던 한국 서화가 일본인에게 일층 그 가치를 더하는 계기가 된 의미 깊은 대전람회라 할 수 있다.

8) 시정5주년기념공진회 개최 기간을 통하여 조선신문사 주최로 동양미술전람회를 가졌다.
"시정5년기념조선물산공진회를 개최의 호기회로 이용하여 조선신문사에서 동양미술전람회를 개최함은 시정5년 기념이라. 이 동양미술전람회의 위치는 경성 명치정 한성병원 자리에 개최한 바이니, 동양미술이라 명명한 의의를 推究할진대 문명이 극달한 서양세계에서도 한자명필은 없는 바이고, 수묵도화는 없는 바이니, 이는 동양의 미술이라 함이라"하고 있다.
진열품은 정확히 몇 점인지 알 수 없으나 '수천 점'이라고 하며, 그 가격은 1점에 기천원에서 수만 원에 달하는 것들이 출품되었다 하니 당시 우수한 것으로 소문난 것이 상당수 전시되었던 것으로 보인다.

품명	출토지	소장처 및 소장자	출처	비고
破瓦	경북 경주	東京美術學校(現在 東京藝術大學)	古蹟圖譜3권, 1346, 1347	고신라
경주 부근 발견 塼	경북 경주	東京美術學校	古蹟圖譜5권, 2163, 2166-2170, 2206	통일신라
경주 발견 鬼瓦	경북 경주	東京美術學校	古蹟圖譜5권, 2215, 2219, 2223, 2226, 2227	통일신라
경주 부근 발견 破瓦	경북 경주	東京美術學校	古蹟圖譜5권, 2237, 2238, 2243, 2245, 2246, 2256, 2258, 2260, 2286, 2306, 2312, 2317, 2341, 2354-2356, 2362, 2363, 2368, 2377, 2417, 2420, 2437, 2441	통일신라
경주 부근 발견 楕圓瓦	경북 경주	東京美術學校	古蹟圖譜5권, 2447	통일신라
경주 부근 발견 唐草瓦	경북 경주	東京美術學校	古蹟圖譜5권, 2453, 2462, 2467, 2472, 2483, 2503, 2505, 2507, 2528, 2537, 2551, 2559, 2579, 2586, 2587, 2591, 2603, 2613, 2614, 2620, 2669, 2678	통일신라
葡萄圖(李寅文 筆)		東京美術學校	古蹟圖譜14권, 5971	조선
元始四年銘漆蓋		東京美術學校	梅本龜生1936,ap149	
木文漆盤片 3편		東京美術學校	梅本龜生1936,ap149	
銅戟		東京美術學校	樂浪遺蹟1927, p354, 圖209	
鐵戟		東京美術學校	樂浪遺蹟1927, p354, 圖210	
銅環刀		東京美術學校	樂浪遺蹟1927, p358, 圖218	
鐵劍		東京美術學校	樂浪遺蹟1927, p358, 圖219	
鐵劍		東京美術學校	樂浪遺蹟1927, p358, 圖220	
鐓		東京美術學校	樂浪遺蹟1927, p358, 圖221	
琫		東京美術學校	樂浪遺蹟1927, p358, 圖222	
金銅馬面 및 金銅馬面殘片		東京美術學校	樂浪遺蹟1927, p366, 도241	
金銅轡		東京美術學校	樂浪遺蹟1927, p368, 도242	
弩機		東京美術學校	樂浪遺蹟1927, p364, 도237	
漆辟耳蓋		東京美術學校	樂浪遺蹟1927, p390, 도277	
木製漆槃 2점		東京美術學校	樂浪遺蹟1927, p392, 도279, 280	
蓮花文 수막새	경주 구황리	東京美術學校	유리원판V, 1146-4	
唐草文塼	경주 구황동	東京美術學校	유리원판Ⅲ, 504-3	
蓮花文 수막새	경주 구황동	東京美術學校	유리원판Ⅲ, 504-5	

품명	출토지	소장처 및 소장자	출처	비고
蓮花文수막새片	경주 구황동	東京美術學校	유리원판Ⅲ, 511-1	
寶相華文塼片	경주 구황동	東京美術學校	유리원판Ⅲ, 514-6	
鬼面文瓦片	경주 구황동	東京美術學校	유리원판Ⅲ, 519-2	
蓮花文수막새	경주 구황동	東京美術學校	유리원판Ⅲ, 520-8	
唐草文암막새		東京美術學校	유리원판Ⅲ, 524-6	
寶相華文수막새片		東京美術學校	유리원판Ⅲ, 526-8	
墨竹圖	金明國 筆	東京美術學校	유리원판Ⅳ, 641-6	
達磨折蘆渡江圖	金明國 筆	東京美術學校	유리원판Ⅳ, 641-11	
山水圖		東京美術學校	유리원판Ⅳ, 641-13	
鐵劍 2점	낙랑유적	東京美術學校	八田1934, p230	
三幅圖(達磨, 海竹)	金明國 筆	東京美術學校	關野貞1942, p200	
葡萄圖	李寅文 筆	東京美術學校	關野貞1942, p202	
達磨梅竹圖(3幅)		東京美術學校	名畵展覽會1931	
水原城儀式圖		東京美術學校	名畵展覽會1931	1914년 4월 매입
山水圖(3幅)		東京美術學校	名畵展覽會1931	1915년 9월 매입
墨梅圖		東京美術學校	名畵展覽會1931	1915년 매입
仙人圖(雙幅)		東京美術學校	名畵展覽會1931	1889년 매입
古畵帖(1冊)	諸家 筆	東京美術學校	名畵展覽會1931	1914년 7월 매입
山水圖(2幅)	鄭敾 筆	東京美術學校	名畵展覽會1931	1914년 4월 매입
蘭圖	李昰應 筆	東京美術學校	名畵展覽會1931	
花卉竹石圖	丁學敎 筆	東京美術學校	名畵展覽會1931	
葡萄圖	李寅文 筆	東京美術學校	名畵展覽會1931	1915년 9월 매입
佛立像		東京美術學校	東京藝術1981, 434	1918년 매입
佛立像		東京美術學校	東京藝術1981, 435	1914년 매입
佛立像		東京美術學校	東京藝術1981, 436	1906년 매입
佛立像		東京美術學校	東京藝術1981, 437	1906년 매입
觀音菩薩立像		東京美術學校	東京藝術1981, 438	1929년 매입
佛坐像		東京美術學校	東京藝術1981, 439	1929년 매입
大舜躬耕圖		東京美術學校	東京藝術1981, 518	1914년 매입
高宗皇帝肖像		東京美術學校	東京藝術1981, 519	1932년 매입
蘭石圖屛風		東京美術學校	東京藝術1981, 520	1919년 매입
花卉竹石圖屛風		東京美術學校	東京藝術1981, 521	1919년 매입
阿彌陀八大菩薩像	고려시대	東京美術學校	東京藝術1981, 503	1889년 매입

품명	출토지	소장처 및 소장자	출처	비고
羅漢圖	李上佐 筆	東京美術學校	東京藝術1981, 504	1931년 매입
龍頭觀音圖		東京美術學校	東京藝術1981, 507	1908년 매입
雲龍漆文土器盒	대동군 남정리53호분	京都大學 文學部	梅原1948, p42, 圖版44	
博山爐	대동군 남정리53호분	京都大學 文學部	梅原1948, p43, 圖版45	
龍首盌	대동군 남정리53호분	京都大學 文學部	梅原1948, p43, 圖版46	
黃釉陶盤	輯安 通溝	京都大學 文學部	梅原1966, p26, 圖版160	
黃褐釉四耳陶壺	輯安 通溝	京都大學 文學部	梅原1966, p27, 圖版170	
陶製竈	輯安 通溝	京都大學 文學部	梅原1966, p29, 도판172	
圓瓦 2점	부여	京都大學	濱田1934, 圖4	
隅瓦破片	임해전지	京都大學	濱田1934, 圖13-3	
圓形瓦	임해전지	京都大學	濱田1934, 圖13-2	
圓形瓦	경주	京都大學	濱田1934, 圖14-1	
迦陵頻伽文圓瓦(拓本)	창림사지	京都大學	濱田1934, 濱田1934, 圖33	
迦陵頻伽文圓瓦(拓本)	황룡사지	京都大學	濱田1934, 圖33	
蓮花紋圓瓦	보문사지	京都大學	濱田1934, 圖版3-33	
蓮花紋圓瓦	사천왕사지	京都大學	濱田1934, 圖版5-99	
蓮花紋圓瓦	창림사지	京都大學	濱田1934, 圖版5-103	
蓮花紋圓瓦	경주부근	京都大學	濱田1934, 圖版5-106	
蓮花紋圓瓦	흥륜사지	京都大學	濱田1934, 圖版7-112	
蓮花紋圓瓦 2점	경주읍 남문외	京都大學	濱田1934, 圖版7-152, 165	
蓮花紋圓瓦	인왕리사지	京都大學	濱田1934, 圖版10-128	
蓮花紋圓瓦	임해전지	京都大學	濱田1934, 圖版10-133	
蓮花紋圓瓦	창림사지	京都大學	濱田1934, 圖版11-147	
蓮花紋圓瓦	보문사지	京都大學	濱田1934, 圖版14-188	
蓮花紋圓瓦	창림사지	京都大學	濱田1934, 圖版14-215	
蓮花紋圓瓦	사천왕사지	京都大學	濱田1934, 圖版14-220	
禽獸紋圓瓦	창림사지	京都大學	濱田1934, 圖版16-230	
橢圓瓦當	경주부근	京都大學	濱田1934, 圖版18-266	

품명	출토지	소장처 및 소장자	출처	비고
唐草紋平瓦	경주부근	京都大學	濱田1934, 圖版40-540	
唐草紋平瓦	보문사지	京都大學	濱田1934, 圖版42-658	
禽獸紋平瓦	동천리사지	京都大學	濱田1934, 圖版43-638	
飛天紋平瓦	보문사지	京都大學	濱田1934, 圖版濱田1934, 45-683	
新羅甑 2점	임해전지	京都大學	圖版62-1002, 1005	
金製耳飾	백률사 후방고분	京都大學	유리원판Ⅰ, 240205	
金銅製太鐶耳飾	경주	京都大學 文學部	유리원판Ⅰ, 240206	
銀製杏葉	백률사 후방 고분	京都大學 文學部	유리원판Ⅰ, 240207	
銙帶裝飾, 鉸具	백률사 후방 고분	京都大學 文學部	유리원판Ⅰ, 240208	
壺와 器臺	경주	京都大學 文學部	유리원판Ⅰ, 240209	
動物像土偶	경주	京都大學 文學部	유리원판Ⅰ, 240210	
石斧, 劍把頭飾, 環石	경주	京都大學 文學部	유리원판Ⅰ, 240211	
指環	대동강면 석암리고분	京都大學 文學部	유리원판Ⅰ, 240212	
磨製石斧, 有文土器	대동강면 출토	京都大學 文學部	유리원판Ⅰ, 240213	
石器	평남 용강군	京都大學 文學部	유리원판Ⅰ, 240214	
在銘平瓦片	회령	京都大學 文學部	유리원판Ⅰ, 240215	
壺	경주	京都大學	유리원판Ⅳ, 667-9	
東國輿地勝覽	盧思愼 等	京都大學	古地圖展觀1932	연산군5년 改輯本
『金石集帖』9)		京都大學	『歷史地理』제15권 2호	
皇明輿地之圖		京都大學	古地圖展觀1932	명 1631 重刊
석암동고분 발견 瓦	평남 대동군 대동면	東京大學 工科大學	古蹟圖譜1권, 28-30	낙랑군
석암동고분 塼	평남 대동군	東京大學 工科大學	古蹟圖譜1권, 33	낙랑군

부록 629

품명	출토지	소장처 및 소장자	출처	비고
석암동 고분 발견 부장품(鏡, 大刀, 戟, 錢, 釧, 指輪, 坩, 甕, 甑)	평남 대동군 대동강면	東京大學 工科大學	古蹟圖譜1권, 34-47	낙랑군
대동강면 고분 발견 부장품(鏡, 銅器, 覆輪)	평남 대동군	東京大學 工科大學	古蹟圖譜1권, 49-52	낙랑군
대동강면 수집 塼	평남 대동군	東京大學 工科大學	古蹟圖譜1권, 83-88	낙랑군
대동강면 출토 坩	평남 대동군	東京大學 工科大學	古蹟圖譜1권, 93	낙랑군
지래동 발견 塼	평남 강동군 강동면	東京大學 工科大學	古蹟圖譜1권, 96-102	낙랑군
점선현치지 발견 瓦	평남 용강군 해운면	東京大學 工科大學	古蹟圖譜1권, 120	낙랑군
대방군치지 발견 瓦, 塼	황해도 봉산군 문정면	東京大學 工科大學	古蹟圖譜1권, 132-133	대방군
대방태수장무이전곽묘 발견 瓦	황해도 봉산군 문정면	東京大學 工科大學	古蹟圖譜1권, 147-155	대방군
도묘평 발견 塼	황해도 봉산군 초와면	東京大學 工科大學	古蹟圖譜1권, 158-161	대방군
傳 안학궁지 발견 瓦	평남 대동군 임원면	東京大學 工科大學	古蹟圖譜2권, 387-401	고구려
傳 안학궁지 발견 土製品	평남 대동군 임원면	東京大學 工科大學	古蹟圖譜2권, 402	고구려
평양외성내 발견 와	평남 평양부	東京大學 工科大學	古蹟圖譜2권, 414-421	고구려
평양 창광산 발견 瓦	평남 평양부	東京大學 工科大學	古蹟圖譜2권, 422-430	고구려
한왕묘 발견 瓦	평남 강동군 마산면	東京大學 工科大學	古蹟圖譜2권, 442-443	고구려
사동고분 현실내 발견 鐵釘	평남 대동군 임원면	東京大學 工科大學	古蹟圖譜2권, 455	고구려
공산성 발견 陶器破片	충남 공주군	東京大學 工科大學	古蹟圖譜3권, 673-677	백제
傳 대가야 왕궁지 발견 瓦	경북 고령군	東京大學 工科大學	古蹟圖譜3권, 764	가야
전 대가야왕성 발견 瓦	경북 고령군	東京大學 工科大學	古蹟圖譜3권, 766-767	가야

품명	출토지	소장처 및 소장자	출처	비고
목마산 주산동남산복 고분 출토품	경북 고령군	東京大學 工科大學	古蹟圖譜3권, 784-787	가야
고령수집 주산부근 고분 발견 陶器	경북 고령군	東京大學 工科大學	古蹟圖譜3권, 788-790	가야
고령 고분 발견 金環	경북 고령군	東京大學 工科大學	古蹟圖譜3권, 791-792	가야
고령 고분 발견 陶器	경북 고령군	東京大學 工科大學	古蹟圖譜3권, 795-800	가야
수정봉 제2호분 현실내 발견 부장품(環, 釘, 大刀)	경남 진주군 도동면	東京大學 工科大學	古蹟圖譜3권, 819	가야
수정봉 제2호분 발견 鐵器	경남 진주군 도동면	東京大學 工科大學	古蹟圖譜3권, 820	가야
수정봉 제2호분 발견 기타 부장 鐙	경남 진주군 도동면	東京大學 工科大學	古蹟圖譜3권, 821, 822	가야
수정봉 제2호분 부장품(陶器, 銅鋺, 小玉)	경남 진주군 도동면	東京大學 工科大學	古蹟圖譜3권, 823-829	가야
옥봉 제7호분 출토 유물(1)	경남 진주군 도동면	東京大學 工科大學	古蹟圖譜3권, 839-842	가야
옥봉 제7호분 출토 유물(2)	경남 진주군 도동면	東京大學 工科大學	古蹟圖譜3권, 843-846	가야
풍호동 북고분 발견품(陶器)	강원 강릉군 자가곡면	東京大學 工科大學	古蹟圖譜3권, 947-954	가야
금척리 발견 陶器破片	경북 경주군 서면	東京大學 工科大學	古蹟圖譜3권, 1124	고신라
서악리 석침총 부장 陶製 坩 殘缺	경북 경주군 북내면	東京大學 工科大學	古蹟圖譜3권, 1205-1206	고신라
蓋高杯	경북 경주	東京大學 工科大學	古蹟圖譜3권, 1257	고신라
破瓦	경북 경주	東京大學 工科大學	古蹟圖譜3권, 1348, 1349, 1354, 1355	고신라
익산 왕궁탑부근 발견 瓦	전북 익산군 왕궁면	東京大學 工科大學	古蹟圖譜4권, 1423	통일신라
익산 왕궁평 발견 瓦	전북 익산군 왕궁면	東京大學 工科大學	古蹟圖譜4권, 1424	통일신라
탑정리7층석탑 上部	충북 충주군 가금면	東京大學 工科大學	古蹟圖譜4권, 1426	통일신라
탑정리7층석탑 부근 발견 瓦	충북 충주군 가금면	東京大學 工科大學	古蹟圖譜4권, 1427-1434	통일신라

품명	출토지	소장처 및 소장자	출처	비고
거돈사지 발견 破瓦 및 唐草瓦	강원 원주군 부론면	東京大學 工科大學	古蹟圖譜4권, 1460-1466	통일신라
영천사지3층석탑 부근 발견 瓦	경북 영천군	東京大學 工科大學	古蹟圖譜4권, 1473-1479	통일신라
예천읍 동3층탑 부근 발견 瓦	경북 예천군 예천면	東京大學 工科大學	古蹟圖譜4권, 1509, 1510	통일신라
신복사지 발견 破瓦 및 平瓦	강원 강릉군 성남면	東京大學 工科大學	古蹟圖譜4권, 1520-1522	통일신라
안동읍 남5층석탑 拓本	경북 안동군 부내면	東京大學 工科大學	古蹟圖譜4권, 1546	통일신라
안동읍 동7층전탑하 발견 唐草瓦	경북 안동군 부내면	東京大學 工科大學	古蹟圖譜4권, 1548, 1549	통일신라
坩 및 埦	경북 경주군 내동면	東京大學 工科大學	古蹟圖譜5권, 1799	통일신라
사천왕사지 발견 釉塼	경북 경주군 내동면	東京大學 工科大學	古蹟圖譜5권, 2150	통일신라
사천왕사지 발견 塼	경북 경주군 내동면	東京大學 工科大學	古蹟圖譜5권, 2187	통일신라
경주 부근 발견 塼	경북 경주	東京大學 工科大學	古蹟圖譜5권, 2164, 2171, 2176, 2179-2182, 2191, 2203, 2204, 2207	통일신라
경주 부근 발견 鬼瓦	경북 경주	東京大學 工科大學	古蹟圖譜5권, 2116, 2217, 2222, 2224, 2225, 2228	통일신라
경주 부근 鴟尾	경북 경주	東京大學 工科大學	古蹟圖譜5권, 2229-2231	통일신라
경주 부근 발견 破瓦	경북 경주	東京大學 工科大學	古蹟圖譜5권, 2259, 2263, 2264, 2270-2272, 2275, 2276, 2279, 2281-2284, 2291, 2295, 2299, 2301, 2307, 2309, 2311, 2321, 2333, 2346, 2348, 2349, 2353, 2361, 2366, 2367, 2374, 2381, 2382, 2399, 2400, 2404, 2405, 2407, 2409, 2410, 2419, 2424, 2435, 2438, 2439, 2442	통일신라
영천 부근 破瓦	경북 영천군	東京大學 工科大學	古蹟圖譜5권, 2350	통일신라
비로사 발견 破瓦	경북 영주군	東京大學 工科大學	古蹟圖譜5권, 2393	통일신라

품명	출토지	소장처 및 소장자	출처	비고
법수사지 발견 破瓦	경북 성주군 가야산	東京大學 工科大學	古蹟圖譜5권, 2444	통일신라
경주 부근 발견 唐草瓦	경북 경주	東京大學 工科大學	古蹟圖譜5권, 2459-2461, 2466, 2473, 2485, 2488, 2490, 2497, 2499, 2501, 2504, 2512, 2514, 2516, 2519, 2524, 2529, 2533, 2544-2546, 2552, 2556, 2561, 2568, 2570, 2571, 2573-2575, 2600, 2601, 2602, 2608, 2612, 2616-2619, 2632, 2644, 2645, 2658, 2664, 2665, 2672	통일신라
법수사지 발견 唐草瓦	경북 성주군 가야산	東京大學 工科大學	古蹟圖譜5권, 2538, 2588, 2589, 2667	통일신라
장연사지 발견 唐草瓦	강원 회양군 금강산	東京大學 工科大學	古蹟圖譜5권, 2668	통일신라
경주 부근 발견 平瓦 및 丸瓦	경북 경주	東京大學 工科大學	古蹟圖譜5권: 2679-2696	통일신라
경주 부근 발견 平瓦	경북 경주	東京大學 工科大學	古蹟圖譜5권: 2697-2700, 2702-2704, 2706-2713, 2717, 2720, 2721, 2723, 2726, 2728	통일신라
법수사지 발견 平瓦	경북 성주군 가야산	東京大學 工科大學	古蹟圖譜5권, 2714	통일신라
만월대 발견 瓦	경기 개성군 송도면	東京大學 工科大學	古蹟圖譜6권: 2745, 2747, 2749, 2752, 2754, 2755, 2758, 2778, 2800, 2817	고려
靑瓷陽刻寶花文혈(접시)		東京大學 工科大學	古蹟圖譜8권, 3487	고려
白瓷陰刻雙魚文盌		東京大學 工科大學	古蹟圖譜8권, 3519	고려
靑瓷象嵌菊花文托盞		東京大學 工科大學	古蹟圖譜8권, 3591	고려
寶相華文塼片	경주	東京大學 工科大學	유리원판Ⅲ, 504-10	
盌	경주 구황동	東京大學 工科大學	유리원판Ⅲ, 505-1	
鴟尾片	경주 망덕사지	東京大學 工科大學	유리원판Ⅲ, 505-4	
唐草文암막새	경주 분황사	東京大學 工科大學	유리원판Ⅲ, 506-4	

품명	출토지	소장처 및 소장자	출처	비고
釉塼, 寶相華文塼		東京大學 工科大學	유리원판Ⅲ, 480-10	
瑞鳥文암막새	영천 신월동 3층석탑 부근	東京大學 工科大學	유리원판Ⅲ, 510-2	
飛天文암막새片	경주 월성	東京大學 工科大學	유리원판Ⅲ, 510-6	
草花文암막새片, 蓮花文암막새片	경주 낭산	東京大學 工科大學	유리원판Ⅲ, 510-8	
鬼面文수막새	개성 만월대	東京大學 工科大學	유리원판Ⅲ, 516-6	
鬼目文수막새	태종무열왕릉 부근	東京大學 工科大學	유리원판Ⅲ, 514-7	
蓮花文수막새	개성 만월대	東京大學 工科大學	유리원판Ⅲ, 516-2	
瓦片	금강산 장연사	東京大學 工科大學	유리원판Ⅲ, 537-3	
鐵劍, 鐵斧, 鐵戈, 土器, 기꽂이, 鐵釘, 鐵器片, 鐙子, 鐵器	옥봉7호분	東京大學 工科大學	유리원판Ⅳ: 700-5, 8, 14, 15, 16, 18	
土器	석악리 석침총	東京大學 工科大學	유리원판Ⅴ, 1146-6	
靑銅盒, 臺附長頸壺, 筒形器臺	수정봉2호분 출토	東京大學 工科大學	유리원판Ⅴ, 60-1, 2, 5	
畵像塼	대동강면	東京大學 工科大學	樂浪遺蹟1927, p270, 圖99	原田叔人이 수개 채집하여 동경대에 기증(p270)
대동강면 고분 발견 부장품	평남 대동군	東京大學 文科大學	古蹟圖譜1권, 67-79	낙랑군
대동강면 고분 발견품	평남 대동군	東京大學 文科大學	古蹟圖譜1권, 80	낙랑군
대동강면 수집 塼	평남 대동군	東京大學 文科大學	古蹟圖譜1권, 89	낙랑군
한왕묘 발견 瓦	평남 강동군 마산면	東京大學 文科大學	古蹟圖譜2권, 439-441	고구려
부여 발견 瓦	충남 부여	東京大學 文科大學	古蹟圖譜3권, 688-690	백제
부여 발견 瓦	충남	東京大學 文科大學	古蹟圖譜3권, 698, 699	백제

품명	출토지	소장처 및 소장자	출처	비고
경주 발견 破瓦	경북 경주	東京大學 文科大學	古蹟圖譜3권, 1344	고신라
銅造彌勒菩薩像		東京大學 文科大學	古蹟圖譜3권, 1372	삼국
고령 수집 勾玉, 小玉	경북 고령군	東京大學 文科大學	古蹟圖譜3권, 793, 794	가야
화엄사 華嚴石經 殘片	전남 구례군 지리산	東京大學 文科大學	古蹟圖譜4권, 1603, 1604	통일신라
坩	경북 경주	東京大學 文科大學	古蹟圖譜5권, 1771	통일신라
경주 북산고분 副葬 陶器	경북 경주	東京大學 文科大學	古蹟圖譜5권, 1814, 1822	통일신라
경주 부근 발견 塼	경북 경주	東京大學 文科大學	古蹟圖譜5권, 2177	통일신라
경주 부근 발견 鴟尾	경북 경주	東京大學 文科大學	古蹟圖譜5권, 2232, 2233	통일신라
경주 부근 발견 破瓦	경북 경주	東京大學 文科大學	古蹟圖譜5권, 2240, 2248, 2253, 2266, 2304, 2322, 2347, 2408, 2413, 2421, 2433, 2434	통일신라
경주 부근 발견 唐草瓦	경북 경주	東京大學 文科大學	古蹟圖譜5권, 2455, 2468, 2476, 2484, 2493, 2547, 2557, 2562, 2564, 2580, 2584, 2595, 2599, 2604, 2615, 2649, 2661-1663, 2666, 2670	통일신라
경주 부근 발견 平瓦	경북 경주	東京大學 文科大學	古蹟圖譜5권, 2701, 2705, 2722, 2725, 2727, 2729	통일신라
崔甫淳墓誌		東京大學 文科大學	古蹟圖譜7권, 3379	고려
金銅半跏思惟像		東京大學 文科大學	유리원판Ⅲ, 458-1	
金環玉類	김해	東京大學 文科大學	青柳南冥1927, p7	
고령발굴 부장품		東京大學 文科大學	青柳南冥1927, p6	
고령고분발굴 토기 6점		東京大學 文科大學	青柳南冥1927, p22	
고령고분발굴 金環 및 玉		東京大學 文科大學	青柳南冥1927, p22	

품명	출토지	소장처 및 소장자	출처	비고
鳥形瓦器	대구	京都大學 人類學教室	古調1919, p276	재부산의 小林이 구입하여 기증
폐 寒松寺白大理石造菩薩像	강원 강릉군	東京帝室博物館	古蹟圖譜5권, 1922	통일신라
銅造釋迦如來立像		東京帝室博物館	古蹟圖譜5권, 2040	통일신라
경주 부근 발견 塼		東京帝室博物館	古蹟圖譜5권, 2165, 2174, 2199	통일신라
경주 부근 발견 唐草瓦		東京帝室博物館	古蹟圖譜5권, 2674	통일신라
圓明國師墓誌		東京帝室博物館	古蹟圖譜7권, 3362	고려
張忠義墓誌		東京帝室博物館	古蹟圖譜7권, 3366	고려
傳 崔광石棺外面剖展		東京帝室博物館	古蹟圖譜7권, 3380	고려
傳 崔광石棺內面剖展		東京帝室博物館	古蹟圖譜7권, 3381	고려
崔광墓誌		東京帝室博物館	古蹟圖譜7권, 3382	고려
素燒素文瓶		東京帝室博物館	古蹟圖譜8권, 3403-3406	고려
靑瓷素文瓶		東京帝室博物館	古蹟圖譜8권, 3419	고려
靑瓷陰刻牧丹芙蓉文水柱		東京帝室博物館	古蹟圖譜8권, 3442	고려
靑瓷陽刻蓮塘草文水柱		東京帝室博物館	古蹟圖譜8권, 3443	고려
靑瓷陽刻瓢形水柱		東京帝室博物館	古蹟圖譜8권, 3449	고려
靑瓷鰲形水柱		東京帝室博物館	古蹟圖譜8권, 3455	고려
白磁陰刻雙魚文盌		東京帝室博物館	古蹟圖譜8권, 3519	고려
靑瓷象嵌蝶鳥菊花文盌		東京帝室博物館	古蹟圖譜8권, 3573	고려
靑瓷象嵌雲峰文盌		東京帝室博物館	古蹟圖譜8권, 3582	고려

품명	출토지	소장처 및 소장자	출처	비고
青瓷象嵌葡萄菊花文盌		東京帝室博物館	古蹟圖譜8권, 3588	고려
青瓷象嵌菊花文托盞		東京帝室博物館	古蹟圖譜8권, 3590	고려
青瓷象嵌蓮花文瓢形水柱		東京帝室博物館	古蹟圖譜8권, 3609	고려
懸鏡		東京帝室博物館	古蹟圖譜9권, 3999	고려
小佛龕 및 內容佛像		東京帝室博物館	古蹟圖譜9권, 4272	고려
多紐細文鏡	경주입실리	東京帝室博物館	梅原1947, p80, 圖版214	1940년경 출토
迦陵頻伽文平瓦	창림사지	東京帝室博物館	濱田1934, 圖版2-39	
蓮花紋圓瓦	보문사지	東京帝室博物館	濱田1934, 圖版3-31	
禽獸紋圓瓦	천은사지	東京帝室博物館	濱田1934, 圖版17-254	
元始四年銘漆耳杯	석암리201호분 출토	東京帝室博物館	유리원판IV: 699-3	1931년 조사
瑞鳥文암막새	경주 천군리	東京帝室博物館	유리원판Ⅰ, 290510	新羅藝術展 出品
青磁陽刻唐草文水注		東京帝室博物館	野守健1944, p67, 揷圖61-1	
延熹七年獸鈕獸首鏡	평양부근	東京帝室博物館	梅原1959, p6, 圖版137	1932년 출토
長銘三島平鉢		東京帝室博物館	陶磁7-2, 圖版2	
新羅綠釉托盞		東京帝室博物館	陶磁10-5	
新羅綠釉盌		東京帝室博物館	陶磁10-5	
瑞鳥文암막새	경주 천군리	東京帝室博物館	유리원판Ⅲ, 506-6	新羅藝術展 出品
集畵花鳥帖		東京帝室博物館	名畵展覽會1931	
諸尊集會圖		東京帝室博物館	名畵展覽會1931	조선 초기 작

품명	출토지	소장처 및 소장자	출처	비고
朝鮮國全圖		東北大學	古地圖展觀1932	
青瓷陰刻蓮花文瓶		大倉集古館	古蹟圖譜8권, 3438	1923년 9월 1일 대지진시 燒燬
青瓷陰刻蓮唐草文淨瓶		大倉集古館	古蹟圖譜8권, 3440	1923년 9월 1일 대지진시 燒燬
青瓷陽刻瓢形水柱		大倉集古館	古蹟圖譜8권, 3448	1923년 9월 1일 대지진시 燒燬
青瓷陽刻蛟龍波濤文瓢形水柱		大倉集古館	古蹟圖譜8권, 3451	1923년 9월 1일 대지진시 燒燬
白瓷陽刻飛鴻草花文合子		大倉集古館	古蹟圖譜8권, 3546	1923년 9월 1일 대지진시 燒燬
青瓷象嵌菊牧丹唐草文瓢形水柱		大倉集古館	古蹟圖譜8권, 3603	1923년 9월 1일 대지진시 燒燬
青瓷象嵌菊花文水柱		大倉集古館	古蹟圖譜8권, 3620	1923년 9월 1일 대지진시 燒燬
青瓷象嵌菊花文瓶		大倉集古館	古蹟圖譜8권, 3630	1923년 9월 1일 대지진시 燒燬
青瓷象嵌牧丹文瓶		大倉集古館	古蹟圖譜8권, 3631	1923년 9월 1일 대지진시 燒燬
青瓷象嵌七寶菊花文合子		大倉集古館	古蹟圖譜8권, 3654	1923년 9월 1일 대지진시 燒燬
青瓷象嵌陽刻蓮花文油壺		大倉集古館	古蹟圖譜8권, 3674	1923년 9월 1일 대지진시 燒燬
青瓷象嵌菊花雲鶴文蓋盌		大倉集古館	古蹟圖譜8권, 3676	1923년 9월 1일 대지진시 燒燬
灰黃釉下繪草花文瓶		大倉集古館	8古蹟圖譜권, 3698	1923년 9월 1일 대지진시 燒燬
灰黃釉下繪草花文水注		大倉集古館	古蹟圖譜8권, 3705	1923년 9월 1일 대지진시 燒燬
花鳥圖(筆者不詳)		大倉集古館	古蹟圖譜14권, 5994	1923년 9월 1일 대지진시 燒燬
阿彌陀如來會圖(筆者不詳)		大倉集古館	古蹟圖譜14권, 6060	1923년 9월 1일 대지진시 燒燬
繪高麗辛酉銘草花文水注		大倉集古館	陶磁12-1, p7, 8圖	
繪高麗辛酉銘草花文水注		大倉集古館	野守健1944, p89, 插圖81	
繪高麗辛酉銘草花文水注		大倉集古館	陶磁12-1, p7, 8圖	
唐草紋平瓦	천군리사지	大阪金太郎	濱田1934, 圖版42-634	

품명	출토지	소장처 및 소장자	출처	비고
고려청자상감국화문수주		大阪市立美術館	年鑑1940, p123	
고려청백자각문병		大阪市立美術館	年鑑1940, p123	
鐵砂草文茶碗		日本民藝館	田中1942, 圖版69	
染附獸禽圖大鉢		日本民藝館	田中1942, 圖版70	
白磁面取祭器		日本民藝館	田中1942, 圖版94	
染附挑形水滴		日本民藝館	田中1942, 圖版105	
染附竹文水滴		日本民藝館	田中1942, 圖版109	
染附家形水滴		日本民藝館	田中1942, 圖版113	淺川巧 舊藏
白磁蛙形水滴		日本民藝館	田中1942, 圖版124	
染附扇面水滴		日本民藝館	田中1942, 圖版115	
白磁盌		加藤觀覺[10]	古蹟圖譜15권, 6293	조선
白磁玄銘접시		加藤灌覺	유리원판Ⅱ, 340623	
水月觀音圖		岡崎正也	年鑑1939, p138	동경제실박물관 회화 진열
靑磁瓜形硯滴		岡石峯吉	유리원판Ⅱ, 420067	대구제빙회사 중역
粉靑沙器象嵌花鳥文瓶		岡石峯吉	유리원판Ⅱ, 420069	
粉靑沙器象嵌蓮池文龍頭注口扁瓶		岡石峯吉	유리원판Ⅱ, 420070	
白磁硯		岡石峯吉	유리원판Ⅱ, 420071	
細形銅劍	선산 출토	岡石峯吉	유리원판Ⅱ, 330286	대구 재주
坩 및 盌		岡野珎	古蹟圖譜5권, 1743	우편소장
坩 및 盌		岡野珎	古蹟圖譜5권, 1800	통일신라
銅造釋迦如來立像		岡野珎	古蹟圖譜5권, 2111	통일신라
辰砂菊唐草面取壺		岡田久次郎	田中1942, 圖版38	
鐵砂文字壺		岡田久次郎	田中1942, 圖版62	
圓頓成佛論	高麗 知訥 著	江田俊雄(중앙불교전문학교교수)	佛敎典籍1934	朝鮮 宣祖37年, 경남 能仁庵 刊
禪源集都序着柄別行錄		江田俊雄	佛敎典籍1934	영조12년, 경상도 長水寺 간
禪門寶藏錄	고려 保庵 撰	江田俊雄	佛敎典籍1934	중종26년
禪家龜鑑	休靜 저	江田俊雄	佛敎典籍1934	선조38년, 경상도 圓寂寺 간

품명	출토지	소장처 및 소장자	출처	비고
諸般文		江田俊雄	佛敎典籍1934	숙종20년, 전북 金山寺 간
金剛經		江田俊雄	佛敎典籍1934	세종7년, 전라도 花岩寺 간
華嚴經解	남송 戒環 解	江田俊雄	佛敎典籍1934	선조5년, 전라도 無爲寺 간
華嚴經疎	송 淨源	江田俊雄	佛敎典籍1934	현종2년, 경상도 靈覺寺 간
大寶積經(紙黃銀泥)		江田俊雄	佛敎典籍1934	
阿彌陀經		江田俊雄	佛敎典籍1934	영조29년, 팔공산 東華寺 간
地藏經諺解		江田俊雄	佛敎典籍1934	영조41년, 경기도 종남산 藥師殿 간
千手千眼觀自在菩薩大慈大悲心陀羅尼		江田俊雄	佛敎典籍1934	성종7년
大歲經		江田俊雄	佛敎典籍1934	효종8년
百濟陶器	공주	輕部慈恩	輕部1946, 圖版31	
百濟陶器	공주	輕部慈恩	輕部1946, 圖版32	
百濟古瓦	1932년 대통사지	輕部慈恩	輕部1946, 圖版33	
百濟古瓦	신원사	輕部慈恩	輕部1946, 圖版34	
百濟古瓦		輕部慈恩	輕部1946, 圖版35-2,3,4	
百濟古瓦	공주	輕部慈恩	輕部1946, 圖版36	
百濟古瓦	익산미륵사	輕部慈恩	輕部1946, 圖版37	
百濟塼	공주	輕部慈恩	輕部1946, 圖版39, 40, 41	
百濟瓦	부여	輕部慈恩	輕部1946, p107, 圖47-1,2,5,6	
百濟瓦	공주	輕部慈恩	輕部1946, p107, 圖47-3,4,7,8	
百濟瓦	공주 대통사지	輕部慈恩	輕部1946, p213, 圖48-1	
百濟瓦	공주 신영리 폐사지	輕部慈恩	輕部1946, p213, 圖48-2	
백제 棰先飾瓦	공주	輕部慈恩	輕部1946, p220, 圖49-2,4,5,6	
古瓦	공주 신원사	輕部慈恩	濱田1934, 圖10-3	
古瓦 2점	공주 남혈사지	輕部慈恩	濱田1934, 圖10-3	

품명	출토지	소장처 및 소장자	출처	비고
古瓦 2점	공주 대통사지	輕部慈恩	濱田1934, 圖10-3	
古瓦	공주 송산리 동록	輕部慈恩	濱田1934, 圖10-3	
古瓦	공주산성지	輕部慈恩	濱田1934, 圖10-3	
古瓦	공주	輕部慈恩	濱田1934, 圖10-3	
古瓦	舟尾寺址	輕部慈恩	濱田1934, 圖10-3	
금동협시보살상(고 5.7센치)	부여 규암면	輕部慈恩	輕部1946, 圖版12	1930년 부여 규암면 내리에서 출토
금동보살상(고 18.2센치)	공주	輕部慈恩	輕部1946, 圖版19-1	1931년 공주군 목동면 부근에서 출토
鐎斗	공주 공산성지	輕部慈恩	輕部1946, 圖版22-3	
金銅製鳳凰形把手		輕部慈恩	輕部1946, 圖版23	
金銅製金具 2점		輕部慈恩	輕部1946, 圖版24	
百濟裝身具	공주부근	輕部慈恩	輕部1946, 圖版27	
百濟陶器坩臺	공주	輕部慈恩	輕部1946, 圖版29	
銅造藥師如來立像		岡倉一雄	古蹟圖譜5권, 2018	통일신라
唐草紋平瓦	사천왕사지	高橋	濱田1934, 圖版40-534	
江南雨後圖(李義養 筆)		高橋濱吉[11]	古蹟圖譜14권, 5993	조선
山水圖	李義養 筆	高橋寅吉	關野貞1942, p203, 名畫展覽會 1931	
染附野菊文爪形文壺		高橋友治郎	田中1942, 圖版18	
圓頓成佛論	高麗 知訥 著	高橋亨[12]	佛敎典籍1934	仁祖4년, 전라도 天冠寺 간
禪宗永嘉集	조선 得通 編	高橋亨	佛敎典籍1934	선조5년
佛祖傳心西天宗派旨要 (寫本)	指空 撰	高橋亨	佛敎典籍1934	
金剛經五家解	得通 編	高橋亨	佛敎典籍1934	숙종5~7년, 경상도 雲興寺 간
涵虛堂集	休靜 저	高橋亨	佛敎典籍1934	세종21년
懶庵雜著	普雨 저	高橋亨	佛敎典籍1934	선조6년
碧松堂集	智嚴 저	高橋亨	佛敎典籍1934	숙종19년, 울산 雲興寺 刊

품명	출토지	소장처 및 소장자	출처	비고
四溟集	惟政 저	高橋亨	佛敎典籍1934	광해군4년
靑梅集	印悟 저	高橋亨	佛敎典籍1934	인조9년
逍遙集	太能 저	高橋亨	佛敎典籍1934	정조19년
天鏡集	梅源, 志安 저	高橋亨	佛敎典籍1934	영조27년, 안변 釋王寺 간
黙庵集		高橋亨	佛敎典籍1934	정조25년
栢庵集	性聰 저	高橋亨	佛敎典籍1934	
釋門喪義抄	釋覺性 편	高橋亨	佛敎典籍1934	효종8년, 澄光寺 간
三島手瓶	공주 옥룡리	高木	古調1929, p22, 圖8-2	
繪三島瓶	공주	高木	古調1929, 圖版57-2	
染附虎文壺		古屋芳雄	田中1942, 圖版11	
朝鮮古代樂器 碧玉簫		高田德彌	東洋美術展1915	가격 1만원
高杯	경북 경주	谷井濟一	古蹟圖譜3권, 1250, 1251, 1253	고신라
脚附 蓋盌	경북 경주	谷井濟一	古蹟圖譜3권, 1272, 1273	고신라
飾附 坩	경북 경주	谷井濟一	古蹟圖譜3권, 1301	고신라
脚附 坩	경북 경주	谷井濟一	古蹟圖譜3권, 1323	고신라
瓶	경북 경주	谷井濟一	古蹟圖譜3권, 1334, 1335	고신라
甕	경북 경주	谷井濟一	古蹟圖譜3권, 1341, 1342	고신라
坩 및 埦	경북 경주	谷井濟一	古蹟圖譜5권, 1738	통일신라
銅造釋迦如來立像	경북 경주	谷井濟一	古蹟圖譜5권, 2045	통일신라
懸鏡	경북 경주	谷井濟一	古蹟圖譜9권, 3998, 4000	고려
雲板形懸鏡	경북 경주	谷井濟一	古蹟圖譜9권, 4003, 4004	고려
長柄懸鏡	경북 경주	谷井濟一	古蹟圖譜9권, 4006	고려
瓶		谷井濟一	유리원판Ⅲ, 349-5	
大甕, 有孔小壺, 瓶		谷井濟一	유리원판Ⅲ, 349-6	
染附秋草手面取瓶		谷眞次	田中1942, 圖版28	
銅劍	대동강면	關口䥄[13]	古調1925, p104	
異式方格丁字鏡	대동강면	關口䥄	古調1925, 부록도판56-2	
銅劍	대동강면	關口䥄	古調1925, 부록도판55-2	
'朝鮮右尉'封泥[14]	평양	關口䥄	樂浪遺蹟1927, p30	
內行花文長宜子孫鏡	낙랑고분	關口䥄	樂浪遺蹟1927, p306, 圖168	
內行花文長宜子孫鏡	낙랑고분	關口䥄	樂浪遺蹟1927, p308, 圖171	
龍虎宜子孫鏡	낙랑고분	關口䥄	樂浪遺蹟1927, p326, 圖194	

품명	출토지	소장처 및 소장자	출처	비고
壺		關口芉	樂浪遺蹟1925, 圖版1228	
綠釉陶杯		關口芉	樂浪遺蹟1925, 圖版1241	
內行花文長宜子孫鏡		關口芉	樂浪遺蹟1925, 圖版1255,	
內行花文長宜子孫鏡		關口芉	樂浪遺蹟1925, 圖版1263	
內行花文宜君任官鏡		關口芉	樂浪遺蹟1925, 圖版1264	
內行花文君長宜官鏡		關口芉	樂浪遺蹟1925, 圖版1265	
內行花文長宜子孫鏡		關口芉	樂浪遺蹟1925, 圖版1273	
內行花文鏡		關口芉	樂浪遺蹟1925, 圖版1275	
內行花文雲氣鏡		關口芉	樂浪遺蹟1925, 圖版1289	
四乳飛禽鏡		關口芉	樂浪遺蹟1925, 圖版1290	
八乳向方鏡		關口芉	樂浪遺蹟1925, 圖版1299	
四乳鏡		關口芉	樂浪遺蹟1925, 圖版1303	
四乳四出鏡		關口芉	樂浪遺蹟1925, 圖版1304	
龍虎錢文鏡		關口芉	樂浪遺蹟1925, 圖版1309	
龍虎鏡		關口芉	樂浪遺蹟1925, 圖版1310	
四乳四仙鏡		關口芉	樂浪遺蹟1925, 圖版1321	
四乳神獸鏡 4면		關口芉	樂浪遺蹟1925, 圖版1313. 1314, 1315, 1323	
四乳禽獸鏡 2면		關口芉	樂浪遺蹟1925, 圖版1326, 1327	
六乳仙獸向方鏡		關口芉	樂浪遺蹟1925, 圖版1330	
四乳唐草鏡		關口芉	樂浪遺蹟1925, 圖版1334	
半圓半格栗文鏡		關口芉	樂浪遺蹟1925, 圖版1333	
銅劍 2점	대동강면	關口芉	樂浪遺蹟1925, 圖版841, 844	
內行花文鏡		關口芉	유리원판Ⅰ, 130931	
內行花文長宜子孫鏡	대동강면	關口芉	유리원판Ⅰ, 130931	
銅造毘盧舍那佛坐像		關野貞	古蹟圖譜5권, 2011	통일신라
銅造釋迦如來立像		關野貞	古蹟圖譜5권, 2014, 2049, 2055, 2059, 2091	통일신라
銅造菩薩立像		關野貞	古蹟圖譜7권, 3211	고려
銅造菩薩坐像		關野貞	古蹟圖譜7권, 3213	고려
靑瓷象嵌庚午銘雲鶴文盌		關野貞	古蹟圖譜8권, 3558	고려

품명	출토지	소장처 및 소장자	출처	비고
青瓷象嵌壬申銘柳蘆水禽文盌		關野貞	古蹟圖譜8권, 3560	고려
青瓷象嵌壬申銘雲鶴文盌		關野貞	古蹟圖譜8권, 3561	고려
青瓷象嵌己巳銘柳蘆水禽文盌		關野貞	古蹟圖譜8권, 3562	고려
青瓷象嵌甲戌銘柳蘆水禽文盌		關野貞	古蹟圖譜8권, 3563	고려
青瓷象嵌己巳銘菊花文八角䁥(접시)		關野貞	古蹟圖譜8권, 3564	고려
青瓷象嵌庚午銘菊花文八角䁥(접시)		關野貞	古蹟圖譜8권, 3565	고려
青瓷象嵌癸酉銘菊花文八角䁥		關野貞	古蹟圖譜8권, 3566	고려
青瓷象嵌菊花文盒子		關野貞	古蹟圖譜8권, 3553	고려
翼龍八稜鏡		關野貞	古蹟圖譜9권, 3845	고려
雙鸚文鏡		關野貞	古蹟圖譜9권, 3855	고려
菊花葉帶文鏡		關野貞	古蹟圖譜9권, 3907	고려
草花文鏡		關野貞	古蹟圖譜9권, 3908	고려
青磁象嵌庚午銘八角접시		關野貞	유리원판Ⅲ, 552-7	
青磁象嵌己巳銘접시		關野貞	유리원판Ⅲ, 557-1	
青磁象嵌唐草文접시		關野貞	유리원판Ⅲ, 557-15	
青磁象嵌雲鶴文壬申銘대접		關野貞	유리원판Ⅲ, 566-12	
染附蘭文壺		谷村敬介	田中1942, 圖版7	
대방태수장무이묘 전곽 소용 塼	황해 봉산군 문정면	工藤壯平[15]	古蹟圖譜1권, 142	대방군
迦陵頻伽文圓瓦	보문사지	光成勝一[16]	濱田1934, 圖33	
迦陵頻伽文圓瓦	삼랑사지	光成勝一	濱田1934, 圖33	
迦陵頻伽文圓瓦	임해전지	光成勝一	濱田1934, 圖33	
迦陵頻伽文平瓦	임해전지	光成勝一	濱田1934, 圖35	
迦陵頻伽文平瓦	인왕리	光成勝一	濱田1934, 圖35	
迦陵頻伽文平瓦	고선사지	光成勝一	濱田1934, 濱田1934, 圖35	
蓮花紋圓瓦	경주부근	光成勝一	圖版10-135	
蓮花紋圓瓦	보문사지	光成勝一	濱田1934, 圖版13-207	
蓮花紋圓瓦	임해전지	光成勝一	濱田1934, 圖版14-209	
楕圓瓦當	임해전지	光成勝一	濱田1934, 圖版18-255	

품명	출토지	소장처 및 소장자	출처	비고
蓮花文수막새	경주 안압지	光成勝一	유리원판Ⅰ, 290617	新羅藝術展 出品
蓮花文수막새 2점	경주 남산리	光成勝一	유리원판Ⅰ, 290620, 290622	新羅藝術展 出品
三郎寺陽刻平瓦	삼랑사	光成勝一	大坂1931, p83	
辰砂葡萄文壺		廣田松繁	田中1942, 圖版35	靑山民吉 舊藏
朝鮮鐵繪文深鉢		廣田熙	陶磁11-3, p30,圖版 5	
朝鮮鐵繪文深鉢		廣田熙	陶磁11-3, p30,圖版 5	
白磁鐵繪鳥形水滴		廣田熙	陶磁10-2, 圖版3-2	
銅器	대동강면	橋都芳樹	古調1925, 도판41-5,6	
飾柄附銅劍	대동강면	橋都芳樹	古調1925, 부록도판64-2	
七乳禽獸內行花文鏡	낙랑고분	橋都芳樹	樂浪遺蹟1927, p338, 圖195	
銅矛		橋都芳樹	樂浪遺蹟1927, p350, 圖205	
內行花文長宜子孫鏡	낙랑고분	橋都芳樹	樂浪遺蹟1927, p308, 圖172	
內行花文雲氣鏡	낙랑고분	橋都芳樹	樂浪遺蹟1927, p316, 圖181	
四乳飛鳳鏡	낙랑고분	橋都芳樹	樂浪遺蹟1927, p316, 圖182	
舞鳳鏡	낙랑고분	橋都芳樹	樂浪遺蹟1927, p316, 圖184	
玭		橋都芳樹	樂浪遺蹟1927, p358, 圖223	
金銅有蓋箭頭金物		橋都芳樹	樂浪遺蹟1927, p364, 도238	
銅製無蓋箭頭金物		橋都芳樹	樂浪遺蹟1927, p364, 도239	
金銅馬面殘片		橋都芳樹	樂浪遺蹟1927, p366, 도240	
銅轡		橋都芳樹	樂浪遺蹟1927, p368, 도243	
金銅車軸頭		橋都芳樹	樂浪遺蹟1927, p368, 도244	
鈴頭飾金具		橋都芳樹	樂浪遺蹟1927, p368, 도245	
鳥首杖頭		橋都芳樹	樂浪遺蹟1927, p374, 도258	
金銅鳳形飾金具		橋都芳樹	樂浪遺蹟1927, p374, 도259	
双耳壺		橋都芳樹	樂浪遺蹟1925, 圖版1233	
內行花文長宜子孫鏡 5면		橋都芳樹	樂浪遺蹟1925, 圖版1253, 1254, 1256, 1257	
內行花文綠長宜子鏡		橋都芳樹	樂浪遺蹟1925, 圖版1262	
內行花文長生宜子孫鏡 2면		橋都芳樹	樂浪遺蹟1925, 圖版1269, 1270	
內行花文位至三公鏡		橋都芳樹	樂浪遺蹟1925, 圖版1271	
內行花文長宜子孫鏡		橋都芳樹	樂浪遺蹟1925, 圖版1274	
內行花文綠八鳳長宜子孫鏡		橋都芳樹	樂浪遺蹟1925, 圖版1284	
內行花文四鳳長宜子孫鏡		橋都芳樹	樂浪遺蹟1925, 圖版1287	

품명	출토지	소장처 및 소장자	출처	비고
內行花文四鳳君宜高官鏡		橋都芳樹	樂浪遺蹟1925, 圖版1288	
七乳禽獸鏡		橋都芳樹	樂浪遺蹟1925, 圖版1329	
四乳龍鳳車馬人物鏡		橋都芳樹	樂浪遺蹟1925, 圖版1318	
銅鐸 2점	낙랑유적	橋都芳樹	八田1934, p128	
畵像文銅盤	평양부근	橋都芳樹	梅原1948, p23, 圖版13	
樂浪 花紋位至三公鏡	대동강면	橋都芳樹	유리원판Ⅰ, 250268	
樂浪 內行花紋長宜子孫鏡	대동강면	橋都芳樹	유리원판Ⅰ, 250270	
樂浪 耳杯, 銅製皿	대동강면	橋都芳樹	유리원판Ⅰ, 250274	
樂浪 銅鐓, 耳璫 其他	대동강면	橋都芳樹	유리원판Ⅰ, 250277	
樂浪 弩機	대동강면	橋都芳樹	유리원판Ⅰ, 250278	
樂浪靑銅製劍把頭飾	대동강면	橋都芳樹	유리원판Ⅰ, 250279	
樂浪 明刀錢	대동강면	橋都芳樹	유리원판Ⅰ, 250280	
樂浪鏡 6점	대동강면	橋都芳樹	유리원판Ⅱ, 250055~250063	
樂浪鏡 8점		橋都芳樹	유리원판Ⅱ, 250001~250008	
金銅獸面飾飾金具		橋都芳樹	梅原1959, p35, 圖版325	
巴瓦	평양	橋都芳樹	高句麗遺蹟1929, 圖版245	
漆盤殘缺	평양	橋都芳樹		1923,4년경, 낙랑고분 출토, 橋都芳樹의 소장으로 평양박물관에 진열되었다가 동경미술학교 소장으로 돌아갔다.[17]
靑磁雙獅子枕		宮崎保一[18]	유리원판Ⅱ, 420034	군산 재주
靑磁龜飾香爐		宮崎保一	유리원판Ⅱ, 420037	
靑磁象嵌菊牧丹文注子		宮崎保一	유리원판Ⅱ, 420038	
靑磁蓮唐草文注子		宮崎保一	유리원판Ⅱ, 420039	
靑磁象嵌童子葡萄唐草文瓶		宮崎保一	유리원판Ⅱ, 420041	
靑磁象嵌菊文盒		宮崎保一	유리원판Ⅱ, 420044	
粉靑沙器象嵌雲鶴龍文瓶 등 粉靑沙器 6점		宮崎保一	유리원판Ⅱ, 420045~420050	
靑華白磁山水文角形注子		宮崎保一	유리원판Ⅱ, 420051	
靑磁陽刻廷銘蓮花文香爐		宮崎保一	野守健1944, p109, 挿圖100	
靑華白磁長生文扁瓶		港佐吉	유리원판Ⅱ, 340526	서울 재주
鐵砂草文壺		貴志良雄	田中1942, 圖版56	

품명	출토지	소장처 및 소장자	출처	비고
高麗靑磁四耳香爐		根津美術館	陶磁13-4	일본중요미술품
吳器(銘: 紅葉)		根津嘉一郎	古蹟圖譜15권, 6277	조선
白磁陽刻松鹿文筆筒		今本義胤[19]	古蹟圖譜15권, 6316	조선
白磁陽刻松鶴文筆筒		今本義胤	유리원판Ⅱ, 340535	
太寧五年銘塼	황해도 용문면	今西春秋	古調1938-1, p6	
飜譯名義集	法雲 編	今西春秋	活字展觀1931	조선 木活字
新增東國輿地勝覽	盧思愼 等	今西春秋	古地圖展觀1932	중종25년 改輯本
染附梅花黃鳥文壺		吉野喬一	田中1942, 圖版9	
鐵繪草葉文壺		吉田重孝	古蹟圖譜15권, 6376	철도국 서기
染付人物文壺		吉田重孝	古蹟圖譜15권, 6401	
染付竹禽文水柱		吉田重孝	古蹟圖譜15권, 6444	
白磁鐵畵草葉文壺		吉田重孝	유리원판Ⅱ, 340516	경성 재주
靑華白磁人物文壺		吉田重孝	유리원판Ⅱ, 340517	
靑華白磁竹鳥文注子		吉田重孝	유리원판Ⅱ, 340518	
金銅製舍利盒		吉田	유리원판Ⅱ, 330289	
塔形舍利盒, 琉璃製舍利甁		吉田	유리원판Ⅱ, 330291	
壺		吉川輝次郎	樂浪遺蹟1925, 圖版1219, 1220	
双耳壺		吉竹文野	樂浪遺蹟1925, 圖版1221	평양고등여학교 교유
鑲頭銅刀子	평양부근	吉田永三郎[20]	梅原1948, p55, 圖版81	
朝鮮唐津茶盌		內貴淸兵衛	年鑑1939, p175	선경직물회사 중역
白磁面取壺		內藤匡	田中1942, 圖版78	
染附草文壺		內藤定一郎[21]	田中1942, 圖版6	
象嵌草花文甁		內藤定一郎	年鑑1941`	소화15년도조서 보물고적지정
粉靑沙器象嵌牧丹唐草文梅甁		內藤定一郎	유리원판Ⅱ, 390255	영대박물관 보물 239호
白磁鐵畵梅竹文壺		內藤定一郎	유리원판Ⅱ, 390256	
靑磁象嵌菊花文筒盞		內藤定一郎	유리원판Ⅱ, 420112	
靑磁象嵌詩銘甁 등 靑磁 4점		內藤定一郎	유리원판Ⅱ, 420113~420116	
粉靑沙器귀얄文鉢 등 朝鮮磁器 18점		內藤定一郎	유리원판Ⅱ, 420117~420134	

품명	출토지	소장처 및 소장자	출처	비고
靑華白磁銅彩桃文접시[22]		內藤定一郎	유리원판Ⅱ, 430208	
靑磁象嵌菊花雲鶴文壺		內藤定一郎	유리원판Ⅱ, 430209	현 일본 개인
象嵌三島草花文瓶		內藤定一郎	陶磁11-4, p28	1939년 11월 寶物로 지정
靑磁陽刻孝文銘蓮花文瓶		內藤定一郎	野守健1944, p93, 揷圖85	
白磁瓜形水注	용매도 출토	內藤定一郎	奧平武彦1937, p3	
繪刷毛目鉢	계룡산	內山省三[23]	陶磁5-4, 揷圖2	
染附山水圖壺		內山愛子	田中1942, 圖版3	
鐵砂巴文壺		內山愛子	田中1942, 圖版59	
白磁盛上竹文盒子		內山愛子	田中1942, 圖版83	柳宗悅 舊藏
傳 경주군 발견 槍, 大刀, 刀	경북 경주	內田良平	古蹟圖譜3권, 1230, 1231	黑龍會의 통솔자
封泥 2점	대동강면	樂浪號	유리원판Ⅰ, 300422, 300424	골동상점
銅鉾	대동강면	多田春臣	古調1925, 부록도판64-3	
狹奉銅鉾	대동강면	多田春臣	古調1925, 부록도판67-2	
六乳禽獸鏡	낙랑고분	多田春臣	樂浪遺蹟1927, p338, 圖197	
銅矛		多田春臣	樂浪遺蹟1927, p352, 圖207	
銅鋺		多田春臣	樂浪遺蹟1927, p370, 도247	
雙耳壺		多田春臣	樂浪遺蹟1927, p372, 도253	
鳩首杖頭		多田春臣	樂浪遺蹟1927, p374, 도256	
獸環 2개		多田春臣	樂浪遺蹟1927, p378, 도263	
釜		多田春臣	樂浪遺蹟1925, 圖版1232	
双耳壺		多田春臣	樂浪遺蹟1925, 圖版1234	
漆杯		多田春臣	樂浪遺蹟1927, p392, 도283	
壺		多田春臣	樂浪遺蹟1925, 圖版1229	
內行花文十二星鏡		多田春臣	樂浪遺蹟1925, 圖版1280	
內行花文綠八鳳長宜子孫鏡		多田春臣	樂浪遺蹟1925, 圖版1285	
四出鏡		多田春臣	樂浪遺蹟1925, 圖版1305	
六乳禽獸宜子孫鏡		多田春臣	樂浪遺蹟1925, 圖版1322	
四乳神獸鏡		多田春臣	樂浪遺蹟1925, 圖版1325	
四乳仙獸鏡		多田春臣	樂浪遺蹟1925, 圖版1328	
樂浪鏡 5점	대동강면	多田春臣	유리원판Ⅱ, 250064~250068	
낙랑 銅盤	대동강면	多田春臣	유리원판Ⅱ, 250070	
樂浪鏡 2개	대동강면	多田春臣	유리원판Ⅰ, 250208, 250209	

품명	출토지	소장처 및 소장자	출처	비고
樂浪銅釜	대동강면	多田春臣	유리원판Ⅰ, 250219	
樂浪銅鉾	대동강면	多田春臣	유리원판Ⅰ, 250214	
兩耳附銅壺 및 匙	대동강면	多田春臣	古調1925, p10, 도판40	
內行花文八鳳士至三公鏡	낙랑고분	多田春臣	樂浪遺蹟1927, p314, 圖180	
染附野草文角甁		多田平五郎	田中1942, 圖版22	
辰砂竹文壺		多田平五郎	田中1942, 圖版34	
井戶茶碗		團伊能	陶磁10-5	重要美術品
신라시대불상 2체		大岡力	大觀1910	
釋迦牟尼佛像(신라)		大岡力	大觀1910	
조선시대 筆筒		大岡力	大觀1910	
大東輿地圖	金正浩	大谷勝眞[24]	古地圖展觀1932	1861년
黑高麗白花文水注		大橋直之助	陶磁6-6, 圖版5-a	
染附辰砂鳥文水滴		大久保久三	田中1942, 圖版111	
染附梅花文水滴		大久保久三	田中1942, 圖版117	
白磁水鳥水滴		大久保久三	田中1942, 圖版125	
馬鐸	입실리 출토	大坂	古調1925, 부록도판32-2	
昌林寺銘平瓦	경주	大坂金太郞[25]	大坂1931	
銅製馬鐸	경주 입실리	大坂金太郞	梅原1947, p44	1920년 발견
無文土器深鉢	경주	大坂金太郞	유리원판Ⅰ, 240169	
新羅甑	흥륜사지	大和田	圖版63-1020	
蓮花文塼	경주 흥륜사지	大和田	유리원판Ⅰ, 290558	新羅藝術展 出品
細形銅劍	충남 아산	大和興次郞	古調1925, 부록도판43-2	경성가축회사 중역
風竹圖(李霆 筆)		德光美福[26]	古蹟圖譜14권, 5885	조선
夏景山水圖(鄭敾 筆)		德光美福	古蹟圖譜14권, 5928	조선
春景山水圖(鄭敾 筆)		德光美福	古蹟圖譜14권, 5929	조선
山市晴嵐圖(沈師正 筆)		德光美福	古蹟圖譜14권, 5951	조선
黑竹圖(申緯 筆)		德光美福	古蹟圖譜14권, 5994	조선
花下游魚圖(趙廷奎 筆)		德光美福	古蹟圖譜14권, 6005	조선
墨竹圖(金瑛 筆)		德光美福	古蹟圖譜14권, 6044	조선
象嵌三島文字入(天)皿		德光美福	古蹟圖譜15권, 6209	조선
墨竹圖	申緯 筆	德光美福	유리원판Ⅳ, 638-10	
山市晴嵐圖	沈師正 筆	德光美福	유리원판Ⅱ, 330019	

품명	출토지	소장처 및 소장자	출처	비고
粉青沙器印花文夫銘접시		德光美福	유리원판Ⅱ, 340527	서울 재주
白磁透刻硯滴		德力新太郎	유리원판Ⅱ, 340497	경성 재주, 日韓書店 지배인
三島刷毛目茶碗		德川家達	陶磁10-5	일본 귀족원 의장
完州三奇里石燈	전북 옥구군 개정면 발산	島谷八十吉27)	年鑑1941	소화15년도조서 보물고적지정
靑華白磁牧丹文壺		島谷八十吉	유리원판Ⅱ, 420053	옥구 재주
繪三島甁	공주	渡邊定一郎28)	古調1929, 圖版55-1	
樂浪鏡	대동강면	藤野	유리원판Ⅱ, 250079	
樂浪銅劍	대동강면	藤野	유리원판Ⅰ, 250322	
細形銅劍片	대동강면	藤野	古調1925, 부록도판68-1	
粉青沙器귀알문대접		藤田玄明	유리원판Ⅱ, 340492	경성 재주
把手附壺	경주	渡理文哉	유리원판Ⅰ, 240161	
鐵砂竹文壺		島木健作	田中1942, 圖版50	문인
器臺		稻本新臣29)	유리원판Ⅲ, 348-15	
盤形坩臺	경북 경주	浴本新臣	古蹟圖譜3권, 1312	고신라
八乳鏡	낙랑고분	稻葉善之助30)	樂浪遺蹟1927, p326, 圖191	
四乳鏡	낙랑고분	稻葉善之助	樂浪遺蹟1927, p326, 圖193	
法華靈驗傳		稻葉岩吉31)	佛敎典籍1934	중종29년, 전라도 文殊寺 간
天台四敎儀集解	송 從義	稻葉岩吉	佛敎典籍1934	고려 충숙왕원년
禪林寶訓		稻葉岩吉	佛敎典籍1934	고려 고종4년, 충주 靑龍禪寺 간
釋迦如來行蹟頌	원 無寄	稻葉岩吉	佛敎典籍1934	인조21년, 수정산 龍腹寺 간
現行四方經		稻葉岩吉	佛敎典籍1934	명종15년, 황해도 黃州 간
大明一統志	李賢 等	稻葉岩吉	活字展觀1931	조선 木活字
華夷圖		稻葉岩吉	古地圖展觀1932	1137년 拓本
輿地全圖	南懷仁	稻葉岩吉	古地圖展觀1932	1675년 刊
新羅鍪藏寺碑圖		稻葉岩吉	阮堂展觀1932	
翁覃溪重撫天冠山題咏		稻葉岩吉	阮堂展觀1932	阮堂 舊藏
黃草嶺眞興王巡狩碑 탁본		稻葉岩吉	阮堂展觀1932	
眞興王碑閣額面 拓本		稻葉岩吉	阮堂展觀1932	

품명	출토지	소장처 및 소장자	출처	비고
遊魚圖	少堂 筆	藤島武二	名畵展覽會1931	선전 심사위원
蓮花鷺圖	少堂 筆	藤島武二	名畵展覽會1931	
山水圖	五峰 筆	藤島武二	名畵展覽會1931	
山水圖	東山 筆	藤島武二	名畵展覽會1931	
江岸泊舟圖(趙熙龍 筆)		藤島武二	古蹟圖譜14권, 6010	조선
鐵砂虎繪壺		藤木正一	田中1942, 圖版43	
鐵砂鹿繪壺		藤木正一	田中1942, 圖版44	
鐵砂竹繪壺		藤木正一	田中1942, 圖版45	
靑磁鐵彩象嵌草文梅瓶 등 靑磁 7점		藤木正一	유리원판Ⅱ, 430001~430007	일본
粉靑沙器印花文壺 등 粉靑沙器 4점		藤木正一	유리원판Ⅱ, 430008~430011	
白磁鐵畵草花文壺 등 白磁 3점		藤木正一	유리원판Ⅱ, 430012~430014	
粉靑沙器鳥魚文壺 등 粉靑沙器 7점		藤木正一	유리원판Ⅱ, 430015~430021	
白磁銅畵葡萄文角瓶 등 白磁 10점		藤木正一	유리원판Ⅱ, 430022~430035	
白磁陽刻大鉢		藤木正一	田中1942, 圖版74	
染附箱形水滴		藤木正一	田中1942, 圖版126	
染附鶴圖文壺		藤目正一	田中1942, 圖版16	
鐵砂草文壺		藤木正一	田中1942, 圖版57	富田儀作 舊藏
染付松梅文水滴		藤田亮策	古蹟圖譜15권, 6468	조선총독부박물관장, 경성대 교수
靑華白磁松梅文硯滴		藤田亮策	유리원판Ⅱ, 340619	
三島手盌		藤田玄明	古蹟圖譜15권, 6140	조선
三國通覽圖說		藤塚隣32)	古地圖展觀1932	1786년 刊
三國通覽與地路程全圖		藤塚隣	古地圖展觀1932	1785년 刊
鄭成功髫齡依母圖(朴齊家 筆)33)		藤塚隣	古蹟圖譜14권, 5972	조선*국·박
靑華白磁木蓮文鉢 등 백자 4점		鈴木駒三郞34)	유리원판Ⅱ, 430124~430129	
黑釉丙午一月銘草花文飾壺		鈴木駒三郞	野守健1944, 圖版13	
繪三島壺		鈴木武司35)	古蹟圖譜15권, 6231	조선

품명	출토지	소장처 및 소장자	출처	비고
繪三島盌		鈴木武司	古蹟圖譜15권, 6251	조선
繪三島壺	반포면 학봉리	鈴木武司	古調1929, 圖版49	
繪三島瓶	공주	鈴木武司	古調1929, 圖版54-2	
繪三島瓶	공주	鈴木武司	古調1929, 圖版60-2	
刷毛目瓶	공주	鈴木武司	古調1929, 圖版62-1	
刷毛目小壺	공주	鈴木武司	古調1929, 圖版62-2	
繪三島鉢 2점	공주	鈴木武司	古調1929, 圖版68	
粉青沙器鐵畫草花文壺		鈴木武司	유리원판Ⅱ, 340783	
粉青沙器鐵畫草文瓶	공주 반포면	鈴木武司	유리원판Ⅲ, 543-15	
繪高麗唐草文香爐		鈴木瑞康	野守健1944, 圖版4	
青磁象嵌菊花文盒 등 青磁 5점		鈴木瑞康	유리원판Ⅱ, 420084~420088	부산 재주
青磁象嵌菊花文盒		鈴木瑞康	유리원판Ⅲ, 544-5	부산 재주
折本金字妙法蓮華經奧書		鹿野淳二	古蹟圖譜7권, 3256	고려
般若波羅密多心經	김정희 필	瀨戶潔	阮堂展觀1932	경성재주, 병원장
蘭花	김정희 필	瀨戶潔	阮堂展觀1932	
布袋圖	韓時覺 筆	末松熊彦[36]	關野貞1942, p200	
山水圖	金正喜 筆	末松熊彦	關野貞1942, p203	
花蝶圖	南啓宇 筆	末松熊彦	關野貞1942, p204	
布袋圖(韓時覺 筆)		末松雄彦	古蹟圖譜14권, 5917	조선
山水圖(金正喜 筆)		末松雄彦	古蹟圖譜14권, 5999	조선
天人圖(銅版)	고려고분 출토	末松雄彦	名畫展覽會1931	
耆老慶會圖		末松雄彦	名畫展覽會1931	
山水圖	金正喜 筆	末松雄彦	名畫展覽會1931	
花鳥圖	南啓宇 筆	末松雄彦	名畫展覽會1931	
布袋圖	韓時覺 筆	末松雄彦	名畫展覽會1931	현재 간송?
蓮花紋圓瓦	망덕사지	梅原末治	濱田1934, 圖版13-208	
染附山水圖文角瓶		梅澤彦太郎	田中1942, 圖版24	
석족 각종	간도	木村宇太郎	유리원판Ⅰ, 200099	城津 재주
黑曜化打石, 수정, 粘板巖製石鏃, 裝身具 각종	함북 경흥군 신안면 라진동	木村宇太郎	유리원판Ⅰ, 200100	

품명	출토지	소장처 및 소장자	출처	비고
흑요석, 화타석제석족	신안면 라진동	木村宇太郎	유리원판 I, 200101	
어망추	신안면 라진동	木村宇太郎	유리원판 I, 200102	
석부	함북 성진군	木村宇太郎	유리원판 I, 200103	
빗살무늬토기편	함북 성진군	木村宇太郎	유리원판 I, 200104	
석부, 석창, 석족, 반달돌칼	간도	木村宇太郎	유리원판 I, 200098	
禽獸紋圓瓦	배반리	武藤	濱田1934, 圖版16-228	
刷毛目瓶		武林正雄	古蹟圖譜15권, 6085	조선
銀帽勾玉	조선 남부	武田長兵衛	梅原資料1988, k8-312	
粉靑沙器鐵畵牧丹文장군		迫間泰藏	유리원판 II, 420052	군산운수
百濟陶器坩臺	공주	飯岡岩太郎	輕部1946, 圖版30	공주고등보통학교 교유
三淸帖	李霆 筆	播磨龍城	關野貞1942, p199	
竹圖, 蘭圖(李霆 筆)		播磨龍城	古蹟圖譜14권,	조선
山水圖	蕉山 筆	飯山季秋	名畵展覽會1931	일본
高麗黑花寶相華文瓶		反町武作	陶磁10-5	
朝鮮鐵繪白磁壺		反町茂作	陶磁5-1, 揷圖2	
朝鮮白磁面取壺		反町茂作	陶磁6-2, 揷圖	
朝鮮染付山水圖角瓶		反町茂作	陶磁6-3, 揷圖	
銅劍	대동강면	白神壽吉[37]	古調1925, 부록도판55-1	
異式內行花紋鏡	대동강면	白神壽吉	古調1925, 부록도판55-2	
綠釉陶豚		白神壽吉	樂浪遺蹟1925, 圖版1250	
內行花文鏡		白神壽吉	樂浪遺蹟1925, 圖版1259	
內行花文綠八鳳長宜子孫鏡		白神壽吉	樂浪遺蹟1925, 圖版1286	
八乳TLV無銘鏡		白神壽吉	樂浪遺蹟1925, 圖版1298	
銅劍	대동강면	白神壽吉	樂浪遺蹟1925, 圖版843	
樂浪 八稜文鏡	대동강면	白神壽吉	유리원판 I, 250261	
樂浪 銅劍	대동강면	白神壽吉	유리원판 I, 250263	
樂浪 金銅鳳形裝飾	대동강면	白神壽吉	유리원판 I, 250264	
樂浪 綠釉豚	대동강면	白神壽吉	유리원판 I, 250266	
낙랑 帶鉤	대동강면	白神壽吉	유리원판 II, 250071	

품명	출토지	소장처 및 소장자	출처	비고
貨布	대동-강면 토성	白神壽吉	樂浪遺蹟1927, p38, 圖9	
藕心錢	대동-강면 토성	白神壽吉	樂浪遺蹟1927, p38, 圖10	
塼	대동-강면	白神壽吉	樂浪遺蹟1927, p268, 圖88	
八稜文鏡		白神壽吉	樂浪遺蹟1927, p309	
山字文鏡		白神壽吉	樂浪遺蹟1927, p309	
帳構銅		白神壽吉	樂浪遺蹟1927, p378, 도262	
壺		白神壽吉	樂浪遺蹟1925, 圖版1230	
綠釉井幹		白神壽吉	樂浪遺蹟1925, 圖版1244	
陶鷄		白神壽吉	樂浪遺蹟1925, 圖版1251	
臺附坩	경북 경주	福永德太郎	古蹟圖譜3권, 1315-1318	고신라
脚附坩	경북 경주	福永德太郎	古蹟圖譜3권, 1319, 1320	고신라
脚附盌	경북 경주	福永德太郎	古蹟圖譜3권, 1321	고신라
脚附塊 및 盌	경북 경주	福永德太郎	古蹟圖譜3권, 1322	고신라
경주 부근 발견 破瓦	경북 경주	福永德太郎	古蹟圖譜5권, 2359, 2360	통일신라
경주 부근 발견 唐草瓦	경북 경주	福永德太郎	古蹟圖譜5권, 2623	
蓋附盌, 盌, 各種, 長頸壺		福永德太郎	유리원판Ⅲ, 348-2,3,4	
雲鶴靑磁甁		福原八郎	陶磁1-3, 揷圖	거창보통학교 훈도
繪高麗甁		福原八郎	陶磁1-3, 揷圖	
銅鉾	규암면 규암리	本津	有光1938, 삽도3	
鐵砂魚文壺		富永覺	田中1942, 圖版61	笹川愼一 舊藏
銅劍	부여 규암면	富永光太郎	유리원판Ⅲ, 376-12	
細形銅劍	부여 규암면	富永光太郎	梅原1947, p66, 圖版172	1925년 발견
飾金具	경주발견	富田	古調1925, p24, 도판12-3	
舟遊圖(申潤福筆)		富田商會	古蹟圖譜14권, 5977	간송미술관 소장
端午水邊嬉戲圖(申潤福筆)		富田商會	古蹟圖譜14권, 5978	간송미술관 소장
絲竹遊樂圖(申潤福 筆)		富田商會	古蹟圖譜14권, 5979	간송미술관 소장
酒幕圖(申潤福 筆)		富田商會	古蹟圖譜14권, 5980	간송미술관 소장
風俗畵帖[38]	申潤福 筆	富田商會	關野貞1942, p202 名畵展覽會1931	현재 간송미술관 소장

품명	출토지	소장처 및 소장자	출처	비고
李朝古染秋草文筆筒[39]		富田商會	이영섭, 「(文化財界秘話)내가 걸어온 고미술계 30년(1)」, 『月刊文化財』, 1973년 1월.	
銅鈴	대동강면	富田晋二[40]	古調1925, p62, 도20-4	
內行花文長宜子孫鏡	낙랑고분	富田晋二	p306, 圖170	
內行花文齒錄居攝鏡	낙랑고분	富田晋二	樂浪遺蹟1927, p310, 圖174	
內行花文日月鏡	낙랑고분	富田晋二	樂浪遺蹟1927, p312, 圖175	
內行花文綠長宜子孫鏡	낙랑고분	富田晋二	樂浪遺蹟1927, p314, 圖179	
內行花文鏡	낙랑고분	富田晋二	樂浪遺蹟1927, p312, 圖178	
鏡 2점	낙랑고분	富田晋二	樂浪遺蹟1927, p320, 圖185, 186	
四乳雙龍雙虎鏡	낙랑고분	富田晋二	樂浪遺蹟1927, p338, 圖196	
鐵戟斷片	낙랑고분	富田晋二	樂浪遺蹟1927, p355, 圖213	
銅鐘	낙랑고분	富田晋二	樂浪遺蹟1927, p370, 도250	
鐎斗	낙랑고분	富田晋二	樂浪遺蹟1927, p370, 도251	
馬鐸	낙랑고분	富田晋二	樂浪遺蹟1927, p368, 도246	
銅熊脚 3점	낙랑고분	富田晋二	樂浪遺蹟1927, p380, 도268, 269, 270	
木棺殘片	낙랑고분	富田晋二	樂浪遺蹟1927, p394, 도285, 286	
壺	낙랑고분	富田晋二	樂浪遺蹟1925, 圖版1223	
綠釉九枝燈架	낙랑고분	富田晋二	樂浪遺蹟1925, 圖版1238	
內行花文鏡	낙랑고분	富田晋二	樂浪遺蹟1925, 圖版1260	
內行花文長宜子孫鏡 2면	낙랑고분	富田晋二	樂浪遺蹟1925, 圖版1266, 1267	
內行花文十二星鏡	낙랑고분	富田晋二	樂浪遺蹟1925, 圖版1279	
四乳飛禽鏡 2면	낙랑고분	富田晋二	樂浪遺蹟1925, 圖版1291, 1292	
四乳漢有善同鏡	낙랑고분	富田晋二	樂浪遺蹟1925, 圖版1302	
双龍鏡	낙랑고분	富田晋二	樂浪遺蹟1925, 圖版1311	
四乳仙鳳尙方鏡	낙랑고분	富田晋二	樂浪遺蹟1925, 圖版1324	
綠釉屋蓋	낙랑고분	富田晋二	梅原1959, p52, 圖版381	
樂浪禮官瓦當	낙랑고분	富田晋二	梅原1959, p54, 圖版390	
大晋元康瓦當	낙랑고분	富田晋二	梅原1959, p55, 圖版396	
瓦當	평양부근	富田晋二	梅原1966, p35, 圖版215	
樂浪 四乳飛禽鏡	대동강면	富田晋二	유리원판Ⅰ, 250281	
樂浪 內行花紋鏡	대동강면	富田晋二	유리원판Ⅰ, 250283	
樂浪 刀劍裝具	대동강면	富田晋二	유리원판Ⅰ, 250286	

품명	출토지	소장처 및 소장자	출처	비고
樂浪 弩機 2개	대동강면	富田晋二	유리원판Ⅰ, 250287, 250288	
樂浪 銅製熊脚	대동강면	富田晋二	유리원판Ⅰ, 250289	
樂浪 馬鐸	대동강면	富田晋二	유리원판Ⅰ, 250291	
樂浪 銅製裝飾	대동강면	富田晋二	유리원판Ⅰ, 250292	
樂浪 鐵刀子	대동강면	富田晋二	유리원판Ⅰ, 250293	
樂浪 綠釉耳杯	대동강면	富田晋二	유리원판Ⅰ, 250295	
樂浪 把手附壺	대동강면	富田晋二	유리원판Ⅰ, 250296	
樂浪 長頸壺	대동강면	富田晋二	유리원판Ⅰ, 250297	
樂浪 壺	대동강면	富田晋二	유리원판Ⅰ, 250298	
樂浪 鉢	대동강면	富田晋二	유리원판Ⅰ, 250299	
劍	대동강면	富田晋二	유리원판Ⅰ, 300390	
낙랑 鏡 2점	대동강면	富田晋二	유리원판Ⅰ, 300391, 300392	
고구려 礎石	평양	富田晋二	유리원판Ⅰ, 300393	
樂浪鏡 8점	대동강면	富田晋二	유리원판Ⅱ, 250041~250049	
樂浪鏡 9점		富田晋二	유리원판Ⅱ, 250010~250017	
鬼面瓦	대동강면 토성리	富田晋二	유리원판Ⅲ, 499-15	
樂浪 內行花文日月鏡	대동강면	富田晋二	유리원판Ⅰ, 250300	
四乳四仙鏡		富田晋二	樂浪遺蹟1925, 圖版1317	
八乳方格規矩尙方鏡	낙랑유적	富田晋二	八田1934, p158	
半圓方格鏡	낙랑유적	富田晋二	八田1934, p159	
綠釉陶鐘	낙랑유적	富田晋二	八田1934, p169	
고구려 鬼瓦	토성리	富田晋二	八田1934, p242, 圖	
半圓「千萬」銘瓦當		富田晋二	八田1934, p11	
陶鐘		富田晋二	八田1934, p31	
銅鐸 2점	낙랑유적	富田晋二	八田1934, p128	
樂浪禮官瓦	낙랑유적	富田晋二	八田1934, p144	
鬼板瓦	평양 토성리	富田晋二	梅原1966, p34, 圖版197	
金製耳飾		富田晋二	유리원판Ⅰ, 240202	
銅製刀劍裝具	대동강면	富田晋二	유리원판Ⅰ, 250212	
銅製盌	대동강면	富田晋二	유리원판Ⅰ, 250218	
半圓半格神獸鏡		富田晋二	樂浪遺蹟1925, 圖版1331	
鏡	대동강면	富田晋二	古調1925, p10, 도관3-2	

품명	출토지	소장처 및 소장자	출처	비고
大晋元康垂木飾瓦當(樂浪)	평양 토성	富田晋二	諸岡1935, 圖版3	
岳陽樓圖	秀文 筆	富田豊彦	名畵展覽會1931	일본
陶印	대동강면	北村忠次[41]	樂浪遺蹟1927, p296, 圖161	
鏡	대동강면	北村忠次	古調1925, p10, 도판3-1	
陶禽	대동강면	北村忠次	樂浪遺蹟1927, p296, 圖164	
漆槃殘片		北村忠次	樂浪遺蹟1927, p390, 도278	
樂浪鏡 3점	대동강면	北村忠次	유리원판Ⅱ, 250074~250076	
靑瓷鴛鴦形大香爐		濱田米太郞	古蹟圖譜8권, 3470	고려
古瓦 8점	울산영취사	부산고고회	濱田1934, 圖10-1,2	
寶劍		寺內正毅	東洋美術展1915	가격 2만원
銅造釋迦如來立像		寺內正毅	古蹟圖譜5권, 2036, 2037, 2058, 2072-2074, 2080, 2081	통일신라
染附鹿靈芝文甁		山口謙四郞	田中1942, 圖版30	일본
迦陵頻伽文圓瓦	탑리	山口熹澄	濱田1934, 圖33	경주전기회사 중역
迦陵頻伽文平瓦	흥륜사지	山口熹澄	濱田1934, 圖35	
迦陵頻伽文平瓦	월성사지	山口熹澄	濱田1934, 圖35	
蓮花紋圓瓦	남산	山口熹澄	濱田1934, 圖版12-177	
蓮花紋圓瓦	남산 장곡지	山口熹澄	濱田1934, 圖版13-201	
禽獸紋圓瓦	창림사지	山口熹澄	濱田1934, 圖版16-230	
禽獸紋圓瓦	보문사지	山口熹澄	濱田1934, 圖版16-232	
蓮花寶相華수막새	경주 남산	山口熹澄	유리원판Ⅰ, 290508	新羅藝術展 出品
迦陵頻伽文수막새	경주 보문사지	山口熹澄	유리원판Ⅰ, 290589	新羅藝術展 出品
蓮花文수막새	경주 장창지	山口熹澄	유리원판Ⅰ, 290592	新羅藝術展 出品
迦陵頻伽文수막새	경주 탑동	山口熹澄	유리원판Ⅰ, 290618	新羅藝術展 出品
銅造釋迦如來立像		山根正次	古蹟圖譜3권: 1388	조선총독부 위생과 근무
銅造菩薩像		山根正次	古蹟圖譜3권, 1394. 1395	삼국시대
銅造釋迦如來立像		山權藤太郞	古蹟圖譜5권, 2057	통일신라
銅造阿彌陀如來立像		山名繁太郞	古蹟圖譜5권, 2041	통일신라
銅造釋迦如來立像		山名繁太郞	古蹟圖譜5권, 2044	통일신라
萬曆十五年銘三島墓誌版		山田萬吉郞	松平1937	운수창고업
朝鮮染付鹿繪甁		山田萬吉	陶磁6-4, 圖版5-b	

품명	출토지	소장처 및 소장자	출처	비고
白掛鐵斜線文鉢		山田萬吉	陶磁10-2, 圖版4-1	
刻葉無文無地刷毛目平鉢		山田萬吉	陶磁10-6, 圖版4	
官司名記三島		山田	陶磁7-2, 圖版8	
封泥 등		山田財次郎[42]		이하 목록 생략
낙랑 在銘漆盤		山中商會	유리원판Ⅱ, 390104	
낙랑 在銘漆耳杯		山中商會	유리원판Ⅱ, 390119	
낙랑 在銘漆耳杯片		山中商會	유리원판Ⅱ, 390123	
猛虎圖[43]	傳 沈師正 筆	森啓助[44]	名畫展覽會1931, 古蹟圖譜14권, 5954	해방 후 국립중앙박물관
銅造釋迦如來立像		森勝次	古蹟圖譜5권, 2033, 2034	전당포업
銅造阿彌陀如來立像		森勝次	古蹟圖譜5권, 2066	통일신라
銅造觀世音菩薩立像		森勝次	古蹟圖譜5권, 2118, 2136	통일신라
染附挑果文瓶		森永重治	田中1942, 圖版26	
達磨圖(金明國 筆)[45]		森悟一[46]	古蹟圖譜14권, 5913	현재 국·박
雕雄圖(沈師正 筆)		森悟一	古蹟圖譜14권, 5955	간송미술관 소장
便面松下聽流圖(李寅文 筆)		森悟一	古蹟圖譜14권, 5970	조선
染付鐵砂辰砂繪菊花文瓶		森悟一	古蹟圖譜15권, 6628	조선*간송미술관 소장(국보 제294호)
平形銅劍	평양부근	杉原長太郎[47]	杉原圖錄1934	
銅鉾		杉原長太郎	杉原圖錄1934	
銅鉾	경북 상주부근	杉原長太郎	杉原圖錄1934	
銅製把頭金具	평양부근	杉原長太郎	杉原圖錄1934	
細形銅劍		杉原長太郎	杉原圖錄1934	
石劍, 石鏃	낙동강 연안	杉原長太郎	杉原圖錄1934	
內行花文明光鏡	낙랑유적	杉原長太郎	杉原圖錄1934	中西嘉市 舊藏
四乳虯龍鏡	낙랑유적	杉原長太郎	杉原圖錄1934	中西嘉市 舊藏
細線變形四神鏡	낙랑유적	杉原長太郎	杉原圖錄1934	
上方作細線四神鏡	낙랑유적	杉原長太郎	杉原圖錄1934	
琥珀佩玉	낙랑유적	杉原長太郎	杉原圖錄1934	
銅弩機	낙랑유적	杉原長太郎	杉原圖錄1934	中西嘉市 舊藏
金銅馬面	낙랑유적	杉原長太郎	杉原圖錄1934	中西嘉市 舊藏
靑銅博山爐	낙랑유적	杉原長太郎	杉原圖錄1934	中西嘉市 舊藏

품명	출토지	소장처 및 소장자	출처	비고
彩文瓦壺	낙랑유적	杉原長太郎	杉原圖錄1934	中西嘉市 舊藏
瓦當	낙랑유적	杉原長太郎	杉原圖錄1934	中西嘉市 舊藏
家形陶壺	경남 합천 고분	杉原長太郎	杉原圖錄1934	
佩砥		杉原長太郎	杉原圖錄1934	
金銅裝鐶頭太刀		杉原長太郎	杉原圖錄1934	
金銅鐶頭		杉原長太郎	杉原圖錄1934	
鈴付壺		杉原長太郎	杉原圖錄1934	
金製耳飾 3對		杉原長太郎	杉原圖錄1934	
金製耳飾 3개		杉原長太郎	杉原圖錄1934	
金環 1대		杉原長太郎	杉原圖錄1934	
飾玉 1連		杉原長太郎	杉原圖錄1934	
勾玉 7果		杉原長太郎	杉原圖錄1934	
金銅菩薩半跏像		杉原長太郎	杉原圖錄1934	
金銅誕生釋迦立像 2점		杉原長太郎	杉原圖錄1934	
金銅如來坐像		杉原長太郎	杉原圖錄1934	
銅如來立像		杉原長太郎	杉原圖錄1934	
銅菩薩立像		杉原長太郎	杉原圖錄1934	
金銅菩薩立像		杉原長太郎	杉原圖錄1934	
陶製舍利盒	경주부근	杉原長太郎	杉原圖錄1934	
陶製鷄	경주부근	杉原長太郎	杉原圖錄1934	
陶製牛	경주부근	杉原長太郎	杉原圖錄1934	
新羅鬼瓦	경주부근	杉原長太郎	杉原圖錄1934	
花文塼	경주 임해전지	杉原長太郎	杉原圖錄1934	
蓮花文圓瓦當	경주부근	杉原長太郎	杉原圖錄1934	
迦陵頻文瓦當	경주부근	杉原長太郎	杉原圖錄1934	
金銅群像(高麗)		杉原長太郎	杉原圖錄1934	
金銅打出文帶金具(高麗)		杉原長太郎	杉原圖錄1934	
金銅花文刀子柄(高麗)		杉原長太郎	杉原圖錄1934	
銀地鍍金針筒(高麗)		杉原長太郎	杉原圖錄1934	
金銅双鳳文刷子把(高麗)		杉原長太郎	杉原圖錄1934	
銀地鍍金指環(高麗)		杉原長太郎	杉原圖錄1934	
銀針筒(高麗)		杉原長太郎	杉原圖錄1934	

품명	출토지	소장처 및 소장자	출처	비고
金銅盒		杉原長太郎	杉原圖錄1934	
銀地鍍金盒		杉原長太郎	杉原圖錄1934	
水晶舍利壺		杉原長太郎	杉原圖錄1934	
銀盒		杉原長太郎	杉原圖錄1934	
銅獅鈕印 4점(高麗)		杉原長太郎	杉原圖錄1934	
銅双獅鈕印(高麗)		杉原長太郎	杉原圖錄1934	
銅鯱鈕印(高麗)		杉原長太郎	杉原圖錄1934	
靑磁鯱鈕印(高麗)		杉原長太郎	杉原圖錄1934	
銅印篋(高麗)		杉原長太郎	杉原圖錄1934	
紺紙銀泥楞嚴經 권10		杉原長太郎	杉原圖錄1934	고려말기 寫經
退溪李滉書屛風		杉原長太郎	杉原圖錄1934	
靑磁陰刻龍雲文尙藥局銘合子		杉原長太郎	杉原圖錄1934	
靑磁陰刻菊花文托盞		杉原長太郎	杉原圖錄1934	
細形銅劍	경북 선산부근	杉原長太郎	杉原圖錄1934	
靑磁素文甁		杉原長太郎	杉原圖錄1934	
靑磁象嵌葡萄唐草文瓢形水注		杉原長太郎	杉原圖錄1934	
繪高麗唐草文水甁		杉原長太郎	杉原圖錄1934	
靑磁陰刻唐草文油壺 2점		杉原長太郎	杉原圖錄1934	
靑磁象嵌菊花文油壺		杉原長太郎	杉原圖錄1934	
靑磁象嵌雲鶴文合子		杉原長太郎	杉原圖錄1934	
靑磁象嵌菊花文合子		杉原長太郎	杉原圖錄1934	
靑磁陰刻双鶴文合子		杉原長太郎	杉原圖錄1934	
靑磁象嵌唐草文小壺		杉原長太郎	杉原圖錄1934	
靑磁象嵌柳蘆蓮文甁		杉原長太郎	杉原圖錄1934	
靑磁象嵌牡丹文甁		杉原長太郎	杉原圖錄1934	
靑磁象嵌菊花文筒盌		杉原長太郎	杉原圖錄1934	
靑磁象嵌石榴菊花文盌		杉原長太郎	杉原圖錄1934	
靑磁陽刻唐草唐子文盌		杉原長太郎	杉原圖錄1934	
繪高麗牡丹唐草文盌		杉原長太郎	杉原圖錄1934	
繪高麗唐草文甁		杉原長太郎	杉原圖錄1934	
刷目毛壺		杉原長太郎	杉原圖錄1934	

품명	출토지	소장처 및 소장자	출처	비고
彫刷毛目唐草文扁壺		杉原長太郎	杉原圖錄1934	
彫刷毛目葉文瓶		杉原長太郎	杉原圖錄1934	
繪刷毛目葉文瓶		杉原長太郎	杉原圖錄1934	
繪三島蓮花文扁壺		杉原長太郎	杉原圖錄1934	
花三島盌		杉原長太郎	杉原圖錄1934	
花三島草花文盌		杉原長太郎	杉原圖錄1934	
彫刷毛目牡丹文盌		杉原長太郎	杉原圖錄1934	
刷毛目盌		杉原長太郎	杉原圖錄1934	
內贍銘花三島盌		杉原長太郎	杉原圖錄1934	
世字銘花三島盌		杉原長太郎	杉原圖錄1934	
長興庫銘三島盌		杉原長太郎	杉原圖錄1934	
三島瓶 2점		杉原長太郎	杉原圖錄1934	
象嵌双魚柳蓮文瓶		杉原長太郎	杉原圖錄1934	
象嵌遊魚文瓶		杉原長太郎	杉原圖錄1934	
染付菊花文瓶		杉原長太郎	杉原圖錄1934	
染付牡丹文瓶		杉原長太郎	杉原圖錄1934	
白磁香爐		杉原長太郎	杉原圖錄1934	
染付梅竹文角瓶		杉原長太郎	杉原圖錄1934	
染付葉文寶珠形水滴		杉原長太郎	杉原圖錄1934	
鐵砂雲龍文壺		杉原長太郎	杉原圖錄1934	
染付辰砂水滴		杉原長太郎	杉原圖錄1934	
麻紙銀泥首楞嚴經 권제 10권		杉原長太郎	유리원판Ⅱ, 430202	대구 재주
粉靑沙器象嵌蓮花文扁瓶		杉原長太郎	유리원판Ⅱ, 430203	보물 268호
環頭太刀		杉原長太郎	유리원판Ⅲ, 355-2	
金銅風鐸		杉原長太郎	梅原1966, p33, 圖版196	
靑磁尙藥局銘合子		杉原長太郎	野守健1944, 圖版9	
靑磁獅子飾香爐		森辰男[48]	유리원판Ⅰ, 280583	
靑磁龜龍飾香爐		森辰男	유리원판Ⅰ, 280584	
靑磁陽刻波魚文盌		森辰男	유리원판Ⅰ, 280585	
白磁荷葉水禽形枕		森辰男	유리원판Ⅰ, 280587	
靑磁象嵌牧丹文盌		森辰男	유리원판Ⅰ, 280588	
靑磁象嵌菊花文花瓶		森辰男	유리원판Ⅰ, 280589	

품명	출토지	소장처 및 소장자	출처	비고
靑瓷獅子形蓋香爐		森辰男	古蹟圖譜8권, 3471	고려
靑瓷鰲形蓋香爐		森辰男	古蹟圖譜8권, 3472	고려*문명상회가 일본으로 반출
靑瓷陽刻波蓮遊魚文盌		森辰男	古蹟圖譜8권, 3480	고려
白磁雙虎枕		森辰男	古蹟圖譜8권, 3533	고려
靑瓷象嵌牧丹花文瓶		森辰男	古蹟圖譜8권, 3575	고려
靑瓷象嵌草花文瓢形水柱 및 承盤		森辰男	古蹟圖譜8권, 3614	고려
靑瓷象嵌牧丹文水柱		森辰男	古蹟圖譜8권, 3615	고려
靑瓷象嵌蓮花蘆蔘花文瓶		森辰男	古蹟圖譜8권, 3626	고려
靑瓷象嵌菊花唐草文鉢		森辰男	古蹟圖譜8권, 3678	고려
靑瓷象嵌牧丹文雙耳壺[49]		森辰男	古蹟圖譜8권, 3679	고려
灰靑柳下繪牧丹蔘花文瓶		森辰男	古蹟圖譜8권, 3703	고려
辰砂油合子		森辰男	古蹟圖譜8권, 3772	고려
佛像立体, 螺銅		三增久米吉 (마산부윤)	부산일보, 1915년 6월 24	시정기념공진회에 출품
石劍	은산면 신대리	三宅近治郎	有光1938, 삽도1-2	은산면 우편소장
金銅菩薩半跏像		三宅長策[50]	유리원판V, 81-11, 古蹟圖譜3권, 1367-1368	삼국시대 (오구라 컬렉션 장)
過文繪高麗盌		三宅長策	陶磁6-6, 圖版7-a	
高麗茶碗		三宅長策	陶磁6-6, 圖版7-b	
漢鏡 5면		三宅長策	大觀1910	
唐鏡系 5면		三宅長策	大觀1910	
宋鏡系 4면		三宅長策	大觀1910	
高麗鏡 5면		三宅長策	大觀1910	
鐵彩象嵌詩銘瓶		桑野金太郎	野守健1944, 圖版11	대구 상야공업사장
靑華白磁石榴梅文瓶 등 白磁 5점		上田豊作	유리원판Ⅱ, 430114~430121	서울 재주
靑華白磁葡萄文鉢		上田豊作	유리원판Ⅱ, 340501	경성 재주
染付葡萄文鉢		上田豊作	古蹟圖譜15권, 6547	조선
細形銅劍	경북 상주	西村基助	古調1925, 부록도관41-2	
松下人物圖		李麟祥 筆 石井柏亭	名畫展覽會1931	화가
松下獨坐圖(李麟祥 筆)		石井柏亭	古蹟圖譜14권, 5957	
松下獨坐圖	李麟祥 筆	石井柏亭	유리원판Ⅱ, 330020	

품명	출토지	소장처 및 소장자	출처	비고
茸長寺陽刻平瓦	용장사	石川悅三郎	大坂1931, p81	
山水圖	徐雨亭 筆	城六太[51]	東洋美術展1915	
淸風池閣圖	謙齋 筆	城六太	東洋美術展1915	
山水圖(2幅)	鄭敾 筆	盛月賢三	名畫展覽會1931	
銅造彌勒菩薩像		小宮三保松	古蹟圖譜3권, 1376	삼국시대
銅造釋迦如來立像		小宮三保松	古蹟圖譜3권, 1380-1383	삼국시대
銅造金剛力士像		小宮三保松	古蹟圖譜3권, 1402	삼국시대
銅造毘盧舍那佛立像		小宮三保松	古蹟圖譜5권, 2009	통일신라
銅造觀世音菩薩立像		小宮三保松	古蹟圖譜5권, 2119	통일신라
山水圖(筆者不詳)		小宮三保松	古蹟圖譜14권, 5858	조선
삼국시대불상 4체		小宮三保松	大觀1910	
金銅半跏思惟像		小宮三保松	유리원판Ⅲ, 458-2	
고려범종		小宮三保松	大觀1910	
如意輪觀音像(조선)		小宮三保松	大觀1910	
北畵山水圖		小宮三保松	名畫展覽會1931	
虛舟戲墨(1冊)	李澄 筆	小宮三保松	名畫展覽會1931	
山水人物圖	鄭敾 筆	小宮三保松	名畫展覽會1931	
紫霞戲墨帖(1冊)	申緯 筆	小宮三保松	名畫展覽會1931	
樂善齋畵帖(1冊)	諸家 筆	小宮三保松	名畫展覽會1931	
甘露年銘塼	황해도 신천군	小島健二[52]	古調1938-1, p2	
太康元年銘塼	문정면 당토성	小島健二	古調1938-1, p3	
太康四年銘塼	북군면 서호리	小島健二	古調1938-1, p4	
太康七年銘塼	신천군	小島健二	古調1938-1, p4	
元康元年銘塼	황해도	小島健二	古調1938-1, p5	
建興四年銘塼	황해도	小島健二	古調1938-1, p5	
咸和十年銘塼	황해도 신천군	小島健二	古調1938-1, p6	
『麗史提綱』, 『平壤志』, 『栗谷集』, 『朱子語類』, 『白氏文集』, 『李太白集』		素封家	大屋1930	평양에 재주
染附野菊面取甁		小林秀雄	田中1942, 圖版27	
辰砂牡丹文甁		小林秀雄	田中1942, 圖版41	

품명	출토지	소장처 및 소장자	출처	비고
朝鮮赤繪壺		小森忍	陶磁1-3, 揷圖	
鴟尾片	평양부근	小松三彌	유리원판Ⅲ, 499-7	보통학교 훈도
鴟尾斷片	평양부근	小松三彌	梅原1966, p34, 圖版199	
泥造菩薩立像	평남 원오리	小野達郎	유리원판Ⅰ, 300394	
泥造菩薩立像足部, 蓮花臺座	평남 원오리	小野達郎	유리원판Ⅰ, 300395	재주 평양
陶印, 龍頭環銅器	대동강면	小野達郎	유리원판Ⅰ, 300396	
封泥	대동강면	小野達郎	유리원판Ⅰ, 300397	
豆形土器	함북 회령	회령 小野奧吉	유리원판Ⅰ, 200073	1920년
蓋와 豆形土器편	함북 회령	小野奧吉[53]	유리원판Ⅰ, 200074	
鉢과 壺	함북 회령	小野奧吉	유리원판Ⅰ, 200075	
把手付鉢	함북 회령	小野奧吉	유리원판Ⅰ, 200076	
把手付深鉢	함북 회령	小野奧吉	유리원판Ⅰ, 200077	
鉢	함북 회령	小野奧吉	유리원판Ⅰ, 200078	
가락바퀴	함북 회령	小野奧吉	유리원판Ⅰ, 200079	
토기편	함북 회령	小野奧吉	유리원판Ⅰ, 200080	
環狀石斧	함북 회령	小野奧吉	유리원판Ⅰ, 200083	
環狀石斧片	함북 회령	小野奧吉	유리원판Ⅰ, 200084	
숫돌, 發火石	함북 회령	小野奧吉	유리원판Ⅰ, 200085	
석부, 석반	함북 회령	小野奧吉	유리원판Ⅰ, 200086	
석조	함북 회령	小野奧吉	유리원판Ⅰ, 200087	
석도, 석창, 기타	함북 회령	小野奧吉	유리원판Ⅰ, 200088	
흑요석제족, 마제석족	함북 회령	小野奧吉	유리원판Ⅰ, 200089	
반달돌칼	함북 회령	小野奧吉	유리원판Ⅰ, 200090	
石搥	함북 회령	小野奧吉	유리원판Ⅰ, 200091	
石刀, 石鏃, 石槍	회령군 벽성면 대덕동	小野奧吉	유리원판Ⅰ, 200092	
어망추, 돌칼	함북 회령	小野奧吉	유리원판Ⅰ, 200093	
석부, 반달돌칼	함북 회령	小野奧吉	유리원판Ⅰ, 200094	
석부, 환상석부	함북 회령	小野奧吉	유리원판Ⅰ, 200095	
석부	함북 명천군, 길천군, 경흥군, 무산군	小野奧吉	유리원판Ⅰ, 200096	

품명	출토지	소장처 및 소장자	출처	비고
細形銅劍 1구, 片耳附銅壺) 1개, 筒形銅器 2개, 銅製軸頭殘缺 2개, 異形管狀銅器殘缺 2개, 小銅器殘缺 1개	평양	小野又一	「北部朝鮮 出土 銅鉾 銅劍 と其遺蹟」, 『大正11年度 古蹟調査報告 第2冊』, 朝鮮總督府, 1925, p. 108.[54]	
안압지 발견 塼		小野政太郎	古蹟圖譜5권, 2160	판사
寶相華文塼	경주 안압지	小野政太郎	유리원판 I, 290559	新羅藝術展 出品
寶相華文塼	경주 임해전지	小野政太郎	유리원판 III, 506-5	
朝鮮鐵砂文壺		小野賢一郎	陶磁3-3, 揷圖	
居攝三年銘漆盤片	대동강면 출토	小場恒吉	유리원판 II : 330295	
경주 부근 발견 塼	경북 경주	小場恒吉	古蹟圖譜5권, 2200, 2201	통일신라
경주 부근 발견 破瓦	경북 경주	小場恒吉	古蹟圖譜5권, 2370	통일신라
경주 부근 발견 唐草瓦	경북 경주	小場恒吉	古蹟圖譜5권, 2470	통일신라
鴛鴦蓮花鏡		小場恒吉	古蹟圖譜9권, 3865, 3866	고려
四馬鏡		小場恒吉	古蹟圖譜9권, 3876	고려
寶相花文鏡		小場恒吉	古蹟圖譜9권, 3892	고려
點畵唐草文鏡		小場恒吉	古蹟圖譜9권, 3901, 3902	고려
雙雀寶花文鏡		小場恒吉	古蹟圖譜9권, 4011, 4012	고려
雙雀菊花文鏡		小場恒吉	古蹟圖譜9권, 4013	고려
染付山水文扁壺		小場恒吉	古蹟圖譜15권, 6434	조선
塼片	경주 구황동	小場恒吉	유리원판 III, 480-9	
寶相華文수막새	경주 월성	小場恒吉	유리원판 III, 536-19	
染附山水圖扁文壺		小場恒吉	田中1942, 圖版21	
都城地圖		小田省吾	古地圖展觀1932	1751년
唐太宗李衛公問對直解	劉寅 解	小田省吾	活字展觀1931	銅活 實錄字
染付牡丹文盌		小田省吾[55]	古蹟圖譜15권, 6551	조선
百歲千秋鏡		小田省吾	古蹟圖譜9권, 3950	고려
靑華白磁牡丹文鉢		小田省吾	유리원판 II, 340617	
繪三島瓶		小池英吉	古蹟圖譜15권, 6238	총독부 철도국 대전건설사무소 기수
繪三島盌		小池英吉	古蹟圖譜15권, 6252	조선
染付老松靈芝文壺		小池英吉	古蹟圖譜15권, 6409	조선

품명	출토지	소장처 및 소장자	출처	비고
染付梅鳥文壺		小池英吉	古蹟圖譜15권, 6405	조선
染付竹文瓶		小池英吉	古蹟圖譜15권, 6429	조선
染付菊花文皿		小池英吉	古蹟圖譜15권, 6531	조선
靑華白磁竹文角甁 등 白磁 5점		小池英吉	유리원판Ⅱ, 340760~340767	
鐵彩象嵌草花文梅甁		小池厚之助	유리원판Ⅱ, 430060	일본
靑磁象嵌菊花柳鶴文梅甁		小池厚之助	유리원판Ⅱ, 430061	
靑磁陽刻牧丹唐草文注子 및 承盤		小池厚之助	유리원판Ⅱ, 430062	
白磁陰刻牧丹文托盞		小池厚之助	유리원판Ⅱ, 430063	
白磁陰刻蓮花文托盞		小池厚之助	野守健1944, 圖版6	동경
染附野花文水滴		小池厚之助	田中1942, 圖版116	
染附蘭文壺		小池厚之助	田中1942, 圖版8	
染附辰砂鯉圖鉢		小池厚之助	田中1942, 圖版71	
象嵌三島盌		小倉武之助	古蹟圖譜15권, 6128	조선
三島手文字入(彦陽仁壽府)盌		小倉武之助	古蹟圖譜15권, 6174	조선
황금의 관	남선 출토	小倉武之助	梅原末治1936	
초두	창령	小倉武之助	梅原末治1936	
高麗靑磁象嵌水注		小倉武之助	陶磁9-2, p53	1937년 8월 27일자로 일본중요미술품 지정
高麗靑磁白花文水注		小倉武之助	陶磁9-2, p53	1937년 8월 27일자로 일본중요미술품 지정
有柄三角形石鏃	경주	小倉武之助	古調1924: p9	
細形銅劍	입실리 출토	小倉武之助	古調1925, 부록도판 24-3	
細形銅劍	입실리 출토	小倉武之助	古調1925, 부록도판 24-4	
銅製馬鐸	입실리 출토	小倉武之助	古調1925, 부록도판31-1	
小馬鐸	입실리 출토	小倉武之助	古調1925, 부록도판31-2	
銅鉢	입실리 출토	小倉武之助	古調1925, 부록도판36-1	
銀製透彫佩飾金具		小倉武之助	古調1931, 도판92	
意匠土器 3점(조형, 마형, 쌍배차륜부)	남선발견	小倉武之助	古調1932, 도판43도	

품명	출토지	소장처 및 소장자	출처	비고
土器, 細形銅劍, 銅馬鐸, 銅製鈬	경주 입실리	小倉武之助	梅原1947, p44	1920년 발견
多紐細文鏡	경남	小倉武之助	梅原1947, p80, 圖版215	
多紐細文鏡破片	전남 영암	小倉武之助	梅原1947, p81, 圖版215	
劍形銅戈, 銅十字形劍把頭		小倉武之助	梅原1959, p4	
彦陽仁壽府銘三島平鉢		小倉武之助	陶磁7-2, 圖版3	
慶州長興庫銘三島平鉢		小倉武之助	陶磁7-2, 圖版4	
盌	경주 입실리	小倉武之助	유리원판Ⅰ, 240177	
帶飾金具, 裝身具, 銅印類	경주	小倉武之助	유리원판Ⅰ, 240178	
金製耳飾, 金製耳環, 飾玉	경주	小倉武之助	유리원판Ⅰ, 240180	
鳥形土器	창령, 합천 출토	小倉武之助	유리원판Ⅰ, 290455	新羅藝術展 出品
馬形土器	창령, 합천 출토	小倉武之助	유리원판Ⅰ, 290456	新羅藝術展 出品
牛形土器	창령, 합천 출토	小倉武之助	유리원판Ⅰ, 290457	新羅藝術展 出品
把手附廣口瓶		小倉武之助	유리원판Ⅰ, 290468	新羅藝術展 出品
金銅菩薩立像	선산 출토	小倉武之助	유리원판Ⅰ, 290469	新羅藝術展 出品
曲玉		小倉武之助	유리원판Ⅰ, 290494	新羅藝術展 出品
車輪裝飾土器	창령, 합천 출토	小倉武之助	유리원판Ⅰ, 290496	新羅藝術展 出品
綠釉印花文壺		小倉武之助	유리원판Ⅰ, 290497	新羅藝術展 出品
銀製舍利具	경주 남산	小倉武之助	유리원판Ⅰ, 290526	新羅藝術展 出品
銀製透彫腰佩裝飾, 銀製刀柄裝飾		小倉武之助	유리원판Ⅰ, 290546	新羅藝術展 出品
蜻蛉玉		小倉武之助	유리원판Ⅰ, 290547	新羅藝術展 出品
燈盞		小倉武之助	유리원판Ⅰ, 290549	新羅藝術展 出品
蝶形冠飾 및 裝身具 각종		小倉武之助	유리원판Ⅰ, 290555	新羅藝術展 出品
雙龍紋環頭太刀柄頭		小倉武之助	유리원판Ⅰ, 290569	新羅藝術展 出品
人物形土偶		小倉武之助	유리원판Ⅰ, 290579	新羅藝術展 出品
金銅三尊佛像		小倉武之助	유리원판Ⅰ, 290595	新羅藝術展 出品
金銅釋迦陵頻加像	경주	小倉武之助	유리원판Ⅰ, 290598	新羅藝術展 出品
綠釉菩薩佛頭, 三尊佛像		小倉武之助	유리원판Ⅰ, 290601	新羅藝術展 出品

품명	출토지	소장처 및 소장자	출처	비고
靑磁陽刻波龍文九龍首飾淨瓶		小倉武之助	유리원판Ⅱ, 430081	大和文華館 소장
靑磁堆花陰刻草花文注子		小倉武之助	유리원판Ⅱ, 430082	현 大阪市立東洋陶磁美術館
靑磁象嵌牧丹唐草文盒 등 靑磁 3점		小倉武之助	유리원판Ⅱ, 430083~430085	
石造浮屠		小倉武之助	유리원판Ⅲ, 408-1	보물 112호
石造浮屠		小倉武之助	유리원판Ⅲ, 408-2	보물 135호
粉靑沙器印花文鉢		小倉武之助	유리원판Ⅱ, 340780	
耳杯		小倉武之助	유리원판Ⅰ, 290626	新羅藝術展 出品
刷毛目双鳥刻文鉢		小倉武之助	陶磁10-2, 圖版3-1	
高麗靑磁九龍凸起文水瓶		小倉武之助	陶磁10-5	
銅製劍把	외동읍 입실리	小倉武之助	유리원판Ⅰ, 230133	현 日本 辰馬資料館 소장
小銅鐸	외동읍 입실리	小倉武之助	유리원판Ⅰ, 230138, 230139	
獸形石彫	삼국시대	小倉武之助	梅原資料1988, k11-497	
大方廣圓覺脩多羅了義		小倉進平[56]	活字展觀1931	조선 木活字
三韻通考		小倉進平	活字展觀1931	銅活字 甲寅
石硯		小川敬吉	古蹟圖譜9권, 4456, 4467	고려
白磁透彫龜甲文筆筒		小川敬吉	유리원판Ⅱ, 340622	
白磁透彫龜甲文筆筒		小川敬吉	古蹟圖譜15권, 6326	조선
熊川茶碗		小出英延	陶磁10-5	
蓮花紋圓瓦	경주부근	小平亮三	濱田1934, 圖版8-275	
橢圓瓦當	인왕리사지	小平亮三	濱田1934, 圖版18-259	
唐草紋平瓦	인왕리사지	小平亮三	濱田1934, 圖版40-530	
盌	경북 경주	小平亮三	古蹟圖譜3권, 1260	고신라
坩	경북 경주	小平亮三	古蹟圖譜3권, 1279	고신라
盌形 坩臺	경북 경주	小平亮三	古蹟圖譜3권, 1308	고신라
缶	경북 경주	小平亮三	古蹟圖譜3권, 1340	고신라
破瓦	경북 경주	小平亮三	古蹟圖譜3권, 1345, 1351, 1353	고신라
石函	경북 경주	小平亮三[57]	古蹟圖譜5권, 1730	통일신라
坩 및 塊	경북 경주	小平亮三	古蹟圖譜5권, 1732-1734	통일신라
坩 및 塊	경북 경주	小平亮三	古蹟圖譜5권, 1739	통일신라

품명	출토지	소장처 및 소장자	출처	비고
坩 및 埦	경북 경주	小平亮三	古蹟圖譜5권, 1744, 1748, 1751-1753, 1761, 1762	통일신라
坩	경북 경주	小平亮三	古蹟圖譜5권, 1776, 1779	통일신라
瓶	경북 경주	小平亮三	古蹟圖譜5권, 1782, 1787	통일신라
瓶 및 陶製器	경북 경주	小平亮三	古蹟圖譜5권, 1791	통일신라
甕釉蓋埦	경북 경주	小平亮三	古蹟圖譜5권, 1826	통일신라
사천왕사지 발견 釉塼	경북 경주군 내동면	小平亮三	古蹟圖譜5권, 2148, 2149, 2151, 2183-2185, 2189	통일신라
경주 부근의 발견 塼	경북 경주	小平亮三	古蹟圖譜5권, 2172, 2193	통일신라
경주 부근 발견 鬼瓦	경북 경주	小平亮三	古蹟圖譜5권, 2208, 2111, 2112	통일신라
경주 부근 발견 破瓦	경북 경주	小平亮三	古蹟圖譜5권, 2234-2236, 2239, 2242, 2249, 2250, 2252, 2257, 2262, 2265, 2267, 2269, 2273, 2274, 2277, 2278, 2280, 2285, 2288, 2289, 2293, 2296-2298, 2300, 2302, 2305, 2310, 2313, 2315, 2318-2320, 2324-2326, 2328, 2329, 2331, 2335-2337, 2339, 2340, 2344, 2352, 2375, 2376, 2378, 2379, 2383, 2386, 2390, 2392, 2394, 2395, 2397, 2403, 2411, 2414, 2415, 2418, 2425, 2427, 2429, 2432, 2440, 2443	통일신라
경주 부근 발견 □圓瓦	경북 경주	小平亮三	5권: 2445, 2446, 2452	통일신라
경주 부근 발견 唐草瓦	경북 경주	小平亮三	古蹟圖譜5권, 2463-2465, 2469, 2474, 2475, 2477, 2479, 2491, 2492, 2500, 2506, 2509, 2511, 2513, 2518, 2523, 2527, 2530, 2534-2536, 2540-2542, 2548, 2549, 2553, 2554, 2563, 2565, 2566, 2581, 2583, 2585, 2592, 2594, 2597, 2598, 2605, 2607, 2609-2611, 2624-2626, 2631, 2635-2637, 2642, 2648, 2650, 2653, 2656, 2659, 2660, 2671, 2676, 2677	통일신라
분황사 부근 발견 塼	경북 경주	小平亮三	古蹟圖譜5권: 2633, 2634	통일신라
器臺		小平亮三	유리원판Ⅲ, 348-13	
蓮花文수막새	경주	小平亮三	유리원판Ⅲ, 504-7	

품명	출토지	소장처 및 소장자	출처	비고
印花文骨壺		小平亮三	유리원판Ⅲ, 511-12	
蓮花文수막새片	경주 사천왕사지	小平亮三	유리원판Ⅲ, 511-7	
刷毛目杯		松原純一郎[58]	古蹟圖譜15권, 6086	조선
刷毛目壺		松原純一郎	古蹟圖譜15권, 6087	조선
彫三島瓶		松原純一郎	古蹟圖譜15권, 6093	조선
繪三島瓶		松原純一郎	古蹟圖譜15권, 6236	조선
繪三島俵壺		松原純一郎	古蹟圖譜15권, 6249	조선
白磁陽刻十長生文水柱		松原純一郎	古蹟圖譜15권, 6309	조선
辰砂繪蓮花文壺		松原純一郎	古蹟圖譜15권, 6350	조선*1938년 문명상회를 통해 일본으로 반출
鐵砂地陽刻葡萄文杯		松原純一郎	古蹟圖譜15권, 6389	조선
染付鳥形水柱		松原純一郎	古蹟圖譜15권, 6447	조선
染付蝙蝠文水柱		松原純一郎	古蹟圖譜15권, 6467	조선
染付獸鈕文水滴		松原純一郎	古蹟圖譜15권, 6478	조선
染付水滴		松原純一郎	古蹟圖譜15권, 6479	조선
染付獸形水滴		松原純一郎	古蹟圖譜15권, 6515	조선
染付蛙鷀文皿		松原純一郎	古蹟圖譜15권, 6518	조선
染付十長生文皿		松原純一郎	古蹟圖譜15권, 6539	조선
染付唐草文皿		松原純一郎	古蹟圖譜15권, 6540	조선
染付山水文重鉢		松原純一郎	古蹟圖譜15권, 6557	조선
染付透彫龍虎文枕		松原純一郎	古蹟圖譜15권, 6562	조선
琉璃油陽刻文水柱		松原純一郎	古蹟圖譜15권, 6574	조선
琉璃油水滴		松原純一郎	古蹟圖譜15권, 6580	조선
鐵砂地染付龍文筆筒		松原純一郎	古蹟圖譜15권, 6586	조선
粉靑沙器鐵畵唐草文장군		松原純一郎	유리원판Ⅱ, 340537	
粉靑沙器귀얄文壺		松原純一郎	유리원판Ⅱ, 340538	
靑華白磁陽刻長生文注子		松原純一郎	유리원판Ⅱ, 340539	
白磁鐵彩陽刻葡萄文杯		松原純一郎	유리원판Ⅱ, 340540	
白磁龜形硯滴		松原純一郎	유리원판Ⅱ, 340541	
白磁陽刻十長生文注子		松原純一郎	유리원판Ⅱ, 340542	
靑華白磁硯滴		松原純一郎	유리원판Ⅱ, 340543	
靑華白磁七寶文硯滴		松原純一郎	유리원판Ⅱ, 340544	

품명	출토지	소장처 및 소장자	출처	비고
靑華白磁硯滴		松原純一郞	유리원판Ⅱ, 340546	
靑華白磁鐵彩草花文접시		松原純一郞	유리원판Ⅱ, 340547	
靑華白磁唐草文접시		松原純一郞	유리원판Ⅱ, 340548	
靑華白磁十長生文접시		松原純一郞	유리원판Ⅱ, 340549	
靑華白磁獸形硯滴		松原純一郞	유리원판Ⅱ, 340551	
靑磁陰刻蓮花文照淸造銘梅甁		松原純一郞	유리원판Ⅳ, 596-13	현 東京國立博物館
粉靑沙器剝地蓮花文甁		松原純一郞	유리원판Ⅱ, 340064	
粉靑沙器鐵畵牧丹文甁		松原純一郞	유리원판Ⅱ, 340065	
白磁銅畵蓮花文壺		松原純一郞	유리원판Ⅱ, 340066	현 大阪市立東洋陶磁美術館
백자 5점		松原純一郞	유리원판Ⅱ, 340067~340071	
靑磁陰刻照淸造銘蓮花文甁		동경, 松原純一郞	野守健1944, 圖版10	
白磁辰砂蓮花文壺59)		松原純一郞	田中1942, 圖版32	
陽刻花文鐵砂杯		松原純一郞	田中1942, 圖版96	
鐘廐掛物, 火鉢唐金		松原早藏(정미소 운영)	부산일보, 1915년 6월 24	시정기념공진회에 출품
산수폭 3매		松田	부산일보, 1915년 6월 24	시정기념공진회에 출품
鐵砂草文甁		松井良輔	田中1942, 圖版64	岡田三郞助 舊藏
吳器茶盌		松平直亮	陶磁10-5	
粉引茶碗		松平直亮	陶磁10-5	
墓誌	계룡산 요지	松浦	陶磁1-2, 口繪8	'弘治三年' 年號
三島平茶碗	계룡산 요지	松浦	陶磁1-2, 口繪8	
三島手文字入(內資寺)皿		松浦厚(伯爵)	古蹟圖譜15권, 6161	조선
白磁四角盒子		水谷良一	田中1942, 圖版86	
白磁祭器		水谷良一	田中1942, 圖版88	
琉璃饌盒		水谷良一	田中1942, 圖版95	
鐵砂風竹文扁壺		水谷良一	田中1942, 圖版46	
飴釉面取甁		水谷良一	田中1942, 圖版65	
白磁透刻筆筒		水谷良一	田中1942, 圖版98	
靑磁象嵌柳文梅甁		水野正之丞60)	유리원판Ⅱ, 340498	경성 재주
黑釉盌		水野正之丞	古蹟圖譜15권, 6226	조선

품명	출토지	소장처 및 소장자	출처	비고
青磁象嵌雲鶴文대접		水野正之丞	유리원판Ⅱ, 340499	
黑釉盌		水野正之丞	유리원판Ⅱ, 340500	
青瓷象嵌雲鶴文梅瓶		水野正之丞	유리원판V, 430042	
魚形硯滴		水野正之丞	유리원판V, 430045	
白磁辰砂透刻筆筒		水野正之丞	유리원판V, 430046	
雙耳銅壺 및 銅勺	평양부근	京都 守屋孝藏	梅原1947, p85, 圖版222	
居攝元年内行花文鏡	석암리고분	京都 守屋孝藏	八田1934, p151 梅原1959, p5, 圖版136	1924년 석암리의 고분에서 도굴한 것으로 富田晉二의 舊藏.[61]
玉勝[62]		守屋孝藏	梅原1959, p18, 圖版234	
玳瑁梳		守屋孝藏	梅原1959, p28, 圖版295	
鳩形杖頭		守屋孝藏	梅原1959, p30, 圖版311	
清母子銅印	대동강면 토성	柴田極印	樂浪遺蹟1927, p33, 圖8	
金銅觀音像[63]	1907년 부여 규암면	市田次郎[64]	關野貞1942, p51	
透刻唐草文化粧盒入		市田次郎	小山1939, p36	
白黑象嵌葡萄唐草文胡蘆瓶		市田次郎	小山1939, p36	
鴛鴦香爐		市田次郎	小山1939, p36	
青磁印	공민왕릉 출토	市田次郎	小山1939, p36	
高麗青磁博山爐		市田次郎	小山1939, p36	
翡翠釉片口		市田次郎	小山1939, p36	
鐵砂釉菊花形大盒子		市田次郎	小山1939, p36	
高麗飴釉刻花文壺		市田次郎	小山1939, p36	
신라토기, 와당, 전		市田次郎	小山1939, p36	
純金製寶冠		市田次郎	小山1939, p36	
寶冠飾具		市田次郎	小山1939, p36	
완륜, 이륜, 대금구, 환두대도, 검두, 구옥, 관옥, 절자옥, 등		市田次郎	小山1939, p36	
金銅觀世音菩薩立像		市田次郎	小山1939, p36	
青磁象嵌牡丹文盌		市田次郎	野守健1944, p27	

품명	출토지	소장처 및 소장자	출처	비고
金銅冠鳥形前立金具	남선발견	市田次郎	古調1932, p78, 도판 27	
變形七乳鏡	경남양산	市田次郎	古調1932, p102, 도판40도	
細形銅劍, 小銅棒, 銅劍把金具, 多紐細文鏡, 銅鐶, 銅製鈴付柄頭	경주 입실리	市田次郎	梅原1947, p44	1920년 발견
蓮花紋圓瓦 2점	경주 남산 장창지	市田次郎	濱田1934, 圖版4-61, 94	
蓮花紋圓瓦	황룡사지	市田次郎	濱田1934, 圖版5-272	
蓮花紋圓瓦	탑리	市田次郎	濱田1934, 圖版6-47	
蓮花紋圓瓦	남간사지	市田次郎	濱田1934, 圖版6-48	
蓮花紋圓瓦	경주부근	市田次郎	濱田1934, 圖版6-274	
蓮花紋圓瓦 3점	경주부근	市田次郎	濱田1934, 圖版8-88, 187, 192	
蓮花紋圓瓦	남산 불곡	市田次郎	濱田1934, 圖版8-302	
蓮花紋圓瓦	사천왕사	市田次郎	濱田1934, 圖版9-216	
蓮花紋圓瓦	임해전지	市田次郎	濱田1934, 圖版10-130	
禽獸紋圓瓦	남간사지	市田次郎	圖版17-241	
□圓瓦當	무장사지	市田次郎	濱田1934, 圖版18-265	
唐草紋平瓦	사천왕사지	市田次郎	濱田1934, 圖版39-617	
禽獸紋平瓦	동천리사지	市田次郎	濱田1934, 圖版43-651	
禽獸紋平瓦	동천리사지	市田次郎	濱田1934, 圖版44-666	
飛天紋平瓦	보문사지	市田次郎	濱田1934, 圖版45-681	
粉青沙器鐵畵牧丹唐草文장군		市田次郎	유리원판Ⅱ: 340779	
銀製太鐶式耳飾	삼국시대	市田次郎	梅原資料1988, k7-277	
金製細鐶式耳飾		市田次郎	梅原資料1988, k8-293	
黃金製勾玉	조선 남부	市田次郎	梅原資料1988, k8-311	
水禽形容器		市田次郎	梅原資料1988, k11-454	
飛天文암막새	경주 동천리	市田次郎	유리원판Ⅰ, 290476	新羅藝術展 出品
禽獸紋平瓦	천군리사지	市田次郎	濱田1934, 圖版43-636	
繪三島俵壺		市田次郎	古蹟圖譜15권,	
銅製鐎斗	조선 남부	市田嘉則	梅原資料1988, k10-402	
蓋高杯	경주	柴田團九郎(65)	古蹟圖譜3권, 1258	柴田여관주
坩 및 塊	경주	柴田團九郎	古蹟圖譜5권, 1731	통일신라
坩 및 塊	경주	柴田團九郎	古蹟圖譜5권, 1754	통일신라

품명	출토지	소장처 및 소장자	출처	비고
蓮花紋圓瓦	천은사지	柴田團九郎	圖版3-37	
蓮花紋圓瓦	사천왕사지	柴田團九郎	濱田1934, 圖版3-38	
蓮花紋圓瓦	흥륜사지	柴田團九郎	濱田1934, 圖版3-57	
蓮花紋圓瓦 3점	경주부근	柴田團九郎	濱田1934, 圖版9-217, 218, 219	
蓮花紋圓瓦	남간사지	柴田團九郎	圖版12-172	
蓮花紋圓瓦	경주부근	柴田團九郎	濱田1934, 圖版13-200	
蓮花紋圓瓦	창림사지	柴田團九郎	圖版13-202	
蓮花紋圓瓦	사천왕사지	柴田團九郎	濱田1934, 圖版13-206	
蓮花紋圓瓦	천군리사지	柴田團九郎	圖版14-214	
禽獸紋圓瓦	창림사지	柴田團九郎	濱田1934, 圖版15-222	
禽獸紋圓瓦	천은사지	柴田團九郎	濱田1934, 圖版15-243	
禽獸紋圓瓦	창림사지	柴田團九郎	濱田1934, 圖版15-246	
禽獸紋圓瓦	보문사지	柴田團九郎	濱田1934, 圖版17-238	
楕圓瓦當	창림사지	柴田團九郎	濱田1934, 圖版18-262	
唐草紋平瓦	천은사지	柴田團九郎	濱田1934, 圖版42-528	
禽獸紋平瓦	창림사지	柴田團九郎	濱田1934, 圖版44-663	
禽獸紋平瓦	탑리	柴田團九郎	濱田1934, 圖版44-664	
新羅甑	망덕사지	柴田團九郎	濱田1934, 圖版63-1007	
印花文壺	경주	柴田團九郎	유리원판 I, 240165	
扁瓶	경주	柴田團九郎	유리원판 I, 240166	
陰刻波狀文장군	경주	柴田團九郎	유리원판 I, 240168	
수막새	경주 천은사지	柴田團九郎	유리원판 I, 290501	新羅藝術展 出品
寶相華수막새	경주 천군리	柴田團九郎	유리원판 I, 290503	新羅藝術展 出品
龍文암막새	경주 창림사지	柴田團九郎	유리원판 I, 290509	新羅藝術展 出品
寶相華文塼	경주 망덕사지	柴田團九郎	유리원판 I, 290556	新羅藝術展 出品
蓮花文수막새		柴田團九郎	유리원판 I, 290588	新羅藝術展 出品
寶相華文수막새	경주 창림사지	柴田團九郎	유리원판 I, 290590	新羅藝術展 出品
細形銅劍, 銅鑿, 細銅鑿, 內行花文鏡, 銅製劍把頭, 銅製平環, 銅製飾鋲[66]	평남 대동군 미림리	柴田鈴三[67]	梅原1947, p37, 38, 40圖版72~77, 82~85	
銅戈	평북 강계	柴田鈴三	梅原1947, p61, 圖版153	

품명	출토지	소장처 및 소장자	출처	비고
銅戈		柴田鈴三	梅原1947, p62, 圖版156	
銅劍 및 金具	평양 정백리 고분	柴田鈴三	梅原1947, p68, 圖版173	
銅製劍把	평양 대동군 미림리	柴田鈴三	梅原1947, p70, 圖版175	
銅製劍把頭飾	황해도	柴田鈴三	梅原1947, p78, 圖版204	
銅製劍把頭飾	평양부근	柴田鈴三	梅原1947, p79, 圖版206	
銅製劍把頭飾	평양부근	柴田鈴三	梅原1947, p79, 圖版210	
銅鍾	평양부근	柴田鈴三	梅原1948, p18, 圖版3	
建平四年漆盤	평양부근	柴田鈴三	梅原1948, p24, 圖版16	
鐵戟	평양부근	柴田鈴三	梅原1948, p52, 圖版71	
銅製鐵鉾殘缺	평양부근	柴田鈴三	梅原1948, p54, 圖版74	
黑漆銅裝鐵鉾	평양부근	柴田鈴三	梅原1948, p54, 圖版75	
銅鏃 4점	평양부근	柴田鈴三	梅原1948, p61, 62, 64, 圖版94, 96, 104, 113	
方格四乳葉文鏡(68)	정백리 토취장	柴田鈴三	梅原1959, p4, 圖版132	
三脚鉢形土器, 銅透文把手		柴田鈴三	梅原1959, p4	
環狀乳畵紋帶神獸鏡	석암리고분	柴田鈴三	梅原1959, p11, 圖版147	
上方獸帶鏡		柴田鈴三	梅原1959, p11, 圖版148	
玉環 2점		柴田鈴三	梅原1959, p19, 圖版238, 239	
耳璫 2대		柴田鈴三	梅原1959, p20, 圖版242	
獸形佩玉 3점		柴田鈴三	梅原1959, p22, 圖版257	
平玉		柴田鈴三	梅原1959, p23, 圖版262, 263	
銀釵		柴田鈴三	梅原1959, p27, 圖版290	
銀製透紋捉手	정백리	柴田鈴三	梅原1959, p31, 圖版312, 313	
金銅飾板金具	오야리고분	柴田鈴三	梅原1959, p31, 圖版314, 315	
靑銅熊脚		柴田鈴三	梅原1959, p36, 圖版328	
銅製獸面飾金具		柴田鈴三	梅原1959, p36, 圖版326	
金銅熊脚		柴田鈴三	梅原1959, p36, 圖版329	
棺飾金具		柴田鈴三	梅原1959, p38, 圖版332	
銅馬鐸		柴田鈴三	梅原1959, p39, 圖版338	
銅小鐸		柴田鈴三	梅原1959, p39, 圖版339	
鳳龍龜紋金銅馬面	정백리고분	柴田鈴三	梅原1959, p41, 圖版342	

품명	출토지	소장처 및 소장자	출처	비고
蓋弓帽	정백리	柴田鈴三	梅原1959, p46, 圖版352	
金銅頭鐵杖	정백리고분	柴田鈴三	梅原1959, p47, 圖版353	
金銅弓帽爪		柴田鈴三	梅原1959, p48, 圖版356	
金銅及銀弓帽爪 3점		柴田鈴三	梅原1959, p49, 圖版364, 365	
銅製小耳杯		柴田鈴三	梅原1959, p52, 圖版378	
銅小弩機		柴田鈴三	梅原1959, p52, 圖版379	
綠釉屋蓋		柴田鈴三	梅原1959, p52, 圖版380	
陶製椅子		柴田鈴三	梅原1966, p31, 圖版179	
金銅誕生佛像	사동	柴田鈴三	梅原1966, p32, 圖版187	
馬形帶鉤	평양	柴田鈴三	유리원판IV, 683-1	
鐎斗	평양	柴田鈴三	유리원판IV, 683-3	
裝身具	평양	柴田鈴三	유리원판IV, 683-5	
樂浪鏡	평양 부근	柴田鈴三	유리원판III, 383-3	
낙랑 飾金具		柴田鈴三	유리원판III, 383-6	
낙랑 銅製劍把頭飾, 石製劍把頭飾	대동강면 정백리	柴田鈴三	유리원판III, 383-11	
金銅風鐸		柴田鈴三	梅原1966, p33, 圖版195	
圓敎六卽義(고려 木活字)	天台大師 述	神尾式春	活字展觀1931	총독부 학무과장
釋迦如來成道記	道誠 註	神尾式春	活字展觀1931	조선 木活字
彫三島瓶		新田留次郞[69]	古蹟圖譜15권, 6092	조선
彫三島扁壺		新田留次郞	古蹟圖譜15권, 6099	조선
象嵌三島柳文瓶		新田留次郞	古蹟圖譜15권, 6119	조선
象嵌三島盒		新田留次郞	古蹟圖譜15권, 6125, 6126	조선
三島手文字入(禮賓)皿		新田留次郞	古蹟圖譜15권, 6167	조선
三島手文字入(禮賓)盌		新田留次郞	古蹟圖譜15권, 6170	조선
三島手文字入(內贍)盌		新田留次郞	古蹟圖譜15권, 6182	조선
三島手文字入(長興庫)盌		新田留次郞	古蹟圖譜15권, 6190	조선
三島手文字入(自)盌		新田留次郞	古蹟圖譜15권, 6224	조선
白磁透彫牧丹文壺		新田留次郞	古蹟圖譜15권, 6347	조선*국 · 박(보물 제240호)
鐵繪竹文瓶		新田留次郞	古蹟圖譜15권, 6381	조선
染付花鳥文壺		新田留次郞	古蹟圖譜15권, 6412	조선
染付把手附梅文瓶		新田留次郞	古蹟圖譜15권, 6422	조선
染付山水文扁壺		新田留次郞	古蹟圖譜15권, 6435	조선

품명	출토지	소장처 및 소장자	출처	비고
染付蝙蝠文水滴		新田留次郎	古蹟圖譜15권, 6477	조선
青華白磁山水文扁瓶		新田留次郎	유리원판Ⅱ, 340552	
白磁鐵畵蘭草文扁瓶		新田留次郎	유리원판Ⅱ, 340554	
白磁鐵畵竹文扁瓶		新田留次郎	유리원판Ⅱ, 340555	
粉青沙器印花文兩耳瓶		新田留次郎	유리원판Ⅱ, 340556	
粉青沙器象嵌柳文梅瓶		新田留次郎	유리원판Ⅱ, 340557	
粉青沙器牧丹文扁瓶		新田留次郎	유리원판Ⅱ, 340558	
青華白磁梅鳥文壺		新田留次郎	유리원판Ⅱ, 340560	
青華白磁詩銘硯滴		新田留次郎	유리원판Ⅱ, 340561	
青華白磁硯滴		新田留次郎	유리원판Ⅱ, 340562	
白土粉粧注子		新田留次郎	유리원판Ⅱ, 340563	
粉青沙器귀알文盒		新田留次郎	유리원판Ⅱ, 340564	
粉青沙器印花文盒		新田留次郎	유리원판Ⅱ, 340566	
青華白磁梅文圓筒形瓶		新田留次郎	유리원판Ⅱ, 340782	
기타 粉青沙器 6점		新田留次郎	유리원판Ⅱ, 340566~340576	
白磁透牧丹文壺		新田留次郎	陶磁11-4, p28	1939년 11월 寶物로 지정
粉青沙器鳥花魚文瓶		新田留次郎	유리원판Ⅱ, 340072	
白磁透彫牡丹文壺		新田留次郎	年鑑1941	소화15년도보물 지정, 현재 보물 제240호
皇明與地之圖		神宮文庫	古地圖展觀1932	명 1631년
부안요지에서 채집한 파편 200개		정읍의 深田泰壽	小山1939, p27	伊東愼雄은 특별히 우수한 것을 골라 구입
青磁陽刻花樹柳鷺文香爐		深田泰壽	野守健1944, 圖版12	군산 정미업자
枇杷小禽圖	鳳州 筆	阿以田治	名畫展覽會1931	
青瓷彫刻白星點猿猴附小壺		阿川重郎70)	古蹟圖譜8권, 3457	고려
青瓷陽刻唐草文壺		阿川重郎	古蹟圖譜8권, 3500	고려
白瓷陽刻草花文蓋壺		阿川重郎	古蹟圖譜8권, 3549	고려
青瓷象嵌雲鶴文合子		阿川重郎	古蹟圖譜8권, 3658	고려
青瓷象嵌牧丹文油壺		阿川重郎	古蹟圖譜8권, 3669	고려
青瓷象嵌菊花星點文油壺		阿川重郎	古蹟圖譜8권, 3672	고려

품명	출토지	소장처 및 소장자	출처	비고
黑釉白繪唐草文瓶		阿川重郎	古蹟圖譜8권, 3689	해방 후 국보 제372호로 지정되었으나 장석구가 일본으로 반출, 현재 安宅컬렉션에 포함[71]
靑瓷詩銘蒲柳文酒瓶		阿川重郎	古蹟圖譜8권, 3694	고려
彫三島盌		阿川重郎	古蹟圖譜15권, 6105	조선
象嵌三島草花文廣口壺		阿川重郎	古蹟圖譜15권, 6111	조선
象嵌三島水滴		阿川重郎	古蹟圖譜15권, 6138	조선
三島手盌		阿川重郎	古蹟圖譜15권, 6156	조선
申鉦肖像(金振汝 等 筆)		阿川重郎	古蹟圖譜14권, 6064	조선
高麗黑地白繪唐草文瓶		阿川重郎	陶磁12-1, 圖版1	
鐵彩白繪唐草文瓶		阿川重郎	野守健1944, p55, 揷圖52	1940년 보물로 지정(해방 후 일본으로 반출)
靑磁象嵌雲鶴文盒, 靑磁象嵌牧丹文釉瓶		阿川重郎	유리원판Ⅰ, 280579	
靑磁象嵌菊花魚子文釉瓶		阿川重郎	유리원판Ⅰ, 280581	
黑地白繪唐草文瓶		阿川重郎	陶磁11-4, p28	1939년 11월 寶物로 지정
粉靑沙器印花文대접		阿川重郎	유리원판Ⅱ, 340795	
粉靑沙器印花文鉢		阿川重郎	유리원판Ⅱ, 340797	
粉靑沙器印花文硯滴		阿川重郎	유리원판Ⅱ, 340798	
高麗黑地白繪唐草文瓶		阿川重郎	陶磁12-1, 圖版1(조선보물)	
鐵砂白繪唐草文瓶		阿川重郎	年鑑1941	소화15년도조서보물고적지정
粉靑沙器印花文硯滴		阿川重郎	유리원판Ⅰ, 280015	
染附梅花文水滴		安倍能成	田中1942, 圖版118	경성대 교수
染附驅鹿文瓶		安倍能成	田中1942, 圖版29	
粉靑沙器象嵌雲鶴文盒		安部直介[72]	유리원판Ⅱ, 340489	경성 재주
靑華白磁梅花文硯滴		安部直介	유리원판Ⅱ, 340491	
彫三島瓶		安部直介	古蹟圖譜15권, 6093	조선
彫三島橫口扁壺		安部直介	古蹟圖譜15권, 6101	조선
三島手文字入(松魯合願)盒		安部直介	古蹟圖譜15권, 6197	조선
染付梅花文水滴		安部直介	古蹟圖譜15권, 6483	조선

품명	출토지	소장처 및 소장자	출처	비고
粉青沙器剝地草花文瓶		安部直介	유리원판Ⅱ, 340085	
花鳥猫狗圖		岸淸一	古蹟圖譜14권, 5868 關野貞1942, p198 年鑑1939	동경제실박물관 회화 진열 *북한 조선미술박물관
角杯臺	보문리고분	岩見久光	유리원판Ⅰ, 230149	경주경찰서장
注子	보문리고분	岩見久光	유리원판Ⅰ, 230153	
臺付異形土器	보문리고분	岩見久光	유리원판Ⅰ, 230154	
陶質器 5개	1922년 외동면 보문리 고분	岩見久光	古調1924, p12, 도판10, 도판11-2도, 도판12도	
高麗靑磁象嵌葡萄文水瓶		岩崎小彌太[73]	陶磁10-5	
靑磁象嵌葡萄唐草童子文注子 등 靑磁 9점		岩崎小彌太	유리원판Ⅱ, 430038~430047	
粉靑沙器象嵌波魚文瓶 등 粉靑沙器 4점		岩崎小彌太	유리원판Ⅱ, 430048~430051	
白磁銅畵葡萄文瓶 등 白磁 8점		岩崎小彌太	유리원판Ⅱ, 430052~430059	
高靈仁壽府銘三島水指		岩崎小彌太	陶磁7-2, 圖版1	
御所丸茶碗		岩崎小彌太	陶磁10-5	重要美術品
高麗靑磁象嵌葡萄文胡蘆形水注		岩崎小彌太	陶磁11-1	1939년 1월 13일 중요미술품지정
朝鮮染付草花文面取壺	경기도 광주 분원요	岩崎小彌太	陶磁11-3, p-29,圖版1	
朝鮮染付草花文面取壺	광주 분원요	岩崎小彌太	陶磁11-3, p-29,圖版1	
三島手文字入(高靈仁壽府)壺		岩崎小彌太	古蹟圖譜15권, 6107	조선
玉子手(銘: 小倉山)		岩崎小彌太	古蹟圖譜15권, 6276	조선
花鳥圖(屛風)		岩田衛	名畵展覽會1931	
黑釉水滴	반포면 학봉리	野崎朝吉	古調1929, 圖版75-1	충청남도 경찰서에 근무
刷毛目水滴	반포면 학봉리	野崎朝吉	古調1929, 圖版75-2	
刷毛目硯殘片	반포면 학봉리	野崎朝吉	古調1929, 圖版75-3	
刷毛目托盞	반포면 학봉리	野崎朝吉	古調1929, 圖版75-4	

품명	출토지	소장처 및 소장자	출처	비고
陶器	반포면 학봉리	野崎朝吉	古調1929, 圖版76	
粉青沙器귀얄文托盞		野崎朝吉	유리원판Ⅱ, 340781	
繪三島壺	반포면 학봉리	野崎朝吉	古調1929, 圖版50	
青瓷陽刻蓮花文盌		野崎朝吉	古蹟圖譜8권, 3490	고려
刷毛目托盞		野崎朝吉	古蹟圖譜15권, 6084	조선
異形石器	어을동고성	野本喜一	樂浪遺蹟1927, p238, 圖67	
誕生佛[74]		野野垣	『매일신보』1937년 4월 28일자.	해군연료창 회계과장
白磁透彫蓮花文筆筒		野守健	古蹟圖譜15권, 6322	조선
染付梅竹文水滴		野守健	古蹟圖譜15권, 6465	조선
染付山水文皿		野守健	古蹟圖譜15권, 6524	조선
青華白磁梅竹文硯滴		野守健	유리원판Ⅱ, 340620	
青華白磁雲鶴山水文접시		野守健	유리원판Ⅱ, 340621	
白磁透刻蓮花文筆筒		野守健	유리원판Ⅱ, 340786	
帶黃暗褐釉瓶		野守健	野守健1944, p65, 揷圖60-1	
黃綠釉瓶		野守健	野守健1944, p65, 揷圖60-2	
평양외성내 발견 瓦	평양 평양부	永峰治定	古蹟圖譜2권, 411	관측소 기수
銅造釋迦如來立像		永山近彰	古蹟圖譜5권, 2038, 2076	통일신라
青華白磁銅彩草花文筆筒		永田英三[75]	유리원판Ⅱ: 340577	
辰砂繪葡萄文壺		永田英三	古蹟圖譜15권, 6355	조선
鐵繪竹文瓶		永田英三	古蹟圖譜15권, 6369	조선
染付薔薇文壺		永田英三	古蹟圖譜15권, 6404	조선
染付菊文壺		永田英三	古蹟圖譜15권, 6411	조선
染付草花文壺		永田英三	古蹟圖譜15권, 6407	조선
染付桐文瓶		永田英三	古蹟圖譜15권, 6414	조선
染付山水文瓶		永田英三	古蹟圖譜15권, 6417	조선
染付樓閣文瓶		永田英三	古蹟圖譜15권, 6418	조선
染付花鳥文瓶		永田英三	古蹟圖譜15권, 6428	조선
染付草花文油壺		永田英三	古蹟圖譜15권, 6438	조선
染付松靈芝文油壺		永田英三	古蹟圖譜15권, 6439	조선
染付草花文油壺		永田英三	古蹟圖譜15권, 6441	조선
染付蘭油壺		永田英三	古蹟圖譜15권, 6442	조선

품명	출토지	소장처 및 소장자	출처	비고
染付菊花文水柱		永田英三	古蹟圖譜15권, 6445	조선
染付透彫蓮花文筆筒		永田英三	古蹟圖譜15권, 6459	조선
染付山水文筆筒		永田英三	古蹟圖譜15권, 6461	조선
染付草花文水滴		永田英三	古蹟圖譜15권, 6481	조선
染付蘭文水滴		永田英三	古蹟圖譜15권, 6488	조선
染付獸形水滴		永田英三	古蹟圖譜15권, 6513	조선
染付花鳥文皿		永田英三	古蹟圖譜15권, 6517	조선
染付魚文皿		永田英三	古蹟圖譜15권, 6521	조선
染付辰砂繪草花文筆筒		永田英三	古蹟圖譜15권, 6612	조선
青華白磁山水文筆筒		永田英三	유리원판Ⅱ, 340578	
白磁透刻蓮花文筆筒		永田英三	유리원판Ⅱ, 340579	
青華白磁獸形硯滴		永田英三	유리원판Ⅱ, 340580	
青華白磁草花文硯滴		永田英三	유리원판Ⅱ, 340581	
青華白磁蘭文硯滴		永田英三	유리원판Ⅱ, 340582	
그 외 白磁 9점		永田英三	유리원판Ⅱ, 340583~340591	
白磁鐵畵竹文壺 등 白磁 4점		永田英三	유리원판Ⅱ: 340074~340077	
青華白磁草花文壺 등 青華白磁 4점		永田英三	유리원판Ⅱ, 340768~340772	
岬山寺陽刻平瓦	갑산사	奧田悌	大坂1931, p82	
黃龍陽刻平瓦	황룡사	奧田悌	大坂1931, p83	
甲山寺銘平瓦	경주	奧田悌	大坂1931	
三郎寺銘平瓦	경주	奧田悌	大坂1931	
墨蘭圖	李昰應 筆	奧村惠	古蹟圖譜14권, 6027	경시
蘭圖	李昰應 筆	奧村惠	名畵展覽會1931	
三島手文字入(禮賓)皿		奧平武彦[76]	古蹟圖譜15권, 6166	조선
鐵繪菊竹文壺		奧平武彦	古蹟圖譜15권, 6375	조선
鐵繪竹文壺		奧平武彦	古蹟圖譜15권, 6377	조선
鐵繪梅花文壺		奧平武彦	古蹟圖譜15권, 6384	조선
白磁鐵畵菊竹文壺		奧平武彦	유리원판Ⅱ, 340519	
白磁鐵畵竹文壺		奧平武彦	유리원판Ⅱ, 340520	
白磁鐵畵花文壺		奧平武彦	유리원판Ⅱ, 340521	
粉靑沙器印花文禮賓銘접시		奧平武彦	유리원판Ⅱ, 340522	
고려 刀子, 비녀		奧平武彦	유리원판Ⅱ, 330278	

품명	출토지	소장처 및 소장자	출처	비고
고려 銅製帶鉤		奧平武彦	유리원판Ⅱ:,330279	
三島鳴銘平鉢		奧平武彦	陶磁10-2, 陶磁10-2, 圖版1	
人物文水注	용매도 출토	奧平武彦	奧平武彦1937, p5, 삽도2	
分院의 古記錄		奧平武彦	小山1939, p32	
각종의 畵角張		奧平武彦	小山1939, p32	
'河濱遺範'銘靑磁鉢		奧平武彦	小山1939, p32	
官司名記三島		奧平武彦	陶磁7-2, 圖版8	
禮賓銘無象嵌三島平鉢		奧平武彦	陶磁7-2, 圖版5	
鐵砂風竹文壺		奧平武彦	田中1942, 圖版48	
古染付馬上盃		奧平武彦	陶磁6-4, 圖版4	
朝鮮染付山水人物圖瓶		奧平武彦	陶磁6-4, 圖版5-a	
高麗靑磁畵金每月双鳳文盌77)		奧平武彦	陶磁6-6, 圖版2	
朝鮮地圖帖		奧平武彦	古地圖展觀1932	天下總圖, 中國圖, 朝鮮各道圖 10枚
與地圖		奧平武彦	古地圖展觀1932	天下圖, 中國圖, 日本國圖, 琉球國圖, 東國八道總圖
朝鮮地圖帖		奧平武彦	古地圖展觀1932	刊 1卷, 朝鮮各道圖, 天下圖, 中國圖, 日本國圖, 琉球國圖 12圖
銀製太鐶式耳飾	삼국시대	玉林善太郎	梅原資料1988, k7-276	
銀製冠飾	전 경주	玉林善太郎	梅原資料1988, k7-267	
金製細鐶式耳飾	남선	玉林善太郎	梅原資料1988, k8-285	
銀製銙帶, 垂下佩	조선 남부	玉林善太郎	梅原資料1988, k8-301	
銀製帶金具	조선 남부	玉林善太郎	梅原資料1988, k8-301	
金製勾玉	조선 남부	玉林善太郎	梅原資料1988, k8-314	
金銅如來立像	삼국시대	玉林善太郎	梅原資料1988, k12-522	
滑石鳳紋四脚台		羽戶喜太郎	梅原1966, p33, 圖版191	
夢遊桃源圖	安堅 筆	園田才治	名畵展覽會1931	
馬鐸	입실리 출토	原進	古調1925, 부록도판32-1	
水注 및 德利	계룡산	越田常太郎	陶磁1-2, 口繪9	주식회사 횡전상점 상무이사

품명	출토지	소장처 및 소장자	출처	비고
象嵌三島片口		越田常太郎	古蹟圖譜15권, 6129	조선
繪三島水柱		越田常太郎	古蹟圖譜15권, 6256	조선
染付山水文杯		越田常太郎	古蹟圖譜15권, 6568	조선
粉青沙器鐵畫草花文注子		越田常太郎	유리원판Ⅱ, 340792	
粉青沙器印花文片口鉢		越田常太郎	유리원판Ⅱ, 340793	
繪三島水注	공주	越田常太郎	古調1929, 圖版60-1	
三島手片口	공주	越田常太郎	古調1929, 圖版72-2	
白磁三耳附壺		越田	유리원판Ⅰ, 280032	
青華白磁山水文脚附蓋		越田	유리원판Ⅰ, 280033	
白磁銅畫菊花文瓶		越田	유리원판Ⅰ, 280034	
熊川(銘: 加賀紫)		越澤太助	古蹟圖譜15권, 6275	조선
粉青沙器鐵畫草文대접	공주 반포면	有賀光豊	유리원판Ⅳ, 600-3	
迦陵頻伽文圓瓦	경주읍북문	有光敎一	濱田1934, 圖33	
禽獸紋平瓦	임해전지	有光敎一	濱田1934, 圖版44-665	
朝鮮染付牡丹文壺		有尾佐治	陶磁3-3, 揷圖	
染附梅花文壺		柳宗悅	田中1942, 圖版2	
染附蘭文字入壺		柳宗悅	田中1942, 圖版5	
粉青沙器彫花文扁瓶		柳宗悅	유리원판Ⅰ, 280001	
粉青沙器印花文대접		柳宗悅	유리원판Ⅰ, 280002	
粉青沙器鐵畫牧丹文장군		柳宗悅	유리원판Ⅰ, 280004	
青華白磁山水文盒		柳宗悅	유리원판Ⅰ, 280006	
白磁八角壺 등 4점		柳宗悅	유리원판Ⅱ: 340624~340628	
白磁角形瓶 등 27점		柳宗悅	유리원판Ⅱ: 340635~340661	
紫陽花圖(金秀哲 筆)		柳宗悅	古蹟圖譜14권, 6025	조선
染附蛾模樣水滴		柳宗悅	田中1942, 圖版110	
蓮花圖	姜世晃 筆	柳宗悅	名畫展覽會1931	
菊花圖	姜世晃 筆	柳宗悅	名畫展覽會1931	
紫陽花圖	金秀哲 筆	柳宗悅	名畫展覽會1931	
草蟲圖(2幅)		柳宗悅	名畫展覽會1931	
辰砂虎文壺		柳宗悅	田中1942, 圖版31	
紫陽花圖	金秀哲 筆	柳宗悅	關野貞1942, p204	
迦陵頻伽文平瓦	사사리	栗原	濱田1934, 圖35	경주 골동상
金銅製冠[78]	삼국시대	伊東豊雄	梅原資料1988, k7-271	

품명	출토지	소장처 및 소장자	출처	비고
金銅菩薩立像	삼국시대	伊東豊雄	梅原資料1988, k11-523	
籠繪脚附坩	경북 경주	伊藤藤太郎[79]	古蹟圖譜3권, 1327	고신라
籠繪脚附坩圖樣	경북 경주	伊藤藤太郎	古蹟圖譜3권, 1328-1331	고신라
蓋附長頸壺		伊藤藤太郎	유리원판Ⅲ, 348-5	
脚附廣口坩[80]		伊藤藤太郎		
三島手文字入(觀童心)皿		伊藤愼雄[81]	古蹟圖譜15권, 6221	조선
三島手文字入盌		伊藤愼雄	古蹟圖譜15권, 6223	조선
高句麗金銅阿彌陀三尊像	1930년 가을, 황해도 곡산군 화촌면 봉산리	伊藤愼雄	關野貞1942, p43, 16圖, p499, 308圖	
金花盌	용매도 출토	伊藤愼雄	奧平武彦1937, p5	
高麗白磁片 2점	부안	伊藤愼雄	小山1939, p27, 3圖	
高麗辰砂牡丹文植木鉢破片		伊藤愼雄	小山1939, p28, 4圖	小山富士夫는 名器珍器로 표현
高麗天目釉色見破片		伊藤愼雄	小山1939, p29, 5圖	小山富士夫는 名器珍器로 표현
高麗青磁白象嵌寶相華唐草文鐵鉢		伊藤愼雄	小山1939, p30	小山富士夫는 名器珍器로 표현
高麗青磁'忽只初番'銘盌		伊藤愼雄	小山1939, p30	小山富士夫는 名器珍器로 표현
青磁雙耳小壺	경남하동면	伊藤愼雄	小山1939, p30	小山富士夫는 名器珍器로 표현
甕類	전남 해남	伊藤愼雄	小山1939, p30	小山富士夫는 名器珍器로 표현
白磁辰砂唐草文瓶		伊藤愼雄	小山1939, p30	小山富士夫는 名器珍器로 표현
染付'道光年制'銘鉢		伊藤愼雄	小山1939, p30	小山富士夫는 名器珍器로 표현
彫三島四方瓶	전남	伊藤愼雄	小山1939, p30	小山富士夫는 名器珍器로 표현
淳化四年銘壺[82]		伊藤愼雄	野守健1944, 圖版8	1939년 11월 寶物로 지정. 현재 이대박물관
青磁象嵌破片		伊藤愼雄	野守健1944, p46, 挿圖45	
青磁象嵌忽只初番銘盃		伊藤愼雄	野守健1944, p99, 挿圖90	
青磁象嵌畵金盌	강화도	伊藤愼雄	野守健1944, p61	

품명	출토지	소장처 및 소장자	출처	비고
文字入甁		伊藤愼雄	野守健1944, p111, 揷圖103	
銀打出天馬紋飾金具	정백리고분	伊藤愼雄	梅原1959, p31, 圖版316	
靑瓷象嵌寶相花文盌		伊藤愼雄	陶磁11-4, p28	1939년 11월 寶物로 지정
象嵌寶珠文字入合子[83]		伊藤愼雄	年鑑1941	소화15년도 보물 지정
粉靑沙器印花文在銘대접		伊藤愼雄	유리원판Ⅱ, 340494	경성 재주
粉靑沙器印花文觀音·心銘 접시		伊藤愼雄	유리원판Ⅱ, 340496	
靑磁象嵌在銘盒		伊藤愼雄	유리원판Ⅱ, 390253	
靑磁象嵌在銘盒 蓋		伊藤愼雄	유리원판Ⅱ, 390254	
白磁象嵌牧丹文盌片		伊藤愼雄	유리원판Ⅱ, 420089	
靑磁鐵畵草文鉢 등 靑磁 4점		伊藤愼雄	유리원판Ⅱ, 420089~420093	
粉靑沙器象嵌雲鶴文梅甁 등 粉靑沙器 12점		伊藤愼雄	유리원판Ⅱ, 420094~420106	
白磁鐵畵竹文甁 등 白磁 5점		伊藤愼雄	유리원판Ⅱ, 420107~420111	
象嵌寶珠文嘉慶甲子銘合子		伊藤愼雄	陶磁11-4, p28	1939년 11월 寶物로 지정
靑磁象嵌寶相花文盌		伊東愼雄	年鑑1941	소화15년도조서 보물고적지정
嘉慶九年銘三島香盒		伊藤愼雄	松平1937	
粉靑沙器鳥花魚文扁甁 등 粉靑沙器 5점		伊藤武雄	유리원판Ⅱ, 430130~430134	
白磁鐵畵草文甁 등 2점		伊藤武雄	유리원판Ⅱ, 430135, 430136	
綠釉印花文骨壺[84]		伊藤武雄		국보 제125호
漢圓瓦 4점	대동강면 토성	伊藤庄兵衛[85]	濱田1934, 圖4	
고구려 圓瓦 6점	평양부근	伊藤庄兵衛	濱田1934, 圖5	
고구려 圓瓦 4점	개성부근	伊藤庄兵衛	濱田1934, 圖6	
고구려 平瓦 2점	개성부근	伊藤庄兵衛	濱田1934, 圖6	
特殊瓦	임해전지	伊藤庄兵衛	濱田1934, 圖13-4	
蓮花紋圓瓦	경주부근	伊藤庄兵衛	濱田1934, 圖版2-20, 27, 30, 35, 42	
蓮花紋圓瓦	보문사지	伊藤庄兵衛	濱田1934, 圖版3-34	

품명	출토지	소장처 및 소장자	출처	비고
蓮花紋圓瓦 2점	경주부근	伊藤庄兵衛	濱田1934, 圖版5-98, 105	
蓮花紋圓瓦	남간사지 2점	伊藤庄兵衛	濱田1934, 圖版6-49, 151	
蓮花紋圓瓦	경주부근	伊藤庄兵衛	濱田1934, 圖版6-273	
蓮花紋圓瓦	경주부근	伊藤庄兵衛	濱田1934, 圖版7-163	
蓮花紋圓瓦 2점	경주부근	伊藤庄兵衛	濱田1934, 圖版9-77, 85	
蓮花紋圓瓦	삼랑사지	伊藤庄兵衛	濱田1934, 圖版10-123	
蓮花紋圓瓦	보문사지	伊藤庄兵衛	濱田1934, 圖版10-129	
蓮花紋圓瓦	천은사지	伊藤庄兵衛	濱田1934, 圖版12-189	
禽獸紋圓瓦	임해전지	伊藤庄兵衛	濱田1934, 圖版15-224	
橢圓瓦當	사천왕사지	伊藤庄兵衛	濱田1934, 圖版18-256	
唐草紋平瓦	사천왕사지	伊藤庄兵衛	濱田1934, 圖版濱田1934, 39-510	
唐草紋平瓦	경주부근	伊藤庄兵衛	圖版39-630	
唐草紋平瓦	인왕리	伊藤庄兵衛	濱田1934, 圖版41-513	
唐草紋平瓦	임해전지	伊藤庄兵衛	圖版41-543	
唐草紋平瓦	경주부근	伊藤庄兵衛	濱田1934, 圖版41-546	
唐草紋平瓦	창림사지	伊藤庄兵衛	濱田1934, 圖版41-544	
禽獸紋平瓦	탑리	伊藤庄兵衛	濱田1934, 圖版43-656	
飛天紋平瓦	경주부근	伊藤庄兵衛	濱田1934, 圖版45-674	
飛天紋平瓦	남간사지	伊藤庄兵衛	濱田1934, 圖版45-675	
飛天紋平瓦	고선사지	伊藤庄兵衛	濱田1934, 圖版45-684	
新羅壁甎 4점	울산 농소면 중산리	伊藤庄兵衛	濱田1934, 圖版64-1033, 1034, 1035, 1040	
新羅鬼板 2점	경주부근	伊藤庄兵衛	濱田1934, 圖版74-1200, 1201	
大康十年銘金鼓		伊藤庄兵衛	유리원판IV: 699-10	
大晉元康瓦當		伊藤庄兵衛	梅原1959, p55, 圖版395	京都
建武九年銘塼	황해도	伊藤庄兵衛	古調1938-1, p1	
怪獸文半瓦當(高句麗)		伊藤庄兵衛	諸岡1935, 圖版89	
瓦當	평양부근	京都 伊藤庄兵衛	梅原1966, p36, 圖版220, 221	
辰砂鳥文面取壺		伊藤助右衛	田中1942, 圖版40	
朝鮮染付野菊圖扁壺		伊藤俊一	陶磁11-3, p29, 圖版2	
朝鮮飴釉唐草刻線文扁壺	황해도	伊藤俊一	陶磁11-3, p29, 圖版3	

품명	출토지	소장처 및 소장자	출처	비고
朝鮮白磁硯		伊藤俊一	陶磁11-3, p30, 圖版4	
朝鮮染付野菊圖扁壺		伊藤俊一	陶磁11-3, p29, 圖版2	
朝鮮飴釉唐草刻線文扁壺	황해도 신주군 사기동	伊藤俊一	陶磁11-3, p29, 圖版3	
朝鮮白磁硯		伊藤俊一	陶磁11-3, p30, 圖版4	
關東第一江山帖(5冊)		林權助[86]	名畵展覽會1931	
青瓷象嵌蓮花文瓶		林權助	古蹟圖譜8권, 3628	고려
青瓷象嵌柳蘆文瓶		林權助	古蹟圖譜8권, 3629	고려
青瓷象嵌雲鶴菊花文睡壺		林權助	古蹟圖譜8권, 3680	고려
青瓷象嵌飛雲牧丹文盒		林權助	古蹟圖譜8권, 3681	고려
青瓷象嵌透刻方枕		林權助	古蹟圖譜8권, 3683	고려
青磁象嵌蓮花文瓶		林權助	유리원판V, 83-1	
青磁象嵌雲鶴菊花文瓶		林權助	유리원판V, 83-2	
青磁象嵌透刻方枕		林權助	유리원판V, 84-3	
青磁象嵌飛雲牧丹文盒		林權助	유리원판V, 84-1	
西行一千里圖(1券)		林雅之助	名畵展覽會1931	
蘇東坡笠□圖	朱鶴年 筆	林田康雄	東洋美術展1915	
山水圖	朱鶴年 筆	林田康雄	東洋美術展1915	朱鶴年이 阮堂에게 준 것
染附山水文壺		立花押尾	田中1942, 圖版19	
繪三島瓶	공주	自賀光豊	古調1929, 圖版古調1929, 66-1	
粉青沙器鐵畵草文盞		藏本清次郎	유리원판Ⅱ, 340788	
繪三島瓶	공주	藏本浩次郎	圖版66-2	
繪三島盌		藏本清次郎	古蹟圖譜15권, 6250	조선
粉引		長尾欽彌[87]	古蹟圖譜15권, 6282	조선
刷毛目壺		長尾欽彌	陶磁10-2, 圖版2	
高麗天目白雲鶴文瓶		長尾欽彌	陶磁10-5	
水晶卵形佩玉		長岸	梅原1959, p4	
牧丹圖	東皐 筆	長原坦	名畵展覽會1931	
染附辰砂蓮花文壺		赤星五郎	田中1942, 圖版10	농장주
鐵砂象嵌文瓶		赤星五郎	田中1942, 圖版68	
染附線模樣粉盒		赤星五郎	田中1942, 圖版101	土井濱一 舊藏
染附二重饌盒		赤星五郎	田中1942, 圖版103	
鐵砂草文水滴		赤星五郎	田中1942, 圖版114	

품명	출토지	소장처 및 소장자	출처	비고
鐵砂一陳箱形水滴		赤星五郎	田中1942, 圖版127	
鐵砂鷺蓮華文壺		赤星五郎	田中1942, 圖版54	富田儀作, 住井辰男 舊藏
白磁象嵌龍文瓶		赤星佐七	유리원판Ⅱ, 430087	
粉靑沙器象嵌牧丹文瓶 등 4점		赤星佐七	유리원판Ⅱ, 430088~430091	현 大阪市立東洋陶磁美術館
白磁鐵畵草文壺		赤星佐七	유리원판Ⅱ, 430092	일본 개인 소장
靑華白磁蘭文壺		赤星佐七	유리원판Ⅱ, 430093	현 大阪市立東洋陶磁美術館
靑華白磁唐草文盒		赤星佐七	유리원판Ⅱ, 430094	일본 개인 소장
眞宗寶鑑	1923년, 충청도 간	赤松智城	佛敎典籍1934	경성대 교수
天地人陽經註		赤松智城	佛敎典籍1934	도광13년
佛經要集		赤松智城	佛敎典籍1934	1926년
高麗靑磁象嵌文角形杯		田邊武次	陶磁10-5	제지회사 중역
高麗靑磁象嵌唐草文角形杯		田邊武次	陶磁11-1	1939년 1월 13일 중요미술품지정
粉靑沙器象嵌蓮花文角杯		田邊武次	유리원판Ⅱ, 430065	일본
鐵砂竹文壺		田邊武次	田中1942, 圖版55	
花鳥山水圖	李至松 筆	田邊孝次	名畵展覽會1931	선전심사위원
辰砂寶盡面取壺		田邊至	田中1942, 圖版39	선전심사위원
染附月下草文皿		田邊至	田中1942, 圖版73	
白磁角瓶		田邊至	田中1942, 圖版81	
白磁輪形水滴		田邊至	田中1942, 圖版121	
朝鮮鐵繪壺		田邊至	陶磁5-6, 揷圖	
繪高麗唐草文瓶		田邊至	陶磁6-6, 圖版4	
染附山水文角瓶		田邊至	田中1942, 圖版23	
井戶茶碗		前田利爲	陶磁10-5	
三島手文字入(禮賓)皿		田中明[88]	古蹟圖譜15권, 6165	조선
三島手文字入(禮賓)盌		田中明	古蹟圖譜15권, 6168	조선
三島手文字入(內)皿		田中明	古蹟圖譜15권, 6171	조선
三島手文字入(內膽)盌		田中明	古蹟圖譜15권, 6175, 6183	조선
三島手文字入(長興庫)盌		田中明	古蹟圖譜15권, 6195	조선
三島手文字入(內賓)盌		田中明	古蹟圖譜15권, 6204	조선

품명	출토지	소장처 및 소장자	출처	비고
三島手文字入(天)皿		田中明	古蹟圖譜15권, 6207	조선
象嵌三島文字入(菓)皿		田中明	古蹟圖譜15권, 6208	조선
三島手文字入(仁)皿		田中明	古蹟圖譜15권, 6212	조선
三島手文字入(禾)筒盌		田中明	古蹟圖譜15권, 6213	조선
三島手文字入(梁)皿		田中明	古蹟圖譜15권, 6215	조선
三島手文字入(大)皿		田中明	古蹟圖譜15권, 5216	조선
三島手文字入(公)皿		田中明	古蹟圖譜15권, 6217	조선
三島手文字入(崔)皿		田中明	古蹟圖譜15권, 6219	조선
白磁把手附割高臺盌		田中明	古蹟圖譜15권, 6283	조선
白磁把手附盌		田中明	古蹟圖譜15권, 6292	조선
染付桃梅文壺		田中明	古蹟圖譜15권, 6406	조선
染付葡萄文皿		田中明	古蹟圖譜15권, 6536	조선
朝鮮染付仙桃文壺[89]		田中明	奧平1938, 도판	
長興庫銘盌		田中明	유리원판Ⅱ, 340593	
白磁兩耳杯		田中明	유리원판Ⅱ, 340594	
靑華白磁葡萄文접시		田中明	유리원판Ⅱ, 340596	
粉靑沙器 15점		田中明	유리원판Ⅱ, 340597~340615	
地名冠記三島		田中明	陶磁7-2, 圖版6	
仁壽府, 長興庫銘三島		田中明	陶磁7-2, 圖版7	
無地刷毛目平茶碗	무안	田中明	陶磁10-6, 圖版2	
陰刻波狀文장군	경주	田中寅吉	유리원판Ⅰ, 240167	공영식산 중역
鐵砂柳文壺		田中豊太郎	田中1942, 圖版51	
染附蓮華面取壺		田中豊太郎	田中1942, 圖版76	
白磁四角盒子		田中豊太郎	田中1942, 圖版85	
白磁梅花文筆筒		田中豊太郎	田中1942, 圖版99	
染附撫子文扁壺		田中豊太郎	田中1942, 圖版20	
金銅熊脚	대동강면 정백리	田增關一	樂浪遺蹟1927, p378, 도265	1925년 도굴분 출토
双耳壺		田增關一	樂浪遺蹟1925, 圖版1222	평양중학교 교유
낙랑 四乳神獸鏡	대동강면	田增關一	유리원판Ⅱ, 250078	
樂浪 流雲文帶鳥文鏡	대동강면	田增關一	유리원판Ⅰ, 250224	
樂浪 流雲文帶四神鏡片	대동강면	田增關一	유리원판Ⅰ, 250225	
樂浪鏡 2개	대동강면	田增關一	유리원판Ⅰ, 250226, 250227	

품명	출토지	소장처 및 소장자	출처	비고
樂浪 銅印,熊脚	대동강면	田增關一	유리원판Ⅰ, 250228	
銅製博山爐	대동강면	田增關一	유리원판Ⅰ, 250230	
樂浪 銅甑	대동강면	田增關一	유리원판Ⅰ, 250231	
樂浪 銀製盌	대동강면	田增關一	유리원판Ⅰ, 250233	
낙랑 九支燈架	대동강면	田增關一	유리원판Ⅱ, 250051	
四乳神獸鏡		田增關一	樂浪遺蹟1925, 圖版1316	
四乳四仙鏡 2면		田增關一	樂浪遺蹟1925, 圖版1319, 1320	
石劍	부여 은산면	前川熊十	有光1938, 삽도1-1	
異形鈴	낙동강 유역	鮎貝房之進[90]	古調1925, 부록도판37-1,2	
銅製八手形鈴	낙동강 유역	鮎貝房之進	古調1925, 부록도판38	
畫青磁楊柳文筒形瓶[91]		鮎貝房之進		
동검	평남	鮎貝房之進	古調1925, 부록도판53-2	
銅製鈴付入手形飾金具, 銅製鈴飾	낙동강 유역	鮎貝房之進	梅原1947, p55,56, 圖版138, 139	
사천왕사지 발견 釉塼[92]	경북 경주군 내동면	鮎貝房之進	古蹟圖譜5권, 2147	통일신라* 현재 국·박 소장
青瓷麒麟形蓋香爐[93]		鮎貝房之進	古蹟圖譜8권, 3467	국보 제65호
陰陽刻文鉸具		鮎貝房之進	古蹟圖譜9권, 4173	고려
高麗朝水瓶		鮎貝房之進	大觀1910	
高麗酒瓶 2개		鮎貝房之進	大觀1910	
고려화병 및 盌		鮎貝房之進	大觀1910	
高麗青瓷盤		鮎貝房之進	大觀1910	
청자수병 및 盒		鮎貝房之進	大觀1910	
懶翁和尚歌頌語錄	고려 慧勤 저	鮎貝房之進	佛教典籍1934	고려 恭愍王12년
首楞嚴經要解	남송 戒環 解	鮎貝房之進	佛教典籍1934	태종8년
山谷詩集註	黃庭堅 저	鮎貝房之進	活字展觀1931	고려 木活字
釋苑詞林	義天 集	鮎貝房之進	活字展觀1931	고려 木活字
東坡笠屐圖	阮堂 金正喜 筆	鮎貝房之進	阮堂展觀1932	
漁山吳歷東坡笠屐圖	吳歷	鮎貝房之進	阮堂展觀1932	阮堂 舊藏
無垢淨光大陁羅尼經, 無垢淨塔願記[94]		鮎貝房之進	阮堂展觀1932	阮堂 舊藏品으로 창림사탑에서 나온 것임[95]
禮堂手寫檀弓 1권		鮎貝房之進	阮堂展觀1932	

품명	출토지	소장처 및 소장자	출처	비고
髦?도		鮎貝房之進	阮堂展觀1932	
秋景山水圖	朱鶴年 筆	鮎貝房之進	阮堂展觀1932	
阮堂 舊藏	老稼齋燕行道(1冊)	鮎貝房之進	名畵展覽會1931	
彫三島甁		奈良井多一郞	古蹟圖譜15권, 6106	법원 검사
象嵌三島唐草文水柱		奈良井多一郞	古蹟圖譜15권, 6121	조선
銅造觀音像[96]	1907년 부여 규암면	庭瀨博章[97]	關野貞1942, p51, 21圖	현재 부여박물관, 국보
銅造釋迦如來立像		正木直彦	古蹟圖譜5권, 2019	통일신라
扇面山水圖	沈師正 筆	正木直彦	名畵展覽會1931	동경미술학교장
御所丸(銘: 夕陽)		井上勝之助	古蹟圖譜15권, 6281	일본 외무성 서기관
圓頭筒形有鍔銅器	경주 입실리	井上乙彦	古調1925	철도국 기사
伊羅保(銘: 池水)		井上平兵衛	古蹟圖譜15권, 6280	조선
鐵彩象嵌草花文梅甁		井上恒一	유리원판Ⅱ, 430067	
染附辰砂牡丹文壺		井上恒一	田中1942, 圖版13	柳宗悅 舊藏
靑磁童女形硯滴		井上恒一	유리원판Ⅱ, 430068	1941년 4월 9일 일본중요미술품 지정. 陶磁13-2
高麗白磁水禽文盌		井上恒一	유리원판Ⅱ, 430072	
白磁銅畵人物文角甁		井上恒一	유리원판Ⅱ, 430073	
綏和元年漆杯	평양	東京 井上恒一	梅原1948, 도21	1941년 초 평양에서 일본으로 가져간 4개의 紀年銘漆器 중 1개이다. 1935년경 출토된 것으로 전한다. 梅原1948, p. 28.)
綏和元年漆耳杯[98]	평양부근	동경 井上恒一	梅原1948, p28, 圖版21	
高麗靑磁人形水滴		井上恒一	陶磁13-2	1941년 4월 9일부 일본중요미술품 지정
佛像鑄型斷片	평양	諸岡榮治[99]	關野貞1942, p502, 314圖	
飾金具	대동강면	諸岡榮治	古調1925, p24, 도판12-1	
銅鉾	대동강면	諸岡榮治	古調1925, 부록도판64-4	

품명	출토지	소장처 및 소장자	출처	비고
'長', '蟬印', '尉' 封泥	대동강면 토성	諸岡榮治	樂浪遺蹟1927, p30, 圖4,5,6	
綠釉塼斷片	대동강면	諸岡榮治	樂浪遺蹟1927, p268, 圖94	
畵像塼 5점	대동강면	諸岡榮治	樂浪遺蹟1927, p270, 圖95~97, 98, 101	
萬歲瓦當	평양	諸岡榮治	樂浪遺蹟1927, p276, 圖105	1926년 출토
塼 5점	대동강면	諸岡榮治	樂浪遺蹟1927, p262, 圖76,77, 80, 81, 84	
樂浪富貴瓦當斷片		諸岡榮治	樂浪遺蹟1927, p276, 圖108	
銅環刀		諸岡榮治	樂浪遺蹟1927, p358, 圖224	
鐵劍		諸岡榮治	樂浪遺蹟1927, p358, 圖225	
鐵環刀		諸岡榮治	樂浪遺蹟1927, p358, 圖226	
壺		諸岡榮治	樂浪遺蹟1925, 圖版1231	
龍虎宜子鏡		諸岡榮治	樂浪遺蹟1925, 圖版1308	
「黏蟬章印」封泥		諸岡榮治	八田1934, p79,	
樂浪禮官瓦	낙랑유적	諸岡榮治	八田1934, p144	
千秋萬歲瓦	낙랑유적	諸岡榮治	八田1934, p148, 도	
綠釉陶鶩	낙랑유적	諸岡榮治	八田1934, p168	
綠釉陶鐘	낙랑유적	諸岡榮治	八田1934, p169	
鐵劍 3점	낙랑유적	諸岡榮治	八田1934, p230	
獸面文瓦		諸岡榮治	八田1934, p247, 도	
獸形佩玉		諸岡榮治	梅原1959, p22, 圖版256	
漆釵		諸岡榮治	梅原1959, p27, 圖版291	
玳瑁笄	석암리고분	諸岡榮治	梅原1959, p28, 圖版294	
鳩形杖頭		諸岡榮治	梅原1959, p30, 圖版310	
瓦當	평양부근	諸岡榮治	梅原1966, p35, 圖版216	
萬歲瓦當		諸岡榮治	梅原1959, p55, 圖版391	
滑石如來坐像	황주부근	諸岡榮治	梅原1966, p32, 圖版190	
鬼板瓦	청암리 폐사지	諸岡榮治	梅原1966, p34, 圖版198	
瓦當	평양	諸岡榮治	高句麗遺蹟1929, 圖版42	
瓦當	평양 토성리	諸岡榮治	高句麗遺蹟1929, 圖版43	

품명	출토지	소장처 및 소장자	출처	비고
巴瓦	평양 토성리	諸岡榮治	高句麗遺蹟1929, 圖版47, 48, 50, 56, 67, 74, 89, 90, 115, 116, 120, 122, 124, 135, 136, 137, 140, 171, 173, 199, 237, 247, 255, 256, 268, 271	
巴瓦	평양	諸岡榮治	高句麗遺蹟1929, 圖版53, 79, 81, 88, 94, 95, 103, 146, 156, 157, 160, 162, 164, 177, 180, 208, 217, 219, 226, 238, 244, 257, 265, 284	
巴瓦	청암리	諸岡榮治	高句麗遺蹟1929, 圖版106, 129, 130, 264	
巴瓦	미산리	諸岡榮治	高句麗遺蹟1929, 圖版97, 145, 148, 212, 248	
巴瓦	평천리	諸岡榮治	高句麗遺蹟1929, 圖版183	
巴瓦	안학궁	諸岡榮治	高句麗遺蹟1929, 圖版189, 191	
巴瓦	반교리	諸岡榮治	高句麗遺蹟1929, 圖版254	
面戶瓦	토성리	諸岡榮治	高句麗遺蹟1929, 圖版313	
弦月瓦	평양	諸岡榮治	高句麗遺蹟1929, 圖版297	
唐草瓦	평양	諸岡榮治	高句麗遺蹟1929, 圖版298	
平瓦殘片	평양	諸岡榮治	高句麗遺蹟1929, 圖版329, 366, 373, 377, 378, 379, 386, 387, 399	
唐草瓦	청암리	諸岡榮治	圖版300	
平瓦殘片	안학궁	諸岡榮治	高句麗遺蹟1929, 圖版370	
塼	부벽루부근	諸岡榮治	高句麗遺蹟1929, 圖版400	
塼	장매리	諸岡榮治	高句麗遺蹟1929, 圖版401	
樂浪富貴瓦當(樂浪)	평양 토성	諸岡榮治	諸岡1935, 圖版2	
萬歲瓦當(樂浪)	평양 토성	諸岡榮治	諸岡1935, 圖版4	
千秋萬歲瓦當(樂浪)	평양 토성	諸岡榮治	諸岡1935, 圖版5, 6	
蕨手文瓦當(樂浪) 9점	평양 토성	諸岡榮治	諸岡1935, 圖版7~15	
四葉文瓦當(樂浪)	평양 토성	諸岡榮治	諸岡1935, 圖版16	
狩獵文墓塼(樂浪)	대동강면	諸岡榮治	諸岡1935, 圖版17	
白虎文墓塼(樂浪)	대동강면	諸岡榮治	諸岡1935, 圖版18, 21	
動物文墓塼(樂浪)	대동강면	諸岡榮治	諸岡1935, 圖版22	
文字文墓塼(樂浪) 6점	대동강면	諸岡榮治	諸岡1935, 圖版23~28	
人物文墓塼(樂浪)	대동강면	諸岡榮治	諸岡1935, 圖版29	
幾何學文墓塼(樂浪) 19점	대동강면	諸岡榮治	諸岡1935, 圖版30~48	

품명	출토지	소장처 및 소장자	출처	비고
仙兎藥文墓塼(樂浪)	대동강면	諸岡榮治	諸岡1935, 圖版19	
魚文墓塼(樂浪)	대동강면	諸岡榮治	諸岡1935, 圖版20	
輻線蓮花文瓦當(高句麗) 2점	토성	諸岡榮治	諸岡1935, 圖版49, 50	
輻線蓮花文瓦當(高句麗) 2점	청암리	諸岡榮治	諸岡1935, 圖版51, 52	
蓮花文瓦當(高句麗) 2점	류사리	諸岡榮治	諸岡1935, 圖版53, 54	
蓮花文瓦當(高句麗) 3점	토성	諸岡榮治	諸岡1935, 圖版55, 57, 58,	
蓮花文瓦當(高句麗) 5점	청암리	諸岡榮治	諸岡1935, 圖版56, 61, 62, 60, 59	
蓮花文瓦當(高句麗) 4점	평양	諸岡榮治	諸岡1935, 圖版63, 64, 75, 76	
蓮花獸面文瓦當(高句麗)	토성	諸岡榮治	諸岡1935, 圖版65	
蓮花忍冬文瓦當(高句麗)	평양	諸岡榮治	諸岡1935, 圖版69	
蓮花忍冬文瓦當(高句麗)	토성	諸岡榮治	諸岡1935, 圖版70	
忍冬華文瓦當(高句麗)	모란대	諸岡榮治	諸岡1935, 圖版73	
忍冬華文瓦當(高句麗)	토성	諸岡榮治	諸岡1935, 圖版74	
橫蓮花文瓦當(高句麗)	평양	諸岡榮治	諸岡1935, 圖版77	
五角繋忍冬文瓦當(高句麗)	평양	諸岡榮治	諸岡1935, 圖版78	
六角繋文瓦當(高句麗)	평양	諸岡榮治	諸岡1935, 圖版79	
蓮花忍冬文瓦當(高句麗)	모란대	諸岡榮治	諸岡1935, 圖版80	
花文瓦當(高句麗)	평양	諸岡榮治	諸岡1935, 圖版81	
蓮花文瓦當(高句麗)	평양	諸岡榮治	諸岡1935, 圖版82	
變樣蓮花文瓦當(高句麗) 2점	평양	諸岡榮治	諸岡1935, 圖版83, 84	
飾紐文瓦當(高句麗)	평양	諸岡榮治	諸岡1935, 圖版71	
遊虯文瓦當(高句麗)	평양	諸岡榮治	諸岡1935, 圖版72	
忍冬文瓦當(高句麗)	토성	諸岡榮治	諸岡1935, 圖版85	
渦線文瓦當(高句麗)	평양	諸岡榮治	諸岡1935, 圖版86	
獸面文瓦當(高句麗)	청암리	諸岡榮治	諸岡1935, 圖版66	
獸面文瓦當(高句麗) 2점	평양	諸岡榮治	諸岡1935, 圖版67, 68	
輻線珠文瓦當(高句麗)	평양	諸岡榮治	諸岡1935, 圖版87	
蛙文半瓦當(高句麗)		諸岡榮治	諸岡1935, 圖版90	
變形蛙文半瓦當(高句麗) 2점		諸岡榮治	諸岡1935, 圖版91, 92	

품명	출토지	소장처 및 소장자	출처	비고
獸面文半瓦當(高句麗)	평양	諸岡榮治	諸岡1935, 圖版93	
草花文半瓦當(高句麗)	평양	諸岡榮治	諸岡1935, 圖版94	
樂浪 內行花文日月鏡, 銅製帶鉤	대동강면	諸岡榮治	유리원판Ⅰ, 250301	
樂浪 銀製指環, 樂浪 金製指環	대동강면	諸岡榮治	유리원판Ⅰ, 250302	
樂浪 銅製盌	대동강면	諸岡榮治	유리원판Ⅰ, 250311	
樂浪 鐎斗	대동강면	諸岡榮治	유리원판Ⅰ, 250312	
樂浪 耳杯	대동강면	諸岡榮治	유리원판Ⅰ, 250314	
樂浪 有蓋壺	대동강면	諸岡榮治	유리원판Ⅰ, 250315	
樂浪 수막새	대동강면	諸岡榮治	유리원판Ⅰ, 250316	
樂浪 수막새편	대동강면	諸岡榮治	유리원판Ⅰ, 250317	
樂浪鏡 2점	대동강면	諸岡榮治	유리원판Ⅱ, 250052, 250053	
낙랑 綠釉陶壺	대동강면	諸岡榮治	유리원판Ⅱ, 250054	
鬼面瓦	평남 청암리	諸岡榮治	유리원판Ⅲ, 499-16	
銅環	대동강면	諸岡榮治	유리원판Ⅰ, 300386	
낙랑 坩	대동강면	諸岡榮治	유리원판Ⅰ, 300387	
樂浪富貴銘수막새		諸岡榮治	유리원판Ⅱ, 330168	
千秋萬歲수막새		諸岡榮治	유리원판Ⅱ, 330169	
낙랑 수막새 9점		諸岡榮治	유리원판Ⅱ, 330172~330180	
鐵鏃, 銅鏃		諸岡榮治	유리원판Ⅰ, 250207	
樂浪 封泥	대동강면 토성리	諸岡榮治	유리원판Ⅰ, 280099	
綠釉陶鵞		諸岡榮治	樂浪遺蹟1925, 圖版1247	
보문리고분 현실내 발견 漆喰枕	경북 경주군 내동면	諸鹿央雄[100]	古蹟圖譜3권, 1214, 1215	고신라
보문리고분 현실내 발견 瓦	경북 경주군 내동면	諸鹿央雄	古蹟圖譜3권, 1216, 1217	고신라
경주군 발견 石足座	경북 경주군	諸鹿央雄	古蹟圖譜3권, 1218	고신라
경주군 발견 瓦枕 및 塼	경북 경주군	諸鹿央雄	古蹟圖譜3권, 1219	고신라
경주군 발견 玉類	경북 경주군	諸鹿央雄	古蹟圖譜3권, 1232	고신라
냉천리 발견 柄頭	경북 경주군	諸鹿央雄	古蹟圖譜3권, 1234	고신라
보문리 발견 鉸具	경북 경주군	諸鹿央雄	古蹟圖譜3권, 1235, 1236	고신라
파와	경북 경주군	諸鹿央雄	古蹟圖譜3권, 1343, 1352	고신라

품명	출토지	소장처 및 소장자	출처	비고
사천왕사지 발견 碑破片	경북 경주군 내동면	諸鹿央雄	古蹟圖譜4권, 1588	통일신라
사천왕사지 발견 釉塼	경북 경주군 내동면	諸鹿央雄	古蹟圖譜5권, 2152, 2153, 2155-2158,	통일신라
사천왕사지 발견 塼	경북 경주군 내동면	諸鹿央雄	古蹟圖譜5권, 2186, 2188	통일신라
경주 부근 발견 塼	경북 경주	諸鹿央雄	古蹟圖譜5권, 2175, 2178, 2190, 2192, 2194, 2195, 2202, 2205	통일신라
경주 부근 발견 鬼瓦	경북 경주	諸鹿央雄	5권: 2210, 2213, 2221	통일신라
경주 부근 발견 破瓦	경북 경주	諸鹿央雄	古蹟圖譜5권, 2241, 2251, 2254, 2255, 2261, 2268, 2287, 2290, 2292, 229, 2308, 2314, 2316, 2327, 2330, 2334, 2338, 2342, 2343, 2345, 2358, 2364, 2365, 2369, 2371-2373, 2380, 2385, 2387-2389, 2391, 2396, 2401, 2402, 2406, 2412, 2416, 2422, 2423, 2426, 2430, 2436	통일신라
경주 부근 발견 楕圓瓦	경북 경주	諸鹿央雄	古蹟圖譜5권, 2448-2450	통일신라
경주 부근 발견 唐草瓦	경북 경주	諸鹿央雄	古蹟圖譜5권, 2454, 2456-2458, 2471, 2478, 2480-2482, 2489, 2495, 2496, 2498, 2502, 2508, 2515, 2517, 2539, 2543, 2550, 2555, 2560, 2567, 2582, 2596, 2622, 2627, 2628, 2630, 2638, 2639, 2641, 2643, 2646, 2647, 2651, 2652, 2654, 2655, 2673	통일신라
경주 부근 발견 平瓦	경북 경주	諸鹿央雄	古蹟圖譜5권, 2716, 2718, 2719, 2724	통일신라
碧釉鬼板	사천왕사	諸鹿央雄	古調1924, p21, 도판23-1	
綠釉方形飾瓦	사천왕사	諸鹿央雄	古調1924, 도판23-2	
唐草文天鳥文塼	사천왕사	諸鹿央雄	古調1924, p22	
磨製石鏃 11점, 石劍	경주부근	諸鹿央雄	古調1924, 도판7	
陶質器	경주 북천면	諸鹿央雄	古調1924, 도판 11-1,3,4도	
小形銅鐸	입실리 출토	諸鹿央雄	古調1925, 부록도판 29	
銅製轡	경주 내남면	諸鹿央雄	古調1925, 부록도판41	
銅製鈴	입실리 출토	諸鹿央雄	古調1925, 부록도판34	

품명	출토지	소장처 및 소장자	출처	비고
迦陵頻伽文圓瓦	경주 남산서록	諸鹿央雄	濱田1934, 圖33	
迦陵頻伽文圓瓦	경주 남간사지	諸鹿央雄	濱田1934, 圖33	
迦陵頻伽文平瓦	남간사지	諸鹿央雄	濱田1934, 圖35	
禽獸紋圓瓦	사천왕사지	諸鹿央雄	濱田1934, 圖版15-225	
禽獸紋圓瓦	경주읍성	諸鹿央雄	濱田1934, 圖版16-234	
禽獸紋圓瓦	신동리사지	諸鹿央雄	濱田1934, 圖版16-237	
禽獸紋圓瓦	인왕리사지	諸鹿央雄	濱田1934, 圖版17-240	
禽獸紋圓瓦	천군리사지	諸鹿央雄	濱田1934, 圖版17-253	
新羅甑	분황사	諸鹿央雄	濱田1934, 圖版61-1027	
鬼板	흥복사	諸鹿央雄	新羅古瓦譜1926, 圖版1	
鬼板(綠釉) 2점	사천왕사	諸鹿央雄	新羅古瓦譜1926, 圖版2	
鬼板	인왕리사지	諸鹿央雄	新羅古瓦譜1926, 圖版3	
鬼板	굴불사	諸鹿央雄	新羅古瓦譜1926, 圖版4-1	
鬼板	석불사	諸鹿央雄	新羅古瓦譜1926, 圖版4-2	
平瓦	창림사지	諸鹿央雄	新羅古瓦譜1926, 圖版5-1	
平瓦	황룡사지	諸鹿央雄	新羅古瓦譜1926, 圖版5-2	
平瓦	남산리장곡	諸鹿央雄	新羅古瓦譜1926, 圖版5-3	
平瓦	인왕리사지	諸鹿央雄	新羅古瓦譜1926, 圖版5-4	
平瓦	창림사지	諸鹿央雄	新羅古瓦譜1926, 圖版6-1	
平瓦	남산리장곡	諸鹿央雄	新羅古瓦譜1926, 圖版6-2	
平瓦	사천왕사지	諸鹿央雄	新羅古瓦譜1926, 圖版6-3	
平瓦	임해전지	諸鹿央雄	新羅古瓦譜1926, 圖版6-4	
平瓦	천군리사지	諸鹿央雄	新羅古瓦譜1926, 圖版7-1	
平瓦 2점	사천왕사지	諸鹿央雄	新羅古瓦譜1926, 圖版7-2,3	
平瓦	남산리장곡	諸鹿央雄	新羅古瓦譜1926, 圖版7-4	
平瓦	인왕리사지	諸鹿央雄	新羅古瓦譜1926, 圖版8-1	
平瓦	임해전지	諸鹿央雄	新羅古瓦譜1926, 圖版8-2	
平瓦	황룡사지	諸鹿央雄	新羅古瓦譜1926, 圖版8-3	
平瓦	창림사지	諸鹿央雄	新羅古瓦譜1926, 圖版8-4	
平瓦 3점	인왕리사지	諸鹿央雄	新羅古瓦譜1926, 圖版9-1, 4, 5	
平瓦	황룡사지	諸鹿央雄	新羅古瓦譜1926, 圖版9-2	
平瓦	임해전지	諸鹿央雄	新羅古瓦譜1926, 圖版9-3	

품명	출토지	소장처 및 소장자	출처	비고
平瓦	인왕리사지	諸鹿央雄	新羅古瓦譜1926, 圖版10-1	
平瓦 2점	사천왕사지	諸鹿央雄	新羅古瓦譜1926, 圖版10-2,3	
平瓦	흥륜사지	諸鹿央雄	新羅古瓦譜1926, 圖版10-4	
平瓦	흥복사지	諸鹿央雄	新羅古瓦譜1926, 圖版11-1	
平瓦	경주 월성	諸鹿央雄	新羅古瓦譜1926, 圖版11-2	
平瓦	흥륜사지	諸鹿央雄	新羅古瓦譜1926, 圖版11-3	
平瓦	사천왕사지	諸鹿央雄	新羅古瓦譜1926, 圖版11-4	
平瓦	천주사지	諸鹿央雄	圖版11-5	
平瓦	황룡사지	諸鹿央雄	新羅古瓦譜1926, 圖版11-6	
平瓦	남산리장곡	渡理	圖版12-1	
平瓦	임해전지	諸鹿央雄	新羅古瓦譜1926, 圖版12-2	
平瓦	인왕리사지	諸鹿央雄	新羅古瓦譜1926, 圖版12-3	
平瓦	남산리장곡	諸鹿央雄	新羅古瓦譜1926, 圖版12-4	
平瓦	창림사지	諸鹿央雄	新羅古瓦譜1926, 圖版12-5	
平瓦 2점	천군리사지	諸鹿央雄	新羅古瓦譜1926, 圖版13-1,2	
平瓦 3점	황룡사지	諸鹿央雄	新羅古瓦譜1926, 圖版14-1, 2, 3	
平瓦	사천왕사지	諸鹿央雄	新羅古瓦譜1926, 圖版14-4	
平瓦	황룡사지	諸鹿央雄	新羅古瓦譜1926, 圖版15-1	
平瓦 2점	인왕리사지	諸鹿央雄	新羅古瓦譜1926, 圖版15-2,3	
平瓦	황룡사지	諸鹿央雄	新羅古瓦譜1926, 圖版16-1	
平瓦	남산리장곡	諸鹿央雄	新羅古瓦譜1926, 圖版16-2, 3	
平瓦	황룡사지	諸鹿央雄	新羅古瓦譜1926, 圖版16-4	
平瓦	인왕리사지	諸鹿央雄	新羅古瓦譜1926, 圖版16-5	
飾瓦 2점	사천왕사지	諸鹿央雄	新羅古瓦譜1926, 圖版17-1,2	
飾瓦(綠釉)	사천왕사지	諸鹿央雄	新羅古瓦譜1926, 圖版17-3	
飾瓦	남산리	諸鹿央雄	新羅古瓦譜1926, 圖版17-4	
塼	임해전지	諸鹿央雄	新羅古瓦譜1926, 圖版18	
塼	임해전지	諸鹿央雄	新羅古瓦譜1926, 圖版19	
塼 4점	사천왕사지	諸鹿央雄	新羅古瓦譜1926, 圖版20, 21	
塼 2점	분황사지	諸鹿央雄	新羅古瓦譜1926, 圖版22-1,2	
塼	월성	諸鹿央雄	新羅古瓦譜1926, 圖版22-3	
銅鏃	경주 외동면 효문리	諸鹿央雄	유리원판Ⅰ, 151106	

품명	출토지	소장처 및 소장자	출처	비고
유리구슬, 각종, 曲玉		諸鹿央雄	유리원판Ⅰ, 151119	
靑銅製三累環頭	경주 외동읍 효문동	諸鹿央雄	유리원판Ⅰ, 151120	
靑銅製銙帶裝飾	경주 보문동	諸鹿央雄	유리원판Ⅰ, 151120	
靑銅製八稜形裝飾	경주 남산	諸鹿央雄	유리원판Ⅰ, 151120	
土製品	경주 남산	諸鹿央雄	유리원판Ⅰ, 151120	
石斧	울산 병영 북부	諸鹿央雄	유리원판Ⅰ, 151121	
石槍과 반달돌칼	울산군 병영 북쪽	諸鹿央雄	유리원판Ⅰ, 151122	
石鏃	경주 남산, 외동읍, 경주 와산리	諸鹿央雄	유리원판Ⅰ, 151123~151126	1915년
瓔珞付高杯, 臺付把手盞	경주 북천면	諸鹿央雄	유리원판Ⅰ, 230142	
綠釉方形着固瓦230146	사천왕사지	諸鹿央雄	유리원판Ⅰ, 230146	
綠釉鬼面瓦	사천왕사지	諸鹿央雄	유리원판Ⅰ, 230147	
粉靑沙器印花文慶州長興庫銘대접	경주	諸鹿央雄	유리원판Ⅰ, 230158	
粉靑沙器印花文慶州長興庫銘접시	경주	諸鹿央雄	유리원판Ⅰ, 230159	
土偶	경주	諸鹿央雄	유리원판Ⅰ, 240156~240159	
臺付把手盞	경주 북천면	諸鹿央雄	유리원판Ⅰ, 240162	
人物飾把手盞	경주	諸鹿央雄	유리원판Ⅰ, 240163	
小銅鐸	경주 입실리	諸鹿央雄	유리원판Ⅰ, 240175	
靑銅製鈴	경주 입실리	諸鹿央雄	유리원판Ⅰ, 240176	
磨製石鏃 각종[101]	경주 부근	諸鹿央雄	유리원판Ⅲ, 372-10	
印花文骨壺		諸鹿央雄	유리원판Ⅲ, 347-7	현 중앙박물관
寶相華文塼片	경주	諸鹿央雄	유리원판Ⅲ, 504-8	
飛天文암막새	경주 임해전지	諸鹿央雄	유리원판Ⅲ, 505-7	
蓮花文수막새片	경주 인왕도	諸鹿央雄	유리원판Ⅲ, 511-1	
蓮花文수막새片	경주 흥륜사지	諸鹿央雄	유리원판Ⅲ, 513-4	
瓦片	금강산 장연사	諸鹿央雄	유리원판Ⅲ, 537-3	

품명	출토지	소장처 및 소장자	출처	비고
瓦, 石製足座	보문리 고분 현실	諸鹿央雄	유리원판IV, 749-1, 2	
昌林寺陽刻平瓦	창림사	諸鹿央雄	大坂1931, p84	
昌林寺銘平瓦	경주	諸鹿央雄	大坂1931	
青華白磁龜形硯滴		鳥谷薦	유리원판II, 420054	군산 재주
青華白磁詩銘角形瓶		鳥谷薦	유리원판II, 420055	
三島手文字入(禮賓)皿		早野龍三[102]	古蹟圖譜15권, 6164	조선
粉青沙器印花文禮賓銘접시		早野龍三	유리원판II, 340536	
琉璃油水滴		佐瀬直衛	古蹟圖譜15권, 6576	총독부 사회교육과 촉탁
회령 壺		佐佐木	유리원판I, 280035	
회령 鉢		佐佐木	유리원판I, 280037	
粉青沙器鐵畵魚文瓶 등 粉青沙器 등 3점		佐佐木茂索	유리원판II, 430076~430080	
銅製淨瓶		住井辰男[103]	古蹟圖譜9권, 4077	고려
純金觀音像 및 小佛龕 一部		住井辰男	古蹟圖譜9권, 4275	고려
銅製燭臺		住井辰男	古蹟圖譜9권, 4291, 4292	고려
銀印		住井辰男	古蹟圖譜9권, 4356, 4357	고려
鳳凰鈕銅印		住井辰男	古蹟圖譜9권, 4367	고려
龍魚紐銅印		住井辰男	古蹟圖譜9권, 4368	고려
青瓷銅印		住井辰男	古蹟圖譜9권, 4373	고려
刷毛目盌		住井辰男	古蹟圖譜15권, 6083	조선
三島手盌		住井辰男	古蹟圖譜15권, 6143	조선
繪三島盌		住井辰男	古蹟圖譜15권, 6253	조선
繪三島片口		住井辰男	古蹟圖譜15권, 6254	조선
鐵繪虎及鷲文壺		住井辰男	古蹟圖譜15권, 6372	조선
刷手目瓢形瓶	공주	住井辰男	古調1929, 圖版58-2	
繪三島瓶	공주	住井辰男	古調1929, 圖版59-2	
刷毛目盌 2점	공주	住井辰男	古調1929, 圖版65	
繪三島歪鉢	공주	住井辰男	古調1929, 圖版67-2	
繪三島片	공주	住井辰男	古調1929, 圖版72-1	
繪三島俵壺	반포면 학봉리	住井辰男	古調1929, 圖版73-2	
粉青沙器귀얄文 대접		住井辰南	유리원판I, 280009	

품명	출토지	소장처 및 소장자	출처	비고
粉靑沙器귀얄文鉢		住井辰南	유리원판Ⅰ, 280012	
粉靑沙器鐵畵牧丹文瓶		住井辰南	유리원판Ⅰ, 280013	
粉靑沙器鐵畵草花文瓶		住井辰南	유리원판Ⅰ, 280014	
粉靑沙器鐵畵草文盞		住井辰男	유리원판Ⅱ, 340787	
粉靑沙器鐵畵草文片口鉢		住井辰男	유리원판Ⅱ, 340794	
粉靑沙器鐵畵草文瓶	공주 반포면	住井辰男	유리원판Ⅲ, 577-1	
雨漏		酒井忠正	古蹟圖譜15권, 6278	백작
魚屋(銘: 春霞)		井忠正	古蹟圖譜15권, 6279	
舍利塔 部材	충북 괴산 외사리	竹內八百太郞	유리원판Ⅱ, 350522~350526	
銅戈	평양부근	中尾實	梅原1947, p61, 圖版152	
黑漆玉具鐵劍	평양부근	中尾實	梅原1948, p54, 圖版76	
銅戈 1개	낙랑고분 지대 출토	中尾實	梅原末治1937, p230, 1圖	
染附双鶴文枕隅		中山久	田中1942, 圖版128	
銅器		中西嘉市[104]	樂浪遺蹟1927, p370, 도248	
銅甑		中西嘉市	樂浪遺蹟1927, p370, 도249	
鳩首杖頭		中西嘉市	樂浪遺蹟1927, p374, 도257	
銅馬		中西嘉市	樂浪遺蹟1927, p380, 도271	
銅印		中西嘉市	樂浪遺蹟1927, p380, 도272	
綠釉陶竈		中西嘉市	樂浪遺蹟1925, 圖版1246	
燭臺燈盞		中西嘉市	樂浪遺蹟1927, p392, 도284	
綠釉博山香爐[105]		中西嘉市	樂浪遺蹟1925, 圖版1237	문명상회를 통해 일본으로 반출
綠釉陶鵄		中西嘉市	樂浪遺蹟1925, 圖版1248	
綠釉陶狗		中西嘉市	樂浪遺蹟1925, 圖版1249	
陶鷄		中西嘉市	樂浪遺蹟1925, 圖版1252	
內行花文長生宜子孫鏡		中西嘉市	樂浪遺蹟1925, 圖版1268	
陶製博山爐		中西嘉市	八田1934, p31	
韓范銅印		中西嘉市	梅原1959, p12, 圖版151	
樂浪 銀製鳩杖頭	대동강면	中西嘉市	유리원판Ⅰ, 250234	
樂浪 金銅製弩機	대동강면	中西嘉市	유리원판Ⅰ, 250236	
樂浪 銅製갈고리	대동강면	中西嘉市	유리원판Ⅰ, 250237	
樂浪 銅製馬	대동강면	中西嘉市	유리원판Ⅰ, 250238	

품명	출토지	소장처 및 소장자	출처	비고
樂浪 金銅製木棺裝飾	대동강면	中西嘉市	유리원판Ⅰ, 250239	
樂浪 明刀錢	대동강면	中西嘉市	유리원판Ⅰ, 250241	
樂浪 土製鷄	대동강면	中西嘉市	유리원판Ⅰ, 250247	
樂浪鏡	대동강면	中西嘉市	유리원판Ⅱ, 250080	
낙랑 綠釉博山爐	대동강면	中西嘉市	유리원판Ⅱ, 250081	
낙랑 銅刀	대동강면	中西嘉市	유리원판Ⅱ, 250082	
磨製銅劍	평양	中西嘉市	유리원판Ⅱ, 250085	
銅馬	대동강면	中西嘉市	古調1925, p100, 도판35-3	
鐵戟斷片		中西嘉市	樂浪遺蹟1927, p355, 圖215	
博山爐[106]	낙랑유적	中西嘉市	八田1934, p226	
龍虎李氏鏡		中西嘉市	樂浪遺蹟1925, 圖版1307	
銅劍	랑화면 암수리	中野善吉	有光1938, 삽도2	부여 임천면 우편소장
青瓷飛(魚)龍形水柱[107]		中田市五郎[108]	古蹟圖譜8권, 3452	고려*1933년 개성박물관에서 매입, 현재 국·박에 진열(국보 제61호)
青瓷彫刻白星點蓮雷形水柱		中田市五郎	古蹟圖譜8권, 3456	고려
青瓷獅子形蓋香爐		中田市五郎	古蹟圖譜8권, 3468	고려*1933년 개성박물관에서 매입, 현재 국·박에 진열(국보 제61호)
青瓷陽刻寶花文盌		中田市五郎	古蹟圖譜8권, 3476	고려
白瓷陽刻蓮花唐草文六花形盌		中田市五郎	古蹟圖譜8권, 3515	고려
白瓷陽刻唐草文花瓶		中田市五郎	古蹟圖譜8권, 3522	고려
青瓷象嵌寶花飛蜂文盌		中田市五郎	古蹟圖譜8권, 3583	고려
青瓷象嵌菊花文瓶		中田市五郎	古蹟圖譜8권, 3601	고려
青瓷象嵌菊花文水柱		中田市五郎	古蹟圖譜8권, 3613	고려
青瓷象嵌蓮花文水柱		中田市五郎	古蹟圖譜8권, 3616	고려
青瓷象嵌龍魚水禽文瓶		中田市五郎	古蹟圖譜8권, 3627	고려
青瓷象嵌柳蘆蓮花水禽及游魚雲鶴文片口鉢		中田市五郎	古蹟圖譜8권, 3682	고려
雙龍鏡		中田市五郎	古蹟圖譜9권, 3830	고려

품명	출토지	소장처 및 소장자	출처	비고
四神刻字鏡		中田市五郎	古蹟圖譜9권, 3940	고려
白靑磁唐草浮彫刻花瓶		中田市五郎	善生1926	逸品 中의 逸品
靑磁獅子形香爐		中田市五郎	善生1926	逸品 中의 逸品
靑磁象嵌菊花文花瓶		中田市五郎	善生1926	逸品 中의 逸品
靑磁象嵌菊花文水差		中田市五郎	善生1926	
靑磁魚形彫刻水差		中田市五郎	善生1926	
靑磁象嵌水草水禽文大鼓形水差		中田市五郎	善生1926	
靑磁象嵌柳水禽鯉文片口		中田市五郎	善生1926	
靑磁銀象嵌石榴文丸鋒		中田市五郎	善生1926	逸品 中의 逸品
靑磁象嵌雲鶴文香盒		中田市五郎	善生1926	
靑磁象嵌雲鶴文油壺		中田市五郎	善生1926	
三島菊花文丸鉢		中田市五郎	善生1926	
靑磁菊唐草模樣香盒		中田市五郎	善生1926	
靑磁象嵌牡丹文丸鉢		中田市五郎	善生1926	
靑磁唐草浮彫刻丸鉢		中田市五郎	善生1926	
三島大皿		中田市五郎	善生1926	
天目茶碗		中田市五郎	善生1926	
靑磁象嵌雲鶴菊文丸鉢		中田市五郎	善生1926	
靑磁象嵌雲鶴菊文茶碗		中田市五郎	善生1926	
靑磁象嵌牡丹唐草浮彫刻茶碗		中田市五郎	善生1926	
靑磁牡丹唐草浮彫刻水差		中田市五郎	善生1926	
靑磁菊型香爐		中田市五郎	善生1926	
三島菊文皿		中田市五郎	善生1926	
靑磁象嵌柳水禽丸鉢		中田市五郎	善生1926	
純白唐草浮彫刻鉢		中田市五郎	善生1926	
純白唐草浮彫刻鉢		中田市五郎	善生1926	
純白唐草浮彫刻小皿		中田市五郎	善生1926	
靑磁狻猊香爐		中田市五郎	小山1938, 삽도1	
靑磁象嵌鳳凰唐草文대접		中田市五郎	유리원판Ⅰ, 280599	
割高臺		酒井忠道	古蹟圖譜15권, 6274	조선
白磁面取祭器		中川竹治	田中1942, 圖版93	
飴釉面取壺		中川竹治	田中1942, 圖版67	

품명	출토지	소장처 및 소장자	출처	비고
銅造釋迦如來立像		中川忠順	古蹟圖譜5권, 2084	통일신라
青磁象嵌童子文鉢		中村	유리원판Ⅱ, 420072	대구 재주
青磁陰刻菊唐草文鉢		中村	유리원판Ⅱ, 420074	
白磁鐵畵文字銘角瓶		中村	유리원판Ⅰ, 280026	
白磁鐵彩六角形筆洗		中村	유리원판Ⅰ, 280028	
白磁銅畵六角形盒		中村	유리원판Ⅰ, 280030	
青華白磁瑞獸形硯滴		中村	유리원판Ⅰ, 280031	
青磁象嵌蓮文油瓶		中村	유리원판Ⅱ, 420076	
銅造釋迦如來立像		中村藤太郎	古蹟圖譜5권, 2557	공립보통학교 훈도
三島手文字入(石奉)百合文瓶		中村誠	古蹟圖譜15권, 6188	식산은행 기사
繪三島俵壺		中村誠	古蹟圖譜15권, 6247	조선
辰砂蛙形水滴		中村誠	古蹟圖譜15권, 6360	조선
辰砂筆架兼用水滴		中村誠	古蹟圖譜15권, 6361	조선
辰砂六角形筆洗		中村誠	古蹟圖譜15권, 6362	조선
辰砂蓮花形筆洗		中村誠	古蹟圖譜15권, 6363	조선
鐵繪竹文壺		中村誠	古蹟圖譜15권, 6371	조선
鐵繪陽刻牧丹文壺		中村誠	古蹟圖譜15권, 6386	조선
染付陽刻梅花文瓶		中村誠	古蹟圖譜15권, 6423	조선
染付辰砂繪透彫葡萄文筆筒		中村誠	古蹟圖譜15권, 6609	조선
染付辰砂繪六角形盒		中村誠	古蹟圖譜15권, 6625	조선
白虎圖	고려고분 출토	中村誠	名畵展覽會1931	
粉青沙器象嵌蒲柳水禽文梅瓶		中村誠	유리원판Ⅱ, 340481	경성 재주
粉青沙器鐵畵魚文장군		中村誠	유리원판Ⅱ, 340483	
青華白磁銅彩透彫葡萄文筆筒		中村誠	유리원판Ⅱ, 340484	
白磁銅彩蛙形硯滴		中村誠	유리원판Ⅱ, 340485	
白磁銅彩筆架兼用山形硯滴		中村誠	유리원판Ⅱ, 340486	
地圖寶		中村榮孝[109]	古地圖展觀1932	天下圖, 中國圖, 日本國圖, 琉球國圖, 東國八道總圖

품명	출토지	소장처 및 소장자	출처	비고
天下總圖		中村榮孝	古地圖展觀1932	天下總圖, 中國圖, 朝鮮各道圖 10圖
瓦當 5점	대동강면 토성	中村眞三郎 110)	樂浪遺蹟1927, p284, 圖109~111,113,114	
內行花文長宜子孫鏡	낙랑고분	中村眞三郎	樂浪遺蹟1927, p306, 圖167	
內行花文日月鏡	낙랑고분	中村眞三郎	樂浪遺蹟1927, p312, 圖176	
內行花文鏡	낙랑고분	中村眞三郎	p312, 圖177	
四乳飛鳳鏡	낙랑고분	中村眞三郎	樂浪遺蹟1927, p316, 圖183	
鏡	낙랑고분	中村眞三郎	樂浪遺蹟1927, p322, 圖187	
鏡 2점	낙랑고분	中村眞三郎	樂浪遺蹟1927, p324, 圖189,190	
四乳鏡	낙랑고분	中村眞三郎	樂浪遺蹟1927, p326, 圖192	
고구려 鳳凰文土器	평양 평천리	中村眞三郎	유리원판Ⅰ, 300368	
고구려 鴟尾片	평양 임원면	中村眞三郎	유리원판Ⅰ, 300369	
고구려 巖寺銘平瓦		中村眞三郎	유리원판Ⅰ, 300370	
고구려 수막새 2점	평양	中村眞三郎	유리원판Ⅰ, 300371, 300377	
고구려 수막새 2점	평남 청암리	中村眞三郎	유리원판Ⅰ, 300373, 300378	
고구려 수막새 4점	평남 상오리	中村眞三郎	유리원판Ⅰ, 300374~300376, 300379	
고구려 수막새 4점		中村眞三郎	유리원판Ⅰ, 300380~300383	
TLV八乳禽獸鏡		中村眞三郎	유리원판Ⅰ, 130931	
四乳飛鳳文鏡		中村眞三郎	유리원판Ⅰ, 130932	
內行花文日月鏡		中村眞三郎	유리원판Ⅰ, 130933, 130945	
四乳飛鳳文鏡		中村眞三郎	유리원판Ⅰ, 130938	
半圓方格神獸鏡		中村眞三郎	古蹟圖譜9권, 3802	고려
朝鮮地圖帖		中村拓	古地圖展觀1932	경성대 교수
地圖		中村拓	古地圖展觀1932	天下總圖, 中國圖, 日本國圖, 琉球國圖, 東國八道總圖 및 各道圖의 13圖
天下地圖		中村拓	古地圖展觀1932	小型地圖帖
朝鮮總圖		中村拓	古地圖展觀1932	
輿地圖		中村拓	古地圖展觀1932	彩色 折本

품명	출토지	소장처 및 소장자	출처	비고
朝鮮地圖		中村拓	古地圖展觀1932	巴里國民圖書館本을 謄寫
朝鮮國八道地圖		中村拓	古地圖展觀1932	1750년 作,
天下餘地圖		中村拓	古地圖展觀1932	1745년 刊
靑丘關海防圖		中村拓	古地圖展觀1932	寫 彩色
朝鮮圖		中村拓	古地圖展觀1932	寫 彩色
道里圖標		中村拓	古地圖展觀1932	
海左全圖		中村拓	古地圖展觀1932	
朝鮮地圖帖		中村拓	古地圖展觀1932	1帖, 朝鮮各道圖
朝鮮地圖帖		中村拓	古地圖展觀1932	刊 1帖, 折本, 天下總圖, 中國圖, 日本國圖, 琉球國圖, 東國八道總圖 및 各道圖 의 13圖
柄付銅鈴	경주 입실리	增子謙藏	梅原1947, p44 古調1925, p64	1920년 발견
靑瓷彫文文字入(公)盌		池上民夫	古蹟圖譜15권, 6222	조선
鐵砂龍文壺		志賀直哉	田中1942, 圖版53	
染付山水文扁壺		溱佐吉	古蹟圖譜15권, 6437	조선
山水圖	金正喜 筆	進辰馬	名畫展覽會1931	
葡萄圖	鄭弘翼 筆	進辰馬	關野貞1942, p199	
繪刷毛目德利 2점	계룡산	倉橋藤次郞	陶磁1-2, 口繪9	
飴釉面取甁		倉橋藤治郞	田中1942, 圖版66	
壺	회령	倉田	유리원판 I, 280016	
黑釉壺		倉田	유리원판 I, 280017	
서악리고분 현실내 발견 석곽 및 石足座	경북 경주군 부내면	春日淸九郞	古蹟圖譜3권, 1210	고신라
白瓷진黑寶相花文扁壺		川上幸一	古蹟圖譜8권, 3723	고려
破瓦	경북 경주	淺見倫太郞 111)	古蹟圖譜3권, 1350	고신라
鐵砂雲文壺		千賀信太	田中1942, 圖版52	
仙童吹笙圖	檀園 筆	千葉蒼胤	東洋美術展1915	
白磁銅畵雲文壺		天池茂作	유리원판 I, 280040	
묘지도판		天池茂太郞 112)	古蹟圖譜15권, 6269	조선

품명	출토지	소장처 및 소장자	출처	비고
白磁銅畫石榴文壺 등 白磁 3점		天池茂太郎	유리원판Ⅱ, 420135~420138	
高麗青磁尙藥局銘盒子		淺川伯敎[113]	小山1939, p26, 2圖	
繪三島瓶	공주	淺川伯敎	古調1929, 圖版54-1	
青磁陰刻牧丹文扁壺		淺川伯敎	유리원판Ⅰ, 280038	
粉青沙器鐵畫草花文扁瓶		淺川伯敎	유리원판Ⅰ, 280039	
青華白磁松下人物文筆筒		淺川伯敎	유리원판Ⅰ, 280044	
繪三島瓶		淺川伯敎	古蹟圖譜15권, 6245	조선
染付獅文壺		川伯敎	古蹟圖譜15권, 6393	조선
染付松人物文筆筒		淺川伯敎	古蹟圖譜15권, 6460	조선
染付山水文盒		淺川伯敎	古蹟圖譜15권, 6554	조선
染付辰砂繪山水文壺		淺川伯敎	古蹟圖譜15권, 6599	조선
青華白磁松下人物文筆筒		淺川伯敎	유리원판Ⅱ, 340784	
大明崇禎後甲子銘染付水指		淺川伯敎	松平1937	
鐵砂草文壺		淺川伯敎	田中1942, 圖版60	
花卉圖(8幅)	金秀哲 筆	淺川伯敎	名畵展覽會1931	
朝天行圖(1册)		淺川伯敎	名畵展覽會1931	
染付花鳥文八角壺		淺川巧	古蹟圖譜15권, 6400	조선*문명상회가 1941년 일본으로 반출, 安宅컬렉션
染附野草文面取文壺		淺川咲子	田中1942, 圖版15	淺川巧 舊藏, 문명상회를 통해 일본으로 반출
銅戈, 銅鉾, 銅製笠形柄頭, 車衡頭銅金具 등	평양부근	川合定治郎	梅原1947, p32,33, 圖版15, 25, 53, 54	1939년 2월 평양 부근 출토로 전하는 일괄 유물은 일본으로 건너가 경도 川合定治의 소유로 됨[114]
象嵌三島唐草文把手附杯		清水幸次[115]	古蹟圖譜15권, 6130	조선
象嵌三島硯		清水幸次	古蹟圖譜15권, 6137	조선
三島手文字入(內膽)盌		清水幸次	古蹟圖譜15권, 6177, 6181	조선
三島手文字入(內賓)盌		清水幸次	古蹟圖譜15권, 6205	조선
繪三島瓶		清水幸次	古蹟圖譜15권, 6241	조선
繪三島把手附鉢		清水幸次	古蹟圖譜15권, 6257	조선
染付山水文皿		清水幸次	古蹟圖譜15권, 6525	조선

품명	출토지	소장처 및 소장자	출처	비고
染付草花文片口		淸水幸次	古蹟圖譜15권, 6553	조선
染付牧丹文植木鉢		淸水幸次	古蹟圖譜15권, 6559	조선
粉靑沙器象嵌文硯		淸水幸次	유리원판Ⅱ, 340505	경성 재주
粉靑沙器鐵畵唐草文甁		淸水幸次	유리원판Ⅱ, 340506	
粉靑沙器印花文대접		淸水幸次	유리원판Ⅱ, 340507	
粉靑沙器鐵畵唐草文鉢		淸水幸次	유리원판Ⅱ, 340508	
粉靑沙器象嵌唐草文兩耳杯		淸水幸次	유리원판Ⅱ, 340509	
粉靑沙器印花文內瞻銘대접		淸水幸次	유리원판Ⅱ, 340510	
靑華白磁牧丹文花盆 등 靑華白磁 3점		淸水幸次	유리원판Ⅱ, 340773~340776	
染附龜圖文壺		草間鶴子	田中1942, 圖版17	
肖像		村上春鈞	名畵展覽會1931	일본
觀音圖		村上春鈞	名畵展覽會1931	일본
平瓦完形品	경주	村田治郎	濱田1934, 濱田1934, 圖14-2	
鐵砂草文壺		板內禮次	田中1942, 圖版63	後藤眞太郎 舊藏
銅造釋迦如來立像		坂東勘平	古蹟圖譜5권, 2050	통일신라
花鳥圖		坂井	名畵展覽會1931	
粉靑沙器印花文壺		八木	유리원판Ⅱ, 430036	
巴瓦	평양 청암리	八田己之助	高句麗遺蹟1929, 圖版57, 59, 78, 100, 105, 128, 131, 192, 194, 207, 249, 259	
巴瓦	평양 토성리	八田己之助	高句麗遺蹟1929, 圖版66, 80, 113, 114, 123, 241	
巴瓦	上里 關帝廟前	八田己之助	高句麗遺蹟1929, 圖版93	
巴瓦	평양 평천리	八田己之助	高句麗遺蹟1929, 圖版132, 149, 163, 166, 223, 228	
巴瓦	평양	八田己之助	高句麗遺蹟1929, 圖版155, 168, 225, 229, 270	
巴瓦	장매리	八田己之助	高句麗遺蹟1929, 圖版161, 250, 251	
巴瓦	안학궁	八田己之助	高句麗遺蹟1929, 圖版190, 211	
巴瓦	경상리	八田己之助	高句麗遺蹟1929, 圖版213	
巴瓦	동대원리	八田己之助	高句麗遺蹟1929, 圖版252	

품명	출토지	소장처 및 소장자	출처	비고
弦月瓦	평양	八田己之助	高句麗遺蹟1929, 圖版290, 292, 295	
唐草瓦	임원면	八田己之助	高句麗遺蹟1929, 圖版299, 301	
鬼瓦	토성리	八田己之助	高句麗遺蹟1929, 圖版310	
平瓦破片	장매리	八田己之助	高句麗遺蹟1929, 圖版323, 380, 388, 390, 391, 392, 402	
塼	장매리	八田己之助	高句麗遺蹟1929, 圖版402	
陶製龜形水滴	토성리	八田己之助	高句麗遺蹟1929, 圖版403	
龜形水滴	대동강면 토성리	八田己之助	유리원판Ⅰ, 280094	
樂浪 封泥 4점	대동강면 토성리	八田己之助	유리원판Ⅰ, 280095~98	
瓦當	대동강면 토성	八田己之助	樂浪遺蹟1927, p284, 圖112	
朝鮮令印封泥	대동강면	八田己之助	유리원판Ⅰ, 300398	
高麗靑磁象嵌浦柳唐子圖水瓶		片倉兼太郎	陶磁13-4	일본중요미술품
樂浪四神四乳鏡	대동강면	平賀藤吉	유리원판Ⅰ, 280100	평양부립박물관 서기
染付山水文扁壺		太宰明	古蹟圖譜15권, 6436	경성지방법원 판사
染付鐵灰草花文皿		太宰明	古蹟圖譜15권, 6588	
靑華白磁山水文扁瓶		太宰明	유리원판Ⅱ, 340514	경성 재주
靑華白磁鐵彩銅彩龍文筆筒		太宰明	유리원판Ⅱ, 340515	
一生事蹟圖		太田天洋	名畵展覽會1931	일본
慶宴嘉會圖		太田天洋	名畵展覽會1931	일본
漢秦貴母子銅印	대동강면 토성	太田孝太郎	樂浪遺蹟1927, p33, 圖7	
山水圖	鄭歚 筆	澤田牛麿	名畵展覽會1931	
扇面溪邊洗足圖	沈師正 筆	澤田牛麿	名畵展覽會1931	
山水圖	崔北 筆	澤田牛麿	名畵展覽會1931	
染付石榴文盌		澤俊一[116]	古蹟圖譜15권, 6549	
靑華白磁石榴文鉢		澤俊一	유리원판Ⅱ, 340624	
脚附飾蓋盌	경북 경주	土岐僙	古蹟圖譜3권, 1274	고신라
靑華白磁山水文扁瓶		土井	유리원판Ⅰ, 280018	
靑華白磁山水文硯滴		土井	유리원판Ⅰ, 280021	

품명	출토지	소장처 및 소장자	출처	비고
靑華白磁盒		土井	유리원판Ⅰ, 280023	
靑華白磁山水文水盤		土井	유리원판Ⅰ, 280024	
染附山水圖水滴		土井濱一	田中1942, 圖版108	
錢笵		河原健之助 117)	樂浪遺蹟1925, 圖版61	
藕心錢		河原健之助	樂浪遺蹟1925, 圖版62, 63	
燈架		河原健之助	樂浪遺蹟1925, 圖版1236	
銅造釋迦如來立像		河原健之助	古蹟圖譜3권, 1385	삼국시대
笠形銅器	경주 외동읍 입실리	대구 河井朝雄 118)	유리원판Ⅰ, 230133	1923년
다뉴세문경	외동읍 입실리	河井朝雄	유리원판Ⅰ, 230135	
小銅鐸과 銅製竿頭鈴	외동읍 입실리	河井朝雄	유리원판Ⅰ, 230137	
銅鏡	경주 입실리	河井朝雄	古調1925, p50	
小銅鐸 2개	경주 입실리	河井朝雄	古調1925, p55	
有鍔銅鈴	경주 입실리	河井朝雄	古調1925, p62	
銅劍	입실리 출토	河井朝雄	古調1925, 부록도판 23	
細形銅劍	입실리 출토	河井朝雄	古調1925, 부록도판 24-2	
細形銅劍	입실리 출토	河井朝雄	古調1925, 부록도판 24-5	
銅鏡	입실리 출토	河井朝雄	古調1925, 부록도판 27	
奉狀金具	입실리 출토	河井朝雄	古調1925, 부록도판31-3	
銅環	입실리 출토	河井朝雄	古調1925, 부록도판31-4	
銅製柄劍	입실리 출토	河井朝雄,	古調1925, 부록도판35-2	
白掛鐵斜線文壺		海澤彦太郎	陶磁10-2, 圖版4-2	
銅印		向井巖	古調1917, p612, 사진217	
王扶銅印		向井業昌 119)	樂浪遺蹟1925, 圖版19	
靑華白磁葡萄文壺		向井扁吉	유리원판Ⅱ, 340528	서울 재주
白磁鐵畵大將軍銘壺		向井扁吉	유리원판Ⅱ, 340529	
靑華白磁菊石竹文注子		向井扁吉	유리원판Ⅱ, 340530	
黑釉油壺		向井扁吉	유리원판Ⅱ, 340531	
靑華白磁花鳥文접시		向井扁吉	유리원판Ⅱ, 340532	
靑華白磁詩文銘硯滴		向井扁吉	유리원판Ⅱ, 340534	
白磁透彫輪繫文筆筒		向井后吉	古蹟圖譜15권, 6325	조선

품명	출토지	소장처 및 소장자	출처	비고
鐵繪大將軍銘壺		向井后吉	古蹟圖譜15권, 6383	조선
染付葡萄文壺		向井后吉	古蹟圖譜15권, 6402	조선
染付菊石竹文水柱		向井后吉	古蹟圖譜15권, 6446	조선
染付文字入水滴		向井后吉	古蹟圖譜15권, 6482	조선
染付花鳥文皿		向井后吉	古蹟圖譜15권, 6519	조선
梅鼠釉油壺		向井后吉	古蹟圖譜15권, 6633	조선
금강경의 문자로 7층탑을 묘사한 것을 한 폭		평양에 재주한 弦間	大屋1930	"大元至元戊子脫脫書)"[120]라는 기록이 있음
遺墨 2幅	金玉均 筆	呼子友一郞	東洋美術展1915	
夏冬山水圖(趙重默 筆)		和田一郞	古蹟圖譜14권, 6037, 6038	토지조사국 근무, 상업은행장
山水圖	趙重默 筆	和田一郞	關野貞1942, p204	
金銅釋迦小立像		丸山虎之助[121]	關野貞1942, p51, p504, 316圖	
金銅釋迦如來立像	부여	丸山虎之助	輕部1946, 圖版13	
白磁博山香爐		橫田五郞[122]	古蹟圖譜8권, 3535	고려
靑瓷象嵌柳竹蓮蘆鴛鴦文淨甁		橫田五郞	古蹟圖譜8권, 3594	고려
黃褐釉四耳甁		橫田五郞	古蹟圖譜8권, 3759	고려
銅製淨甁		橫田五郞	古蹟圖譜9권, 4076	고려
繪三島盃鉢	공주	橫田五郞	古調1929, 圖版67-1	
山水圖	李上佐 筆	橫田五郞	關野貞1942, p197	
高麗靑磁無文水甁		橫河民輔	陶磁10-5	
高麗靑磁双鳳文鉢		橫河民輔	陶磁10-5	
高麗靑磁象嵌草花文丸壺		橫河民輔	陶磁10-5	
高麗天目鉢		橫河民輔	陶磁6-6, 圖版5-b	
조선자기[123]		後藤牧太	陶磁10-5	
白磁瓜形壺		後藤眞太郞	田中1942, 圖版80	
彫三島甁		黑田幹一[124]	古蹟圖譜15권, 6104	조선
白磁陽刻草花文筆筒		黑田幹一	古蹟圖譜15권, 6318	조선
染付辰砂繪瓜形水滴		黑田幹一	古蹟圖譜15권, 6622	조선
狹鋒銅鉾, 銅製鈴付柄頭	낙동강 유역	黑田幹一	梅原1947, p56, 57, 圖版141	
銅戈	충남	黑田幹一	梅原1947, p62, 圖版157	
銅戈	경북	黑田幹一	梅原1947, p62, 圖版157	

품명	출토지	소장처 및 소장자	출처	비고
樂浪銅製馬	대동강면	黑田幹一	유리원판Ⅰ, 250375	1916년 조사
靑華白磁銅彩硯滴		黑田幹一	유리원판Ⅱ, 340523	
靑華白磁雲龍文硯滴		黑田幹一	유리원판Ⅱ, 340524	
白磁陽刻草花文筆筒		黑田幹一	유리원판Ⅱ, 340525	
粉靑沙器彫花文瓶		黑田幹一	유리원판Ⅱ, 340616	
軟火綠釉를 施한 토기	집안현 고구려고분	黑田源次郞	陶磁9-2, p39	동경대
古鏡, 古錢, 魚尾式의 匙, 箸, 帽子飾具, 古銅印, 銅椀, 水瓶, 銅製佛塔, 衡, 佛像 등		黑田太久馬	考雜1-3, p 65,66	
藥師琉璃光如來會圖(筆者不詳)		高野山圓通寺	古蹟圖譜14권, 6058	조선시대
藥師曼茶羅圖(筆者不詳)		高野山常喜院	古蹟圖譜14권, 6059	조선시대
井戶(銘: 喜左衛門)		孤蓬庵(일본)	古蹟圖譜15권, 6273	조선시대
圓覺曼多羅(조선 초기)		日本 三重縣 西來寺	關野貞1942, p195	
金泥藥師會圖(1561년)		日本 和歌山縣 高野山 圓通寺	關野貞1942, p195	
麻布釋迦十王等圖(1564년)		日本 愛媛縣 石手寺	關野貞1942, p195	
藥師曼多羅(1572년)		日本 和歌山縣 高野山 常喜院	關野貞1942, p195	
絹本着色施餓鬼圖(1589년)		日本 兵庫縣 藥仙寺	關野貞1942, p195	
山水屛風		嚴嶋 大願寺	關野貞1942, p198	
光和五年銘塼	황해도 당토성	海州 고등 보통학교	古調1938-1, p1	
白磁酒甁		日本民藝館	田中1942, 圖版79	
漆博山爐	평양부근	대판 淺野模吉	梅原1948, p34, 圖版30	
金銅嵌玉熊脚		평양복심법원	梅原1959, p36, 圖版327	
金銅菩薩首		東京 宮川肇	梅原1966, p32, 圖版188	
高麗靑磁三島水注		聽鐘窟 主人	陶磁6-6, 圖版6-b	
금동불입상과 탄생불	경주	諸鹿央雄, 岡野春	유리원판Ⅰ, 151115	

품명	출토지	소장처 및 소장자	출처	비고
傳 진주 발견 陶器(1)	경남 진주군	진주 朝日旅館	古蹟圖譜3권, 868-874	가야
진주 부근 발견 陶器(2)	경남 진주군	진주 朝日旅館	古蹟圖譜3권, 875-882	가야
石卓子	경북 경주	가스비	古蹟圖譜9권, 4476	고려
銅造釋迦如來立像		某氏	古蹟圖譜5권, 2048	통일신라
경주 石造釋迦如來像	경북 경주	총독관저	古蹟圖譜5권, 1920	통일신라
青瓷陽刻龍文瓶		미국 보스톤 미술관	古蹟圖譜8권, 3434	고려
青瓷陽刻蓮唐草文瓶		미국 보스톤 미술관	古蹟圖譜8권, 3435	고려
山水屏風(筆者不詳)		嚴島 大願寺	古蹟圖譜14권, 5865, 5866	조선
居祖庵靈山殿佛畵(筆者不詳)		銀海寺居祖庵	古蹟圖譜14권, 6062	조선
釋尊說法圖		高野山親王院	名畵展覽會1931	서기 1350년 작
山水屛風		일본 大願寺	名畵展覽會1931	
藥師十二神將圖		高野山 圓通寺	名畵展覽會1931	서기 1561년 작
藥師曼茶羅		高野山 常喜院	名畵展覽會1931	1572년 작
觀音圖		屋島寺	名畵展覽會1931	조선 초기 작
朝鮮八道輿地圖		法隆寺	古地圖展觀1932	寫 彩色, 여백에 「倭人朝京道路」

9) 박진완, 「京都大學 부속도서관 소장 『金石集帖』 자료 현황」, 『일본소재 한국사 자료 조사보고 Ⅲ』, 국사편찬위원회, 2007.에 의하면,

『金石集帖』은 조선 팔도에 散在했던 각지의 금석문을 수집하여 製帖된 것이며, 수록 대상은 懸板, 床石 등 일부분의 金石을 제외하면, 주로 조선시대에 건립된 碑銘들의 탁본이다. 京都大學 부속도서관에 소장된 『金石集帖』은 續編 19帖을 합해 총 219帖이 갖추어져 있으며, 각 책에 수록된 탁본을 합하면 1,823점에 이른다고 한다.

박진완은 이 책의 경로에 대해 『以文會誌』(44號) 明治 44년 11월의 기사를 들어, "'『金石集帖』은 正祖 때의 大提學 趙寅永 등의 명을 받들어 수집한 조선 전국 금석문의 탁본으로서, 原本과 趙성의 秘本 이외에, 趙家 所藏本(일부분)이 있었다. 그 자손이 어떤 이유 때문에 매각하게 된 것을, 京都大學 文科大(東洋史學敎室)에서 구입하게 된 것이다. 다소 逸失된 것이 없지 않지만, 이 정도로 수집된 것은 한국에서도 아직 발견되지 못한 것이라고 할 수 있다' 이 기사를 통해 『金石集帖』이 明治 44년 경도대학 동양사학과에서 구입한 것임을 알 수 있다." 하고, 주석에서 "경도대 부속도서관 소장 카드 뒷면에는 '文科購入 5/11/42(昭和) 寺島庄八'이라고 적혀 있으므로 『金石集帖』의 구입 시기가 1967년 11월 5일임을 밝히고 있다. 寺島庄八은 구입자로 생각된다. 구입 시기에 차이가 있어, 어느 것이 정확한지는 판정하기 어렵다. 1912년에 본서의 입수가 시작되어 1967년에 부속도서관에 收藏 완료된 것으로도 생각할 수 있다."고 한다.

그러나 구입 시기에 대해서는 좀 더 앞선 것으로 보인다.

「東亞の歷史地理學硏究の近狀」, 『歷史地理』제15권 2호, 歷史地理學會, 1910년 2월, p. 88.에 의하면, 1909년의 일본 학계의 활동 소식을 전하면서, 京都大學에서는 어떤 경로를 통하여 입수되었는지는 밝히지 않고 조선의 『金石集帖』을 구입했다는 기사가 보인다. 따라서 구입 시기는 1909년으로 짐작된다.

10) 加藤灌覺, 「高麗靑瓷銘入の傳製品と出土品に就て」, 『陶瓷』제6卷 6號, 東洋陶瓷硏究所, 1934년 12월, pp. 52~56.

加藤灌覺의 韓國關係 履歷을 보면 1902년부터 동경제국대학 이과대학 내 인류학회의 囑託으로 있었으며, 1904년에는 중국에 유학하면서 한국을 자주 왕래하여 한국에 대한 조사를 하였으며, 1908년에는 人類學 및 考古學硏究를 위해 韓國 全道를 實査한 적이 있다.

『朝鮮總督府施政25周年紀念表彰者名鑑』(1935년 조선총독부)를 보면, 1914년 7월에 조선역사지도의 編成 囑託, 1916년 3월에 古蹟調査事務囑託, 1924년 11월에 朝鮮慣習調査事務囑託으로 임명된 기록으로 보아 그는 오랫동안 한국에 관계하여 그의 기록은 信憑性이 높은 것으로 보인다.

그의 회고에는 1905년 팔공산과 통도사에서 전세품의 고려자기를 보았다는 기록이 있다. 그의 수집품이 어느 정도가 되는지는 『조선고적도보』에 나타난 것 외에는 알려진 것이 없으나 그가 한국 관련 연구에 오랫동안 종사한 점을 고려할 때 상당수의 고미술품을 수집하였을 것으로 짐작된다.

加藤은 일제 말기에 시정기념관 관장직을 맡았다. 해방이 되었을 때 일본인들은 서로 앞서 귀국하려고 애를 썼는데 加藤은 이와 달리 남산 밑에 조그만 집에서 한국인 부인과 함께 살다가 죽었다고 한다. 그간에 그가 직업을 가질 수 있는 여건이 아니었기 때문에 평생 수집한 서화 골동과 귀국하는 일본인들이 맡긴 값나가는 물건들을 처분하여 생활했을 것으로 생각된다.

11) 1914년에 한국에 건너와 인천공립상업전수학교에서 근무했으며, 1932년 4월에 경성제이공립고등보통학교장, 1935년 경성여자사범학교장으로 근무했다.
12) 1905년에 경성관립중학교 교수로 초빙되어 한국에 건너왔다. 1916년에는 대구고등보통학교장을 역임하고, 1925년부터 경성제대 예과 교수로 재임했다.
   저서로는 『朝鮮佛敎史』가 있다.
   參考: 朝鮮新聞社編, 『朝鮮人士興信錄』, 1922.
13) 關口鉎은 1908년 한국정부의 傭聘으로 한국에 건너와 진주지방재판소검사국 검사장을 역임, 1909년에 통감부검사에 임명되어 1912년 공주지방법원 검사를 거쳐 1916년 평양복심원 검사장을 지냈다.
   參考: 『隆熙二年(1908) 六月職員錄』, 內閣記錄課, 1908年; 朝鮮公論社 編纂, 『在朝鮮內地人紳士名鑑』, 朝鮮公論社, 1917.
   朝鮮總督府博物館, 「故關口鉎氏蒐集品」, 『博物館報』제4호, 1933년 3월에 의하면,
   평양고등법원 검사장 關口鉎은 낙랑유물 수집의 선두주자라 할 수 있다. 처음에는 도검과 서화 수집에 열심이었다가 1920년부터 수집 폭을 넓혀 낙랑, 고구려의 각종 유물에 손을 대었다. 그의 수집품 중 상당수는 평양부립박물관에 진열품으로 대여하기도 하였다. 그의 수집품은 關口鉎이 1930년에 불귀의 객이 되자, 평양부윤 大島良士의 권유로 關口鉎의 유족들은 1931년 1월 2일자로 박물관에 양도하였다. 그의 수집품은 박물관 수입번호(受入番號) 12068~12216번으로 총 숫자는 낙랑경 35점을 포함하여 440여 점으로 나타나 있다.
14) 關口鉎의 「朝鮮右尉」의 봉니는 한 한국인으로부터 구한 것인데, 關野의 기록에(關野貞, 「樂浪郡時代の遺蹟」, 『古蹟調査 特別報告 第 4冊』, 朝鮮總督府, 1927, p. 30),
   "1921년 小泉, 野守 등과 함께 이 토성에서 봉니를 발굴하기 위해 인부를 동원하여 깊이 한자까지 허락하여 고와, 전 등을 채집하였는데 그 외에는 아무것도 찾지 못했다. 당시 조선인들이 주위에 군집하였는데 무슨 일인지 몰랐다. 그들이 돌아가고 난 다음 그 중 한사람이 조왕리 조선 사람으로 그 해 12월에 그 장소(군집장소) 토성 서북부 경작지에서 우연히 봉니 하나를 주웠는데 그 물건이 어떤 것인가 생각해보니 바로 關口鉎의 것이다."
   라고 하고 있으며, 關野는 『朝鮮の建築と藝術』(岩波書店, 1941. p. 234)에서 關口의 봉니 수집에 대해,
   "또 이 귀중한 유물이 무식한 토민들의 손에서부터 모아 그 산일(散逸)을 방지한 세키구치 나카바(關口鉎) 씨의 공적에 대하여 충분 감사의 뜻을 표하는 바이다."라고 하고 있다.
15) 工藤壯平은 1910년부터 총독부 사무관, 회계국 영선과장으로 한국에 관계했으며, 1915년 공진회에는 선조대왕의 묵적을 출품 진열하기도 했다(매일신보 1915년 10월 8일자).
16) 光成勝一은 직접 사지에 나아가 선동들을 시켜 수집을 하여 출처가 확실한 와라는 점에서 학술상의 가치가 높다할 수 있다. 그가 수집한 와는 천 수백점이 넘었다고 한다. 光成의 수집품은 한일합방을 전후한 시기부터 뜻을 가지고 수집하였으나, 고와편은 그의 손을 떠나 일부는 京都의 伊藤庄兵衛에게 돌아가고 일부는 부산의 竹下隆平의 손에 넘어갔다.
17) 梅原末治, 「漢代漆器紀年銘文集錄」, 『東方學報』京都第5冊, 東方文化院京都研究所, 1934, p. 218.
18) 전남 옥구군에서 宮崎농장을 운영하던 호남에서 제일가는 수장가 宮崎保一은 고려자기 1등품을 많

이 가지고 있었다. 宮崎는 자택의 정원에 수천 종의 국화를 심어놓고 집안에는 각종 한국 고미술품을 진열하고 호화로운 취미생활을 즐겼다(田內竹葉 編纂,『朝鮮成業名鑑』, 朝鮮硏究會, 1917; 全北日日新聞社,『全羅北道案內』, 全北日日新聞社, 1914).

해방이 되어 머뭇거리는 사이에 미군이 진주하면서 군정명령이 선포되고 자기의 막대한 소장품을 도저히 일본으로 가져가지 못하게 되자 평소에 가까이 지내던 이희섭 등에게 급하게 처분하게 되어 대부분은 이 땅에 남게 되었다.

19) 1915년 3월에 한국에 건너와 京城에서 병원을 개업
20) 吉田英三郎은 1906년 1월에 한국에 건너와 통감부 통계주임으로 근무하다가 취조국으로 옮겨 조선 구관 및 제도조사에 종사하였다. 1928년부터는 동양척식주식회사 대구지점장을 역임하였다.

吉田은 1915년에 신라에서 조선시대에 이르는 500인의 서화인 약전을 기술한『조선서화가열전』(총 239쪽)을 저술하였다. 그는 "일본인에 대하여 조선미술을 소개"하기 위한 것이라고 자술하고 있다. 吉田은 일찍부터 서화에 취미가 있어 1911년에 발간한『조선지(朝鮮誌)』(町田文林堂, 총 947쪽)를 저술하기 위한 참고를 위해 閱讀하였던 책에서 조선의 서가 및 화가에 관한 기록을 바탕으로 썼다고 한다. 특별히 알려진 것은 없으나, 그가 일찍부터 한국서화에 취미가 있고 이 같은 저술을 남긴 점을 고려할 때 서화 수집도 병행하였을 것으로 추정된다.
21) 內藤定一郎은 1906년에 오사카옥호서점에 취직하여 1914년에 경성지점장으로 한국에 건너왔다. 대판옥호서점은 서적, 잡지, 문구류, 운동구를 도매, 소매하는 곳으로 그가 이 상점을 통하여 골동을 판매했다는 기록은 보이지 않는 점으로 보아 취미로 수집하였던 것으로 보인다.『朝鮮人士興信錄』(조선신문사편, 1922년)에는 그의 취미가 '서화'로 나타나 있어 도자기 외에 서화 수집도 많았을 것으로 추정되나 서화에 대해서는 알려진 것이 없다.

그는 해방 직전에 일본으로 귀국하면서 그가 아끼던 많은 골동들을 처분하였다. 內藤이 소장하였던 것 중에서 '고려청자국상감사이호', '청자음양각죽순대받침주전자', '대받침이 있는 국상감대환호'는 모두 일급품으로 현재 호암미술관에 소장되어 있다.

이 세가지는 모두 국보급으로 전용순이 양도받았다가 1948년에 장석구의 소개로 광산왕 최창학에게 250만원에 팔았다. 6·25가 발발하자 최창학이 대만으로 피난 간 사이 도난을 당하여 한동안 행방불명이었다가 찾았는데 최창학의 사후에 장형수의 소개로 호암미술관에 들어갔다.

장택상이 인수하였던 '청화백자진사천도문접시'와 '분청목단문평상감매병'은 모두 일제기에 보물로 지정되었던 일품이지만 6·25 때 불행하게도 파손되었다(李英燮,「내가 걸어온 古美術界 30年」,『月刊文化財』, 1973년 1월).

한국 골동을 아끼던 內藤도 일본으로 귀국하면서 중요한 것을 많이 가져갔을 것으로 짐작되나 아직 밝혀진 것이 없다.
22) 해방 후 처음으로 국립중앙박물관에서《국보전시회》를 1950년 4월 17일부터 1주일간 개최하였다. 이 때 장택상이 소장하고 있던 '청화백자진사천도문접시'도 출품 전시하였다.

6·25가 일어나자 장택상은 가장 중요하다고 생각하는 '조선백자철사포도문호'는 부산으로 피난가면서 소지하고 갔으나 위의 두 물건은 시흥별장으로 사용하던 전 일본인 건물에 보관하였다. 그러나

장택상의 시흥 별장에 포탄이 떨어져 천도문접시는 완전히 박살나고, 매병은 불에 타서 원색을 잃어 버렸으며 나중에 영남대에 기증하였다(李英燮, 「내가 걸어온 古美術界 30年」, 『月刊文化財』, 1973년 1월).

23) 內山省三도 도자기에 미치다시피 할 정도의 도자기 애호가로 상당수의 우수 도자기를 수집하였다. 그의 저서 『조선도자』(보운사, 1933)에서, "도자기와 생활하는 것이 생활의 중요한 부분을 점하고 있다"할 정도로 도자기에 빠져 있었으며 그의 저서에도 자신이 소장한 조선자기 13점을 도판으로 수록하고 있다.

24) 1926년 4월 京城帝國大學 敎授로 임명되어 한국에 건너옴. 法文學部에서 동양사강좌를 담당했다. 1929년 5월 同大學 附屬圖書館長을 명받음(朝鮮新聞社 編纂, 『朝鮮人事興信錄』, 朝鮮新聞社, 1922).

25) 大坂金太郎은 회령소학교를 창설하고 회령 교장과 동시에 간도일본인학교 교장을 겸했다. 후에 경주보통학교 교장을 역임하고 총독부 사회교육과 촉탁으로 박물관에 관계했다. 大坂金太郎은 함북 회령에 8년, 부여에 3년, 경주에 28년, 1911년 4월부터 1945년 9월까지 약 39년간 한국에 재주했다.
參考: 大坂金太郎, 「在鮮回顧十題」, 『朝鮮學報』제45輯, 朝鮮學會, 1967년 10월.
藤田亮策, 「會寧の思出」, 『朝鮮學論考』, 藤田先生記念事業會, 1963.

26) 德光美福은 1921년 경성의학전문학교 교수로 한국에 건너왔다. 1926년부터 경성대학 교수로 재직하였다. 그는 서화에 미치다시피 한 자로 주로 소품을 모아서 수장을 하였다.
박병래는 "해방이 되자 德光도 그가 소장한 많은 서화 골동품을 일본으로 반출할 수 없음을 알고 헐값으로 일반 수장가들에게 넘기려 했으나 마땅히 나서는 사람이 없어 이리저리 흩어졌다"고 하는데 그 소재가 명확하지 않다. 해방이 되면서 헐값으로라도 한국인 장사치들에게 넘기면 그나마 다행이지만 그 혼란한 틈에 애착을 가지고 품안에 가지고 있다가는 악한들에게 빼앗기기가 일쑤이었다.

27) 島谷八十吉(島谷八十八)은 원래 일본에서 양조업을 하다가 1903년 12월에 한국에 건너와 일본이 청일전쟁에서 승리를 하자 일본군의 힘을 믿고 옥구군 일대의 전답 430여 정보, 임야 80여 정보를 강제 매입하여 1908년부터 거대한 농장을 운영하였다. 1935년에는 소유토지 73정보, 受託管理土地 664정보 합계 1,394정보로 한국인 小作家戶가 1,600호에 달했을 정도로 부를 누렸던 군산 일대에서 가장 악명 높은 대지주였다. 그의 취미는 서화 골동품 수집이라고 알려져 있다.
參考: 『全羅北道 案內』, 全北日日新聞社, 1914, p. 沃6.
朝鮮新聞社 編纂, 『朝鮮人事興信錄』, 朝鮮新聞社1922, p. 744.
朝鮮總督府, 『朝鮮總督府施政25周年紀念表彰者名鑑』, 1935, pp. 976~977.
현재 군산시 개정면 발산리 발산초등학교 뒤뜰에는 5층석탑과 석등 이외에도 교정의 곳곳에 사자상, 양 모양의 석물 등이 놓여 있다. 이곳은 일제 때 島谷八十吉의 농장이었는데 해방이 되어 그 자리에 1947년 발산초등학교가 들어서면서 이 석물들도 초등학교에 두게 된 것이다. 이것들은 모두가 島谷八十吉가 그의 정원을 꾸미기 위하여 곳곳에서 불법으로 가져다 놓은 것이다.

28) 경성상업회의소 회두이자 경성미술구락부 2대 사장 渡邊定一郎은 다양한 한국 고미술품을 수집하였는데 그가 소장하였던 일부의 미술품은 경성미술구락부를 통하여 경매 처분하였다. 『도변가어소

장품매립』(년대 미상)도록을 보면, 서화, 불상, 고려자기, 분청사기, 조선백자, 기타 총 457점이 수록되어 있다. 그의 소장품은 이같이 상당수가 한국에서 흩어졌지만, 그 중 일부는 문명상회를 통하여 일본으로 건너가 판매되었다.

29) 稻本新臣은 1905년에 한국에 건너와 처음에는 조선신문사에 입사하여 근무하다가 그만두고 대구에서 稻本骨董店이라는 가게를 열어 주로 古器物, 陶器類, 繪畵 등을 취급하였는데 1911년에 간행한 『大邱一斑』(玉村書店)이란 책자를 보면, "美術骨董品賣買, 朝鮮古陶器賣買 大邱東城町 稻本新臣 전화342번"이라는 광고까지 내고 있다. 『最近大邱要覽』(1920年 大邱商工會議所)에도 대표적인 骨董商으로 그 명단이 올라 있다.

30) 稻葉善之助는 平壤의 稻葉病院長으로 請負業을 겸하였다(『平壤全誌』, 平壤商工會議所, 1927, p. 791; 平壤府議會議員 勝村德一, 『全鮮府邑會議員銘鑑』, 朝鮮經世新聞社, 1931).

31) 조선총독부 수사관 稻葉岩吉도 서화와 한국 고서적을 많이 수집하였다. 1931년에 간행한 『청구학총』제4호 권수(卷首)에는 '영모도' 1점의 도판이 실려 있다. 해설에 의하면, 조선 숙종, 영조 때 좌상을 지낸 趙泰億이 그린 것으로 후손에 의해 전해오다가 최근에 이르러 稻葉가 입수하였다고 한다(靑丘學會, 「彙報」, 『靑丘學叢』제10호, 靑丘學會, 1932년 11월).

32) 경성대 교수였던 藤塚隣는 추사 관련 자료를 가장 많이 수집하였다.

그의 집안은 누대에 걸쳐 서적을 수집하여 「명산문고(名山文庫)」에 보관하였는데 그 부수만도 수만에 이르렀다고 한다. 그러나 소위 명치유신 때 가운이 쇠하여 그 많은 서적들이 사방으로 흩어졌으며 藤塚隣대에는 누대에 걸쳐 수집한 서적은 수백 책만이 잔존했었다고 한다.

그는 추사의 세한도를 소장하였다. 세한도는 이상적의 사후에 그의 제자인 김병선에게 넘어갔고 다시 그의 아들 김준학이 소장하고 있었다. 그런데 藤塚隣은 누구한테서 입수를 하였는지 이겸노에 의하면, 세한도는 그 후 여러 애호가들의 손으로 전전하다가 평양감사를 지냈으며 휘문학원을 설립한 갑부 민영휘의 아들 민규식이 소장하고 있었는데, 藤塚隣이 이 세한도를 입수하여 소장하고 있었다고 한다.

이에 대해 許英桓은 세한도가 藤塚隣의 손에 들어간 시기에 대해 "세한도는 1930년대 말에 서울에 있던 경성제대 교수였으며 추사 연구로 박사학위를 받은 藤塚隣 교수의 손에 들어갔다. 그는 아마도 민영휘의 아들 민규식으로부터 얻어낸 듯하다"(許英桓, 「阮堂의 歲寒圖」, 『書通』9호, 1979.)고 하고 있다.

이겸노와 허영환의 기술에서 '민영휘의 아들 민규식으로부터 입수'했다는 것은 일치하지만, 입수시기에 대해서는 그 보다 앞서는 것으로 보인다. 1932년 10월 7일부터 10일까지 서울 三越백화점(현 신세계백화점 자리)에서《완당유묵유품전람회》가 개최되었는데, 이때 추사의 필적과 유품이 80여 점 전시되었다. 당시 특히 주목되었던 것이 藤塚隣이 출품한 '세한도 및 자서'였다. 이로써 처음으로 '세한도'가 애호가들 사이에 알려진 것이다. 따라서 藤塚隣이 세한도를 입수한 시기는 1932년 이전이 되는 것이다.《완당유묵유품전람회》에 藤塚隣이 출품한 것은 '세한도' 외에도 '阮堂題跋化度寺邕禪師塔銘', '阮堂寄李藕船書', '阮堂手批門人詩稿', '阮堂書翁覃溪手札題贊'을 포함한 16종이나 되었다(中村榮孝, 「阮堂遺墨遺品의 展觀」, 『靑丘學叢』제10호, 靑丘學會, 1932년 11월).

세한도는 해방 후 손재형이 찾아왔다. 藤塚隣 옹이 손재형에게 세한도를 넘겨주면서 "귀하의 끈질긴 성의와 문화재 애호에 대한 열의에는 세한도 이상의 보물일지라도 양도를 아니 할 수 없다"라고 하였다. 당시 세한도를 받을 때의 가격은 알려지지 않았으나 상당한 고가를 지불하였을 것이다.

33) '鄭成功髫齡依母圖'는 명말 청초에 반청복명 투쟁으로 이름을 떨친 정성공의 소시적의 모습을 그린 것이다. 그림의 화제에는 그림의 해설과 박제가 그림을 모사한 경위를 적고 있다. 명나라 말엽 鄭芝龍이 일본인의 사위가 되어, 아들 成功을 낳았다. 그 뒤 芝龍은 고향으로 돌아가고, 성공은 어미에게 의지하여 일본에 남아 있었다. 우리나라 최씨가 예술로서 일본에 노닐면서 그 眞影을 그려 畵本을 남겨두었는데, 지금 최씨의 집안에는 아무도 없고, 그 화본은 우리 스승 댁에 보존되었기로 臨仿하였다. 그 중 옷을 걷어잡고 단정히 앉은 것은 芝龍의 처, 일본 安女요, 더벅머리 어린 아이가 칼을 차고 遊戲하는 것은 성공이다. 朴齊家 修其는 그리고, 사실마저 기록한다(劉復烈 編著, 『韓國繪畵大觀』에서).

藤塚隣의 소장으로 있다가 어떤 경로를 거쳤는지 밝혀지지 않았으나 그간 유엔한국협회 고문인 한표욱이란 사람이 입수하여 외교관으로 있을 당시 공관에 전시하였다고 한다. 1998년에 한 옹이 국립중앙박물관에 기증하였다.

34) 1942년 3월 19일 서대문서에는 북아현정 1번지의 315호 鈴木久三郞이 10여 년 전부터 취미로 모아 두었던 골동품 28점과 옛 동전 98매를 헌납하여 왔는데 이중에는 조선시대 척사가 지니고 다니던 마패가 15점이고 그밖에 구리남비 쇠병, 구리주전자 등 14종류가 되었다(『매일신보』1942년 3월 20일자).

35) 鈴木武司는 1910년 한국에 건너와 사진관을 운영하다가 人力車京城組를 만들어 이를 운영하여 12년이 지난 후에 주식회사대정신탁사장, 조선제과주식회사 전무, 동아출판주식회사 중역 등을 맡았다(『京城市民名鑑』, 朝鮮中央經濟會, 1922, p. 384).

36) 末松熊彦은 1904년 인천미두취인소의 지배인으로 한국에 건너왔다가 1908년에 궁내부 촉탁으로 발탁되어 재직을 하였다. 1909년 『직원록』에 의하면 궁내부어원사무국이 신설되자 사무관으로 있으면서 박물관부의 부장을 겸직하였다. 그는 이왕직에 20년을 근속하면서 이왕직박물관의 유물 수집에 주도적 역할을 하였다. 박물관 진열품을 수집하는 과정에서 한국의 많은 고미술품을 접했을 뿐 아니라 감식에 밝았다. 그가 죽고 난 후 그의 수집품은 전부 경성미술구락부에서 매입하여 1934년에 경매에 붙였다. 이 속에는 단연 고려자기가 많았다고 佐佐木는 전하고 있다.

37) 白神壽吉은 1919년에 한국에 건너와 진남포고등여학교장으로 재직하였다. 1931년에는 대구로 옮겨 해방 때까지 대구여자보통학교장으로 근무했다. 평양에 있을 때부터 낙랑문화에 흥미를 가지고 유물을 접하기 시작하여 평양 일대에서 출토(도굴)된 각종 유물들을 수집하였다. 그가 평양에서 수집한 것은 모두가 고고학적으로 매우 가치가 높은 것으로 그는 평양에 있을 당시에도 그곳에서 대단한 수장가로 알려졌다. 대구로 옮겨와서는 신라 문화와 관련한 유물을 수집하였다. 그의 수집품들은 해방이 되어 일본으로의 반출이 불가능해지자 모두 대구시에 기증하였다.

38) 널리 '혜원 풍속도'로 널리 알려진 『蕙園傳神帖』(국보 제135호)에는 화첩 끝에 간송이 몇 해를 벼른 끝에 큰 돈을 들여 수장한 내력을 말하는 자세한 풀이를 위창이 발문에 붙였다.

"세상에는 혜원의 그림을 소중히 여기되 더욱이 그 풍속을 그린 것을 소중히 여기는데 이 화첩에는

30면이나 되는 많은 양이 있다. 모두 옛 풍속 인물화로서 일반생활의 하나하나 모습이 종이 위에서 약동하니 눈부시게 큰 구경거리이다. 또 복식도 지금 이미 없어진 것이 거의 반 넘어 담겨있다. 이 화첩에 의거하면 겨우 현재 남아 있는 것은 그 줄거리로서 이것을 가히 이어줄만 한 것이다. 이 화첩은 일찍이 큰 상인인 도미타(富田)씨의 손에 들어가서 여러 차례 촬영을 거치고 혹은 지극히 작게 축소되어 담배갑에도 넣어지기도 한 까닭에 사람마다 모두 얻어서 함께 감상할 수 있었다. 세상에서 보기 드문 그림으로 세상이 모두 함께 보배로 여길 수 있는 물건을 만들었으니 또한 기특하지 않은가. 간송 전군이 꼭 원첩만을 얻고자 벼른 것이 몇 년이더니 이에 많은 돈을 아끼지 않고 이것을 사들여서 진귀한 비장품을 삼았다. 나는 지금 빌어 감상하고서 곧 화첩의 끝에 이것을 쓴다. 병자년 초봄(음력 1월) 초승에 위창노부 오세창은 쓰노라."(韓國民族美術研究所, 『澗松文華』55, 1998.)

원래 포장은 어떠했는지 알 수 없으나 간송의 소장이 된 후 새로이 製帖하면서 帖尾에 위창 오세창의 제발을 첨가하였다.

39) 이영섭, 「(文化財界秘話)내가 걸어온 고미술계 30년(1)」(『月刊文化財』, 1973년 1월.)에 의하면, 해방 전에 골동상 배정국 씨가 부전상회로부터 산 것인데 후에 일본으로 건너가 淺川伯敎의 책에 실려 있다.

40) 富田晉二는 1905년에 한국에 건너와 富田상회라는 간판을 걸고 목재상과 청부업을 하였다. 평양박물관이 설립된 후에는 평양박물관 평의원으로 있으면서 숱한 도굴품을 수집하고 도굴을 부추긴 악질적인 장물아비로 알려져 있다. 평양 일대의 고분 분포를 잘 알아 1932년 남정리 제119호분 발굴과 王光墓 발굴에 참여하기도 하였다.

高橋健自, 石田茂作, 『滿鮮考古行脚』雄山閣, 1927, p. 140.에 의하면, 富田晉二가 수집한 거울만 하여도 1927년경에 100면이 넘었다고 한다.

平壤商業會議所, 『平壤全誌』, 平壤商業會議所, 1927.에 의하면, 그가 소장하였던 '居攝元年銘鏡'은 석암리의 한 농부가 발견하였는데 富田이 매입하여 후에 京都의 수집가 守屋 변호사에게 6천원에 팔았다고 한다.

八田己之助, 『樂浪と傳說の平壤』, 平壤研究會, 1934.에 의하면, 낙랑고분에서 도굴한 칠공예품도 상당수를 가지고 있었는데 일개인이 보존하기에는 번거로운 점이 많아 칠공예품 전부를 동경미술학교에 기부하기도 하였다고 한다.

41) 『朝鮮總督府施政25周年記念表彰者名鑑』(1935)에 나타난 北村忠次의 경력을 보면, 1912년 6월에 조선총독부고원(朝鮮總督府雇員), 1919년 조선총독부군서기로 평안북도에 근무, 1922년 3월 평양중학교 서기로 근무, 1926년 4월 경성의학전문학교 서기로 근무한 것으로 나타나 있다.

그는 1919년부터 1926년까지 평양에서 근무하는 동안 낙랑고분의 도굴을 뒤에서 조종하는 이름난 장물아비의 한 사람이다. 평양을 떠난 이후에도 상당한 장물을 취급하였으며 그 대부분은 일본으로 반출된 것으로 추정된다.

42) 山田財次郎은 1908년 평양공소원 서기와 1913년부터 평양복심원 서기로 재직하였다. 그는 일찍부터 평양 일대에서 출토하는 고고미술품 수집에 손을 대어 직접 다니면서 수집을 하기도 하고 선동들을 모아 와편, 전, 봉니 등을 수집하기도 하였다. 山田財次郎이 고와를 수집하였을 때에는 그의 독점

무대로 평양부내의 각처에서 수도공사나 하수공사에서 와가 파내어져 길바닥에 내버려져 있으면 山田는 눈깔사탕을 가지고 현장에 가서 와전과 교환을 하였다고 한다.

1915년~1922년 조선총독부 진열품 기부문서철에 '山田財次郎 박물관 진열품 기부에 관한 건'이 보인다.

山田의 수집품은 세키노의 부탁을 받은 평양고등법원 검사장 關口半의 권유로 1922년에 총독부박물관에 양도하였다. 그 수집품들은 藤田亮策과 楳本龜次郎에 의해 정리되어 약목록이 작성되었다. '山田財次郎 수집품 목록'을 보면, 박물관 수입번호(受入番號) 8849~8913으로 기록되어 있으며 그 수는 '樂浪太守章'봉니를 비롯한 총 3,499점으로 나타나 있다. 그러나 이 속에는 '일괄' 등으로 표시된 것을 1점으로 헤아렸기 때문에 실제 숫자는 이보다 훨씬 많다고 볼 수 있다.

이하 山田財次郎의 수집 품목은 생략한다.

43) '맹호도'는 『조선고적도보』 제14권 도판 5954에 들어 있는 거작이다. 『조선고적도보』에는 '삼판통(후암동) 森啓助 소장'으로 되어 있다. 1931년 《조선명화전람회》에도 출품 전시하였다.

有光敎一의 일지를 보면(有光敎一, 「私の朝鮮考古學」, 『朝鮮學事め』, 靑丘文化社, 1997, p. 217.), "1946년 3월 19일 드디어 김재원 관장 일행이 사직동의 엄씨 가게로 가서 1만원에 양도 받아 박물관에 수장하게 되었다"고 한다.

이 그림은 우측 상단에 '갑오남지일(甲午南至日)'라 서하고, '현재(玄齋)'라는 도서가 찍혀 있어 『조선고적도보』에도 현재 심사정의 작품으로 기록하고 있다. 세키노는 『조선미술사』에서, "森啓상점 소장의 '맹호도'와 조선미술관 소장의 '雕雉圖'는 그(심사정)가 아니고는 도저히 보여줄 수 없는 타고난 재능을 보여주고 있다"라고 전혀 의심 없이 현재의 것임을 밝히고 있다.

최순우는 "그의 작품으로 단정하기 어려우며 서체 또한 눈에 익은 현재의 글씨가 아니다. 후세의 사람이 화제를 쓰고 낙관을 찍었을 가능성이 있겠다. 어쨌든 작품에서 볼 수 있는 능숙한 사실력은 예사 범수(凡手)의 솜씨가 아니다"라고 하고 있다. 지금은 필자 미상으로 표기하고 있다.

44) 森啓助는 1904년에 한국에 건너와 森安상점이라는 잡화상을 시작, 1916년에는 森啓助상점이라는 골동상점으로 개명하였다.

45) 국립중앙박물관 소장의 김명국 필 '달마도'는 1934년에 간행한 『조선고적도보』 제 14책에 도판 5913으로 森悟一의 소장으로 나타나 있다. 그런데 1931년 일본에서 개최되었던 《조선명화전람회》의 도록에는 도판으로 실려 있고 '閔衡植氏藏'으로 나타나 있다. 그래서 森悟一 이전에는 민형식이 소장하고 있었다는 것을 알 수 있다. 1932년 10월 조선미술관 주최의 《조선고서화진장품전》에는 森悟一의 소장으로 출품되었다. 따라서 森悟一이 이 그림을 입수한 것은 《조선명화전람회》 바로 직후로 보인다. 森悟一의 사후 1936년을 전후로 한 경매도록 『삼가소장서화골동매립목록』에는 목록 12번으로 나타나 있다. 이 때 경성미술구락부를 통하여 森玉卜의 손에 넘어간 것으로 보인다. 조선총독부박물관에서 입수할 때는 1942년에 森玉卜으로부터 150엔에 입수한 것으로 나타나 있다.

46) 森悟一은 1908년에 경도제국대학 법률과를 졸업하고 한국정부에 초빙되어 한국탁지부농공은행에 근무하였다. 함흥지점장을 거쳐 광주농공은행 광주지점장, 근업대부과장, 1918년 이후 산업금융과장, 식산은행이사, 저축은행장 등을 역임하였다(朝鮮新聞社 編纂, 『朝鮮人士興信錄』, 朝鮮新聞社

1922, pp. 686~687; 佐佐木太平, 『朝鮮の人物と事業』, 京城新聞社, 1930).
47) 山重雄三郎, 『大邱案內』, 麗浪社. 1934.에 의하면, 杉原長太郎의 부친 杉原新吉은 1904년에 대구에 정착하여 당시의 시류에 힘입어 경영의 편의를 얻어 상당한 부를 축적할 수 있었다. 杉原長太郎은 야마구치상고를 졸업하고 부친의 업을 계승하여 삼원합자회사의 사장으로 대구에 본거지를 두고 활동하였다. 경상북도 도의원, 대구부회부회장 등 지방자치행정에도 참여한 유지로 풍부한 금력으로 조선의 중요 유물들을 수집하였다.
1944년에는 『조선고고도록』의 제2책으로 도록까지 만들었는데 이는 그의 수집품 중에서 주요한 것만을 선택하여 발간하였다. 낙랑시대부터 조선 때까지의 사료적 가치가 높은 것과 퇴계 필 병풍을 비롯한 고려청자, 조선백자 등 1급품들만 수두룩하게 수록되어 있다. 杉原長太郎은 해방이 되자 그의 소장품 모두를 대구시에 헌납하였다.
48) 森辰男는 선린상업학교를 중퇴하고 부친의 재산을 그대로 물려받아 임대업을 하였다. 일찍부터 한국 고미술품에 취미를 가져 넉넉한 경제력을 바탕으로 명품을 많이 수집하였다.
49) 『광복이전 박물관 자료집』을 보면, 1930년에 森辰男로부터 '청자상감모란문호' 외 4점을 구입한 건이 보이고 있다. '청자상감모란문호'는 1930년 10월에 이왕가미술관에서 森辰男으로부터 5천원의 거금으로 매입하였다. 항아리의 앞뒤 중앙에 큰 모란꽃 한 송이씩을 상감하고 양쪽에 사자 모양의 손잡이를 단 걸작이다. 현재 국보 제98호로 지정되어 국립중앙박물관에 진열되어 있다.
50) 眞淸水藏六은 1933년에 한국을 여행하면서 당시 서울에서 관리로 근무하던 三宅長策를 방문하였는데, "그는 애장가로 소장하고 있는 고려자기가 많았다"고 한다(眞淸水藏六, 「朝鮮の旅」, 『陶磁』, 1933년 4월).
1909년에 간행한 『한홍엽』에는 미야케 소장으로 되어 있는 고려동경이 3점 도판으로 실려 있다.
51) 城六太는 일본에서 경찰로 일하다가 1895년 한국에 건너와 경성(서울)에서 철도청부업, 전당포업을 하였으며, 1907년부터는 민단 및 상업회의소 의원으로 활동하였다.
金禧庚 編, 「韓國塔婆研究資料」, 『考古美術資料』, 考古美術同人會刊, 1969, p. 27. 古蹟調査參考書類.에 의하면,
대경대사현기탑은 1909년 7월에 고물상 田中久五郎과 高橋德松이 상원사에 이르러 감언이설로 주지에게 120원을 주고 매수한 다음 1911년 8월에 경성 명치정의 城六太에게 500원을 받고 매각하였다. 城六太는 이를 730원을 들여 자신의 정원으로 운반을 하였다.
52) 小島健二는 황해도의 공립학교 훈도로 평양 일대에서 발견된 기년명전을 많이 수집한 것으로 유명하다. 『1932年度 古蹟調査報告』(1932)의 「낙랑, 대방군시대 기년명전집록」에 수록된 그의 소장품은 대단히 중요한 자료라 할 수 있다.
53) 藤田亮策, 「會寧の思出」, 『朝鮮學論考』, 藤田先生記念事業會, 1963.에 의하면, 小野奧吉은 회령에서 학용품과 잠화를 팔고 있었는데 점포에 석기, 토기 등이 중심을 점하고 있었다고 한다. 또 그가 수집한 것들을 각지의 학교 등에 '小野奧吉氏 寄贈'이라 쓰고 많이 기증했다고 한다. 1935년경에 작고했다.
54) 1921년에 평양부의 평지에 신설하게 된 비행 제6대대의 철도인송선공사 중 우연히 유물 일군(一群)

이 나타났었는데, 수속을 밟아 당국에 신고를 하였으나 평안남도청 경찰부가 독단적으로 학술적 가치가 없는 것으로 판단하여 본인에게 다시 되돌려줌으로서 귀중한 유물은 산일되었다.

55) 小田省吾는 1871년생으로 1899년 동경제국대학 문과대학을 졸업함과 동시에 동 대학원에 들어갔으며, 1910년 10월에 조선총독부 사무관으로 임명받아 한국에 건너와 학무국 편집과장으로 취임, 다시 1918년 2월에 중추원 편찬과장으로 옮기고, 1920년에 일본인 교원양성소 강사를 겸하였다. 1921년 10월에 조선총독부 학무국 고적조사과장을 겸임하였다.

56) 小倉進平은 1907년에 동경제국대학 문과대학을 졸업하고 1911년에 한국에 건너와 조선총독부 편집서기로 근무하다가 1917년 경성의학전문학교 교수겸총독부 편집관으로 학무국편집과에 근무하였으며 1933년에는 경성제국대학 교수 겸 동경제국대학교수를 겸임하였다(『朝鮮總督府施政25周年記念表彰者名鑑』1935年 朝鮮總督府).

동경대학문학부 언어학연구실 소장의 小倉文庫는 경성제국대학 문학부 언어학과 교수를 역임한 小倉進平(1882~1944)의 소장본이다. 小倉文庫本은 패전 후에 동경대학에서 구입하여 문학부에 소장되어 있다. 그의 장서는 『朝鮮語學史』에 소개되어 있다고 한다(福井玲 編, 「小倉文庫目錄 其一 新登錄本」, 『朝鮮文化硏究』제9호, 東京大學大學院人文社會系硏究科, 2002; 조부근, 『잃어버린 우리문화재를 찾아』, 민속원, 2004).

57) 『조선고적도보』 5책에는 신라고와가 600여 점 수록되어 있는데 이 중에는 小平亮三 소장의 것 140여 점이 수록되어 있다.

58) 함안의 송원흥업 대표 松原純一郞는 백자 일품과 연적을 상당히 수집하였다. 野守健은 『고려자기의 연구』(1944)에서 松原純一郞이 소장하고 있던 '청자음각' 照淸造 '명연화문병'을 도판으로 실으면서 松原純一郞의 거주지를 동경으로 기록하고 있어 그의 수장품은 해방 전에 대부분 일본으로 가져간 것으로 추정된다.

59) 松原純一郞가 소장하였던 '白磁辰砂繪蓮花紋壺'는 1938년 문명상회를 통해 일본으로 반출되었다. 1942년에 간행한 田中豊太郞의 『이조도자도보』에 도판 32로 게재되어 있다.

60) 1909년 경성공소원 판사로 한국에 와 1915년부터 경성고등법원 판사로 근무했다.

61) 1924년 가을 지방민이 석암리의 한 고분에서 도굴하여 富田眞二의 손에 들어간 것인데, 후에 富田은 京都의 守屋孝藏에게 팔았다(梅原末治, 藤田亮策, 『朝鮮古文化綜鑑』제3권, 養德社, 1959, (해설편) p. 15).

守屋孝藏은 이것을 1929년 제실박물관에서 개최한 '鏡劍璽特別展覽會'에 출품하였다.

62) 1923,4년경 낙랑고분군의 대난굴시대에 도굴한 것으로 처음 多田春臣의 손에 들어갔다가 후에 교토의 守屋孝藏에게 넘어갔다(梅原1959, p. 15).

63) 규암리 출토 '金銅觀音菩薩像'은 關野貞의 『朝鮮美術史』 도판 13으로 실려 있다.

關野貞, 「三國時代の彫刻」, 『寶雲』, 寶雲舍, 1933年 9月, p. 13.에 의하면, 이 불상은 1907년 백제의 구도 부여 규암면 규암리에서 발견한 것으로 철솥 안에 숨겨두었던 것인데 당시 헌병대에서 유실물로 보관하다가 1년이 경과한 후 경매에 붙였는데 2체 모두 모씨가 낙찰하였다고 한다.

이 점에 대해서 輕部慈恩는 『백제미술』에서 당시 헌병이던 모씨가 농부로부터 사들여 그것이 돌고 돌아 매물로 되어버린 것으로 기술하고 있으며, 本多라는 헌병이 농민으로부터 압수 소장하였으나 자기 상관인 대장의 요구로 인도되었다고 한다. 그 중 금동관음보살상 1구는 1922년에 이르러 이치다가 구입한 것이다.

關野貞, 『朝鮮の建築と藝術』, 岩波書店, p. 504.에 의하면, 關野는 이 불상을 보고 "고는 8촌 8분으로 현재까지 발견된 백제 조각 중 최대 최우수한 것"이라고 극찬하였다.

해방직후 몸에 지니고 갔다. 하지만 이것이 현재 어디에 소장되어 있는지 그 소장처가 불명이다.

64) 市田次郎은 대구에서 小倉 다음가는 수장가로 금속 및 자기류의 대수장가이다. 市田次郎이 언제부터 대구에 정착을 했는지 명확하지 않으나 1920년에 간행된『최근 대구요람』에 '대구의사회'라 하여 광고란에 市田次郎 병원명이 나타나 있다.

市田次郎은 광적일 정도로 한국 고미술품을 수집하였다. 그의 저택에는 도자기실을 마련해 놓고 고려자기, 조선백자 등 각종 도자기를 진열해 두었으며, 별도로 신라, 가야 등지에서 나온 도굴품들을 모아 별실을 만들어 둘 정도로 많은 고미술품을 수집하였다.

65) 柴田團九郎은 1907년경에 한국에 건너와 경주에서 柴田여관을 운영하였다. 각지에서 경주를 방문하는 유명인사들은 이 여관에 머물렀기 때문에 넓은 인맥을 유지할 수 있었다. 1927년 4월에는 그의 회갑을 맞아 각지의 우인들을 초대했는데, 조선 각지는 물론이고 동경, 만주 등지에서까지 초대하여 무려 3백여 명이 모였다고 한다.

參考: 『부산일보』1927년 4월 14일자.

66) 梅原末治, 藤田亮策, 『朝鮮古文化綜鑑』제1권, 養德社, 1947, p. 37.에 의하면, 평남 대동군 추을면 미림리에서 토목공사 중 지하에서 고분의 부장품으로 생각되는 다수의 출토품이 공사관계자의 손에 의해 동경 방면으로 산일되고 일부는 총독부박물관에서 구입하고 일부는 柴田鈴三의 손에 들어갔다. 시바타의 손에 들어간 것은 세형동검(도72), 銅環(도73), 細銅環(도74), 內行花紋鏡(도75), 銅製劍鐔金具(도76), 銅製飾柄(도85)

67) 평양의 계림상사 대표 柴田鈴三은 낙랑고분에서 나온 도굴품을 많이 소장하고 있었다.

大阪朝日新聞, 1940년 12월 1일자.에 의하면, 1940년 11월에 총독부 학무과의 澤, 榧本 촉탁과 평양박물관장 小泉 일행이 평양의 柴田鈴三의 수집품을 조사하였는데 그가 수집한 유물은 낙랑군시대, 고구려시대, 고려시대 등에 이르는 700여 점의 유물을 소장하고 있었다. 당시 大阪朝日新聞에는 그가 수장한 낙랑 전기의 마차, 마구, 동검 등은 고고학계에 진중한 국보적 유물이라고 하며, 보물로 지정하기 위해 조선총독부에서 개최하는 조선보물고적명승천연기념물보존위원회에 보고할 예정이라고 하고 있다.

한일협정 때 한국 정부는 시바타가 반출해 간 평양 정백리 출토의 동검 등 일괄유물 19점과 평양 미림리 출토 유물 21점, 그 외 21점에 대하여 반환을 요구하였으나 실패하였다.

68) 柴田슈三의 소장품 중에 銅劍, 銅鐸, 銅鈴 기타로 이루어진 일괄유물이 총독부박물관 수장의 정백리 취토장에서 발굴된 것과 일치하여 본래 동일 유적의 출토품으로 판단되었으나 이에 대한 아무런 조사도 하지 않고, 1941년 10월 2일 보물지정 자격을 인정하였다.

69) 新田留次郎은 1906년 통감부 철도관리국 기사로 한국에 건너와, 후에 철도국 공무과장, 1939년에는

철도국부사장을 역임하였다.
『광복이전 박물관자료목록집』의 '寶物 白磁透彫牡丹紋壺 기부 건(1941년 12월 29일)'에, "보물 제 375호 1개, 우 물건 경성부 남미창정281 新田留次郞으로부터 박물관 진열품으로 기부"라고 하고 있어 그가 소장한.명품 한 점은 총독부박물관에 소장되었다.
新田留次郞이 소장하였던 많은 소장품들은 그가 해방 전에 귀국하면서 대부분 가져간 것으로 보인다. 그가 가져간 '紅定金花瑞草文盞'은 일본 중요미술품으로 지정되어 있다(『美術研究』제 86호, 1941년 1월, p. 102).

70) 阿川重郞은 동경제국대학 공과대학을 졸업하고 1901년에 한국에 건너와 철도 및 기타 각종 공사의 토목청부업을 하여 막대한 재산을 모은 자이다. 1901년에는 경부철도회사로부터 수원역전 뒤의 토공신설계약 6만 3천엔을 수주하고, 1902년에는 천안역전 뒤의 토공신설계약 13만 7천엔 수주, 1904년에는 경의선건설공사에 참여, 1910년 이후에는 조선총독부, 동양척식회사, 남만주철도회사 등의 철도공사 등을 중심으로 토목공사청부로 활약했다.
阿川重郞은 鮎貝房之進과 교우를 하면서 한국도자기에 대한 감식안을 키워 우수한 도자기를 많이 수장하였으며 1922년 주식회사 경성미술구락부의 창설자이기도 하다.
1921년을 전후하여 고향 산구로 돌아가 장기요양(조선에 있는 회사는 그대로 유지한 것으로 보임)을 하는 동안 회사는 부사장이 운영했다고 한다. 본인이 골동을 좋아하고 많이 수집했기 때문에 일본으로 돌아갈 때 그가 수집한 많은 골동의 대부분을 가져갔을 것으로 보인다(參考: 佐佐木兆治,『京城美術俱樂部創業20年記念誌』, 株式會社 京城美術俱樂部, 1942; 朝鮮公論社 編纂,『在朝鮮內地人紳士名鑑』, 朝鮮公論社, 1917;『京城の內地人』'業種別'條, 1910).
東京帝國大學,『東京帝國大學 附屬圖書館 復興帖』, 1930, p. 14.에 의하면,
1923년 대지진으로 도쿄대학부속도서관의 장서 70만 책과 함께 소진으로 돌아간 지 6년이 경과했다. 그간에 도서관을 새로 신축하고 이에 복흥사업이 완료를 보고함에 있어 새로 구입한 서적을 다음과 같이 기술하고 있다.
德川 후작이 본 대학 총장을 방문하여 장서 10만권의 南葵文庫를 寄贈했으며, 趙男爵 소장 朝鮮本 및 漢籍 책수 3,000과 阿川重郞 소장 朝鮮古版本 책수 5,000을 구입했다고 한다.
吉田光男,「阿川文庫の成立とその性格」,『朝鮮文化研究』第5號, 東京大學文學部朝鮮文化研究室, 1998.에 의하면,
동경대학부속종합도서관에서 구입한 阿川重郞의 수집본은 1207부, 4908책으로『朝鮮本阿川目錄』에는 말미에 "大正14年 池內교수에 의하여 阿川重郞씨로부터 구입, 임시 南葵文庫에 置함"이라 되어 있다.
1925년 5월 27일 개최된 동경대학문학부교수회 석상에서 '山口縣 阿川씨 소장의 조선도서(1천 5백부 가격 약 2만엔)구입의 건'이 심의에 부쳐졌으며, 동양사학과 池內가 내용을 설명했다. 阿川과의 교섭은 池內가 맡는 것으로 결정하였다. 또 1925년 7월 8일 교수회에서는 구입하기로 한 것은 약 5천 책으로 하고 가격은 2만 1천엔으로 하고 있다.
1923년 대지진으로 인해 조선본 대부분을 잃은 동경대 측으로서는 도서 구입이 급선무였던 것이다.

당시 동경대 도서관은 복구공사에 있었기 때문에 임시로 南葵文庫에 보관해 두었던 것으로 보인다. 그 書目은 『朝鮮文化硏究』第5號, 東京大學文學部朝鮮文化硏究室, 1998.에 실려 있다.

도서명	수량	편찬자	간년
華城城役儀軌	2책		
家禮	2책	朱熹	1658년
御製自省編	1책	洪鳳漢 等	1746

이하 생략. 그 서목은 『朝鮮文化硏究』第5號, 東京大學文學部朝鮮文化硏究室, 1998.에 실려 있음

71) 阿川重郞이 소장하였던 흑유백회당초문매병은 『조선고적도보』제7책(1928년)에 도판 3689번으로 수록되어 있으며 '阿川重郞 장'으로 기록하고 있다. 野守健의 「고려시대 고분출토의 철채수」에 수록된 도판에도 '경성 阿川重郞씨장'으로 기록하고 있다(野守健, 「高麗時代 古墳出土の鐵彩手」, 『陶磁』 제12권 제1호, 東洋陶瓷硏究所, 1940년 4월).
이 '흑유백회당초문매병'은 당시만 해도 조선 보물로 지정된 것으로 해방 직전에 장석구가 구입하였으며 해방 이후 국보 제372호에 지정되었다. 장석구는 한 때 경제적인 어려움에 직면하자 국보 제372호를 비롯한 10여점의 고미술품을 담보로 박태식 씨라는 사람에게 돈을 빌리고 오랫동안 원금은 물론 이자도 갚지 않아 상당 기간 박태식이 보관하고 있었다. 그래서 1950년 4월에 국립박물관 주최로 개최한 '건국기념국보전시회'에는 '흑유백회당초문매병'(당시 국보 제372호)이 박태식 명의로 출품되었다. 1959년 문교부에서 발간한 『국보도록』에는 '서울 박태식씨 소장'으로 하여 "이러한 철채청자기류는 그 수가 매우 드물며 이 작품은 이 중에서도 뛰어난 작품이라 할 수 있다. 이에 유사한 작품 파편이 강진군 대구면 요지에서 발견되고 있는 것으로 보아 아마도 대구면요에서 생산된 것으로 보여 지나 출토지는 전해지지 않았으며 이 병은 원래 阿川重郞이 소장하고 있던 것을 현 소장자가 8·15 이래 이관 소장한 것이다"라고 해설하고 있다.
그 후 어떻게 된 것인지 1956년경에 일본에 있던 장석구가 한국에 건너와 박태식에게 담보로 맡겼던 국보 제372호를 포함한 10여 점을 찾아 일본으로 반출하였다. 이 '흑유백회당초문매병'은 현재 아타카컬렉션에 들어가 있다.

72) 安部直介는 1907년 구한국정부 재정고문부에 임명되어 한국에 건너왔다. 1910년에는 조선상업은행 부지배인, 1913년에는 일선신탁주식회사를 설립하여 본사는 야마구치에 두고 서울에 지점을 두어 경영하였다.

73) 岩崎小彌太는 일본의 유명한 정가당문고를 설립한 실업가 岩崎彌之助의 아들로 小彌太는 정가당문고를 이어 받아 유지해 오면서 귀중서와 한국고미술품을 수집보관하고 있다.

74) 24일부터 26일까지 3일간 평양박물관 구내에서 불상전람회를 개최하였다. 각지에서 들어온 80여점에 달하는 것 중 사동 해군연료창 회계과장 野野垣이 출품한 탄생불 1점이 주목되었다. 바른손을 들어 천지를 가르키고 유아독존을 선언하는 높이 6촌 가량의 금색찬란한 불이라 소천 관장이 감정한 결과 고구려 말기에 속하는 귀중한 유물이라고 했다. 평양 일대의 유물로는 낙랑의 유물은 많으나 고구려시대의 유물이 거의 없는 실정인데, 이 불상은 귀중한 자료라 할 수 있다.

『매일신보』1937년 4월 28일자.
75) 1912년에 한국에 건너와 1919년 남만주철도주식회사 직원으로 경성철도학교에 근무하였던 永田英三은 조선자기를 많이 소장하였다.
76) 奧平武彦은 1926년에 경성대학 조교수로 임명되어 법문학부에서 외교사를 강의하였다. 저서로는 『조선개국 교섭시말』이 있으며, 그의 전공이 외교사이지만 취미가 다양하여 도자기, 불상, 서화, 서책 등을 다양하게 수집하였다.
   小山富士夫,「朝鮮の旅」,『陶磁』제11권 2호, 1939년 7월.에 의하면, 奧平을 방문했는데, 천정에 닿을 정도로 벽면 전체에 책들을 쌓아 놓은 연구실, 최근에 입수한 分院의 古記錄, 각종의 畵角張을 연구실에 두었다고 한다.
   특히 도자기 부분에서 상당한 연구가 있어, 그는 『陶磁』에 「朝鮮靑華白磁考」(『陶磁』6-4), 「朝鮮出土의 支那陶磁器 雜見」(『陶磁』9-2), 「高麗의 畵金磁器」(『陶磁』6-6) 등을 발표하기도 하였다.
77) 奧平은 박병래와도 골동관계로 인하여 친분이 있었다고 한다. 한번은 박병래가 평소와 같이 골동상점에 갔더니, 마침 奧平이 물건을 흥정하다 말고 입을 벌리지 말라는 시늉으로 "쉬쉬"하길래, 알고 보니 대단한 물건을 사가지고 나가는 것이라고 한다. 그가 사간 것은 금박을 넣은 고려청자사발이었다. 즉 金畵靑磁인 것이다. 이것이 1934년이다.
   畵金靑磁라는 것은 청자에 금을 칠한 것으로, 1934년 奧平武彦이 처음으로 세상에 공개했다. 奧平은 『陶磁』6권6호에 「高麗의 畵金磁器」란 제목으로 발표하고, 삽화17 개성박물관 소장의 金彩猿猴桃果文扁壺와 奧平 자신의 소장 金彩梅月双鳳文鉢에 대해 상세하게 소개하였다. 그는 금화청자에 대해 "고려청자기의 왕자(王者)의 지위"에 있다고 하였다.
   小山富士夫에 의하면(「高麗의 古陶磁」,『陶磁講座』연대미상, pp. 33~34.), 奧平 소장의 鉢(『陶磁』6권6호, 口繪 제2 所載)은 1934년 강화도로부터 출토된 것으로 전한다. 입주변에 음각의 당초문을 두르고 아래쪽에 금채로 쌍봉문을 한 것이다. 금은 많이 떨어져 나가고 그 흔적만 남아 있다. 외면에는 금채로 매화와 달의 문양을 했다. 또 1936년 부산 재주의 폐田憲男이 金彩雲鶴文靑磁瓶을 입수했다고 전한다. 금일에 알려진 것은 이같이 3점 뿐이라고 한다.
   奧平의 손에 들어간 '금화청자사발'은 손상이 없는 완전한 것이다. 奧平은 해방 훨씬 전에 일본으로 귀국하였기 때문에 그가 소장하였던 많은 한국 고미술품과 서적들은 대부분 일본으로 반출되었다. 금화청자완 역시 함께 반출되어 일본 어디엔가 비장되어 있을 것이다.
78) 1967년에 梅原末治에 의해 공개되었다. 梅原이 「두개의 금동관」이란 제하로 『고고미술』제8권 2호 (1967년 2월)에서 소개한 내용에, "종전 전 경성에 재주하여 반도문물에 깊은 관심을 갖고 있던 고 伊藤愼雄 씨의 당시 수집품의 하나로 거의 출토 그대로 靑綠錆가 덮여 있는 완호품이다."라 하고 있다. 梅原는 "종전 전의 출토품임에 불구하고 아직 세상에 알려지지 않은 것들이다"하며 사진은 소개하고 있으나 소장처는 밝히지 않고 있어 어느 개인 수장가에 의해 비장되어 있는 것으로 짐작된다.
79) 일제초기 경주 계림학교 교사, 후에 강릉공립보통학교장
80) 谷井濟一,「朝鮮通信2」,『考古學雜誌』第3卷 第5號. p. 56.
   이것은 일찍이 경주에서 구한 것으로 감 주위에 인물, 새, 거북 등이 선으로 표현되어 있다.

81) 伊藤愼雄는 동양제계 사장으로, 특히 도자기 부문에 있어서는 가장 비대한 수량과 질을 자랑하였다. 심지어는 자료가 될 만한 도자기 파편까지 수집하였다. 小山富士夫의 「朝鮮の旅」(『陶磁』11-2, 1939년 7월)에는 이토의 도자기 파편을 도판으로 많이 게재하고 요지 및 양식 자료로 제시하고 있다. 정읍의 深田泰壽가 부산요지에서 채집한 파편 200여 점을 소장하고 있다는 소문을 듣고 찾아가 우수한 것을 골라서 매입하였다고 한다. 이토는 용산의 저택에 비대한 골동을 진열해 두었는데 도자연구가들은 으레 이토의 저택에 들러 도자연구의 참고자료로 삼았다.

82) '高麗黃靑磁淳化四年銘壺'는 1934년에 加藤灌覺가 『도자』(6권 6호)에서 처음 소개하였다. 이어 1937년에 松平義明이 『도자』(9권 4호)에 한국 도자사상 가장 중요한 유품으로 소개하여 일약 유명 도자가 되었다. 1938년에 간행한 『도기강좌』제7권에도 수록되어 있으며, 野守健의 『고려도자의 연구』(淸閑舍,1944)에도 소개되어 있다. 『고려도자의 연구』에는 '伊藤愼雄藏'으로 게재되어 있으며, 野守는 이 책에서 만들어진 연대가 명확한 고려청자 시원의 예로 들고 있다.
1956년에 간행한 『세계도자전집』제13권에 도판 46번으로 게재되어 있으며, 小山富士夫는 해설에서, "조선 도자사상 특히 귀중한 자료"라고 설명을 붙이고 있다.
伊藤愼雄가 해방 직전 인천 鈴茂에게 맡겨 놓고 귀국했었다. 鈴茂는 해방이 되어 순화4년명호를 포함한 그의 소장품들을 일본으로 가져갈 수 없게 되자 모든 것을 관리인에게 맡기고 귀국해 버렸다. 그 관리인은 혼란한 시기에 이를 고스란히 보관할 우둔한 사람은 아니었던지 사방으로 처분하였다. 그 중 가장 많은 수량은 석진수에게 넘어갔다. 이 속에 '고려황청자순화4년명입호'가 들어 있었다. 그 무렵 이대 박물관 고문으로 있던 장규서가 우연히 석진수의 골동가게에 들렀다가 이를 발견하고 겨우 3만원에 사 가지고 이화여대로 가지고 왔다고 한다. 현재 이대 박물관에 소장되어 있다.

83) 伊藤愼雄으로부터 최창학이 인수한 '象嵌靑磁寶祥花紋金彩大接(국보371)'과 '靑磁象嵌寶珠文字入盒子(국보377호)'는 최창학이 보관의 부실로 파괴되었다.

84) 이 골호는 원래 경주지역에서 출토된 것이라고 전해지고 있다. 해방 직전에 伊藤이 일본으로 반출하였다. 그 후 얼마 지나지 않아 고미술상의 손에 들어갔다가 동경국립박물관에 팔려 소장되었다. 그래서 1955년에 간행한 『세계도자전집』제13권을 보면, 도판5번으로 '동경국립박물관 소장'으로 나타나 있다. 그 후 1965년 한일협정에 의해 반환문화재로 1966년에 한국에 돌아와 현재 국립중앙박물관에 진열되어 있다.

85) 伊藤庄兵衛의 수집 고와는 일본 개인수집 중 한국 각 시대의 우수품을 고루 갖춘 점에서 질과 량을 겸비하였다고 한다. 伊藤庄兵衛는 그가 수집한 3천여 점의 고와로 '朝鮮瓦塼館'을 만들고 1939년부터 『朝鮮瓦塼譜』를 만들어 세상에 소개하고자 준비에 들어갔으나 가업의 실패에 따라 그 계획이 좌절되어 1944년에 한국와전을 매각하였다.

86) 林權助는 청일전쟁 후부터 鮎貝房之進의 조언을 받아 많은 고려자기를 수집한 것으로 전해지고 있으나 『조선고적도보』에 나타난 것 외에는 구체적인 것이 밝혀져 있지 않다. 1931년 동경에서 개최한《조선명화전람회》에 여러 점의 서화를 출품한 것으로 보아 서화작품도 상당수 수집한 것으로 보인다.

87) 長尾欽彌는 불국사에서 반출한 불국사 사리탑을 그의 정원에 진열해 두었다. 이를 발견한 關野는 탑의 출처를 물으니, 長尾欽彌는 탑의 형태가 특별하여 어떤 고물상으로부터 5만원을 주고 사왔다고

한다. 關野는 長尾欽彌의 소유로 되어 있는 이 사리탑은 원래 불국사의 것이라는 것을 설명하고 그의 논문에 실린 사진을 대조시켜 주었다. 그리고 이런 귀중한 유물은 개인이 私藏할 것이 아니라 조선 총독부로 기증하여 그 본토로 귀환될 수 있도록 설득하였다. 그래서 1933년 7월 22일 增上寺에서 (供養式을 행하고 곧바로 한국으로 送致하게 되었다. 당시 長尾欽彌는 이 사리탑을 보전하는데 보탬이 되라고 5천원을 주었고 철도국에서는 무료로 운송을 하였다.

참고: 關野貞, 『朝鮮の建築と藝術』昭和16年., p. 697~702.

『佛國寺と石窟庵』, 朝鮮總督府, 1938年, p. 44.

新韓民報, 1933年 8月 24日字.

東亞日報, 1933年 9月 10日字.

88) 田中明은 1921년 총독부 기사에 임명되어 한국에 건너와 식산국 잠사과 주임으로 재직하면서 조선 잠사회 이사를 역임하였다. 田中明 소장의 '青華白磁仙桃紋壺'는 1938년에 간행한 『도자강좌』제7권에 도판으로 게재되어 있다.

89) 이것은 1938년에 간행된 『도자강좌』제7권에 도판으로 게재되어 있다.

90) 鮎貝房之進은 1884년 동경외국어학교를 일본 문부성 장학생으로 입학하여 1890년에 졸업한 수재이기도 하다. 그는 1894년 청일전쟁 기에 한국에 건너와 동양협회식민전문학교분교 강사로 경성(서울)에 초등교육학교 9개교를 창설하고 1896년부터는 주로 사업을 하였다. 일제강점기에는 조선총독부에 관계했다(朝鮮新聞社 編纂, 『朝鮮人事興信錄』, 朝鮮新聞社, 1922; 朝鮮公論社 編纂, 『在朝鮮內地人紳士名鑑』, 朝鮮公論社, 1917).

大屋德城, 『鮮支巡禮行』, 東放獻刊行會, 1930, p. 14.에 의하면, 大屋德城의 여행기에, "點具房之進을 방문했다. 고서를 한번 구경하기를 청하였다. 씨는 경성에서 웅장한 저택을 구입하여 古器物 수집가로 유명하다. 서적으로 建文三年板의 首楞嚴經 1부 5책을 보았다(1923년 3월 일기)"고 한다.

中吉功, 『朝鮮回顧錄』, 國書刊行會, 1985, p. 60.에 의하면, "點具房之進은 소화5, 6년으로 생각되는데 옹이 오랜 세월 수집한 고려청자의 우수품을 총독부박물관에 양도, 후일 개성박물관에 이관 동박물관의 도자기의 주요 진열품의 태반이 鮎貝 옹의 구장품이다"라고 하고 있다.

點具房之進은 일찍부터 陶瓷 鑑識에 밝아 林權助의 고려청자 수집은 물론 이왕가미술관의 고려청자 수집에도 참여했다. 뿐만 아니라 그는 조선본 古書수집에도 밝아 일본인들의 조선본 수집에 많은 조언을 하기도 했으며 그 자신도 귀중본을 많이 수집하였다. 『書物同好會報』제18호(1943년 12월)에 실려 있는 그의 소장목록을 보면, 『獨斷』(南宋板), 『懶翁和尚語錄』(高麗板), 『十八公論』七, 『無垢淨光大陀羅尼經』, 『無垢淨塔願記』, 『新增東國輿地勝覽』, 『晝永編』, 『華城儀軌』, 『禮記檀弓』, 『完堂讀本』, 『三略直解』(陶活字版), 『物名考』, 『古賀精里書』 등이 그의 소장으로 게재되어 있으며, 그의 舊藏 중에는 당시 총독부박물관과 경성제국대학으로 들어간 것도 상당수가 있다.

91) 현재 국보 제 113호로 지정되어 있는 '畵靑磁楊柳文筒形瓶'은 12세기경에 만든 철회청자병으로 긴 통모양의 병 앞뒤에 버드나무 한 그루씩을 붉은 흙으로 그려 넣은 것이다. 이것은 鮎貝房之進이 소장하고 있던 것으로 1931년에 조선총독부박물관에서 사들였다. 『광복이전 박물관자료 목록집』에 1931년에 鮎貝房之進으로부터 매입한 건이 보인다.

92) 滔田春水는 1915년에 이를 『불교진흥회월보』(滔田春水, 「朝鮮에 於한 佛敎的 藝術의 硏究」, 『佛敎振興會月報』1권 3호, 1915년 9월.)에 다음과 같이 소개를 하고 있다.
　　원래 경상북도 경주읍 동 랑산 남록이 되는 사천왕사 폐지에서 발굴되어 금에는 경성 鮎貝房之進 소장에 係하야 공진회미술관에 출품되었다더라. 발견자의 설명에 據하건데 사천왕사는 문무왕19년에 당병을 攘逐키 위하여 창설한 것으로 이 도판은 사천왕사 탑파의 팔부신장의 하나로 당시 승려 양지의 소성한 것일 듯하다더라.
　　稲田春水, 「朝鮮共進會美術館の一瞥」, 『考古學雜誌』第6卷 3號, 考古學會, 1915年 11月, pp. 66-67. 에 의하면,
　　施政5周年紀念共進會를 돌아본 稲田春水는 미술관 전시품에 대해 일본『考古學雜誌』에 일부 소개하는 내용을 싣고 있는데, 鮎貝房之進이 출품한 碧釉陶板神將像에 대해 다음과 같이 기술하고 있다.
　　"도판(陶板)은 경주읍 사천왕사고허(四天王寺古墟) 발견의 신라시대 벽유도판신장상(碧釉陶板神將像) 1면(面)이 아유카미 후사노신(鮎貝房之進) 씨 출품(出品)이고, 여기에 설명을 붙여 놓기를, 경주읍의 동쪽 낭산의 기슭 좀 높은 보리밭에서 약 10칸 가량 떨어진 4개의 대기석(大基石: 큰 주춧돌)이 잔존(殘存)해 있고 이 4개의 대기석(大基石)은 다시 수십 개의 소기석(小基石: 작은 주춧돌)으로 둘러싸여 있으며 도(圖)는 이 4개의 대기석의 가운데 서남방의 한 대기석과 그 부근의 소기석을 가르키는 곳에 있는데 (도는 생략) 이 신장상은 그 동남쪽 모서리의 작은 주춧돌 지하 2척 가량 되는 곳에서 발견된 것이고 도판은 네 모서리에 모두 세워져 있었던 것으로 생각되지만 다른 모서리에서는 출토되지 않았으며 다른 대기석 부근은 소기석들을 모두 뽑아버려서 아무것도 남은 것이 없고……"
93) 후에 이병직의 손에 들어갔다가 1937년 경성미술구락부를 통해 간송미술관으로 들어갔다.
94) 末松保和, 「新羅昌林寺無垢淨塔願記について」, 『靑丘學叢』第15號. 大板屋號書店, 1934.에 의하면, 이 원기는 동판에 새긴 것인데 추사가 손수 雙鉤를 본떠서 따로 帖을 만들고 願記의 餘白 左端에 '金正喜印'을 찍고 帖의 末尾에 발견 顚末과 搬出品의 종류를 명시해 두었다.
　　이 기록에 의하면 다라니경은 한 질이었는데 둥근 통에 들어 있었고 개원통보, 거울, 불좌 등이 있었다(甲申春 石工破慶州昌林寺塔 得藏陀羅尼經一軸 盛銅圓套又有銅板一 記造塔事實 板背並記造塔官人姓名 又有金塗開通元寶錢 靑黃燔珠 又鏡片銅跌爲鑄銅者所壞 軸面黃絹金畵經圖).
　　末松保和에 의하면, 이 帖은 원래는 金敦仁의 舊藏이었다가 鮎貝房之進이 所藏하고 있었다고 하는데 후에 어떻게 되었는지 알 수 없다.
95) 秋史가 鄭六에게 보낸 書帖에,
　　동쪽 우리나라 사람의 것으로 신라와 고려 사이의 옛 비석은 모두 구양순 필법이어서 곧장 산음으로까지 거슬러 올라갈 수 있다. 금글씨로 經을 베낀 것이 있는데 신라 때 글씨가 더욱 옛스러워 고려 때 글씨는 미칠 수가 없다. 일찍이 동경(東京: 경주)의 폐탑 속에서 나온 것으로 墨書한 光明陀羅尼經을 보았는데 한 글자도 損傷이 되지 않고 어제 쓴 것과 같았다. 곧 당나라 大中 연간에 쓴 것으로 김생(金生)의 이전 육칠십 년 사이에 해당되는데, 筆法이 극히 고아하여 마땅히 文武, 神行, 鑿藏 여러 비와 더불어 甲乙을 논할 만하며 김생도 마땅히 一籌를 사양할 것이다(秋史, 「書贈鄭六」, 『阮堂全集 卷六』).
96) 규암리에서 발견된 市田의 금동 관음상과 쌍벽을 이루는 또 하나의 백제 관음상이다. 이치市田가 소

장하였던 것과 같이 1907년 부여 규암리에서 농부에 의해 함께 발견된 것인데, 처음 발견될 때는 이 두 불상이 함께 쇠솥 안에 있었다고 한다. 이 후 일본 헌병대에 압수되어 유실물로 처리되어 보관되어 왔다. 1년 후 헌병대는 이를 경매에 붙였는데 庭瀨博章가 입수하였다. 庭瀨는 1922년에 그 중 조금 큰 것 하나를 대구의 市田에게 팔고 나머지 하나는 계속 소장하고 있었다. 이 불상은 1939년 이후 언제인가 경성대의학부 내과 교수로 있던 篠崎의 손에 넘어갔다. 해방 후 압수하여 현재 국보 제293호로 부여박물관에 소장 진열되어 있다.

97) 『조선총독부 및 소속관서 직원록』을 보면, 庭瀨博章은 1930년부터 1936년까지 충청북도 곡물검사소, 곡물검사소 목포지소 등 지방에서 근무한 것으로 나타나 있다.

98) 梅原末治, 藤田亮策, 『朝鮮古文化綜鑑』제2권, 養德社, 1948, p. 28.에 의하면, 1941년 초 평양에서 일본으로 가져간 4개의 紀年銘漆器 중 1개이다. 1935년경 출토된 것으로 전한다.

99) 『고구려시대의 유적 상』(1929)의 도판을 보면 고구려 관계의 무수한 와전이 개인 수장으로 수록되어 있으며, 그 중 諸岡榮治와 八田己之助의 소장으로 나타나 있는 것이 절반 이상을 차지하고 있는데, 諸岡榮治가 수집한 와가 90여 점이 실려 있으며, 八田가 수집한 것이 60여 점이 실려 있다.

諸岡榮治의 수집품은 그 중 가장 귀중한 것을 선별하여 1935년 梅原末治에 의해 『낙랑급고구려고와도보(梅原末治 校, 諸岡榮治 수집 편)』(京都便利堂, 1935)로 발간되었다. 諸岡은 '自序'에서 "과거 약 10년간 모은 것으로 평양부근 출토와 와전은 현재 약 천 점에 달한다."라고 하고 있다.

諸岡榮治는 조선총독부박물관에 상당수의 도굴품을 팔아 『해방이전 박물관자료목록집』에는 諸岡으로부터 박물관에서 그의 소장품에서 封泥 5점, 靑銅製帶鉤, 銅鉾, 樂浪鏡 70여 점을 구입한 기록이 있다. 1925년 5월 16일자 동아일보 기사에는 다음과 같은 내용이 게재되어 있다.

요새 평남 대동군 남곳면 류자리 낙랑고분에는 어떤 자들이 깊은 밤중에 고분을 발굴하고 다수의 고적품을 도적하려는 사건이 빈번하였으므로 평양경찰서에서는 그 범인을 염탐하던 중 수일 전에 동리 피진 채 외 십수명을 피의자로 검거하고 엄중 취조하여 본 결과 그 자들은 면경, 호미, 토기 등 기타 다수의 고적품을 발굴하여 諸岡 모라는 일본인 상점에 수십 원을 받고 팔아먹은 사실을 자백하였다는 바 매장물 발굴죄로 검사국으로 송치하였다더라.

100) 諸鹿央雄은 경술국치 전에 경주에 와서 代書業에 종사하면서 여가를 활용하여 석기로부터 토기, 와전, 석제품, 금속 등의 수집에 열심이었고, 신라유적을 조사, 선전에 노력하는 한편, 금관총 발굴 후 경주고적 보존회의 중심인물로 금관총 유물을 경주에 보관시키는 공적을 높이 평가받아 경주고적보존회 진열관 관리에 참여했고 나중에 이 진열관이 총독부박물관 경주분관으로 승격되면서 초대분관장이 되었다. 1930년에는 대구의 유지들과 협의하여 대구시립박물관 건설을 추진하기도 하였다. 그는 경상북도의 평의원으로 활동하면서 경주 대구를 중심으로 한 문화발전에 힘쓴 것처럼 밖으로 드러나 있었다.

그러나 그가 국외로 반출한 유물은 엄청난 수량이다. 諸鹿은 그가 수집한 유물들을 일본 학계와 동경박물관 등에 팔거나 기증했으며, 대영박물관에까지 유물들을 기증했다.

또한 자신의 지위를 이용하여 경주 일대에서 도굴한 유물들을 비밀히 매입하여 일본인 골동상과 결탁하여 사리를 취하기도 하였다. 이러한 일은 후일 밝혀지게 된다. 이로 인하여 諸鹿은 경주서에 구

금취조 당하였다. 1933년 4월 28일 諸鹿이 경찰서에 인치되어 조사를 받는 동안 대구지방법원에서는 諸鹿의 가택을 조사하여 2만원에 상당하는 장물(도굴품)을 압수하였다. 후에 그는 2심에서 징역 2년 집행유예 3년을 언도받았다.

101) 諸鹿央雄은 부산일보에 1918년 1월 11일부터 1918년 1월 25일까지 「경주의 석기시대」라는 제하의 글을 발표하면서 유물을 분류하고 그 유물 분포지를 설명하고 있다. 남산의 1봉 황금대에서 砥石 2개를 발견하고 그 근방에서 다수의 석기의 재료와 완성품, 미완성품을 발견, 반월성지, 안압지 부근에서 석족 기타를 채집했다고 한다.

102) 1908년 동경제대 의학부를 졸업하고 1914년에 총독부의원 안과과장으로 한국에 건너왔다가 1928년부터 경성제대 교수로 재직했다.

103) 住井辰男은 1920년 2월에 한국에 건너와 三井物産京城支店長으로 있었으며 骨董蒐集에 열성이었을 뿐만 아니라 그 감식안도 뛰어났다고 한다. 漆山은 『朝鮮巡遊雜記』에서, "團男爵夫妻는 住井底의 오찬회에 초대받았다. 住井 씨는 경성에서 도자기 수집가로 알려져 있었다. 그 중에서 珍藏品으로는 계룡산물 고려 이조시대의 우수품을 가지고 있다고 淺川 씨로부터 들었다"라고 기록하고 있다(참고: 漆山雅喜, 「朝鮮の陶器と高麗茶碗」, 『朝鮮巡遊雜記』, 1929; 佐佐木太平, 『朝鮮の人物と事業』, 京城新聞社, 1930).

住井辰男은 경성미술구락부를 통하여 상당수의 골동을 매각했다. 연대는 알 수 없으나 『住井家愛玩 書畵骨董賣立目錄』(일시: 3월 18일~20일)에 의하면, 書畵之部에는 大院君 筆 蘭圖, 기타 16 점(목록번호 1~16), 佛像之部에 삼국시대 金銅觀音立像 등 6점(목록번호 17~22), 高麗朝靑磁象嵌柳花蝶花瓶 등 17점(목록번호 23~39), 文房具에 靑磁角形陶印 등 22점(목록번호 40~50), 粉靑沙器부에 雞龍山三島鐵砂牧丹繪俵形花瓶 등 5점(목록번호 51~55), 茶器부에 煎茶用小棚 등 38점(목록번호 68~105), 木工之部에 朝鮮螺鈿箱 등 15점(목록번호 106~120), 雜之部에 新羅丸壺, 靑磁香爐 등 62점(목록번호 121~182), 기타 총 200여 점이 출품되었는데 모두 일급품들이었다.

104) 中西嘉市는 당시 평양에서 가장 유명한 골동상으로 평양 일대의 고분에서 나온 도굴품들을 모아 일본으로 반출하는 데 앞장섰다.

105) 이것은 낙랑고분에서 나온 것으로 당시에도 귀한 것으로 이름이 높았던 것인데 문명상회를 통해 일본으로 반출하였다. 八田는 "낙랑 출토품 중 박산향로는 현재 겨우 2점으로 그 하나는 총독부박물관 소장이고 다른 하나는 평양부 골동상 中西嘉市 씨의 소장이다"라 하고 있다. 대난굴시대에 도굴품으로 나온 것이다.

106) 그가 소장하였던 박산향로 1점은 낙랑고분에서 나온 것으로 당시에도 귀한 것으로 이름이 높았던 것인데 문명상회를 통해 일본으로 반출되었다.

107) 그가 소장하였던 '청자비룡형주전자'는 머리는 용, 몸은 물고기 모양으로 만들어 신비로운 느낌을 주고 있으며, 고기의 꼬리는 주전자의 뚜껑으로 하여 기발한 발상이 돋보이고 있다. 이 자기는 다행히 1933년 개성박물관에서 매입하게 됨으로서 오늘날 국보 제61호로 국립중앙박물관에 진열되어 있다.

108) 中田市五郎은 1894년 청일전쟁을 계기로 군대를 따라 한국에 들어와 개성에서 떡집을 시작으로

포목, 잡화업을 하다가 1818년에는 개성에서 인삼을 제조 판매하는 고려산업사를 설립한 개성의 유지로 알려져 있다. 이를 바탕으로 초기 개성 일대의 고분에서 나온 가장 우수한 고려자기를 많이 수장하였다. 1920년대 해도 최일품만 100여 점이 넘었다고 한다.

善生永助의 기록에, "조선에 있어서 민간의 고려자기 수집가로는 여하간 개성의 中田市五郞이 1위라고 생각한다. 동씨의 秘藏한 고려소는 청자가 가장 많고 白磁, 天目, 繪高麗, 三島手, 凡高麗燒 특색을 가진 것은 모두 수집하여 그 중에는 청자의 玉獅子의 香爐, 高一尺一寸의 象嵌眼의 화병, 鯱形彫刻의 水差, 桐鳳象眼의 丸鉢, 백자의 唐草浮彫刻大花瓶 등 逸品 중의 逸品이다"라고 한다(善生永助,「高麗燒」,『隨筆朝鮮』下卷, 京城執筆社, 1930, p. 248; 善生永助,「開城に於ける 高麗燒の秘藏家」,『朝鮮』, 朝鮮總督府, 1926年 12月, p. 80; 紫竹金太郞,『朝鮮之今昔』, 精華堂書店, 1914, pp. 130~131).

109) 1926년 5월 朝鮮史編修事務에 囑託되어 조선에 건너옴. 1927년 12월 總督府修史官에 임명되었다.
110) 中村晉三郞은 평안남도 고등경찰과에 근무하면서도 장물을 취급한 악질적인 장물아비다.
111) 淺見倫太郞은 1906년 6월에서 1918년 3월까지 한국에 있는 동안 엄청난 韓國本을 모아 1920년 자기의 문고 1084부 5771책을 三井文庫로 넘겼는데,「淺見博士 蒐集 朝鮮本」(『書物同好會會報』第6號.)에 의하면, 淺見이 編纂한 目錄 즉『朝鮮蒐集圖書目錄』(1916年 4月)寫本 1冊의 내용에는 唐本目錄 2700冊, 朝鮮本追補目錄 293冊, 金石 碑板類 目錄 200種 合計 3193冊이 있다. 그의 소장 서적은 2차대전 후 일본의 재벌들이 해체될 때 미국의 캘리포니아대학으로 옮겨졌다. 殘見는 서적 이외에도 일찍부터 다른 유물들을 상당수 수집하여『대정원년고적조사약보고』에 1911년에 촬영했다는「조선고적사진목록」도판번호 25~29에 "淺見倫太郞氏所藏"으로 기록된 일부의 유물이 실려 있기도 하다.
112) 天池茂太郞은 골동거간 및 상인으로서 당시 명동에 큰 골동상점을 열고 전국의 도굴품들을 거래한 당대 최대의 장물아비다.『광복이전 박물관 자료목록집(光復以前 博物館 資料目錄集)』을 살펴보면 1916년부터 1943년간에 무려 68회에 걸쳐 조선총독부박물관에서 이 자로부터 총740여 점에 이르는 막대한 유물을 구입한 건이 나타나 있다.
113) 淺川伯敎는 해방 전 조선총독부박물관 촉탁과 민속박물관장을 역임하였는데, 조선백자에 특히 조예가 깊었다. 기회만 있으면 전국 각지의 요지를 탐색하고 도자 파편을 수집 연구하였다. 이에 대한 연구서로『부산요와 대주요』(1930),『조선도자의 감상』(1935) 등을 저술하였다. 그가 수집하였던 수천 점의 도자 파편 자료는 박물관에 기증하였다. 해방 후에도 약 반 년 가량을 김재원 관장을 도와 박물관을 인수했다.
114) 梅原末治, 藤田亮策,『朝鮮古文化綜鑑』제1권, 養德社, 1947.
115) 淸水幸次는 1916년에 총독부 철도국 기수로 한국에 건너와 만철회사 사원으로 근무하다가 철도국 공무과장으로 1941년에 퇴임, 전후 26년간 철도회사에 근무하였던 자이다(淸水幸次,「鴨綠江と米英」,『朝鮮の回顧』, 近澤書店, 1945).
淸水幸次는 고미술에 대한 감식안이 뛰어나 그 수장품의 수는 많지 않았지만 가지고 있는 물건은 모두 격이 높은 물건들이었다.

116) 1914년 7월에 朝鮮總督府 臨時雇員으로 들어와 1916년 내무부 겸 총독부 관방총무국에 근무, 1920년 12월부터 관방문서과에 근무, 1922년 조선총독부 임시교과용 도서편집사무촉탁, 1923년 12월 조선총독부 고적조사과 사무촉탁에 임명되었다(朝鮮總督府, 『朝鮮總督府施政25周年紀念表彰者名鑑』, 1935 參考).
117) 『융희2년(1908) 6월 직원록』(내각기록과)에는 공주지방재판소소장(판사), 칙사로 기록하고 있다.
118) 河井朝雄는 1904년에 조선에 건너와 대구에서 무역 및 연초제조에 종사하다가 1908년에는 朝鮮民報를 창간하고 사장을 역임하였으며, 이후 도평의원, 대구물산합자회사대표, 동양기업주식회사 감사역을 역임한 당시 대구의 유지였다(朝鮮新聞社 編纂, 『朝鮮人事興信錄』, 朝鮮新聞社, 1922). 1931년에는 『大邱物語』(朝鮮民報社)란 저서를 발간하였다.
119) 向井業昌은 평양공소원 검사장으로 1910년 9월에 일본 실업가들로 조직한 만한관광단 36명이 평양에 왔을 때 환영단장 역을 맡아 환영회를 베풀기도 한 관계, 재계에 널리 알려진 실력자이다. 그가 한국에 재주하는 동안 상당히 많은 고미술품을 수집하였는데 1915년 시정5주년물산공진회에 출품하였던 삼국시대 관음상(高 2寸 5分)은 그 가격이 1만 수천원을 호가하는 우수품이었다고(稻田春水, 「朝鮮에 於한 佛敎的 藝術의 硏究」, 『佛敎振興會月報』제1卷7號, 佛敎振興會本部, 1915年 9月.) 하는데 그 소재는 불명이다. 向井業昌은 이외에도 다양한 유물을 소장하였는데, 평양 대동강면 성내에서 출토한 동인(銅印) 8점은 『낙랑군 시대의 유적』에 도판으로 소개되어 있다.
120) '大元至元戊子'는 高麗 忠烈王14年(1288)에 해당
121) 1906년 8월 朝鮮으로 건너와 충청남도 공주에서 實業에 종사, 農事經營을 시작하는 한편 전당포 및 담배도매상을 경영했다(『在朝鮮內地人紳士名鑑』, 朝鮮公論社, 1917).
122) 橫田五郞는 1898년 동경제국대학 법과대학을 졸업 후 동경지방재판소부장 등을 역임하고 1919년 조선총독부법무국장에 임명되어 한국에 건너온 자이다(朝鮮新聞社 編纂, 『朝鮮人事興信錄』, 朝鮮新聞社, 1922).
123) 「故後藤牧太博士蒐集陶磁의 紹介」, 『陶磁』제10권 제5호, 東洋陶磁硏究所, 1938년 12월.에 의하면, 後藤牧太가 평생 수집한 도자는 무려 3천 500여점이나 되었는데, 그 중에는 신라, 고려, 조선에 이르는 도자기가 백 수십 점이나 되었다.
124) 黑田幹一은 1919년 경성의학전문학교 조교수로 한국에 건너왔다. 같은 해 총독부 의사와 통역관을 겸임, 1924년에는 경성대학 교수로 임명되어 재직하였다. 그도 상당히 많은 도자기와 한국 고서적을 수집하였다. 지하에서 도굴품으로 나온 유물도 많이 소장하였는데, 그가 수집하였던 대부분은 일본으로 가져갔다. 1966년에 간행한 『조선고문화종감』에는 黑田幹一 소장 '세형동검'외 6점이 실려 있다.